中华传世藏书
【图文珍藏版】

二十四史

[西汉]司马迁 等·原著

姜涛·主编

精华

线装书局

文献独孤皇后传

【题解】

独孤氏(552~602年),隋文帝杨坚的皇后。父亲独孤信,周大司马。独孤氏起初贤良有识。劝文帝受禅,协助朝政,不因私情废法等事件都显示出她的才能。传中也批评了她性情妒忌,暗地杀死宠妃的残忍行为。

【原文】

文献独孤皇后,河南洛阳人,周大司马、河内公信之女也。信见高祖有奇表,故以后妻焉,时年十四。高祖与后相得,誓无异生之子。后初亦柔顺恭孝,不失妇道。后姊为周明帝后,长女为周宣帝后,贵戚之盛,莫与为比,而后每谦卑自守,世以为贤。及周宣帝崩,高祖居禁中,总百揆,后使人谓高祖曰:"大事已然,骑兽之势,必不得下,勉之!"高祖受禅,立为皇后。

突厥尝与中国交市,有明珠一箧,价值八百万,幽州总管阴寿白后市之。后曰:"非我所须也。当今戎狄屡寇,将士罢劳,未若以八百万分赏有功者。"百僚闻而毕贺。高祖甚宠惮之。上每临朝,后辄与上方辇而进,至阁乃止。使宦官伺上,政有所失,随则匡谏,多所弘益。候上退朝,而同返燕寝,相顾欣然。后早失二亲,常怀感慕,见公卿有父母者,每为致礼焉。有司奏以《周礼》百官之妻,命于王后,宪章在昔,请依古制。后曰:"以妇人与政,或从此渐,不可开其源也。"不许。后每谓诸公主曰:"周家公主,类无妇德,失礼于舅姑,离薄人骨肉,此不顺事,尔等当诫之。"大都督崔长仁,后之中外兄弟也,犯法当斩。高祖以后之故,欲免其罪。后曰:"国家之事,焉可顾私!"长仁竟坐死。后异母弟陀,以猫鬼巫蛊,呪诅于后,坐当死。后三日不食,为之请命曰:"陀若蠹政害民者,妾不敢言。今坐为妾身,敢请其命。"陀于是减死一等。后每与上言及政事,往往意合,宫中称为二圣。

独孤皇后

后颇仁爱,每闻大理决囚,未尝不流涕。然性尤妒忌,后宫莫敢进御。尉迟迥女孙有美色,先在宫中。上于仁寿宫见而悦之,因此得幸。后伺上听朝,阴杀之。上由是大怒,单骑从苑中而出,不由径路,入山谷间二十余里。高颎、杨素等追及上,扣马苦谏。上太息曰:"吾贵为天子,则不得自由!"高颎曰:"陛下岂以一妇人而轻天下!"上意少解,驻马良久,中夜方始还宫。后俟上于阁内。及上至,后流涕拜谢,颎、素等和解之。上置酒极欢,后自此意颇衰折。初,后以高颎是父之家客,甚见亲礼。至是,闻颎谓己为一妇人,因此衔恨。又以颎夫人死,其妾生男,益不善之,渐加谮毁,上亦每事唯后言是用。后见诸王及朝士有妾孕者,必劝上斥之。时皇太子多内宠,妃元氏暴薨,后意太子爱妾云氏害之。由是讽上黜高颎,竟废太子立晋王广,皆后之谋也。

仁寿二年八月甲子,月晕四重,己巳,太白犯轩辕。其夜,后崩于永安宫,时年五十。葬于太陵。其后,宣华夫人陈氏、容华夫人蔡氏俱有宠,上颇惑之,由是发疾。及危笃,谓侍者曰:"使皇后在,吾不及此"云。

【译文】

文献皇后姓独孤,河南洛阳人,是北周大司马、河内公独孤信的女儿。独孤信看到高祖杨坚长得相貌奇特,因此把皇后嫁给他作妻,这时皇后才十四岁。高祖和皇后相互情投意合,发誓不要别人生的孩子。皇后当初的性情,也很温柔,为人恭敬孝顺,遵守妇道。当时皇后的姐姐做了北周明帝皇后,大女儿又做了北周宣帝皇后,皇亲国戚的尊荣显贵,没有人能够与她相比,可是皇后还是能守住自己的节操,保持着谦逊卑下的风度,社会上认为她是个贤德的人。到了北周宣帝死后,高祖在皇宫中掌握了朝政,皇后派人对高祖说道:"国家的事态已经是这样的结果了,就如同骑在虎背上,一定无法下来,你要尽力而为!"高祖杨坚接受禅让,做了隋文帝以后,把她立为皇后。

北方的突厥曾经和中国做互市贸易,有一箱明珠,价值八百万,幽州总管阴寿把这事禀告皇后,劝她买下那箱明珠。皇后说:"那不是我需要用的。现在,北方的戎狄一再地侵犯我国疆域,作战的将士们疲惫劳碌,不如拿这八百万分赏给作战有功的将士。"所有的官员们听说这件事以后,都对皇后的行为表示庆贺。高祖非常宠爱皇后,又畏惧她。文帝每次去上朝处理国事的时候,皇后都要把自己乘坐的车,和文帝乘坐的车并列着,一同前往,直到阁门才止步。皇后还派宦官注意文帝的事情,政治上有了过失的地方,就及时规劝匡正文帝,对他有很多补益。等到望见文帝退朝回来了,皇后又和文帝一道返回他们居住的寝宫中,相互看着,心里非常愉快。皇后因为自己早年丧失了父母,经常怀念自己的亲人,而爱慕着家族的情谊,看到公侯贵族中那些有父母的人们,常常让他们代向他们的父母行礼问候。有关官署的负责官员上奏:按照《周礼》,百官的妻子品级,要由皇后来任命,这个制度在以前就订立下了,请求依照古代的旧例去做。皇后说:"让妇人参与管理国家的事情,或许就是由这里而逐渐发展出来的,我不能开这个头。"没有答应。皇后经常对各位公主说:"北周的公主,大多丧失妇德,对舅姑不以礼相待,挑拨离间宗室之间的情谊,这样不孝顺的行为,你们应当把她们当作借鉴。"大都督崔长仁,是皇后的表兄弟,做了犯法的事,应当判死刑。高祖因为他是皇后亲戚的缘故,打算免除他的死罪。皇后对高祖说:"关系到国家的事情,怎么可以顾念私情!"崔长仁终于被定罪,处死了。皇后有个同父异母的兄弟叫独孤陀,因为用猫鬼巫术诅咒皇后,犯了法,应当被判处死罪。皇后为此三日不肯吃东西,为了保全独孤陀的性命,向文帝乞求道:"独孤陀如果做了损害国家、危害人民的事情,我不敢替他求情。现在,他犯罪是因为我的缘故,我才敢乞求免除他的死罪。"独孤陀减轻为比死罪轻一等的刑罚。皇后每逢与文帝谈到国家的政务,她的想法和主张,常常符合文帝的心意,皇宫中的人们称颂他们是二位圣人。

皇后为人非常仁慈，每次听到大理寺处决囚犯，她都要掉眼泪。可是她的性情好妒忌，后宫中的妃嫔们，没有谁敢与文帝共寝。尉迟迥的孙女长得十分美丽，原来住在宫中。一次文帝在仁寿宫见到了她，非常喜欢，她因此得到文帝的宠爱。皇后就乘文帝上朝听政的机会暗地里把她杀了。文帝知道这件事后，大发脾气，一个人骑着马从宫苑中跑出去，不择道路，跑进山谷中二十多里。高颎、杨素等人骑着马，追赶到文帝面前，牵住他的马再三规劝，请他回宫去。文帝长长叹息了一声，说道："我作为高贵的天子，竟然不能得到自由！"高颎说："陛下，您难道就因为一个妇人而轻弃天下吗！"文帝的怒气稍稍地消了一些，停住马在山谷中站立了很长时间，半夜才刚返回宫中。皇后在阁内等候着文帝。等到文帝回来时，皇后流着眼泪，跪在地上向他谢罪。在高颎、杨素等人的劝说下，文帝和皇后才重归于好。文帝设置了酒宴，喝得非常高兴。皇后从这件事以后，心中受到很大的打击。当初，皇后因为高颎是她父亲家的宾客，对他非常亲近有礼。这时，听说高颎在文帝面前称自己是一个妇人，由此怀恨在心。又因为高颎的妻子死了以后，他的妾为他生了个男孩，更不喜欢他。逐渐对他加以诋毁，诬陷高颎。文帝也是所有的事情完全按照皇后说的去办。皇后只要看到诸王和朝中官员们中，谁的妾怀了身孕，就必定劝说文帝废黜他们。当时，皇太子杨勇内宫中宠幸的女人很多，太子妃元氏突然死去了，皇后认为是被皇太子的爱妾云氏所害。于是，暗中劝说文帝，罢免了高颎，最终废掉皇太子杨勇，而立了晋王杨广，这些事情，都是出自皇后的计谋。

隋朝的仁寿二年八月甲子那天，环绕月亮周围的光气有四圈，己巳那天，金星的星光冲犯了轩辕星。这天夜里，皇后在永安宫去世，当时五十岁。埋葬在太陵。在她以后，宣华夫人陈氏、容华夫人蔡氏都受到文帝的宠爱，文帝被她们迷惑得很深，由此得了疾病。到病重垂危的时候，文帝对在身边服侍他的人说道："如果皇后还在的话，我不会到了这样的地步啊。"

炀帝萧皇后传

【题解】

萧氏，生卒年不详，是梁明帝萧岿的女儿，隋炀帝杨广的皇后。萧氏柔顺有才识，能看到隋炀帝的残暴无道，但却不能匡正，只能随遇而安，最后被劫掠，直至没入突厥，唐代才得回国。她的经历反映了封建社会中妇女的命运。

【原文】

炀帝萧皇后，梁明帝岿之女也。江南风俗，二月生子者不举。后以二月生，由是季父岌收而养之。未几，岌夫妻俱死，转养舅氏张轲家。然轲甚贫窭，后躬亲劳苦。炀帝为晋王时，高祖将为王选妃于梁，遍占诸女，诸女皆不吉。岿迎后于舅氏，令使者占之，曰："吉。"于是遂策为王妃。

后性婉顺，有智识，好学解属文，颇知占候。高祖大善之，帝甚宠敬焉。及帝嗣位，诏曰："朕祗承丕绪,宪章在昔,爰建长秋,用承粢荐。妃萧氏,夙禀成训,妇道克修,宜正位轩闱,式弘柔教,可立为皇后。"

帝每游幸,后未尝不随从。时后见帝失德,心知不可,不敢厝言,因为《述志赋》以自寄。其词曰:

承积善之余庆,备箕帚于皇庭。恐修名之不立,将负累于先灵。乃夙夜而匪懈,实寅惧于玄冥。虽自强而不息,亮愚曚之所滞。思竭节于天衢,才追心而弗逮。实庸薄之多幸,荷隆宠之嘉惠。赖天高而地厚,属王道之升平。均二仪之覆载,与日月而齐明。乃春生而夏长,等品物而同荣。愿立志于恭俭,私自兢于诚盈。孰有念于知足,苟无希于滥名,惟至德之弘深,情不逐于声色。感怀旧之余恩,求故剑于宸极。叨不世之殊盼,谬非才而奉职。何宠禄之逾分,抚胸襟而未识。虽沐浴于恩光,内惭惶而累息。顾微躬之寡昧,思令淑之良难。实不遑不启处,将何情而自安!若临深而履薄,心战慄其如寒。

夫居高而必危,虑处满而防溢。知恣夸之非道,乃慑生于冲谧。嗟宠辱之易惊,尚无为而抱一。履谦光而守志,且愿安乎容膝。珠帘玉箔之奇,金屋瑶台之美,虽时俗之崇丽,盖吾人之所鄙。愧绤绤之不工,岂丝竹之喧耳。知道德之可尊,明善恶之由己。荡嚣烦之俗虑,乃伏膺于经史。综箴诫以训心,观女图而作轨。遵古贤之令范,冀福禄之能绥。时循躬而三省,觉今是而昨非。嗤黄老之损思,信为善之可归。慕周姒之遗风,美虞妃之圣则。仰先哲之高才,贵至人之休德。质菲薄而难踪,心恬愉而去惑。乃平生之耿介,实礼仪之所遵。虽生知之不敏,庶积行以成仁。惧达人之盖寡,谓何求而自陈。诚素志之难写,同绝笔于获麟。

及帝幸江都,臣下离贰,有宫人白后曰:"外闻人人欲反。"后曰:"任汝奏之。"宫人言于帝,帝大怒曰:"非所宜言!"遂斩之。后人复白后曰:"宿卫者往往偶语谋反。"后曰:"天下事一朝至此,势已然,无可救也。何用言之,徒令帝忧烦耳。"自是无复言者。

及宇文氏之乱,随军至聊城。化及败,没于窦建德。突厥处罗可汗遣使迎后于洺州,建德不敢留,遂入于虏庭大唐贞观四年,破灭突厥,乃以礼致之,归于京师。

【译文】

炀帝萧皇后,是梁朝明帝萧岿的女儿。按照当时长江以南地区的风俗,凡是在二月出生的孩子,不能由父母家里养育。皇后因为出生在二月里,所以由她的叔父萧岌家里收留和抚养她。没过多久,萧岌夫妇二人都去世了,皇后就转由她的舅舅张轲家里抚养。因为张轲家里十分贫穷,皇后就亲自辛勤劳作。炀帝在做晋王的时候,高祖打算替他在梁朝选妃子,让人占卜厂梁明帝的各个女儿,然而这些女儿都被认为不吉利。梁明帝萧岿派人把皇后从舅舅张轲家里接回来,命令使者为她占卜,占卜的人看过后,说:"吉利。"高祖就把她封为晋王妃。

皇后的性情很温顺,聪明又有见识。爱好文学,又懂得做文章,能够观察天象变化预测吉凶。高祖十分喜欢她。炀帝也非常地宠爱和敬重她。到了隋炀帝杨广即位以后,下诏书说:"我承袭了前人留下的大业,有关的典章制度,在从前已被制订,在宫闱中建立皇后的名位,用来承续祖先的祭祀。我的妃子萧氏,一向受到良好的教育,能够按照妇女的道德规范进行修养,应该处在宫闱的正位,使妇女的教化发扬光大,可以立为皇后。"

炀帝每次出游各地,皇后总是跟随在她身边。当时皇后眼看着炀帝越来越荒淫暴虐,失去了德行,心中明白,这样下去,社稷难保,可是又不敢在他面前直言规劝,因此作了篇《述志赋》,用来寄托自己的心意。词中写道:

接受前人积累善行的恩泽,我以帝王之妻的身份侍奉皇庭。恐怕盛美的名誉不能建立,将使先王的神灵蒙受罪名。于是昼夜不敢松懈,心中惧怕上天的威灵。虽然努力自求上进决不停息,让愚昧阻滞的思想豁然贯通。想在这皇宫中竭尽自己全部的节操,只是才能远远达不到心灵的内衷。实在是平庸渺小又那么的幸运,接受皇帝无比宠爱的美好恩惠。仰赖着如天地般深厚的恩情,享受先王之道的盛世太平。让天覆地载的恩泽广为布施,万物共享日月的灿烂光明。于是生灵在春天有了生机,在夏季得以成长,世间万物一齐繁荣。我愿意立下恭敬节俭的志向,自己内心时时警惕,防止发生贪求富贵的事情。心中常常想着告诫自己知道满足,对于不实际的名望不会去追求。至高无上的帝王德行博大精深,不沉溺于声色。感激您怀念旧人的余恩,在帝王的地位上仍寻求过去的情人。蒙受到世上无双的特殊看顾,使没有才能的我错误地承担了皇后的职责。为什么给我的恩宠和俸禄超过了按名分所应有的,我扪心自问也找不到答案。虽然沐浴在恩惠的光芒中,但心中惭愧惶恐,喘息不一。回顾自己的愚昧无德,想到成为完美善良的人实在困难。确实没有时间安居闲处,将怎么样才能使自己心安。就好像面临深渊、足履薄冰,心中战栗,直打冷战。

处在高高的地方,一定会有危难祸害。想到水积满了,一定要防止它溢出来。知道放纵奢侈是无道的,才应在淡泊宁静中保养身心。叹息宠爱和羞辱都容易使人惊恐,提倡不做什么追求,保守住天然的本性。躬行谦逊礼让的风度,矢志不渝,只希望在可以容下膝盖的小家中安居乐业。奇异的珠帘玉箔,华美的金屋瑶台,虽然世俗崇尚它们的华丽,可是我却鄙视它们。世人为粗布的不够工巧而羞愧,难道只是丝竹乐器的喧闹声而已。懂得了道德的准则可以遵守,明白了行善或是作恶都由自己决定。荡涤喧器烦躁的世俗意念,才能把经史书籍的说解牢记在心。综合先人的规劝告诫来训练自己的意志。观看女子的图经作为操守的法则。遵循古代先贤好的模范,希望福禄能安稳地传续。时常追思自己的行为,三省吾身,感到现在正确而过去不对。嗤笑黄老的学说损害了古人的思想,信奉做善事就可到达美好的境界。仰慕周姒遗留下来的风尚,赞美虞妃圣明的准则。敬仰古代贤人的高尚才智,重视道德修养极好的人那种美德。本质微薄浅陋不易去追随,心中恬静愉快就能去除疑惑。平生做事光明正大,实在是遵守礼仪的结果。虽然天生的本质不够聪明敏捷,也希望积累善行变成仁人。害怕达天知命的人太少了,恐怕别人认为我有什么谋求才这样表白自己。平素的志向实在是难以写尽,和孔子听到捕获麒麟时一样放下了笔。

到了隋炀帝去江都的时候,朝中官吏有了反叛的念头。有宫人禀告皇后说:"外面传说许多人都想反叛。"皇后说:"随便你对皇帝讲这些事。"宫人向皇帝进言,炀帝听后大怒,说:"这不是你该讲的。"于是把那个宫人杀了。后来,有人又对皇后禀告:"宫中宿卫的官兵们,常常在私下里相互议论,说的都是关于反叛的事情。"皇后说:"天下的事情,一个早晨就到了这步田地,已是大势所趋,没有办法挽救了。还有什么必要向皇帝进言,只是白白让皇帝忧愁烦恼罢了。"此后,再也没有人对皇后说这样的事了。

到了宇文氏叛乱的时候,皇后跟随军队到了聊城。后来宇文化及被打败,皇后落入窦建德手中。突厥的处罗可汗派使者到洺州迎接皇后,窦建德不敢挽留,于是皇后被带往突厥的住地。到了唐朝的贞观四年,唐朝派军队大败突厥,就用优厚的礼仪接待了皇后,让她返回京师居住。

高颎传

【题解】

高颎(？~607),字昭玄,又名敏,自称渤海蓨(今河北景县)人,隋朝名相。

周武帝时,袭爵武阳县伯,官拜内史上士、下大夫,以平齐功,拜开府。杨坚辅政后,以高颎精明强干,有器量,通兵事,足智多谋,引为相府录事。相州总管尉迟迥举兵谋反,高颎自请监军,平乱后以功进位柱国,改封义宁县公,迁相府司马。建隋以后,官拜尚书左仆射兼纳言,进封渤海郡公。高颎位居相职,竭诚尽忠,辅佐文帝,经他举荐的苏威、杨素、贺若弼、韩擒虎等人都成为一代名臣。他率军征伐突厥,监督新都建设,修订刑律,制定征伐陈朝的宏伟战略,并在出兵时任元帅长史。在经济上参与制定了税收登记的新标准和货币改革,奏行输籍法,令州县官每年依照朝廷所定式样检查户口,保证了国家的编户和赋税征收的稳定。在隋朝国家统一和制定隋朝政策,加强中央集权统治中,高颎发挥了重要作用,成为开皇朝不可多得的襄赞大臣。因遭晋王、汉王等人猜疑和进谗,渐被文帝和独孤皇后疏忌,后被诬告免官。炀帝即位后起用为太常卿,因对政事多有非议,以诽谤朝政罪被杀。

【原文】

高颎,字昭玄,一名敏,自云渤海蓨人也。父宾,背齐归周,大司马独孤信引为僚佐,赐姓独孤氏。及信被诛,妻子徙蜀。文献皇后以宾父之故吏,每往来其家。宾后官至都州刺史。及颎贵,赠礼部尚书、渤海公。

颎少明敏,有器局,略涉书史,尤善词令。初,孩孺时,家有柳树,高百许尺,亭亭如盖。里中父老曰:"此家当出贵人。"年十七,周齐王宪引为记室。武帝时,袭爵武阳县伯,除内史上士,寻迁下大夫。以平齐功,拜开府。寻从越王盛击隰州叛胡,平之。

高祖得政,素知颎强明,又习兵事,多计略,意欲引之入府。遣邗国公杨惠谕意,颎承旨欣然曰:"愿受驱驰。纵令公事不成,颎亦不辞灭族。"于是为相府司录。时长史郑译、司马刘昉并以奢纵被疏,高祖弥属意于颎,委以心膂。尉迥之起兵也,遣子惇率步骑八万,进屯武陟。高祖令韦孝宽击之,军至河阳,莫敢先进。高祖以诸将不一,令崔仲方监之,仲方辞父在山东。时颎又见刘昉、郑译并无去意,遂自请行,深合上旨,遂遣颎。颎受命便发,遣人辞母,云忠孝不可两兼,歔欷就路。至军,为桥于沁水,贼于上流纵火筏,颎预为土狗以御之。既渡,焚桥而战,大破之。遂至邺下,与迥交战,仍共宇文忻、李询等设策,因平尉迥。军还,侍宴于卧内,上撤御帷以赐之。进位柱国,改封义宁县公,迁相府司马,任寄益隆。

高祖受禅,拜尚书左仆射,兼纳言,进封渤海郡公,朝臣莫与为比,上每呼为独孤而不名也。颎深避权势,上表逊位,让于苏威。上欲成其美,听解仆射。数日,上曰:"苏威高蹈前朝,颎能推举。吾闻进贤受上赏,宁可令去官!"于是命颎复位。俄拜左卫大将军,本官如故。时突厥屡为寇患,诏颎镇遏缘边。及还,赐马百余匹,牛羊千计。领新都大监,制度多出于颎。颎每坐朝堂北槐树下以听事,其树不依行列,有司将伐之。上特命勿去,以示后人,其见重如此。又拜左领军大将军,余官如故。母忧去职,二旬起令视事。颎流涕辞让,优诏不许。

高颎

开皇二年,长孙览、元景山等伐陈,令颎节度诸军。会陈宣帝薨,颎以礼不伐丧,奏请班师。萧岩之叛也,诏颎绥集江、汉,甚得人和。上尝问颎取陈之策,颎曰:"江北地寒,田收差晚,江南土热,水田早熟。量彼收获之际,微征士马,声言掩袭。彼必屯兵御守,足得废其农时。彼既聚兵,我便解甲,再三若此,贼以为常。后更集兵,彼必不信,犹豫之顷,我乃济师,登陆而战,兵气益倍。又江南土薄,舍多竹茅,所有储积,皆非地窖。密遣行人,因风纵火,待彼修立,复更烧之。不出数年,自可财力俱尽。"上行其策,由是陈人益敝。九年,晋王广大举伐陈,以颎为元帅长史,三军谘禀,皆取断于颎。及陈平,晋王欲纳陈主宠姬张丽华。颎曰:"武王灭殷,戮妲己。今平陈国,不宜取丽华。"乃命斩之,王甚不悦。及军还,以功加授上柱国,进爵齐国公,赐物九千段,定食千乘县千五百户。上因劳之曰:"公伐陈后,人言公反,朕已斩之。君臣道合,非青蝇所间也。"颎又逊位,诏曰:"公识鉴通远,器略优深。出参戎律,廓清淮海,入司禁旅,实委心腹。自朕受命,常典机衡,竭诚陈力,心迹俱尽。此则天降良辅,翊赞朕躬。幸无词费也。"其优奖如此。

是后右卫将军庞晃及将军卢贲等,前后短颎于上。上怒之,皆被疏黜。因谓颎曰:"独孤公犹镜也,每被磨莹,皎然益明。"未几,尚书都事姜晔、楚州行参军李君才并奏称水旱不调,罪由高颎,请废黜之。二人俱得罪而去,亲礼逾密。上幸并州,留颎居守。及上还京,赐缣五千匹,复赐行宫一所,以为庄舍。其夫人贺拔氏寝疾,中使顾问,络绎不绝。上亲幸其第,赐钱百万,绢万匹,复赐以千里马。上尝从容命颎与贺若弼言及平陈事,颎曰:"贺若弼先献十策,后于蒋山苦战破贼。臣文吏耳,焉敢与大将军论功!"帝大笑,时论嘉其有让。寻以其子表仁取太子勇女,前后赏赐不可胜计。时荧惑入太微,犯左执法。术者刘晖私言于颎曰:"天文不利宰相,可修德以禳之。"颎不自安,以晖言奏之。上厚加赏慰。突厥犯塞,以颎为元帅,击贼破之。又出白道,进图入碛,遣使请兵。近臣缘此言颎欲反,上未有所答,颎亦破贼而还。

时太子勇失爱于上,潜有废立之意。谓颎曰:"晋王妃有神凭之,言王必有天下,若之何?"颎长跪曰:"长幼有序,其可废乎!"上默然而止。独孤皇后知颎不可夺,阴欲去之。初,夫人卒,后言于上曰:"高仆射老矣,而丧夫人,陛下何能不为之娶!"上以后言谓颎,颎流涕谢曰："臣今已老，退朝之后，唯斋居读佛经而已。虽陛下垂哀之深，至于纳室，非臣所愿。"上乃止。至是，颎爱妾产男，上闻之极欢，后甚不悦。上问其故，后曰："陛下当复信高颎邪？始陛下欲为颎娶，颎心存爱妾，面欺陛下。今其诈已见，陛下安得信之！"上由是疏颎。会议伐辽东，颎固谏不可。上不从，以颎为元帅长史，从汉王征辽东。遇霖潦疾疫，不利而还。后言于上曰："颎初不欲行，陛下强遣之，妾固知其无功矣。"又上以汉王年少，专委军于颎。颎以任寄隆重，每怀至公，无自疑之意。谅所言多不用，甚衔之。及还，谅泣言于后曰："儿幸免高颎所杀。"上闻之，弥不平。俄而上柱国王世积以罪诛，当推核之际，乃有宫禁中事，云于颎处得之。上欲成颎之罪，闻此大惊。时上柱国贺若弼、吴州总管宇文弼、刑部尚书薛胄、民部尚书斛律孝卿、兵部尚书柳述等明颎无罪，上逾怒，皆以之属吏。自是朝臣莫敢言者。颎竟坐免，以公就第。

未几，上幸秦王俊第，召颎侍宴。颎歔欷悲不自胜，独孤皇后亦对之泣，左右皆流涕。上谓颎曰："朕不负公，公自负也。"因谓侍臣曰："我于高颎胜儿子，虽或不见，常似目前。自其解落，瞑然忘之，如本无高颎。不可以身要君，自云第一也。"

顷之，颎国令上颎阴事，称："其子表仁谓颎曰：'司马仲达初托疾不朝，遂有天下。公今遇此，焉知非福！'"于是上大怒，囚颎于内史省而鞫之。宪司复奏颎他事，云："沙门真觉尝谓颎云：'明年国有大丧。'尼令晖复云：'十七、十八年，皇帝有大厄。十九年不可过。'"上闻而益怒，顾谓群臣曰："帝王岂可力求。孔子以大圣之才，做法垂世，宁不欲大位邪？天命不可耳。颎与子言，自比晋帝，此何心乎？"有司请斩颎。上曰："去年杀虞庆则，今兹斩王世积，如更诛，天下其谓我何？"于是除名为民。颎初为仆射，其母诫之曰："汝富贵已极，但有一斫头耳，尔宜慎之！"颎由是常恐祸变。及此，颎欢然无恨色，以为得免于祸。

炀帝即位，拜为太常。时诏收周、齐故乐人及天下散乐。颎奏曰："此乐久废。今若征之，恐无识之徒弃本逐末，递相教习。"帝不悦。帝时侈靡，声色滋甚，又起长城之役。颎甚病之，谓太常丞李懿曰："周天元以好乐而亡，殷鉴不远，安可复尔！"时帝遇启民可汗恩礼过厚，颎谓太府卿何稠曰："此虏颇知中国虚实、山川险易，恐为后患。"复谓观王雄曰："近来朝廷殊无纲纪。"有人奏之，帝以为谤讪朝政，于是下诏诛之，诸子徙边。

颎有文武大略，明达世务。及蒙任寄之后，竭诚尽节，进引贞良，以天下为己任。苏威、杨素、贺若弼、韩擒等，皆颎所推荐，各尽其用，为一代名臣。自余立功立事者，不可胜数。当朝执政将二十年，朝野推服，物无异议。治致升平，颎之力也，论者以为真宰相。及其被诛，天下莫不伤惜，至今称冤不已。所有奇策密谋及损益时政，颎皆削稿，世无知者。

其子盛道，官至莒州刺史，徙柳城而卒。次弘德，封应国公，晋王府记室。次表仁，封渤海郡公，徙蜀郡。

【译文】

高颎，字昭玄，又名敏，自称是渤海蓨人。父亲高宾，背叛北齐投奔北周，大司马独孤信召引他作僚佐，赐姓独孤氏。等到独孤信被杀，妻儿迁往蜀郡。文献皇后因为高宾曾是其父旧时的属吏。所以常常往来于他家。高宾后来官职做到了都州刺史。等后来高颍显赫之后，又追赠礼部尚书、渤海公。

高颍幼年聪明敏慧，有才识度量。大致阅览了有关的经史典籍，尤其善于应对言词。当初，高颍还是孩子时，家中有棵柳树，高达百余尺，耸立的样子犹如车盖，乡里的父老说："这家应当出现贵人。"十七岁时，北周齐王宪召引他作了记室参军。武帝时期，高颍继袭武阳县伯的爵位，授职内史上士，不久升任下大夫。因平齐之功，拜开府。不久跟随越王盛讨伐隰州叛胡，平定了叛乱。

高祖杨坚当政时，一向了解高颍的精明强干，以及熟谙军事，足智多谋，想把他引入相府做幕僚。就派邗国公杨惠向高颍说明他的心意，高颍得知高祖意图后欣然应允，说："情愿为你尽力效命。纵使公事业不成，我高颍甘愿受杀身灭族之祸也在所不辞。"于是任命他为相府司录参军。当时相府长史郑译、司马刘昉都因奢侈放纵被疏远，高祖更加信任高颍，把他视为心腹。尉迟迥起兵叛乱，派其子尉迟惇率领步兵、骑兵共八万人，进驻武陟。高祖命令韦孝宽前去讨击，军队行进到河阳，不敢先进。高祖因各位将领不能统一，派崔仲方监督，仲方借口父亲在山东而不想前往。当时高颍又见刘昉、郑译也都没有前往的意思，就自己请求出行，非常符合皇上心意，遂派高颍监军。高颍接受命令后即刻动身，派人向母亲告辞，表示忠孝不能两全，遂落泪悲叹上了路。到达军中后，就在沁水上建造桥梁。叛军在河的上游放火栿，高颍事先制造了堵水的土袋来对付，这种土袋前尖后宽，前高后低，状如蹲坐的狗。等过河后，便焚毁桥梁与叛军交战，大破尉迟迥的军队。于是，进军邺下，和尉迟迥交锋。高颍又和宇文忻、李询等人筹划对策，于是平定了尉迟迥的叛乱。官军班师回朝，高颍在高祖寝室中陪宴，高祖撤下帷帐赐给高颍。高颍进位柱国，改封义宁县公，升任相府司马，更受皇上信赖。

高祖受禅登基后，拜高颍为尚书左仆射，兼任纳言，进封渤海郡公，在朝百官没人能比，皇上每次招呼他，只叫他的独孤姓，而不唤他的名字，高颍极力躲避权柄势力，上表请求辞去官位，让给苏威。高祖想成全他的美意，允许他卸任仆射之职。几天后，高祖说："苏威在前朝隐居不出，高颍能推举他做官。我听说进荐贤能之人理应受到嘉奖，岂能让他离任！"遂让高颍官复原职。不久，拜任左卫大将军，原官职不变。当时，突厥多次侵犯边境骚扰边民，高祖派高颍驻守边境。待高颍还朝后，皇上赐给他一百多匹马，还有数以千计的牛羊，作为对他戍边有功的奖赏。高颍又兼领新都大监，营造中的法则、规定大多出自高颍之手。他每次都坐在朝堂北面的槐树下受理辞章、处理政事，因此树不依行列，主管部门想伐掉它。高祖特意命令不要伐树，昭示后人，由此可见他对高颍的敬重程度。不久又拜任左领军大将军，其他官职依旧不改。后因母亲去世而解职，二十天后又命他返职办公，高颍流泪推辞，高祖优诏不允。

开皇二年，长孙、元景山等人出兵伐陈，高祖命令高颍总辖各路兵马。适逢陈宣帝去世，高颍认为依照礼仪对方在服丧期内不能讨伐，遂上奏请求回师。萧岩叛乱时，高祖命高颍安抚和召集江汉民众，高颍的所作所为深得人心。高祖曾向高颍询问攻取陈朝的策略，高颍回答："江北之地寒冷，田中作物收获较晚，江南气候水土炎热，水田早熟。我们可以估计在陈收获的时候，稍稍征集兵马，声称要出兵袭击陈朝，他们必定会屯兵防御，这足以让他荒废农时。等到陈朝集结好兵力后，我方便解甲收兵，这样屡次三番地重复，他们必定会习以为常。待他们习惯后再聚集兵马出击时，他们一定不信，在犹豫不定之际，我军就能渡江登陆而战，士气会加倍增长。此外，江面土薄，房舍多以竹子茅草搭成，所有的积蓄也都没用地窖储藏。我们可以秘密地派人因风纵火，将其烧毁，待他们修葺后再烧。不出几年，自会使他们财力耗尽。"皇上用了他的计谋后，陈人从此更加衰败。开皇九年，晋王杨广大举伐陈，任命高颎为元帅长史，军队中所有事务的征询禀报，都由高颎决断。平定陈朝以后，晋王广想娶陈后主的宠姬张丽华，高颎说："当年武王灭殷，将妲己杀死。现在平定陈国，也不应娶丽华。"遂命人将其斩首，晋王大为不快。待还师返朝后，高颎因功加授上柱国，晋爵为齐国公，赐物九千段，定食千乘县封户一千五百户。皇上于是慰劳他说："公伐陈以后，有人说公谋反，我已将其斩首。我们君臣之道和谐，不是由进谗的佞人所能离间的。"高颎又请求退职，皇上下诏说："公远见卓识，气度优异而谋略深远。出则检阅军令，肃清淮海，入则执掌禁旅，实为腹心之任。自从我受天命登位以来，高颎常主管机要，竭心尽力，无论是居心还是行事都不遗余力。这是上天降下的良辅，辅佐我治理朝政。希望公不要再为辞职费口舌了。"可见皇上对他的优待和褒奖。

此后右卫将军庞晃和将军卢贲等人，前后几次在皇上面前说高颎的坏话。高祖大怒，庞晃、卢贲等都遭贬黜。皇上遂对高颎说："独孤公犹如一面镜子，每被摩擦一次，就更加洁白光亮。"没过多久，尚书都事姜晔、楚州行参军李君才都上书说水旱不调是高颎的罪责，请求皇上废黜他的相职，二人也都获罪而去，皇上与高颎关系更加亲密。皇上巡幸并州时，委托高颎留守京师。待皇上还京后，赏赐他细绢五千匹，又把一所行宫赐给他作庄舍。高颎的夫人贺拔氏卧病后，皇上派出问病的宦官往来于道，络绎不绝。皇上还亲临高颎的府第，赏赐他铜钱百万，绢万匹，又赐以千里马。高祖曾从容地让高颎和贺若弼讨论平陈的事，高颎说："贺若弼先前献上十项计策，之后又在蒋山苦战打败陈军。我身为文臣，岂敢和大将军评论军功！"皇上大笑，当时舆论也都称赞他谦让的美德。不久又因其子表仁娶皇太子杨勇之女，高祖前后赏赐他的又不可胜数。当时火星入太微星，冲犯左执法星。精通术数的刘晖私下对他说："这些天体运行的现象对宰相不利，可以靠完善德行来消灾免祸。"高颎心中不安，将刘晖的话上奏给高祖，皇上对他厚加赏赐、宽慰。突厥进犯边境，皇上任命高颎为元帅，将其击败。高颎又出兵白道，谋划入碛，遂派使请求朝廷增兵。皇上身边的侍臣中有人因此说高颎要谋反，皇上未做答复，而高颎也破贼而回。

当时太子杨勇失宠于皇上，高祖暗中有了废旧立新的心思，就对高颎说："晋王妃有神凭依，说晋王必能拥有天下，怎么办？"高颎庄重地直身而跪，对皇上说："长幼有序，岂能废长！"高祖默不作声，遂停止了废立举动。独孤皇后深知高颎志不可夺，暗地里想除掉他。起初，高颎夫人过世，皇后对高祖说："高仆射年事已高，而丧夫人，陛下怎能不替他再娶呢！"高祖把皇后的话告诉了高颎，高颎流泪致谢，说："臣现已年迈，退朝以后，只在书房中读佛经而已。尽管陛下哀怜之深，至于纳妻之事则非我所愿。"高祖这才作罢。至此，高颎的爱妾生下男孩，皇上得知后极为欢喜，皇后却颇为不悦。皇上问其缘故，皇后说："陛下还应相信高颎吗？当初陛下要为他娶妻，高颎心中只有爱妾，所以欺骗陛下说他不愿再娶。现在他的谎言已经揭穿，陛下怎能再信任他！"高祖从此便疏远高颎。适逢商讨伐辽东之事，高颎坚决规劝不要兴兵，高祖不听，任命高颎为元帅长史，跟随汉王杨谅出征辽东。遇上大雨成灾，兵士疾病流行，官军不利而回。皇后对高祖说："高颎起初就不愿出兵，陛下强行派他去，我就知道他不会得胜回来。"此外，皇上因为汉王年轻，军事要务专门委任高颎处理。高颎见皇上器重自己，所以心中总想用最公正的态度行事，全无半点疑心。杨谅因为自己所说的大多不被采纳，心中忌恨高颎。等到从辽东回朝后，杨谅哭着对皇后说："儿子侥幸没被高颎杀死。"皇上闻听后，心中更加愤愤不平。不久上柱国王世积因罪被杀，正当推鞫审核之际，却有宫中之事，说是从高颎处得到的。皇上想构织高颎的罪行，闻听此事后大为惊骇。当时，上柱国贺若弼、吴州总管宇文弼、刑部尚书薛胄、民部尚书斛律孝卿、兵部尚书柳述等人都作证说高颎无罪，皇上更怒，把他们都交给主管官吏处理。从此，文武百官没人再敢进言。高颎最终获罪免官，以国公的身份返家。

没过多久，高祖到秦王杨俊府第，召高颎陪宴。高颎哭泣抽噎，悲不自胜，独孤皇后也相对而哭，左右侍臣都随之落泪。高祖对高颎说："我没有亏待了你，是你背弃了自己。"遂对身边的侍臣们讲："我对高颎胜过对自己的儿子，虽然有时见不到他，却常感到他就在眼前。自从他解职后，我闭目后就忘记他，就像原本没有高颎一样。不能以身要君，自称第一啊。"

不久，高颎的国令上奏高颎的秘事，说："高颎的儿子表仁对他说：'司马仲达当年称病不肯朝见皇上，于是拥有了天下。您现在也遇到这种情况，怎么能知道这不是福气呢！'"于是高祖大怒，将高颎囚禁在内史省审问。宪司又奏报了高颎的其他事，说："僧人真觉曾对高颎说：'明年国家将有大丧事。'尼姑令晖也说：'十七、十八年皇帝有大难。过不去十九年。'"皇上听说后更加气愤，回头对群臣们讲："帝王怎能是靠争取得来的，孔子以大圣之才，制定法则流传于世，他难道不想登上帝位吗？只是命中注定不成罢了。高颎和他儿子的谈论，把自己比作晋帝，是何居心？"主管部门请求将高颎斩首。高祖说："去年杀了虞庆则，今年斩了王世积，若再杀高颎，天下人会怎么说我？"高颎于是被除名为平民。高颎初任仆射时，他的母亲就告诫他说："你现在已经富贵之极，只差砍头了，你应慎重从事！"高颎从此常担心招致祸患。等到获罪以后，高颎很高兴，全无不满的表情，他认为经历此事就能幸免于祸了。

隋炀帝即位后，高颎官拜太常。皇上当时下令聚集北周、北齐两朝的乐人，以及全国民间乐舞。高颎上奏说："此乐久已废弃。现在如果征集，恐怕无知之徒会弃本逐末，更相教习。"皇上不快。炀帝当时奢侈过度，更加喜好声色，又兴役修建长城。高颎深为忧患，对太常丞李懿说："周朝因好乐而亡国，殷鉴不远，岂能再这样！"当时炀帝对启民可汗恩遇礼节太厚，高颎对太府卿何稠说："这个突厥人对中原的虚实、山川险易都非常熟悉，恐怕要成为今后的祸患。"又对观王杨雄说："近来朝廷非常缺乏法纪。"有人把他的话报告了皇上，皇上以为他诽谤朝政，就下令将他处死，所有儿子都迁往边地。

高颎有文武谋略，明晓世事。在深受皇上器重之后，竭尽忠心，举荐召引贤才，以天下为己任。苏威、杨素、贺若弼、韩擒虎等人，都是由高颎推荐为官的，各尽其才，成为一代名臣。至于其他经他引荐后为国建功立业的就不可胜数了。在朝执政将近二十年，朝野无不推崇佩服，没人有相反意见。国家治理得精密周到，歌舞升平，这是高颎的功劳，所以人们公认他是真正的宰相。等到他被杀之后，天下百姓无不悲伤痛惜，至今称冤不止。而当时所有奇策密谋以及对政策的增减改动，高颎上奏后都将草稿毁掉，以示缜密，因此世间无人知道。

高颎之子盛道，官职做到莒州刺史，迁往柳城后去世。次子弘德，封爵为应国公，曾担任晋王杨广的记室参军。次子表仁，封爵为渤海郡公，后徙居蜀郡。

杨素传

【题解】

杨素（548～606 年），字处道，弘农华阴人，先仕北朝，自魏至周。因灭齐有功，周武时袭父爵。后深结杨坚，素为其谋固定策献计，并率命荡平江南，讨伐天下，备受文帝宠信。入隋后，权重势众，大修宫宇，废立太子，搜刮钱财，平定叛乱，谋攀功大，但终因贪鄙妄为，虽貌得炀帝之喜，实亦为其所斥，封赏有加，权势日削。其所做所为，多为世所鄙。虽得善终，不为人称。

【原文】

杨素字处道，弘农华阴人也。祖暄，魏辅国将军、谏议大夫。父敷，周汾州刺史，没於齐。素少落拓，有大志，不拘小节，世人多未之知，唯从叔祖魏尚书仆射宽深异之，每谓子孙曰："处道当逸群绝伦，非常之器，非汝曹所逮也。"后与安定牛弘同志好学，研精不倦，多所通涉。善属文，工草隶，颇留意于风角。美须髯，有英杰之表。周大冢宰宇文护引为中外记室，后转礼曹，加大都督。武帝亲总万机，素以其父守节陷齐，未蒙朝命，上表申理。帝不许，至於再三。帝大怒，命左右斩之。素乃大言曰："臣事无道天子，死其分也。"帝壮其言，由是赠敷为大将军，谥曰忠壮。拜素为车骑大将军、仪同三司，渐见礼遇。帝命素为诏书，下笔立成，词义兼美。帝嘉之，雇谓素曰："善自勉之，勿忧不富贵。"素应声答曰："臣但恐富贵来逼臣，臣无心图富贵。"

杨素

及平齐之役，素请率父麾下先驱。帝从之，赐以竹策，曰："朕方欲大相驱策，故用此物赐卿。"从齐王宪与齐人战於河阴，以功封清河县子，邑五百户。其年授司城大夫。明年，复从宪拔晋州。宪屯兵鸡栖原，齐主以大军至，宪惧而宵遁，为齐兵所蹑，众多败散。素与骁将十馀人尽力苦战，宪仅而获免。其后每战有功。及齐平，加上开府，改封成安县公，邑千五百户，赐以粟帛、奴婢、杂畜。从王轨破陈将吴明彻於吕梁，治东楚州事。封弟慎为义安侯。陈将樊毅筑城於泗口，素击走之，夷毅所筑。

宣帝即位，袭父爵临贞县公，以弟约为安成公。寻从韦孝宽徇淮南，素别下盱眙、钟离。

及高祖为丞相，素深自结纳，高祖甚器之，以素为汴州刺史。行至洛阳，会尉迥作乱，荥州刺史宇文胄据武牢以应迥，素不得进。高祖拜素大将军，发河内兵击胄，破之。迁徐州总管，进位柱国，封清河郡公，邑二千户。以弟岳为临贞公。高祖受禅，加上柱国。开皇四年，拜御史大夫。其妻郑氏性悍，素忿之曰："我若作天子，卿定不堪为皇后。"郑氏奏之，由是坐免。

上方图江表，先是，素数进取陈之计，未几，拜信州总管，赐钱百万、锦千段、马二百匹而遣之。素居永安，造大舰，名曰五牙，上起楼五层，高百余尺，左右前后置六拍竿，并高五十尺，容战士八百人，旗帜加於上。次曰黄龙，置兵百人。自馀平乘、舴艋等各有差。及大举伐陈，以素为行军元帅，引舟师趣三硖。军至流头滩，陈将戚欣，以青龙百馀艘、屯兵数千人守狼尾滩，以遏军路。其地险峭，诸将患之。素曰："胜负大计，在此一举。若昼日下船，彼则见我，滩流迅激，制不由人，则吾失其便。"乃以夜掩之。素亲率黄龙数千艘，衔枚而下，遣开府王长袭引步卒从南岸击欣别栅，令大将军刘仁恩率甲骑趣白沙北岸，迟明而至，击之，欣败走。悉虏其众，劳而遣之，秋毫不犯，陈人大悦。素率水军东下，舟舻被江，旌甲曜日。素坐平乘大船，容貌雄伟，陈人望之惧曰："清河公即江神也。"陈南康内史吕仲肃屯岐亭，正据江峡，於北岸凿岩，缀铁锁三条，横截上流，以遏战船。素与仁恩登陆俱发，先攻其栅。仲肃军夜溃，素徐去其锁。仲肃复据荆门之延洲。素遣巴蜒卒千人，乘五牙四艘，以柏樯碎贼十馀舰，遂大破之，俘甲士二千馀人，仲肃仅以身免。陈主遣其信州刺史顾觉，镇安蜀城，荆州刺史陈纪镇公安，皆惧而退走。巴陵以东，无敢守者。湘州刺史、岳阳王陈叔慎遣使请降。素下至汉口，与秦孝王会。及还，拜荆州总管，晋爵郢国公，邑三千户，真食长寿县千户。以其子玄感为仪同，玄奖为清河郡公。赐物万段，粟万石，加以金宝，又赐陈主妹及女妓十四人。素言於上曰："里名胜母，曾子不入，逆人王谊，前封於郢，臣不愿与之同。"於是改封越国公。寻拜纳言。岁馀，转内史令。

俄而江南人李棱等聚众为乱，大者数万，小者数千，共相影响，杀害长吏。以素为行军总管，帅众讨之。贼朱莫问自称南徐州刺史，以盛兵据京口。素率舟师入自杨子津，进击破之。晋陵顾世兴自称太守，与其都督鲍迁等复来拒战。素逆击破之，执迁，虏三千馀人。进击无锡贼帅叶略，又平之。吴郡沈玄恓、沈杰等以兵围苏州，刺史皇甫绩频战不利。素率众援之，玄恓势迫，走投南沙贼帅陆孟孙。素击孟孙於松江，大破之，生擒孟孙、玄恓。黟、歙贼帅沈雪、沈能据栅自固，又攻拔之。浙江贼帅高智慧自号东扬州刺史，船舰千艘，屯据要害，兵甚劲。素击之，自旦至申，苦战而破。智慧逃入海，素蹑之，从馀姚泛海趣永嘉。智慧来拒战，素击走之，擒获数千人。贼帅汪文进自称天子，据东阳，署其徒蔡道人为司空，守乐安。进讨，悉平之。又破永嘉贼帅沈孝彻。於是步道向天台，指临海郡，逐捕遗逸寇。前后百馀战，智慧遁守闽越。

上以素久劳於外，诏令驰传入朝。加子玄感官为上开府，赐缣物三千段。素以馀贼未殄，恐为后患，又自请行。乃下诏曰："朕忧劳百姓，日昃忘食，一物失所，情深纳隍。江外狂狡，妄构妖逆，虽经殄除，民未安堵。犹有贼首凶魁，逃亡山洞，恐其聚结，重扰苍生。内史令、上柱国、越国公素，识达古今，经谋长远，比曾推毂，旧著威名，宜任以大兵，总为元帅。宣布朝风，振扬威武，擒剪叛亡，慰劳黎庶，军民事务，一以委之。"素复乘传至会稽。先是，泉州人王国庆，南安豪族也，杀刺史刘弘，据州为乱，诸亡贼皆归之。自以海路艰阻，非北人所习，不设备伍。素汛海掩至，国庆遑遽，弃州而走，馀党散入海岛，或守溪洞。素分遣诸将，水陆追捕。乃密令人谓国庆曰：“尔之罪状，计不容诛。唯有斩送智慧，可以塞责。”国庆於是执送智慧，斩於泉州。自馀支党，悉来降附，江面大定。上遣左领军将军独孤陀至浚仪迎劳。比到京师，问者日至。拜素子玄奖为仪同，赐黄金四十斤，加银瓶，实以金钱，缣三千段，马二百匹，羊二千口，公田百顷，宅一区。代苏威为尚书右仆射，与高颎专掌朝政。

素性疏而辩，高下在心，朝臣之内，颇推高颎，敬牛弘，厚接薛道衡，视苏威蔑如也。自馀朝贵，多被陵轹。其才艺风调，优於高颎，至於推诚体国，处物平当，有宰相识度，不如疏远矣。

寻令素监营仁寿宫，素遂夷山堙谷，督役严急，作者多死，宫侧时闻鬼哭之声。及宫成，上令高颎前视，奏称颇伤绮丽，大损人丁，高祖不悦。素忧惧，计无所出，即於北门启独孤皇后曰：“帝王法有离宫别馆，今天下太平，造此一宫，何足损费！”后以此理谕上，上意乃解。於是赐钱百万，锦绢三千段。

十八年，突厥达头可汗犯塞，以素为灵州道行军总管，出塞讨之，赐物二千段，黄金百斤。先是，诸将与虏战，每虑胡骑奔突，皆以戎车步骑相参，舆鹿角为方阵，骑在其内。素谓人曰：“此乃自固之道，非取胜之方也。”於是悉除旧法，令诸军为骑阵。达头闻之大喜，曰：“此天赐我也。”因下马仰天而拜，率精骑十馀万而至。素奋击，大破之，达头被重创而遁，杀伤不可胜计，群虏号哭而去。优诏褒扬，赐缣两万匹，及万钉宝带。加子玄感位大将军，玄奖、玄纵、绩善并上仪同。

素多权略，乘机赴敌，应变无方，然大抵驭戎严整，有犯军令者，立斩之，无所宽贷。每将临寇，辄求人过失而斩之，多者百馀人，少不下十数。流血盈前，言笑自若。及其对阵，先令一二百人赴敌，陷阵则已，如不能陷阵而还者，无问多少，悉斩之。又令三二百人复进，还如向法。将士股慄，有必死之心，由是战无不胜，称为名将。素时贵幸，言无不从，其从素征伐者，微功必录，至於他将，虽有大功，多为文吏所谴却。故素虽严忍，士亦以此愿从焉。

二十年，晋王广为灵朔道行军元帅，素为长史。王卑躬以交素。及为太子，素之谋也。

仁寿初，代高颎为尚书左仆射，赐良马百匹，牝马二百匹，奴婢百口。其年，以素为行军元帅，出云州击突厥，连破之。突厥退走，率骑追蹑，至夜而及之。将复战，恐贼越逸，令其骑稍后。於是亲将两骑，并降突厥二人，与虏并行，不之觉也。候其顿舍未定，趣后骑掩击，大破之。自是突厥远遁，碛南无复虏庭。以功进子玄感位为柱国，玄纵为淮南郡公。赏物两万段。

及献皇后崩，山陵制度，多出於素。上善之，下诏曰：

君为元首，臣则股肱，共治万姓，义同一体。上柱国、尚书左仆射、仁寿宫大监、越国公素，志度恢弘，机鉴明远，怀佐时之略，包经国之才。王业初基，霸图肇建，策名委质，受脉出师，擒剪凶魁，克平虢、郑。频承庙算，扬旌江表，每禀戎律，长驱塞阴，南指而吴、越肃清，北临而獯、猃摧服。自居端揆，参赞机衡，当朝正色，直言无隐。论文则辞藻纵横，语武则权奇间出，既文且武，唯朕所命，任使之处，夙夜无怠。

献皇后奄离六宫,远日云及,茔兆安厝,委素经营。然葬事依礼,唯卜泉石,至如吉凶,不由於此。素义存奉上,情深体国,欲使幽明俱泰,宝祚无穷。以为阴阳之书,圣人所作,祸福之理,特须审慎。用遍历川原,亲自占择,纤介不善,即更寻求,志图元吉,孜孜不已。心力备尽,人灵协赞,遂得神皇福壤,营建山陵。论素此心,事极诚孝,岂与夫平戎定寇,比其功业?非唯廊庙之器,实是社稷之臣,若不加褒赏,何以申兹劝励?可别封一子义康郡公,邑万户,子子孙孙,承袭不绝。馀如故。

并赐田三十顷,绢万段,米万石,金钵一,实以金,银钵一,实以珠,并绫锦五百段。

时素贵宠日隆,其弟约、从父文思、弟文纪,及族父异,并尚书列卿。诸子无汗马之劳,位至柱国、刺史。家僮数千,后庭妓妾曳绮罗者以千数。第宅华侈,制拟宫禁。有鲍亨者,善属文,殷胄者,工草隶,并江南士人,因高智慧没为家奴。亲戚故史,布列清显,素之贵盛,近古未闻。炀帝初为太子,忌蜀王秀,与素谋之,构成其罪,后竟废黜。朝臣有违忤者,虽至诚体国,如贺若弼、史万岁、李纲、柳彧等,素皆阴中之。若有附会及亲戚,虽无才用,必加进擢。朝廷靡然,莫不畏附。唯兵部尚书柳述,以帝壻之重,数於上前面折素。大理卿梁毗,抗表上言,素作威作福。上渐疏忌之,后因出敕曰:"仆射国之宰辅,不可躬亲细务,但三五日一度向省,评论大事。"外示优崇,实夺之权也。终仁寿之末,不复通判省事。上赐王公以下射,素箭为第一。上手以外国所献金精盘,价值钜万,以赐之。四年,从幸仁寿宫,宴赐重叠。

及上不豫,素与兵部尚书柳述、黄门侍郎元岩等入阁侍疾。时皇太子入居大宝殿,虑上有不讳,须豫防拟,乃手自为书,封出问素。素录出事状以报太子。宫人误送上所,上览而大恚。所宠陈贵人,又言太子无礼。上遂发怒,欲召庶人勇。太子谋之於素,素矫诏追东宫兵士帖上台宿卫,门禁出入,并取宇文述、郭衍节度,又令张衡侍疾。上以此日崩,由是颇有异论。

汉王谅反,遣茹茹天保来据蒲州,烧断河桥。又遣王聃子率数万人并力拒守。素将轻骑五千袭之,潜於渭口宵济,迟明击之,天保败走,聃于惧而以城降。有诏徵还。初,素将行也,计日破贼,皆如所量。帝於是以素为并州道行军总管、河北安抚大使,率众数万讨谅。时晋、绛、吕三州并为谅城守,素各以两千人縻之而去。谅遣赵子开拥众十馀万,策绝径路,屯据高壁,布阵五十里。素令诸将以兵临之,自引奇兵潜入霍山,缘崖谷而进,直指其营,一战破之,杀伤数万。谅所署介州刺史梁修罗屯介休,闻素至,惧,弃城而走。进至清源,去并州三十里,谅率其将王世宗、赵子开、萧摩诃等,众且十万,来拒战。又击破之,擒萧摩诃。谅退保并州,素进兵围之,谅穷蹙而降,馀党悉平。帝遣素弟修武公约赍手诏劳素曰:

我有隋之御天下也,于今二十有四年,虽复外夷侵叛,而内难不作,修文偃武,四海晏然。朕以不天,衔恤在疚,号天叩地,无所逮及。朕本以藩王,谬膺储两,复以庸虚,篡承鸿业。天下者,先皇之天下也,所以战战兢兢,弗敢失坠,况复神器之重,生民之大哉!

贼谅苞藏祸心,自幼而长,羊质兽心,假托名誉,不奉国讳,先图叛逆,违君父之命,成莫大之罪。诳惑良善,委任奸回,称兵内侮,毒流百姓。私假署置,擅相谋戮,小加大,少凌长,民怨神怒,众叛亲离,为恶不同,同归於乱。朕寡兄弟,犹未忍及言,是故开关门而待寇,戢干戈而不发,朕闻之,天生蒸民,为之置君,仰惟先旨,每以子民为念,朕岂得枕伏苫庐，颠而不救也！大义灭亲，《春秋》高义，周旦以诛二叔，汉启乃戮七藩，义在兹乎？事不获已，是以授公戎律，问罪太原。且逆子贼臣，何代不有，岂意今者，近出家国。所叹荼毒甫尔，便及此事。由朕不能和兄弟，不能安苍生，德泽未弘，兵戈先动，贼乱者止一人，涂炭者乃众庶。非唯寅畏天威，亦乃孤负付嘱，薄德厚耻愧乎天下。

公乃先朝功臣，勋庸克茂。至如皇基草创，百物惟始，便匹马归朝，诚识兼至。汴部、郑州，风卷秋箨，荆南、塞北，若火燎原，早建殊勋，夙著诚节。及献替朝端，具瞻惟允，爱弼朕躬，以济时难。昔周勃、霍光，何以加也！贼乃窃据蒲州，关梁断绝，公以少击众，指期平殄。高壁据险，抗拒官军，公以深谋，出其不意。雾廓云除，冰消瓦解，长驱北迈，直趣巢窟。晋阳之南，蚁徒数万，谅不量力，犹欲举斧。公以棱威外讨，发愤於内，忘身殉义，亲当矢石。兵刃暂交，鱼溃鸟散，僵尸敝野，积甲若山。谅遂守穷城，以拒铁钺。公董率骁勇，四面攻围，使其欲战不敢，求走无路，智力俱尽，面缚军门。斩将搴旗，伐叛柔服，元恶既除，东复清晏，嘉庸茂绩，於是乎在。昔武安平赵，淮阴定齐，岂若公远而不劳，速而克捷者也。朕殷忧谅闇，不得亲御六军，未能问道於上庠，遂使勤劳於行阵。言念於此，无忘寝食。公乃建累世之元勋，执一心之确志。古人有言曰："疾风知劲草，世乱有诚臣。"公得之矣。乃铭之常鼎，岂止书勋竹帛哉！功绩克谐，哽叹无已。稍冷，公如宜。军旅务殷，殊当劳虑，故遣公弟，指宣往怀。迷塞不次。

素上表陈谢曰：

臣自惟虚薄，志不及远，州郡之职，敢惮勤劳，卿相之荣，无阶觊望。然时逢昌运，王业惟始，虽涓流赴海，诚心屡竭，轻尘集岳，功力盖微。徒以南阳里闬，丰、沛子弟，高位重爵，荣显一时。遂复入处朝端，出总戎律，受文武之任，预帷幄之谋。岂臣才能，实由恩泽。欲报之德，义极昊天。伏惟陛下照重离之明，养继天之德，牧臣於疏远，照臣以光晖，南服降枉道之书，春宫奉肃成之旨。然草木无识，尚荣枯候时，况臣有心，实自效无路。昼夜回徨，寝食惭惕，常惧朝露奄至，虚负圣慈。

贼谅包藏祸心，有自来矣，因幸国哀，便肆凶逆，兴兵晋、代，摇荡山东。陛下拔臣於凡流，授臣以戎律，蒙心膂之寄，禀平乱之规。萧王赤心，人皆以死，汉皇大度，天下争归，妖寇廓清，岂臣之力！曲蒙使臣弟约赍诏书问劳，高旨峻笔，有若天临，洪恩大泽，便同海运。悲欣惭惧，五情振越，虽百殒微躯，无以一报。

其月还京师，因从驾幸洛阳，以素领营东京大监。以平谅之功，拜其子万石、仁行，姪玄挺，皆仪同三司，赏物五万段，绮罗千匹，谅之妓妾二十人。大业元年，迁尚书令，赐东京甲第一区，物二千段。寻拜太子太师，馀官如故。前后赏锡，不可胜计。明年，拜司徒，改封楚公，真食二千五百户。其年，卒官。谥曰景武，赠光禄大夫、太尉公、弘农、河东、绛郡、临汾、文城、河内、汲郡、长平、上党、西河十郡太守。给辒车，班剑四十人，前後部羽葆鼓吹，粟麦五千石，物五千段。鸿胪监护丧事。帝又下诏曰："夫铭功彝器，纪德丰碑，所以垂名迹於不朽，树风声於没世。故楚、景武公素，茂绩元勋，勤劳王室，竭尽诚节，协赞朕躬。故以道迈三杰，功参十乱。未臻遐寿，遽戢清徽。春秋递代，方绵岁祀，式播彤篆，用图勋德，可立碑宰隧，以彰盛美。"素尝以五言诗七百字赠番州刺史薛道衡，词气宏拔，风韵秀上，亦为一时盛作。未几而卒，道衡叹曰："人之将死，其言也善，岂若是乎！"有集十卷。

素虽有建立之策，及平杨谅功，然特为帝所猜忌，外示殊礼，内情甚薄。太史言隋分野有大丧，因改封於楚。楚与隋同分，欲以此厌当之。素寝疾之日，帝每令名医诊候，赐以上药。然密问医人，恒恐不死。素又自知名位已极，不肯服药，亦不将慎，每语弟约曰："我岂须更活耶？"素负冒财货，营求产业，东、西二京，居宅侈丽，朝毁夕复，营缮无已，爰及诸方都会处，邸店、水碹并利田宅以千百数，时议以此鄙之。子玄感嗣。诸子皆坐玄感诛死。

【译文】

杨素，字处道，弘农郡华阴人。祖父杨暄，北魏辅国将军、谏议大夫。父杨敷，北周的汾州刺史，陷没于齐。杨素少年时放荡不羁，有大志，不拘小节，当时的人都不了解他，只有他的从叔祖魏尚书仆射杨宽很以为不凡，常对子孙说："处道必然超群绝伦。他是非凡之器，不是你辈所能比得上的。"后来，杨素与安定郡人牛弘志同道合，全很好学，精研不倦，广泛涉猎。他善于写文章，擅长草隶，很留意于风角占验之术。他胡须很漂亮，有英杰的仪表。周朝的大冢宰宇文护提拔他为中外记室，后来转官礼曹，加大都督衔。周武帝亲自综理万机。杨素认为父亲坚守节操，陷没于北齐，还未受朝廷恩命，便上表申诉。周武帝不答应，杨素再三上表请求。武帝大怒，命左右把他斩了。杨素高声道："我侍奉无道的天子，死也是应该的。"武帝觉得他说得很壮烈，因此封赠杨敷为大将军，谥"忠壮"。拜杨素为车骑大将军、仪同三司，渐渐受到礼遇。武帝命杨素写诏书，下笔立成，文辞义理都很优美。武帝表示嘉许，看着杨素道："好自为之，不要愁不会富贵的。"杨素应声答道："我只怕富贵来逼近我，我无心图谋富贵。"

及至发动平灭北齐的战役，杨素要求率领父亲的旧部为先锋。武帝应允了他，赐给他竹策，说："朕正想要重用你，所以把此物赐给你。"杨素跟随齐王宇文宪，与北齐人战于河阴，以功封清河县子，食邑五百户。这年授勋为司城大夫。第二年，他又跟随齐王宇文宪攻拔晋州。宇文宪屯兵鸡栖原，北齐后主率大军赶到，宇文宪惊惧而趁夜逃跑，为北齐兵追击，兵众败散甚多。杨素与骁将十余人奋力苦战，宇文宪勉强脱身。此后杨素每战都有功绩。及至平灭北齐，加官上开府，改封成安县公，食邑一千五百户，赐以粟帛、奴婢和各种牲畜。杨素跟随王轨击破陈朝将领吴明彻于吕梁，掌治东楚州事。封其弟杨慎为义安侯。陈将樊毅筑城于泗口，杨素击跑了他，把他所筑的城全部夷平。

周宣帝即位，杨素袭父爵为临贞县公，其弟杨约为安成公。不久，他跟随韦孝宽征略淮南，杨素独自取得盱眙、钟离。

及至后来的隋文帝杨坚担任丞相，杨素深自结交。杨坚很器重他，任命他为汴州刺史。杨素上任，行至洛阳，正赶上尉迟迥起兵反杨坚，荥州刺史宇文胄据守虎牢以响应尉迟迥，杨素不能前行。杨坚拜杨素为大将军，征发河内兵马攻击宇文胄，破之。迁官徐州总管，晋升柱国，封清河郡公，食邑二千户。以其弟杨岳为临贞公。杨坚接受周帝禅让，加杨素为上柱国。隋文帝开皇四年，拜为御史大夫。其妻郑氏性情凶悍，杨素忿然道："我如果做了天子，你一定做不了皇后！"郑氏把这话上告朝廷，杨素因此而被免职。

隋文帝正图谋夺取江南，早先，杨素屡次进献攻取陈国之计，所以未过多久，就又任命他为信州总管，赐钱百万、锦千段、马二百匹，让他赴任。杨素居住在永安，建造大战舰,名叫五牙,舰上起楼五层,高百馀尺,左右前后设置六只拍杆,全都高五十尺,可容纳战士八百人,旗帜加于其上。其次的战舰名叫黄龙,可容兵百人。其余平乘船、舴艋船各有差等。及至大举伐陈,任命杨素为行军元帅,率领舰队趋往三峡。军队行至流头滩,陈将戚欣以青龙舰百余艘、屯兵数千人扼守狼尾滩,以遏断要路。其地险峭,诸将都很忧虑。杨素道:"胜负大计,在此一举。如果我们白天让战舰顺流而下,他们就会发现,滩流湍急,舰船不能由人控制,那么我们就失去了主动性。"于是便趁夜进攻。杨素亲自率领黄龙舰数千艘,衔枚而下,派遣开府王长袭率领步兵从南岸攻击戚欣另外的营寨,命令大将军刘仁恩率领甲骑直趋白沙北岸,在拂晓时赶到,发起攻击,戚欣败走。敌军全部被俘虏,抚慰而遣散,秋毫不犯,陈国的百姓很是喜悦。杨素率水军东下,舟船遮满江面,旌旗甲胄光辉耀日。杨素坐于平乘大船之上,容貌雄伟,陈国人望见,恐惧地说:"清河公就是江神呀!"陈国的南康内史吕仲肃屯守岐亭,正扼据三峡,在北岸开凿岩壁,缀上铁链三条,横截江面,以遏阻战舰。杨素与刘仁恩登陆并进,先攻敌人营寨。吕仲肃的军队在夜间崩溃。杨素从容地解除铁链。吕仲肃又据守荆门的延洲。杨素派巴蜒士卒千人,乘五牙舰四艘,用拍竿击碎敌舰十余艘,于是大破敌军,俘虏甲士二千余人,吕仲肃仅仅逃了条活命。陈后主派遣他的信州刺史顾觉,镇守安蜀城,荆州刺史陈纪镇守公安,都惊惧而退逃。巴陵以东,没有敢拒守的城池。湘州刺史、岳阳王陈叔慎派使者请求投降。杨素沿江而下至汉口,与秦孝王杨俊会合。及至还朝,拜官为荆州总管,进爵郢国公,食邑三千户,真食长寿县千户。又以其子杨玄感为仪同,杨玄奖为清河郡公。赐帛万段,粟万石,另加以金宝,还赐给他陈后主的妹妹及女妓十四人。杨素上言于文帝说:"闾里的名字叫胜母,曾子就不肯进入。叛贼王谊,以前曾封于郢,我不愿与他相同。"于是改封为越国公。不久拜官为纳言。过了一年多,转官为内史令。

不久,江南人李棱等聚众为乱,大者数万人,小者数千人,互相响应,杀害地方长官。命杨素为行军总管,帅从征讨。贼寇朱莫问自称南徐州刺史,以重兵据守京口。杨素率舰队自杨子津入江,进击破之。晋陵人顾世兴自称太守,与他的都督鲍迁等又来拒战。杨素迎击,破之,活捉鲍迁,俘虏三千余人。进击无锡贼帅叶略,又平之。吴郡人沈玄恰、沈杰等率兵包围苏州,苏州刺史皇甫绩屡战不利。杨素率众增援,沈玄恰形势迫急,奔投南沙贼帅陆孟孙。杨素攻击陆孟孙与松江,大破之,生擒陆孟孙、沈玄恰。黟县、歙县一带的贼帅沈雪、沈能据寨固守,杨素又攻之。浙江贼帅高智慧自称东扬州刺史,舰船千艘,屯居要害,兵力甚为强劲。杨素进击,从早晨打到黄昏,苦战而破。高智慧逃入海中,杨素追击,从余姚漂海趋永嘉。高智慧前来拒战,杨素击逃之,擒获数千人。贼帅汪文进自称天子,盘踞东阳,署任其党蔡道人为司空,屯守乐安。杨素进讨,全部荡平。又击破永嘉贼帅沈孝彻。于是他由陆路往天台,直指临海郡,逐捕逃逸的贼寇。前后百余战,高智慧逃守闽越。

隋文帝因杨素长期劳苦在外,诏令乘驿马入朝。其子杨玄感加官为上开府,赐缣物三千段。杨素认为余贼未全部殄灭,恐为后患,又要求亲自出征。文帝于是下诏道:"朕为百姓忧劳,日旰忘食,有一人不得其所,就好像是自己把他推进沟中。江南的狂狡之徒,妄构妖逆,虽经殄除,百姓尚未安措,犹有贼首凶魁,逃亡山洞,恐怕他们重新聚结,再次扰乱苍生。内史令、上柱国、越国公杨素,识达古今,深谋远虑,前曾出师,已著威名,宜委任以大兵,总为元帅。宣布朝廷教化,振扬威武,擒灭叛亡,慰劳黎民,军民事务,全部委任之。"杨素又乘驿车至会稽。在先,泉州人王国庆,是南安的豪族。他杀死刺史刘弘,据州叛乱,诸路败逃的贼寇都投奔他。他自以为海路艰阻,为北方人所不熟习,所以不设防兵。杨素泛海骤至,王国庆惶遽万分,弃州而逃,余党散入海岛,或者困守溪洞。杨素分别派遣诸将,水陆追捕。他还悄悄派人对王国庆说:"你的罪状,算起来不仅受诛而已。唯有斩送高智慧,可以用来赎罪。"于是王国废擒送高智慧,斩首于泉州。其余小股贼党,全来降服,江南完全平定。隋文帝派遣左领军将军独孤陀,至浚仪迎接慰劳。及至京师,每天都有使者慰问。拜杨素之子杨玄奖为仪同,赐黄金四十斤,加银瓶,装满了金钱,缣帛三千段,马二百匹,羊二千口,公田百顷,宅第一区。代替苏威为尚书右仆射,与高颎同掌朝政。

杨素性格粗疏而能言善辩,对人的评价心中都有高低之分。朝臣之内,他很推重高颎,尊敬牛弘,厚待薛道衡,而对苏威很轻视。其余朝廷显贵,大多被他所陵轹。他的才艺风调,胜于高颎,至于赤诚报国,处事平允,有宰相的见识和气度,就比高颎差远了。

不久,命杨素监造仁寿宫。杨素便夷山填谷,课督工程严厉苛急,劳工死了很多,宫侧时常能听到鬼哭之声。及至宫殿竣工,文帝命高颎前往验视。高颎奏称过于绮丽,损失人丁太多,文帝很不高兴。杨素忧惧,束手无策,就到北门启奏独孤皇后道:"帝王理当有离宫别馆。如今天下太平,建造这一座宫殿,也算不上什么浪费!"皇后便用这话来开导文帝,文帝才解除了不满。于是赐杨素钱百万,锦绢三千段。

开皇十八年,突厥达头可汗侵犯边塞。以杨素为灵州道行军总管,出塞征讨,赐物二千段,黄金百斤。起先,诸将与敌虏交战,常顾虑敌骑奔突,都用战车与步兵、骑兵相参杂,车载鹿角为方阵,而骑兵在阵内。杨素对人说:"这是保全自己的办法,不是取胜之术。"于是全部捐弃旧法,命诸军为骑兵之阵。达头听说后大喜,道:"这是上天赐给我的良机呀!"于是下马仰天而拜,率领精锐骑兵十余万而至。杨素奋力攻击,大破敌军。达头受重伤而逃,杀伤不可胜计,群虏号哭而去。文帝优诏褒奖,赐缣帛两万匹,以及万钉宝带。加其子杨玄感勋位大将军,玄奖、玄纵、绩善全为上仪同。

杨素多有权谋,乘机赴敌,应变灵活,然而控驭军队严厉,有违犯军令者,立刻斩首,从不宽恕。每次将要与敌人作战,先寻求人的过失而斩之,多者百余人,少也不下十来人,流血积满面前,他还是谈笑自若。及至与敌对阵,先命令一二百人赴敌,陷入敌阵则罢;如不能陷入敌阵而还者,不问多少人,一律斩首。又命三二百人再次冲锋,还照上述办法处理。将士战栗,都有必死之心,因此战无不胜,称为名将。杨素当时正受贵宠,言无不从,那些跟随杨素征伐的,有些微功劳必被登录;至于其他将领,虽有大功,也多被文职官吏所谴责却除。所以杨素虽然严酷残忍,战士们也因此愿意相从。

开皇二十年,晋王杨广为灵朔道行军元帅,杨素为其长史。晋王降低身份以交结杨素。及至晋王被立为太子,全是杨素的计谋。

隋文帝仁寿初年,杨素代替高颎为尚书左仆射,赐良马百匹,牝马二百匹,奴婢百人。这一年,以杨素为行军元帅,由云州出塞攻击突厥,接连击破。突厥退逃,杨素率骑兵追击,到夜间才追到。准备再战,但恐怕敌军逃窜,于是命所率骑兵稍靠后,自己亲率两名骑士和投降的两个突厥人,与敌虏并行,敌虏竟然没有发觉。等到敌虏停下宿营,趁他们还未安定,急令后面的骑兵掩击,大破敌军。从此突厥远遁,大漠之南不再有突厥的王庭。因功进其子杨玄感勋位为柱国,玄纵封淮南郡公。赏物两万段。

及至独孤皇后驾崩,其陵墓制度,多由杨素所定。文帝表示嘉许,下诏道:

君主是元首,臣子则为股肱,共同统治万姓,在道理上犹同一体。上柱国、尚书左仆射、仁寿宫大监、越国公杨素,气度恢弘,智虑明远,身怀佐治当世之谋略,包含经理国政之才能。王业刚打基础,霸图开始建立,入仕为臣,受命出征,擒剪凶魁,克平虢、郑。屡受朝廷谋略,扬旌于江南,每禀军旅律令,长驱于塞北。南指而吴越肃清,北临而匈奴摧服。自居相位,参赞枢机,当朝正色,直言无隐。论文则词藻纵横,语武则奇谋时出。既文且武,唯朕所命,委任之处,夙夜不怠。

献皇后奄忽辞离六宫,卜葬之日即将到来,陵墓安置,委任杨素经营。然而丧葬之事,依照古礼仅占卜墓地的泉石,至于吉凶,不由于此。杨素义存于侍奉君上,情深而体恤国家,欲使幽明两界俱都亨泰,使国祚永世无穷。他认为阴阳地理之书,是圣人所作,理关祸福,特须审慎。便遍历川原,亲自占选茔地,有丝毫不善,即另外寻求,志求吉祥,孜孜不倦。心力俱尽,人神协助,遂得福地,营建山陵。论起杨素此心,极为诚孝,岂平戎定寇可比其功业?非唯廊庙之器,实是社稷之臣,如不加褒赏,何以申明劝励?可别封其一子为义康郡公,食邑万户,子子孙孙,承袭不绝。其余如故。

同时还赐田三十顷,绢万段,米万石,金钵一只,装满金子,银钵一只,装满珍珠,并绫锦五百段。

当时杨素受到的宠幸日见隆盛,他弟弟杨约,从父杨文思,文思之弟文纪,以及族父杨异,并为尚书、列卿。几个儿子没有汗马之劳,也位至柱国、刺史。家僮数千人,后房妓妾身穿绮罗者数以千计。宅第华丽奢侈,制度可比拟皇宫。有个叫鲍亨的,善写文章,还有个叫殷胄的,擅于草隶,都是江南士人,因高智慧牵连而沦为杨素家奴。亲戚和旧日属吏,都列居清显之职。杨素的显贵荣盛,近代未闻。隋炀帝刚立为太子,忌恨蜀王杨秀,与杨素策划,构成其罪,后来竟然被废黜。朝臣有忤犯他的,虽然是至诚体国,如贺若弼、史万岁、李纲、柳彧等人,杨素都阴谋陷害他们。如果有人附和或者是亲戚,虽然毫无才能,也必加以擢拔。朝廷诸臣靡然而倒,无不畏附。只有兵部尚书柳述,凭借皇帝女婿之威重,屡次在文帝跟前当面反对杨素。大理卿梁毗,抗表上言,指斥杨素作威作福。文帝渐渐疏远疑忌他,后来便降下敕令道:"仆射,是国家的宰辅,不可躬亲细杂事务,只需三五日到尚书省一次,评论大事。"外表示以优崇,实际上是夺掉他的权力。直到仁寿末年,杨素不再通掌尚书省事务。文帝赐王公以下射箭,杨素的射箭为第一。文帝亲手把外国所献的金精盘,价值巨万,赐给杨素。仁寿四年,跟随文帝临幸仁寿宫,宴席上赏赐倍多。

及至文帝生病,杨素与兵部尚书柳述、黄门侍郎元岩等入阁侍奉。当时皇太子入居大宝殿,担忧皇上会病故,必须预先防备,便亲手写信,封好送给杨素探问。杨素把文帝病情写好来报告太子。宫人错把此信送到文帝处,文帝读后大恨。他宠幸的陈贵人,又说太子对她有无礼举动。文帝于是大怒,想召回已废为庶人的故太子杨勇。太子与杨素策划,杨素假传诏命调东宫卫士移近皇上居处宿卫,禁止宫门随意出入,并调取宇文述、郭衍掌管;又命张衡入宫侍候文帝病体。文帝就在这天驾崩了,对文帝的死因,由此便颇有各种猜测。

汉王杨谅造反，派茹茹天保前来占据蒲州，烧断黄河桥梁，又派王聃子率领数万人并力拒守。杨素率轻骑五千袭击，悄悄在渭口乘夜偷渡，将明时出击，茹茹天保败逃，王聃子惧怕而举城投降。炀帝下诏征杨素还朝。开始，杨素将出发，算准破敌的具体时间，结果正如所料。炀帝于是便任命杨素为并州道行军总管、河北安抚大使，率兵数万征讨汉王杨谅。当时晋州、绛州、吕州三州都为杨谅守城，杨素各派两千人牵制三州，便继续前进。杨谅派遣赵子开拥兵十余万，断绝路径，屯据于高壁，布阵五十里。杨素命诸将率兵正面对垒，自己带领奇兵悄悄进入霍山，沿崖谷而进，直指敌营，一战击破，杀伤数万。杨谅所委任的介州刺史梁修罗屯驻介休，听说杨素来到，恐惧得弃城而逃。杨素进军至清源，距并州三十里。杨谅率领其部将王世宗、赵子开、萧摩诃等，兵众将近十万，前来拒战。杨素又击破之，生擒萧摩诃。杨谅退保并州，杨素进兵包围。杨谅困迫无策而投降，其余党羽也都被平定。炀帝派遣杨素的弟弟杨约携带亲手写的诏书慰劳杨素，道：

我大隋统驭天下，于今已有二十四年，虽然外国夷狄屡次侵叛，但从未发生内乱，修文偃武，四海安然。朕以父皇去世，痛苦在心，号天叩地，也无能追及。朕本以藩王，被命为太子储君，又以平庸无能之才，继承大业。天下者，先皇之天下也，所以朕战战兢兢，不敢让它失去，何况还有宗庙之重和百姓之大呢！

叛贼杨谅包藏祸心，从幼至长，羊形兽心，伪托名誉，不守国丧，先图叛逆，违背君父之命，构成莫大之罪。煽惑良善，委任奸回，兴兵内乱，毒害百姓。私署官职，擅自杀戮，以小加大，以少凌长，民怨神怒，众叛亲离，所为罪恶虽有多种，但种种同归于作乱。朕兄弟不多，还未忍心下令征讨，所以开关门而待寇，止干戈而不发，朕听说过，上天生养黎民，为他们设置君主。朕仰承先帝意旨，常以抚养百姓为念，岂能只顾自己守护，眼看着百姓倒悬而不救呢！大义灭亲，是《春秋》的大义，周公旦诛管叔、蔡叔，汉景帝戮灭吴、楚七国，其道理就在于此！事不得已，所以授公以大兵，问罪于太原。逆子贼臣，哪一代没有，但谁能想到，会近出于自己的家国。所可叹者，刚刚遭受丧父的痛苦，就遇到这种事。这都是由于朕不能和睦兄弟，不能安济苍生，德尚未普施，兵戈先已兴动，作乱者虽只一人，涂炭者却是万民。朕不仅畏惧天命，而且觉得辜负了先帝的托嘱。德薄而耻重，使我有愧于天下。

公乃先朝旧臣，功勋卓茂。早在皇朝草创，百废待兴的时候，便匹马归服朝廷，忠诚和识度都胜人一筹。扫灭北齐的汴州、郑州，如秋风之卷落叶；平定荆南和塞北，似烈火之燎原，很早就建立了殊勋，显示了忠诚。及至在朝献可替否，更是为众人所瞻仰，接着又辅弼寡人，以济时艰。古昔的周勃、霍光，哪里能与公相比！叛贼窃据蒲州，断绝关隘桥梁，公以少击众，克期荡平。叛贼在高壁凭据险阻，抗拒官军，公以高深莫测之谋，出其不意。云开雾散，冰消瓦解，长驱北进，直捣贼窟。晋阳之南，蚁附之众数万，杨谅不自量力，尚想举起螳臂。公以棱严之威讨伐，发愤于内，舍生取义，亲当矢石。兵刃方交，鱼溃鸟散，僵尸遍野，积甲若山。杨谅于是困守穷城，以拒斧钺之诛。公督率骁勇，四面攻围，使其欲战不敢，欲逃无路，智力俱尽，面缚投降于军门。斩将搴旗，计伐叛逆而怀柔安顺，元凶既已除掉，华夏得以清平，丰功伟绩，正在于此，古昔时武安君陈余平定赵地，淮阴侯韩信平定三齐，哪里比得上公的远行而不劳，速战而克捷呢！朕忧心于居表期间，不得亲率六军，由于未能请教方略于廊庙，遂使公劬劳于行阵。每念及此，寝食难忘。公乃建立累世之元功，执着一心之忠志。古人有言："疾风知劲草，世乱有诚臣。"公正应了此言。公的勋劳应铭刻于钟鼎岂止书写于竹帛史册而已。大功告成，哽咽叹息不已。稍待一时，公可随宜。军旅之间，庶务殷繁，颇费思虑，所以派遣公的弟弟，宣极朕的怀念。心思迷乱，言语无次。

杨素上表陈谢道：

臣自知德薄才疏，所以志向并不高运，州郡之职，哪敢辞其劬劳，至于卿相之荣，从来无由觊望。然而时逢昌盛之运，王业开创，臣虽然如涓流之赴大海，屡竭赤诚之心，但不过如轻尘之落泰山，功劳实在卑微。臣只不过凭借是皇上的乡旧故里，才高位重爵，显赫一时，于是又入处朝廷，出掌戎伍，受文武之委任，预帷幄之运筹。岂是臣有才能，实由陛下思泽。欲想报答的恩德，其大如昊天，臣思陛下烛照重黎、离朱之明察，涵育继承昊天之仁德，牧臣于边运，照臣以光辉。臣在南疆，蒙降绕道投送之信，陛下在春宫，曾奉讲学论遭之旨。然则草木无知，尚且等待时节而荣枯；何况微臣有心，实感报效思之无路。昼夜彷徨，寝食惭惧，常恐一旦丧命，辜负圣上的慈心。

叛贼杨谅包藏祸心，来由久远，因乘国丧，便逞凶逆，兴兵于晋、代之间，动摇太行以东。陛下拔擢臣于凡庸之流，授委臣以兵戎大任，蒙受陛下心腹臂膀之寄托，秉承平定叛乱之规划。萧王刘秀赤心待人，人皆以死相许，汉王刘邦恢宏大度，天下争相归顺，扫清妖寇，岂是微臣之力！蒙陛下派遣臣弟杨约赍送诏书慰劳，旨深笔峻，有如天降，恩泽浩渺，便同海运。悲喜惭惧，各种情感一时腾起，虽然是微躯百死，也不足以一报。

这月，杨素返还京师，于是随从圣驾游幸洛阳，任命杨素为营造东京的大监。以平灭杨谅之功，封其子杨万石、杨仁行，侄儿杨玄挺，皆为仪同三司，赏赐物五万段，绮罗千匹，杨谅的妓妾二十人。大业元年，迁官尚书令，赐东京上等宅第一处，物二千段。不久又封太子太师，其余官职如故，前后赏赐，不可胜计。明年，拜官司徒，改封楚国公，真食二千五百户租税。这一年，他死于任上。谥号为景武，赠官光禄大夫、太尉公、弘农、河东、绛郡、临汾、文城、河内、汲郡、长平、上党、西河十郡的太守。赐给送丧的栟榇车，班剑四十人，前后部鼓吹仪仗，粟麦五千石，物五千段，由鸿胪寺监护丧事。炀帝又下诏道："在钟鼎上铭刻功勋，在丰碑上纪载德业，为的是垂名声事业于不朽，树讽诵赞美于身后。故楚景武公杨素，丰功伟绩，劬劳于王室，竭尽忠诚，辅佐朕躬。所以他的道义超越了汉初的三杰，功绩可比肩于周武王的'十乱'，未至高寿，突然逝世。春秋递代，岁礼正长，雕篆金石，以彰勋德。可立碑于墓道，以表彰盛美。"杨素曾经以五言诗七百字赠番州刺史薛道衡，词气宏迈，风韵秀挺，为一时名作。时间不久他就死了，薛道衡叹道："人之将死，其言也善。难道真是这样吗！"有文集十卷。

杨素虽然有拥立炀帝的策谋和平定杨谅的功劳，但特别为炀帝所猜忌，外表示以殊礼，内情很是淡薄。太史说隋的分野要有大丧事，炀帝便改封杨素于楚，因为楚与隋在同一分野，想以杨素来厌禳灾祸。杨素病重之时，炀帝常令名医来诊断，赐以上等的药物。但又悄悄询问医生，总是唯恐杨素不死。杨素也自知名望地位已至巅峰，便不肯服药，也不慎重调养，常对他弟弟杨约说："我难道还需要活着吗？"杨素贪冒财货，营求产业，东、西二京的宅第极为奢侈华丽，早晨拆晚上建，营造修缮无停日，居宅遍及诸方的大都会，旅店、水碾和肥田美宅数以千百计，当时人的舆论对此很是鄙薄。其子杨玄感嗣位。他的所有儿子都因杨玄感造反而被诛死。

韩擒虎传

【题解】

韩擒虎(538~592),字子通,隋河南东垣(今河南新安东)人。北周时以军功,拜都督、新安太守,袭爵新义郡公。多次击败陈朝军队进攻。隋初,任庐州总管与贺若弼共伐陈,他先入建康,擒获陈主陈叔宝。回京师后,与贺若弼争功,隋文帝加以调和。进位上柱国,别封寿光县公,凉州总管,御备胡寇。韩擒虎主要功绩是灭南朝陈,统一了全国。

【原文】

韩擒虎字子通,河南东垣人也,后家新安。父雄,以武烈知名,仕周,官至大将军、洛、虞等八州刺史。擒少慷慨,以胆略见称,容貌魁岸,有雄杰之表。性又好书,经史百家皆略知大旨。周太祖见而异之,令与诸子游集。后以军功,拜都督、新安太守,稍迁仪同三司,袭爵新义郡公。武帝伐齐,齐将独孤永业守金墉城,擒说下之。进平范阳,加上仪同,拜永州刺史。陈人逼光州,擒以行军总管击破之。又从宇文忻平合州。高祖作相,迁和州刺史。陈将甄庆、任蛮奴、萧摩诃等共为声援,频寇江北,前后入界。擒屡挫其锋,陈人夺气。

韩擒虎

开皇初,高祖潜有吞并江南之志,以擒有文武才用,夙著声名,于是拜为庐州总管,委以平陈之任,甚为敌人所惮。及大举伐陈,以擒为先锋。擒率五百人宵济,袭采石,守者皆醉,擒遂取之。进攻姑熟,半日而拔,次于新林。江南父老素闻其威信,来谒军门,昼夜不绝。陈人大骇,其将樊巡、鲁世真、田瑞等相继降之。晋王广上状,高祖闻而大悦,宴赐群臣。晋王遣行军总管杜彦与擒合军,步骑两万。陈叔宝遣领军蔡征守朱雀航,闻擒将至,众惧而溃。任蛮奴为贺若弼所败,弃军降于擒。擒以精骑五百,直入朱雀门。陈人欲战,蛮奴拽之曰:"老夫尚降,诸君何事!"众皆散走,遂平金陵,执陈主叔宝。时贺若弼亦有功。乃下诏于晋王曰:"此二公者,深谋大略,东南逋寇,朕本委之,静地恤民,悉如朕意。九州不一,已数百年,以名臣之功,成太平之业,天下盛事,何用过此!闻以欣然,实深庆快。平定江表,二人之力也。"赐物万段。又下优诏于擒、弼曰:"中国威于万里,宣朝化于一隅,使东南之民俱出汤火,数百年寇旬日廓清,专是公之功也。高名塞于宇宙,盛业光于天壤,逖听前古,罕闻其匹。班师凯入,诚知非远,相思之甚,寸阴若岁。"

及至京，弼与擒争功于上前，弼曰："臣在蒋山死战，破其锐卒，擒其骁将，震扬威武，遂平陈国。韩擒略不交阵，岂臣之比！"擒曰："本奉明旨，令臣与弼同时合势，以取伪都。弼乃敢先期，逢贼遂战，致令将士伤死甚多。臣以轻骑五百，兵不血刃，直取金陵，降任蛮奴，执陈叔宝，据其府库，倾其巢穴。弼至夕，方扣北掖门，臣启关而纳之。斯乃求罪不暇，安得与臣相比！"上曰："二将俱合上勋。"于是进位上柱国，赐物八千段。有司劾擒放纵士卒，淫污陈宫，坐此不加爵邑。

先是，江东有歌谣曰："黄斑青骢马，发自寿阳涘，来时冬气末，去日春风始。"皆不知所谓。擒本名豹，平陈之际，又乘青骢马，往反时节与歌相应，至是方悟。其后突厥来朝，上谓之曰："汝闻江南有陈国天子乎？"对曰："闻之。"上命左右引突厥诣擒前，曰："此是执得陈国天子者。"擒厉然顾之，突厥惶恐，不敢仰视，其有威容如此。别封寿光县公，食邑千户。以行军总管屯金城，御备胡寇，即拜凉州总管。

俄征还京，上宴之内殿，恩礼殊厚。无何，其邻母见擒门下仪卫甚盛，有同王者，母异而问之。其中人曰："我来迎王。"忽然不见。又有人疾笃，忽惊走至擒家曰："我欲谒王。"左右问曰："何王也？"答曰："阎罗王。"擒子弟欲挞之，擒止之曰："生为上柱国，死作阎罗王，斯亦足矣。"因寝疾，数日竟卒，时年五十五。子世谔嗣。

【译文】

韩擒虎，字子通，河南垣人，后来家住新安。父韩雄，因有武艺忠烈而知名，在北周，任官至大将军，洛、虞等八州刺史。韩擒虎少年时激昂振奋，以胆大有谋略被人所称赞，容貌端正身材魁梧，有男子汉气概。又爱好读书，经史百家等书都略知其大意。周太祖宇文泰见到他后感到与众不同，命他与儿子们交游。后来因为军功拜都督、新安太守，不久升为仪同三司，承袭父的封爵为新义郡公。周武帝伐齐，齐将独孤永业守洛阳金墉城，韩擒虎说服他投降。进而平定范阳，加官上仪同，拜永州刺史。陈朝军队逼近光州，韩擒虎作为行军总管击败了他们。又随从宇文忻平定合州。高祖杨坚做宰相时，升官为和州刺史。陈朝将领甄庆、任蛮奴、萧摩诃相互呼应声援，多次进犯长江以北地区，先后侵入边界。韩擒虎屡次出击，挫了他们的锋芒，陈朝的军队丧失了锐气。

隋开皇年间初期，高祖暗有并吞江南陈朝的打算，因韩擒虎有文武才干，早有名声，于是拜为庐州总部管，委任他以平定陈朝的重任，很为敌人所害怕。等到大举伐陈，任命韩擒虎为先锋。于是他率领五百士兵在夜晚渡过长江，袭击采石，陈朝守卫士兵都喝醉睡了，韩擒虎就攻取了采石。然后进攻姑熟，半天就攻下了，进驻到了新林。江南的父老一向听说他威名，纷纷前来军门拜见，昼夜不断。陈朝军队十分害怕，他们的将领樊巡、鲁世真，田瑞等相继来投降。晋王杨广把这状况上报，高祖知道后十分高兴，设宴赏赐群臣庆贺。晋王派行军总管杜彦与韩擒虎联合，共有步兵骑兵两万。陈朝皇帝陈叔宝派领军蔡征守朱雀航，大家听说韩擒虎快来到，都害怕而溃散。任蛮奴被贺若弼打败，弃军向韩擒虎投降。韩擒虎带五百名精锐骑兵，直接冲入朱雀门。陈朝军队打算抵抗，任蛮奴挥挥手说："老夫尚且投降，诸君何必再抵抗！"于是大家都一哄而散，平定了金陵，擒获了陈主陈叔宝。当时贺若弼也有功，高祖下诏给晋王说："这两个人，都有深谋大略，平定东南的逃寇，朕把这任务委托给他们，结果占领土地抚恤百姓，都很合朕的心意。全国九州不统一,已经有数百年,用名臣的功劳,来成就天下太平的事业,这是值得庆贺的大事,还有什么能超过它呢!朕听到消息后很是欣慰,实在值得庆贺和快乐。平定江南,是这两人努力的结果呀。"赐给织物万段。又下表扬的诏书给韩擒虎、贺若弼说:"把国家的威力伸展到万里之外,把朝廷的教化宣扬到边境一角,使东南地区的百姓摆脱水深火热的境遇,使数百年的贼寇在几十天中清除,这完全是您等的功劳。你们的高大的名声充满在宇宙间,伟大的业绩光耀于天地中,从古以来,很少听到能与你们相比的。凯旋回师的日子,知道已经不远,但想念你们的殷切程度,过一寸光阴就好像要过一年。"

等两人回到了京城,贺若弼与韩擒虎就在皇帝面前争功劳,贺若弼说:"臣在蒋山死战,打败他们的精兵,抓获他们的猛将,威武无比震惊敌人,才平定了陈国。韩擒虎很少上阵作战,岂能和臣相比!"韩擒虎说:"本来遵照英明的旨意,命令臣与贺若弼同时合力进攻,以取伪国都城。而贺若弼竟敢先到,逢到贼里就战斗,以致使将领士兵伤亡很多。臣用五百名轻装骑兵,没有经过流血,直接攻取金陵,使任蛮奴投降,抓获了陈叔宝,占据他们的府第仓库,捣毁他们的巢穴。贺若弼到傍晚,方才来敲北掖门,臣通知守关人开门才让他们进来。他是讲自己罪过还来不及,哪里能和臣相比!"皇帝说:"两位将军都可以算上等功勋。"于是进韩擒虎为上柱国,赐给织物八千段。有关衙门弹劾韩擒虎放纵士兵,淫污陈朝宫女,由此他不加封爵和食邑。

早先,江南有歌谣说:"黄斑青骢马,发自寿阳边,来时冬气末,去日春风始。"大家都不知道什么意思。韩擒虎本名豹,在平陈之际,又骑青骢马,往返的时节也正与歌谣中所说的相合,到这时大家才领悟到歌谣所说的含意。后来突厥来朝贡,皇帝对他们使者说:"你听说江南有个陈国天子吗?"使者答:"听说。"上命令左右侍从把突厥使者引到韩擒虎面前,说:"这位就是抓获陈国天子的人。"韩擒虎很严厉地盯着使者看,突厥使者恐慌,不敢直视,他的威严就是这样。另封他寿光县公,食邑一千户。又以行军总管屯兵在金城,防御胡族的进攻,拜官为凉州总管。

不久征召他回京城,皇帝在内殿宴请,对他感情真切,礼遇优厚。没有多少时候,他的邻居老大娘看到韩擒虎门前仪仗队很煊赫,如同王家的,老大娘惊异地询问。其中有人说:"我来迎接王。"忽然什么都不见了。又有一人病很重,忽然仓皇失措地走到韩擒虎家说:"我想拜见王。"左右侍从问:"什么王?"答道:"阎罗王。"韩擒虎的子弟要打他,韩擒虎制止,说:"生为上柱国,死做阎罗王,这也就满足了。"因此生病,数天后竟然去世,当时年龄五十五岁。儿子韩世谔继承爵位。

贺若弼传

【题解】

贺若弼(544~609),字辅伯,隋河南洛阳(今属河南)人。北周时,与韦孝宽一起伐陈,拜寿州刺史。隋初为吴州总管。开皇九年(589),大举伐陈,任行军总管,大军过江,未被陈发觉,过江后军令严肃,击败陈军抵抗,进入建康。因灭陈功,晋爵宋国公,官至右

武侯大将军。后对杨素任右仆射有怨言。炀帝时,因议论朝政,被杀。《北史》卷六八本传载有他的《御授平陈七策》;《资治通鉴》卷一七九开皇二十年载有隋文帝批评他:"公有三太猛:嫉妒心太猛,自是、非人心太猛,无上心太猛。"可参考。

【原文】

贺若弼字辅伯,河南洛阳人也。父敦,以武烈知名,仕周为金州总管,宇文护忌而害之。临刑,呼弼谓之曰:"吾必欲平江南,然此心不果,汝当成吾志;且吾以舌死,汝不可不思。"因引锥刺弼舌出血,诫以慎口。弼少慷慨,有大志,骁勇便弓马,解属文,博涉书记,有重名于当世。周齐王宪闻而敬之,引为记室。未几,封当亭县公,迁小内史。周武帝时,上柱国乌丸轨言于帝曰:"太子非帝王器,臣亦尝与贺若弼论之。"帝呼弼问之,弼知太子不可动摇,恐祸及己,诡对曰:"皇太子德业日新,未睹其阙。"帝默然。弼既退,轨让其背己,弼曰:"君不密则失臣,臣不密则失身,所以不敢轻议也。"及宣帝嗣位,轨竟见诛,弼乃获免。寻与韦孝宽伐陈,攻拔数十城,弼计居多。拜寿州刺史,改封襄邑县公。高祖为丞相,尉迥作乱邺城。恐弼为变,遣长孙平驰驿代之。

高祖受禅,阴有并江南之志,访可任者。高颎曰:"朝臣之内,文武才干,无若贺若弼者。"高祖曰:"公得之矣。"于是拜弼为吴州总管,委以平陈之事,弼忻然以为己任。与寿州总管源雄并为重镇。弼遗雄诗曰:"交河骠骑幕,合浦伏波营,勿使骐骥上,无我二人名。"献取陈十策,上称善,赐以宝刀。

开皇九年,大举伐陈,以弼为行军总管。将渡江,酹酒而咒曰:"弼亲承庙略,远振国威,伐罪吊民,除凶翦暴。上天长江,鉴其若此。如使福善祸淫,大军利涉;如事有乖违,得葬江鱼腹中,死且不恨。"先是,弼请缘江防人每交代之际,必集历阳。于是大列旗帜,营幕被野。陈人以为大兵至,悉发国中士马。既知防人交代,其众复散。后以为常,不复设备。及此,弼以大军济江,陈人弗之觉也。袭陈南徐州,拔之,执其刺史黄恪。军令严肃,秋毫不犯,有军士于民间沽酒者,弼立斩之。进屯蒋山之白土冈,陈将鲁广达、周智安、任蛮奴、田瑞、樊毅、孔范、萧摩诃等以劲兵拒战。田瑞先犯弼军,弼击走之。鲁广达等相继递进,弼军屡却。弼揣知其骄,士卒且惰,于是督厉将士,殊死战,遂大破之。麾下开府员明擒摩诃至,弼命左右牵斩之。摩诃颜色自若,弼释而礼之。从北掖门而入。时韩擒已执陈叔宝,弼至,呼叔宝视之。叔宝惶惧流汗,股栗再拜。弼谓之曰:"小国之君,当大国卿,拜,礼也。入朝不失作归命侯,无劳恐惧。"

既而弼恚恨不获叔宝,功在韩擒之后,于是与擒相诟,挺刃而出。上闻弼有功,大悦,下诏褒扬,晋王以弼先期决战,违军命,于是以弼属吏。上驿召之,及见,迎劳曰:"克定三吴,公之功也。"命登御坐,赐物八千段,加位上柱国,进爵宋国公,真食襄邑三千户,加以宝剑、宝带、金瓮、金盘各一,并雉尾扇、曲盖,杂采二千段,女乐二部,又赐陈叔宝妹为妾。拜右领军大将军,寻转右武侯大将军。

弼时贵盛,位望隆重,其兄隆为武都郡公,弟东为万荣郡公,并刺史、列将。弼家珍玩不可胜计,婢妾曳绮罗者数百,时人荣之。弼自谓功名出朝臣之右,每以宰相自许。既而杨素为右仆射,弼仍为将军,甚不平,形于言色,由是免官,弼怨望愈甚。后数年,下弼狱,上谓之曰:"我以高颎、杨素为宰相,汝每倡言,云此二人惟堪啖饭耳,是何意也?"弼曰:

"颍,臣之故人,素,臣之舅子,臣并知其为人,诚有此语。"公卿奏弼怨望,罪当死。上惜其功,于是除名为民。岁余,复其爵位。上亦忌之,不复任使,然每宴赐,遇之甚厚。开皇十九年,上幸仁寿宫,宴王公,诏弼为五言诗,词意愤怨,帝览而容之。尝遇突厥入朝,上赐之射,突厥一发中的。上曰:"非贺若弼无能当此。"于是命弼。弼再拜祝曰:"臣若赤诚奉国者,当一发破的。如其不然,发不中也。"既射,一发而中。上大悦,顾谓突厥曰:"此人,天赐我也!"

炀帝之在东宫,尝谓弼曰:"杨素、韩擒、史万岁三人,俱称良将,优劣如何?"弼曰:"杨素是猛将,非谋将;韩擒是斗将,非领将;史万岁是骑将,非大将。"太子曰:"然则大将谁也?"弼拜曰:"唯殿下所择。"弼意自许为大将。及炀帝嗣位,尤被疏忌。大业三年,从驾北巡,至榆林。帝时为大帐,其下可坐数千人,召突厥启民可汗飨之。弼以为大侈,与高颍、宇文䶮等私议得失,为人所奏,竟坐诛,时年六十四,妻子为官奴婢,群从徙边。

子怀亮,慷慨有父风,以柱国世子拜仪同三司。坐弼为奴,俄亦诛死。

【译文】

贺若弼,字辅伯,河南洛阳人,父亲贺若敦,因有武艺忠烈而闻名,在周任官为金州总管,遭宇文护妒忌而杀害。临刑时,叫贺若弼来对他说:"我一定要平定江南,但这志向没有实现,你一定要完成我的遗志;而且我是因舌头说话而死,你不可不引以为训。"接着用锥刺贺若弼舌头直到出血,警诫他讲话要谨慎。贺若弼少年时精神振奋,情绪激昂,有大志,勇敢而善于弯弓骑马,会写文章,博览群书,在当时很有名声。周齐王宇文宪闻名而很敬重他,引他为记室。不久以后,被封当亭县公,升为小内史。周武帝时,上柱国乌丸轨对皇帝说:"太子不具有做帝王的才能,臣也曾与贺若弼谈论过。"皇帝叫贺若弼来问,贺若弼知道太子地位不可动摇,恐怕祸难落到自己头上,就讲假话说:"皇太子道德学问日有提高,没有看到他的缺点。"皇帝沉默不言。贺若弼回来后,乌丸轨责备他背叛自己,贺若弼说:"君主的口不密则失信臣下,臣下的口不密则生命难保,所以不敢轻易议论。"等到宣帝即帝位,乌丸轨最终被杀,而贺若弼则避免了杀身之祸。不久与韦孝宽一起征伐陈朝,攻克数十城,其中多数是贺若弼的计谋。拜官寿州刺史,改封襄邑县公。高祖杨坚为丞相,尉迟迥在邺城作乱,恐怕贺若弼有变化,派长孙平骑驿马去取代他。

高祖称帝,暗有并吞江南的打算,寻找可以担负此重大任务的人。高颍说:"朝廷的大臣当中,从文武才干来说,没有一个比得上贺若弼的人。"高祖说:"您算说对了。"于是任命贺若弼为吴州总管,委任他平定陈朝的大事。贺若弼很高兴地把这件事作为自己的任务。与寿州总管源雄同任官于重镇。贺若弼送诗给源雄说:"交河是骠骑将军的帐幕,合浦是伏波将军的军营,勿使在骐骥阁上,没有我二人的名字。"他献上攻取陈朝的十项计策,皇帝认为很好,赐给他宝刀。

开皇九年,大举征伐陈朝,任命贺若弼为行军总管。即将渡江,他用酒洒地祝愿说:"贺若弼亲受皇帝庙算谋略,远处去宣扬国家威望,征伐有罪的人,救民于水火之中,除去凶恶暴虐的罪犯。上天和长江,你们明鉴这一切。如果你们想使善人得到福气,坏人得到灾难,那么大军就能顺利渡江;如果事情与这相反,那么我们就在长江葬身鱼腹之中,死也不恨。"早先,贺若弼请求沿江防守的士兵每在交接的时候,必定要集中在历阳。于是每次在历阳树立了许多旗帜,军营帐幕漫山遍野。陈朝人以为大兵来攻,征发了全国大部分士兵马匹来防御。过后知道是隋驻防的士兵交替,他们许多征集的士兵也就散走了。后来多次这样,以为是平常的事,就不再布置兵力来防备了。到此,贺若弼率领大军渡江时,陈朝人竟根本没有察觉。贺若弼袭击陈的南徐州,攻克了,抓获它的刺史黄恪。隋军军令严肃,秋毫无犯,有的士兵在民间沽买酒喝,贺若弼立即斩首。他进军驻屯蒋山的白土冈,陈朝将领鲁广达、周智安、任蛮奴、田瑞、樊毅、孔范、萧摩诃等率领强劲士兵抵抗。田瑞先攻贺若弼军,贺若弼把他打跑了。鲁广达等军相继进攻,贺若弼军屡屡败退,贺若弼估计他士兵已经骄傲,而且疲劳,就严厉督促将士们殊死战斗,于是大败陈军。麾下开府员明擒获萧摩诃,贺若弼命令左右拉出去斩首。萧摩诃神色自若,贺若弼释放了他,并以礼相待。从北掖门进入陈朝皇宫。当时韩擒虎已经捉到了陈叔宝,贺若弼到来,叫陈叔宝来被他看看。陈叔宝惶恐害怕,汗流浃背,浑身发抖不断叩头。贺若弼对他说:"小国的国君,面对大国的大臣,应该下拜,这是礼节。进入我朝后仍不失做一个归命侯,不必恐惧。"

过后贺若弼怨恨没有抓得陈叔宝,功劳在韩擒虎之后,于是与韩擒虎相争吵,刀也拔出来了。皇帝听说贺若弼有功,大为高兴,下诏褒奖表扬,晋王杨广因贺若弼在预定攻敌时间之前出军决战,违反军命,于是把贺若弼交付有关官吏,皇帝派驿马召他回来,相见后,欢迎慰劳他说:"攻克安定三吴地区,是您的功劳。"命他登上御座,赐给织物八千段,加官位上柱国,进封爵宋国公,真食襄邑封户三千户,加赐有宝剑、宝带、金瓮、金盘各一件。还有雉尾扇、略曲的伞、杂色丝织品二千段,女鼓吹乐队二部,又赐他陈叔宝的妹妹为妾。拜官右领军大将军,不久转为右武侯大将军。

贺若弼当时正尊贵得势,地位和名望都很高。他的哥哥贺若隆为武都郡公,弟弟贺若东为万荣郡公,都是刺史、列将。贺若弼家里珍奇玩物不可胜数,婢妾穿绮罗的有数百人,当时人认为这是很荣耀的。贺若弼自己认为功劳和名声比朝廷里的大臣都高,常常认为自己应该当宰相。后来杨素担任了右仆射,贺若弼仍然是个将军,心中很不平,表现在言论和脸色上,因此被免官,贺若弼埋怨和愤恨更加厉害。数年后,贺若弼下到了监狱,皇帝对他说:"我任命高颎、杨素为宰相,你每每议论,说这两个人只会吃饭,是什么意思呀?"贺若弼说:"高颎是臣的老朋友,杨素是臣的表兄弟,臣都知道他们的为人,故而有这些话。"公卿大臣上奏说贺若弼对朝廷怨恨不满,他的罪应当处死。皇帝珍惜他过去有功,于是除去官名成为平民。一年多后,又恢复了他的爵位。皇帝也对他有所顾忌,不再重用他,然而每次宴会赏赐,对待他总是很优厚。开皇十九年,皇帝到仁寿宫,宴请王公,诏命贺若弼做五言诗,词句和意思都表现出愤愤不平和怨恨,皇帝看了后也宽容了他。有一次遇到突厥人入朝,皇帝赏赐他们射箭,突厥人一箭就中的。皇帝说:"非贺若弼不能与他们相比。"于是命贺若弼射。贺若弼再拜祈祷说:"臣如果是赤心忠诚于国家的,就应当一发破的。如果不是那样的人,发箭就不中。"结果射箭后,一发而中的。皇帝十分高兴,回头对突厥人说:"这个人,是天赐我的呀!"

隋炀帝在东宫当太子时,曾对贺若弼说:"杨素、韩擒虎、史万岁三人,都可称良将,但优劣如何呢?"贺若弼说:"杨素是猛将,不是有谋略的将;韩擒虎是善斗的将,不是领导的将;史万岁是善骑的将,不是大将。"太子说:"那么大将是谁呢?"贺若弼下拜说:"由您殿下来选择。"贺若弼的意思是认为自己可以当大将。等隋炀帝即位后,他尤其被疏远和忌用。大业三年,随从皇帝到北方巡行,到榆林。皇帝当时用大帐篷,下面可以坐数千人,召突厥启民可汗来参加宴会。贺若弼以为太奢侈,与高颎、宇文弨等在私下议论得失,被人上奏揭发,最后因此而被杀,时年六十四岁。妻子没为官奴婢,下面人发配到边境。

儿子贺若怀亮,象父亲那样很有气概,因是柱国的长子拜仪同三司。因贺若弼的事而罚为奴,不久也被杀。

李密传

【题解】

李密(582~618),隋末瓦岗军首领。字玄邃,一字法主。其先世为辽东襄平(今辽宁辽阳市北)人,后迁居京兆长安(今属陕西)。祖、父皆仕周,父宽为名将,位至柱国、蒲山郡公。开皇年间,袭父爵为蒲山公。好交游,与杨玄感尤为友善。大业九年(613),杨玄感在黎阳起兵反隋,李密应邀参加,成为谋主。不久玄感兵败,李密潜入关中活动,后被捕,在押解途中逃脱。大业十二年(616),参加以翟让为首的瓦岗起义军,辅佐翟让联合附近各部义军,并设计击杀隋将张须陀,攻克荥阳等地。大业十三年(617),率兵袭兴洛仓,开仓赈民,远近响应,聚众数十万。被翟让等推为主,称魏公,改元永平。他大量起用隋降官降将,并杀害翟让,对瓦岗军起了严重的破坏作用。永平二年(618)东击宇文化及时,又派人赴洛阳朝见隋越王杨侗,受封官爵。后与王世充交战失败,入关降唐,拜光禄卿,封邢国公。不久,又举兵反唐,事败被杀。

李密作为农民起义军的首领,曾率瓦岗军予隋军以重创,在反隋斗争中起过重要作用。他后来重用降将,杀害翟让,使这支强大的反隋武装逐渐瓦解,自己也死于非命。

【原文】

李密字法主,真乡公衍之从孙也。祖耀,周邢国公。父宽,骁勇善战,干略过人,自周及隋,数经将领,至柱国、蒲山郡公,号为名将。密多筹算,才兼文武,志气雄远,常以济物为己任。开皇中,袭父爵蒲山公,乃散家产,赒赡亲故,养客礼贤,无所爱吝。与杨玄感为刎颈之交。后更折节,下帷耽学,尤好兵书,诵皆在口。师事国子助教包恺,受《史记》《汉书》,励精忘倦,恺门徒皆出其下。大业初,授亲卫大都督,非其所好,称疾而归。

及杨玄感在黎阳,有逆谋,阴遣家僮至京师召密,令与弟玄挺等同赴黎阳。玄感举兵而密至,玄感大喜,以为谋主。玄感谋计于密,密曰:"愚有三计,惟公所择。今天子出征,远在辽外,地去幽州,悬隔千里。南有巨海之限,北有胡戎之患,中间一道,理极艰危。今公拥兵,出其不意,长驱入蓟,直扼其喉。前有高丽,退无归路,不过旬月,赍粮必尽。举麾一召,其众自降,不战而擒,此计之上也。又关中四塞,天府之国,有卫文升,不足为意。今宜率众,经城勿攻,轻赍鼓行,务早西入。天子虽还,失其襟带,据险临之,故当必克,万全之势,此计之中也。若随近逐便,先向东都,唐祎告之,理当固守。引兵攻战,必延岁月,胜负殊未可知,此计之下也。"玄感曰:"不然。公之下计乃上策矣。今百官家口并在东都,若不取之,安能动物?且经城不拔,何以示威?"密计遂不行。

玄感既至东都,皆捷,自谓天下响应,功在朝夕。及获韦福嗣,又委以腹心,是以军旅之事,不专归密。福嗣既非同谋,因战被执,每设筹画,皆持两端。后使作檄文,福嗣固辞不肯。密揣知其情,因谓玄感曰:"福嗣元非同盟,实怀观望。明公初起大事,而奸人在侧,听其是非,必为所误矣。请斩谢众,方可安辑。"玄感曰:"何至於此!"密知言之不用,退谓所亲曰:"楚公好反而不欲胜,如何?吾属今为虏矣!"后玄感将西入,福嗣竟亡归东都。

李密

时李子雄劝玄感速称尊号,玄感以问於密。密曰:"昔陈胜自欲称王,张耳谏而被外,魏武将求九锡,荀彧止而见疏。今者密欲正言,还恐追踪二子,阿谀顺意,又非密之本图。何者?兵起已来,虽复频捷,至於郡县,未有从者。东都守御尚强,天下救兵益至,公当身先士众,早定关中。乃欲急自尊崇,何示不广也!"玄感笑而止。

及宇文述、来护儿等军且至,玄感谓密曰:"计将安出?"密曰:"元弘嗣统强兵于陇右,今可扬言其反,遣使迎公,因此入关,可得给众。"玄感遂以密谋,号令其众,因引西入。至陕县,欲围弘农宫,密谏之曰:"公今诈众入西,军事在速,况乃追兵将至,安可稽留!若前不得据关,退无所守,大众一散,何以自全?"玄感不从,遂图之,三日攻不能拔,方引而西。至于阌乡,追兵遂及。

玄感败,密间行入关,与玄感从叔询相随,匿於冯翊询妻之舍。寻为邻人所告,遂捕获囚於京兆狱。是时炀帝在高阳,与其党俱送帝所。在途谓其徒曰:"吾等之命,同于朝露,若至高阳,必为葅醢。今道中犹可为计,安得行就鼎镬,不规逃避也?"众咸然之。其徒多有金,密令出示使者曰:"吾等死日,此金并留付公,幸用相瘗。其馀即皆报德。"使者利其金,遂相然许。及出关外,防禁渐弛,密请通市酒食,每宴饮喧哗竟夕,使者不以为意。行次邯郸,夜宿村中,密等七人皆穿墙而遁,与王仲伯亡抵平原贼帅郝孝德。孝德不甚礼之,备遭饥馑,至削树皮而食。仲伯潜归天水,密诣淮阳,舍於村中,变姓名称刘智远,聚徒教授。经数月,密郁郁不得志,为五言诗曰:"金凤荡初节,玉露凋晚林。此夕穷途士,空轸郁陶心。眺听良多感,慷慨独沾襟。沾襟何所为?怅然怀古意。秦俗犹未平,汉道将何冀!樊哙市井徒,萧何刀笔吏。一朝时运合,万古传名器。寄言世上雄,虚生真可愧。"诗成而泣下数行。时人有怪之者,以告太守赵他。县捕之,密乃亡去,抵其妹夫雍丘令丘君明。后君明从子怀义以告,帝令捕密,密得遁去,君明竟坐死。

会东郡贼帅翟让聚党万馀人,密归之。其中有知密是玄感亡将,潜劝让害之。密大惧,乃因王伯当以策干让。让遣说诸小贼,所至辄降下,让始敬焉,召与计事。密谓让曰:

"今兵众既多，粮无所出，若旷日持久，则人马困敝，大敌一临，死亡无日。未若直趣荥阳，休兵馆谷，待士马肥充，然可与人争利。"让从之，於是破金堤关，掠荥阳诸县，城堡多下之。荥阳太守郇王庆及通守张须陀以兵讨让。让数为须陀所败，闻其来，大惧，将远避之。密曰："须陀勇而无谋，兵又骤胜，既骄且狠，可一战而擒。公但列阵以待，保为公破之。"让不得已，勒兵将战，密分兵千馀人於林木设伏。让与战不利，军稍却，密发伏自后掩之，须陀众溃。与让合击，大破之，遂斩须陀於阵。让於是令密建牙，别统所部。

密复说让曰："昏主蒙尘，播荡吴、越，蝟毛竞起，海内饥荒。明公以英桀之才，而统骁雄之旅，宜当廓清天下，诛剪群凶，岂可求食草间，常为小盗而已！今东都士庶，中外离心，留守诸官，政令不一。明公亲率大众，直掩兴洛仓，发粟以赈穷乏，远近孰不归附！百万之众，一朝可集，先发制人，此机不可失也。"让曰："仆起陇亩之间，望不至此。必如所图，请君先发，仆领诸军，便为后殿。得仓之日，当别议之。"密与让领精兵七千人，以大业十三年春，出阳城，北逾方山，自罗口袭兴洛口仓，破之。开仓恣民所取，老弱襁负，道路不绝。

越王侗武贲郎将刘长恭率步骑两万五千讨密，密一战破之，长恭仅以身免。让於是推密为主。密城洛口周迥四十里以居之。房彦藻说下豫州，东都大惧。让上密号为魏公。密初辞不受，诸将等固请，乃从之。设坛场，即位，称元年，置官属以房彦藻为左长史，邴元真右长史，杨德方左司马，郑德韬右司马。拜让司徒，封东郡公。其将帅封拜各有差。长白山贼孟让掠东都，烧丰都市而归。密攻下巩县，获县长柴孝和，拜为护军。武贲郎将裴仁基以武牢归密，因遣仁基与孟让率兵两万余人袭回洛仓，破之，烧天津桥，遂纵兵大掠。东都出兵乘之，仁基等大败，仅以身免。密复亲率兵三万逼东都，将军段达、武贲郎将高毗、刘长恭等出兵七万拒之，战於故都，官军败走，密复下回洛仓而据之。俄而德韬、德方俱死，复以郑颋为左司马，郑虔象为右司马。

柴孝和说密曰："秦地阻山带河，西楚背之而亡，汉高都之而霸。如愚意者，令仁基守回洛，翟让守洛口，明公亲简精锐，西袭长安，百姓孰不郊迎，必当有征无战。既克京邑，业固兵强，方更长驱崤、函，扫荡京、洛，传檄指挥，天下可定。但今英雄竞起，实恐他人我先，一朝失之，噬脐何及！"密曰："君之所图，仆亦思之久矣，诚为上策。但昏主尚在，从兵犹众，我之所部，并山东人，既见未下洛阳，何肯相随西入！诸将出於群盗，留之各竞雌雄。若然者，殆将败矣。"孝和曰："诚如公言，非所及也。大军既未可西出，请间行观隙。"密从之。孝和与数十骑至陕县，山贼归之者万馀人。密时兵锋甚锐，每入苑，与官军连战。会密为流矢所中，卧於营内，后数日，东都出兵击之，密众大溃，弃回洛仓，归洛口。孝和之众闻密退，各分散而去。孝和轻骑归密。

帝遣王世充率江、淮劲卒五万来讨密，密逆拒之，战不利。柴孝和溺死於洛水，密甚伤之。世充营于洛西，与密相拒百余日。武阳郡丞元宝藏、黎阳贼帅李文相、洹水贼帅张升、清河贼帅赵君德、平原贼帅郝孝德并归於密，共袭破黎阳仓据之。周法明举江、黄之地以附密，齐郡贼帅徐圆朗、任城大侠徐师仁、淮阳太守赵他等前后款附，以千百数。

翟让所部王儒信劝让为大冢宰，总统众务，以夺密权。让兄宽复谓让曰："天子止可自作，安得与人？汝若不能作，我当为之。"密闻其言，有图让之计。会世充列阵而至，让出拒之，为世充所击退者数百步。密与单雄信等率精锐赴之，世充败走。让欲乘胜进破其营，会日暮，密固止之。明日，让与数百人至密所，欲为宴乐。密具馔以待之，其所将左右，各分令就食。诸门并设备，让不之觉也。密引让入坐，有好弓，出示让，遂令让射。让引满将发，密遣壮士蔡建自后斩之，殒於床下。遂杀其兄宽及王儒信，并其从者亦有死焉。让所部将徐世勣，为乱兵所斫中，重创，密遽止之，仅而得免。单雄信等皆叩头求哀，密并释而慰谕之。於是率左右数百人诣让本营。王伯当、邴元真、单雄信等入营，告以杀让之意，众无敢动者。乃令徐世勣、单雄信、王伯当分统其众。

未几，世充夜袭仓城，密逆拒破之，斩武贲郎将费青奴。世充复移营洛北，南对巩县，其后遂於洛水造浮桥，悉众以击密。密与千骑拒之，不利而退。世充因薄其城下，密简锐卒数百人，分为三队出击之。官军稍却，自相陷溺，死者数万人，武贲郎将杨威、王辩、霍世举、刘长恭、梁德重、董智通等诸将率皆没于阵。世充仅而获免，不敢还东都，遂走河阳。其夜雨雪尺馀，众随之者，死亡殆尽。密於是修金墉故城居之，众三十余万。复来攻上春门，留守韦津出拒战，密击败之，执津於阵。其党劝密即尊号，密不许。及义师围东都，密出军争之，交绥而退。

俄而宇文化及杀逆，率众自江都北指黎阳，兵十馀万。密乃自率步骑两万拒之。会越王侗称尊号，遣使者授密太尉、尚书令、东南道大行台、行军元帅、魏国公，令先平化及，然后入朝辅政，密遣使报谢焉。化及与密相遇，密知其军少食，利在急战，故不与交锋，又遏其归路，使不得西。密遣徐世勣守仓城，化及攻之，不能下。密与化及隔水而语，密数之曰："卿本匈奴皂隶破野头耳，父兄子弟并受隋室厚恩，富贵累世，至妻公主，光荣隆显，举朝莫二。荷国士之遇者，当须国士报之，岂容主上失德，不能死谏，反因众叛，躬行杀虐，诛及子孙，傍立支庶，擅自尊崇，欲规篡夺，污辱妃后，枉害无辜？不追诸葛瞻之忠诚，乃为霍禹之恶逆。天地所不容，人神所莫祐，拥逼良善，将欲何之！今若速来归我，尚可得全后嗣。"化及默然，俯视良久，乃瞋目大言曰："共你论相杀事，何须作书语邪？"密谓从者曰："化及庸懦如此，忽欲图为帝王，斯乃赵高、圣公之流，吾当折杖驱之耳。"化及盛修攻具，以逼黎阳仓城，密领轻骑五百驰赴之，仓城兵又出相应，焚其攻具，经夜火不灭。

密知化及粮且尽，因伪与和，以敝其众。化及不之悟，大喜，恣其兵食，冀密馈之。会密下有人获罪，亡投化及，具言密情。化及大怒，其食又尽，乃渡永济渠，与密战于童山之下，自辰达酉。密为流矢所中，顿於汲县。化及掠汲郡，北趣魏县，其将陈智略、张童仁等所部兵归于密者，前后相继。初，化及以辎重留於东郡，遣其所署刑部尚书王轨守之。至是，轨举郡降密，以轨为滑州总管。密引兵而西，遣记室参军李俭朝於东都，执杀炀帝人于弘达以献越王侗。侗以俭为司农少卿，使之反命，召密入朝。密至温县，闻世充已杀元文都、卢楚等，乃归金墉。

世充既得擅权，乃厚赐将士，缮治器械，人心渐锐。然密兵少衣，世充乏食，乃请交易。密初难之，邴元真等各求私利，递来劝密，密遂许焉。初，东都绝粮，人归密者，日有数百。至此，得食，而降人益少，密方悔而止。密虽据仓，无府库，兵数战不获赏，又厚抚初附之兵，於是众心渐怨，时遣邴元真守兴洛仓。元真起自微贱，性又贪鄙，宇文温疾之，每谓密曰："不杀元真，公难未已。"密不答，而元真知之，阴谋叛密。扬庆闻而告密，密固疑焉。会世充悉众来决战，密留王伯当守金墉，自引精兵就偃师，北阻邙山以待之。世充军至，令数百骑渡御河，密遣裴行俨率众逆之。会日暮，暂交而退，行俨、孙长乐，程咬金等骁将十数人皆遇重创,密甚恶之。世充夜潜济师,诘朝而阵,密方觉之,狼狈出战,于是败绩,与万余人驰向洛口。世充夜围偃师。守将郑颋为其部下所翻,以城降世充。密将入洛口仓城,元真已遣人潜引世充矣。密阴知之而不发其事,因与众谋,待世充之兵半济洛水,然后击之。及世充军至,密候骑不时觉,比将出战。世充军悉已济矣。密自度不能支,引骑而遁。元真竟以城降於世充。

密众渐离,将如黎阳。人或谓密曰:"杀翟让之际,徐世勣几至於死。今创犹未复,其心安可保乎?"密乃止。时王伯当弃金墉,保河阳,密以轻骑自武牢渡河以归之,谓伯当曰:"兵败矣!久苦诸君,我今自刎,请以谢众。"众皆泣,莫能仰视。密复曰:"诸君幸不相弃,当共归关中。密身虽愧无功,诸君必保富贵。"其府掾柳燮对曰:"昔盆子归汉,尚食均输,明公与长安宗族有畴昔之遇,虽不陪起义,然而阻东都,断隋归路,使唐国不战而据京师,此亦公之功也。"众咸曰:"然。"密遂归大唐,封邢国公,拜光禄卿。

【译文】

李密字法主,是真乡公李衍的侄孙。祖父名耀,仕北周封邢国公。父亲李宽,勇猛善战,办事的才能和谋略都超过一般人,从北周至隋,屡次担任将领职务,官爵升至柱国、蒲山郡公,号称名将。李密长于谋划,文武双全,志向和气量雄伟而远大,经常以助人为己任。开皇年间,继承父亲的蒲山公爵位,于是分散家产,救济亲戚朋友,收养门客,礼遇贤才,从不吝惜资财。与杨玄感结为生死之交。后来改变平日志向,强自克制,闭门苦读,专心研习,尤其喜好兵书,常在口中诵读。拜国子助教包恺为师,听他讲授《史记》《汉书》,学习时精神振奋,忘记疲倦,包恺的其他弟子,水平都在李密之下。大业初年,皇帝授予他亲卫大都督的官职,这不是他所喜欢的工作,于是托病辞官归家。

待到杨玄感在黎阳时,有背叛隋的打算,暗中派家童到京城约请李密,叫他同弟弟玄挺等一道赴黎阳。杨玄感起兵时,李密来到,玄感十分高兴,把他当作主谋的人。玄感向李密求计,李密说:"我有三条计策,请您选择。现在天子率军出征,远在辽水之外,那地方距离幽州,远隔千里。那里南面有大海相阻隔,北边有胡戎的祸害,仅中间有一条道路,按理说是极其艰难危险的。如今您拥有重兵,可出其不意,长驱直入蓟州,径直掐住咽喉要道。他前面有敌国高丽,后退又无归路,不出十天一月,他们携带的粮食必定耗尽。那时只要举起战旗一召唤,他的部下会自动前来投降,不用打仗就能擒敌,这是上策。再说关中地区四面险要,是天府之国,尽管有卫文升在那儿,但不必在意。现在应当率领部众,经过城镇切勿攻打,轻装行进,务必早日西入关中。天子即使还都,也已失去了险要屏障,我们占据险阻然后对付他,必能战胜,真可谓万全的态势,这是中策。倘若随近就便,先出兵东都,唐祎一报告皇帝,他们势必坚守。领兵去进攻作战,必定拖延年月。谁胜谁负,很难预料,这是下策。"玄感听后却说:"不然。您的下策,才是上策呢。如今众官员的家属全在东都,如不攻取它,怎能震动众人?而且经过城镇却不占领,怎能显示我军威风?"李密的计策终于未能实行。

杨玄感到达东都后,连战皆胜,自认为天下百姓都响应他,事业成功就在早晚之间了。到他俘获韦福嗣后,又委以心腹重任,因此军队征战的事,不再由李密专管。福嗣既非共同谋划造反的人,而是因战败被俘获的,每当要确定作战计时,他总是欲进又退,迟疑不决。后来叫他写讨隋檄文，福嗣坚决推辞不肯执笔。李密摸透了他的心思，就对玄感说："福嗣原本不是同盟者，确实抱着观望态度。您刚刚兴起大事业，而奸邪之人就混在身边，如果听任他判别是非，必定被他耽误了。我请求您杀了他来向大家道歉，我军才能安定和睦。"杨玄感说："哪至于严重到这种地步！"李密知道自己的意见不会被采用，回营后对其亲信说："楚公爱造反却不想取得胜利，拿他怎么办？我等现在快成为俘虏了！"后来杨玄感将向西进兵，福嗣终于逃归东都。

那时李子雄劝玄感尽快自称帝王，玄感以此事征求李密的意见。李密说："从前陈胜自己想称王，张耳劝阻他而遭见外，魏武帝要求汉献帝给他九种器物以示尊礼，荀彧制止他而被疏远。现在我李密想直言，还怕步二人之后尘，如果阿谀奉承，顺着您的心意说话，那又不是我原本的想法。为什么呢？自从我们起兵以来，虽然多次告捷，但到各郡县后，没有人追随我们。如今东都的防御还很强固，天下救援之兵不断到来，您应身先士卒，率领部队早日平定关中。现在却想急忙称王，怎么显得见识这么不广呢！"玄感听后笑笑，停止了称王的举动。

待到隋将宇文述、来护儿等人的军队快要来攻打时，玄感对李密说："您有什么计策？"李密说："元弘嗣统率着强大的部队驻扎在陇西，现在可故意宣扬他要造反，派使者来迎接您，借此入关，就能够哄骗部下。"玄感就用李密的计谋，向部下发布命令，乘机率领他们向西进军。行至陕县，玄感想围弘农宫，李密劝他说："您现在蒙骗众人向西进兵，军事活动贵在神速，况且追兵即将赶到，怎么能在此滞留！如果向前不能占据潼关，后退又无处据守，大伙一涣散，您用什么办法保全自己？"玄感不听从，于是派兵包围弘农宫，攻打了三天也不能占领，才领兵西进。刚到阌乡，追兵就赶来了。

玄感被打败，李密秘密地进入潼关，同玄感堂叔杨询一道，藏在冯翊杨询妻子家中。不久被邻居告发，官府就逮捕了他们，关押在京兆府的监狱里。此时隋炀帝在高阳，官府就把李密及其同伙全部送往皇帝所在的地方。李密在押解途中对他们同伙说："我们的生命，就像是早晨的露水，如果解至高阳，必被剁成肉酱。如今在路上还可以想想办法，怎么能去下汤锅送死，而不想办法逃避呢？"大家都认为他说得对。同伙中有人带了很多钱，李密让拿出来给解差看，并对他说："我们死的那天，这笔钱全部留给您，希望用来给我们埋尸，余下的就用来报答您的恩德。"差官被他们的金钱所诱惑，就答应了。等到出潼关后，对犯人们的防范逐渐松弛，李密请求允许犯人们购买酒肉食品，常常整夜宴饮喧哗，差官也并不在意。当走到邯郸时，晚上住在村庄中，李密等七人都凿通墙壁逃跑了，李密同王仲伯一道逃到平原贼帅郝孝德那里。孝德对他们不大尊敬，两人全都忍饥挨饿，竟至剥树皮来吃。仲伯偷偷回到天水，李密则去了淮阳，住在村舍中，改姓换名称作刘智远，聚集门徒，教授功课。过了几个月，李密感到愁闷不得志，写了一首五言诗说："初秋时节金风吹荡，玉露凋伤夜幕下的树林。晚间，我这无路可走的人啊，一颗忧郁的心在空自悲鸣。远眺近听颇多感叹，慷慨悲歌禁不住泪湿衣襟。泪湿衣襟为的是什么？怅惘迷茫产生了怀古之意。秦人的习俗尚未平治，汉室勃兴之路怎可希冀！樊哙仅是市井俗人，萧何原为刀笔小吏。一旦时来运合，万古留传名号宝器。寄语世上英雄，虚度一生真可愧惜。"诗写成后流下了几行眼泪。当时有人觉得他很奇怪，就把他的情况报告给太守赵他。县吏就来捕捉他，李密只得逃走，到他的妹夫雍丘县令丘君明处藏身。后来君明的侄子怀义又告发他,皇帝下令逮捕李密,李密得机会逃走了,君明竟株连犯罪被处死。

　　恰巧东郡贼帅翟让聚集同伙万余人起事,李密去归附他。翟让部下有人知道李密是杨玄感手下的逃亡的将领,暗中劝翟让杀了他。李密十分恐惧,于是借助王伯当的关系以献策来谋求翟让的信任。翟让派他去劝说诸小贼,李密所到之处贼都降服,翟让开始敬重他了,召来共商大事。李密对翟让说:"现在我们兵士已很多,但粮食没有地方供给,如果旷日持久,就会人马困危衰败,大敌一来,随时都会败亡。不如直趋荥阳,在那里休整部队,让大家住好吃好,待兵士强健、马匹肥壮、物资充足后,才可与别人争夺利益。"翟让听从了他的意见,于是攻破金堤关,掠夺荥阳各县,城堡多被攻下。荥阳太守郇王杨庆及通守张须陀派兵讨伐翟让。翟让曾多次被须陀打败,一听说他率兵来交战,就十分恐惧,准备远走避开他。李密说:"须陀虽勇猛却没有谋略,他的部队又多次打胜仗,士兵们既骄狂又凶狠,我们可以打一仗就擒获他们。您只管排列阵势等待敌人,我保证为您打败他们。"翟让迫不得已,才率领士兵准备打仗。李密分兵千余人在树林里设下埋伏。翟让与敌交战失利,军队慢慢地退却,李密命伏兵从敌军后面袭击它,须陀的部队溃散。李密与翟让前后夹击,使敌军惨败,就在阵前斩杀了张须陀。翟让因此令李密在军前树立将旗,单独统率他所带领的部队。

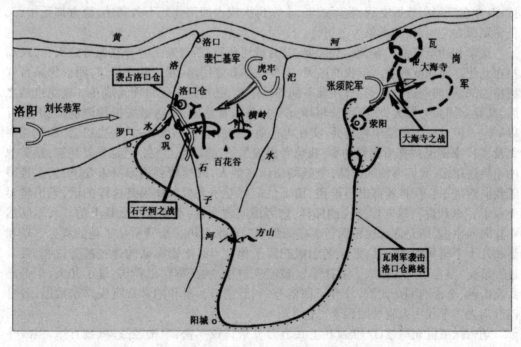

瓦岗军与隋军大海寺、石子河之战示意图

　　李密又劝翟让说:"昏君失位,流亡吴、越,反隋力量多如猬毛,竞相而起,海内饥荒,民不聊生。明公您凭借英武杰出的才能,率领勇猛雄壮的军队,理应澄清天下,诛除群凶,岂能在草莽荒野求食,长久地当个小强盗而已!如今东都的士人与庶民,朝廷内外,离心离德,留守的众官员,政令也不统一。您若亲自率领大部队,迳直袭击兴洛仓,分发粮食赈济穷困百姓，远近的人们谁不来归附！百万人的队伍，一个早晨就可以集齐。先发制人，这个机会不可失去啊。"翟让说："我兴起于田野之间，不曾有此愿望。一定要实行您的计划的话，那就请您先出发，我率领各部，就作为您的后续增援部队。夺得仓库那天，应另议处理办法。"李密与翟让率领精兵七千人，在大业十三年春天，从阳城出发，向北越过方山，从罗口袭击兴洛口仓，攻占了它。打开粮仓，任凭百姓取粮，年老体弱及背孩子的人都来领粮，道路上往来不断。

越王杨侗的虎贲郎将刘长恭率领步兵、骑兵二万五千人来讨伐李密，李密一次战斗就打败了官军，长恭只独自脱身。翟让于是推举李密为首领。李密在洛口筑城居住，城周长四十里。经房彦藻游说拿下了豫州，东都十分震恐。翟让为李密进献尊号，称"魏公"。李密先推辞不受，经众将领一再请求，才依从了他们。设立朝会、祭祀用的高台，就魏公位，称永平元年，设置属官，任命房彦藻为左长史，邴元真为右长史，杨德方为左司马，郑德韬为右司马。授予翟让司徒，封为东郡公。其他将帅封官授职各有差别。长白山贼孟让劫掠东都，烧毁丰都市后归去。李密攻占巩县，抓获县长柴孝和，授予护军之职。武贲郎将裴仁基献虎牢关归附李密，于是派仁基与孟让率领两万余士兵袭击回洛仓，攻克了它，烧毁天津桥，放纵士兵大肆抢掠。东都出兵进攻他们，仁基等大败，仅只身逃脱。李密又亲自率兵三万逼近东都，将军段达、武贲郎将高毗、刘长恭等出兵七万抵抗，双方在汉洛阳故城交战，官军败走，李密再次攻占回洛仓。不久德韬、德方都死了，又任命郑颋为左司马、郑虔象为右司马。

柴孝和劝李密说："秦地山势险要，又有黄河环绕，西楚霸王背弃它而导致灭亡，汉高祖在此建都而成就霸业。依我的愚见，应令仁基驻守回洛，翟让驻守洛口，明公您亲自选拔精锐部队，向西进袭长安，百姓谁不到郊外迎接，必定是有征讨而无战斗。攻克京城之后，基业牢固兵力强大，然后再长驱崤、函，扫荡东都洛阳，下达檄文指挥调遣，天下就可以平定。但是如今英雄争相起兵，实在害怕他人抢在我们前面，一旦失去机会，那就后悔无及了！"李密说："您所谋划的事，我也考虑很久了，的确是上策。但是昏君还在，跟随他的士兵还很多，我们率领的部队，全是崤山以东的人，既然看到洛阳尚未攻下，怎么肯跟随我向西进军！众将领都出自群盗，留下他们将互争高低。如果是这样的话，恐怕将要失败了。"孝和说："确实像您说的那样，您考虑问题周密，不是我所能赶上的。大军既然不宜向西出击，请允许我秘密西行去窥测那里的可乘之机。"李密听从了他的意见。孝和带领几十个骑兵到达陕县，万余名山贼归附了他。当时李密军队的锋芒甚为锐利，常常进入禁苑，与官军连番作战。适逢李密被流矢射中，躺在军营里养伤，过了几天，东都出兵攻击他，李密的部众大败，放弃了回洛仓，回到洛口。孝和的部众听说李密败退，各自四散离去。孝和一人骑马回到李密这儿。

炀帝派王世充率领江、淮强壮士兵五万人来讨伐李密，李密迎战，抵抗官军，但战斗不顺利。柴孝和在洛水淹死，李密深感哀伤。王世充在洛西安营扎寨，与李密相互对抗百余日。武阳郡丞元宝藏、黎阳贼帅李文相、洹水贼帅张升、清河贼帅赵君德、平原贼帅郝孝德一起归附李密，共同袭击占领了黎阳仓。周法明献上江州、黄州地区投靠李密，齐郡贼帅除圆朗、任城大侠徐师仁、淮阳太守赵他等人先后诚心归附，人数以千百计。

翟让部属王儒信劝翟让做大冢宰，总管各项事务，来解夺李密的权力。翟让的哥哥翟宽又对翟让说："天子只可以自己做，怎能让给别人？你若不能做，我来做天子。"李密听说了他们的谈话后，产生了谋取翟让的计划。适逢王世充列阵来攻打，翟让出兵抵抗，被王世充击退几百步。李密与单雄信等率领精锐部队出击，王世充战败逃走。翟让想乘胜追击，攻占其营垒，此时天色已晚，李密坚决制止了他。第二天，翟让与数百人一起到李密驻地，想宴饮作乐。李密准备好美食款待他，他带来的随行人员，各令分开吃饭。各门都暗中做了准备，翟让没有觉察。李密领翟让入座，他有一把好弓，拿出来给翟让看，于是叫翟让试射。正当翟让拉满弓将发射时，李密派壮士蔡建从背后杀了他，倒在床下。随后杀了翟让的哥哥翟宽及王儒信，连随行人员也有被杀死的。翟让部将徐世勣被乱兵砍中，受了重伤，李密发现后急忙制止士兵，才得以免死。单雄信等都叩头请求怜悯，李密全放了他们，并用好话慰解。于是率领左右亲信数百人到翟让本部营房。王伯当、邴元真、单雄信等人进入营房后，告诉大家诛杀翟让的缘故，众人没有敢动作的。于是命令徐世勣、单雄信、王伯当分别统领翟让的部队。

不久，王世充夜袭仓城，李密率部迎击，打败了他，斩杀武贲郎将费青奴。王世充又把军营迁移到洛北，南面对着巩县，以后就在洛水造浮桥，调动他的全部人马来进攻李密。李密率领一千骑兵抵抗，失利后退回。王世充趁势迫近城下，李密挑选精锐士兵数百人，分为三队出击。官军逐渐后撤，自相拥挤践踏，坠入河中，死亡的达数万人。武贲郎将杨威、王辩、霍世举、刘长恭、梁德重、董智通等诸将领全都死在战场。王世充仅得脱身，不敢回东都，就逃奔河阳。那天夜里下大雪，积雪一尺多深，跟随他逃跑的人，几乎死光了。李密于是整修金墉旧城据守，聚众三十余万。又率部攻打上春门，东都留守韦津出门抵御，李密打败了他，在阵前活捉韦津。同伙劝李密即位称帝，李密不答应。待李渊义军围困东都时，李密出兵争夺，最后双方军队各自撤退。

不久宇文化及杀炀帝叛隋，率领部众从江都北上直指黎阳，拥兵十余万。李密就亲率步兵、骑兵两万人去抵抗他。恰巧越王杨侗继位称帝，派使臣授予李密太尉、尚书令、东南道大行台、行军元帅、魏国公等职，命令他先平定化及，然后入朝辅助治理政务，李密派使者答谢。宇文化及与李密的部队遭遇，李密探知宇文化及的军队缺少食品，速战速决对他有利，所以不同他交锋，又阻拦他的退路，使其不能西进。李密派徐世勣守仓城，化及攻打它，却不能攻下。李密与化及隔河对话，李密责备他说："你家原本不过是匈奴的奴隶破野头罢了，父兄子弟都蒙受隋朝的深重恩惠，世世代代富贵荣华，以至娶公主为妻，你所得到的光荣和隆盛显赫的地位，整个朝廷没有第二个。享受国士待遇的人，就应当以国士的身份来报答朝廷，怎么能容许在皇上违失帝德时，却不能以死相谏，反而趁大家反叛之机，亲手虐杀皇上，连其子孙也一并诛戮，从皇室旁支中扶立庶出子弟，擅权独尊，阴谋篡夺皇位，污辱帝妃皇后，冤枉残害无罪的人？你不追效诸葛瞻的忠诚，却做霍禹所干的一类叛逆恶行。天地不能宽容你，人神不会保佑你。裹胁威迫好人，你打算向何处去！如今若迅速来归附我，还可以保全你的后代。"化及默然不语，低头俯视了很久，才怒目圆睁大声喊道："我同你只讲相互砍杀交战的事，何须引经据典，咬文嚼字？"李密对随从人员说："化及如此庸俗怯懦，忽然想当帝王，这是赵高、圣公一类人物，我应当折木为杖驱赶他。"化及大修攻城器具，借以逼近黎阳仓城，李密率领五百轻骑兵驱马进击化及，仓城的守兵又出来接应，焚烧化及的攻城器具，大火彻夜不灭。

李密得知化及的粮食将用完了,于是假装同他讲和,来蒙蔽他的部众。化及不明白其中奥秘,还十分高兴,任凭其士兵敞开儿吃饭,他期望李密送给他食物。正巧李密部下有人犯了罪,投奔化及,把李密的实情全告诉了他。化及大怒,他的军粮又用光了,就渡过永济渠,同李密在童山下交战,从早晨一直战斗到傍晚。李密被流矢射中,在汲县停宿休整。化及劫掠汲郡,然后向北趋赴魏县。这时他的将领陈智略、张童仁等所带领的士兵,一个接一个地纷纷归附李密。当初,化及把辎重留在东郡,派他委任的刑部尚书王轨守护。到这时,王轨以全郡投降李密,李密任命他为滑州总管。李密领兵西进,派记室参军李俭去东都朝拜,抓住了杀死炀帝的人于弘达献给越王杨侗。杨侗任命李俭为司农少卿,让他回去复命,召李密入朝。李密到达温县,听说王世充已杀了元文都、卢楚等人,于是回到金墉。

王世充既已独揽大权,于是给将士丰厚的赏赐,整修兵器战具,人心又逐渐坚定。然而李密的士兵缺少衣服,世充缺少粮食,就请求交换。开始时李密拒斥了他,邴元真等人为求各自的私利,轮流来劝李密,李密终于答应了。原先,东都粮食断绝,来归附李密的人,每天有好几百。到现在,得到了粮食,来归降的人日益稀少,李密才悔悟而停止交换。李密虽然占据粮仓,但无府库,士兵屡次参战而得不到奖赏,而李密又对刚归附的士兵厚加抚恤,因此部众逐渐滋生埋怨情绪。当时派遣邴元真守兴洛仓。元真出身于微贱之家,性格又贪婪庸俗,宇文温很厌恶他,常对李密说:“不杀元真,您的灾难就不会止息。”李密不答话,而元真知道了这事,就暗中策划背叛李密。扬庆听说后告诉李密,而李密仍持怀疑态度。正巧王世充率全部人马来决战,李密留王伯当守金墉,亲自率领精兵开赴偃师,北倚山邙险阻以等候敌人。世充军队来到后,命令数百名骑兵渡御河,李密派裴行俨率部众迎击。正当日暮,双方短暂交战后撤退,行俨、孙长乐、程咬金等十余名猛将皆负重伤,李密很厌恶这事。世充夜间悄悄地率部渡过了河,次日早晨摆好了阵势,李密这才发觉,只好在窘迫中仓促出战,结果大败,与万余人骑马奔向洛口。世充夜间包围偃师,守将郑颋被部下推翻,献城投降世充。李密将要进入洛口仓城,元真已派人偷偷地领王世充的部队去了。李密暗中知道这事但不予揭发,于是同大家谋划,等王世充的兵士渡洛水渡过一半时,然后袭击它。当世充的部队来到时,李密的巡逻侦察骑兵没及时发觉,等到要出战时,世充的部队已全部渡过了河。李密自己揣度不能支撑,就领着骑兵逃走了。邴元真终于献仓城投降了王世充。

李密的部众逐渐离去,他打算去黎阳。有人对他说:“杀翟让的时候,徐世勣几乎被打死。直到今天创伤还未痊愈,他的心怎能保证不变呢?”李密于是停止了黎阳之行。当时王伯当放弃了金墉,驻守河阳,李密率轻骑兵从武牢渡过黄河去归附他,对伯当说:“军队打败了,长时间地劳苦了诸君,我现在自刭,向大家谢罪。”大伙都哭泣,不能抬头仰视。李密又说:“荣幸地蒙诸君不忍抛弃我,应当一道归附关中。我李密虽惭愧无功,诸君必能保全富贵。”他的府掾柳燮回答说:“从前刘盆子归附汉朝后,还能享受租赋,明公您与长安的皇帝同宗有过去的遇合,虽不曾随他起义,然而阻击东都,截断隋军归路,使唐国不战而据有京都,这也是您的功劳啊。”大家都说:“对!”李密就归附了大唐。被封为邢国公,拜授光禄卿。

赵仲卿传

【题解】

赵仲卿为隋代典型酷吏，主要活动于隋文帝时期。赵仲卿主要是一位武将，作战勇猛顽强，多次立下赫赫战功。担任地方官职时，所作所为残酷暴虐，法令严厉猛烈，当时人都很畏惧他，称其为"老虎"。在他的严酷管制下，地方上比较太平，因此深得隋文帝的宠幸，多次受到财物赏赐，死后亦很荣耀，这也是他不同于燕荣的地方。

【原文】

赵仲卿，天水陇西人也。父刚，周大将军。仲卿性粗暴，有膂力，周齐王宪甚礼之。从击齐，攻临秦、统戎、威远、伏龙、张壁等五城，尽平之。又击齐将段孝先於姚襄城，苦战连日，破之。以功授大都督，寻典宿卫。平齐之役，以功迁上仪同，兼赵郡太守。入为畿伯中大夫。王谦作乱，仲卿使在利州，即与总管豆卢勣发兵拒守，为谦所攻。仲卿督兵出战，前后一十七阵。及谦平，进位大将军，封长垣县公，邑千户。高祖受禅，进爵河北郡公。

开皇三年，突厥犯塞，以行军总管从河间王弘出贺兰山。仲卿别道俱进，无虏而还。复镇平凉。寻拜石州刺史。法令严猛，纤微之失，无所容舍，鞭笞长吏，辄至二百，官人战栗，无敢违犯，盗贼屏息，皆称其能。迁兖州刺史，未之官，拜朔州总管。于时塞北盛兴屯田，仲卿总统之。微有不理者，仲卿辄召主掌，挞其胸背，或解衣倒曳於荆棘中。时人谓之猛兽。事多克济，由是收获岁广，边成无馈运之忧。

会突厥启民可汗求婚於国，上许之。仲卿因是间其骨肉，遂相攻击，十七年，启民窘迫，与隋使长孙晟投通汉镇。仲卿率骑千余驰援之，达头不敢遇。潜遣人诱致启民所部，至者两万余家。其年，从高颎指白道以击达头。仲卿率兵三千为前锋，至族蠡山，与虏相逼，交战七日，大破之。追奔至乞伏泊，复破之，虏千余口，杂畜万计。突厥悉众而至，仲卿为方阵，四面拒战。经五日，会高颎大兵至，合击之，虏乃败走。追度白道，逾秦山七百余里。时突厥降者万余家，上命仲卿处之恒安。以功进位上柱国，赐物三千段。朝廷虑达头掩袭启民，令仲卿屯兵二万以备之，代州总管韩洪、永康公李药王、蔚州刺史刘隆等，将步骑一万镇恒安。达头骑十万来寇，韩洪军大败，仲卿自乐宁镇邀击，斩首虏千余级。明年，督役筑金河、定襄二城，以居启民。时有表言仲卿酷暴者，上令御史王伟按之，并实，惜其功不罪也。因劳之曰："知公清正，为下所恶。"赐物五百段。仲卿益恣，由是免官。

仁寿中，检校司农卿。蜀王秀之得罪，奉诏往益州穷按之。秀宾客经过之处，仲卿必深文致法，州县长吏坐者太半。上以为能，赏婢奴五十口、黄金二百两、米粟五千石，奇宝杂物称是。

炀帝嗣位，判兵部、工部二曹尚书事。其年，卒，时年六十四。谥曰肃。赠物五百段。

【译文】

赵仲卿，天水郡陇西人。父亲赵刚，北周时官至大将军。赵仲卿性情粗暴，四肢发达有力，北周齐王宇文宪对他很看重优待。跟随攻打北齐，攻打临秦、统戎、威远、伏龙、张壁等五城，全部攻克平定。又在姚襄城攻击齐将领段孝先，苦战了好多天，把他打败。因为建立功劳被任命为大都督，不久统领禁卫军。平定北齐的战役，因为建立功劳升迁为上仪同，兼任赵郡太守。又征召入朝廷任命为畿伯中大夫。王谦起兵作乱，赵仲卿正好出使在利州，就和利州总管豆卢勣发兵抵御守卫，被王谦所攻击。赵仲卿督率兵士出战，前后打了十七仗。等到王谦平定，进封赵仲卿为大将军，封为长垣县公，食邑一千户。隋文帝接受禅让称帝，进封赵仲卿的爵位为河北郡公。

开皇三年，突厥侵犯边境，任命赵仲卿为行军总管跟随河间王杨弘出兵贺兰山。仲卿从另一条道路分头并进，没有碰上敌人而返回。任命他镇守平凉。不久又任命为石州刺史。法令严厉猛烈，哪怕是一点小小的过失，也不肯容忍放过。鞭打长史，总是要打到二百下，官吏百姓吓得发抖，没有人敢违犯他的禁令，盗贼屏住气不敢出声，上上下下都称赞赵仲卿能干。迁调为兖州刺史，没有到任，又被任命为朔州总管。在当时，塞北盛兴屯田的制度，朝廷命令赵仲卿作为总管。只要稍有治理不善，就把主管人员找来，打他的前胸后背。或者解开他的衣服在荆棘中倒着拖过去。当时人把赵仲卿叫做猛虎。所管理的屯田事务大多能成功，因此，收获的粮食每年增多，边境戍所没有运送粮食的忧虑。

当时突厥的启民可汗向隋朝求婚，文帝答应了。赵仲卿因此而离间突厥可汗家族成员的关系，他们就自相攻击。开皇十七年，走投无路，就和隋朝使臣长孙晟投奔通汉镇。赵仲卿率领一千多骑兵飞驰前往救援，启民可汗的对手达头不敢进逼，偷偷派人引诱启民可汗的部下归附他，前去归附的有两万多家。这一年，赵仲卿跟随高颎领兵直趋白道以攻击达头。赵仲卿率领三千士卒为前锋，到达族蠡山，和敌人遭遇，交战了七天，大破突厥军。又领兵追击到乞伏泊，再次打败敌人，俘虏了一千多人，各种牲畜数以万计。突厥倾其全部兵力来到，赵仲卿排开方形军阵，四面抵御敌人。经过了五天，正好高颎的大军抵达，合兵攻击敌人，敌人这才败逃。赵仲卿等追过白道，越过秦山七百多里。当时突厥人投降的有一万多家，隋文帝命令赵仲卿把他们安置在恒安。赵仲卿因为建立功劳封上柱国，赏赐财物三千段。朝廷又担心达头偷袭启民，命令赵仲卿驻兵二万人以作防备，代州总管韩洪、永康公李药王、蔚州刺史刘隆等率领步兵、骑兵一万人镇守恒安。达头率领骑兵十万人前来入侵，韩洪的军队被打得大败，赵仲卿从乐宁镇中途袭击，斩杀敌人一千多人。下一年，赵仲卿督率民工建筑金河、定襄两座城，让启民居住在这里。当时有表奏说赵仲卿残酷暴虐，隋文帝命令御史王伟审查，结果全部属实，但由于爱惜他的功劳而没有加罪。于是慰劳他说："知道您清廉正直，为下面的人所讨厌。"赏赐财物五百段。赵仲卿由此而更加任意妄为，被免官。

仁寿年间，又被任命为检校司农卿。蜀王杨秀得罪的时候，赵仲卿奉诏命到益州穷加查究。只要是杨秀的宾客经过的地方，州县地方官牵连犯罪的就有一大半。隋文帝认为赵仲卿能干，赏赐给他奴婢五十人、黄金二百两、大米小米五千石，珍宝杂物等等和上述的赏赐相当。

炀帝即位,任命赵仲卿判兵部、工部二曹尚书事。这一年去世,谥号为肃。赏赐财物五百段。他的儿子赵弘嗣继承爵位。

崔弘度传

【题解】

崔弘度,字摩诃衍。身材高大威猛,力气惊人,多次立下战功。同时性情严厉残酷,对犯人斩杀无情,对下属也严厉峻急,动不动就鞭刑拷打,因此长安人都对他又恨又怕,有民谣唱道:"宁可喝下三升醋,不要遇见崔弘度。"由于立有战功,加上他的一个妹妹和一个女儿都曾身为王妃,所以崔弘度一度曾十分显贵。

【原文】

崔弘度,字摩诃衍,博陵安平人也。祖楷魏司空;父说,周敷州刺史。弘度膂力绝人,仪貌魁岸,须面甚伟。性严酷。年十七,周大冢宰宇文护引为亲信。寻授都督,累转大都督。时护子中山公训为蒲州刺史,令弘度从焉。尝与训登楼,至上层,去地四五丈,俯临之,训曰:"可畏也。"弘度曰:"此何足畏!"欻然掷下,至地无损伤。训以其拳捷,大奇之。后以战勋,授仪同,从武帝灭齐,进位上开府,邺县公,赐物三千段、粟麦三千石、奴婢百口、杂畜千计。寻从汝南公宇文神举破卢昌期於范阳。

宣帝嗣位,从郧国公韦孝宽经略淮南。弘度与化政公宇文忻、司水贺娄子干至肥口,陈将潘琛率兵数千来拒战,隔水而阵。忻遣弘度谕以祸福,琛至夕而遁。进攻寿阳,降陈守将吴文立,弘度功最。以前后勋,进位上大将军,袭父爵安平县公。

及尉迥作乱,以弘度为行军总管,从韦孝宽讨之。弘度募长安骁雄数百人为别队,所当无不披靡。弘度妹先适迥子为妻,及破邺城,迥窘迫升楼,弘度直上龙尾追之。迥弯弓将射弘度,弘度脱兜鍪谓迥曰:"相识不?今日各图国事,不得顾私。以亲戚之情,谨遏乱兵,不许侵辱。事势如此,早为身计,何所待也?"迥掷弓于地,骂大丞相极口而自杀。弘度顾其弟弘升曰:"汝可取迥头。"弘升遂斩之。进位上柱国。时行军总管例封国公,弘度不时杀迥,致纵恶言。由是降爵一等,为武乡郡公。

开皇初,突厥入寇,弘度以行军总管出原州以拒之。虏退,弘度进屯灵武,月余而还。拜华州刺史。纳其妹为秦孝王妃。寻迁襄州总管。弘度素贵,御下严急,动行捶罚,吏人慑气,闻其声,莫不战慄。所在之处,令行禁止,盗贼屏迹。梁王萧琮来朝,上以弘度为江陵总管,镇荆州。弘度未至,而琮叔父岩拥居人以叛,弘度追之不及;陈人惮弘度,亦不敢窥荆州。平陈之役,以行军总管从秦孝王出襄阳道。及陈平,赐物五千段。高智慧等作乱,复以行军总管出泉门道,隶于杨素。弘度与素,品同而年长,素每屈下之。一旦隶素,意甚不平,素言多不用。素亦优容之。及还,检校原州事,仍领行军总管以备胡,无虏而还,上甚礼之。复以其弟弘升女为河南王妃。

仁寿中，检校太府卿。自以一门二妃，无所降下，每诫其僚吏曰："人当诚恕，无得欺诳。"皆曰："诺。"后尝食鳖，侍者八九人，弘度一一问之曰："鳖美乎？"人惧之，皆云："鳖美。"弘度大骂曰："佣奴何敢诳我？汝初未食鳖，安知其美？"俱杖八十。官属百工见之者，莫不流汗，无敢欺隐。时有屈突盖为武候骠骑，亦严刻，长安为之语曰："宁饮三升酢，不见崔弘度。宁茹三升艾，不逢屈突盖。"然弘度理家如官，子弟斑白，动行捶楚，闺门整肃，为当时所称。未几，秦王妃以罪诛，河南王妃复被废黜。弘度忧恚，谢病于家，诸弟乃与之别居，弥不得志。

炀帝即位，河南王为太子，帝将复立崔妃，遣中使就第宣旨。使者诣弘升家，弘度不之知也。使者返，帝曰："弘度有何言？"使者曰："弘度称有疾不起。"帝默然，其事竟寝。弘度忧愤，未几，卒。

【译文】

崔弘度，字摩诃衍，博陵郡安平人。祖父崔楷，在北魏官至司空。父亲崔说，在北周官至敷州刺史。崔弘度的力气无人能比，容貌魁梧，胡须十分壮观。性情严厉残酷。十七岁，北周大冢宰宇文护把他用为亲信。不久就被任命为都督，逐渐升至大都督。当时宇文护的儿子中山公宇文训担任蒲州刺史，让崔弘度跟着赴任。崔弘度曾经和宇文训一起登楼，到了顶层，离开地面四五丈，往下看去，宇文训说："很让人害怕。"崔弘度说："这哪里够得上害怕！"一下子往下跳，落地没有损伤。宇文训由于他勇武迅捷，十分惊异。后来由于建有战功，被任命为仪同，跟随北周武帝扫灭北齐，进封上开府，邺县公，赏赐财物三千段、小米麦子三千石、奴婢一百人、各种牲畜数以千计。不久跟从汝南公宇文神举在范阳攻击打败了卢昌期。

北周宣帝即位，崔弘度跟从郧国公韦孝宽规划治理淮南。崔弘度和化政公宇文忻、司水贺娄子干赶到肥口，陈朝将领潘琛领兵几千人前来抵御，隔着水排开阵势。宇文忻派崔弘度用祸福的道理开导潘琛，潘琛到夜里就偷偷逃跑了。进而攻击寿阳，迫使陈朝守将吴文立投降，崔弘度的功劳最大。由于前前后后建立的功勋，晋升官位为上大将军，承袭父亲的安平县公爵位。

等到尉迟迥作乱，任命崔弘度为行军总管，跟从韦孝宽前去讨伐。崔弘度招募长安骁勇雄壮的几百人单独编为一队，抵挡他们的敌军，没有不被打得大败的。崔弘度的妹妹先是嫁给尉迟迥的儿子做妻子，等到攻破邺城，尉迟迥走投无路逃到城楼上，崔弘度一直追赶到登上城墙的弯道上。尉迟迥弯弓搭箭准备向崔弘度射去，崔弘度脱下头盔，对尉迟迥说："认识我吗？今天是各人都为国家大事打算，不能顾念私人关系。不过看在亲戚的情分上，我尽力制止乱兵，让他们不准对你有所侵犯侮辱。事情的大势已经这样，你应该早点自己打算，还等待什么呢？"尉迟迥把弓掷在地上，口口声声骂着大丞相杨坚而自杀了。崔弘度回头看着他兄弟崔弘升说："你可以割下尉迟迥的脑袋。"崔弘升就照办了。因为这次战功进官位为上柱国。当时担任行军总管的照例要封为国公，崔弘度没有及时杀死尉迟迥，以致有人说坏话。因此而降一等，封爵为武乡郡公。

隋文帝开皇初年，突厥入侵。崔弘度担任行军总管出兵原州抵御突厥。突厥人撤退，崔弘度进军屯驻在灵武，过了一个多月才返回。任命为华州刺史。把他的妹妹进献给秦孝王杨俊为王妃。不久迁为襄州总管。崔弘度素来显贵，对待下属严厉峻急，动不动就要鞭打，属下的下官恐惧，听到他的声音，无不怕得发抖。所在的地方，有令即行，有禁即止，盗贼都躲藏不敢出来。梁王萧琮到长安朝觐，隋文帝任命崔弘度为江陵总管，镇守荆州。崔弘度还没有到达荆州，萧琮的叔父萧岩聚集当地居民反隋奔陈，崔弘度追赶没有赶上；陈朝人害怕崔弘度，也不敢窥伺荆州。平定陈朝的战役，任命崔弘度为行军总管跟从秦孝王杨俊出兵襄阳道。等到陈朝平定，赐给崔弘度财物五千段。高智慧等人作乱，再次被任命为行军总管出兵泉门道，隶属杨素指挥。崔弘度和杨素品级相同而年长于杨素，杨素常常屈从居于其下，现在崔弘度隶属杨素指挥，心里感到很不满意，对杨素的话常常不执行，杨素也加以优待容忍。等到返回朝廷，任命分检校原来的襄州事务，仍然兼领行军总管以防备胡人，由于胡人没有入侵，返回朝廷，隋文帝对他颇加优礼。又把他兄弟弘升的女儿嫁给河南王杨昭为王妃。

隋文帝仁寿年间，崔弘度检校太府卿。他自以为一家中有了两个王妃，没有人再比自己高贵。常常告诫属下的官吏说："做人应当诚实宽容，不能欺骗别人。"官吏们都回答说："是。"后来有一次吃甲鱼，旁边伺候的有八九个人，崔弘度逐一问他们说："甲鱼的味道好吗？"伺候的人怕他，都说："甲鱼的味道好。"崔弘度大骂说："你们这些奴才为什么敢欺骗我！你们本来没有吃过甲鱼，哪里知道它味道好？"统统杖责八十下。属下官吏和工匠见到他的，没有不身上冒汗，不敢欺骗隐瞒。当时有一个屈突盖官居候骠骑，性情也严厉苛刻，长安人为他们传出一首民谣说："宁可喝下三升醋，不要遇见崔弘度。宁可吞吃三升艾，不要碰上屈突盖。"然而崔弘度治家也像做官，子弟哪怕头发花白了，动不动还是要责打，闺门之内严整肃穆，为当时所称道。没有多久，秦孝王杨俊的王妃有罪被赐死，河南王杨昭的王妃又被废黜。崔弘度忧愁愤怒，称病家居，各位兄弟和他另立门户过日子，崔弘度更加不得志。

隋炀帝即位，立河南王杨昭为太子，炀帝将重新立崔氏为太子妃，派宫中使者到崔家宣布旨意。使者到了崔弘升家，崔弘度并不知道。使回宫，炀帝问："崔弘度有什么话？"使者说："崔弘度说有病，不会痊愈了。"炀帝没有说话，这件事情就搁下不办了。崔弘度忧愁愤恨，没过多久就去世了。

元弘嗣传

【题解】

元弘嗣在隋代的酷吏中，是非常有代表性的一位，而且其生平很有特色。他曾经在另一位酷吏燕荣的手下当差，倍受燕荣的残酷折磨，也正是因为他的控告，燕荣才被隋文帝赐死，可等到他代替燕荣治理幽州政务时，其暴虐凶残的程度，比燕荣有过之而无不及。对犯人、下属、劳役民工的残暴行为，简直凶残已极，无以复加。

【原文】

元弘嗣,河南洛阳人也。祖刚,魏渔阳王;父经,周渔阳郡公。弘嗣少袭爵,十八为左亲卫。开皇九年,从晋王平陈,以功授上仪同。十四年,除观州总官长史,在州专以严峻任事,吏人多怨之。二十年,转幽州总官长史。于时燕荣为总管。肆虐于弘嗣,每被笞辱。弘嗣心不伏,荣遂禁弘嗣于狱,将杀之。及荣诛死,弘嗣为政,酷又甚之。每推鞫囚徒,多以酢灌鼻,或椓弋其下窍,无敢隐情,奸为民息。

仁寿末,授木工监,修营东都。大业初,炀帝潜有取辽东之意,遣弘嗣往东莱海口监造船。诸州役丁苦其捶楚,官人督役,昼夜立于水中,略不敢息,自腰以下,无不生蛆,死者十三四。寻迁黄门侍郎,转殿内少监。辽东之役,进位金紫光禄大夫。明年,帝复征辽东,会奴贼寇陇右,诏弘嗣击之。

及玄感作乱,逼东都,弘嗣屯兵安定。或告之谋应玄感者,代王侑遣使执之,送行在所。以无反形当释,帝疑不解,除名,徙日南,道死,时年四十九。有子仁观。

【译文】

元弘嗣,河南郡洛阳人。祖父元刚,北魏时被封为渔阳王;父亲元经,北周时被封为渔阳郡公。元弘嗣少年时代承袭爵位,十八岁担任左亲卫。开皇九年,跟从晋王杨广平定陈朝,由于建立功劳被命为上仪同。十四年,被任命为观州总管长史,在州中处理事务专用严刑峻法,官吏百姓怨恨他的人很多。二十年,调转为幽州总管长史。当时燕荣担任总管,对元弘嗣横施暴虐,元弘嗣常常被鞭打侮辱。元弘嗣心中不服,燕荣就把他囚禁在狱中,将要杀死他。等到燕荣被诛赐死,元弘嗣管理幽州政务,其残酷又比燕荣更加厉害。每次审问犯人,常常用醋灌鼻子,或者用木棍子塞进下体,因此没有人敢于隐瞒情况,坏人不敢出大气。

仁寿末年,被任命为木工监,修理经营东都洛阳。大业初年,隋炀帝私下里有攻取辽东的意思,派元弘嗣前去东莱海口监督修造战船。各州的劳役民工为他的鞭打所苦,官吏又在那里监督劳动,所以白天黑夜站在水里,一点不敢休息,从腰部以下,无不腐烂生蛆,死去的有十分之三四。不久升迁为黄门侍郎,转殿内少监。隋炀帝征讨辽东这一役,元弘嗣被进封官位为金紫光禄大夫。第二年,炀帝再次征讨辽东,刚好碰上灵武郡的“奴贼”造反,进攻陇西一带,炀帝下诏令元弘嗣前去攻讨。

等到杨玄感作乱造反,逼近东都洛阳,元弘嗣驻兵在安定。有人告发他阴谋响应杨玄感,代王杨侑派使者逮捕了他,送到炀帝在辽东的行宫。由于查不到元弘嗣的造反证据,应当无罪释放,但炀帝的怀疑没有解除,把他从官籍中除名,流放日南,在路上死去,年四十九岁。有一个儿子,名仁观。

王文同传

【题解】

王文同,隋炀帝时代著名酷吏,其拷打处治犯人的手法,往往骇人所闻,凶残酷烈至极。此人崇尚暴虐,滥杀无辜。同时,他也是隋代酷吏中,不仅没有什么政绩,而且又被老百姓所最痛恨的,因此,他死后,其尸体上的肉都被仇人们一片片地生吃光了。

【原文】

王文同,京兆频阳人也。性明辩,有干用。开皇中,以军功拜仪同,寻授桂州司马。炀帝嗣位,征为光禄少卿,以忤旨,出为恒山郡丞。有一人豪猾,每持长吏长短,前后守令咸惮之。文同下车,闻其名,召而数之。因令左右刿木为大橛,埋之于庭,出尺余,四角各埋小橛。令其人踣心于大橛上,缚四支于小橛;以棒殴其背,应时溃烂。郡中大骇,吏人相视慑气。

及帝征辽东,令文同巡察河北诸郡。文同见沙门斋戒菜食者,以为妖妄,皆收系狱。比至河间,召诸郡官人,小有迟违者,辄皆覆面于地而棰杀之。求沙门相聚讲论,及长老共为佛会者数百人,文同以为聚结惑众,尽斩之。又悉裸僧尼,验有淫状非童男女者数千人,复将杀之。郡中士女号哭于路,诸郡惊骇,各奏其事。帝闻而大怒,遣使者达奚善意驰锁之,斩于河间,以谢百姓。雠人剖其棺,脔其肉而噉之,斯须咸尽。

【译文】

王文同,京兆郡频阳人。生性聪明,能言善辩,精明能办事。隋文帝开皇年间,由于军功被任命仪同,不久又任为桂州司马。炀帝即位以后,征召入京为光禄少卿,由于和炀帝的心意违背而被外放为恒山郡丞。郡中有一个豪强奸猾的人,手里常常捏着地方官的耙柄,历来的郡守县都怕他。王文同刚一到任,听到他的名声,就召来数说他的罪行。于是命令左右随从削刿木头做成一个大橛子,埋在前面庭院里,露出一尺多在地上,四边各埋上一个小木橛。让这个人心口趴在大木橛上,把他的四肢捆绑在小木橛上,用棒子殴打他的背部,立即就溃烂了。全郡人大惊,官吏们互相看着不敢出气。

等到炀帝征讨辽东,命令王文同巡察河北各郡。王文同见到和尚守戒吃蔬的,认为这是故作妖异骗人,把他们都逮捕下狱。不久到了河间,召集各郡的官吏,稍稍有迟疑的,就都把他们按在地上面朝下把他们打死。找到和尚们聚会讲经论道和长老一起做法事的几百个人,王文同认为这是集结迷惑民众,把他们全都杀了。又把和尚尼姑的衣服全部脱掉,查验出有淫秽模样不是童男处女的有几千人,又准备把他们杀掉。郡中的男男女女在路上号哭,其他郡都为之惊恐,各把这件事上奏。炀帝听到之后大怒,派使者达奚善意骑快马把王文同锁拿,就在河间把他杀了,以向百姓表示歉意。仇人们劈开他的棺木,一片片割下尸体上的肉生吃,一下子就吃完了。

李士谦传

【题解】

作为隐士，一般不是纯粹因为隐居而出名，大多不是因秉性独特，就是以才识能干。李士谦就是一位品行端正、贤明智识之士，尤其在济贫救苦方面多为世所称。他的不仕，却为社会带来了更大的利益。这在隐者中也是不多见的。

【原文】

李士谦字子约，赵郡平棘人也。髫龀丧父，事母以孝闻。母曾呕吐，疑为中毒，因跪而尝之。伯父魏岐州刺史玚，深所嗟尚，每称曰："此儿吾家之颜子也。"年十二，魏广平王赞辟开府参军事。后丁母忧，居丧骨立。有姊适宋氏，不胜哀而死。士谦服阕，舍宅为伽蓝，脱身而出。诣学请业，研精不倦，遂博览群籍，兼善天文术数。齐史部尚书辛术召署员外郎。赵郡王叡举德行，皆称疾不就，和士开亦重其名，将讽朝廷，擢为国子祭酒。士谦知而固辞，得免。隋有天下，毕志不仕。

自以少孤，未尝饮酒食肉，口无杀害之言。至于亲宾来萃，辄陈樽俎，对之危坐，终日不倦。李氏宗党豪盛，每至春秋二社，必高会极欢，无不沉醉喧乱。尝集士谦所，盛馔盈前，而先为设黍，谓群从曰："孔子称黍为五谷之长，荀卿亦云食先黍稷，古人所尚，容可违乎？"少长肃然，不敢驰惰，退而相谓曰："既见君子，方觉吾徒之不德也。"士谦闻而自责曰："何乃为人所疏，顿至于此！"家富于财，躬处节俭，每以振施为务。州里有丧事不办者，士谦辄奔走赴之，随乏供济。有兄弟分财不均，至相阋讼，士谦闻而出财，补其少者，令与多者相埒。兄弟愧惧，更相推让，卒为善士。有牛犯其田者，士谦牵置凉处饲之，过于本主。望见盗刈其禾黍者，默而避之。其家僮尝执盗粟者，士谦慰谕之曰："穷困所致，义无相责。"遽令放之。其奴尝与乡人董震因醉角力，震扼其喉，毙于手下。震惶惧请罪，士谦谓之曰："卿本无杀心，何为相谢！然可远去，无为吏之所拘。"性宽厚，皆此类也。

其后出粟数千石，以贷乡人，值年谷不登，债家无以偿，皆来致谢。士谦曰："吾家余粟，本图振赡，岂求利哉！"于是悉召债家，为设酒食，对之燔契，曰："债了矣，幸勿为念也。"各令罢去。明年大熟，债家争来偿谦，谦拒之，一无所受。他年又大饥，多有死者，士谦罄竭家资，为之糜粥，赖以全活者将万计。收埋骸骨，所见无遗。至春，又出粮种，分给贫乏。赵郡农民德之，抚其子孙曰："此乃李参军遗惠也。"或谓士谦曰："子多阴德。"士谦曰："所谓阴德者何？犹耳鸣，己独闻之，人无知者。今吾所作，吾子皆知，何阴德之有！"

士谦善谈玄理，尝有一客在坐，不信佛家应报之义，以为外典无闻焉。士谦喻之曰："积善余庆，积恶余殃，高门待封，扫墓望丧，岂非休咎之应邪？佛经云轮转五道，无复穷已，此则贾谊所言，千变万化，未始有极，忽然为人之谓也。佛道未东，而贤者已知其然矣。至若鲧为黄熊，杜宇为鹠鹠，褒君为龙，牛哀为兽，君子为鹄，小人为猿，彭生为豕，如意为犬，黄母为鼋，宣武为鳖，邓艾为牛，徐伯为鱼，铃下为乌，书生为蛇，羊祜前身，李氏

之子,此非佛家变受异形之谓邪?"客曰:"邢子才云,岂有松柏后身化为樗栎,仆以为然。"士谦曰:"此不类之谈也。变化皆由心而作,木岂有一心乎?"客又问三教优劣,士谦曰:"佛,日也;道,月也;儒,五星也。"客亦不能难而止。

士谦平生时为咏怀诗,辄毁弃其本,不以示人。又尝论刑罚,遗文不具,其略曰:"帝王制法,沿革不同,自可损益,无为顿改。今之赃重者死,是酷而不惩也。语曰:'人不畏死,不可以死恐之。'愚谓此罪宜从肉刑,刖其一趾,再犯者断其右腕。流刑刖去右手三指,又犯者下其腕。小盗宜黥,又犯则落其所用三指,又不悛下其腕,无不止也。无赖之人,窜之边裔,职为乱阶,适所以召戎矣,非求治之道也。博弈淫游,盗之萌也,禁而不止,黥之则可。"有识者颇以为得治体。

开皇八年,终于家,时年六十六。赵郡士女闻之,莫不流涕曰:"我曹不死,而令李参军死乎!"会葬者万余人。乡人李景伯等以士谦道著丘园,条其行状,诣尚书省请先生之谥,事寝不行,遂相与树碑于墓。

其妻范阳卢氏,亦有妇德,及夫终后,所有赙赠,一无所受,谓州里父老曰:"参军平生好施,今虽殒殁,安可夺其志哉!"于是散粟五百石以赈穷乏。

【译文】

李士谦,字子约,赵郡平棘人。幼年丧父,以事母孝顺出名。有一次母亲呕吐,他怀疑是食物中毒,所以跪在地下尝呕吐物。伯父李玚任魏朝岐州刺史,深为赞赏李士谦的行为,每每称赞说:"这孩子是我家的颜回啊!"十二岁时,魏朝广平王赞提拔他任开府参军事,后来为母亲守灵,瘦得皮包骨头。有一个姐姐嫁给了宋氏,因为母亲去世,不胜悲哀而死去。士谦为母亲服丧完毕,献出住宅作为佛寺,自己只身离家。到学馆去请求受业,研究钻研不知疲倦。于是得以博览群书,兼通天文、术数。齐朝史部尚书辛术召他出任员外郎,赵郡王叡推选他为德行,都借口有病没有就任。和士开也很看重他的大名,将要告诉朝廷,提拔他为国子祭酒。士谦知道了,坚决推辞,得以免去。隋朝拥有天下后,立志不再做官。

因认为幼年丧父,不曾喝酒吃肉,嘴里也不说有关杀生的话。至于亲戚朋友来聚会,总是安排美酒佳肴,自己则面对着它们正襟危坐,一整天也不疲倦。李氏宗族官高人多,每到春秋二季祭祀的时候,一定设宴聚会,极尽欢乐,没有不醉酒喧哗的。曾经在士谦的住处集会,丰盛的食物摆在面前,然而他却先安排上小米,对跟在后面的人说:"孔子称这种小米是五谷之长,荀卿也说吃东西应先吃谷物,古人所遵从的,哪里可以违背呢?"说得在座的老少都很肃然,再也不敢放纵懒惰,退下来后都认为:"看见了君子以后,才觉得我们这些人是没有德行的。"士谦听说后自己谴责自己说:"为什么被人疏远,真是笨到这个程度。"家里很有钱,但自己的生活非常节俭,经常赈济、施舍别人,州里有死了人家里无法安葬的,士谦总是赶快奔赴那儿,按照丧事的需要供给财钱。有时兄弟分家产没有分平均,两人打上官司,士谦听说后拿出自己的钱,补给那个分得少的,让他和分得多的一样多。兄弟二人都很惭愧,互相推让,最后成了行善之人。有一头牛践踏了他的农田,他把牛牵到阴凉处喂它,比牛的主人照顾得还好。老远地望见有个小偷在偷割他的庄稼,一句话不说反而避开了。他家里的仆人曾经捉拿偷庄稼的人,士谦安慰开导他说:"这人是因为穷困逼的，不应该责怪他。"于是命令放了他。他的仆人和同乡人董震因为喝醉了酒发生斗殴，董震扼住了他的喉咙，那个仆人死在了他的手下。董震很害怕，到士谦这儿来请罪，士谦对他说："您本来没有杀人之心，为什么要来道歉呢？然而您应该跑得远远的，不要被那些当官的捉住。"他性格宽厚，做事都像这样。

那以后又拿出小米数千石，借给乡里人，正好碰到年辰歉收，借债人没有办法偿还，都跑来道歉。士谦说："那些是我家多余的谷物，本来就是想救济大家的，哪里是想得到利钱呢？"于是召来了全部的借债人，为他们摆酒设宴，面对他们烧掉了借据，说："债务不存在了，请你们不要老想着还债了。"让他们都回去了。第二年庄稼大丰收，借债的人们争着来还士谦的谷物，士谦拒绝收下，一家人的都没有收。有一年发生大饥荒，士谦拿出家里的全部财产，给他们熬粥喝，赖以保全性命存活下来的人数以万计。他收埋死者的尸体，凡是看到的，都给埋掉。到了春天，又拿出粮种，送给贫穷没有种子的人家。赵郡农民感激他的恩德，抚摸着他的子孙说："这是李参军赐给我们的恩惠啊。"有人对士谦说："您积了很多阴德。"士谦说："所谓的阴德是什么呢？就像是耳鸣，只有自己听得见，别人没有知道的。现在我所做的，您先生全部知道，有什么阴德呢！"

士谦善谈玄理，曾经有一位客人在座，不相信佛家因果报应的说法，认为在一般典籍中没有听说过。士谦对他解释说："积善就会有福，积恶就会有祸，有人高大的门楼等待着封赠，有人祭扫坟墓、想念着死者，这难道不是善恶的报应吗？佛经说法轮运转五个业道，循环往复以至无穷，这就是贾谊所说的世间的事物千变万化，没有开始也没有终极，忽然就变成了人。佛教还未传到东方，贤明的人就已经知道是怎么回事了。至于鲧是黄熊，杜宇是鹍鹈，褒君是龙，牛哀是兽，君子是鹄，小人是猿，彭生是猪，如意是狗，黄母是鼋，宣武是鳖，邓艾是牛，徐伯是鱼，侍从、走座是乌鸦，书生是蛇，羊祜的前身，是李氏的儿子，这难道不是佛家的投胎变形的说法吗？"客人说："邢子才说，哪有松柏来世变为樗、栎的呢？我也认为如此。"士谦说："这和我们说的不是同一类事物。变化都是由心而产生的，树木哪里有心呢？"客人又问起儒、佛、道三教的优劣，士谦说："佛是太阳，道是月亮，儒是星星。"客人也不能难倒他。

士谦一生经常作咏怀诗，做好后总是又毁掉，不给别人看。又曾经评论刑与罚，他文章没有留下来，大意是："帝王制定法律，沿袭和改革，有所不同。自然可以增减，但也不要猛然改动。现在偷了很多东西的人就判死刑，是残酷而不是惩罚。俗话说：'人不怕死，就不能以死恐吓他。'我认为盗窃罪应该予以形体惩罚，砍掉他一个脚趾头，再犯的人就砍掉他的右手腕。砍去右手三指，又犯的人砍下他的手腕。小偷小盗应用黥刑，再犯的人砍掉偷盗那只手的三个手指，仍不改悔的砍下他的手腕，没有不停止犯罪的。生活没有依凭的人，逃窜到边疆地区，随便安排他们一个职务，这是对少数民族招安的办法，不是求得国家得到治理的途径。游戏下棋、到处游荡，这是小偷产生的摇床，禁止不了的话，在他们的脸上刺字就可以了。"有水平的人认为这番话很符合治理社会的道理。

开皇八年，死于家中，时年六十六岁。赵郡的老百姓听说后，没有不痛哭流涕的，说："我们不死，反倒让李参军死了啊。"参加他葬礼的有一万多人。同乡人李景伯等认为士谦的善行闻名于乡村山野，录述了他的行为、事迹，到尚书省请求给他追赠谥号，事情搁置下来，没有办成，于是大家一起在墓旁边立了一块纪念碑。

他的妻子范阳人卢氏，也有妇女的德行，丈夫去世后，所有人的馈赠，都不接受。对州里的父老乡亲说："参军一生好施舍，现在即使他死了，怎么可以违背他的意愿呢?"于是散发了百石小米以救济穷人。

万宝常传

【题解】

万宝常，生卒无考，也不知是什么地方人。他的父亲随梁将归顺北齐，因谋图再回南朝，父亲被杀，万宝常也被配为乐户。他的活动，主要在北齐、北周至隋朝开皇年间。万宝常的音乐天赋很高，被配为乐户后，这种天赋得到较充分的发展。隋朝是我国音乐发展的突出时期，万宝常无论在乐理、谱曲、乐兴演奏等方面，在同时代人中是佼佼者。因为他是地位低贱乐户出身，一生不得志，他的音乐理论和实践，受到权势者的压抑，不得为世所用，他本人也在病饿中离开人世。他著有《乐谱》六十四卷，在他临死前因疾愤而烧毁。万宝常的一生，充分体现出在封建社会里出身卑下的艺人的悲惨遭遇。

和万宝常同时的音乐家王令言，也精通音律，他能从演奏的曲调中辨别出人物的情趣以及吉凶祸福，因其传记附在万宝常传后，现一并译出。

【原文】

万宝常，不知何许人也。父大通，从梁将王琳归于齐。后复谋还江南，事泄，伏诛。由是宝常被配为乐户，因而妙达钟律，遍工八音。造玉磬以献于齐。又尝与人方食，论及声调。时无乐器，宝常因取前食器及杂物，以箸扣之，品其高下，宫商毕备，谐于丝竹，大为时人所赏。然历周洎隋，俱不得调。

开皇初，沛国公郑译等定乐，初为黄钟调。宝常虽为伶人，译等每召与议，然言多不用。后译乐成奏之，上召宝常，问其可不，宝常曰："此亡国之音，岂陛下之所宜闻!"上不悦。宝常因极言乐声哀怨淫放，非雅正之音，请以水尺为律，以调乐器。上从之。宝常奉诏，遂造诸乐器，其声率下郑译调二律。并撰《乐谱》六十四卷，具论八音旋相为宫之法，改弦移柱之变。为八十四调，一百四十四律，变化终于一千八百声。时人以《周礼》有旋宫之义，自汉、魏已来，知音者皆不能通，见宝常特创其事，皆哂之。至是，试令为之，应手成曲，无所凝滞，见者莫不嗟异。于是损益乐器，不可胜纪，其声雅淡，不为时人所好，太常善声者多排毁之。

又太子洗马苏夔以钟律自命，尤忌宝常。夔父威，方用事，凡言乐者，皆附之而短宝常。数诣公卿怨望，苏威因诘宝常，所为何所传授。有一沙门谓宝常曰："上雅好符瑞，有言征祥者，上皆悦之。先生当言就胡僧受学，云是佛家菩萨所传音律，则上必悦。先生所为，可以行矣。"宝常然之，遂如其言以答威。威怒曰："胡僧所传，乃是四夷之乐，非中国所宜行也。"其事竟寝。宝常尝听太常所奏乐，泫然而泣。人问其故，宝常曰："乐声淫厉而哀，天下不久相杀将尽。"时四海全盛，闻其言者皆谓为不然。大业之末，其言卒验。

宝常贫无子，其妻因其卧疾，遂窃其资物而逃。宝常饥馁，无人赡遗，竟饿而死。将死也，取其所著书而焚之，曰："何用此为！"见者于火中探得数卷，见行于世，时论哀之。

开皇之世，有郑译、何妥、卢贲、苏夔、萧吉，并讨论坟籍，撰著乐书，皆为当世所用。至于天然识乐，不及宝常远矣。安马驹、曹妙达、王长通、郭令乐等，能造曲，为一时之妙，又习郑声，而宝常所为，皆归于雅。此辈虽公议不附宝常，然皆心服，谓以为神。

时有乐人王令言，亦妙达音律。大业末，炀帝将幸江都，令言之子尝从，于户外弹胡琵琶，作翻调《安公子曲》。令言时卧室中，闻之大惊，蹶然而起曰："变，变！"急呼其子曰："此曲兴自早晚，"其子对曰："顷来有之。"令言遂歔欷流涕，谓其子曰："汝慎无从行，帝必不返。"子问其故，令言曰："此曲宫声往而不反，宫者君也，吾所以知之。"帝竟被杀于江都。

【译文】

万宝常，不知是什么地方的人。他的父亲叫万大道，随梁将王琳归顺了北齐。后来企图逃回江南梁朝，事情泄漏，被杀。因此，万宝常被发配为乐户，因而他精通音律，各种乐器都能精熟演奏。他自己曾制造了一组玉磬，献给北齐皇帝。曾和人在一起吃饭，饭间讨论起音调。当时现场没有乐器，万宝常就拿面前的餐具及其他杂物，用筷子敲击，定其音调的高低，五音配齐，敲击起来，和乐器一样音调和谐，当时人大为赞赏。但他历事北周和隋朝，都没有被提拔。

开皇初年，沛国公郑译等人主持确定乐曲的声调，起初定为声音洪亮的黄钟调。万宝常虽然是专门从事音乐的乐官，郑译等人也常常把他叫来，参加讨论，但他的主张大多不被采用，后来郑译等人将所定声调，上奏皇帝，隋文帝把万宝常召来，问他这种声调是否可行，万宝常说："这是亡国之音，陛下您不应听这种声调！"隋文帝很不高兴。万宝常极力说明这种声调表现了哀怨、淫邪、放肆的情绪，不是庄重的雅音，请求用水尺为准，调正乐器声调。隋文帝采纳了他的意见。万宝常奉皇帝的命令，制造各种乐器，乐器的声调都比郑译等人所定的调值降了两个调。他撰写《乐谱》一书，共六十四卷，全面论述八种音高可以递相为基调的规律，以及音调调整的变化。总括起来，共有八十四调，一百四十四律，能变化出一千八百声调。当时人认为，《周礼》一书记载了八种音高可以递相为基调的说法，但是从汉、魏以来，历代音乐家都弄不懂，见到万宝常对此记载的创解，都嗤之以鼻。到这时，皇帝让他试奏，简直是应手成曲，在场的人，莫不惊异赞叹。于是经他淘汰、创制、改进的乐器，不可计算；但这些乐器的音色淡雅，当时人不喜欢，音乐官署太常寺里的音乐家多数人持排挤、诋毁的态度。

太子洗马苏夔以擅长音律自命不凡，尤其嫉妒万宝常。苏夔的父亲苏威有权势，因此凡是谈论乐律的人，都附和苏夔，而排斥万宝常，万宝常多次到达官贵人的面前发泄不满的情绪，苏威便责问万宝常，问他的音律理论是从哪里学来的。有一名僧人对万宝常说："皇帝平素喜欢祥瑞征兆，但凡有人说出现某种异物是祥瑞征兆时，皇帝都很高兴。先生您应该说您的乐律理论是从外族僧人那里学来的，并说这是佛门菩萨亲身所传，皇帝一定会喜欢的。这样，你的所作所为，就可以通行无阻了。"万宝常认为有道理，就按照僧人的话回答苏威。苏威听了，勃然大怒，说道："外族僧人所传授的，是四周蛮夷的音乐,不应该在中原地区流行。"这事就被搁置下来。万宝常曾经去听太常寺演奏的乐曲,听完之后,流泪哭泣。人们问他为什么哭,万宝常说:"乐声表现出过分猛烈的情绪,但基调是悲哀的,预示着天下不久将互相残杀,同归于尽。"当时隋朝正处于全盛时期,听他这样说,人们都不以为然。到大业末年,他的话终于应验了。

万宝常家里很穷,且没有儿子,他的妻子乘他卧病在床,把家里的东西偷窃一空而逃走。万宝常时常挨饿,也没有人送汤送饭,竟然活活饿死。在临死之前,他把他的著作烧掉,说道:"要这有什么用!"看到的人从火中抢救出几卷,现在流传于世,当时人很为他悲哀。

开皇年间,有郑译、何妥、卢贲、苏夔、萧吉等人,都从事研究典籍,撰写音乐著作,这些人都被当时所任用。但若论音乐天赋,这些人都远远赶不上万宝常。安马驹、曹妙达、王长通、郭令乐等人,都能谱曲,也能一时走红,他们又熟悉淫荡音乐,但万宝常的创作,都属于庄重严肃的雅乐。这些人虽然口头上不赞成万宝常,但内心都佩服他,认为他的音乐已经达到出神入化的程度。

当时又有个音乐家王令言,也精通音律。大业末年,隋炀帝要去江都游玩,王令言的儿子曾当隋炀帝的随从,有一天他儿子去窗外弹胡琵琶,弹的是翻调《安公子曲》。王令言当时在屋里躺着,听到乐曲,大惊失色,猛地坐起来,说道:"变了,变了!"急忙喊他的儿子,问道:"这曲子什么时候兴起来的?"他儿子回答说:"近来才出现。"王令言于是流泪长叹,对他儿子说:"你千万不要跟皇帝去,皇帝这一去,必然回不来。"他儿子问是什么原因,王令言说:"这支曲子中,宫声出现以后再也没有回映,宫声象征君主,我由此而得知。"结果隋炀帝竟然在江都被杀。

列女传

【题解】

《隋书·列女传》有两类内容值得重视:一类是关于公主王妃的,她们虽然出身高贵,但能够做到律己严格,甘心做一个普通的人,或者在遭变故之后仍能忠贞不渝;还有一类是关于教子的,谯国夫人的深明大义,郑善果母亲的劝子清廉,入情入理,令人深思。相反的,象刘昶的儿子刘居士由于父亲教导不严,终于自取灭亡,也可以说是很好的反面教材。

【原文】

自昔贞专淑媛,布在方策者多矣。妇人之德,虽在于温柔,立节垂名,咸资于贞烈。温柔,仁之本也;贞烈,义之资也。非温柔无以成其仁,非贞烈无以显其义。是以诗书所记,风俗所在,图像丹青,流声竹素,莫不守约以居正,杀身以成仁者也。若文伯、王陵之母,白公、杞植之妻,鲁之义姑,梁之高行,卫君灵主之妾,夏侯文宁之女,或抱信以含贞,或蹈忠而践义,不以存亡易心,不以盛衰改节,其修名彰於既往,徽音传於不朽,不亦休乎！或有王公大人之妃偶，肆情于淫僻之俗，虽衣绣衣，食珍膳，坐金屋，乘玉辇，不入彤管之书，不沾良史之笔，将草木以俱落，与麋鹿而同死，可胜道哉！永言载思，实庶姬之耻也。观夫今之静女，各励松筠之操，甘于玉折兰摧，足以无绝今古。故述其雅志，以纂前代之列女云。

兰陵公主字阿五，高祖第五女也。美姿仪，性婉顺，好读书，高祖于诸女中特所钟爱。初嫁仪同王奉孝，卒，适河东柳述，时年十八。诸姊并骄贵，主独折节遵于妇道，事舅姑甚谨，遇有疾病，必亲奉汤药。高祖闻之大悦。由是述渐见宠遇。

初，晋王广欲以主配其妃弟萧玚，高祖初许之，后遂适述，晋王因不悦。及述用事，弥恶之。高祖既崩，述徙岭表。炀帝令主与述离绝，将改嫁之。公主以死自誓，不复朝谒，上表请免主号，与述同徙。帝大怒曰："天下岂无男子，欲与述同徙耶？"主曰："先帝以妾适于柳家，今其有罪，妾当从坐，不愿陛下屈法申恩。"帝不从，主忧愤而卒，时年三十二。临终上表曰："昔共姜自誓，著美前诗，鄌妇不言，传芳往诰。妾虽负罪，窃慕古人。生既不得从夫，死乞葬于柳氏。"帝览之愈怒，竟不哭，乃葬主于洪渎川，资送甚薄。朝野伤之。

南阳公主者，炀帝之长女也。美风仪，有志节，造次必以礼。年十四，嫁于许国公宇文述子士及，以谨肃闻。及述病且卒，主亲调饮食，手自奉上，世以此称之。

及宇文化及杀逆，主随至聊城，而化及为窦建德所败，士及自济北西归大唐。时隋代衣冠并在其所，建德引见之，莫不惶惧失常，唯主神色自若。建德与语，主自陈国破家亡，不能报怨雪耻，泪下盈襟，声辞不辍，情理切至。建德及观听者莫不为之动容陨涕，咸肃然敬异焉。及建德诛化及，时主有一子，名禅师，年且十岁。建德遣武贲郎将於士澄谓主曰："宇文化及躬行杀逆，人神所不容。今将族灭其家，公主之子，法当从坐，若不能割爱，亦听留之。"主泣曰："武贲既是隋室贵臣，此事何须见问！"建德竟杀之。主寻请建德削发为尼。

及建德败，将归西京，复与士及遇于东都之下，主不与相见。士及就之，立于户外，请复为夫妻。主拒之曰："我与君仇家。今恨不能手刃君者，但谋逆之日察君不预知耳。"因与告绝，诃令速去。士及固请之，主怒曰："必欲就死，可相见也。"士及见其言切，知不可屈，乃拜辞而去。

襄城王恪妃者，河东柳氏女也。父旦，循州刺史。妃姿仪端丽，年十余，以良家子合法相，娉以为妃。未几而恪被废，妃修妇道，事之愈敬。炀帝嗣位，恪复徙边，帝令使者杀之于道。恪与辞诀，妃曰："若王死，妾誓不独生。"于是相对恸哭。恪既死，棺殓讫，妃谓使者曰："妾誓与杨氏同穴。若身死之后得不别埋，君之惠也。"遂抚棺号恸，自经而卒。见者莫不为之涕流。

华阳王楷妃者，河南元氏之女也。父岩，性明敏，有气干。仁寿中，为黄门侍郎，封龙涧县公。炀帝嗣位，坐与柳述连事，除名为民，徙南海。后会赦，还长安。有人谮岩逃归，收而杀之。妃有姿色，性婉顺，初以选为妃。未几而楷被幽废，妃事楷逾谨，每见楷有忧惧之色，辄陈义理以慰谕之，楷甚敬焉。及江都之乱，楷遇宇文化及之逆，以妃赐其党元武达。武达初以宗族之礼，置之别舍，后因醉而逼之。妃自誓不屈，武达怒，挞之百余，辞色弥厉。因取觺自毁其面，血泪交下，武达释之。妃谓其徒曰："我不能早死，致令将见侵辱，我之罪也。"因不食而卒。

谯国夫人者，高凉洗氏之女也。世为南越首领，跨据山洞，部落十余万家。夫人幼贤明，多筹略，在父母家，抚循部众，能行军用师，压服诸越。每劝亲族为善，由是信义结于本乡。越人之俗，好相攻击，夫人兄南梁州刺史挺，恃其富强，侵掠傍郡，岭表苦之。夫人多所规谏，由是怨隙止息，海南、儋耳归附者千余洞。梁大同初，罗州刺史冯融闻夫人有志行，为其子高凉太守宝娉以为妻。融本北燕苗裔。初，冯弘之投高丽也，遣融大父业以三百人浮海归宋，因留于新会。自业及融，三世为守牧，他乡羁旅，号令不行。至是，夫人诚约本宗，使从民礼。每共宝参决辞讼，首领有犯法者，虽是亲族，无所舍纵。自此政令有序，人莫敢违。

遇侯景反，广州都督萧勃征兵援台。高州刺史李迁仕据大皋口，遣召宝。宝欲往，夫人止之曰："刺史无故不合召太守，必欲诈君共为反耳。"宝曰："何以知之？"夫人曰："刺史被召援台，乃称有疾，铸兵聚众，而后唤君。今者若往，必留质，追君兵众。此意可见，愿且无行，以观其势。"数日，迁仕果反，遣主帅杜平虏率兵入灨石。宝知之，遽告，夫人曰："平虏，骁将也，领兵入灨石，即与官兵相拒，势未得还。迁仕在州，无能为也。若君自往，必有战斗。宜遣使诈之，卑辞厚礼，云身未敢出，欲遣妇往参。彼闻之喜，必无防虑。于是我将千余人，步担杂物，唱言输赆，得至栅下，贼必可图。"宝从之，迁仕果大喜，觇夫人众皆担物，不设备。夫人击之，大捷。迁仕遂走，保于宁都。夫人总兵与长城侯陈霸先会于灨石。还谓宝曰："陈都督大可畏，极得众心。我观此人必能平贼，君宜厚资之。"

及宝卒，岭表大乱，夫人怀集百越，数州晏然。至陈永定二年，其子仆年九岁，遣帅诸首领朝于丹阳，起家拜阳春郡守。后广州刺史欧阳纥谋反，召仆至高安，诱与为乱。仆遣使归告夫人，夫人曰："我为忠贞，经今两代，不能惜汝辄负国家。"遂发兵拒境，帅百越酋长迎章昭达。内外逼之，纥徒溃散。仆以夫人之功，封信都侯，加平越中郎将，转石龙太守。诏使持节册夫人为中郎将、石龙太夫人，赍绣幰油络驷马安车一乘，给鼓吹一部，并麾幢旌节，其卤簿一如刺史之仪。至德中，仆卒。后遇陈国亡，岭南未有所附，数郡共奉夫人，号为圣母，保境安民。

高祖遣总管韦洸安抚岭外，陈将徐璒以南康拒守。洸至岭下，逡巡不敢进。初，夫人以扶南犀杖献于陈主，至此，晋王广遣陈主遗夫人书，谕以国亡，令其归化，并以犀杖及兵符为信。夫人见杖，验知陈亡，集首领数千，尽日恸哭。遣其孙魂帅众迎洸，入至广州，岭南悉定。表魂为仪同三司，册夫人为宋康郡夫人。

未几，番禺人王仲宣反，首领皆应之，围洸于州城，进兵屯衡岭。夫人遣孙暄帅师救洸。暄与逆党陈佛智素相友善，故迟留不进。夫人知之，大怒，遣使执暄，系於州狱。又遣孙盎出讨佛智，战克，斩之。进兵至南海，与鹿愿军会，共败仲宣。夫人亲被甲，乘介马，张锦伞，领彀骑，卫诏使裴矩巡抚诸州，其苍梧首领陈坦、冈州冯岑翁、梁化邓马头、藤州李光略、罗州庞靖等皆来参谒。还令统其部落，岭表遂定。高祖异之，拜盎为高州刺史，仍敕出暄，拜罗州刺史。追赠宝为广州总管、谯国公，册夫人为谯国夫人。以宋康邑回授仆妾洗氏。仍开谯国夫人幕府，置长史以下官属，给印章，听发部落六州兵马，若有机急，便宜行事。降敕书曰："朕抚育苍生，情均父母，欲使率土清净，兆庶安乐。而王仲宣等辄相聚结，扰乱彼民。所以遣往诛翦，为百姓除害。夫人情在奉国，深识正理，遂令孙盎斩获佛智，竟破群贼，甚有大功。今赐夫人物五千段。暄不进愆，诚合罪责，以夫人立此诚效，故特原免。夫人宜训导子孙，敦崇礼教，遵奉朝化，以副朕心。"皇后以首饰及宴服一袭赐之，夫人并盛于金箧，并梁、陈赐物各藏于一库。每岁时大会，皆陈于庭，以示子孙，曰："汝等宜尽赤心向天子。我事三代主，唯用一好心。今赐物具存，此忠孝之报也，愿汝皆思念之。"

时番州总管赵讷贪虐，诸俚獠多有亡叛。夫人遣长史张融上封事，论安抚之宜，并言讷罪状，不可以招怀远人。上遣推讷，得其赃贿，竟致於法。降敕委夫人招慰亡叛。夫人亲载诏书，自称使者，历十余州，宣述上意，谕诸俚獠，所至皆降。高祖嘉之，赐夫人临振县汤沐邑，一千五百户。赠仆为崖州总管、平原郡公。仁寿初，卒，赠物一千段，谥为诚敬夫人。

郑善果母者，清河崔氏之女也。年十三，出适郑诚，生善果。而诚讨尉迥，力战死于阵。母年二十而寡，父彦穆欲夺其志，母抱善果谓彦穆曰："妇人无再见男子之义。且郑君虽死，幸有此儿。弃儿为不慈，背死为无礼。宁当割耳截发以明素心，违礼灭慈，非敢闻命。"善果以父死王事，年数岁，拜使持节、大将军，袭爵开封县公，邑一千户。开皇初，进封武德郡公。年十四，授沂州刺史，转景州刺史，寻为鲁郡太守。

母性贤明，有节操，博涉书史，通晓治方。每善果出听事，母恒坐胡床，于郸后察之。闻其剖断合理，归则大悦，即赐之坐，相对谈笑。若行事不允，或妄瞋怒，母乃还堂，蒙被而泣，终日不食，善果伏于床前，亦不敢起。母方起谓之曰："吾非怒汝，乃愧汝家耳。吾为汝家妇，获奉洒扫，如汝先君，忠勤之士也，在官清恪，未尝问私，以身徇国，继之以死，吾亦望汝副其心。汝既年小而孤，吾寡妇耳，有慈无威，使汝不知礼训，何可负荷忠臣之业乎？汝自童子承袭茅土，位至方伯，岂汝身致之邪？安可不思此事而妄加瞋怒，心缘骄乐，堕于公政！内则坠尔家风，或亡失官爵，外则亏天子之法，以取罪戾。吾死之日，亦何面目见汝先人于地下乎？"

母恒自纺绩，夜分而寐。善果曰："儿封侯开国，位居三品，秩俸幸足，母何自勤如是邪？"答曰："呜呼！汝年已长，吾谓汝知天下之理，今闻此言，故犹未也。至于公事，何由济乎？今此秩俸，乃是天子报尔先人之徇命也。当须散赡六姻，为先君之惠，妻子奈何独擅其利，以为富贵哉！又丝枲纺织，妇人之务，上自王后，下至大夫士妻，各有所制。若堕业者，是为骄逸。吾虽不知礼，其可自败名乎？"

自初寡，便不御脂粉，常服大练。性又节俭，非祭祀宾客之事，酒肉不妄陈于前。静室端居，未尝辄出门阁。内外姻戚有吉凶事，但厚加赠遗，皆不诣其家。非自手作及庄园禄赐所得，虽亲族礼遗，悉不许入门。

善果历任州郡，唯内自出馔，于衙中食之，公廨所供，皆不许受，悉用修治廨宇及分给僚佐。善果亦由此克己，号为清吏。炀帝遣御史大夫张衡劳之，考为天下最。征授光禄卿。其母卒后，善果为大理卿，渐骄姿，清公平允遂不如畴昔焉。

孝女王舜者，赵郡王子春之女也。子春与从兄长忻不协，属齐灭之际，长忻与其妻同谋杀子春。舜时年七岁，有二妹，粲年五岁，璠年二岁，并孤苦，寄食亲戚。舜抚育二妹，恩义甚笃。而舜阴有复仇之心，长忻殊不为备。姊妹俱长，亲戚欲嫁之，辄拒不从。乃密谓其二妹曰："我无兄弟，致使父仇不复。吾辈虽是女子，何用生为？我欲共汝报复，汝意如何？"二妹皆垂泣曰："唯姊所命。"是夜，姊妹各持刀逾墙而入，手杀长忻夫妻，以告父墓。因诣县请罪，姊妹争为谋首，州县不能决。高祖闻而嘉叹，特原其罪。

韩觊妻者，洛阳于氏女也，字茂德。父实，周大左辅。于氏年十四，适于觊。虽生长膏腴，家门鼎盛，而动遵礼度，躬自俭约，宗党敬之。年十八，觊从军战没，于氏哀毁骨立，恸感行路。每至朝夕奠祭，皆手自捧持。及免丧，其父以其幼少无子，将嫁之。誓无异志。复令家人敦喻，于氏昼夜涕泣，截发自誓。其父喟然伤感，遂不夺其志焉。因养夫之孽子世隆为嗣，身自抚育，爱同己生，训导有方，卒能成立。自孀居已后，唯时或归宁，至于亲族之家，绝不来往。有尊卑就省谒者，送迎皆不出户庭。蔬食布衣，不听声乐，以此终身。高祖闻而嘉叹，下诏褒美，表其门闾，长安中号为节妇闾。终于家，年七十二。

陆让母者，上党冯氏女儿。性仁爱，有母仪，让即其孽子也。仁寿中，为番州刺史，数有聚敛，赃货狼籍，为司马所奏。上遣使按之皆验，于是囚诣长安，亲临问。让称冤，上复令治书侍御史抚按之，状不易前。乃命公卿百僚议之，咸曰"让罪当死"。诏可其奏。

让将就刑，冯氏蓬头垢面诣朝堂数让曰："无汗马之劳，致位刺史，不能尽诚奉国，以答鸿恩，而反违犯宪章，赃货狼籍。若言司马诬汝，百姓百官不应亦皆诬汝。若言至尊不怜愍汝，何故治书覆汝？岂诚臣？岂孝子？不诚不孝，何以为人！"于是流涕呜咽，亲持盂粥劝让令食。既而上表求哀，词情甚切，上愍然为之改容。献皇后甚奇其意，致请于上。治书侍御史柳彧进曰："冯氏母德之至，有感行路。如或杀之，何以为劝？"上于是集京城士庶于朱雀门，遣舍人宣诏曰："冯氏以嫡母之德，足为世范，慈爱之道，义感人神，特宜矜免，用奖风俗。让可减死，除名为民。"复下诏曰："冯氏体含仁慈，凤闲礼度。孽让非其所生，往犯宪章，宜从极法，躬自诣阙，为之请命，匍匐顿颡。朕哀其义，特免死辜。使天下妇人皆如冯者，岂不闺门雍睦，风俗和平！朕每嘉叹不能已。宜标扬优赏，用章有德。可赐物五百段。"集诸命妇，与冯相识，以宠异之。

刘昶女者，河南长孙氏之妇也。昶在周，尚公主，官至柱国、彭国公，数为将帅，位望隆显。与高祖有旧。及受禅，甚亲任，历左武卫大将军、庆州总管。其子居士，为太子千牛备身，聚徒任侠，不遵法度，数得罪。上以昶故，每辄原之。居士转恣，每大言曰："男儿要当辫头反缚，篷簌上作獠舞。"取公卿子弟膂力雄健者，辄将至家，以车轮括其颈而棒之。殆死能不屈者，称为壮士，释而与交。党与三百人，其矫捷者号为饿鹘队，武力者号为蓬转队。每耩鹰继犬，连骑道中，殴击路人，多所侵夺。长安市里无贵贱，见之者皆辟易，至于公卿妃主，莫敢与校者。其女则居士之姊也，每垂泣诲之，殷勤恳恻。居士不改，至破家产。昶年老，奉养甚薄。其女时寡居，哀昶如此，每归宁于家，躬勤纺绩，以致其甘脆。

有人告居士与其徒游长安城，登故未央殿基，南向坐，前后列队，意有不逊，每相约曰："当为一死耳。"又时有人言居士遣使引突厥令南寇，当于京师应之。上谓昶曰："今日之事，当复如何？"昶犹恃旧恩，不自引咎，直前曰："黑白在于至尊。"上大怒，下昶狱，捕居士党与，治之甚急。宪司又奏昶事母不孝。其女知昶必不免，不食者数日，每亲调饮食，手自捧持，诣大理饷其父。见狱卒，长跪以进，歔欷呜咽，见者伤之。居士坐斩，昶竟赐死于家。诏百僚临亲。时其女绝而复苏者数矣，公卿慰谕之。其女言父无罪，坐子以及于祸。词情哀切，人皆不忍闻见。遂布衣蔬食以终其身。上闻而叹曰："吾闻衰门之女，兴门之男，固不虚也！"

钟士雄母者,临贺蒋氏女也。士雄仕陈,为伏波将军。陈主以士雄岭南酋帅,虑其反复,每质蒋氏于都下。及晋王广平江南,以士雄在岭表,欲以恩义致之,遣蒋氏归临贺。既而同郡虞子茂、钟文华等作乱,举兵攻城,遣人召士雄,士雄将应之。蒋氏谓士雄曰:"我前在扬都,备尝辛苦。今逢圣化,母子聚集,没身不能上报,焉得为逆哉! 汝若禽兽其心,背德忘义者,我当自杀于汝前。"士雄于是遂止。蒋氏复为书与子茂等,谕以祸福。子茂不从,寻为官军所败。上闻蒋氏,甚异之,封为安乐县君。

时尹州寡妇胡氏者,不知何氏妻也。甚有志节,为邦族所重。当江南之乱,讽谕宗党,皆守险不从叛逆,封为密陵郡君。

赵元楷妻者,清河崔氏之女也。家有素范,子女皆遵礼度。元楷父为仆射,家富于财,重其门望,厚礼以聘之。元楷甚敬崔氏,虽在宴私,不妄言笑,进止容服,动合礼仪。

化及之反也,元楷随至河北,将归长安。至滏口,遇盗攻掠,元楷仅以身免。崔氏为贼所拘,贼请以为妻,崔氏谓贼曰:"我士大夫女,为仆射子妻,今日破亡,自可即死。遣为贼妇,终必不能。"群贼毁裂其衣,形体悉露,缚于床箦之上,将凌之。崔氏惧为所辱,诈之曰:"今力已屈,当听处分,不敢相违,请解缚。"贼遽释之。崔因著衣,取贼佩刀,倚树而立曰:"欲杀我,任加刀锯。若觅死,可来相逼!"贼大怒,乱射杀之。元楷后得杀妻者,支解之,以祭崔氏之枢。

史臣曰:夫称妇人之德,皆以柔顺为先,斯乃举其中庸,未臻其极者也。至于明识远图,贞心峻节,志不可夺,唯义所在,考之图史,亦何世而无哉。兰陵主质迈寒松,南阳主心逾匪石,洗媪、孝女之忠壮,崔、冯二母之诚恳,足使义勇惭其志烈,兰玉谢其贞芳。襄城、华阳之妃,裴伦、元楷之妇,时逢艰阻,事乖好合,甘心同穴,颠沛靡它。志励冰霜,言逾皎日,虽诗咏共姜之自誓,传述伯姬之守死,其将复何以加焉!

【译文】

自古以来,坚贞专一贤淑美好的女子,被记载在文献中的已经有很多了。女人的美德,虽然在于温婉柔和,但树立节操流名于世,都依靠坚贞光明。温婉柔和是仁爱的根本,坚贞光明是道义的资质。没有温婉柔和不能成就她的仁爱,没有坚贞光明不能显出她的道义。因此诗歌书籍所记载的,风俗中所保存的,画成图像书于丹青史书,名声在竹帛中流传,没有不坚持简约简朴以达到居处正当,杀死自己以成就仁爱的。如文伯、王陵的母亲,白公、杞植的妻子,鲁的道义婆婆,梁氏的高尚行为,卫君灵主的妾,夏侯文宁的女儿,有的抱着真诚而包含了坚贞,有的遵循着忠义的道路,不因为生死存亡而改变思想,不因为盛衰而改变节操,她们的美好名声从前就很昭明,美好的声音不断地流传,这不是好事吗! 也有王公大人的妃子配偶,在摇荡的风气中纵情肆意,虽然穿着锦绣衣裳,吃着珍贵的膳食,坐在金屋里,乘着玉做的辇子,但进不了女史写的书,好的史学家也不会书写她们,只能跟草木一起腐败,与麋鹿一同死掉,这类事例是说不完的! 只是述说思念之情,实在是普通女人的耻辱啊。看那今天的贞洁女子,各自磨砺松竹的节操,甘心玉折兰摧,也可以古今流传不断。因此,叙述她们的一向志愿,来编集前代的列女。

兰陵公主字阿五,高祖的第五个女儿。姿容仪表美丽,性情温婉和顺,喜欢读书,高祖在所有女儿中特别钟爱她。开始嫁给仪同王奉孝,死了,又嫁给河东人柳述,当时她十八岁。各位姐姐都很骄横，只有这位公主委屈自己遵循做女人的道义，侍候公婆很恭谨，遇到有病，一定亲手服侍汤药。高祖听说后非常高兴。因此，柳述渐渐得到恩宠。

当初，晋王广想把公主许配给他妃子的弟弟萧玚，高祖开始时答应了他，后来又嫁给了柳述，晋王因此不高兴了。等到柳述掌了权，更加讨厌他。高祖死后，柳述被迁徙到岭南。炀帝命令公主跟柳述离婚，要把她改嫁了。公主用死来表明心迹，不再上朝谒见，上表请求免去她的公主称号，跟柳述一起流放。炀帝大怒说："天下难道没有男子了，想跟柳述一起流放！"公主说："先帝把我嫁给柳家，现在他有罪，我应当跟他一样有罪，不希望陛下歪曲了法律来表示恩情。"皇帝不同意，公主忧心愤恨而死，当时三十二岁。临死时上奏表说："从前共姜自己发誓，古代的诗歌记载她的美好，鄘妠没有说话，但古时候的文告中却为她传播芬芳。我虽然负罪，也暗自仰慕古人。活着既然不能跟随丈夫，死后请求葬在柳氏墓地。"皇帝看后，更加生气，竟然没有哭泣，就把公主葬在洪渎川，资助送葬也很微薄。朝野人士都很替她悲伤。

南阳公主是炀帝的长女。风度仪表美好，有志向气节，仓促时也要讲究礼仪。十四岁时嫁给了许国公宇文述的儿子宇文士及，她以恭谨端庄闻名。宇文述病得快死时，公主亲自调理饮食，亲手奉上，世人凭这事称颂她。

到宇文化及杀了皇帝反叛时，公主跟随到聊城，而化及被窦建德打败，士及从济北向西归附大唐。当时隋代读书做官的人都在那里，窦建德把他引见给他们，没有人不惶恐失了常态的，只有公主神色自若。建德跟她说话，公主自己陈述国破家亡，却不能报仇雪耻，眼泪流湿了衣襟，哭声言辞不断，情理深切到家。建德及看见听见的人被她感动得脸色都变了，并且掉下眼泪，都肃然起敬起来。等到建德讨伐化及，当时公主有一个儿子，名禅师，年龄快十岁了。建德派遣武贲郎将於士澄对公主说："宇文化及自己杀了国王叛逆，人与神都不能容忍他。现在要把他的家族都诛灭掉，公主的儿子，依法应该连累到，如果不能割爱，也由你留着。"公主哭着说："武贲既然是隋朝的大臣，这事何必来问我！"建德终于杀了他。公主不久请求建德同意她削发为尼。

到建德灭亡时，她要回西京去，又与士及在东都城下相遇，公主不跟他相见。士及去见她，站在门外，请求再做夫妻。公主拒绝他说："我与你是仇家。现在恨不能亲手杀了你，只是因为你谋反那一天以为你事先并不知道罢了。"就跟他断绝关系，呵责他让他快点离开。士及坚持着请求她，公主发怒地说："一定想死，就相见吧。"士及见她言辞坚决，明白说服不了，就拜辞着离去了。

襄城王恪的妃子，是河东柳氏的女儿。父亲柳旦，循州刺史。妃子姿容仪表端庄秀丽，十多岁时，凭着良家女子符合标准的相貌，聘为王妃。不久恪被废黜，妃子学习妇道，侍候他更加恭敬。炀帝继承皇位，恪又被迁徙到边疆，炀帝命令使者在路上杀了他。恪跟她说告别的话，妃子说："如果大王死了，我发誓不一个人活着。"于是相对痛哭。恪死后，入棺收殓完毕，妃子对使臣说："我发誓跟杨恪同一墓穴。如果死后不被埋在别处，那是您的恩惠啊。"于是抚棺哭喊，上吊死了。看见的人无不为她流泪的。

华阳王楷的妃子，河南元氏的女儿。父亲元岩，性格明朗敏锐，有气魄才干。仁寿年中，做黄门侍郎，封为龙涧县公。炀帝继位后，因与柳述事件有牵连，削职为民，流放到南海。后来遇赦，回到长安。有人诬陷元岩是逃回来的，被抓住后杀了。妃子有姿容美貌，性情温柔和顺，当初被选择做王妃的。不久楷被幽禁废黜，妃子服侍楷比以前更加恭谨，每当看见楷有忧愁害怕的样子，就陈述义理来安慰说服他，楷对她很敬重。江都叛乱时，楷遇到宇文化及的叛变，把妃子赏赐给了他的下属元武达。武达开始时用同宗族的礼节，把她安置在别的屋里，后来借着酒醉强迫她。妃子发誓不屈从，武达愤怒，打了她一百多下，言辞颜色更加坚决。接着拿了錾自己毁伤了脸面，血与泪混在一起流下来，武达放了她。妃子对她的仆人说："我不能早些死掉，致使差一点被侵犯凌辱，这是我的罪过啊。"于是不吃饭直到死去。

谯国夫人，是高凉洗氏的女儿。世代做南越首领，跨越占据山洞，属下村落有十多万家。夫人从小聪明豁达，富于筹策谋略，在父母家时，抚慰引导属下百姓民众，会指挥军队行动，压服各个越民族。常常规劝亲戚族人要和好，因此，信誉道义在本乡树立了起来。越人的风俗，喜欢互相攻击，夫人的兄长南梁州刺史洗挺，依仗着自己富强，侵略抢掠周围郡县，岭南都受他的苦。夫人经常规劝，因此怨恨逐渐停止消除了，海南、儋耳来归附的有千余洞。梁朝大同初年，罗州刺史冯融听说夫人有志向品行，为他的儿子高凉太守冯宝聘她为妻。冯融本来是北燕的后代。当初，冯弘投降高丽，派遣冯融的伯父冯业领三百人渡海归附宋朝廷，因此留在新会。从业到融，三代都为太守州牧，因为在异国他乡居住，因此，号令都无人执行。到这时，夫人告诫管理自己家族的人，让他们随顺百姓的礼仪。每当跟冯宝共同商量裁决诉讼案件，首领中有犯法的，即使是亲戚族人，也没有放纵不管的。从此政策号令都执行得有条有理，没有人敢于违抗。

遇上侯景造反，广州都督萧勃征集部队去台救援。高州刺史李迁仕据守大皋口，派人来叫冯宝。冯宝想去，夫人阻止他说："刺史无故不会征召太守的，一定是骗您去一起造反。"冯宝说："怎么知道呢？"夫人说："刺史被征召去救援台，就说自己有病，铸造兵器聚集众人，然后来叫您。现在如果去了，一定扣留下作为人质，追要您的部队。这种意思是看得出来的，希望不要去，先观察其变化。"几天后，迁仕果然造反，派遣主帅杜平虏率兵进入灡石。冯宝知道这事后，很快告诉了，夫人说："杜平虏是一员骁将，领兵进入灡石，就是去与官兵相抗拒，看样子是不能回来的。迁仕在高州城，是没有多大能力作为的。如果您亲自前去，一定会发生战斗。最好派使者去哄骗他，话要说得谦恭礼物要贵重，说自己不敢出来，想派妻子去参见。他听后高兴，一定会不做防卫考虑。这样我领一千多人，步行挑着各种杂物，喊着说是拿着礼物来赎罪，到得栅门下，贼人就可以想办法解决了。"冯宝同意了她，迁仕果然很高兴，看见夫人等都挑着东西，因此没加防备。夫人袭击了他，大胜。迁仕就逃跑了，在宁都城里自守。夫人率领全部人马跟长城侯陈霸先在灡石会师。回去对冯宝说："陈都督很值得敬畏，极得人心。我看这人必定能平定贼众，您应该多资助他。"

冯宝死后，岭南大乱，夫人团结百越，好几州平安无事。到陈永定二年，她儿子仆九岁，派他率领各位首领去丹阳朝见，开始被封为阳春郡太守。后来广州刺史欧阳纥谋反，征召冯仆到高安，引诱他一起作乱。冯仆派人回去报告夫人，夫人说："我家作为忠贞之臣，到现在已经有两代了，不能让你辜负了国家。"于是发兵抵抗，率领百越酋长迎接章昭达。内外夹击，欧阳纥的军队溃败逃散。冯仆因为夫人的帮助，封为信都侯，加平越中郎将，转任石龙太守。奉旨使者拿着符节册封夫人为中郎将、石龙太夫人，赏赐绣幰油络四匹马的马车一辆,赐给鼓吹乐队一支,并且连旗幢旌节,仪仗都跟刺史一样。至德年中,冯仆死了。后来又逢陈国灭亡,岭南无所归附,数郡一起尊奉夫人为首领,号称圣母,保护境内安定百姓。

高祖派遣总管韦洸安抚岭南地区,陈朝旧将徐璒在南康进行抵抗。韦洸到了岭下,逡巡不敢进去。当初,夫人把扶南的犀杖(犀牛角制成的权杖)献给陈朝国王,这时候,晋王广派遣陈国国君寄信给夫人,说明国家已经灭亡,命令她归化,并且用犀杖和兵符作为证明。夫人见到权杖,知道陈朝已经灭亡,就聚集了数千首领,整天痛哭。派她的孙子冯魂率领众人迎接韦洸,到了广州,岭南都安定了。表彰冯魂为仪同三司,册封夫人为宗康郡夫人。

没过多久,番禺人王仲宣造反,首领们都响应他,在州城包围了韦洸,进兵驻扎衡岭。夫人派遣孙子冯暄率兵援救韦洸。冯暄与叛军首领陈佛智一向互相友好相待,因此迟迟停留不进兵。夫人知道这事后,非常生气,派使者抓了冯暄,关在州监狱里。又派孙子冯盎出兵讨伐佛智,战败了他并斩了他。进兵到南海,跟鹿愿军会合,一起打败仲宣。夫人亲自披戴甲胄,乘坐带甲的战马。打着锦绣的伞,率领善于射箭的骑兵,保卫朝廷使臣裴矩巡视安抚各州,苍梧首领陈垣、冈州冯岑翁、梁化邓马头、滕州李光略、罗州庞靖等人都前来参谒。回去后命令他们统领各自的部落,岭南于是平定了。高祖对她感到惊奇,封冯盎为高州刺史,并赦免冯暄,封罗州刺史。追赠冯宝为广州总管、谯国公,册封夫人为谯国夫人。把宋康地方回赠给冯仆的妾洗氏。而且建立谯国夫人幕府,设长史以下官员下属,授给印章,任她发落部落六州兵马,如有危急,她可以根据情况自己决定。下达圣旨说:"我抚育百姓,情义如同父母,想让全国清平宁静,万民安居乐业。而王仲宣等却互相聚集勾结,扰乱那里的百姓,因此派遣军队前往讨伐铲除,替百姓除去祸害。夫人的情义都是为了扶助国家,深深懂得正理,于是命令孙子冯盎斩获了佛智,最后击破群贼,有很大的功劳。现在赏赐夫人物品五千段。冯暄领兵不进,是有过错的,的确应该论罪责罚,因为夫人立了这样的大功,因此特别原谅赦免。夫人应该训导子孙,敦厚尊崇礼仪教育,遵奉朝廷教化,以报答我的用心。"皇后把首饰及礼服一套赏赐给她,夫人都把它们放在金箱子里,加上梁、陈赏赐的物品各藏在一个仓库中。逢每年的节日大会,都陈列在庭中,给子孙们看,说:"你们应该向天子尽效赤心。我侍奉三朝国君,只用一颗好心。现在赏赐的物品都在这里,这是忠孝的报答啊,希望你们都好好想想并记住它。"

当时的番州总管赵讷贪婪暴虐,各俚、獠多有逃亡反叛的。夫人派遣长史张融向皇帝秘密上奏疏,论述安抚事宜,并且说了赵讷的罪状,不能招致安抚远方的民众。皇帝派人追查赵讷,获得了他的赃物贿赂物品,最后依法处置。降旨委托夫人招致安慰逃亡叛乱的人。夫人亲自带着诏书,自称是使者,走了十几州,宣讲传达皇帝的意思,向各俚、獠部族解释清楚,所到的地方都投降了。高祖赞扬了她,赏赐夫人临振县汤沐邑一千五百户。赠冯仆为崖州总管、平原郡公。仁寿初年,去世,赠物一千段,谥为诚敬夫人。

郑善果的母亲,是清河崔氏的女儿。十三岁时,嫁给郑诚,生了善果。郑诚讨伐尉迥,英勇作战死于战场。郑善果母亲二十岁就守了寡,她父亲崔彦穆想要她改嫁,郑善果母亲抱着善果对彦穆说:"妇女没有第二次会见男子的道理。而且郑君虽然死了,幸好有这个儿子。抛弃儿子是不慈爱的,背叛死者是无礼的。宁愿割去耳朵剪了头发来表明向来的心愿,违背礼制丧失慈悲,不敢听命。"善果因为父亲为朝廷而死的,才几岁,就被封持节大将军,袭开封县公的爵位,食邑一千户。开皇初年,进一步封为武德郡公。十四岁时授沂州刺史,转任景州刺史,不久改为鲁郡太守。

郑母性情贤惠开明,有节操,博览文献史书,通晓治理方法。每次善果出去处理事情,母亲总是坐床上,在帐子后边观察他。听到他分析判断合乎情理,回去就很高兴,就让他坐下,相对有说有笑。如果做事不恰当,或者乱发怒,母亲就回到家里,蒙着袖子哭泣,整天不吃饭。善果跪伏在床前,也不敢起身。母亲这才起身对他说:"我不是生你的气,而是为你家感到惭愧啊。我做你家的媳妇,能够奉命洒扫,象你死去的父亲,是个忠诚勤恳的人,做官时清静恪尽职守,从没有为了私事考虑过,把身体都交给了国家,并用死报效了国家,我也期望你不要辜负了他的这种心。你已经年幼就成了孤儿,我不过是寡妇罢了,有慈悲但没有威严,致使你不懂得礼制训导,怎么可以继承忠臣的事业呢?你从童年承袭祖上余荫,位置高到伯爵,难道是你自己挣来的吗?怎么能不想想这事却乱加责怪发怒,心里只想着骄横痛快,破坏公家大事!对内说,就是毁坏你家门风,或者丢失官爵,对外说,就损害了天子的法度,因此犯下罪恶。我死的那一天,又有什么脸面在地下见你的先人呢?"

母亲常常自己纺纱织布,夜深了才睡。善果说:"儿子封侯开国,位居三品,秩俸是足够了的,母亲何必自己这样劳累呢?"回答说:"啊!你年纪已经长大,我以为你懂得天下的道理,现在听了这话,看来还没有懂得。对于公家的事情,又用什么去完成呢?现在这些职位俸禄,是天子报答你父亲的牺牲性命啊。应当散给亲戚们,作为你父亲的恩惠,妻子儿子怎么能独占其好处,当作自己的富贵呢!而且,丝麻纺织,也是女人的分内事情,上自皇后,下至士大夫的妻子,各有规定。如果放弃这项事情,叫作骄奢放纵。我虽然不懂礼制,但是能自己败坏自己的名声吗?"

从刚守寡开始,就不用脂粉,常穿大练做的衣服。性格又节俭,不是祭祀或招待宾客的事情,酒肉不乱放在面前。在宁静的居室里过着严肃的生活,从不随便走出家门。内外亲家有了吉凶事情,只是把礼物送得丰厚些,从来不去他们的家。不是自己亲手制作及庄园出产和俸禄赏赐得到的东西,即使是亲戚族人赠送的礼物,一概不准拿进家门。

善果历任州郡长官,都是自家提供饮食,送到衙门中吃,公家官府提供的,都不准享用,全都用来修建官府房舍,或者分给下属官员。善果也因此克制自己,被称为清官。炀帝派遣御史大夫张衡去犒劳他,考察后被评为全国之最。征召到京城授光禄卿。他母亲死后,善果做了大量寺卿,渐渐地骄横放肆,清廉公平处事允当方面就不如从前了。

孝女王舜,赵郡人王子春的女儿。子春与堂兄长忻不和睦,在齐国灭亡的时候,长忻跟他妻子合谋杀了子春。王舜当时七岁,有两个妹妹,王粲五岁,王璠二岁,都孤苦伶仃的,寄养在亲戚家里。王舜抚养教育两个妹妹,恩情道义非常深厚。而王舜心里有复仇的思想,长忻根本没有防备。姊妹都长大了,亲戚想把她们嫁了,都拒绝不答应。于是悄悄对两个妹妹说:"我没有兄弟,致使父亲的大仇没有报复。我们虽然是女子,活着是为了什么?我想与你们一道报仇,你们觉得怎么样?"两个妹妹都流着眼泪说:"只听姐姐的命令。"当夜,姐妹们各拿着刀子越墙进去,亲手杀了忻夫妻,去告诉父亲的坟墓。接着就到县衙门请罪,姊妹都争说自己是主犯,州县官裁决不下。高祖听说后赞许叹息,特别原谅了他们的罪过。

　　韩觊的妻子,洛阳于氏的女儿,字茂德。父亲于实,任周朝廷的大左辅。于氏十四岁时嫁给韩觊。虽然生长在富裕之中,家门又高贵,但举动都遵循着礼制法度,自己勤俭节约,同宗族的人都尊敬她。十八岁时,韩觊从军战死,于氏悲痛得骨瘦如柴,痛苦的哭声让路过的人都深受感动。每到早晚祭奠,都亲手捧着祭品。服丧期满后,她父亲因为她年轻又没有孩子,准备把她改嫁了。她发誓不再嫁。她父亲又让家里人敦促劝说,于氏日夜啼哭,剪了头发表示坚决不改嫁。她父亲感慨伤感,就不再要她改嫁了。于是收养了丈夫家族旁枝的儿子世隆作为继承人,亲自抚养教育,爱他如同亲生儿子,由于训导有方,最后能有所建树。自从孀居以后,只是有时候回一下娘家,至于亲戚族人家,从来不去来往。有地位高下不同的人去看望她,送往迎来她一概不走出门庭。吃着粗疏的饭食,穿着粗布衣服,不听乐声,就这样度过了一生。高帝听说后发出了赞叹,下令褒奖赞美,表扬她的门间,长安中号称节妇阙。死在家里,终年七十二岁。

　　陆让的母亲,上党冯氏的女儿。性情仁爱,有母亲的风度仪表,陆让是她丈夫家族旁枝人家的儿子。仁寿年间,任番州刺史,多次聚敛财物,赃货很多,被司马弹劾。皇帝派遣使者检查,都属实,于是押到长安,亲自审问。陆让声称冤枉,皇帝又令治书御书一一核对,事情跟前一样。于是命令公卿百官讨论,都说:"陆让的罪应当处死。"诏令同意了他们的奏请。

　　陆让即将行刑,冯氏蓬头垢面到朝廷上责备陆让说:"没有汗马的功劳,官做到刺史,不能竭尽忠诚为国家做事,来报答大恩,却反而违犯宪法章程,获取了很多赃货。如果说司马诬告你,百姓百官不应该也都诬告你。如果说至尊的皇帝不怜悯你,为什么要写信复查? 你难道是忠诚的臣下? 难道是孝子? 不忠不孝,凭什么做人!"于是流泪哭泣,亲自端着一盂粥劝陆让吃。接着上书哀求,言词感情都很急切,皇帝因同情她而改变了脸色。治书侍御史柳彧对皇帝说:"冯氏作为母亲,品德极高,都感动了路人。如果杀了她儿子,怎么样劝民呢?"皇帝于是在朱雀门召集了京城官员百姓,派遣舍人宣读诏书说:"冯氏凭亲生母亲的品德,足以作为世人的模范,她慈爱的道义,感动人神,特别应该同情而免其罪,用以奖励好的风俗。陆让可以免去一死,除名为平民。"又下诏书说:"冯氏身上具备了仁慈,一向娴熟于礼仪法度。孽子陆让不是她亲生,从前触犯了宪章,理应处以极刑,她亲自到宫殿,为他请命,匍匐叩头。我同情她的义气,特意免去了死罪。假使天下的妇女都跟冯氏一样,怎能不闺门雍容和睦,风俗和平! 我常常赞叹不已。应该广为宣扬并给以较高的奖赏,使美德更加光明。可以赏赐物品五百段。"集中了各位命妇,跟冯氏认识,通过这样表明特别的喜爱褒扬。

　　刘昶的女儿,是河南人长孙氏的妻子。刘昶在周朝廷,娶了公主,官做到柱国、彭国公,多次任将帅,地位名望隆盛显赫。他跟高祖有旧交情。受禅让后,很亲信他,历任左武卫大将军、庆州总管。他的儿子居士任太子千牛备身(官名),聚徒任侠,不遵守法度,多次犯罪。皇帝因为刘昶的缘故,每次都原谅了他。居士更加放肆,常常说大话:"男子要做头编辫子反绑两手,在蘧篨(竹制器具)上跳獠人舞蹈。"叫了公卿子弟中膂力雄健的,都带到家里,用车轮摩擦他们的头并用棍棒打。快死时还能不屈服的,称为壮士,放开后跟他交朋友。结的帮有三百人,其中矫健敏捷的称为饿鹘队,孔武有力的称为蓬转队。常常携鹰带狗,结队在路上骑马,殴打过路的人,到处侵夺别人财物。长安城里无论高贵低贱,见到他都躲避起来,甚至于公卿妃子公主,没有人胆敢与他争执的。他的女儿就是居士的姐姐,常流着眼泪教训他,殷勤恳切。居士不改,直到破了家产。刘昶年老,他供奉赡养也很薄。他女儿这时寡居,可怜刘昶如此处境,每次回家探望,亲自勤劳纺织,用来换些吃食。

有人告居士跟他的徒众游长安城时,登上从前的未央殿旧址,面向南坐,前后列队,有不恭敬的用意,常常相约说:"总有一死的。"又经常有人说居士派使者引导突厥让他们向南侵略,他要在京师响应他们。皇帝对刘昶说:"今日这样的事情,又该怎么办呢?"刘昶还恃仗旧日的恩宠,不引咎自责,一直走过去说:"判断黑白是非都由至尊的皇帝。"皇帝大怒,把刘昶关到狱中,逮捕居士的帮伙,处治得很严厉。宪司又奏刘昶对待母亲不孝顺。他女儿知道刘昶一定免不了死罪,好几天不吃饭,每次都亲手准备饮食,手捧着,到大理寺送给她父亲吃。遇见监狱里的士兵,长跪着往里爬,唏嘘呜咽,看到的人都很替她伤心。居士被斩首,刘昶最后被赐死在家里。诏令百官都去看。当时他女儿昏迷又活过来已经有好几回了,公卿都安慰规劝她。他女儿说父亲是没有罪的,因为儿子才遭了大祸的。言词情绪哀婉凄切,人们都不忍心听见。她于是穿粗布衣服吃粗茶淡饭地过了一生。皇帝听后叹息说:"我听说衰败家庭出女儿,兴盛家庭出儿子,真是不假啊!"

钟士雄的母亲,是临贺人蒋氏的女儿。士雄在陈朝廷做官,任伏波将军。陈的皇帝任士雄为岭南酋长的统帅,担忧他要造反,每次都把蒋氏当作人质让住在都城。等到晋王广平定江南,因为士雄在岭南,想用恩情道义收笼他,把蒋氏送回临贺。不久同郡人虞子茂、钟文华等作乱,举兵攻城,派人招呼士雄,士雄准备策应他们。蒋氏对士雄说:"我从前在都城扬州,备尝辛苦。现在逢上圣明的教化,母子团聚,到死也报答不了国君的恩情,怎么还能造反呢!你如果心变得跟禽兽一样,背叛道德忘掉情义,我就在你面前自杀。"士雄于是就不去策应了。蒋氏又写信给子茂等人,向他们说明祸福。子茂不听从,不久被官军打败。皇帝听说蒋氏的事迹,很惊奇,封她为安乐县君。

当时尹州寡妇胡氏,不知道什么地方人。很有志向气节,受得邦国宗族的敬重。江南动乱时,她讽喻同宗族的人,都守住险要不顺从叛逆,被封为密陵郡君。

赵元楷的妻子,是清河人崔氏的女儿。她家向来有良好的风范,子女都遵守礼制法度。元楷的父亲任仆射,家里财富很多,为了加重家族的名望,用厚礼来聘娶她。元楷很敬重崔氏,即使是在宴会私处时,也不乱说笑,进退容貌服饰,都合乎礼仪。

宇文化及造反时,元楷跟随他到了河北,准备回到长安。到滏口时,遇上强盗抢劫,元楷只身逃脱。崔氏被贼人抓住,贼人求她做妻子,崔氏对贼人说:"我是士大夫的女儿,做了仆射儿子的妻子,今天遭难,自然只能去死。让我做贼人的妻子,绝对不能。"众贼人撕裂了她的衣服,身体都裸露出来,把她捆在床上,准备凌辱她。崔氏害怕被污辱,骗他们说:"现在已经没有力气了,我会由你们处置的,不敢违抗,请求解开绑绳。"贼人赶快放了她。崔氏借着穿衣服,抢过贼人身上的佩刀,靠在树上站着说:"想要杀我,随你们便。如果想找死,可以过来逼迫!"贼人大怒,乱箭射死了她。元楷后来捉住杀他妻子的人,肢解了他们,用来祭奠崔氏的灵柩。

史官说:大凡赞扬妇女的品德,都把柔顺作为最重要的因素,这里列举的是得乎中庸没有达到极端的人。至于见识清楚有深远的图谋,思想坚贞节操严峻,意志不能改变,只知道守住道义,考查一下图书历史,又有哪个时代没有这样的人呢。兰陵公主品质超过了耐寒的松柏,南阳公主的思想感情超越了匪石的水平(匪石,意志坚定的意思),洗媪、孝女的忠诚壮烈,崔、冯两位母亲的诚恳,足以使义勇的人为他们的意志刚烈感到惭愧,使兰花美玉的坚固芬芳逊色。襄城、华阳的妃子,裴伦、元楷的妻子,遭逢艰难时世,遭遇艰难但夫妻美满,心甘情愿死后同一个墓穴,生活颠沛流离情爱节操不变。意志比冰霜还凌厉,言语比白日还要光明,即使是《诗经》中歌咏共姜的誓言,《传》记述伯姬的为死者守节,又有什么地方超过了她们呢!

宇文化及传

【题解】

宇文化及,隋代奸臣,为人性格凶险、奸邪,以父亲与隋文帝的关系而遭永用。初任右屯卫将军,与人谋反,被推为主。因胆怯无德,遭司马德勘部下所杀,未成,反杀之。后又遭李密所击,大惧,终为窦建德所杀。

【原文】

宇文化及,左翊卫大将军述之子也。性凶险,不循法度,好乘肥挟弹,驰骛道中,由是长安谓之轻薄公子。炀帝为太子时,常领千牛,出入卧内。累迁至太子仆。数以受纳货赂,再三免官。太子璧昵之。俄而复职。又以其弟士及尚南阳公主。化及由此益骄,处公卿间,言辞不逊,多所陵轹。见人子女狗马珍玩,必请托求之。常与屠贩者游,以规其利。炀帝即位,拜太仆少卿,益恃旧恩,贪冒尤甚。大业初,炀帝幸榆林,化及与弟智及违禁与突厥交市。帝大怒,因之数月。还至青门外,欲斩之而后入城,解衣辫发,以公主故,久之乃释,并智及并赐述为奴。述薨后,炀帝追忆之,遂起化及为右屯卫将军,智及为将作少监。

是时李密据洛口,炀帝惧,留淮左,不敢还都。从驾骁果多关中人,久客羁旅,见帝无西意,谋欲叛归。时武贲郎将司马德戡总领骁果,屯于东城,风闻兵士欲叛,未之审,遣校尉元武达阴问骁果,知其情,因谋构逆。共所善武贲郎将元礼、直阁裴虔通互相扇惑曰:"今闻陛下欲筑宫丹阳,势不还矣。所部骁果莫不思归,人人耦语,并谋逃去。我欲言之,陛下性忌,恶闻兵走,即恐先事见诛。今知而不言,其后事发,又当族灭我矣。进退为戮,将如之何?"虔通曰:"上实尔,诚为公忧之。"德戡谓两人曰:"我闻关中陷没,李孝常以华阴叛,陛下收其二弟,将尽杀之。吾等家属在西,安得无此虑也!"虔通曰:"我子弟已壮,诚不自保,正恐旦暮及诛,计无所出。"德戡曰:"同相忧,当共为计取。骁果若走,可与俱去。"虔通等曰:"诚如公言,求生之计,无以易此。"因递相招诱。又转告内史舍人元敏、鹰扬郎将孟秉,符玺郎李覆、牛方裕,直长许弘仁、薛良,城门郎唐奉义,医正张恺等,日夜聚博,约为刎颈之交,情相款昵,言无回避,於座中辄论叛计,并相然许。时李孝质在禁,令骁果守之，中外交通。所谋益急。赵行枢者，乐人之子，家产巨万，先交智及，勋侍杨士览者，宇文皛甥，二人同告智及。智及素狂悖，闻之喜，即共见德戡，期以三月十五日举兵同叛，劫十二卫武马，虏掠居人财物，结党西归。智曰："不然。当今天实丧隋，英雄并起，同心叛者已数万人，因行大事，此帝王业也。"德戡然之。行枢、薛良请以化及为主，相约既定，方告化及。化及性本驽怯，初闻大惧，色动流汗，久之乃定。

义宁二年三月一日，德戡欲宣言告众，恐以人心未一，更思谲诈以胁骁果，谓许弘仁、张恺曰："君是良医，国家任使，出言惑众，众必信。君可入备身府，告识者，言陛下闻说骁果欲叛，多酝毒酒，因享会尽鸩杀之，独与南人留此。"弘仁等宣布此言，骁果闻之，递相告语，谋叛逾急。德戡知计既行，遂以十日总召故人，谕以所为。众皆伏曰："唯将军命！"其夜，奉义主闭城门，乃与虔通相知，诸门皆不下钥。至夜三更，德戡于东城内集兵，得数万人，举火与城外相应。帝闻有声，问是何事。虔通伪曰："草坊被烧，外人救火，故喧嚣耳。"中外隔绝，帝以为然。孟秉、智及於城外得千余人，劫候卫武贲冯普乐，共布兵分捉郭下街巷。至五更中，德戡授虔通兵，以换诸门卫士。虔通因自开门，领数百骑，至成象殿，杀将军独孤盛。武贲郎将元礼遂引兵进，宿卫者皆走。虔通进兵，排左阁，驰入永巷，问："陛下安在？"有美人出，方指云："在西阁。"从往执帝。帝谓虔通曰："卿非我故人乎！何恨而反？"虔通曰："臣不敢反，但将士思归，奉陛下还京师耳。"帝曰："与汝归。"虔通因勒兵守之。

至旦，孟秉以甲骑迎化及。化及未知事果，战慄不能言，人有来谒之者，但低头据鞍，答云："罪过"。时士及在公主第，弗之知也。智及遣家僮庄桃树就第杀之，桃树不忍，执诣智及，久之乃见释。化及至城门，德戡迎谒，引入朝堂，号为丞相。令将帝出江都门以示群贼，因复将入。遣令狐行达弑帝于宫中，又执朝臣不同己者数十人及诸外戚，无少长害之，唯留秦孝王子浩，立以为帝。

十余日，夺江都人舟楫，从水路西归。至显福宫，宿公麦孟才、折冲郎将沈光等谋击化及，反为所害。化及于是入据六宫，其自奉养一如炀帝故事。每於帐中南面端坐，人有白事者，默然不对。下牙时，方收取启状，共奉义、方裕、良、恺等参决之。行至徐州，水路不通，复夺人车牛，得二千两，并载宫人珍宝。其戈甲戎器，悉令军士负之。道远疲极，三军始怨。德戡失望，窃谓行枢曰："君大谬误我。当今拨乱，必藉英贤。化及庸暗，群小在侧，事将必败，当若之何？"行枢曰："在我等尔，废之何难！"因共李本、宇文导师、尹正卿等谋，以后军万余兵袭杀化及，更立德戡为主。弘仁知之，密告化及，尽收捕德戡及其支党十余人，皆杀之。引兵向东郡，通守王轨以城降之。

元文都推越王侗为主，拜李密为太尉，令击化及。密遣徐勣据黎阳仓。化及渡河，保黎阳县，分兵围勣。密壁清淇，与勣以烽火相应。化及每攻仓，密辄引兵救之。化及数战不利，其将军于弘达为密所擒，送于侗所，镬烹之。化及粮尽，渡永济渠，与密决战于童山，遂入汲郡求军粮，又遣使拷掠东郡吏民以责米粟。王轨怨之，以城归於李密。化及大惧，自汲郡将率众图以北诸州。其将陈智略率岭南骁果万余人，张童儿率江东骁果数千人，皆叛归李密。化及尚有众二万，北走魏县。张恺等与其将陈伯谋去之，事觉，为化及所杀。腹心稍尽，兵势日蹙，兄弟更无他计，但相聚酣宴，奏女乐。醉后，因尤智及曰："我初不知，由汝为计，强来立我。今所向无成，士马日散，负杀主之名，天下所不纳。今者灭族,岂不由汝乎?"持其两子而泣。智及怒曰:"事捷之日,都不赐尤,及其将败,乃欲归罪。何不杀我以降建德?"兄弟数相斗阋,言无长幼,醒而复饮,以此为恒。其众多亡,自知必败,化及叹曰:"人生故当死,岂不一日为帝乎?"于是鸩杀浩,僭皇帝位于魏县,国号许,建元为天寿,署置百官。

攻元宝藏于魏州,四旬不克,反为所败,亡失千余人。乃东北趣聊城,将招携海曲诸贼。时遣士及徇济北,求馈饷。大唐遣淮安王神通安抚山东,并招化及。化及不从,神通进兵围之,十余日不克而退。窦建德悉众攻之。先是,齐州贼帅王薄闻其多宝物,诈来投附。化及信之,与共居守。至是,薄引建德入城,生擒化及,悉虏其众。先执智及、元武达、孟秉、杨士览、许弘仁,皆斩之。乃以辒车载化及之河间,数以杀君之罪,并二子承基、承趾皆斩之,传首於突厥义成公主,枭於虏庭。士及自济北西归长安。

【译文】

宇文化及,左翊卫大将军宇文述之子。性格凶险,不循法度,喜好骑肥马挟弹弓,驰骋于道,因此长安城中都说他是轻薄公子。隋炀帝为太子时,他常以千牛之职出入于杨广内室。累升为太子仆。屡以收受贿赂而再三免官。太子嬖宠他,不久又恢复原职。又让他弟弟宇文士及娶了南阳公主。宇文化及因此而更加骄横,处于公卿之间,言辞不逊,很多人被他凌侮。见了别人的子女狗马珍玩,必然通过请托搞到手。经常与屠户商贩来往,以图谋财利。炀帝即位,拜官为太仆少卿,更加仗恃东宫时的旧恩情,贪冒财货愈加厉害。大业初年,炀帝游幸榆林,宇文化及与弟弟宇文智及违犯禁约与突厥人贸易。炀帝大怒,把他囚禁数月。归还时到了青门外,想斩了他然后再入城,已经解掉了衣服,把头发梳成了辫子,但因为公主之故,终于过些时候就释放了他,把他和宇文智及都赐给宇文述为奴。宇文述去世后,炀帝又追想起他们,便起用宇文化及为右屯卫将军,宇文智及为将作少监。

宇文化及

当时李密占据了洛口,炀帝害怕,留在了江都,不敢回都城。随从御驾的骁果大多是关中人,长期客居旅舍,见炀帝毫无西归之意,便策划想叛逃回乡。当时武贲郎将司马德戡统领骁果,屯驻在东城,风闻兵士要叛乱,但不太确切,便派校尉元武达悄悄询问骁果们,探知其情,于是便谋划造反。他与交好的武贲郎将元礼和直阁裴虔通共相煽惑道:"近来听说陛下要在丹阳修筑宫殿,看势头是不回去了。我所统领的骁果没有不想回去的,人人凑在一起私语,都打算逃跑。我想汇报这事,但陛下生性猜忌,讨厌听说兵士逃走,便恐怕我先要被杀掉。如今知而不言,以后事件发生,又该把我们灭族了。进退都要死,这将如何是好?"裴虔通道:"皇上确实如此,我也真为您担忧呢。"司马德戡对两人说道:"我听说关中已经陷没,李孝常以华阴叛变,陛下收捕了他的两个兄弟,准备全杀掉。我们的家属都在西面,怎能没有这种顾虑呢!"裴虔通道:"我的子弟已经长大,确实宜自保,正害怕早晚被诛杀,无计可施呢。"司马德戡道："我们有共同的忧虑，就应该共谋生路。骁果们如若逃走，可以和他们一起跑。"裴虔通等说："确实如您所说，求生之计，除此之外没有别的了。"于是递相招诱，又转告内史舍人元敏，鹰扬郎将孟秉，符玺郎李覆、牛方裕，直长许弘仁、薛良，城门郎唐奉义，医正张恺等人，日夜聚在一起赌博，相约为刎颈之交，亲密无间，说话毫不回避，在座上就讨论叛逃计划，并且互相称许。当时李孝质正被禁押，命骁果看守着，内外勾结，策划行动更加急迫了。有个赵行枢，是乐人之子，家产巨万，先与宇文智及交好，还有个勋侍杨士览，是宇文家的外甥，这两人先把此事告诉宇文智及。宇文智及生性狂悖，听说之后大喜，立即共同去见司马德戡，约定于三月十五日举兵同叛，劫取十二卫的军马，掳掠本地居民的财物，结成党伙西归。宇文智及道："不可。当今上天要灭亡隋朝，所以英雄并起，同心造反的已有数万人，借以行大事，这是帝王的基业呀！"司马德戡很赞成。赵行枢、薛良求以宇文化及为谋主，相约已定，才告诉宇文化及。宇文化及性格本来很怯懦，刚一听说，吓得脸色大变，浑身流汗，过了一会儿才安定下来。

义宁二年三月一日，司马德戡准备宣告于众，又恐人心不齐，更想用谲诈来胁持骁果，便对许弘仁、张恺说："您是良医，为皇上所任使，出言惑众，众人必然相信。您可前往备身府，告诉相识的人，说陛下闻听骁果要叛乱，便酝了好多毒酒，准备借大宴的机会把他们全都毒死，只和南方人留在此地。"许弘仁等把这话宣扬出去，骁果们听了，转相告诉，便更加紧了叛逃的计划。司马德戡知道计策已行，便在十日把旧相识全部招齐，告诉他们所要做的事。众人皆俯伏道："唯将命吩咐！"这天夜里，唐奉义负责锁闭城门，便与裴虔通相知会，诸城门全都不取下钥匙。到夜里三更时，司马德戡于东城内集合兵士，得数万人，举火与城外相呼应。炀帝听到有动静，问是什么事。裴虔通骗他说："草坊被烧，外面来人救火，所以喧嚣。"内外隔绝，炀帝以为就是那么回事了。孟秉、宇文智及在城外集合了千余人，劫持候卫武贲冯普乐，共同安排兵士分头捉守城郭下的街巷。到五更时分，司马德戡交给裴虔通一部兵士，去换掉各城门的卫士。裴虔通于是自行开门率领数百骑士，来至成象殿，杀死将军独孤盛。武贲郎将元礼便率兵而进，值班卫士们都逃跑了。裴虔通进兵，推开左阁，驰入永巷，问："陛下在哪里？"有个美人走出，指划道："在西阁。"便跟随着前去捉炀帝。炀帝对裴虔通说："你难道不是我的故人吗？有什么仇恨要造反呢？"裴虔说："臣不敢造反，只是将士们想回去，特奉陛下回京城。"炀帝说："我与你回去。"裴虔通便勒兵监守着他。

到了天明，孟秉以甲骑来迎宇文化及。宇文化及还不知道事已成功，战栗得说不出话来，有人来谒见，他只是低着头趴在马鞍上，答道："罪过，罪过。"当时宇文士及在公主府，不知道发生的事。宇文智及派家僮庄桃树前往公主府杀死他。庄桃树不忍下手，就捉来送交宇文智及，过了好久才被释免。宇文化及来到城门，司马德戡迎上谒见，领入朝堂，称为丞相。又命人带着炀帝走出江都门，让群贼看过，又带了进去。派遣令狐行达弑杀炀帝于宫中，又逮捕与自己不合的朝臣数十人以及诸外戚，不论长少，全部杀害，只留下秦孝王的儿子杨浩，立以为帝。

过了十多天，夺取江都人的舟船，从水路西归。至显福宫，宿公麦孟才、折冲郎将沈光等人策划袭击宇文化及，反为所害。宇文化及于是占有了六宫，对自己的奉养一如炀帝的旧例。他常在帐内朝南端坐，有人来禀告事情，他默然不答。下衙时，才收取呈上来的文书，与唐奉义、牛方裕、薛良、张恺等人共同研究决定。行至徐州，水路不通，又夺取百姓的牛车，得两千辆，都用来装载宫人和珍宝。那些戈甲军备，全叫军士背负着。路途遥远，疲劳之极，三军开始有了怨气。司马德戡大失所望，偷偷对赵行枢说："你可把我耽误了。当今拨乱反正，必须凭借英贤，宇文化及庸劣无能，一群小人在他身边，这事一定要失败，这该如何是好？"赵行枢说："事情全在我们了，废掉他又有何难！"于是便同李本、宇文导师、尹正卿等人策划，用后军万余人袭杀宇文化及，改立司马德戡为主。许弘仁知道了，密告宇文化及，把司马德戡及其党羽十余人全部逮捕并杀死。引兵向东郡洛阳，通守王轨以城投降。

元文都推举越王杨侗为帝，拜李密为太尉，命他进击宇文化及。李密派徐世勣占据黎阳仓。宇文化及渡过黄河，驻保黎阳县城，分兵包围徐世勣。李密于清淇建壁垒，与徐世勣以烽火相呼应。宇文化及每次攻打黎阳仓，李密就率兵救援。宇文化及屡战不利，其部将于弘达被李密所擒，送到杨侗处，用锅烹死。宇文化及粮食已尽，便渡过永济渠，与李密决战于童山，然后进入汲郡寻求军粮，又派使者拷掠东郡的官民，勒取米粟。东郡的道守王轨怨恨他，便以城归降了李密。宇文化及大惧，由汲郡出发准备率从图谋以北诸州。他的部将陈智略率领岭南骁果万余人，张童儿率领江东骁果数千人，全都叛归李密。宇文化及还有兵众二万，便北逃至魏县。张恺等与其部将陈伯策划离去，事情被发觉，都为宇文化及所杀。心腹将尽，兵势日益危急，兄弟们别无他计，只是相聚酣饮，演奏女乐。喝醉之后，宇文化及便埋怨智及道："我本来不知道这事，是由你来策划，硬来拥立我，如今所向皆败，士马陆续散去，肩负着杀主的恶名，为天下所不容。现在就要灭族了，难道不都是因为你吗？"便抱着他的两个儿子哭起来。宇文智及怒道："事情成功的时候，听不到你埋怨我，及至将败，就想归罪于我。你为什么不杀了我去投降窦建德！"兄弟俩屡次争吵，说起话也不分长幼，酒醒了又接着喝，以此为常事。他们的兵众大多逃亡，自知必然要破败，宇文化及便叹道："人生本来要有一死，难道就不能当一天皇帝吗？"于是他鸩杀杨浩，僭窃皇帝位于魏县，国号为许，建年号为天寿，署置百官。

进攻元宝藏于魏州，四旬不能攻克，反为元宝藏击败，丧失千余人。便向东北趋聊城，准备招募沿海诸贼。当时派宇文士及巡略济北，求取粮饷。大唐派淮安王李神通安抚太行山以东，并招抚宇文化及。宇文化及不接受，李神通便进兵包围了他，过十余日未能攻克，便退去了。窦建德以全军来攻。在这之前，齐州贼首王薄听说宇文化及有很多宝物，便装来投靠。宇文化及相信了，便与他共同守城。到此时，王薄引领窦建德入城，生擒宇文化及，全部俘虏了他的兵众。先捉住宇文智及、元武达、孟秉、杨士览、许弘仁，全都斩首。便以槛车装上宇文化及前往河间，责数以杀君之罪，连同他两个儿子承基、承趾一齐斩首，并把首级递送给突厥义成公主，枭示于突厥王庭。宇文士及从济北西归长安。

二十四史

南史

导　读

　　《南史》是中国历代官修正史《二十五史》之一,是一部纪传体史著,记事起自南朝宋武帝刘裕永初元年(420),止于陈后主陈叔宝祯明三年(589),共记述南朝宋、齐、梁、陈四代一百七十年的历史。《南史》与《北史》为姊妹篇,是由李大师及其子李延寿两代人编撰完成的历史著作。

　　《南史》以《宋书》《南齐书》《梁书》及《陈书》为本,删繁就简,重新编纂,成为史林新著,合南朝宋、齐、梁、陈四代历史于一书。《南史》成书于唐高宗显庆四年(659)。

　　《南史》有本纪和列传,无表、志,本纪十卷,列传七十卷,共八十卷。其编撰方法按朝代顺序、帝王在位先后,排列各朝帝王、宗室、诸王、大臣等纪传。本纪中有《宋本纪》三卷,《齐本纪》二卷,《梁本纪》三卷,《陈本纪》二卷。列传中除专传外,列"类传"九种,即后妃、循吏、儒林、文学、孝义、隐逸、恩幸、夷貊及贼臣等。所列类传,并非原有四朝史书所兼备。专传部分,多将南朝人物事迹,前后贯穿,成为完篇。在内容方面,对南朝四史多有增删,除去芜杂臃肿的弊病。其中《宋书》删削最多,凡不关重要的诏诰、奏疏、诗文,全部删去。增加史实内容的,以《南齐书》与《梁书》为最多。此外,南朝四史原有的讳饰、疏漏以及诸史间重复或抵牾等处,也多作了有益的补订与改正,且又多引有正史以外的资料,丰富了传记文字。书中重视对南北各朝之间交往的叙述,为南朝各断代史所不及。

　　南北朝时期,各国及各民族地方割据政权,彼此对峙,交战频仍,且王朝与执政者又不断更迭。这使南朝与北朝各代史著中,互相采用敌意用语。南史称北人为"索虏",北史称南人作"岛夷"。各国各代史作,叙本朝本国事详,记别国史事则多不完备。隋唐王朝的建立,全国出现南北统一与民族大融合的新形势,促进了历史学家历史观念的变化,这在历史编纂中,打破朝代的断限,通叙南北各朝各代的历史,使之有助于促进国家的统一,已成为历史的大趋势,也是落在史学家肩上的新任务。《南史》《北史》正是在这样的历史背景中产生的巨著。

　　《南史》文字简明,事增文省,在史学上占有重要地位。其不足处在于作者突出门阀士族地位,过多采用家传形式。

文元袁皇后传

【题解】

袁齐妫(？~440)，宋文帝刘义隆的皇后。因受宠爱不如潘淑妃而积怨成疾，临终仍不愿面对宋文帝，但能认定自己的儿子刘劭会破国亡家，想杀死他，也令人惊愕不已。

【原文】

宋文元袁皇后讳齐妫，陈郡阳夏人，左光禄大夫湛之庶女也。母本卑贱，后年至六岁方见举。后适文帝，初拜宜都王妃，生子劭、东阳献公主英娥。上待后恩礼甚笃，袁氏贫薄，后每就上求钱帛以赡之。上性俭，所得不过五三万、五三十匹。后潘淑妃有宠，爱倾后宫，咸言所求无不得。后闻之，未知信否，乃因潘求三十万钱与家，以观上意，宿昔便得。因此恚恨称疾，不复见上，遂愤恚成疾。元嘉十七年疾笃，上执手流涕，问所欲言。后视上良久，乃引被覆面，崩于显阳殿。上甚悼痛之，诏前永嘉太守颜延之为哀策，文甚丽。及奏，上自缀"抚存悼亡，感今怀昔"八字以致意焉。有司奏谥宣皇后，诏谥曰元。

初，后生劭，自详视之，使驰白帝："此儿形貌异常，必破国亡家，不可举。"便欲杀之。文帝狼狈至后殿户外，手掇幔禁之乃止。

后亡后，常有小小灵应。明帝所生沈美人尝以非罪见责，应赐死，从后昔所住徽音殿前度。此殿有五间，自后崩后常闭。美人至殿前流涕大言曰："今日无罪就死，先后若有灵当知之。"殿户应声豁然开，职掌者遽白文帝，惊往视之，美人乃得释。

大明五年，孝武乃诏追后之所生外祖亲王夫人为豫章郡新淦平乐乡君，又诏赵、萧、臧光禄、袁敬公、平乐乡君墓，先未给茔户，各给蛮户三以供洒扫。后父湛之自有传。

【译文】

文帝元袁皇后名叫齐妫，是陈郡阳夏人，左光禄大夫袁湛之的庶出女儿。她的母亲身份原本卑贱，袁皇后到了六岁才得到抚养。以后嫁给了文帝，最初被拜为宜都王妃，生了儿子刘邵、东阳献公主刘英娥。文帝与袁皇后的恩爱非常深厚，待她礼仪周到。袁家贫困，皇后经常向文帝索求钱财绢帛去赡养家庭。文帝的性情节俭，皇后得到的不过是三、五万钱，三五十四帛。以后潘淑妃得宠，对她的宠爱盖过了整个后宫，都传说潘淑妃的要求没有得不到的。袁皇后听说后，不知道这种说法是否可信，就通过潘淑妃向文帝给自己家里要三十万钱，以此观察文帝的意思，过了一天就得到了钱。袁皇后因此恼怒愤恨，自称有病，不再去见文帝，便愤恨成疾。元嘉十七年，袁皇后病重，文帝拉着她的手流着泪，问她有什么要说的。袁皇后看了文帝好久，就拉起被子盖上脸，在显阳殿中去世。文帝十分悲痛，悼念她，下诏让前永嘉太守颜延之作哀策，文辞非常华丽。哀策上奏后，文帝自己加上"抚存悼亡，感今怀昔"八个字以表达心意。有关官署上奏谥为宣皇后，文帝下诏命令谥为元皇后。

当初,皇后生了刘劭,自己认真看了看他,派人跑去告诉文帝说:"这个儿子形貌异常,一定会使国家破败,家族灭亡,不能养育"。就想要杀了他。文帝慌忙跑到后殿的窗外,用手扯开窗帘禁止她动手,才止住杀刘劭。

袁皇后死后,经常有些小小的灵验感应。生明帝的沈美人曾经在没有罪责的情况下受责罚,应该被处死,从袁皇后过去居住的徽音殿前经过。这个殿有五间房,在袁皇后去世后经常关闭着。沈美人到了殿前流着泪大声说:"今天没有罪而被处死,先皇后如果有灵应该知道。"殿门随着声音豁然大开。执事人员赶快去告诉文帝,文帝吃惊地去看这种情况。沈美人就得以释放了。

大明五年,孝武帝就下诏书,追封生袁皇后的自己外祖母王夫人为豫章郡新淦平乐乡君,又下诏书对以前没有赐给看坟人户的赵、肖、臧光禄、袁敬公、平乐乡君等墓,各自给予三户蛮族人以供应洒水清扫事务。袁皇后的父亲袁湛之自己有传记。

谢灵运传

【题解】

谢灵运(385~433),晋宋间诗人。陈郡阳夏(今河南太康)人,世居会稽(今浙江绍兴)。十八岁世袭祖父谢玄康乐公的爵位,世称谢康乐。刘宋代晋后,先后出任永嘉太守及临川内史等职。他为人豪奢放纵,不理政务,纵情山水,游娱宴集。元嘉十年因谋反获罪被杀。

谢灵运是第一个大量创作山水诗并且在艺术上卓有成就的作家。他善用富艳精工的语言记叙游赏经历,描摹山水胜景,从题材上扭转了东晋以来的玄言诗风,对南朝和唐代诗歌的发展产生了一定影响。但从全篇来看,未脱尽玄言佛理的旧习,缺乏社会内容。有《谢康乐集》。

谢灵运

【原文】

谢灵运,安西将军弈之曾孙而方明从子也。祖玄,晋车骑将军。父瑍,生而不慧,位秘书郎,早亡。灵运幼便颖悟,玄甚异之。谓亲知曰:"我乃生瑍,瑍儿何为不及我。"

灵运少好学,博览群书,文章之美,与颜延之为江左第一。纵横俊发过于延之,深密则不如也。从叔混特知爱之。袭封康乐公,以国公例除员外散骑侍郎,不就。为琅邪王大司马行参军。性豪侈,车服鲜丽,衣物多改旧形制,世共宗之,咸称谢康乐也。累迁秘书丞,坐事免。

宋武帝在长安,灵运为世子中军谘议、黄门侍郎,奉使慰劳武帝于彭城,依《撰征赋》。后为相国从事中郎,世子左卫率,坐辄杀门生免官。宋受命,降公爵为侯,又为太子左卫率。

　　灵运多愆礼度,朝廷唯以文义处之,不以应实相许。自谓才能宜参权要,既不见知,常怀愤惋。庐陵王义真少好文籍,与灵运情款异常。少帝即位,权在大臣,灵运构扇异同,非毁执政,司徒徐羡之等患之,出为永嘉太守。郡有名山水,灵运素所爱好。出守既不得志,遂肆意游遨,偏历诸县,动愈旬朔。理人听讼,不复关怀,所至辄为诗咏以致其意。

　　在郡一周,称疾去职,从弟晦、曜、弘微等并与书止之,不从。灵运祖父并葬始宁县,并有故宅及墅,遂移籍会稽,修营旧业。傍山带江,尽幽居之美。与隐士王弘之、孔淳之等放荡为娱,有终焉之志。每有一首诗至都下,贵贱莫不竟写,宿昔问士庶皆偏,各动都下。依山居赋,并自注以言其事。

　　文帝诛徐羡之等,征为秘书监,再召不起。使光禄大夫范泰与书敦奖,乃出。使整秘阁书遗阙,又令撰晋书,粗立条流,书竟不就。寻迁侍中,赏遇甚厚。灵运诗书皆兼独绝,每文竟,手自写之,文帝称为二宝。既自以名辈,应参时政,至是唯以文义见接,每侍上宴,谈赏而已。王昙首、王华、殷景仁等名位素不逾之,并见任遇,意既不平,多称疾不朝直。穿池植援,种竹树果,驱课公役,无复期度。出郭游行,或一百六七十里,经旬不归。既无表闻,又不请急。上不欲伤大臣,讽旨令自解。灵运表陈疾,赐假东归。将行,上书劲伐河北。而游娱宴集,以夜续昼。复为御史中丞傅隆奏免官。是岁,元嘉五年也。

　　灵运既东,与族弟惠连、东海何长瑜、颍川荀雍、泰山羊璿之以文章赏会,共为山泽之游,时人谓之四友。惠连幼有奇才,不为父方明所知。灵运去永嘉还始宁,时方明为会稽,灵运造方明,遇惠连,大相知赏。灵运性无所推,唯重惠连,与为刎颈交。时何长瑜教惠连读书,亦在郡内,灵运又以为绝伦。谓方明曰:"阿连才悟如此,而尊非常儿遇之;长瑜当今仲宣,而饴以下客之食。尊既不能礼贤,宜以长瑜还灵运。"载之而去。荀雍道雍,官至员外散骑郎。璿之字曜璠,为临川内史,被司空竟陵王诞所遇,诞败坐诛。长瑜才亚惠连,雍、璿之不及也。临川王义庆招集文王,长瑜自国侍郎至平西记室参军。尝于江陵寄书与宗人何勖,以韵语序义庆州府僚佐云:"陆展染白发欲以媚侧室,青青不解之,星星行复出。"如此者五六句。而轻薄少年遂演之,凡人士并为题目,皆加剧言若句,其文流行。义庆大怒,白文帝,除广州所统曾城令。及义庆薨,朝士并诣第叙哀,何勖谓袁淑曰:"长瑜便可还也。"淑曰:"国新丧宗英,未宜以流人为念。"庐陵王绍镇寻阳,以长瑜为南中郎行参军,掌书记之任,行至板桥,遇暴风溺死。

　　灵运因祖父之资,生业甚厚,奴僮既众,义故门生数百,凿山浚湖,功役无已。寻山陟岭,必造幽峻,严嶂数十重,莫不备尽。登蹑常着木屐,上山则去其前齿,下山则去其后齿。当自始宁南山伐木开径,直至临海,从者数百。临海太守王琇惊骇,谓为山贼,未知灵运乃安。又要琇更进,琇不肯。灵运赠琇诗曰:"邦君难地险,旅客易山行。"在会稽亦多从众,惊动县邑。太守孟顗事佛精恳,而为灵运所轻,尝谓顗曰:"得道应须慧业,大人生天当在灵运前,成佛必在灵运后。"顗深恨此言。又与王弘之诸人出千秋亭饮酒,偎身大呼,顗深不堪,遣信相闻。灵运大怒曰:"身自大呼,何关痴人事?"

会稽东郭有回踵湖，灵运求决以为田，文帝令州郡履行。此湖去郭近，水物所出，百姓惜之，颙坚执不与。灵运既不得回踵，又求始宁岯崲湖为田，颙又固执。灵运谓颙非存利人，政虑决湖多害生命，言论伤之。与颙遂隙。因灵运横恣，表其异志，发兵自防，露板上言。灵运驰诣阙上表，自陈本末。文帝知其见诬，不罪也。不欲复使东归，以为临川内史。

在郡游放，不异永嘉。为有司所纠。司徒遣使随州从事郑望生收灵运。灵运与兵叛逸，遂有逆志。为诗曰："韩亡子房奋，秦帝鲁连耻，本自江海人，忠义感君子。"追讨禽之，送廷尉，廷尉论正斩刑。上爱其才，欲免官而已。彭城王义康坚执，谓不宜恕。诏以谢玄勋参征管，宜宥及后嗣，降死徙广州。

后秦郡府将宁齐受使至涂口，行达桃墟村，见有七人下路聚语，疑非常人，还告郡县，遣兵随齐掩讨禽之。其一人姓赵名钦，云"同村薛道双先与灵运共事，道双因村成国报钦云：'灵运犯事徙广州，给钱令买弓箭刀盾等物，使道双要合乡里健儿于三江口篡之。若得志如意后，功劳是同。遂合部尝要谢不得，及还饥馑，缘路为劫。"有司奏收之，文帝诏于广州弃市。临死作诗曰："龚胜无余生，李业有终尽，稽公理既迫，霍生命亦殒。"所称龚胜、李业，犹前诗子房、鲁连之意也。时元嘉十年，年四十九。所著文章传于世。

孟颙字彦重，平昌安丘人，卫将军昶弟也。昶、颙并美风姿，时人谓之双珠。昶贵盛，颙不就辟。昶死后，颙历侍中、仆射、太子詹事、散骑常侍、左光禄大夫。尝就徐羡之因叙关，落中事，颙叹刘穆之终后便无继者，王弘亦在，甚不平，曰："昔魏朝酷重张郃，谓不可一日无之。及郃死，何关兴废？"颙不悦，众宾笑而释之。后卒于会稽太守。

灵运子凤，坐灵运徙岭南，早卒。

【译文】

谢灵运，是安西将军谢奕的曾孙、谢方明的侄儿。他的祖父谢玄是东晋东骑将军，父亲谢瑛，生下来就不聪敏，官职是秘书郎，早年就去世。谢灵运年幼就聪慧过人，谢玄十分惊异，对亲友、知己说："我只生瑛儿，瑛儿为什么不及我？"

谢灵运年少就好学，他博览群书，文章写得优美，与颜延之并称为江东第一。文章在纵横峻拔方面，他强过颜延之，而在深刻细密方面则不如颜延之。堂叔谢混特别赏识、宠爱他。谢灵运承袭康乐公的封爵，又按国公的惯例授予员外散骑侍郎，他没有接受。后任琅邪王大司马行参军。谢灵运性情豪爽放纵，车马服饰鲜艳华丽，衣物大多改变旧的样子，社会上都尊崇他，都称他为"谢康乐"。又升迁为秘书丞，因事获罪被免职。

宋武帝在长安时，谢灵运任世子中军谘议、黄门侍郎，奉旨出使到彭城尉劳宋武帝，写了《撰征赋》。后来，任相国从事中郎、世子左卫率，因杀门生获罪免官。宋受天命取代晋朝后，降公爵为侯爵又任太子左卫率。

谢灵运行为多半违背礼仪、法制。朝廷仅以文学人才对待他，不授予相应的有实权的职务。他自认为其才能适宜参与当权要政，既不被赏识，心里常常感到悲愤惋惜。庐陵王义真年少时爱好文艺典籍，与谢灵运情趣非常相投，宋少帝即位，实权落在大臣手里，谢灵运联结煽动不同政见者，非议诋毁当权者，司徒徐羡之等人忌讳他，派他出任永嘉太守。永嘉郡有名山秀水，是谢灵运一向所爱好的。外放任官既已不得志，他便肆意遨游山水，走遍了永嘉各县，一走就是十天半月。郡里的人事诉讼，他不再关心。所到之处则写诗吟咏，以抒发他的感情。

在永嘉一年，他就称病辞职。族弟谢晦、谢曜、谢弘微等一起给予写信劝阻，他都不听。谢灵运的父亲、祖父都葬在始安县，而且那里有故宅别墅，于是他就移住会稽，修理经营旧的家业。这里依山傍江，极尽幽居之美。谢灵运与隐士王弘之、孔淳之等人纵情尽兴为乐，有在这里度过一生的想法。每写成一首诗传到都城，贵族平民无不竞相传抄，马上就在士族百姓间传遍，名声震动都城。写了《山居赋》，并且自加注释，以详载山居之事。

宋文帝诛杀了徐羡之等人，下诏征他为秘书监，两次征召他都不去，派光禄大夫范泰写信加以褒奖，他才出任。命他整顿秘阁书籍的遗缺，又命他撰写《晋书》，他粗疏地确立条目，书到底没有写成。不久，迁任侍中，所受的赏赐和待遇很丰厚。谢灵运诗歌、书法都十分独到卓绝，每次写完，亲自动手抄写，宋文帝称谢灵运的诗歌和书法为"二宝"。他自以为是名流，理当参与时政，但直至这时，还仅以文士被任用，每每侍奉于上等的宴乐，清谈吟赏而已。王昙首、王华、殷景仁等人名声地位素来没有超过他，都被任用，他心里不平，便多次称病不去上朝值勤，他凿池筑垣，种竹栽果，而一切差役、赋税等公务，都没有期限。出城游玩，有时一走就是一百六七十里远，历经十日不回归。既没有上表奏知，也不请假。宋文帝不想有伤大臣的面子，暗示他自己辞官。谢灵运上表称病，皇帝批准给假回乡。临行时，上书建议征伐河北。他游乐饮宴相聚，夜以继日。又被御史中丞傅隆上奏免去官职，那一年，正是宋元帝元嘉五年（428）。

谢灵运返回始宁（在今浙江上虞）后，与族弟谢惠连、东海人何长瑜、颍川人荀雍、泰山人羊璿之以写作欣赏义章聚会，一起游山玩水，当时的人称他们为"四友"。谢惠连年幼就有奇才，不被父亲谢方明所理解，谢灵运离永嘉返回始宁时，谢方明为会稽太守，谢灵运造访谢方明，碰见惠连，大加赏识。谢灵运生来就不推崇别人，他只器重谢惠连，与谢惠连成为刎颈之交。当时，何长瑜教谢惠连读书，也住在郡内，谢灵运又认为何长瑜才学卓绝，无与伦比，便对谢方明说："阿连才气性灵如此卓绝，而您把他当作普通的儿子那样看待，长瑜是当今的仲宣，而您给他吃下等门客的饭食，您既不能以礼对待贤才，最好还是把长瑜交给我吧！"便用车子把何长瑜载走。荀雍，字道雍，官至员外散骑郎；羊璿之，字曜璠，任临川内史，被司空竟陵王刘诞所知遇，后因刘诞失败获罪被杀。何长瑜的才气不如惠连，荀雍、羊璿之也都不如。临川王刘义庆招集文人学士，何长瑜从任国侍郎到任平西记室参军，曾经在江陵寄信给族人何勖，用押韵的语句介绍刘义庆州府里的官佐说："陆展染黑白发，想要讨好小妾。青丝不能长久，白发如星又出。"这样的语句有五、六组。轻佻的少年人给予传播，民间人士还配上题目，都加上戏谑和粗劣的语句，这篇文字便流行开来。刘义庆大怒，奏告宋文帝，出任广州所统辖的曾城令。等到刘义庆死去，朝廷士人都到府第致哀，何勖对彭淑说："何长瑜现在可以回来了。"袁淑说："国家刚失去皇族精英，不宜先考虑流放的人。"庐陵王刘绍镇守寻阳，任何长瑜为南中郎行参军，掌管书记之职。走到板桥，遇上暴风被淹死。

谢灵运因祖父的资财，产业十分丰厚，有众多的仆人役僮，受过旧恩的故旧、门生有几百人。他开山浚湖，课役没有停止，顺山沿岭，建造幽静险峻的景致，几十重的层峦叠嶂全都这样建置。登山常穿木屐，上山就抽去前齿，下山则抽去后齿。曾从始宁南山砍木开路直达临海，跟从的有几百人。临海太守王琇十分惊恐，以为是山贼，最终知道是谢灵运，才安下心来。又约请王琇进一步开路，王琇不肯。谢灵运赠给王琇的诗说道："帮郡之主为地势险峻所难，羁旅之客以山行为易。"在会稽也有很多跟随的人，震惊了县城。太守孟顗笃信佛教，被谢灵运所轻视，他曾对孟顗说："掌握佛理应该有慧业，您老人家升天当在灵运之前，成佛必在灵运之后。"孟顗对此深怀仇恨。又与王弘之等人到千秋亭饮酒，袒裸身体，大声呼叫，孟顗深感受不了，送信去相劝，谢灵运大怒说："我自己大声呼斗，关你这人痴人屁事！"

会稽城东有个回踵湖，谢灵运请求决湖水以为田地，宋文帝命令州郡准予这样做。这个湖离城不远，水中有物产，百姓都惋惜。孟顗坚决不肯给予。谢灵运得不到回踵湖，又请求把始宁县的休崲湖开决为田，孟顗又固执己见。谢灵运说，孟顗不是顾全利益的人，只担心决湖会多危害生命，便用言论伤害他，与孟顗便有了怨恨。孟顗以谢灵运横行恣意为由，上表告他有反叛之意，拥兵自卫，公开上奏皇帝。谢灵运驰马到京都，上表亲自陈述事情的本末。宋文帝知道他被诬陷，不加他的罪。不想让他再回去，便命他为临川内史。

谢灵运在临川游玩放荡，不亚于在永嘉，被有司所追究，司徒派遣随州从事郑望生拘捕他。谢灵运举兵抗命，便有反叛的意向。他作诗道："韩国灭亡子房奋发，秦称帝鲁连羞耻。我本是江湖人，自有忠义感动君子。"朝廷派兵追捕讨伐，将他擒拿，押送廷尉，廷尉依法处以斩刑。宋文帝爱惜他的才华，只想免官而已。但彭城王义康坚持要杀，认为不应宽恕，文帝下诏书道："谢玄功勋略高于管仲，应荫及他的后代，降死罪为流放广州。"

随后，秦郡府将宋齐受命出使到涂口，行至桃墟村时，看见有七个人在路旁凑在一起说话，疑心是不正当的人，回来报告了郡县，郡县派兵随宋齐，乘其不备逮捕了这些人。其中一人叫赵钦，招供说："同村人薛道双过去与谢灵运共事过，道双由同村人成国告诉我说：'谢灵运因事犯罪流放广州，给钱叫我购买弓箭刀楯等物，薛道双要约纠合乡里的好汉在三江口拦劫。如果成功的话，功劳一样。于是便纠合同党，要劫回谢灵运，没有达到目的，到返回时，饥饿无食，只好沿路抢劫。"有司上奏捉拿谢灵运下狱。宋文帝下诏令在广州斩首。临死前，谢灵运作诗道："龚胜无余生，李业有终尽，嵇公理既迫，霍生命亦殒。"诗中所称的龚胜、李业，犹如前面诗中所说的子房、鲁连的意思。当时正是元嘉十年（433），谢灵运四十九岁。他所著的文章流传于世。

孟顗，字彦重，平昌郡安丘县（今山东潍坊境内）人，卫将军孟昶的弟弟。孟昶、孟顗两人都有美妙的风姿，当时的人称他俩为双珠。孟昶是尊贵的名流，孟顗不接受征召。孟昶死后，孟顗官历侍中、仆射、太子詹事、散骑常侍、左光禄大夫。他曾跟从徐羡之，因事谈及关中、河洛中的事，孟顗感叹刘穆之死后便没了继承者，王弘也在座，很抱不平，说道："过去魏朝极端重视张郃，说是不可一日没有他，后来张郃死了，这又与兴废有什么关系呢？"孟顗很不高兴，众宾客笑着向他解释。后来，他死于会稽太守任上。

谢灵运的儿子谢凤，因谢灵运获罪而流放岭南，早年就死去。

徐文伯传

【题解】

徐文伯,字德秀,南北朝南齐医家。濮阳太守徐熙的曾孙,徐氏家族从其曾祖父熙(字仲融)开始均善于医术,他品学兼备,精通医学,治病疗效与徐嗣伯相近。刘宋孝武帝时路太后患病,诸多医生皆不识此病,文伯看后认为系结石博结于小肠。于是用消石汤治愈她的疾病。文伯由此被授官。刘宋明帝时宫中人患发症,以油治愈其病。徐文伯还精于妇产科,能进行针刺堕胎。徐氏撰有《徐文伯药方》三卷,《徐文伯疗妇人瘕》一卷。均佚。

【原文】

文伯字德秀。濮阳太守熙曾孙也。熙好黄老,隐于秦望山,有道士过求饮,留一瓠芦与之,曰:"君子孙宜以道术救世,当得二千石。"熙开之,乃《扁鹊镜经》一卷,因精心学之,遂名震海内。生子秋夫,弥工其术,仕至射阳令。尝夜有鬼呻吟,声甚凄怆,秋夫问何须。答言姓某,家在东阳,患腰痛死。虽为鬼痛犹难忍,请疗之。秋夫曰:"云何厝法?"鬼请为刍人,案孔穴针之。秋夫如言,为灸四处,又针肩井三处,设祭埋之。明日见一人谢恩,忽然不见。当世伏其通灵。

秋夫生道度、叔向,皆能精其业。道度有脚疾不能行,宋文帝令乘小舆入殿,为诸皇子疗疾,无不绝验。位兰陵太守。宋文帝云:"天下有五绝,而皆出钱唐。"谓杜道鞠弹棋,范悦诗,褚欣远模书,褚胤围棋,徐道度疗疾之。

道度生文伯,叔向生嗣伯。文伯亦精其业,兼有学行,倜傥不屈意于公卿,不以医自业。融谓文伯、嗣伯曰:"昔王微,稽叔夜并学而不能,殷仲堪之徒故不论。得之者由神明洞彻,然后可至,故非吾徒所及。且褚侍中澄富贵亦能救人疾,卿此更成不达。"答曰:"唯达者知此可崇,不达者多以为深累,既鄙之何能不耻之。"文伯为效与嗣伯相埒。宋孝武路太后病,众医不识。文伯诊之曰:"此石博小肠耳。"乃为水剂清石汤,病即愈。除鄱阳王常侍,遗以千金,旬日恩意隆重。宋明帝宫人患腰痛牵心,每至辄气欲绝,众医以为肉症。文伯曰:"此发症。"以油投之,即吐得物如发。稍引之长三尺,头已成蛇能动,挂门上适尽一发而已,病都差。宋后废帝出乐游苑门,逢一妇人有娠,帝亦善诊,诊之曰:"此腹是女也。"问文伯,曰:"腹有两子,一男一女,男左边,青黑,形小于女。"帝性急,便欲使剖。文伯恻然曰:"若刀釜恐其变异,请针之立落。"便写足太阴,补手阳明;胎便应针而落。两儿相续出,如其言。

子雄,亦传家业,尤工诊察,位奉朝请,能清言,多为贵游所善。事母孝谨,母终,毁瘠几至自灭。俄而兄亡,扶杖临丧,扶膺一恸,遂以哀卒。

【译文】

文伯,字德秀。濮阳太守徐熙曾孙。熙爱好黄老之道,隐居秦望山。有一过路道士向他讨水喝,且留给他一个葫芦,说:"您的子孙宜学道术救世,如此可做郡太守。"熙打开葫芦,内藏一卷《扁鹊镜经》。于是精心研究学习,遂闻名全国。儿子名秋夫,较他更善于医术,官至射阳县令。秋夫曾夜间听见鬼呻吟,声音异常凄惨。他问鬼有何需求,鬼回答,他姓某,家在东阳,因患腰痛而死。虽然死后成鬼,但仍疼痛难忍,请求秋夫给予施治。秋夫说,"你是鬼没有形体,怎么治呢?"鬼请他做一草人,按穴位针刺。秋夫按照他所言,灸治四处,且针刺肩井等三穴。然后设祭礼埋葬草人。次日秋夫见一人来谢恩,忽然又不见了。当时世人都佩服他与神灵相通。

秋夫生道度、叔向,他俩均精通医学。道度有脚疾不能行走,宋文帝命他乘坐小车进宫为皇子们治病,无不应验。道度官至兰陵太守。宋文帝说:"天下有五绝,皆出自钱唐。"他指的是杜道鞠的弹棋、范悦的诗、褚欣远的书法、褚胤的围棋、徐道度的医术。

道度生文伯,叔向生嗣伯。文伯也精通医术、品学兼优。且风流豪爽,不亚于公卿,但不以医为职业。友人张融对文伯、嗣伯说:"过去王微、稽叔夜二人有学问但不懂医学。殷仲堪等人姑且不论。做学问必须天资聪颖、眼光明锐,才能达到至高境界,所以不是我们力所能及的。何况侍中褚澄虽然富贵尚能救人疾苦,你我之辈更是无法达到这个程度。"文伯回答:"只有学识很高的人懂得医学值得尊崇。而没有知识之人多把它当作沉重负担。既轻视医,怎么能不以医业为耻呢。"文伯治病疗效与嗣伯相近。宋孝武帝时路太后患病,医生们皆不识她患的是何种疾病,文伯诊后说:"此为结石博结于小肠。"于是开水剂方药消石汤给她服用,病即治愈。不久徐文伯被授任鄱阳王散骑常侍,还赠予千金,太后对他恩意深重。宋明帝时宫里有人患腰痛,且牵痛至心,每当发作即气息欲绝。诸医生都认为系肉症。文伯说:"此为发症。"以油治疗后,即呕吐出象头发样物体,慢慢牵引长三尺,头部如蛇能动,挂门上正好一人头发那么长,以后病人康复如故。宋后废帝曾于苑门游乐,见一怀孕妇女。皇帝也善于诊脉,为她切脉后推言:"她怀的是女孩。"又令文伯切脉,文伯诊后回答:"腹中有两胎儿。一男一女,男孩位于左边,又青又黑,较女孩形体小。"皇帝性情急躁,立刻就想派人剖腹验证。文伯怜悯地说:"若用刀斧可能会有所变化,请让我给她针刺,胎儿很快降生。"遂以泻法针刺太阴脾经三阴交穴;以补法针刺手阳明,大肠给合谷穴。胎儿应针而生。正如文伯所说那样,两胎儿相继娩出。

文伯的儿子名雄,亦继承家业,尤其善于诊察疾病。官至奉朝请。清谈玄理,常常为贵公子们所称善。他侍奉母亲特别孝顺且非常谨慎。母亲去世,他因悲哀而使身体羸瘦几乎丧失生命。不久兄长亡故,他拄杖参加丧礼,悲痛大哭,最后因哀伤过度而死。

沈怀文传

【题解】

沈怀文，南朝宋名臣，初为江夏王东阁祭酒，后历中书侍郎转扬州从事史，尚书吏部郎。屡谏武帝不从，最终因忤旨而被赐死。

【原文】

沈怀文字思明，吴与武康人也。祖寂，晋光禄勋。父宣，新安太守。

怀文少好玄理，善为文章，为《楚昭王二妃诗》，见称于世。为江夏王义恭东阁祭酒。丁父忧，新安郡送故丰厚，奉终礼毕，余悉班之亲戚，一无所留，文帝闻而嘉之，赐奴婢六人。服阕，除尚书殿中郎。隐士雷次宗被征居钟山，后南还庐江，何尚之设祖道，文义之士毕集。为连句诗，怀文所作尤美，辞高一座。随王诞镇襄阳，出为后军主簿，与谘议参军谢庄共掌辞令，领义成太守。

元嘉二十八年，诞当为广州，欲以怀文为安南府记室，先除通直郎。怀文因辞南行，上不悦。弟怀远纳东阳公主养女王鹦鹉为妾，元凶行巫蛊，鹦鹉豫之，事泄，怀文因此失调，为治书侍御史。

元凶弑立，以为中书侍郎。孝武入讨，呼之使作符檄，固辞。劭大怒，会殷冲救得免。托落马，间行奔新亭，以为竟陵王诞骠骑录事参军、淮陵太守。时国哀未释，诞欲起内斋。怀文以为不可，乃止。寻转扬州中从事史。时议省录尚书，怀文以为非宜，上议不从。迁别驾从事史。

及江夏王义恭迁西阳王子尚为扬州，居职如故。时荧惑守南斗，上乃废西州旧馆，使子尚移居东城以厌之。怀文曰："天道示变，宜应之以德，今虽空西州，恐无益也。"不从，而西州竟废。

大明二年，迁尚书吏部郎，时朝议欲依古制置立王畿，扬州移居会稽，犹以星变故也。怀文曰："周制封畿，汉置司隶，各因时宜，非存相反，安人定国，其揆一也。敬人心所安，天亦从之，未必改今追古，乃致平一。神州旧坏，历代相承，异于边州，或置或罢。既物情不悦，容亏化本。"又不从。

三年，子尚移镇会稽。迁抚军长史，行府州事。时囚击甚多，动经年月，怀文到任，讯五郡九百三十六狱，众咸称平。

入为侍中，宠待隆密。竟陵王诞据广陵反，及城陷，士庶皆裸身鞭面然后加刑，聚所杀人首于石头南岸，谓之髑髅山。怀文陈其不可，上不纳。

孝武尝有事圆丘，未至期而雨晦竟夜。明旦风霁，云色甚美，帝升坛悦。怀文称庆曰："昔汉后郊祀太一，白日重轮，神光四烛。今陛下有事兹礼，而膏雨迎夜，清景丽朝，斯实圣明幽感所致，臣愿与侍臣赋之。"上笑称善。

扬州移会稽，上忿浙江东人情不和，欲贬共劳禄，唯西州旧人不改。怀文曰："扬州徙居,既乖人情,一州两格,尤失大体。"上不从。

怀文与颜竣、周郎素善,竣以失旨见诛,郎亦以忤意得罪。上谓怀文曰:"竣若知我杀之,亦当不敢如此。"怀文默然。又尝以岁夕与谢庄、王景文、颜师伯被敕入省,未及进,景文因谈言次称竣、朗人才之美,怀文与相酬和。师伯后因语次白上,叙景文等此言。怀文屡经犯忤,至此上倍不悦。

上又坏诸郡士族以充将史,并不服役,至悉逃亡。加以严制不能禁,乃改用军法,得便斩之。莫不奔窜山湖,聚为盗贼。怀文又以为言。

斋库上绢年调钜万疋,绵亦称此,期限严峻。人间买绢一疋至三二千,绵一两三四百,贫者卖妻子,甚者或自缢死。怀文具陈人困,由是绵绢薄有所减,俄复旧。

子尚等诸皇子皆置邸舍,逐什一之利,为患偏天下。怀文又曰:"列肆贩卖,古人所非。卜式明不雨之由,弘羊受致旱之责。若以用度不充故,宜量加减省。"不听。

孝建以来,抑础诸弟,庆陵平后,复欲更峻其科。怀文曰:"汉明不使其子比光武之子,前史以为美谈。陛下既明管、蔡之诛,愿崇唐、卫之寄。"及海陵王休茂诛,欲遂前议。太宰江夏王义恭探得密旨,先发议端,怀文固请不可,由是得息。

时游幸无度,太后六宫常乘副车在后,怀文与王景文每谏不宜亟出。后因从坐松树下,风雨甚骤。景文曰:"卿可以言矣。"怀文曰:"独言无继,宜相与陈之。"江智深卧草侧,亦谓之善。俄而被召俱入雉场,怀文曰:"风雨如此,非圣躬所宜。"景文又曰:"怀文所启宜从。"智深未及有言,上方注弩,作色曰:"卿欲效颜竣邪?何以恒知人事!"又曰:"颜竣小子,恨不得鞭其面。"

上每宴集,在坐者咸令沈醉。怀文素不饮酒,又不好戏,上谓故欲异己。谢庄尝诫怀文曰:"卿每与人异,亦何可久。"怀文曰:"吾少来如此,岂可一朝而变。非欲异物,性之所不能耳。"

五年,出为晋安王子勋征虏长史、庆陵太守。明年坐朝正事毕,被遣还北,以女病求申,临辞又乞停三日,讫犹不去,为有司所纠,免官,禁锢十年。既被免,卖宅还东。上大怒,收付廷尉赐死。

【译文】

沈怀文,字思明,吴兴郡武康县人。祖父沈寂,晋时为光禄勋。父亲沈宣,为新安太守。

沈怀文自少喜好玄理,善于写文章,曾经作《楚昭王二妃》诗,为世人所称道。为江夏王刘义恭东阁祭酒。父丧丁忧,新安郡馈送物品很丰厚,他用以奉行丧礼完毕,其余的全部分给亲戚,自己一无所留。宋文帝听说后很赞赏,赐以奴婢六人。服丧已毕,除官尚书殿中郎。隐士雷次宗被征聘,居于钟山,后来南还庐山,何尚之设宴送行,文章之士全部集会,作联句诗,沈怀文所作尤其优美,文辞高于一座。随王刘诞镇守襄阳,沈怀文出朝为后军主簿,和咨议参军谢庄一同职掌辞令。

宋文帝元嘉二十八年,刘诞当为广州刺史,文帝想用沈怀文做安南府记室,先任命为通直郎,沈怀文固辞不愿南行,文帝很不高兴。他弟弟沈怀远收纳东阳公主的养女王鹦鹉为妾,太子刘劭行巫蛊之术,王鹦鹉也参与了,事情泄漏,沈怀文因此不被调官,为治书侍御史。

刘劭弑杀文帝而自立为帝,任命沈怀文为中书侍郎。武陵王刘骏兴兵入讨,刘劭召沈怀文让他写檄文,沈怀文坚决推辞,刘劭大怒,值殷冲申求救才得以解免。他假托有病落马,逃奔往新亭(当时刘骏已经在建康以南的新亭即位)。孝武帝任命他为竟陵王刘诞骠骑府录事参军、淮陵太守。当时国丧未除,刘诞想要作用斋,沈怀文认为不可,便停止了。不久他又转官为扬州中从事史。当时讨论裁去录尚书,沈怀文认为不妥当,上奏议,孝武帝不从。延为别驾从事史。

及至江夏王刘义恭迁西阳王刘子尚为扬州刺史(当时的扬州治所在建康城的西部,又称西州),沈怀文任职如故。当时营惑星守南斗,孝武帝便停废了西州旧馆,让刘子尚移居东城以压胜天变。沈怀文说:"天道示以变化,应该以修德来应之,如今就是把西州空废,恐怕也没有用处。"孝武帝不听从,而西州竟然被废。

孝武帝大明二年,沈怀文迁为尚书吏部郎,当时朝廷商议要依照古代制度设置王畿,把扬州移居到会稽,其实还是因为星变的缘故。沈怀文说:"周朝设置王畿,汉朝设置司隶,都是各自根据时宜,并不是有意相反,安定人民和国家,他们的主旨是相同的。只要能为民心所接受,天也会相从的,未必改今从古,才会致太平。神州的旧地,历代相承,不同于边疆州郡,有时设置,有时罢废。如果人情不满意,也要有亏于治化之本的。"孝武帝还是不听从。

大明三年,刘子尚移镇会稽。沈怀文迁为抚军长史,代掌府州事。当时监狱中关押的囚犯非常多,动辄经年累月,沈怀文到任以后,审理了五郡的九百三十六起案件,众人都称赞他公允。

入朝为侍中,宠遇甚隆。竟陵王刘诞据广陵造反,及至朝廷攻克广陵,无论士庶都被脱光衣服,鞭子抽脸,然后杀死,再把所杀的人头堆聚在石头城南岸,称为髑髅山。沈怀文力陈这样做不对,孝武帝不接受。

孝武帝曾经要到圆丘祭天,到期之前阴雨连夜。第二早晨起风天晴,云彩非常美丽,孝武帝登坛时很高兴。沈怀文庆贺道:"往昔汉朝的皇帝郊祀太一神,白日出现两重光轮,神光四射。如今陛下行此祭礼,而有膏雨相迎于夜间,晴日焕耀于清晨,这实在是圣明感应天地所致,臣愿意和侍臣为此赋诗。"孝武帝笑着说好。

扬州移镇会稽之后,孝武帝为浙江以东的人情不和而恼怒,想要贬降官员的勋位和俸禄,只有原来西州的旧官属不改。沈怀文说:"扬州移居,已经与人情不顺,现在一州中有两种待遇,尤其有失大体。"孝武帝不听从。

沈怀文与颜竣、周郎一向很友善,颜竣因为不合皇帝旨意而被诛,周朗也因为忤犯皇帝而得罪。孝武帝对沈怀文说:"颜竣要是知道我会杀死他,也就不敢如此了。"沈怀文默然不语。他又在除夕时与谢庄、王景文、颜师伯被召入省,还没有进去之前,王景文在言谈中称赞颜竣、周朗的人才之美,沈怀文就和他一唱一和起来。颜师伯后来在说话间禀报孝武帝,讲述了王景文等人说的这些话。沈怀文屡次忤犯旨意,到这时孝武帝越发不高兴了。

孝武帝又诏令士族充当将吏,士族不肯服役,纷纷逃亡。朝廷加以严制,还是无法禁止,就改用军法从事,可以便宜处死。于是无不逃窜山湖之中,相聚为盗贼。沈怀文又为斋库中的绢每年征调上百万匹,丝绵的数目也与此相当,期限很严迫。民间买绢一匹价至二三千文,丝绵一两至三四百文,贫穷的卖妻鬻子,再甚者有的就自缢而死。沈怀文具陈百姓困苦,由此征调的绢绵略有所减,但不久又恢复如旧了。

刘子尚等诸皇子都建置邸舍,经商逐利,为患遍天下。沈怀文又说:"列肆贩卖,为古人所非议。议武帝时,卜式申明天不降雨的缘由,于是桑弘羊受到了困言利而导致大旱的责罚。如果因为用度不够的缘故,应该适当地加以俭省。"孝武帝不接受。

自孝建(孝武帝即位后的年号)年间以来。孝武帝就压制贬黜诸兄弟,平定广陵之后(指大明三年竟陵王刘诞于广陵被迫起兵而被屠灭事),他又要更加严峻地限制诸王。沈怀文说:"汉明帝不让他的儿子与光武帝的儿子相比(光武诸子,即汉明帝的兄弟),前代史书中当作美谈。陛下既已申明管、蔡之诛罚(西周成王时,周公旦平定了管叔、蔡叔的叛乱,管、蔡对成王是叔父,但对周公来说是兄弟,这里把孝武帝比喻成周公),还希望陛下加强唐、卫之寄靠(周成王大量分封同姓诸侯,唐叔、卫叔都是自己的兄弟和叔父)。"及至海陵王刘休茂被诛(刘休茂,孝武帝之弟,大明五年起兵败死),孝武帝想执行以前裁抑诸王的论议。太宰江夏王刘义恭探得孝武帝的心思,就首先提出裁抑之议,沈怀文坚决表示反对,这才停息下来。

当时孝武帝游荡田猎毫无节制,太后和六宫妃嫔常乘坐着副车随在后面,沈怀文和王景文经常进谏说不宜屡次出游。后来他们随从孝武帝出外游猎,坐在松树下,风雨狂骤,王景文说:"你可以进言了。"沈怀文说:"我独自一人进言,没有后继,应该一起去讲得好。"江智深躺卧在草丛边上,也说这样更好。不一会儿,他们一起被召入射雉的围场中,沈怀文说:"风雨这样大,对陛下的圣体很不适宜。"王景文也说:"沈怀文所启奏的应该依从。"江智深还没有来得及说话,孝武帝当时正用弓弩瞄准,脸色陡变,道:"你想效仿颜竣吗?为什么常管别人的事?"又说:"颜竣这小子,我恨不得用鞭子抽他的脸!"

孝武帝每次会宴群臣,在座的都让他们喝得烂醉。沈怀文一向就不饮酒,又不好戏耍,孝武帝就认为他故意和自己两样。谢庄曾经告诫沈怀文说:"你经常和别人不一样,这哪里能够长久。"沈怀文说:"我从小如此,岂能一旦改变。我不是想和别人两样,这是性格使我不能如此罢了。"

大明五年,沈怀文离开朝廷,担任晋安王刘子勖征虏府的长史、广陵太守。第二年入朝廷朝拜完毕,被打发回广陵。他因为女儿有病请求延期,临行时又请求再迟三天,到时候还是不走,为有司弹劾,被免官,禁锢十年。他被免之后,就卖掉宅子要回东方老家。孝武帝大怒,把他交付廷尉,赐死。

萧宏传

【题解】

萧宏(473~526),字宣达,是梁武帝萧衍的六弟。梁武帝天监元年(502),被封为临川郡王。他没有才干,只凭借宗室近亲的身份先后任扬州刺史、司徒、太尉、司空等朝廷要职。天监四年,他受命统率大军北伐,但他畏敌如虎,胆怯不进,被北魏人讥为"萧娘"。天监五年九月,梁军营中因暴风雨发生夜惊,他率先逃亡,导致梁军不战而溃,丢弃辎重器甲,四散逃回。但他却未受处分,依旧官运亨通。他仗势四处聚敛财物,强夺百姓田宅,在库房中积有现钱三亿余万,其余物品,不计其数。他生活奢侈过度,仿照皇宫修建宅院,后庭姬妾侍女千人,服饰艳丽。他的所作所为,与梁武帝对宗室亲属的纵容是分不开的,而这种纵容最终导致了梁王朝的崩溃。

【原文】

临川靖惠王宏,字宣达,文帝第六子也。长八尺,美须眉,容止可观。仕齐为北中郎桂阳王功曹史。宣武之难,兄弟皆被收。道人释惠思藏宏。及武帝师下,宏至新林奉迎。建康平,为中护军,领石头戍事。天监元年,封临川郡王,位扬州刺史,加都督。

四年,武帝诏宏都督诸军侵魏。宏以帝之介弟,所领皆器械精新,军容甚盛,北人以为百数十年所未之有。军次洛口,前军克梁城。宏部分乖方,多违朝制,诸将欲乘胜深入,宏闻魏援近,畏懦不敢进,召诸将欲议旋师。吕僧珍曰:"知难而退,不亦善乎。"宏曰:"我亦以为然。"柳惔曰:"自我大众所临,何城不服,何谓难乎?"裴邃曰:"是行也,固敌是求,何难之避?"马仙琕曰:"王安得亡国之言。天子扫境内以属王,有前死一尺,无却生一寸。"昌义之怒须尽磔,曰:"吕僧珍可斩也。岂有百万之师,轻言可退,何面目得见圣主乎!"朱僧勇、胡辛生拔剑而起曰:"欲退自退,下官当前向取死!"议者已罢,僧珍谢诸将曰:"殿下昨来风动,意不在军,深恐大致沮丧,欲使全师而反。"又私裴邃曰:"王非止全无经略,庸怯过甚。吾与言军事,都不相入。观此形势,岂能成功。"宏不敢便违群议,停军不前。魏人知其不武,遗以巾帼。北军歌曰:"不畏萧娘与吕姥,但畏合肥有韦武。"武谓韦睿也。僧珍叹曰:"使始兴、吴平为元帅,我相毗辅,中原不足平。今遂敌人见欺如此。"乃欲遣裴邃分军取寿阳,大众停洛口。宏固执不听,乃令军中曰:"人马有前行者斩。"自是军政不和,人怀愤怒。

魏奚康生驰遣杨大眼谓元英曰:"梁人自克梁城已后,久不进军,其势可见,当是惧我。王若进据洛水,彼自奔败。"元英曰:"萧临川虽骏,其下有好将韦、裴之属,亦未可当。望气者言九月贼退,今且观形势,未可便与交锋。"

张惠绍次下邳,号令严明,所至独克,下邳人多有欲来降。惠绍曰:"我若得城,诸卿皆是国人;若不能破贼,徒令公等失乡,非朝廷吊人本意也。今且安堵复业,勿妄自辛苦。"降人咸悦。

九月,洛口军溃,宏弃众走。其夜暴风雨,军惊,宏与数骑逃亡。诸将求宏不得,众散而归。弃甲投戈,填满水陆,捐弃病者,强壮仅得脱身。宏乘小船济江,夜至白石垒,款城门求入。临汝侯登城谓曰:"百万之师,一朝奔溃,国之存亡,未可知也。恐奸人乘间为变,城门不可夜开。"宏无辞以对,乃缒食馈之。惠绍闻洛口败,亦退军。

六年,迁司徒,领太子太傅。八年,为司空、扬州刺史。十一年正月,为太尉。其年冬,以公事左迁骠骑大将军、开府同三司之仪,未拜,迁扬州刺史。十二年,加司空。十五年,所生母陈太妃薨,去职。寻起为中书监,骠骑大将军、扬州刺史如故。

宏妾弟吴法寿性粗狡，恃宏无所畏忌，辄杀人。死家诉，有敕严讨。法寿在宏府内，无如之何。武帝制宏出之，即日偿辜。南司奏免宏司徒、骠骑、扬州刺史。武帝注曰："爱宏者兄弟私亲，免宏者王者正法，所奏可。"

宏自洛口之败，常怀愧愤，都下每有窃发，辄以宏为名，屡为有司所奏，帝每贳之。十七年，帝将幸光宅寺，有士伏于骠骑航待帝夜出。帝泣谓宏曰："我人才胜汝百倍，当此犹恐颠坠，汝何为者。我非不能为周公、汉文，念汝愚故。"宏顿首曰："无是，无是。"于是以罪免。而纵恣不悛，奢侈过度，修第拟于帝宫，后庭数百千人，皆极天下之选。所幸江无畏服玩侔于齐东昏潘妃，宝屣直千万。好食鲭鱼头，常日进三百，其他珍膳盈溢，后房食之不尽，弃诸道路。江本吴氏女也，世有国色，亲从子女遍游王侯后宫，男免兄弟九人，因权势横于都下。

宏未几复为司徒。普通元年，迁太尉、扬州刺史，侍中如故。七年四月薨，自疾至薨，舆驾七出临视。及薨，诏赠侍中、大将军、扬州牧，假黄钺，并给羽葆、鼓吹一部，增班剑为六十人，谥曰靖惠。

宏以介弟之贵，无佗量能，恣意聚敛。库室垂有百间，在内堂之后，关籥甚严。有疑是铠杖者，密以闻。武帝于友于甚厚，殊不悦。宏爱姜江氏，寝膳不能暂离，上佗日送盛馔与江曰："当来就汝欢宴。"唯携布衣之旧射声校尉丘佗卿往，与宏及江大饮，半醉后谓曰："我今欲履行汝后房。"便呼后阁舆径往屋所。宏恐上见其贿货，颜色怖惧。上意弥信是杖，屋屋检视。宏性爱钱，百万一聚，黄榜标之，千万一库，悬一紫标，如此三十余间。帝与佗卿屈指计见钱三亿余万，余屋贮布绢丝绵漆蜜纻蜡朱砂黄屑杂货，但见满库，不知多少。帝始知非杖，大悦，谓曰："阿六，汝生活大可。"方更剧饮，至夜举烛而还。兄弟情方更敦睦。

宏都下有数十邸出悬钱立券，每以田宅邸店悬上文券，期讫便驱券主，夺其宅。都下东土百姓，失业非一。帝后知，制悬券不得复驱夺，自此后贫庶不复失居业。晋时有《钱神论》，豫章王综以宏贪吝，遂为《钱愚论》，其文甚切。帝知以激宏，宣旨与综："天下文章何限，那忽作此？"虽令急毁，而流布已远，宏深病之，聚敛稍改。

宏又与帝女永兴主私通，因是遂谋弑逆，许事捷以为皇后。帝尝为三日斋，诸主并豫，永兴乃使二僮衣以婢服。僮逾阈失屦，阁帅疑之，密言于丁贵嫔，欲上言惧或不信，乃使宫帅图之。帅令内舆人八人，缠以纯绵，立于幕下。斋坐散，主果请间，帝许之。主升阶，而僮先趣帝后。八人抱而擒之，帝惊坠于床。搜僮得刀，辞为宏所使。帝秘之，杀二僮于内，以漆车载主出。主恚死，帝竟不临之。帝诸女临安、安吉、长城三主并有文才，而安吉最得令称。

宏性好内乐酒，沉湎声色，侍女千人，皆极绮丽。慎卫寡方，故屡致降免。

【译文】

临川靖惠王萧宏，字宣达，是文帝的第六个儿子。身高八尺，相貌堂堂，动作举止都很优雅。出仕南朝齐为北中郎将桂阳王功曹史。当他哥哥萧懿被害时，兄弟们都被逮捕。道人释惠思将他收藏起来。等梁武帝大军沿江而下，萧宏到新林去迎接。建康平定后，他为中护军，领石头戍事。梁武帝天监元年，封临川郡王，为扬州刺史，并加都督。

　　天监四年,梁武帝下诏命令萧宏都督诸军入侵北魏。萧宏作为梁武帝的弟弟,所领诸军都器械精新,军容十分严整,北方人认为是一百多年以来从未有过的,大军到达洛口,前锋攻克梁城。萧宏部署失当,多违反朝廷制定的计划,诸将想要乘胜深入,萧宏听说北魏的援军已近,心中畏惧,不敢前进,召集诸将,想要商议班师。吕僧珍说:"知难而退,不也是很好的吗。"萧宏说:"我也认为如此。"柳惔说:"自我大军出动,所向无敌,没有城池不降服,怎么能称为难?"裴邃说:"这一次出征,正是来与敌决战,有什么困难而要躲避?"马仙琕说:"王爷怎么能有这样的亡国之言,天子将境内精兵都交付给王爷,只有向前一尺而战死,不能向后一寸而求生。"昌义之大怒,胡子都竖张开来,说:"应当将吕僧珍斩首。怎么有百万大军而轻易说可以后退,还有什么脸面回去见圣明的天子!"朱僧勇、胡辛生拔剑而起说:"想要退就自己退,我们要向前与贼军决一死战!"商议完毕后,吕僧珍向诸将道歉说:"殿下昨天风疾复发,心思全不在军事上,我生怕会招致大败,故提出退军,想要使全军而还。"吕僧珍又私下对裴邃说:"王爷不只是全无谋略,而且平庸怯懦得厉害。我与他谈军事,格格不入。看此形势,怎么能成功。"萧宏不敢立即违反众人的议论宣布退军,就停军不进。北魏人知道萧宏没有勇气,就派人送来妇女用的头巾与头饰。北魏军中流传着歌谣:"不畏萧娘(萧宏)与吕姥(吕僧珍),但畏合肥有韦武。"韦武是指韦睿。吕僧珍叹息说:"假使让始兴王萧憺、吴平侯萧景为元帅,我来辅佐他们,一定可平定中原,如今竟被敌人如此欺辱。"于是他想要派裴邃分军攻取寿阳,大军停驻洛口。萧宏坚持不许,命令军中说:"人马有向前行进者斩。"自此以后军政不和,将士都心怀愤怒。

　　北魏将领奚康生派杨大眼骑马去见统帅元英,对他说:"梁人自从攻下梁城以后,久不进军,可见他们是惧怕我军。王爷如果进军据守洛水,他们就会自己奔退。"元英说:"萧宠虽然愚笨无用,但他部下有良将韦睿、裴邃之辈,也不可轻视。望气者说九月份贼军撤退,如今且观察形势,不可就与他们交锋。"

　　张惠绍率军到下邳,号令严明,所到之处都能攻克,下邳人有许多想要来归降。张惠绍说:"我若攻下城池,你们就都成为国家百姓,如果不能破贼,白白让你们失去家乡,不是朝廷吊民伐罪的本意。如今你们暂且安居复业,不要妄自辛苦。"那些要归降的人都很高兴。

　　九月,驻在洛口的梁军溃散,萧宏丢弃军众逃走。这一夜下暴风雨,梁军惊乱,萧宏带数名骑兵首先逃走。诸将寻找不到萧宏,就四散而归。丢弃铠甲,扔下矛戈,河流田野,到处都是梁军的兵甲辎重。患病者都被抛弃不管,强壮的将士仅仅得以脱身。萧宏乘小船渡过长江,夜晚来到白石垒,叩城门请求入城。临汝侯萧渊猷登城对他说:"百万大军,一下四散奔溃,国家的存亡还尚未可知。恐怕奸人乘机作乱,城门不可在晚上打开。"萧宏无言以对,于是城上吊下食物来让他们吃。张惠绍听说洛口大军已败,也率军后退。

　　天监六年,萧宏迁任司徒,领太子太傅。天监八年,改任司空、扬州刺史。天监十一年正月,任太尉。这一年冬天,因公事被降为骠骑大将军、开府同三司之仪,但还未正式被任命,就迁任扬州刺史。天监十二年,加司空。天监十五年,因生母陈太妃去世而去职。不久,被起用为中书监,骠骑大将军、扬州刺史如旧。

　　萧宏侍妾的弟弟吴法寿性情粗鲁狡猾,倚仗萧宏的势力无所畏忌,随意杀人。死者家属告状，梁武帝下敕严加追讨。吴法寿躲入萧宏的府第，有关部门无计可施。梁武帝亲自下制书命令萧宏将人交出，当天就将吴法寿正法，为死者偿命。御史台上奏请求免除萧宏的司徒、骠骑大将军、扬州刺史。武帝说明道："爱惜萧宏是兄弟私亲，免除萧宏是王者正法，允许所奏。"

萧宏自从洛口大败之后，常怀惭愧愤恨之心，京城附近每次有人图谋不轨，都用萧宏的名义，因此，他屡次被有关部门所弹劾，梁武帝每次都加以宽恕。天监十七年，梁武帝将要到光宅寺去，有人潜伏在朱雀航等待梁武帝夜晚出行。梁武帝将要走时突觉心中一动，就从朱雀航经过。事情被发觉后，这人宣称是受到萧宏的指使。梁武帝流着泪对萧宏说："我的人才胜过你一百倍，作天子还恐怕会被推翻，你如何能行呢？我不是不能象周公、汉文帝那样诛杀兄弟，只是考虑你是过于愚笨了。"萧宏叩头说："绝无此事，绝无此事。"于是以罪被免官。而他放纵不改，奢侈过度，仿照皇宫的样式修造府第，后庭有数百千人，都是从天下精选而来。他所宠幸的江无畏的服饰器物与齐东昏侯潘妃的相似，宝贵的鞋子价值千万。他喜好吃鲭鱼头，经常每天要进三百条鱼，其他山珍海味纷然杂陈，盈溢桌案，后房姬妾吃不完，都扔到路上。江无畏本是吴氏的女儿，家中历代都长得天姿国色，亲戚子女都在王侯后宫，江无畏的兄弟江免等兄弟九人，仗势在京都周围横行不法。

萧宏不久又担任司徒。普通元年，迁任太尉、扬州刺史，侍中如从前一样。普通七年四月去世。自从他得病到去世，梁武帝七次前去探视。萧宏死后，梁武帝下诏追赠侍中、大将军、扬州牧，假黄钺，并给羽葆、鼓吹一部，增加班剑为六十人，赐给谥号称靖惠。

萧宏倚仗梁武帝弟弟的贵重身份，没有其他气度才干，只是肆意聚敛。他有库房将近一百间，处于内堂之后，关锁得十分严密。有人怀疑是收存铠甲武器，秘密奏报给梁武帝。梁武帝对兄弟友情甚厚，听到后十分不高兴。萧宏宠幸爱妾江氏，在吃饭、睡觉时都不能暂时离开，梁武帝有一天送去丰盛的饮食给江氏说："我要到你这里来进行欢宴。"他只携带未登皇位时的老朋友射声校尉丘佗卿前去，与萧宏及江氏喝了很多酒，梁武帝半醉后对他们说："我现在想要看看你的后房。"就招呼后阁舆与直接前往后房。萧宏恐怕梁武帝看到他聚敛而来的财物，脸上表情十分恐惧，梁武帝更加相信收藏着武器，因此逐屋巡视。萧宏性爱钱，一百万钱堆成一聚，用一块黄榜标明，一千万钱占一间库房，悬挂一个紫标，像这样的有三十余间库房。梁武帝与丘佗卿屈指计算，萧宏收存的现钱有三亿余万，其余库房贮存的布、绢、丝、绵、漆、蜜、纻、蜡、朱砂、黄屑等杂货，只看见堆满房屋，不知多少。梁武帝才知道不是武器，大为高兴，对萧宏说："阿六，你的生活很不错啊！"于是回去继续饮酒，直到夜里举着蜡烛而回宫。兄弟的友情更加和睦。

萧宏在京都附近有数十个邸店，出借高利贷，以百姓的田宅邸店作为抵押，悬上文券，到期就将原来的主人驱逐出去，夺取田宅。京城及东部的百姓失去田宅家业的相当多。梁武帝后来知道此事，命令不得再悬上文券驱夺百姓产业，自此以后，贫寒庶民不再失去居宅产业。西晋时有《钱神论》，豫章王萧综因萧宏贪婪吝啬，遂作《钱愚论》，这篇文章写得切中萧宏的要害。梁武帝知道是指责萧宏，宣旨给萧综说："天下文章题目有那么多，为什么要做这个？"虽然命令赶快销毁，但流传已广，萧宏深以为耻，稍微收敛一下聚敛的行为。

萧宏又与梁武帝的女儿永兴公主私通,因此就密谋杀害梁武帝,答应事成之后立永兴公主为皇后。武帝曾为三日斋,诸公主都参加,永兴公主就派两个家僮穿上婢女的衣服一同前往。家僮在跨过门槛时掉了鞋,阁帅看到后起了疑心,秘密报告给丁贵嫔,想要告诉梁武帝,又恐怕他不相信,就使宫帅暗中进行布置。宫帅命令内舆人八人,身上缠上纯绵,站在帷幕之下。斋坐散后,永兴公主果然请求让左右人退下,梁武帝同意。永兴公主走上台阶,而两个家僮先奔向梁武帝身后。八个内舆人冲出,抱住家僮,将他们擒下,梁武帝吃惊得从御座掉下去。在家僮身上搜查出刀子,他们供认是受萧宏指使。梁武帝秘而不宣,把两个家僮杀死在宫内,用漆车把永兴公主送出宫去。永兴公主怨恨而死,梁武帝竟不去临视与参加葬礼。梁武帝的女儿中,临安、安吉、长城三个公主都有文才,而安吉公主的声誉最高。

萧宏性情好色,又喜欢饮酒,终日沉湎于声色之中,有侍女千人,都极其艳丽。他不知谨慎自爱,因此屡次受到降免。

陈庆之传

【题解】

陈庆之(484~539),字子云,义兴国山(今江苏宜兴西南)人。出身寒门。自幼随从梁武帝,很受赏识。梁普通七年(526),击败北魏豫州刺史李宪,入据寿春。大通元年(527),隶领军曹冲宗伐涡阳,大败魏军,占据涡阳,梁置西徐州。二年,北魏北海王元颢降梁,梁武帝命陈庆之率七千人送元颢回北方。元颢在涣水称帝,授庆之前军大都督,从铚县出发,经十四旬,平三十二城,四十七战,到达洛阳。北魏孝庄帝渡黄河北逃。后元颢荒于酒色,怀疑陈庆之,北魏发百万大军来攻,陈庆之兵不出一万,作战失败,个人逃回南方。后历任北兖州刺史、南北司二州刺史等职。陈庆之善抚军士,能得其死力,是梁朝的一位名将。

【原文】

陈庆之字子云,义兴国山人也。幼随从梁武帝。帝性好棋,每从夜至旦不辍,等辈皆寐,唯庆之不寝,闻呼即至,甚见亲赏。从平建邺,稍为主书,散财聚士,恒思立效。除奉朝请。

普通中,魏徐州刺史元法僧于彭城求入内附,以庆之为武威将军,与胡龙牙、成景儁率诸军应接。还除宣猛将军、文德主帅,仍率军送豫章王综入镇徐州。魏遣安丰王元延明、临淮王元彧率众十万来拒。延明先遣其别将丘大千观兵近境,庆之击破之。后豫章王弃军奔魏,庆之乃斩关夜退,军士获全。

普通七年,安西将军元树出征寿春,除庆之假节、总知军事。魏豫州刺史李宪遣其子长钧别筑两城相拒,庆之攻拔之,宪力屈遂降,庆之入据其城。转东宫直阁。

大通元年,隶领军曹仲宗伐涡阳,魏遣常山王元昭等来援,前军至驼涧,去涡阳四十里,韦放曰:"贼锋必是轻锐,战捷不足为功;如不利,沮我军势,不如勿击。"庆之曰:"魏人远来,皆已疲倦,须挫其气,必无不败之理。"于是与麾下五百骑奔击,破其前军,魏人震恐。庆之还共诸将连营西进,据涡阳城,与魏相持,自春至冬,各数十百战。师老气衰,魏之援兵复欲筑垒于军后。仲宗等恐腹背受敌,谋退。庆之杖节军门,曰:"须虏围合,然后与战;若欲班师,庆之别有密敕。"仲宗壮其计。乃从之。魏人掎角作十三城,庆之陷其四垒。九城兵甲犹盛,乃陈其俘馘,鼓噪攻之,遂奔溃,斩获略尽,涡水咽流。诏以涡阳之地置西徐州。众军乘胜前顿城父。武帝嘉焉,手诏慰勉之。

陈庆之

大通初,魏北海王元颢来降,武帝以庆之为假节、飚勇将军,送颢还北。颢于涣水即魏帝号,授庆之前军大都督。自铚县进,遂至睢阳。魏将丘大千有众七万,分筑九垒以拒。庆之自旦至申,攻陷其三,大千乃降。

时魏济阴王元晖业率羽林庶子二万人来救梁、宋,进屯考城。庆之攻陷其城,禽晖业,仍趣大梁。颢进庆之徐州刺史、武都郡王,仍率众而西。

魏左仆射杨昱等率御仗羽林宗子庶子众七万据荥阳拒颢,兵强城固,魏将元天穆大军复将至,先遣其骠骑将军尔朱兆、骑将鲁安等援杨昱,又遣右仆射尔朱世隆、西荆州刺史王罴据虎牢。时荥阳未拔,士众皆恐。庆之乃解鞍秣马,宣喻众曰:"我等才有七千,贼众四十余万,今日之事,义不图存,须平其城垒。"一鼓悉使登城,壮士东阳宋景休、义兴鱼天愍逾堞而入,遂克之。俄而魏阵外合,庆之率精兵三千大破之。鲁安于阵乞降,天穆、兆单骑获免。进赴虎牢,尔朱世隆弃城走。魏孝庄出居河北。其临淮王或、安丰王延明率百僚备法驾迎颢入洛阳宫,御前殿,改元大赦。颢以庆之为车骑大将军。

魏上党王元天穆又攻拔大梁,分遣王老生、费穆据虎牢,刁宣、刁双入梁、宋,庆之随方掩袭,并降,天穆与十余骑北度河。庆之麾下悉著白袍,所向披靡。先是洛中谣曰:"名军大将莫自牢,千军万马避白袍。"自发铚县至洛阳,十四旬平三十二城,四十七战,所向无前。

初,魏庄帝单骑度河,宫卫嫔侍无改于常。颢既得志,荒于酒色,不复视事,与安丰、临淮计将背梁,以时事未安,且资庆之力用。庆之心知之,乃说颢曰:"今远来至此,未伏尚多,宜启天子,更请精兵;并勒诸州有南人没此者,悉须部送。"颢欲从之,元延明说颢曰:"庆之兵不出数千,已自难制,今更增其众,宁肯为用?魏之宗社,于斯而灭。"颢由是疑庆之,乃密启武帝停军。洛下南人不出一万,魏人十倍。军副马佛念言于庆之曰:"勋高不赏,震主身危,二事既有,将军岂得无虑?今将军威震中原,声动河塞,屠颢据洛,则千载一时。"庆之不从。颢前以庆之为徐州刺史,因求之镇,颢心惮之,遂不遣。

魏将尔朱荣、尔朱世隆、元天穆、尔朱兆等众号百万,挟魏帝来攻颢。颢据洛阳六十五日,凡所得城一时归魏,庆之度河守北中郎城。三日十一战,伤杀甚众。荣将退还,时有善天文人刘灵助谓荣曰："不出十日，河南大定。"荣乃为栰济自硖石，与颢战于河桥。颢大败，走至临颍被禽，洛阳复入魏。庆之马步数千结阵东反，荣亲自来追，军人死散。庆之乃落须发为沙门，间行至豫州，州人程道雍等潜送出汝阴。至都，仍以功除右卫将军，封永兴侯。

出为北兖州刺史、都督缘淮诸军事。会有祆贼沙门僧强自称为帝。土豪蔡伯宠起兵应之，攻陷北徐州。诏庆之讨焉。庆之斩伯宠、僧强，传其首。

中大通二年，除南北司二州刺史，加都督。庆之至镇，遂围县瓠，破魏颍州刺史娄起、扬州刺史是云宝于溱水。又破行台孙腾、豫州刺史尧雄、梁州刺史司马恭于楚城。罢义阳镇兵，停水陆转运，江湘诸州并得休息。开田六千顷，二年之后，仓廪充实。又表省南司州，复安陆郡，置上明郡。

大同二年，魏遣将侯景攻下楚州，执刺史桓和。景仍进军淮上，庆之破之。时大寒雪，景弃辎重走。是岁豫州饥，庆之开仓振给，多所全济。州人李升等八百人表求树碑颂德，诏许焉。五年卒，谥曰武。

庆之性祗慎，每奉诏敕，必洗沐拜受。俭素不衣纨绮，不好丝竹。射不穿札，马非所便，而善抚军士，能得其死力。长子昭嗣。

梁世寒门达者唯庆之与俞药，药初为武帝左右，帝谓曰："俞氏无先贤，世人云'俞钱'，非君子所宜，改姓喻。"药曰："当令姓自于臣。"历位云旗将军，安州刺史。

【译文】

陈庆之，字子云，义兴国山人。幼年曾随从梁武帝。梁武帝爱好下棋，经常从晚上下到次日清晨还不停止，与陈庆之同辈的随从都睡觉了，只有陈庆之不睡，一听到呼声就立即到达，因此受到赞赏。随梁武帝平定建邺，升为主书，他散耗家财，团结了一批有用之士，常想建立功劳。被任命为奉朝请。

梁武帝普通年间，北魏徐州刺史元法僧在彭城请求投靠梁朝，梁武帝任命陈庆之为武威将军，与胡龙牙、成景儁率领各路军队去接应。回来后被任命为宣猛将军、文德主帅，又率领军队送豫章王萧综去镇守徐州。北魏派遣安丰王元延明、临淮王元或率领十万大军来对抗，元延明又先派遣他的别将丘大千在接近边境处观察军情，被陈庆之击败而逃去。后来豫章王萧综抛弃自己军队去投降北魏，陈庆之于是斩杀关守连夜退兵，由此得以保全了军队。

梁武帝普通七年，朝廷派安西将军元树出征寿春，任命陈庆之为假节、总知军事。北魏豫州刺史李宪派遣他的儿子李长钧另修筑两城来抗拒，被陈庆之攻破，李宪不得已而投降，陈庆之就进据了寿春城，转任为东宫直阁。

梁武帝大通元年，陈庆之隶属于领军曹仲宗攻伐涡阳，北魏派遣常山王元昭来支援，前军到达驼涧，离涡阳四十里。陈庆之打算出征迎战，韦放说："贼的前锋必然是轻装精锐部队，如战胜不算有功；如失败，则沮丧士气，不如勿击。"陈庆之说："北魏军队远道而来，都已疲惫不堪，必须挫伤他们的锐气，这必然没有不打败他们的道理。"于是带领部下五百名骑兵迅速出击，打败了他们的前军，北魏士兵大为震动惊恐。陈庆之回来后与其他将领连营向西进军，占据了涡阳城，与北魏相对峙。从春天直到冬天，经过了几十次、上百次的战斗，部队已十分疲劳，锐气也减弱了，北魏的援兵又想在军队后面修筑营垒。曹仲宗等人怕腹背受敌，打算退兵。陈庆之持着节到军门，说："必须等到鲜卑人包围圈合拢，然后才能与他们战斗；如果打算退兵，我陈庆之另外有皇帝的秘密手令。"曹仲宗很重视他的计谋，于是就同意了。北魏军军阵分多面，共筑了十三城，想控制梁军，陈庆之攻破他们四个城垒。其他九城兵力还很强大，陈庆之把俘虏的耳朵陈列到城前，然后鸣鼓呼喊发起进攻，敌人一下就逃跑崩溃了，其中大部分都被斩杀和被俘虏了，连涡水好像也在呜咽。梁武帝下诏在涡阳地区设置西徐州。大军乘胜向前到达城父。梁武帝嘉奖他们，并亲笔写诏书慰问和勉励陈庆之。

大通初年，北魏的北海王元颢前来投降，梁武帝任命陈庆之为假节、飚勇将军，护送元颢回北方。元颢在涣水称北魏皇帝，任命陈庆之为前军大都督。从铚县出发，直到睢阳。北魏大将丘大千率领七万大军分筑九个营垒来抗拒，陈庆之率军进攻，从早上战斗到下午，攻破了三个营垒，丘大千终于投降。

当时北魏济阳王元晖业率领羽林庶子二万人来救援梁宋地区，屯兵在考城。陈庆之又攻陷了考城，活捉了元晖业，再向西到了大梁。元颢进封陈庆之为徐州刺史、武都郡王，于是率部队继续西进。

北魏左仆射相昱等人又率领御仗羽林宗子庶子共七万人，占据荥阳抗拒元颢和陈庆之，兵力强大，城也坚固，魏将元天穆的大军又将到达，先派遣他的骠骑将军尔朱兆、骑将鲁安等支援相昱，又派右仆射尔朱世隆、西荆州刺史王罴占据虎牢。当时荥阳未攻下，士兵们都很恐慌，陈庆之于是解下马鞍喂饱了马，向大家宣告："现在我们只有七千人马，而贼众有四十余万。今天的事情，只有义不图存，决一死战，才能取胜。首先必须扫平其城垒。"于是击鼓，命士兵们都登城，壮士东阳人宋景休、义兴人鱼天愍首先跨过城垣而进入城内，终于攻克了荥阳。不久，北魏军队在城外完成了包围，陈庆之又率三千精兵大大挫败了魏军，鲁安在阵前求降，元天穆、尔朱兆只身逃走，陈庆之进军到虎牢，尔朱世隆弃城而逃。魏孝庄帝出逃到黄河以北。临淮王元彧，安丰王元延明率领百官准备了天子乘坐的车子迎接元颢入洛阳宫，元颢在前殿召见百官，改年号，发布大赦命令。元颢任命陈庆之为车骑大将军。

北魏上党王元天穆重新又攻下了大梁，并分别派遣王老生、费穆占据虎牢；刁宣、刁双进入梁、宋地区。陈庆之对他们各个发动突然袭击，这些人也都投降了。元天穆和他手下的十余人也骑马渡黄河到了河北。陈庆之和他的部队都穿着白色战袍，打仗时所向披靡。早先在洛阳有童谣说："名军大将莫自牢，千兵万马避白袍。"陈庆之的军队从铚县出发到洛阳，共一百四十天，平定了三十二座城，经过四十七次战斗，可谓所向无前。

在这以前，魏孝庄帝单骑渡黄河北逃，洛阳宫廷中的卫队嫔妃侍从都没有变动。元颢进入洛阳后，志满意足，沉湎于酒色之中，过着荒淫生活，不再处理国家大事，并与安丰王元延明、临淮王元彧谋划背叛梁朝，只是因为时机还不成熟，又要借助陈庆之的兵力，而没有行动。陈庆之心里明白，对元颢说："今天我们从远处来到这里，没有臣服的地方还很多，应该启奏天子，再派来精兵；并勒令各州中有南方人被抓到这里来的，都必须派部队护送回去。"元颢打算同意这么做，元延明对元颢说："庆之的兵不超过数千，已经难以控制，现在再使他增加，他还怎么肯为我们所用？大魏的宗庙社稷，恐怕由此而灭亡。"

元颢因此更加怀疑陈庆之，于是秘密启奏梁武帝停止派兵。这时洛阳南方人组成的军队不超过一万，而鲜卑等少数民族人数则多十倍。军副马佛念对陈庆之说："功太高就不会给予奖赏，名声超过君主就自身难保。今天你两者都有，将军难道不应该有所防虑吗？你将军威名震动中原，声誉传遍黄河塞上，杀死元颢占据洛阳，这是千载难逢的时机呀。"陈庆之没有同意。元颢早先曾任命陈庆之为徐州刺史，陈庆之因此很坚决要求外出到镇上去，元颢因为对陈庆之不放心，就没有同意。

北魏大将尔朱荣、尔朱世隆、元天穆、尔朱兆等率军队号称百万之众，拥戴着孝庄帝来进攻元颢。元颢占据洛阳六十五日，各处凡是所得的城都反叛重新投归北魏，陈庆之渡过黄河守北中郎城。三天之中发生了十一次战斗，杀伤许多北魏军队，尔朱荣想退兵，有个善于观察天文的术士刘灵助对尔朱荣说："不出十日，河南大定。"尔朱荣于是造木筏从硖石渡过黄河，与元颢军队在河桥激战，元颢军大败，逃到临颍，元颢被活捉，洛阳又重新落入北魏。陈庆之的数千骑兵步兵连结起来向东返回，尔朱荣亲自来追，陈庆之的军队有的战死有的逃散。陈庆之本人则落发当了和尚，从水路偷偷到了豫州，豫州人程道济等人又把他偷偷送出汝阴。到了都城建康，仍然因为有功被任命为右卫将军，封爵为永兴候。

陈庆之外出为北兖州刺史，都督缘淮诸军事。当时有个祅贼和尚僧强自称皇帝，地方上土豪蔡伯宠起兵响应他，攻下了北徐州。朝廷下诏命陈庆之讨伐他们。陈庆之斩杀了蔡伯宠、僧强，把他们的首级带到了都城。

中大通二年，被任命为南北司二州刺史，加都督。陈庆之到镇上后，就包围了悬瓠城，在溱水打败北魏颍州刺史娄起、扬州刺史是云宝。又在楚城打败行台孙腾、豫州刺史尧雄、梁州刺史司马恭。他解散义阳的镇兵，停止水陆运输，江湖地区各州都得到休养生息。开辟农田六千顷，二年以后，仓库里堆满了粮食。又上表要求省去南司州，恢复安陆郡，设置上明郡。

大同二年，东魏派大将侯景攻下楚州，俘获了刺史桓和。侯景进军到淮上，陈庆之打败了他。当时下着大雪，天寒地冻，侯景抛弃了大批军用物资逃走。这一年豫州发生饥荒，陈庆之打开粮食仓库赈救灾民，救活了不少人。豫州百姓李升等八百人上表要求为陈庆之树碑以称颂其功德，朝廷同意。大同五年，陈庆之死，谥号为"武"。

陈庆之性格安静谨慎。每次奉接诏书敕令，必定要先洗澡再拜受，生活节俭朴素，不穿绢绸衣服。也不爱听音乐。射箭时不穿盔甲，马也不十分讲究，但善于安抚军士，能使他们拼死作战。长子陈昭继承爵位。

梁朝寒门出身而飞黄腾达的只有陈庆之和俞药两人，俞药最初在梁武帝左右，梁武帝对他说："俞氏祖先无贤人，世人称之为'俞钱'，这不是君子所宜有的，可改姓为'喻'。"俞药答："就从臣下开始改姓吧。"他历任云旗将军，安州刺史。

侯景传

【题解】

侯景，字万景，北魏怀朔镇人。初为北魏将领，曾担任河南道大行台，位及司徒。后背叛北魏，归附陈朝。梁武帝太清二年，侯景起兵叛乱，次年，攻占京城，挟天子以为己用，先后挟持梁武帝、简文帝和豫亲王萧栋。萧栋天正元年十一月，侯景矫萧栋之诏禅位，自己当上了皇帝。一百二十天后，即被梁元帝部将王僧辩所彻底击败。侯景长于谋略，善于经兵，但生性猜忌残忍，好杀戮，把亲手杀人当作游戏。自他叛乱之后，老百姓惨遭蹂躏，流离失所，白骨遍地。侯景被擒杀之后，老百姓争相割取侯景的肉做成脍羹吃，连他的骨头都被调到酒里喝掉了，可见民愤之大。

【原文】

侯景字万景，魏之怀朔镇人也，少而不羁，为镇功曹史。魏末北方大乱。乃事边将尔朱荣，甚见器重。初学兵法于荣部将慕容绍宗，未几绍宗每询问焉。后以军功为定州刺史。始魏相高欢微时，与景甚相友好，及欢诛尔朱氏，景以众降，仍为欢用。稍至吏部尚书，非其好也。每独曰："何当离此反故纸邪。"寻封濮阳郡公。

欢之败于沙苑，景谓欢曰："宇文泰恃于战胜，今必致怠；请以数千劲骑至关中取之。"欢以告其妃娄氏，曰："彼若得泰，亦将不归。得泰失景，于事奚益。"欢乃止。后为河南道大行台，位司徒。又言于欢曰："恨不得泰。请兵三万，横行天下；要须济江缚取萧衍老公，以作太平寺主。"欢壮其言，使拥兵十万，专制河南，仗任若已之半体。

景右足短，弓马非其长，所在唯以智谋。时欢部将高昂、彭乐皆雄勇冠时，唯景常轻之，言"似冢突尔，势何所至"。及将镇河南，请于欢曰："今握兵在远，奸人易生许伪，大王若赐以书，请异于他者。"许之。每与景书，剧加微点，虽子弟弗之知。

及欢疾笃，其世子澄矫书召之。景知伪，惧祸，因用王伟计，乃以太清元年二月遣其行台郎中丁和上表求降。帝召群臣议之，尚书仆射谢举等皆议纳景非便，武帝不从。初，帝以是几正月乙卯于善言殿读佛经，因谓左右黄慧弼曰："我昨梦天下太平，尔其识之。"及和至，校景实以正月乙卯日定计，帝由是纳之。于是封景河南王、大将军、使持节、董督河南南北诸军事、大行台，承制如邓万故事。

高澄嗣事为勃海王，遣其将慕容绍宗围景于长社。景急，乃求割鲁阳、长社、东荆、北充请救于西魏，魏遣五城王元厥等率兵救之，绍宗乃退。景复请兵于司州刺史羊鸦仁，鸦仁遣长史邓鸿率兵至汝水，元庆军夜遁，鸦仁乃据悬瓠。

时景将蔡道遵守北归，言景有悔过志。高澄以为信然，乃以书喻景，若还，许以豫州刺史终其身，所部文武更不追摄，阖门无恙，并还宠妻爱子。景报书不从。澄知景无归志，乃遣军相继讨景。

帝闻鸦仁已据悬瓠，遂命群师指授方略，大举攻东魏，以贞阳侯萧明为都督。明军败见俘。绍宗攻潼州，刺史郭凤弃城走。景乃遣其行台左丞王伟、左户郎中王则诣阙献策，请元氏子弟立为魏主。诏遣太子舍人元贞为咸阳王，须度江许即位，以乘舆之副资给之。

高澄又遣慕容绍宗追景，景退保涡阳，使谓绍宗曰："欲送客邪？将定雄雌邪？"绍宗曰："将决战。"遂顺风以阵。景闭垒，顷之乃出。绍宗曰："景多诡，好乘人背。"使备之，果如其言。景命战士皆被短甲短刀，但低视斫人胫马足，遂败绍宗军。裨将斛律光尤之，绍宗曰："吾战多矣，未见此贼之难也。尔其当之。"光被甲将出，绍宗戒之曰："勿度涡水。"既而又为景败。绍宗谓曰："定何如也。"相持连月，景食尽，诳其众以为家口并见杀。众皆信之。绍宗遥谓曰："尔等家并完。"乃被发向北斗以誓之。景士卒并北人，不乐南度，其将暴显等各率所部降绍宗。景军溃散，丧甲士四万人，马四千匹，辎重万余两。乃与腹心数骑自硖石济淮，稍收散卒，得马步八百人。南过小城，人登陴诟之曰："跛脚奴何为邪！"景怒，破城杀言者而去。昼夜兼行，追军不敢逼。使谓绍宗曰："景若就禽，公复何用？"绍宗乃纵之。

既而莫适所归，马头戍主刘神茂者，为韦黯所不容，因是踏马乃驰谓景曰："寿阳去此不远，城池险固，韦黯是监州耳。王若次近郊，必郊迎，因而执之，可以集事。得城之后，徐以启闻，朝廷喜王南归，必不责也。"景执其手曰："天教也。"及至，而黯授甲登陴。景谓神茂曰："事不谐矣。"对曰："黯懦而寡智，可说下也。"乃遣豫州司马徐思玉夜入说之，黯乃开门纳景。景执黯，数将斩之，久而见释。乃遣于子悦驰以败闻，自求贬削。优诏不许。复求资给，即授南豫州刺史，本官如故。

帝以景兵新破，未忍移易，故以鄱阳王范为合州刺史，即镇合肥。魏人攻悬瓠，悬瓠粮少，羊鸦仁去悬瓠归义阳。

魏人入悬瓠，更求和亲，帝召公卿谋之。张绾、朱异咸请许之。景闻未之信，乃伪作邺人书，求以贞阳侯换景。帝将许之。舍人傅岐曰："侯景以穷归义，弃之不祥。且百战之余，宁肯束手受执。"谢举、朱异曰："景奔败之将，一使之力耳。"帝从之，复书曰："贞阳旦至，侯景夕反。"景谓左右曰："我知吴儿老公薄心肠。"又请娶于王、谢，帝曰："王、谢门高非偶，可于朱、张以下访之。"景恚曰："会将吴儿女以配奴。"王伟曰："今坐听亦死，举大事亦死，王其图之。"于是遂怀反计。属城居人，悉占募为军士。辄停责市估及田租，百姓子女悉以配将士。又启求锦万疋为军人袍，中领军朱异议以御府锦署止充颁赏，不容以供边用，请送青布以给之。又以台所给仗多不能精，启请东冶锻工欲更营造，敕并给之。景自涡阳败后，多所征求，朝廷含弘，未尝拒绝。

是时贞阳侯明遣使还梁，述魏人请追前好，许放之还。武帝览之流涕，乃报明启当别遣行人。帝亦欲息兵，乃与魏和通。景闻之惧，驰启固谏，帝不从。尔后表疏跋扈，言辞不逊。又闻遣伏挺、徐陵使魏，不知所为。

元贞知景异志，累启还朝。景谓曰："将定江南，何不少忍。"贞益惧，奔还建邺，具以事闻。景又招司州刺史羊鸦仁同逆，鸦仁录送其使。时鄱阳王范镇合肥，及鸦仁俱累启称景有异志。朱异曰："侯景数百叛虏，何能为役。"并抑不奏闻，景所以奸谋益果。乃上言曰："高澄狡猾，宁可全信。陛下纳其诡语，求与连和，臣亦窃所笑也。臣行年四十有六，未闻江左有佞邪之臣，一旦入朝，乃致嚣嚣，宁堪粉骨，投命谁门。请乞江西一境，受臣控督；如其不许，即领甲临江，上向闽、越。非唯朝廷自耻，亦是三公旰食。"帝使朱异宣语答景使曰："譬如贫家畜十客五客,尚能得意,朕唯有一客,致有忿言,亦是朕之失也。"景又知临贺王正德怨望朝廷,密令要结。正德许为内启。

二年八月,景遂发兵反,于豫州城内集其将帅,登坛歃血。是日地大震。于是以诛中领军朱异、少府卿徐驎、太子左率陆验、制局监周石珍为辞,以为奸臣乱政,请带甲人朝。先攻马头、木栅,执太守刘神茂、戍主曹璆等。武帝闻之,笑曰:"是何能为,吾以折棰笞之。"乃敕:斩景者不问南北人同赏封二千户兼一州刺史;其人主帅欲还北不须州者,赏以绢布二万,以礼发遣。于是诏合州刺史鄱阳王范为南道都督,北徐州刺史封山侯正表为北道都督,司州刺史柳仲礼为西道都督,通直散骑常侍裴之高为东道都督,同讨景,济自历阳。又令侍中、开府仪同三司邵陵王纶持节,董督众军。

景闻之,谋于王伟。伟曰:"莫若直掩扬都,临贺反其内,大王攻其外,天下不足定也。兵闻拙速,不闻工迟,令今便须进路,不然邵陵及人。"九月,景发寿春,声云游猎,人不觉也。留伪中军大都督王贵显守寿春城,出军伪向合肥,遂袭谯州。助防董绍先降之,执刺史丰城侯泰。武帝闻之,遣太子家令王质率兵三千巡江遏防。景进攻历阳太守庄铁,铁遣弟均夜斫景营,战没。铁母爱其子,劝铁降。景拜其母,铁乃劝景曰:"急则应机,缓必致祸。"景乃使铁为导。

是时镇戍相次启闻,朱异尚曰:"景必无度江志。"萧正德先遣大船数十艘伪称载荻,实拟济景。景至江将度,虑王质为梗,俄而质被追为丹阳尹,无故自退。景闻未之信,乃密遣觇之,谓使者:"质若退,折江东树枝为验。"觇人如言而返。景大喜曰:"吾事办矣。"乃自采石济,马数百匹,兵八千人,都下弗之觉。

景出,分袭姑孰,执淮南太守文成侯宁,遂至慈湖。南津校尉江子一奔还建邺。皇太子见事急,入面启武帝曰:"请以事垂付,愿不劳圣心。"帝曰:"此自汝事,何更问为。"太子仍停中书省指授,内外扰乱相劫不复通。于是诏以扬州刺史宣城王大器为都督内外诸军事,都官尚书羊侃为军师将军以副焉。遣南浦侯推守东府城,西丰公大春守石头,轻车长史谢禧守白下。

既而景至朱雀航,遣徐思玉入启,乞带甲人朝,除君侧之恶,请遣了事舍人出相领解,实欲观建成中虚实。帝遣中书舍人贺季、主书郭宝亮随思玉往劳之于板桥。景北面受敕,季曰:"今者之举,何以为名?"景曰:"欲为帝也。"王伟进曰:"朱异、徐驎诒黩乱政,欲除奸臣耳。"景既出恶言,留季不遣,宝亮还宫。

先是,大同中童谣曰:"青丝白马寿阳来。"景涡阳之败,求锦,朝廷所给青布,及是皆用为袍,采色尚青。景乘白马,青丝为辔,欲以应谣。萧正德先屯丹阳郡,至是率所部与景合。建康令庾信率真千余人屯航北,及景至彻航,始除一舫,见贼军皆著铁面,遂弃军走。南塘游军复闭航度景。皇太子以所乘马授王质,配精兵三千,使援庾信。质至领军府与贼遇,未阵便奔。景乘胜至阙下。西丰公大春弃石头城走,景遣其仪同于子悦据之。谢禧亦弃白下城走。

景遣百道攻城,纵火烧大司马、东西华诸门。城中仓卒未有备,乃凿门楼,下水沃火,久之方灭。贼又斫东掖门将入,羊侃凿门扇刺杀数人,贼乃退。又登东宫墙射城内。至夜,简文募人出烧东宫台殿遂尽,所聚图籍百厨,一皆灰烬。先是简文梦有人书作秦始皇,云"此人复焚书",至是而验。景又烧城西马廊、士林馆、太府寺。明日,景又作木驴数百攻城,城上掷以石,并皆碎破。贼又作尖顶木驴,状似槽,石不能破。乃作雉尾炬,灌以膏蜡,丛下焚之。

贼既不克,士卒死者甚多,乃止攻,筑长围以绝内外。又启求诛朱异、陆验、徐驎、周石珍等。城内亦射赏格出外,有能斩景首,授以景位,并钱一亿万,布绢各万疋,女乐二部。庄铁乃奔历阳,始言景已枭首。景城守郭骆惧,弃城走寿阳。铁得入城,遂奔寻阳。

十一月,景立萧正德为帝,即伪位,居于仪贤堂,改年曰正平。初童谣有"正平"之言,故立号以应之。识者以为正德卒当平珍也。景自为相国、天柱将军,正德以女妻之。景又攻东府城,设百尺楼车,铭城堞尽落。城陷,景使其仪同庐晖略率数千人持长刀夹城门,悉驱城内文武裸身而出,使交兵杀之,死者三千余人。南浦侯推是日遇害。景使正德子见理及晖略守东府城。

初,景至都,便唱云"武帝已晏驾"。虽城内亦以为然。简文虑人情有变,乃请上与驾巡城。上将登城,陆验谏曰:"陛下万乘之重,岂可轻脱。"因泣下。帝深感其言,乃幸大司马门。城上闻跸声皆鼓噪,军人莫不屑涕,百姓乃安。

景又于城东西各起土山以临城,城内亦作两山以应之,简文以下皆亲奋锸。初,景至便望克定建邺,号令甚明,不犯百姓。既攻不下,人心离沮,又恐援军总集,众必溃散,乃纵兵杀掠,交尸塞路。富室豪家,恣意哀剥,子女妻妾,悉入军宫。又募北人先为奴者,并令自拔,赏不次。朱异家黥奴乃与其侪逾城投贼,景以为仪同,使至阙下以诱城内,乘马披锦袍诟曰:"朱异五十年仕宦,方得中领军。我始事侯王,已为仪同。"于是奴僮竞出,尽皆得志。

景食石头常平仓既尽,便掠居人,尔后米一升七八万钱,人相食,有食其子者。又筑土山,不限贵贱,昼夜不息,乱加殴棰,疲赢者因杀以填山,号哭之声动天地。百姓不敢藏隐,并出从之,旬日间众至数万。

景仪同范桃棒密贪重赏,求以甲士两千人来降,以景首应购,遣文德主帅前白马游军主陈昕夜逾城入,密启言状。简文以启上,上大悦,使报桃棒,事定许封河南王,镂银券以与之。简文恐其诈,犹豫不决。上怒曰:"受降常理,何忽致疑。"朱异、傅岐同请纳之。简文曰:"吾即坚城自守,所望外援,外援若至,贼岂足平。今若开门以纳桃棒,桃棒之意尚且难知,一旦倾危,悔无及矣。"桃棒又曰:"今止将所领五百余人,若至城门,自皆脱甲。乞朝廷赐容。事济之时,保禽侯景。"简文见其言愈疑之。朱异以手槌胸曰:"今年社稷去矣。"俄而桃棒军人鲁伯和告景,并烹之。

至是,邵陵王纶率西丰公大春、新淦公大成、永安侯确、南安乡侯骏、前谯州刺史赵伯超、武州刺史萧弄璋、步兵校尉尹思合等马步三万,发自京口,直据钟山。景党大骇,咸欲逃散。分遣万余人拒战,纶大败之于爱敬寺下。

景初闻纶至,惧形于色,及败军还,尤言其盛,愈恐,命具舟石头将北济。任约曰:"去乡万里,走欲何之? 战若不捷,君争同死。草间乞活,约所不为。"景乃留宋子仙守壁,自将锐卒拒纶,阵于覆舟山北,与纶相持。会暮,景退还。南安侯骏率数十骑挑之。景回军,骏退。时赵伯超阵于玄武湖北,见骏退,仍率军前走。众军因乱,遂败绩。纶奔京口。贼执西丰公大春、纶司马庄丘慧达、直阁将军胡子约、广陵令霍俊等来送城下,逼令云:"已禽邵陵王。"霍俊独云:"王小失利,已全军还京口,城中但坚守,援军寻至。"语未卒,贼以刀伤其口，景义而释焉。正德乃收而害之，是日，鄱阳世子嗣、裴之高至后渚，结营于蔡洲。景分军屯南岸。

十二月，景造诸攻具及飞楼、橦车、登城车、钩堞车、阶道车、火车，并高数丈，车至二十轮，陈于阙前，百道攻城。以火车焚城东南隅大楼，因火势以攻城。城上纵火，悉焚其攻具，贼乃退。是时，景土山成。城内土山亦成。以太府卿韦黯守西土山，左卫将军柳津守东土山。山起芙蓉层楼，高四丈，饰以锦罽捍以乌笘。山峰相近。募敢死士，厚衣袍铠，名曰"僧腾客"，配二山，交稍以战。鼓叫沸腾，昏旦不息。土山攻战既苦，人不堪命，柳津命作地道，毁外山，掷雉尾炬烧其橹堞。外山崩，厌贼且尽。贼又作虾蟆车，运土石填堑，战士升之楼车，四面并至。城内飞石碎其车，贼死积于城下。贼又掘城东南角，城内作迂城形如却月以捍之，贼乃退。

材官将军宋嶷降贼，因为立计，引玄武湖水灌台城，阙前御街并为洪波矣。又烧南岸居人营寺，莫不咸尽。司州刺史柳仲礼、衡州刺史韦粲、南陵太守陈文彻、宣猛将军李孝钦等皆来赴援，鄱阳世子嗣、裴之高又济江。柳仲礼营朱雀航南，裴之高营南苑，韦粲营青塘，陈文彻、李孝钦屯丹阳郡，鄱阳世子嗣营小航南，并缘淮造栅。及旦，景方觉，乃登禅灵寺门楼以望之。见韦粲营垒未合，度兵击之，粲败，景斩粲首徇城下。柳仲礼闻粲败，不遑贯甲，与数十人赴之。遇贼，斩首数百，仍投水死者千余人。仲礼深入，马陷泥，亦被重创。自是贼不敢济岸。

邵陵王纶又与临城公大连等自东道集于南岸；荆州刺史湘东王绎遣世子方等、兼司马吴晔、天门太守樊文皎赴援，营于湘子岸前；高州刺史李迁仕、前司州刺史羊鸦仁又率兵继至。既而鄱阳世子嗣、永安侯确、羊鸦仁、李迁仁、樊文皎率众度淮，攻破贼东府城前栅，遂营于青溪水东。景遣其仪同宋子仙缘水西立栅以相拒。景食稍尽，人相食者十五六。

初，援兵至北岸，众号百万。百姓扶老携幼以候王师，绕过淮，便竞剥掠，征责金银。列营而立，互相疑贰，邵陵王纶、柳仲礼甚于谁敌，临城公大连、永安侯确逾于水火，无有关心。贼党有欲自拔者，闻之咸止。

贼之始至，城中绕得固守，平荡之事，期望援军。既而中外断绝，有羊车儿献计，作纸鸢紧以长绳，藏敕于中。简文出太极殿前，因西北风而放，冀得书达。众贼骇之，谓是厌胜之术，又射下之，其危急如此！是时城中围逼既久，胜味顿绝，简文上厨，仅有一肉之膳。军士煮驽熏鼠捕雀食之。殿堂旧多鸽群聚，至是殆焉。初，宫门之闭，公卿以食为念，男女贵贱并出负米，得四十万斛，收诸府藏钱帛五十亿万，并聚德阳堂，鱼监樵采所取盖寡。至是乃壤尚书省为薪，撤蒿剉以饲马，尽又食铧焉。御甘露厨有干苔，味酸咸，分给战士。军人屠马于殿省间鬻之，杂以人肉，食者必病。贼又置毒于水窦，于是稍行肿满之疾，城中疫死者大半。初，景之未度江，魏人遣檄，极言景反覆猜忍，又言帝饰智惊愚，将为景欺。至是祸败之状，皆如所陈，南人咸以为识。

时景军亦饥，不能复战。东城有积粟，其路为援军所断，且闻湘东王下荆州兵。彭城刘邈乃说景曰："大军顿兵已久，攻城不拔，今众军云集，未易可破。如闻军粮不支一月，运漕路绝，野无所掠，婴儿掌上，信在于今。未若乞和，全师而反。"景乃与王伟计，遣任约至城北拜表伪降，以河南自效。帝曰："吾有死而已，宁有是议。且贼凶逆多诈，此言云何可信。"既而城中日蹙，简文乃请武帝曰："侯景围逼，既无勤王之师，今欲许和，更思后计。"帝大怒曰："和不如死。"简文曰："城下之盟，乃是深耻；白刃交前，流矢不顾。"上迟回久之，曰："尔自图之，无令取笑千载。"乃听焉。

景请割江右四州地，并求宣城王大器出送，然后解围济江。仍许遣其仪同于子悦、左丞王伟入城为质。中领军傅岐议以宣城王嫡嗣之重，有轻言者请剑斩之。乃请石城公大款出送，诏许焉。遂于西华门外设坛，遣尚书仆射王克、兼侍中上甲乡韶、兼散骑常侍萧瑳与于子悦、王伟等登坛共盟。右卫将军柳津出西华门下，景出其栅门，与津遥相对，刑牲歃血。

南充州刺史南康嗣王会理、前青冀二州刺史湘潭侯退、西昌侯世子彧率众三万至于马卬洲，景虑北军自白下而上，断其江路，请悉勒聚南岸。敕乃遣北军并进江潭苑。景又启称："永安侯、赵威方频隔栅诟臣，云'天子自与尔盟，我终当逐汝'。乞召入城，即进发。"敕并召之。景遂运东城米于石头，食乃足。又启云："西岸信至，高澄已得寿春、钟离，便无处安足，权借广陵、谯州，须征得寿春、钟离，即以奉还朝廷。"

时荆州刺史湘东王绎师于武成，河东王誉次巴陵，前信州刺史桂阳王慥顿江津，并未之进。既而有敕班师。湘东王欲旋，中记室参军萧贲曰："景以人臣举兵向阙，今若放兵，未及度江，童子能斩之，必不为也。大王以十万之师，未见贼而退，若何！"湘东王不悦。贲，骨鲠士也，每恨湘东不入援。尝与王双六，食子未下，贲曰："殿下都无下意。"王深为憾，遂因事害之。

景既知援军号令不一，终无勤王之效，又闻城中死疾转多，当有应之者。既却湘东王等兵，又得东城之米，王伟且说景曰："王以人臣举兵背叛，围守宫阙，已盈十旬。逼辱妃主，陵秽宗庙，今日持此，何处容身？愿且观变。"景然之，乃表陈武帝十失。三年三月丙辰朔，城内于太极殿前设坛，使兼太宰、尚书仆射王克等告天地神祇，以景违盟，举烽鼓噪。初，城围之日，男女十余万，贯甲者三万，至是疾疫且尽，守埤者止二三千人，并悉羸懦。横尸满路，无人埋瘗，臭气熏数里，烂汁满沟洫。于是羊鸦仁、柳仲礼、鄱阳世子嗣进军于东府城北。栅垒未立，为景将宋子仙所败，送首级于阙下。景又遣于子悦乞和，城内遣御史中丞沈浚至景所。景无去意，浚因责之，景大怒，既决石阙前水，百道攻城，昼夜不息。

丁卯，邵陵王世子坚帐内白昙朗、董勋华于城西北楼纳贼。五鼓，贼四面飞梯，众悉上。永安侯确与其兄坚力战不能却，乃还见文德殿言状。须臾，景乃先使王伟、仪同陈庆入殿陈谢曰："臣既与高氏有隙，所以归投，每启不蒙为奏，所以入朝。而奸佞惧诛，深见推拒，连兵多日，罪合万诛。"武帝曰："景今何在？可召来。"景入朝，以甲士五百人自卫，带剑升殿。拜讫，帝神色不变，使引向三公榻坐，谓曰："卿在戎日久，无乃为劳。"景默然。又问："卿何州人？而来至此。"又不对。其从者任约代对。又问："初度江有几人？"景曰："千人。""围台城有几人？"曰："十万。""今有几人？"曰："率土之内，莫非已有。"帝俯首不言。景出，谓其厢公王僧贵曰："吾常据鞍对敌，矢刃交下，而意了无怖。今见萧公，使人自慑，岂非天威难犯。吾不可以再见之。"出见简文于永福省，简文坐与相见，亦无惧色。

初，简文寒夕诗云："雪花无有蒂，冰镜不安台。"又咏月云："飞轮了无辙，明镜不安台。"后人以为诗谶:谓无蒂者,是无帝;不安台者,台城不安;轮无辙者,以邵陵名纶,空有赴援名也。

既而景屯兵西州,使伪仪同陈庆以甲防太极殿,悉卤掠乘与服玩、后宫嫔妾,收王侯朝士送永福省,撤二宫侍卫。使王伟守武德殿,于子悦屯太极东堂。矫诏大赦,自为大都督、都督中外诸军、录尚书事,其侍中、使持节、大丞相、王如故。

先是,城中积尸不暇埋瘞,又有已死未敛,或将死未绝,景悉令聚而焚之,臭气闻十余里。尚书外兵郎鲍正疾笃,贼曳出焚之,宛转火中,久而方绝。景又矫诏征镇牧守各复本位,于是诸军并散。降萧正德为侍中、大司马,百官皆复其职。

帝虽外迹夏屈,而意犹忿愤;景欲以宋子仙为司空,帝曰:"调和阴阳,岂在此物!"景又请以文德主帅邓仲为城门校尉,帝曰:"不置此官。"简文重入奏。帝怒曰:"谁令汝来!"景闻亦不敢逼。后每征求,多不称旨,至于御膳亦被裁抑。遂怀忧愤,五月,感疾馁,崩于文德殿。景秘不发丧,权殡于昭阳殿,自外文武咸莫之知。二十余日,然后升梓宫于太极前殿,迎简文即位。及葬修陵,使卫士以大钉于要地钉之,欲令后世绝灭。矫诏赦北人为奴婢者,冀收其力用焉。时东扬州刺史临城公大连据州,吴与太守张嵊据郡,自南陵以上并各据守。景制命所行,唯吴郡以西、南陵以北而已。

六月,景乃杀萧正德于永福省,封元罗为西秦王,元景袭为陈留王,诸元子弟封王者十余人。以柳仲礼为使持节、大都督,隶大丞相,参戎事。

十一月,百济使至,见城邑丘墟,于端门外号泣,行路见者莫不洒泣。景闻大怒,收小庄严寺,禁不听出入。

大宝元年正月,景矫诏自加班剑四十人,给前后部羽葆、鼓吹,置左右长史、从事中郎四人。三月甲申,景请简文禊宴于乐游苑,帐饮三日。其逆尝咸以妻子自随,皇太子以下,并令马射,箭中者赏以金钱。翌日向晨,简文还宫。景拜伏苦请,简文不从。及发,景即与溧阳主共据御状南面并坐,群臣文武列坐侍宴。

四月辛卯,景又召简文幸西州,简文御素辇,侍卫四百余人。景众数千浴铁翼卫。简文至西州,景羊逆拜。上冠下屋白纱帽,服白布裙襦。景服紫绀褶,上加金带,与其伪仪同陈庆、索超世等西向坐。溧阳主与其母范淑妃东向坐。上闻丝竹,凄然下泣。景起谢曰:"陛下何不乐?"上为笑曰:"丞相言索超世闻此以为何声?"景曰:"臣且不知,岂独超世。"上乃命景起舞,景即下席应弦而歌。上顾命淑妃,淑妃固辞乃止。景又上礼,遂逼上起舞。酒阑坐散,上抱景于床曰:"我念丞相。"景曰:"陛下如不念臣,臣何至此。"上索筚篥,曰:"我为公讲。"命景离席,使其唱经。景问超世何经最小,超世曰:"唯观世音小。"景即唱"尔时无尽意菩萨"。上大笑,夜乃罢。

时江南大饥,江、扬弥甚,旱蝗相系,年谷不登,百姓流亡,死者涂地。父子携手共入江湖,或弟兄相要俱缘山岳,芰实荇花,所在皆尽,草根木叶,为之凋残。虽假命须臾,亦终死山泽。其绝粒久者,鸟面鹄形,俯伏床帷。不出户牖者,莫不衣罗绮,怀金玉,交相枕藉,待命听终。于是千里绝烟,人迹罕见,白骨成聚如丘陇焉。而景虐于用刑,酷忍无道,于石头立大舂碓,有犯法者捣杀之东阳人李瞻起兵,为贼所执,送诣建邺。景先出之市中,断其手足,刻析心腹,破出肝肠。瞻正色整容,言笑自若,见其胆者乃如升焉。又禁人偶语,不许大酺,有犯则刑及外族。其官人任兼阃外者位必行台,入附凶徒者并称开府,其亲寄隆重则号曰左右厢公，勇力兼人名为库真部督。

七月，景又矫诏自进位相国，封泰山等二十郡为汉王。入朝不趋，赞拜不名，剑履上殿，依汉萧何故事。十月，景又矫诏自加宇宙大将军、都督六合诸军事。以诏文呈简文。简文大惊曰："将军乃有宇宙之号乎？"初，武帝既崩，景立简文，升重云殿礼佛为盟曰："臣乞自今两无疑贰，臣固不负陛下，陛下亦不得负臣。"及南康王会理之事，景稍猜惧，谓简文欲谋之。王伟因构扇，遂怀逆谋矣。

二年正月，景以王克为太宰，宋子仙为太保，元罗为太傅，郭元建为太尉，张化仁为司徒，任约为司空，于庆为太师，纥奚斤为太子太傅，时灵护为太子太保，王伟为尚书左仆射，索超世为右仆射。于大航跨水筑城，名曰捍国。

四月，景遣宋子仙袭陷郢州刺史方诸。景乘胜西上，号二十万，联旗千里，江左以来，水军之盛未有也。元帝闻之。谓御史中丞宗懔曰："贼若分守巴陵，鼓行西上，荆、郢殆危，此上策也。身顿长沙，徇地零、桂，运粮以至洞庭，湘、郢非吾有，此中策也。拥众江口，连攻巴陵，锐气尽于坚城，士卒饥于半菽，此下策也，吾安枕而卧，无所多忧。"及次巴陵，王僧辩沉船卧鼓，若将已遁。景遂围城。元帝遣平北将军胡僧佑与居士陆法和大破之，禽其将任约，景乃夜遁还都。左右有泣者，景命斩之。王僧辩乃东下，自是众军所至皆捷。先是，景每出师，戒诸将曰："若破城邑，净杀却，使天下知吾威名。"故诸将以杀人为戏笑，百姓虽死不从之。

是月，景乃废简文，幽于永福省，迎豫章王栋即皇帝位，升太极前殿，大赦，改元为天正元年。有回风自永福省吹其文物皆倒折，见者莫不惊骇。初，景既平建邺，便有篡夺志，以四方须定，故未自立。既而巴陵失律，江、郢丧师，猛将外残，雄心内沮，便欲速僭大号。又王伟云："自古移鼎必须废立。"故景从之。其太尉郭元建闻之，自秦郡驰还谏曰："主上仁明，何得废之？"景曰："王伟劝吾。"元建固陈不可，景意遂回，欲复帝位，以栋为太孙。王伟固执不可，乃禅位于栋。景以哀太子妃赐郭元建，元建曰："岂有皇太子妃而降为人妾。"竟不与相见。景司空刘神茂、仪同尹思合、刘归义、王晔、桑干王元頵等据东阳归顺。

十一月，景矫萧栋诏，自加九锡，汉国置丞相以下百官，陈备物于庭。忽有鸟似山鹊翔于景册书上，赤足丹嘴，都下左右所无。贼徒悉骇，竞射之，不能中。景又矫栋诏，追崇其祖为大将军，父为大丞相，自加冕十有二旒，建天子旌旗，出警入跸，乘金根车，驾六马，备五时副车，置旄头云罕，乐舞八佾，钟簴宫悬之乐，一如旧仪。寻又矫萧栋诏禅位，使伪太宰王克奉玺绂于己。先夕，景宿大庄严寺，即南郊，柴燎于天，升坛受禅，大风拔木，旗盖尽偃，文物并失旧仪。既唱警跸，识者以为名景而言警跸，非久祥也。景闻恶之，改为备跸，人又曰，备于此便毕矣。有司乃奏改云永跸。乃以广柳车载鼓吹，橐驼负牺牲，辇上置垂脚坐焉。景所带剑水精标无故堕落，手自拾取，甚恶之。将登坛，有兔自前而走，俄失所在。又白虹贯日三重，日青无色。还将登太极殿，丑徒数万同共吹唇唱吼而上。及升御装，床脚自陷。大赦，改元为太始元年。方飨群臣，中会而起，触扆坠地。封萧栋为淮阴王，幽之。改梁律为汉律，改左户尚书为殿中尚书，五兵尚书为七兵尚书，直殿主帅为直寝。

景三公之官，动置十数，仪同尤多。或匹马孤行，自执羁绁。以宋子仙、郭元建、张化仁、任约为佐命元功，并加三公之位；王伟、索超世为谋主；于子悦、彭隽主击断；陈庆、吕季略、庐晖略、于和、史安和为爪牙；斯皆尤毒于百姓者。其余王伯丑、任延和等复有数十人。梁人而为景用者，则故将军赵伯超、前制局监姬石珍、内监严亶邵陵王记室伏知命，此四人尽心竭力者。若太宰王克、太傅元罗、侍中殷不害、太常姬弘正等虽官尊，止从人望，非腹心任也。景祖名乙羽周，及篡以周为庙讳，故改周弘正、石珍姓姬焉。

王伟请立七庙，景曰："何谓七庙？"伟曰："天子祭七世祖考，故置七庙。"并请七世讳，敕太常具祭祀之礼。景曰："前世吾不复忆，唯阿爷名标，且在朔州，伊那得来敢是。"众闻咸笑之。景尝有知景祖名乙羽周者，自外悉是王伟制其名位。以汉司徒侯霸为始祖，晋征士侯瑾为七世祖。于是推尊其祖周为大丞相，父标为元皇帝。

于时景修饰台城及朱雀、宣阳等门，童谣曰："的胍鸟，拂朱雀，还与吴。"又曰："脱青袍，著芒屩，荆州天子挺应著。"时都下王侯蔗姓五等庙树，咸见残毁，唯文宣太后庙四周栢树独郁茂。及景篡。修南郊路，伪都官尚书吕季略说景令伐此树以立三桥。始斫南面十余株，再宿悉枿生，便长数尺。时既冬月，翠茂若春。贼乃大惊恶之，使悉斫杀。识者以为昔僵柳起于上林，乃表汉宣之与，今庙树重青，必彰陕西之瑞。又景床东边香炉无故堕地，景呼东西南北皆谓为厢，景曰："此东厢香炉那忽下地。"议者以为湘东军下之征。

十二月，谢答仁、李庆等军至建德，攻元頵、李占栅，大破之。执頵、占送京口，截其手足徇之，经日乃死。

景二年，谢答仁攻东阳，刘神茂降。以送建康，景为大剖碓，先进其脚，寸寸斩之，至头方止。使众观之以示威。

王僧辩军至无湖，城主宵遁。侯子鉴率步骑万余人度州，并引水军俱进。僧辩逆击，大破之。景闻之大惧涕下，覆面引衾卧，良久方起，叹曰："咄叱！咄叱！误杀乃公。"

初，景之为丞相，居于西州，将率谋臣，朝必集行列门外，谓之牙门。以次引进，贲以酒食，言笑谈论，善恶必同。及篡，恒坐内不出，旧将稀见面，咸有怨心。至是登烽火楼望西师，看一人以为十人，大惧。僧辩及诸将遂于石头城西步上，连营立栅，至于落星墩。景大恐，遣掘王僧辩父墓，剖棺焚其尸。王僧辩等进营于石头城北，景列阵挑战，僧辩大破之。

景既退败，不敢入宫，敛其散兵屯于阙下，遂将逃。王伟按剑揽辔谏曰："自古岂有叛天子！今宫中卫士尚足一战，宁可便走。"景曰："我在北打贺拔胜，败葛荣，扬名河朔，与高王一种人。来南直度大江，取台城如反掌，打邵陵王于北山，破柳仲礼于南岸，皆乃所亲见。今日之事，恐是天亡。乃好守城，当复一决。"仰观石阙，逡巡叹息久之。乃以皮囊盛二子挂马鞍，与其仪同田迁、范希荣等百余骑东奔。王伟遂委台城窜逸。侯子鉴等奔广陵。王克开台城门引裴之横入宫，纵兵蹂掠。是夜遗烬烧太极殿及东西堂、延阁、秘署皆尽，羽仪辇辂莫有孑遗。王僧辩命武州刺史杜崱救火，仅而得灭。故武德、五明、重云殿及门下、中书、尚书省得免。

僧辩迎简文梓宫升于朝堂，三军缟素，踊于哀次。命侯瑱、裴之横追贼于东，焚伪神主于宣阳门，作神主于太庙，收图书入万卷归江陵。杜崱守台城，都下户口百遗一二，大航南岸极目无烟。老小相扶竞出，绕度淮，王琳、杜龛军人掠之，甚于寇贼，号叫闻于石头。僧辩谓为有变，登城问故，亦不禁也。金以王师之酷，甚于侯景，君子以是知僧辩之不终。

初，景之图台城，援军三十万，兵士望青袍则气消胆夺。及赤亭之役，胡僧佑以羸卒一千破任约精甲二万，转战而东，前无横阵。既而侯瑱追及，景众未阵，皆举幡乞降。景不能制，乃与腹心人数十单舸走，推堕二子于水，自沪渎入海至胡豆洲，前太子舍人羊鲲杀之，送于王僧辩。

景长不满七尺，长上短下，眉目疎秀，广头高颧，色赤少鬓，低眠娄顾，声散，识者曰："此谓豺狼之声，故能食人，亦当为人所食。"既南奔，魏相高澄悉命先剥景妻子面皮，以大铁镬盛油煎杀之。女以入宫为婢，男三岁者并下蚕室。后齐文宣梦弥猴坐御床，乃并煮景子于镬，其子之在北者殆焉。

景性猜忍，好杀戮，恒以手刃为戏。方食，斩人于前，言笑自若，口不辍飧。或先断手足，割舌劓鼻，经日乃杀之。自篡立后，时著白纱帽，而尚披青袍，头插象牙梳，床上常设胡床及筌蹄，著靴垂脚坐。或跂户限，或走马邀游，弹射鸦鸟。自为天子，王伟不许轻出，于是郁怏，更成失志，曰："吾无事为帝，与受摈不殊！"及闻义师转近，猜忌弥深，床前兰骑自远，然后见客。每登武帝所常幸殿，若有瓦刺在身，恒闻叱咄者。又处宴居殿，一夜惊起，若有物扣其心。自是凡武帝所常居处，并不敢处，多在昭阳殿廊下。所居殿屋，常有鸺鹠鸟鸣呼，景恶之，每使人穷山野捕鸟。景所乘白马，每战将胜，辄踯躅嘶鸣，意气骏逸；其有奔衄，必低头不前。及石头之役，精神沮丧，卧不肯动。景使左右拜请，或加跂策，终不肯进。始景左足上有肉瘤，状似龟，战应克捷，瘤则隐起分明；如不胜，瘤则低。至景败日，瘤隐陷肉中。

天监中，沙门释宝志曰："掘尾狗子自发狂，当死未死啮人伤，须臾之间自灭亡，起自汝阴死三湘。"又曰："山家小儿果攘臂，太极殿前作虎视。"狗子，景小字，山家小儿，猴状。景遂覆陷都邑，毒害皇家。起自悬瓠，即昔之汝南。巴陵有地名三湘，景奔败处。其言皆验。景常谓人曰："侯字人边作主，下作人，此明是人主也。"台城既隐，武帝当语人曰："侯景必得为帝，但不久耳。破'侯景'字成'小人百日天子'，为帝当得百日。"案景以辛未年十一月十九日篡位，壬申年三月十九日败，得一百二十日。而景以三月一日便往姑孰，计在宫殿足满十旬，其言竟验。又大同中，太医令朱耽尝直禁省，无何梦犬羊各一在御坐，觉而告人曰："犬羊非佳物也，今据御座，将有变乎！"既而天子蒙尘，景登正殿焉。

及景将败，有僧通道人者，意性若狂，饮酒敢肉，不异凡等。世间游行已数十载，姓名乡里，人莫能知。初言隐伏，久乃方验。人并呼为阇梨。景甚信敬之。景尝于后堂与其徒共射，时僧通在坐，夺景弓射景阳山，大呼云"得奴已"。景后又宴集其党，又召僧通。僧通取肉揾盐以进景，问曰："好不？"景答："所恨大咸。"僧通曰："不咸则烂。"及景死，僧辩截其二手送齐文宣，传首江陵，果以盐五斗置腹中，送于建康，暴之于市。百姓争取屠脍羹食皆尽，并溧阳主亦预食例。景焚骨扬灰，曾罹其祸者，乃以灰和酒饮之。首至江陵，元帝命枭于市三日，然后煮而漆之，以付武库。先是江陵谣言："苦竹町，市南有好井。荆州军，杀侯景。"及景首至，元帝付谘议参军李季长宅，宅东即苦竹町也。既加鼎镬，即用市南井水焉。景仪同谢答仁、行台赵伯超降于侯瑱，生禽贼行台田迁、仪同房世贵、蔡寿乐、领军王伯丑。凶党悉平，斩房世贵于建康市，余党送江陵。初，郭元建以有礼于皇太子妃，将降，侯子鉴曰："此小惠也，不足自全。"乃奔齐。

侯景，字万景，北魏的怀朔镇人。自少放荡不羁，为本镇的功曹史。魏末北方大乱，他便效力于边将尔朱荣，很受器重。他开始向尔朱荣的部将慕容绍宗学习兵法，没有多久，慕容绍宗就要反过来请教他了。后来他以军功为定州刺史。早先，东魏丞相高欢微贱时，与侯景非常要好，及至高欢诛灭尔朱氏，侯景率众投降，仍然为高欢重用。稍升为吏部尚书，但这不合他的愿望，他常常独自说："为什么离开这里而返回到故纸堆里呢！"不久被封为濮阳郡公。

高欢在沙苑被西魏打败，侯景对高欢说："宇文泰自恃打了胜仗，现在必然懈怠，请让我率数千劲骑入关中擒拿他！"高欢把这话告诉了他的王妃娄氏，娄氏说："他如果捉住宇文泰，也就不会再回来了。得了宇文泰而失去了侯景，这对事情有什么补益。"高欢就停止了这次行动。侯景后来又担任河南道大行台，位及司徒。他又对高欢说："我只恨不能捉住宇文泰。请给我三万兵，我可以横行天下。一定要渡过长江捆来萧衍老翁（梁武帝名），让他当太平寺的寺主。"高欢认为他说的有气魄，就让他拥兵十万，专门节制河南，对他的信赖，好像自己身体的一半。

侯景右腿短，弓马武艺不是他的所长，他的本领全在智谋上。当时高欢的部将高昂、彭乐都是雄勇冠一时，只有侯景常瞧不起他们，说"象野猪一样乱窜，他的势力能到哪儿"！及至他将出镇河南，向高欢提议说："如今我握兵远方，奸人容易施行伪诈，大王如果给我写信，请与其他的有些区别。"高欢答应了。以后他每次给侯景写信，都另外加上个小墨点儿，即使是他自己的子弟也不知道这暗号。

等到高欢病危，他的世子高澄假托高欢写信召侯景回朝。侯景知道这是假的，害怕大祸临头，便用王伟的主意，于梁武帝太清元年二月，派遣他的行台郎中丁和，上表给梁武帝，请求投降。梁武帝召集群臣商议，尚书仆射谢举等人都认为接纳侯景有所不便，武帝不听从。开初，武帝在这年正月乙卯日于善言殿读佛经，当时对左右黄慧弼说："我昨天梦见天下太平，你要记住。"等到丁和来到，核对侯景正好在正月乙卯日定计投降，所以武帝就同意接纳侯景了。于是封侯景为河南王、大将军、使持节、董督河南南北诸军事、大行台，承受制书如汉时邓禹故事。

高澄嗣位为渤海王，派遣他的部将慕容绍宗包围侯景于长社。侯景危急，便请求割让鲁阳、长社、东荆、北兖，以请救于西魏。西魏派遣五城王元庆等率兵援救，慕容绍宗才退兵。侯景又向梁朝的司州刺史羊鸦仁请求救兵，羊鸦仁派遣长史邓鸿率兵进至汝水，元庆军乘夜逃遁，羊鸦仁便占据了悬瓠。

当时侯景的部将蔡道遵又返回东魏，说侯景有悔过的意思。高澄信以为然，便写信告诉侯景：如果回来，答应给他豫州刺史以终身，所属的文武将吏不再追回，全家平安无恙，并归还他的宠妻爱子。侯景回信不听从。高澄知道侯景没有回来的打算，就派遣军队相继讨伐侯景。

梁武帝听说羊鸦仁已经占据了悬瓠，便命令群帅布置战略，大举进攻东魏，以贞阳侯萧明为都督。萧明军败被俘。慕容绍宗进攻潼州，刺史郭凤弃城而逃。侯景便派遣他的行台左丞王伟、左户郎中王则，前往梁朝都城献策，建议立元氏子弟为魏主。梁武帝就封太子舍人元贞（投奔梁朝的魏宗室）为咸阳王，等到渡江答应让他即位，把备用的乘舆送给了他。

高澄又派遣慕容绍宗追击侯景，侯景退保涡阳，派人对慕容绍宗说："你是想送客呢，还是想定雌雄？"慕容绍宗答道："准备决战。"于是就顺风摆下战阵。侯景紧闭营垒，过了一会儿才出来。慕容绍宗说："侯景多有诡计，好从背后偷袭。"派兵防备，果然如他所说。侯景命令战士都披短甲，持短刀，只管低头砍人腿马足，于是击败了慕容绍宗。裨将斛律光责怪他，慕容绍宗说："我打的仗多了，还没有见过这么难以对付的贼呢！你去对付他吧。"斛律光披甲准备出去，慕容绍宗告诫说："不要渡过涡水！"接着，斛律光又被侯景打败了。慕容绍宗对他说："到底怎么样？"相持连月，侯景的粮食吃尽了，就诓骗他的部下，说他们的家属都被高澄杀死了。众人都相信了他。慕容绍宗远远地对他们说："你们的家属都安然无恙。"便披发面向北斗发誓。侯景的部卒都是北方人，不愿意南渡，他的部将暴显等各率部下投降慕容绍宗。侯景的军队溃散，丧失甲士四万人，马四千匹，辎重车一万多辆。侯景便和几个心腹，乘马自峡石渡过淮河，稍稍收聚散兵，得马步兵八百人。南行经过一座小城，有人登上城墙诟骂侯景说："跛脚奴要干什么！"侯景大怒，攻破小城，把骂他的人杀了才离开。他昼夜兼行，追军不敢逼近。他派人对慕容绍宗说："侯景如果被擒，您还有什么用呢？"慕容绍宗便放跑了他。

接着侯景不知去哪里为好。马头成主刘神茂，不为韦黯所容，于是顾不得把马累倒，驰奔投见侯景，说："寿阳离这里不远，城池险固，韦黯是那里的监州。大王如果抵达寿阳近郊，他必然要出迎，大王趁机捉住他，可以成大事。得到寿阳之后，徐徐奏闻，朝廷高兴大王南归，一定不会责怪大王的。"侯景握着刘神茂的手说："这是上天的指点呀！"等抵寿阳，韦黯披甲登上城楼，侯景对刘神茂："事情要失败了。"刘神茂答道："韦黯怯懦而缺少智虑，可以说服他下城。"便派遣豫州司马徐思玉，到夜里入城说服韦黯，韦黯果然开门接纳了侯景。侯景促住韦黯，责数着要杀死他，过了很久才把他释放。于是侯景派遣于子悦驰往朝廷报告打了败仗，自己要求贬官削爵。武帝优诏不许。侯景又请求救济，便授任南豫州刺史，本官如故。

梁武帝因为侯景的军队刚刚被击破，不忍把他调动，所以就派鄱阳王萧范为合州刺史，镇守合肥。东魏攻打悬瓠，悬瓠粮食用尽，羊鸦仁离开悬瓠回到义阳。

东魏人进入悬瓠，再次请求和亲，梁武帝召集公卿商议。张绾、朱异都建议答应东魏。侯景听说了还不大相信，便伪造了邺都人的书信，要求用俘虏的贞阳侯萧明交换侯景。梁武帝准备应许。舍人傅歧说："侯景因为徒穷归顺朝廷，抛弃他不吉利。而且他身经百战，岂肯束手就擒！"谢举、朱异说："侯景是个败逃之将，要捉他只用一个使者就够了。"梁武帝应许了，回信道："贞阳侯早晨送到，侯景晚上就交回。"侯景得到回信，对左右说："我知道这吴儿老翁没有好心肠。"他又请求娶王、谢豪族的女儿为妻，梁武帝说："王、谢门第很高，你配不上，可在朱、张以下各家求婚。"侯景怒道："我一定要把吴人的儿女配给奴婢！"王伟说："如今坐等也是死，举大事也不过是一死，请大王决定。"于是侯景就怀下造反的念头。他把属内的居民全部强制募为军士，停止征收市税和田租，把老百姓的子女全都配给了将士。他又要求朝廷给他锦缎万匹做军人的衣袍，中领军朱异提议说：御库中的锦缎只做颁赏用，不供边塞使用，建议送给侯景青布。侯景又说朝廷发给的兵杖都不精好,奏请用东冶的铁匠重新锻造,武帝都同意满足他。侯景自从在涡阳失败以后,多次向朝廷提出索求,朝廷含忍,从未拒绝。

当时贞阳侯萧明打发使者回梁朝,陈述东魏人希望接续以前的友好关系,把他放还南方的意愿。武帝看信流下了眼泪,便回信给萧明说准备另外派遣使者去东魏。武帝也想停止征战,就与东魏通知。侯景听说了非常恐惧,驰奏谏阻,武帝不听从。此后侯景的表疏跋扈,言词不逊。他又听说朝廷派遣伏挺、徐陵出使东魏,便惶惑不知所为了。

元贞知道侯景有野心,屡次启请还朝。侯景对他说:"我很快就会平定江南,你为什么不稍微忍耐一下?"元贞更加恐惧了,就逃回了建邺,把情况全部奏闻朝廷。当时鄱阳王萧范镇守合肥,和羊鸦仁都屡次启奏,说侯景有野心。朱异说:"侯景不过有几百个叛虏,哪能打仗!"把奏表都扣压不送交武帝,侯景因此奸谋越发决断。他上言说:"高澄狡猾,岂能完全相信?陛下接受了他的诡诈之言,要求与他连和,连我也觉得可笑。我年已将近四十六岁,还没有听说江南有邪佞之臣,可是一旦入朝,竟然招致攻讦,我岂能粉身碎骨,投身于仇家!请给我江西一境,受我的控制;如果不答应,我就率兵逼临长江,直入闽、越,那就不仅朝廷要感到耻辱,三公大臣们也要寝食不安了。"武帝让朱异传语答复侯景的使者说:"譬如穷人家养着十个五个客人,还能让他们满意,朕只有你一个客人,致使你有怨愤之言,这是朕的过失。"侯景又知道临贺王萧正德怨望朝廷,秘密地与他勾结。萧正德答应做他的内线。

太清二年八月,侯景便发兵造反,在豫州城内召集他的将帅,登坛歃血为盟。这天地大震。于是以诛锄中领军朱一、少府卿徐骥、太子左率陆验、制局监周石珍为理由,认为奸臣扰乱朝政,请求带兵入朝。他首先攻打马头、木栅,捉住太守刘神茂、戍主曹璆王等。梁武帝听说了,笑道:"他能成什么事,让我用马鞭子抽他!"便敕令:能斩侯景者,不论南北方人,都赏封二千户的爵位,兼授一州刺史;那人的主帅想回北方而不需要做州刺史的,赏以绢布二万,以礼遣还。于是诏命合州刺史鄱阳王萧范为南道都督,北徐州刺史封山侯萧正表为北道都督,司州刺史柳仲礼为西道都督,通直散骑常侍裴之高为东道都督,一同讨伐侯景,由历阳渡江。又命令侍中、开府仪同三司邵陵王萧纶持节,督率诸军。

侯景听说,与王伟谋划。王伟说:"不如径直掩袭扬都(即建邺),临贺王反于内,大王攻其外,天下不足以安定了。兵法中只听说可以计划不周但行军迅速,没听说应该计划周密却动作迟缓的。今天我们就要出发,否则邵陵王就赶到了。"九月,侯景自寿春出发,声言要去游猎,人们毫无知觉。他留下伪中军大都督王贵显驻守寿春城,自己假装出军合肥,却袭击谯州。谯州助防董绍先投降,捉住刺史丰城侯萧泰。梁武帝听说,派太子家令王质率兵三千巡守长江防遏。侯景进攻历阳太守庄铁,庄铁派遣自己的弟弟庄均夜袭侯景军营,战斗结束。庄铁的母亲疼爱儿子,劝庄铁投降。侯景拜见庄铁的母亲,庄铁便劝侯景说:"事急就应该随机应变,行动迟缓必然要导致祸害。"侯景就派庄铁为先导。

当时各驻军戍相次奏闻,朱异还说:"侯景一定没有渡江的意图。"萧正德提前派遣数十艘入舟假假称装载芦苇,其实是准备接应侯景。侯景到江边准备渡过,担心王质作梗。但不久王质就被任命为丹阳尹,平白无故地撤走了。侯景听说了还不敢相信,便秘密派人侦察,他对使者说:"王质如果真的撤走,你就折下江东的树枝为凭证。"侦察的人如言而返。侯景大喜道:"我的事成功了!"就由采石渡江,马数百匹,兵八千人,都城一带毫无知觉。

侯景出兵，分袭姑孰，捉住淮南太守文成侯萧宁，于是抵达慈湖。南津校尉江子一逃回建邺。皇太子见事情紧急，入宫面奏武帝，说："请把这事交给我，不必让圣心操劳。"武帝说："这本来就是你的事，何必再问！"太子就留在中书省指挥，但城内外扰乱劫抢，已经不能传通信息了。于是诏以扬州刺史宣城王萧大器为都督内外诸军事，都官尚书羊侃为军事将军做他的副手。派遣南浦侯萧推守卫东府城（建邺的东南部），西丰公萧大春守卫石头城（建邺的西部），轻车长史谢禧守卫白下（建邺的北部）。

接着侯景进至朱雀航，派遣徐思玉入城启奏，请求带兵入朝，铲除君侧的恶人，要求朝廷派个能办事的舍人出来引领，他的意图是观察城内的虚实。武帝派遣中书舍人贺季、主书郭宝亮跟随徐思玉前往，慰劳侯景于板桥。侯景面北接受诏敕，贺季说："今日之举，以何为名？"侯景说："我要当皇帝！"王伟进前说："朱异、徐驎淆乱国政，我们不过要铲除奸臣。"但侯景已经说出了恶言，就扣留下贺季不让回去，只准郭宝亮回宫。

先是，在大同年间有童谣说："青丝白马寿阳来。"侯景在涡阳战败，请求给他锦缎，朝廷给了青布，到此时都用来做了战袍，颜色还青。侯景乘坐上一匹白马，用青丝做马辔，想以此与童谣相应合。萧正德开始屯驻丹阳郡，到这时率领所部与侯景会合。建康令庾信率兵千余人屯驻朱雀航之北，及至侯景来到，他要撤去浮桥，刚刚拆下一只船，见贼军都戴着铁面具，便丢下军队逃跑了。南塘的游军又把浮桥连接上，让侯景渡过。皇太子把自己所乘的马交给王质，配以精兵三千，让他援助庾信。王质走到领军府就遇见了敌军，还没有列阵就逃跑。侯景乘胜进至宫阙之下。西丰公萧大春丢下石头城逃走，侯景派他的仪同于子悦占据。谢禧也抛弃白下城逃了。

侯景派兵百道攻城，纵火焚烧大司马、东华、西华诸城门。城中仓促间没有任何准备，便拆毁门楼，泼水浇火，很久才扑灭。贼军又砍东掖门，即将冲入，羊侃命人凿破门扇，刺杀数人，贼兵才退却。贼兵又登上东宫的墙向城内射箭。到了夜里，太子萧纲（即后来的简文帝）招募人出城焚烧东宫的台阁宫殿，几乎烧尽，所收集的图书典籍数百厨，全部化为灰烬。此前太子曾梦见有人把他功成秦始皇，说"这人要再次焚书"，到此时应验了。侯景又烧城西的马厩、士林馆、太府寺。第二天，侯景又制造木驴数百，用以攻城，城上掷下石头，把木驴全都砸碎。贼兵又制造尖顶木驴，形状如彗星，石头砸不破。城上便造了雉尾炬，灌上膏油和蜡，纷纷抛下，把尖顶木驴烧毁。

贼兵不能攻克，士卒死了很多，就停止攻城，建筑长围以封锁内外。侯景又上启事，要求诛杀牛异、陆验、徐驎、周石珍等。城内也用箭射出赏格：有能斩侯景之首者，授以侯景的官位，并赏钱十万万，布、绢各一万匹，女乐两部。庄铁便奔回历阳，谎言侯景已经被枭首。侯景的守将郭骆恐惧，弃城逃往寿阳。庄铁得以入城，于是奔往寻阳。

十一月，侯景立萧正德为帝，即伪皇帝位，居住于仪贤堂，改年号为正平。开初童谣有"正平"的话，所以立年号以应验。而有识者认为"正平"预兆着"正德终当要平灭"。侯景自己担任相国、天柱将军，萧正德把女儿嫁给了他。侯景又攻打东府城，设下百尺楼车，把城堞全部钩掉。东府城陷落，侯景派他的仪同卢晖略，率领数千人，手持长刀，夹城门而立，然后把城中的文武官员裸着身体驱逐出城，让城门两侧的贼兵杀死他们，死者三千人。南浦侯萧推于这天遇害。侯景让萧正德的儿子萧见理和卢晖略守护东府城。

开初，侯景一至都城，便呼叫"武帝已经晏驾"，就是城里的人也相信了。太子担心人情有变，就请梁武帝乘车巡城。武帝将要巡城，陆验谏说："陛下万乘之重，岂能轻率。"说着就哭起来。武帝为他的话所感动，就只临幸司马门。城上听见警跸声，都鼓噪起来，军民无不落泪，百姓这才安定。

侯景又在城的东西两面各垒土山以临城，城内也垒起两座土山以应付，太子以下的人都亲持畚锸劳动。开初，侯景到后以为很快就会攻克建邺，所以号令严明，不触犯百姓。等到攻打不下，人心涣散，又恐怕援军汇集后，自己的军队溃散，便纵兵杀掠，横尸塞路。对富室豪家，恣意剥夺，他们的子女妻妾，全部掠入兵营。他又招募北方人早先做奴仆的，让他们都自行逃出，给以超常的赏赐。朱异家的一个黥面的奴隶和他的同伴翻城投奔贼兵，侯景竟然封以仪同之官，让他到城下引诱城内的人，披着锦袍诟骂道："朱异当了五十年官，才得个中领军。我刚刚归顺侯王，就已经当了仪同。"于是奴仆们竞相出城，全都得志了。

侯景把石头城常平仓的粮食快吃光了，就开始掠夺居民，后来一升米卖到七八万钱，居民饿得人吃人，还有吃自己孩子的。侯景又为了筑土山，不论身份贵贱，昼夜不息，乱加鞭打，体弱疲惫的就杀了填进土山中，号哭之声，惊天动地。百姓不敢隐藏，都出来跟随他们，十多天的时间，众至数万人。

侯景的仪同范桃棒暗自贪图重赏，要求以甲士两千人来降，用侯景的人头应购，他派萧文德主帅前白马游军主陈昕乘夜翻城进入，秘密启奏情况。太子报告给武帝，武帝非常高兴，派人回报范桃棒，答应事成之后封他为河南王，刻银券交给了他。太子恐怕有诈，犹豫不决。武帝怒道："受降是常理，为什么突然怀疑起来！"朱异、傅歧也都建议纳降。太子说："我就只管坚城自守，所依赖的就是外援，外援如果赶到，贼兵何足平定。现在如果开门接纳范桃棒，范桃棒的意图尚且难以料知，一旦倾危，后悔也无及了。"范桃棒又派人来说："如今我只率领所部五百余人，如果到了城门，就自动脱去衣甲。请朝廷收容。事成之时，保证活捉侯景。"太子听了这话，更加起疑。朱异用手捶胸说："今年社稷完了！"不久，范桃棒的军士鲁伯和报告给侯景，侯景把他们全都烹了。

到这时，邵陵王萧纶率领西丰公萧大春、新淦公萧大成、永安侯萧确、前谯州刺史赵伯超、武州刺史萧弄璋、步兵校尉尹思和等马步兵三万，自京口出发，直据钟山。侯景一伙大为惊骇，都想逃散。一万多人拒战，萧纶在爱敬寺下把他们打得大败。

侯景开始听说萧纶来到，恐惧见于行色，等到败军逃回，张扬对方的强盛，他就越发恐慌，便命人在石头城预备舟船打算北渡。任约说："离开家乡万里，逃往何处？这仗要是打不赢，我们君臣一起死，要是草间偷活，我是不屑为此的。"侯景便留下宋子仙留守壁垒，自己亲率精兵拒战，列阵于覆舟山北，与萧纶相持。正值日暮，侯景退军。南安侯萧骏率领数十骑挑战，侯景回军，萧骏撤退。当时赵伯超列阵于玄武湖北，见萧骏撤退，就率领军队带头逃跑。众军因此大乱，于是败绩。萧纶逃回京口。贼兵生擒西丰公萧大春、萧纶的司马庄丘慧达、直阁将军胡子约、广陵令霍隽等，送到城下，逼着让他们对城上说："已经捉住了邵陵王。"只有霍隽自己说："邵陵王小有失利，已经全军返还京口。城中只管坚守，援军很快就会来到。"话未说完，贼兵就用刀刺伤他的嘴。侯景钦佩，把他释放了。但萧正德竟逮捕并杀害了他。这一天，鄱阳王世子萧嗣、裴之高抵达后渚，结营于蔡洲。侯景分并屯守南岸。

十二月，侯景制造各种攻城器具及飞楼、撞车、登城车、钩堞车、阶道车、火车，都高达数丈，一车甚至有二十个轮子，都陈列于城门之前，百道攻城。贼兵用火车焚烧城东南角的大楼，借火势以攻城。城上纵火，把贼兵攻具全部焚毁，贼兵才撤退。这时，侯景的土山已经垒成，城内的土山也垒成了。命太府卿韦黯守卫西土山，左卫将军柳津守卫东土山。山上建造芙蓉层楼，高四丈，装饰以锦恢，捍卫以乌笙（一种涂黑漆的竹席）。双方的山顶离得很近，各自招募敢死之士，穿上厚厚的袍铠，起名叫"僧腾客"，分派在两山上，用长矛交战。擂鼓呐喊，声如鼎沸，从早到晚，没个停歇。土山的攻战很苦，人们不堪忍受，柳津命人挖地道，毁坏城外土山，抛掷雉尾炬烧毁贼军橹楼的栏堞。外山崩塌，把山上的敌兵几乎全部压死。贼军又制造了蛤蟆车，运土石填塞沟堑，战士登上楼车，可以走到城的四面。城内用飞石击碎楼车，贼兵的尸首堆满城下。贼兵又挖掘城的东南角，城内则筑形如弯月的御城以捍御，贼兵这才退却。

林官将军宋嶷投降贼军，于是为他们设计，引来玄武湖的水灌台城（即侯景一直围攻的宫城），城门前的御街变成一片汪洋。贼兵又焚烧居民住宅和官府，无不化为灰烬。司州刺史柳仲礼、衡州刺史韦粲、南陵太守陈文彻、宣猛将军李孝钦等都来赴援；鄱阳王世子萧嗣、裴之高又渡过长江。柳仲礼扎营于朱雀航之南，裴之高扎营于南苑，韦粲扎营于青塘，陈文彻、礼孝钦中驻于丹阳郡城，鄱阳王世子萧嗣扎营于小航之南，都沿着淮水（即秦淮河）早建造营栅。等到天亮，侯景才发觉，就登上禅灵寺门楼瞭望。他见韦粲的营垒还没有合围，就派兵渡河袭击，韦粲被击败，侯景斩收粲首级徇于城下。柳仲礼听说韦粲兵败，连盔甲都顾不得披挂，与数十人前往赴援。他遇见敌兵，斩首数百，敌军投水死者还有一千多。柳仲礼深入敌阵，马陷于泥中，自己也受了重伤。从此贼军不敢渡对岸。

邵陵王萧纶又与临城公萧大连等从东道汇集于长江南岸。荆州刺史、湘东王萧绎派遣世子萧方等、兼司马吴晔、天门太守樊文皎赴援，扎营于湘子岸前。高州刺史李迁仕、前司州刺史羊鸦仁又率领军队相继到来。接着鄱阳王世子萧嗣、永安侯萧确、羊鸦仁、李迁仕樊文皎率众渡过淮水，攻破贼兵在东府城前的营栅，于是扎营于青溪水之东。侯景派遣他的仪同宋子仙沿着淮水的西岸建立营栅以相拒。侯景的食粮快要吃完，人吃人的十有五六。

开初，援兵抵达北岸，号称兵众百万。百姓们扶老携幼地盼望王师，但官军刚刚渡过淮水，就争着盘剥掳掠百姓，征收金银。他们列营而立，互相猜疑，邵陵王萧纶和柳仲礼胜似仇敌，临城公萧大连和永安侯萧确情同水火，没有对敌战斗的心思。贼党中本来有想要投诚的，听说这情况就都罢休了。

贼兵刚刚到来，城中只想固守，平灭贼军，都指望着援军了。不久都城内外消息断绝，有个羊车儿献计，造纸鸦（即风筝）系以长绳把敕令藏在其中。太了援军。群贼惊骇，以为是什么厌胜之术，又把纸鸦射了下来。情况就是这样危急！此时城中围困日久，肉食顿时断绝，太子上厨，仅仅有一味肉膳。军干们煮弓弩熏老鼠，捕鸟雀为食。殿堂过去有很多鸽子群聚，到这时全被杀光了。开初宫城大门将闭的时候，公卿以食物为虑，男女贵贱都出来背米，积攒了四十万斛，聚敛了各府库的钱帛五百万万，都聚集在德阳堂，但鱼盐柴薪却没有积蓄多少。到此时，便拆毁尚书省的屋宇当柴薪，撤下草垫切碎喂马，用完以后就只能吃生粮食了。宫内的御甘露厨中有干苔菜,味酸咸,分给战士。军人宰了马在殿庭之间出卖,掺杂上人肉,吃了的人必然得病。贼兵又在水洞中放了毒药,于是渐渐流行满胀之病,城中的人病死了一大半。开初,侯景没有渡江以前,东魏人送给梁朝的檄文中,极力讲述侯景的反复无常,猜忌残忍,还说梁武帝喜好显示自己的聪明以证实别人愚昧,必将为侯景所欺骗。到这时,所有的祸乱破败之状,全如魏人所说,南朝人都把它当成了谶言。

当时侯景的军队也很饥饿,不能再作战了。东城有积蓄的粮食,但路径被援军所截断,而且听说湘东王萧绎的荆州军队已经顺流而下了。彭城人刘邈向侯景建议说:"我军顿兵已久,攻城不能拔取,如今众援军云集于此,更是难于攻破。听说我们的军粮不够支撑一月了,漕运的路已经断绝,田野中无粮可掠,我们此时的处境,确实如婴儿在人家的手掌之上一样。不如向他们求和,还可以全师而返。"侯景就与王伟商议,派任约到城北拜上表章,假装投降,以河南自效赎罪。武帝说:"我有一死而已,岂能有讲和之议。而且这贼凶逆多诈,他的话有什么可信的!"接着城中日益危困,太子便向武帝请示说:"侯景围逼,而我们也没有勤王的援军,我想先答应他们的求和,再考虑以后的打算。"武帝大怒,说:"和不如死瑳!"太子说:"城下之盟,确是很深的耻辱,可是白刃在前,也就顾不得流矢了。"武帝犹豫了很久,说:"你自己决定吧,不要给千载以下留下笑柄。"这样就同意了和谈。

侯景要求割让江右四州之地,并要求宣城王萧大器出来相送,然后解围渡江。同时答应派遣他分仪同于子悦、左丞王伟入城做人质。中领军傅岐提议,说宣城王以嫡嗣之重,不应为人质,再有敢随意提起此事者,请以剑斩之。便建议用石城公萧大款为人质送出,武帝同意了。于是在西华门外设坛,派遣尚书仆射王克、兼侍中上甲乡侯萧韶、兼散骑常侍萧瑳和于子悦、王伟等一起登坛盟誓。右卫将军柳津出立于西华门下,侯景也出立其营栅门外,与柳津遥遥相对,宰杀牺牲,歃血为盟。

南兖州刺史南康嗣王萧会理,前青、冀二州刺史湘潭侯萧退,西昌侯世子萧彧,率兵三万抵达马卬洲。侯景顾虑这些北来的军队会从白下沿江而上,断绝他的渡江之路,便向朝廷要求把北军全部都部勒聚集于南岸。朝廷就调遣北军都进驻江潭苑。侯景又启奏说:"永安侯和赵威方常常隔着营栅诟骂我,说'天子自己与你盟誓,我终究要把你赶出去'。请把他召入城内,我就出发。"朝廷就把他们全召入城。侯景便把东府城的粮米运往石头城,军粮立刻充足了。于是他又启奏说:"西岸来了消息,说高澄已经得了寿春、钟离,我就失去了立足之地。请暂借广陵、谯州,等到我夺回寿春、锺离,就把它还给朝廷。"当时荆州刺史、湘东王萧绎率军于武成,河东王萧誉师次于巴陵,前信州刺史、桂阳王萧慥屯兵于江津,但都不再前进。接着朝廷敕令他们班师撤走。湘东王萧绎想回去,中记室参军萧贲说:"侯景以人臣兴兵攻打宫阙,现在如果撤军,不等他渡江,就是个孩子也能把他杀了,所以他一定不会撤走。大王以十万之师,还没有见到走兵就撤退,这算什么!"湘东王很不高兴。萧贲是个骨鲠刚直的人,常怨恨湘东王不入援。他曾经和湘东王玩双陆,湘东王持子不下,萧贲一语双关地说:"殿下一点儿下(沿江而下)的意思都没有。"湘东王恨透了,便找个借口杀害了他。

侯景既已知道援军号令不一,到底也不会有勤王的功效,又听说城中死病的人越来越多，一定会有为自己做内应的。他既已哄退了湘东王的军队，又得到了东府城的粮米，王伟就说服侯景道："大王以人臣举兵背叛，围攻宫阙，已经超过百日，逼辱王妃公主，侵凌宗庙，如今带着这些罪过，何处可以容身？希望先观察一下事态的变化再说。"侯景觉得有理，便上表陈述梁武帝的十条过失。太清三年三月丙辰朔，城内在太极殿前设坛，派兼太宰、尚书仆射王克等启告天地神祇，因为侯景背叛盟誓，点燃烽火，擂鼓呐喊。开初，台城被围的时候，有男女人口十多万，披甲之士有三万，到这时因疾病都快死光了，守城的只有二三千人，还都是病弱无力的人。城中横尸满路，没有人掩埋，臭气熏腾数里，腐烂的尸水流满了沟洫。于是羊鸦仁、柳仲礼、鄱阳王世子萧嗣进军于东府城北，营垒还未及建立，就被侯景的部将宋子仙击败，送首级于宫阙之下。侯景又派遣于子悦求和，城内派遣御史中丞沈浚到侯景处。侯景没有撤走的意思，沈浚于是指责他，侯景大怒，就决开石阙前的水，百道攻城，昼夜不息。

丁卯日，邵陵王世子萧坚的属下白昙朗、董勋华，在城西北门楼放进贼兵。五更时，贼兵四面架起云梯，纷纷上城。永安侯萧确和他的兄长萧坚奋力作战，不能退敌，便返回文德殿汇报情况。须臾，侯景先派王伟、仪同陈庆入殿陈述道："臣既与高氏有了裂痕，所以归投朝廷，每次启事都不被奏闻，所以入朝。而奸佞害怕被诛戮，极力抗拒，连兵多日，臣罪该万死。"武帝说："侯景现在何处，可以让他进来。"侯景入朝，以五百名甲士自卫，带剑上殿。叩拜完毕，武帝神色不变，让人把他领到三公的座位上坐下，对他说："卿打了很多天仗，岂不太劳苦。"侯景默然不语。武帝又问："卿是哪个州的人，却来到此地？"侯景还是不说话，他的随从任约代替他回答了。武帝又问："你开始渡江时有多少人？"侯景说："一千人。""围台城的有多少人？""十万。""现在有多少人？"侯景道："普天之下，没有不是我的人了。"武帝低头不言了。侯景走出，对他的厢公王僧贵说："我经常骑马对敌，刀剑齐下，从来未曾恐惧过。如今见了萧公，使人不由得害怕，岂非是天威难犯吗？我不能再见他了。"侯景出来后见太子于永福省，太子坐着与他相见，也是面无惧色。

开初，太子写了首《寒夕》诗，道："寻花无有蒂，冰镜不安台。"又有《咏月》诗道："飞轮了无辙，明镜不安台。"后人认为这是"诗谶"：说"无蒂"，是"没有皇帝"；"不安台"，是说台城不安；"轮无辙"，因为邵陵王名纶，空有赴援之名也。

接着侯景屯兵于西州，派伪仪同陈庆以甲士防卫太极殿，把乘舆服玩和后宫的嫔妃全部掠走，逮捕王侯朝臣送交永福省，撤去两宫（指武帝和太子）的侍卫。派王伟把守武德殿，于子悦屯驻太极东堂。矫诏大赦，自封为大都督、都督中外诸军事、录尚书事，其侍中、使持节、大丞相、王如故。

先是，城中累积的尸首没有时间葬埋，还有已经死了没有入殓，或者将死还没有断气的，侯景命令全部敛聚起来焚烧掉，臭气远闻十余里外。尚书外兵郎鲍正病重，贼兵曳出去焚烧，宛转于火中，很久才断气。侯景又矫诏令各勤王兵镇郡守都撤回原位，于是所有的援军全都解散了。把萧正德降位为侍中、大司马，百官都各复原职。

武帝虽然表面上不屈，但心里很是愤懑。侯景想以宋子仙为司空，武帝说："调和阴阳，岂能由这种东西！"侯景又建议用萧文德的主帅邓仲为城门校尉，武帝说："我不设置这官。"太子重新入奏，武帝怒道："谁让你来的！"侯景听说了也不敢强逼。后来武帝每有需求，大多不能满足，甚至御膳也被裁减。于是武帝心怀忧愤，到五月，他得了疾病，逝世于文德殿。侯景隐秘起来不发丧,暂且殡殓于昭阳殿,外面的文武官员都不知道。过了二十多天以后,才把棺木抬到太极前殿,迎太子即位(即梁简文帝)。等到葬于修陵时,侯景让卫士把要害的地方都用大钉子钉上,想让他后嗣灭绝。矫诏赦免北方人当奴婢者为自由人,希冀能利用他们。当时东扬州刺史临城公萧大连占据本州,吴兴太守张嵊据有本郡,从南陵以西都各据所守。侯景命令所行只是吴郡以西、南陵以北而已。

六月,侯景便杀死萧正德于永福省,封元罗为西秦王,元景袭为陈留王,元氏子弟封王的有十几个人。以柳仲礼为使持节、大都督,隶属大丞相,参戎事。

十一月,百济使者来到,见城邑化为一片废墟,在端门外号哭,看到的行路之人无不落泪。侯景听说了,大怒,把使者逮捕关押在小庄严寺,禁闭不许出入。

大宝元年正月,侯景矫诏给自己增加班剑四十人,前后部羽葆、鼓吹,设置左右长史、从事中郎四人。三月甲申,侯景请简文帝参加在乐游苑的禊宴(古代于三月三日饮宴于野外水边,称禊饮或禊宴),设账蓬饮宴三日。这天,侯景的党羽都带着妻子儿子,让皇太子以下都骑马射箭,射中者赏以金钱。第二天早晨,简文帝就要回宫。侯景拜伏在地上,苦请他留下,简文帝不答应。等到简文帝出发,侯景就和溧阳公主(简文帝之女,为侯景所娶)并排朝南坐在御床上,文武群臣列坐侍宴。

四月辛卯日,侯景又召简文帝临幸西州,简文帝乘坐素辇,侍卫四百余人。侯景则由身披铁甲的数千部下护卫。简文帝到达西州,侯景等迎拜。简文帝头戴下屋白纱帽,身穿白布裙襦。侯景则身穿紫绸褶,上面还加上金带,和他的伪仪同陈庆、索超世等面西而坐。溧阳公主和她的母亲范淑妃面东而坐。简文帝听到奏起了丝竹,凄然落泪。侯景起身问道:"陛下为什么不高兴?"简文帝强笑道:"丞相说说索世超知道这是什么音乐?"侯景说:"我尚且不知道,岂止索世超呢!"简文帝便让侯景起舞,侯景当即离座应和着音乐唱起歌来。简文帝回头吩咐淑妃起舞,淑妃极力推辞才作罢。侯景又上前行礼,便逼简文帝起舞。酒喝到尽兴散席,简文帝在床上抱着侯景说:"我想念丞相呀!"侯景说:"陛下如果不想念臣,臣怎么会来到这里呢?"简文帝索要筌蹄(当时讲经时手持的一种近似拂尘类的东西),说:"我要为您讲经。"命侯景离开座席,让他唱经。侯景问索世超什么经最短。索超世说:"只有《观世音经》最短。"侯景便唱"尔时无尽意菩萨"。简文帝大笑,到夜里才罢宴。

当时江南大饥荒,江州、扬州最严重,旱灾和蝗灾相连,五谷不登,百姓流亡,死者遍地。或者父子携手进入江湖之中,或者兄弟相邀钻进深山之内,菱芰荇花,所在精光,草叶木根,采掘殆尽。他们虽然苟延片刻,但终究要死于山泽。那些断绝食粮很久的,都瘦得鸟面鹄形,只是俯伏在床榻上。那些不肯出门逃生的,无不穿上绫罗,怀抱着金玉,互相枕藉着,等待死亡。于是千里断绝烟少,人迹罕见,白骨堆聚,如同丘垄。而侯景用刑酷虐,残忍无道,他在石头城设了一套很大的春碓,有犯法的就用石碓捣死。东阳人李瞻起兵反抗,为贼兵所擒,送至建邺。侯景先把他带到市中,剖开肚腹,剜出肝肠。李瞻面不改色,谈笑自若,看到他的胆的都说有升那样大。侯景还禁止人们在一起说话,不许聚饮,有违犯者刑及母族、妻族。他的官员凡是职兼外郡的官位必是行台,在朝附逆的全叫开府,他的亲信显贵的号为左右厢公,勇力超人的名为库真都督(原文为库真部督,误)。

七月,侯景又矫诏把自己进位为相国,封泰山等二十郡,为汉王。入朝时不趋步,赞拜时不呼名字,佩剑着履上殿,依照汉时萧何的故事。十月,侯景又矫诏给自己加号为宇宙大将军、都督六合诸军事。他把诏文呈送给简文帝过目,简文帝大惊,说:"将军竟有宇宙的称号么!"开初,梁武帝死去之后,侯景扶立简文帝,登上重云殿立誓说:"臣希望从今以后双方各不猜疑,臣固然不会对不起陛下,陛下也不要对不起为臣。"等到南康王萧会理的事发生(大宝元年十一月,南康王会理集众千余人,准备起兵诛杀王伟,为建安侯萧贲告密,被杀),侯景开始疑惧,认为简文帝想图谋自己。王伟乘机煽动,于是侯景心怀弑逆之谋了。

大宝二年正月,侯景以王克为太宰,宋子仙为太保,元罗为太傅,郭元建为太尉,张化仁为司徒,任约为司空,于庆为太师,纥奚斤为太子太傅,时灵护为太子太保,王伟为尚书左仆射,索超世为右仆射。于大航跨水筑城,起名叫"捍国"。

四月,侯景派遣宋子仙袭取郢州刺史方诸。侯景乘胜西上,号称二十万众,旗帜相连千里,江南从来没有过如此盛大的水军。梁元帝(即湘东王萧绎,次年十一月方即位,为孝元帝)闻讯,对御史中丞宗懔说:"贼兵如果分兵镇守巴陵,然后主力鼓行西上,荆、郢二州就危殆了,这是他们的上策。如果他们把主力停顿在长沙,分兵徇略零陵、桂阳,运粮到洞庭,则湘、郢二州非我所有,这是他们的中策。如果拥众于汉江口,连兵攻打巴陵,则锐气耗尽于坚城之下,士卒饥困于半饱之中,这是他们的下策,我们就可以高枕而卧,没有多少忧虑了。"及至侯景进军巴陵,王僧辩把船沉没,鼓声消歇,好像已经逃遁了。侯景便包围了巴陵。元帝派遣平北将军胡僧祐与居士陆法和大破侯景,生擒其将任约,侯景便乘夜逃回都城。左右有哭泣的,侯景就命人斩杀。王僧辩率兵东下,从此诸军所向则胜。此前,侯景每次出兵,都告诫诸将说:"如果攻破城池,就把人都杀死,让天下知道我的威名。"所以诸将把杀人当成儿戏,百姓宁死也不肯归顺他们。

这个月,侯景便废黜了简文帝,把他幽禁在永福省,迎立豫章王萧栋即皇帝位,登上太极前殿,大赦,改年号为天正元年。有旋风起于永福省,把仪仗礼器都吹得或倒或折,见到的无不惊骇。开初,侯景攻破建邺之后,就有篡夺皇位的打算,因为四方尚须平定,所以才没有自立为帝。接着巴陵败绩,江、郢丧师,猛将被歼于外,雄心受挫于内,就想赶快僭称帝号。又有王伟进言说:"自古夺取江山,必须先行废立。"所以侯景照着做了。他的太尉郭元建闻讯,立即由秦郡驰马回朝,谏道:"皇上宽仁明达,为什么废黜了他?"侯景说:"是王伟劝我这样做的。"郭元建极力陈述不可,侯景便改了主意,想恢复简文帝的帝位,以萧栋为太孙。王伟坚持认为不行,便让简文帝禅位给萧栋。侯景把哀太子(即宣城王萧大器,简文帝立为皇太子,不久被侯景杀死)的妃子赐给郭元建,郭元建说:"哪里有皇太子的妃子降为别人姬妾的!"始终不与她相见。侯景的司空刘神茂、仪同尹思和、刘归义、王晔、桑干王元等据东阳郡投降了梁元帝。

十一月,侯景矫萧栋之诏,为自己加九锡,汉国置丞相以下百官。陈设礼器于庭中。忽然有只象山鹊似的鸟飞落在侯景的册书上,它生的赤足红嘴,都城附近都没有这种鸟。贼党都很惊骇,争着射箭。都没有射中。侯景又矫萧栋之诏,追封自己的祖父为大将军,父亲为大丞相,给自己的冠冕增加到十二旒,设置天子旌旗,出警入跸,乘坐金根车,驾六马,备置五时的副车,置旄头云罕,乐舞八佾以及簨虡悬钟等乐器,一如旧时之仪。不久又矫萧栋之诏禅位,派伪太宰王克奉献天子的玉玺绶给自己。前一天的夜里,侯景宿于大庄严寺，从那里前往南郊，燎柴告天，升坛受禅，大风吹拔树木，旗伞全被吹倒，礼器都错离位置。等到喊起"警跸"，有识者认为他名字叫"景"而说"警跸"，是不会久长的兆头（跸、毙、毕谐音）。侯景听了很腻歪，就改为"备跸"，人们又说："备齐于此就完毕了。"有司便奏请改为"永跸"。就用广柳车载着鼓吹，用骆驼驮着牺牲，辇上放个垂脚（一种坐具）让侯景坐上。侯景佩剑的水晶饰物无故自己坠落，他亲手拾起来，心里很是腻歪。将要登坛了，有只兔子从前面跑过，忽然不知所在。又有白虹贯日，日光青暗无色。返还时准备登上太极殿，数万徒党打着呼哨，吼叫着一哄而上。及至坐上御床，床腿自己陷塌。大赦，改元为太始元年。正在宴飨群臣，他中途站起，头触屏风，坠倒在地。封萧栋为淮阴王，幽禁起来。改梁律为汉律，改左户尚书为殿中尚书，五兵尚书为七兵尚书，直殿主帅为直寝。

侯景的三公一级的官，动辄设置十多人，仪同尤其多，有的只是一人乘马独行，自己执着辔头。因宋子仙、郭元建、张化仁、任约为佐命元勋，都加以三公之位；王伟、索超世为谋主；于子悦、彭儁主持监察官员；陈庆、吕季略、卢晖略、于和、史安和为爪牙；这些都是对百姓特别狠毒的。其余还有王伯丑、任延和等数十人。梁朝的官员而为侯景所用的，则是故将军赵伯朝、前制局监姬石珍、内监严亶、邵陵王的记室伏知命，这四人是尽心竭力的。象太宰王克、太傅元罗、侍中殷不害、太常姬弘正等人官位虽然尊崇，只是顺从人望，并不是腹心之任。侯景的祖父名叫乙羽周，等到他篡位后就把"周"当成庙讳，所以把周弘正、周石珍都改姓为姬。

王伟提议建立七庙，侯景说："什么叫七庙？"王伟说："天子要祭祀七代的祖先，所以要建立七庙。"并询问他七代祖宗的名讳，敕命太常准备。祭祀之礼。侯景说："前代的名讳我记不得了，只有我爹名叫摽，而且他在朔州，怎么能跑那么远来吃祭品？"众人听了都讪笑他。侯景的党徒有知道他祖父的名字叫乙羽周的，此外都是王伟编造的牌位。以汉朝的司徒侯霸为始祖，晋朝的征士侯瑾为七世祖。于是推尊其祖父乙羽周为大丞相，父亲侯摽为元皇帝。

当时侯景整修台城和朱雀、宣阳等城门，童谣说："的脰鸟，拂朱雀，还与吴。"又说："脱青袍，著苟服，荆州天子挺应著。"这时都城下王侯庶姓的五等宗庙及树木，都被残毁，只有文宣太后庙（梁武帝妃阮修容，湘东王即梁元帝萧绎之母）四周的柏树独独茂盛。及至侯景篡位，整修南郊祭天的道路，伪都官吕季略建议侯景砍伐此树以建造三桥。刚刚砍了南面的十几棵，经过一夜就都长出的新枝条，一下子就长了几尺长。当时正是冬天，青翠茂盛，宛如春天。贼众于是大惊，觉得不祥，就把树全部砍伐掉。有识者认为，往昔僵死的柳树复生于上林苑，是预示着汉宣帝的兴起，如今庙树重青，一定是湘东王的瑞应。另外，侯景床东侧的香炉无故堕地，侯景称呼东西南北都叫厢，他说："这东厢的香炉怎么忽然下来了！"议论的人说这是湘东王沿江而下的征兆。

十二月，侯景部将谢答仁、李庆等军抵达建德，攻打元颁、李占的营栅，大破之。生擒元颁、李占，送往京口，截断他们的手足示众，过了一天才死。

侯景二年，谢答仁攻打东阳，刘神茂投降，送往建康。侯景用大锉碓，先进其脚，一寸一寸地碓斩，到头方止。让众人观看以示威。

王僧辩的军队进至芜湖，守城官员趁夜逃遁。侯景部将侯子鉴率领步骑一万余人经过此州，并引领水军并进。王僧辩迎击，大破之。侯景闻讯，大为惊惧，流下了眼泪，拉过被子蒙头而卧，很久才起来，叹道："咄！咄！你算把我给耽误了！"

开初，侯景担任丞相，居住在西州，他的将帅谋士，早晨必须集合排列在门外，称为牙门。他按次序把他们召进，赏给酒食，说笑谈论，对什么事的态度都完全一样。等到他篡位以后，常常坐在里面不出来，旧时的部属很少能见面的，就都产生了怨恨之心。到此时，登上烽火楼向西望去，见一个敌兵就以为十个，大为恐惧。王僧辩和诸将便在石头城西步上，连营扎寨，一直到落星墩。侯景害怕极了，派人挖掘王僧辩父亲的坟墓，打开棺材，焚烧了尸首。王僧辩等进扎于石头城北，侯景列阵挑战，王僧辩大破之。

侯景败退之后，不敢进入宫殿，收聚其散兵屯驻阙下，准备逃跑。王伟按剑拉住他的马镳说："自古哪里有叛逃的天子！如今宫中的卫士还足可一战，哪能就逃！"侯景说："我在北方打贺拔胜，击败葛荣，扬名于河北，与高王爷是一类人。来到南方，直渡长江，取台城易如反掌。打邵陵王于北山，破柳仲礼于南岸，都是你亲眼所见。今天的事，恐怕是天意要灭亡我。你好好守城，当再决一战。"他仰观石阙，徘徊叹息了很久。便用皮囊装上他的两个儿子挂到马鞍上，和他的仪同田迁、范希荣等百余骑向东奔逃。王伟便也抛弃台城逃窜了。侯子鉴等奔往广陵。王克打开台城城门领裴之横入宫，纵兵蹂躏抢掠。这天夜里，留下的残火把太极殿和东西堂、延阁、秘署烧得精光，仪仗车辇莫有孑遗。王僧辩命令武州刺史�救火，勉强救灭。所以武德殿、五明殿、重云殿和门下省、中书省、尚书省得以保全。

王僧辩迎简文帝的棺木登于朝堂，三军穿上缟素，捶胸顿足以哀悼。命侯瑱、裴之横追贼兵于东方，焚烧伪宗庙的牌位于宣阳门，造梁诸帝牌位立于太庙，收聚图书八万卷送归江陵。杜崱镇守台城，都下的户口百余一二，从大航南岸极目望去，没有人烟。老幼争相扶携而出，刚刚渡过秦淮河，王琳、杜龛的士兵就对他们抢掠起来，比贼寇还凶恶，号叫之声，直传到石头城。王僧辩以为发生了兵变，登城问清缘故，也不加禁止。都认为王师的残酷，胜过了侯景，君子以此知道王僧辩是得不到善终了。

开初，侯景围攻台城的时候，援军有三十万，士兵们望见青袍（侯景士兵穿青色战袍）就气消胆落。等到赤亭之战，胡僧祐以弱卒一千击破任约的二万精兵，转战而东，没遇到过敢于列阵的敌兵。等到侯瑱追及侯景，侯景的士兵还没有列阵，就都举旗求降。侯景不能制止，便与数十名心腹乘坐一条船逃走。他把两个儿子推入水里，从沪渎入海。到了胡豆洲，被前太子舍人羊鲲杀死，送交王僧辩。

侯景身高不足七尺，上长下短，眉目疏朗，宽额头，高颧骨，面色发红，鬓发稀疏，眼睛下视，好频频看人，嗓音发散。有识者说："这叫作豺狼之声，所以他能吃人，也终究被人所吃。"他南奔以后，东魏丞相高澄命人把侯景妻子、儿子的脸皮全剥下，然后用大铁锅盛油煎杀。他的女儿都入宫为宫婢，男孩三岁以下都阉割。后来北齐文宣帝（高洋，高澄之弟）梦见猕猴坐在御床上，就连侯景的幼儿也用锅煮了，他在北方的子息全绝灭了。

侯景生性猜疑残忍，好杀戮，常常把亲手杀人当游戏。他正在吃饭的时候，杀人于面前，他谈笑自若，口不停食。有时他先割下人的手足，然后割舌头、鼻子，折磨一整天才最后处死。自从他篡位以后，时常戴着白纱帽，但还披着青袍，头上插着象牙梳子，床上常摆着胡床和筌蹄，穿着靴子垂脚坐着。有时他踩着门坎，有时他走马遨游，弹射鸦鸟。自从他当了天子,王伟不许他随便出去,于是他郁郁怏怏,反而成了不自在,说:"我没事做什么皇帝,和被摈弃没什么两样!"等到听说义军开始接近,猜忌得更厉害了,必须把兵器架绕满床前,然后才肯见客。每次登上梁武帝常临幸的大殿,他都好像有芒刺在身,常常好像听见有咄斥的声音。还有他睡在宴居殿,有一夜突然惊起。好像有什么东西扣在他心口上。从此凡是武帝所常居处的地方,他都不敢居住,大多都住在昭阳殿的廊下。他所居住的殿屋,时常有夜猫子鸣叫,侯景很是厌恶,常派人跑遍山野去捕鸟。侯景所乘坐的白马,每次打仗将要取胜的时候,就跳跃嘶鸣,意气骏逸;而遇上败仗,必然低头不肯前进。及至石头城之役,这马精神沮丧,卧地不肯动弹。侯景让左右拜请它,甚至加以鞭策,它始终不肯前进。开始侯景左脚上有只肉瘤,形状好像乌龟,打仗如果克捷,瘤子就轮廓分明,如果小胜,就软垂下来。到侯景败亡的那天,瘤子隐陷在肉中。

梁武帝天监年间,沙门释宅志说:"掘尾狗子自发狂,当死未死啮人伤,须臾之间自灭亡,起自汝阴死三湘。"还说:"山家小儿果攘臂,太极殿前作虎视。"狗子,是侯景的小名;山家小儿,就是猴子的模样。侯景沦陷都城,毒害皇家。他起自悬瓠,即古代的汝南。巴陵有个地名叫三湘,是侯景败逃之处。这话都应验了。侯景常对人说:"'侯'字是'人'字旁一个'主'字,下面是个'人'字,分明是'人主'呀。"台城陷没之后,梁武帝曾经对人说:"侯景必然要当皇帝,只是不长久而已。破开'侯景'二字,成'小人百日天子',他当皇帝应有一百天。"按侯景以辛未年十一月十九日篡位,壬申年三月十九日败亡,得一百二十天。而侯景在三月一日就前往姑孰,算起来在宫殿整够十旬,这话终究应验了。还有梁武帝大同年间,太医令朱耽曾经在宫内值勤,没有多久就梦见狗和羊各一只在御座上,醒来告诉人说:"狗和羊都不是好东西,如今占据御座,莫非要有事变么!"接着天子蒙尘,侯景登上了正殿。

在侯景将要失败的时候,有个叫僧通的和尚,精神好像有些癫狂,喝野吃肉,与俗人无异。他在世间游荡了几十年,谁都不晓得他的姓名乡里。他说的话开始觉得很隐晦,过了很久才应验。人们叫他阇梨。侯景对他极为敬重虔信。侯景曾经和他的党徒在后堂一起射箭,当耐僧通在座,夺过侯景的弓射景阳山,大呼道:"得奴已!"侯景后来与其党会宴,又召请僧通。僧通取肉蘸盐进给侯景,问:"好不好?"侯景说:"只恨太咸。"僧通说:"不成就烂了。"等到侯景死了,王僧辩截下他的两只手送给北齐文宣帝,把首级送往江陵,果然把五斗盐放进侯景的肚子里;送往建康,暴尸于市。百姓们争着割取侯景的肉做成脍羹来吃,一下子就割得净光,连溧阳公主都跟着吃他的肉。侯景对人焚骨扬灰,曾受过他祸害的人,就把他的骨灰调到酒里喝掉。他盼首级送到江陵,元帝命枭于市中三日,然后煮熟上漆,交付武库收藏。此前江陵有童谣说:"苦竹町,市南有好井。荆州军,杀侯景。"等到侯景的首级送到,元帝交送咨议参军李季长的宅子中,宅子的东面就是甘竹町。到了煮它的时候,用的就是市南的井水。侯景的仪同谢答仁、行台赵伯超投降于侯瑱。其行台田迁、仪同房世贵、蔡寿乐、领军王伯丑,都被生擒。凶党全部荡平,斩房世贵于建康市中,其余的党徒送往江陵。开初,郭元建因为对皇太子妃有礼,准备投降,侯子鉴说:"这不过是小惠,不足以保全自己。"于是他就奔往北齐了。

二十四史

北史

导　读

　　《北史》是纪体体史书,作者为唐朝李延寿,全书共一百卷,其中本纪十二卷,列传八十八卷,所记史实起于北魏道武帝登国元年(386),终于隋恭帝义宁二年(618),记述了北朝魏(包括西魏、东魏)、周、齐、隋四个封建政权共二百三十三年的历史。

　　《北史》虽与《南史》一样,是在删节《魏书》《北齐书》《周书》及《隋书》的基础上形成的,但由于作者李延寿曾参加修撰《五代史志》,对北朝史实较熟悉,再加上他世代居住北方,仕宦北朝,对有关故事见闻较多,因而与《南史》相较,《北史》更为精审详尽。北宋以后,《魏书》《北齐书》《周书》均残缺不全,主要依靠《北史》补足。

　　《南史》《北史》虽贯通南、北,削除各朝国史相互攻讦之辞,但仍以北魏(包括西魏)、周、隋为正统王朝,而以南朝及东魏、北齐为"偏据"。这表现在三个方面:一、宋、齐、梁、陈、东魏、北齐帝纪必系以魏(西魏)、周、隋年号;二、北魏(西魏)及北周皇帝死,《南史》中称"崩",而《北史》记南朝及东魏、北齐诸帝死只称"殂";三、称北魏(西魏)、周、隋对南朝、东魏、北齐发动的战争为"征""伐""讨",反之则为"侵""略"。李延寿还特地根据隋代魏澹的《魏书》增补了西魏三帝纪,《后妃传》中补了西魏诸帝后,《宗室传》中对入关的元魏宗室都增补了资料,从而弥补了《魏书》《周书》的缺陷,成为了解西魏一朝历史的重要材料。

西魏文帝文皇后乙弗氏传

【题解】

西魏文帝文皇后乙弗氏(510~540年),河南洛阳(今洛阳市)人。祖先为吐谷浑首领,后附北魏。乙弗氏母为孝文帝女,后嫁孝文帝孙南阳王元宝矩为妃,生子女十二人,唯存二子。535年,元宝矩即帝位,是为西魏文帝,乙弗氏被册封为皇后。538年,文帝迫于柔然之势,娶柔然首领阿那环女为皇后,令乙弗氏出家为尼。540年,又因柔然之故,令其自杀。后追谥为文皇后。与文帝合葬。参见《西魏文帝悼皇后郁久闾氏传》。

【原文】

文帝文皇后乙弗氏,河南洛阳人也。其先世为吐谷浑渠帅,居青海,号青海王。凉州平,后之高祖莫环拥部落入附,拜定州刺史,封西平公。自莫环后,三世尚公主,女乃多为王妃,甚见贵重。父瑗,仪同三司、兖州刺史。母淮阳长公主,孝文之第四女也。后美容仪,少言笑,年数岁,父母异之,指示诸亲曰:"生女何妨也。若此者,实胜男。"年十六,文帝纳为妃。及帝即位,以大统元年册为皇后。后性好节俭,蔬食故衣,珠玉罗绮绝于服玩。又仁恕不为嫉妒之心,帝益重之。生男女十二人,多早夭,唯太子及武都王戊存焉。

时新都关中,务欲东讨,蠕蠕寇边,未遑北伐,故帝结婚以抚之。于是更纳悼后,命后逊居别宫,出家为尼。悼后犹怀猜忌,复徙后居秦州,依子秦州刺史武都王。帝虽限大计,恩好不忘,后密令养发,有追还之意。然事秘禁,外无知者。

六年春,蠕蠕举国度河,前驱已过夏,颇有言虏为悼后之故兴此役。帝曰:"岂有百万之众为一女子举也,虽然,致此物论,朕亦何颜以见将帅邪!"乃遣中常绮曹宠赉手敕令后自尽。后奉敕,挥泪谓宠曰:"愿至尊享千万岁,天下康宁,死无恨也。"因命武都王前,与之决。遗语皇太子,辞皆凄怆,因恸哭久之。侍御咸垂涕失声,莫能仰视。召僧设供,令侍婢数十人出家,手为落发。事毕,乃入室,引被自覆而崩,年三十一。凿麦积崖为龛而葬,神柩将入,有二丛云先入龛中,顷之一灭一出,后号寂陵。及文帝山陵毕,手书云,万岁后欲令后配飨。公卿乃议追谥曰文皇后,祔于太庙。废帝时,合葬于永陵。

【译文】

西魏文帝元宝矩文皇后乙弗氏,河南洛阳人。她的祖先世代为吐谷浑部落首领,居住于青海,号称青海王。北魏太武帝拓跋焘消灭匈奴沮渠氏建立的北凉政权后,乙弗皇后的高祖莫环统率部落归附北魏,被任命为定州刺史,封西平公。自莫环以后,三代子孙都娶北魏公主,女子则大都嫁给宗王为王妃,极受重视,被委以大任。乙弗皇后的父亲乙弗瑗,官至仪同三司、西兖州刺史。她的母亲淮阳长公主,是孝文帝的第四个女儿。乙弗皇后容貌美丽,不太爱说话嬉笑,才几岁的时候,她的父母亲就为她感到惊奇,指着她对亲属们说:"生女儿又有什么关系呢。像这个女儿,实际上比男孩还强。"十六岁的时候,文帝娶她为南阳王王妃。及文帝登上帝位,于大统元年册封她为皇后。乙弗皇后生性喜欢节俭,吃蔬菜,穿旧衣服,服装玩物中没有珠宝玉石及精美的丝织品。而且仁慈宽恕,没有妒忌心理,文帝更加尊重她。她一共生了十二个儿女,大都幼年夭折,只有太子元钦及武都王元戊活了下来。

当时西魏刚刚建都于关中长安,一心一意想攻打东魏,蠕蠕族侵犯北边疆土,但来不及加以讨伐,所以文帝和蠕蠕联姻加以笼络。因此又娶蠕蠕首领阿那环的女儿悼皇后,命乙弗皇后迁出皇后宫信到别的宫殿中,后出家当尼姑。悼皇后仍心怀猜忌,又将乙弗皇后迁到秦州居住,同儿子秦州刺史武都王元戊住在一起。文帝虽然为国家大计所迫,但仍没有忘记同乙弗皇后的感情,后来暗中让她蓄发,有让她回宫作皇后的意图。不过事情做得极隐秘,外面没有人知道。

大统六年春天,蠕蠕发全国军队渡过黄河,前锋已过夏州,很多人说蠕蠕向西魏发动这场战争是因为悼皇后不被宠爱的缘故。文帝说:"哪有百万大军是为一个女子受不受宠而发动的呢?尽管如此,让人们发出这样的言论,我

魏文帝曹丕

又有什么脸面面对将帅们呢!"于是派中常侍曹宠带着自己的亲笔命令让乙弗皇后自杀。乙弗皇后接到命令后,流着眼泪对曹宠说:"希望皇上能活千万年,天下富裕安宁,我死后也没有什么可悔恨的了。"于是让武都王前来,同他诀别。给皇太子留下遗言,语句都很凄惨,因此悲痛地哭了很久。服侍她的人都哭出声来,没有谁忍心抬头看她。乙弗皇后叫来僧侣,摆上供品,命令服侍她的几十个婢女出家当尼姑,并亲手给她们剪掉头发。事情完成后,才走进卧室,拉开被子把自己盖上,随即死去,终年三十一岁。在麦积崖凿了一个石窟安葬她,灵柩将放进去的时候,有两朵云彩先涌进石窟中,很快其中一朵云彩消失了,另一朵飘了出去,后来把这儿叫作寂陵。文帝的陵墓修建完工后,他亲笔写下一个文书,说自己去世后想让乙弗皇后配祭。朝廷公卿们于是经过商议,追谥她为文皇后,配祭于太庙中。西魏废帝元钦在位时,将她和文帝一起葬于永陵中。

文帝悼皇后郁久闾氏传

【题解】

西魏文帝悼皇后郁久闾氏(525～540),柔然首领阿那环女。北魏末年政乱,柔然族复兴于塞北草原,威胁东、西魏两个对立的政权,二方统治者各相和亲,以结强援。以是之故,西魏文帝元宝矩郁久闾氏,出原皇后乙弗氏为尼,尊郁久闾氏为皇后。而不加亲待。后郁久闾氏因生产受惊而死。参见《西魏文帝文皇后乙弗氏传》。

【原文】

文帝悼皇后郁久闾氏,蠕蠕主阿那环之长女也。容貌端严,凤布成智。大统初,蠕蠕屡犯北边,文帝乃与约,通好结婚,扶风王孚受使奉迎。蠕蠕俗以东为贵,后之来,营幕户席,一皆东向。车七百乘,马万匹,驼千头。到黑盐池,魏朝卤簿文物始至。孚奏请正南面,后曰:"我未见魏主,故蠕蠕女也。魏仗向南,我自东面。"孚无以辞。

四年正月,至京师,立为皇后,时年十四。六年,后怀孕将产,居于瑶华殿,闻上有狗吠声,心甚恶之。又见妇人盛饰来至后所,后谓左右:"此为何人。"医巫傍侍,悉无见者,时以为文后之灵。产讫而崩,年十六,葬于少陵原。十七年,合葬永陵。当会横桥北,后梓宫先至鹿苑,帝辒辌后来,将就次所,轨折不进。

【译文】

西魏文帝元宝矩悼皇后,是蠕蠕首领阿那环的大女儿。她容貌端庄,幼年便有成年人的智慧。西魏大统初,蠕蠕多次侵犯北边疆土,文帝便同他们约定,两国通使讲和联姻,扶风王元孚奉命为使臣前去迎接。蠕蠕风俗,以东边为尊贵,悼皇后来西魏的路上,营帐的门及座席都朝东方。随带马车七百辆,马一万匹,骆驼一千头。她到达黑盐池的时候,西魏送来的皇后仪仗器物才到那儿。元孚上奏请求悼皇后按魏的习俗,以南方为正。悼皇后说:"我还没有见到魏主,就还是蠕蠕的女儿。魏朝的仪仗向南方,我自己仍向东方。"元孚说不出话来。

大统四年正月,悼皇后到达京城长安,被册封为皇后,当时她十四岁。大统六年,悼皇后怀孕即将生产,住在瑶华殿,听到屋顶上有狗叫声,心中对此深为讨厌。又看见一个女人穿着华丽的服饰来到自己的住所,悼皇后对身边的人说:"这是什么人?"当是医生和巫师在她身边服侍,没有人看见什么,当时人们认为这是文皇后的灵魂在作怪。悼皇后生下孩子后便去世,终年十六岁,安葬于少陵原。大统十七年,迁到永陵和文帝安葬在一起。安葬那天,悼皇后的灵柩应当在横桥北边同文帝的灵柩会合,悼皇后的灵柩先期到达鹿苑,运送文帝棺柩的灵车后到,将要临近暂住之处时,灵车车轮折断不能前进。

后主冯淑妃传

【题解】

后主冯淑妃,名小怜,本为侍婢,后以善弹琵琶,工歌,深受北齐后主高纬宠幸。及北周攻晋阳(今山西太原),后主竟从淑妃之请,继续围猎,以致贻误军机。唐李商隐《北齐》诗说:"晋阳已陷休回首,更请君王猎一围。"即讽此事。北齐灭亡,淑妃被赐予北周代王宇文达,隋初被逼自杀。本传还记载了北齐末年后宫的混乱情况,对理解北齐亡国亦有帮助。

【原文】

冯淑妃名小怜,大穆后从婢也。穆后爱衰,以五月五日进之,号曰"续命"。慧黠能弹琵琶,工歌舞。后主惑之,坐则同席,出则并马,愿得生死一处。命淑妃处隆基堂,淑妃恶曹昭仪所常居也,悉令反换其地。

周师之取平阳,帝猎于三堆,晋州亟告急,帝将还,淑妃请更杀一围,帝从其言。识者以为后主名纬,杀围言非吉征。及帝至晋州,城已欲没矣。作地道攻之,城陷十余步,将士乘势欲入。帝敕且止,召淑妃共观之。淑妃妆点,不获时至。周人以木拒塞,城遂不下。旧俗相传,晋州城西石上有圣人迹,淑妃欲往观之。帝恐弩矢及桥,故抽攻城木造远桥,监作舍人以不速成受罚。帝与淑妃度桥,桥坏,至夜乃还。称妃有功勋,将立为左皇后,即令使驰取袆翟等皇后服御。仍与之并骑观战,东偏少却,淑妃怖曰:"军败矣!"帝遂以淑妃奔还。至洪洞戍,淑妃方以粉镜自玩,后声乱唱贼至,于是复走。内参自晋阳以皇后衣至,帝为按辔,命淑妃著之,然后去。帝奔邺,太后后至,帝不出迎。淑妃将至,凿城北门出十里迎之。复以淑妃奔青州。后主至长安,请周武帝乞淑妃,帝曰:"朕视天下如脱屣,一老妪岂与公惜也!"仍以赐之。

及帝遇害,以淑妃赐代王达,甚嬖之。淑妃弹琵琶,因弦断,作诗曰:"虽蒙今日宠,犹忆昔时怜。欲知心断绝,应看胶上弦。"达妃为淑妃所譖,几致于死。隋文帝将赐达妃兄李询,令著布裙配舂。询母逼令自杀。

后主以李祖钦女为左昭仪,进为左娥英。裴氏为右娥英。娥英者,兼取舜妃娥皇、女英名,阳休之所制。

乐人曹僧奴进二女,大者忤旨,剥面皮,少者弹琵琶,为昭仪。以僧奴为日南王。僧奴死后,又贵其兄弟妙达等二人,同日皆为郡王。为昭仪别起隆基堂,极为绮丽。陆媪诬以左道,遂杀之。

又有董昭仪、毛夫人、彭夫人、王夫人、小王夫人、二李夫人,皆嬖宠之。毛能弹筝,本和士开荐人。帝所幸彭夫人,亦音妓进,死于晋阳,造佛寺,与总持相埒。一李是隶户女,以五弦进。一李即孝贞之女也。小王生一男,诸阉人在旁,皆蒙赐给。毛兄思安,超登武卫。董父贤义,为作军主,由昭仪亦超登开府。自余姻属,多至大官。

冯淑妃名叫小怜,原来是北齐后主高纬穆皇后的侍婢。穆皇后不再受后主宠爱以后,在五月五日把冯淑妃进献给后主,称此为"续命"。淑妃聪慧狡黠,会弹琵琶,能歌善舞。后主被她迷住了,坐便和她同桌,出去便与她并马而行,希望能和她生死相依。后主命令冯淑妃住在隆基堂,淑妃因曹昭仪曾在这儿住过,讨厌这儿,于是让嫔妃全都更换住处。

北周军队攻下平阳城时,后主在三堆围猎,晋州多次派人来告急,后主将回晋阳,冯淑妃请求再杀上一围,后主听了她的话。有见识的人以为后主名叫纬,"杀围"这话是不吉利的征兆。当后主到达晋州时,北齐军反攻平阳已快攻下了。齐军挖掘地道攻城,城墙塌了十多步宽的缺口,将士们想乘势攻进城去。后主下令暂时停止进攻,把淑妃叫来和他一起观看攻城。冯淑妃化妆打扮,未能及时到来。周军用木材将缺口堵上,平阳城因此未能攻下。自古以来传说晋州城西边一块石头上有古代圣人的足迹,冯淑妃想到那儿去看看。后主担心箭镞射到路中要经过的桥上,所以抽调攻城用的木材在远处再造一座桥,监督桥的舍人因桥没有迅速建成而受到处罚。后主同冯淑妃过桥,桥塌了,到晚上才回来。后主声称淑妃有功勋,准备册封她为左皇后,当即命令使臣乘快马去取褂衣雉羽等皇后穿用的衣服饰物。并与淑妃一起乘马观看战斗,齐军阵势东面的部队稍稍有些退却,淑妃恐惧地说:"大军战败了!"后主于是带着淑妃逃跑而回。到洪洞戍城时,冯淑妃正在用粉镜自我欣赏,后面传来乱糟糟的呼叫声,说敌军来了,于是又起身奔逃。内参从晋阳带着皇后的衣服到来,后主为她抓住马缰,让冯淑妃穿上,然后才继续逃跑。后主逃到邺城,母亲皇太后随后到达,后主不出城迎接,冯淑妃将到的时候,后主凿开邺城北门,到十里以外去迎接。又带着淑妃逃到青州。后主被俘到长安,向周武帝乞求把冯淑妃赐还给他,周武帝说:"我把天下都不放在眼里,哪会舍不得把一个老婆子给你!"因而把冯淑妃仍旧赐给他。

当后主被杀以后,周武帝将淑妃赏赐给代王宇文达,宇文达非常宠爱她。淑妃弹奏琵琶,趁弦断了的时候,作了一首诗说:"虽蒙今日宠,犹忆昔时怜。欲知心断绝,应看膝上弦。"宇文达的王妃受到淑妃的谗言,差一点被杀。隋文帝将淑妃赏赐给宇文达王妃的哥哥李询为婢,让她穿上布裙春米。李询的母亲逼迫冯淑妃自杀而死。

后主封李祖钦的女儿为左昭仪,晋封为左娥英。封裴氏为右娥英。所谓娥英,是根据舜的两个妃子娥皇、女英的名字而起的名号,这是阳休之制定的。

在朝廷演奏音乐的一个叫曹僧奴的人,向后主进献两个女儿,老大触犯了后主的旨意,被剥去脸上的皮。年龄较小的那个能弹琵琶,被封为昭仪。封曹僧奴为日南王。曹僧奴死后,后主又尊崇他的哥哥曹妙达等两人。同一天将他们都封为郡王。为曹昭仪另外修了一座叫隆基堂的宫殿,极其精巧壮丽。陆媪诬告曹昭仪搞邪门旁道,后主便把曹昭仪杀了。

此外还有董昭仪、毛夫人、彭夫人、王夫人、小王夫人、两个李夫人,后主对她们都很宠爱。毛夫人善于弹筝,原先是由和士开进献给后宫的。后主所宠幸的彭夫人,本也是从一个会音乐的妓女召进宫中的,后来在晋阳死去,后主为她修建佛寺,同总持寺规模差不多。李夫人之一是个隶户的女儿，因能弹五弦琴得到提升。另一个就是李孝贞的女儿。小王夫人生下一男孩，当时在她身边的所有宦官，都受到赏赐。毛夫人的哥哥毛思安，被越级提升为武卫将军。董昭仪的父亲董贤义，原为掌管工匠的军主，因为董昭仪的缘故，也被越级提升为开府。其他被宠爱者的亲属，很多都当上大官。

古弼传

【题解】

古弼，北魏代地(今山西北部)人。少忠谨，善骑射，有将略。初为猎郎，以敏正称。魏明元帝赐名曰笔，后改为弼。魏太武帝拓拔焘即位，拜立节将军，封云寿侯，历侍中、吏部尚书，迁尚书令，以忠直称。魏之领有南秦(今甘肃东南部及陕西西南部)，古弼之功略居多。后魏文成帝即位，被怨杀。

【原文】

古弼，代人也。少忠谨，善骑射。初为猎郎，门下奏事，以敏正称。明元嘉其直而有用，赐名曰笔。后改名弼，言其有辅佐才也。令典西部，与刘洁等分管机要，敷奏百揆。

太武即位，以功拜立节将军，赐爵云寿侯。历位侍中、吏部尚书，典南部奏事。后征冯弘。弘将奔高丽，高丽救军至，弘乃随之，令妇人被甲居中，其精卒及高丽陈兵于外，弼部将高苟子击贼军，弼酒醉，拔刀止之，故弘得东奔。太武大怒，黜为广夏门卒。寻复为侍中，与尚书李顺使凉州。赐爵建兴公，镇长安，甚有威名。及议征凉州，弼与顺咸言凉州乏水草，不宜行，帝不从。既克姑臧，微嫌之，以其有将略，弗之责。

宋将裴方明仇池，立杨玄庶子保炽。于是假弼节，督陇右诸军讨仇池，平之。未几，诸氏复推杨文德为主，围仇池。弼攻解其围，文德走汉川。时东道将皮豹子闻仇池围解，议欲还军。弼使谓曰："若其班师，寇众复至，后举为难。不出秋冬，南寇必来，以逸待劳，百胜之策也。"豹子乃止。太武闻之曰："弼言长策也。制有南秦，弼谋多矣。"

景穆总摄万机，征为东宫四辅，与宜都王穆寿并参政事。迁尚书令。弼虽事务殷奏，而读书不辍。端谨缜密，口不言禁中事。功名等于张黎，而廉不及也。

上谷人上书，言苑围过度，人无田业，宜减太半，以赐贫者。弼入欲陈奏，遇帝与给事

古弼

中刘树棋，志不闻事。弼侍坐良久，不获申闻。乃起，于帝前摔树头，掣下床，以手搏其耳，以拳殴其背，曰："朝廷不理，实尔之罪！"帝失容，放棋曰："不闻奏事，过在朕。树何罪？置之！"弼具状以闻。帝奇弼公直，皆可其奏，以与百姓。弼曰："为臣逞志于君前者，非无罪也。"乃诣公车，免冠徒跣，自劾请罪。帝召之，谓曰："卿其冠履。吾闻筑社之役，蹇蹶而筑之，端冕而事之"神与之福。然则卿有何罪，自今以后，苟利社稷，益国便人者，虽复颠沛造次，卿则为之，无所顾也。"

太武大阅，将校猎于河西，弼留守。诏以肥马给骑人，弼命给弱者。太武大怒曰："尖头奴敢裁量朕也！朕还台，先斩此奴！"弼头尖，帝常名之曰"笔头"，时人呼为"笔公"。属官惧诛，弼告之曰："吾谓事君使田猎不适盘游，其罪小也，不备不虞，使戎寇恣逸，其罪大也。今北狄孔炽，南虏未灭，狡焉之志，窥伺边境，是吾忧也。故选肥马备军实，为不虞之远虑。苟使国家有利，吾宁避死科？明主可以理干，此自吾罪。"帝闻而叹曰："有臣如此，国之宝也！"赐衣一袭，马二匹，鹿十头。后车驾田于山北，获麋鹿数千头，诏尚书发车牛五十乘运之。帝寻谓从者曰："笔公必不与我，汝辈不如马运之速。"遂还。行百余里而弼表至，曰："今秋谷悬黄，麻菽布野，猪鹿窃食，鸟雁侵费，风波所耗，朝夕参倍。乞赐矜缓，使得收载。"帝谓左右曰："笔公果如朕卜，可谓社稷之臣！"

初，杨难当之来也，诏弼悉送其子弟于京师，杨玄少子文德，以黄金三十斤赂弼。弼受金留文德，而遇之无礼，文德亡入宋。太武以其正直，有战功，弗加罪责。太武崩，吴王立，以弼为司徒。文成即位，与张黎并坐议不合旨，俱免。有怨谤之言，其家人告巫蛊，俱伏法。时人冤之。

【译文】

古弼，代地人。自少忠谨，善于骑射。开初担任猎郎，在门下奏事，以敏慧正直著称。明元帝(拓拔嗣)赞赏他正直而有用，赐名为"笔"；后来改为"弼"，是说他有辅弼的才能。命令他掌管西部，与刘洁等人分管机要，敷陈各种政务。

太武帝即位，古弼因功劳拜任立节将军，赐为云寿侯。历任侍中、吏部尚书，掌南部奏事。后来征讨冯弘，冯弘准备逃奔高丽。高丽救兵赶到，冯弘就跟随着他们，让妇女披甲居于阵中，精锐将士和高丽救兵陈兵于外。古弼的部将高苟子要攻击敌军，古弼正醉着，拔刀制止住高苟子，所以冯弘得以逃入东方。太武帝大怒，把古弼黜降为都城广夏门的门卒。不久又让他担任侍中，与尚书李顺出使凉州(沮渠牧犍的北凉国，都城为姑藏)。赐爵建兴公，镇守长安，很有威名。及至商议征讨凉州，古弼和李顺都说凉州缺乏水草，不宜出征，太武帝不肯听从。等到攻克姑藏，太武帝对古弼略有不满，但因为他有将略，也没有责罚他。

南朝刘宋的将领裴方明攻克仇池，扶立杨玄的庶子杨保炽。于是以古弼为假节，督率陇右诸军讨伐仇池，平定之。没有多久，氐人诸部又推举杨文德为主，包围仇池。古弼进攻解围，杨文德逃往汉川。当时东道将领皮豹子听说仇池之围已解，商议着想撤回军队。古弼派人对他说："如果你班师，敌众就会重新回来，再兴兵就困难了。出不了秋冬两季，南朝的敌军必然会来，我们以逸待劳，这是百胜之策。"皮豹子才未撤回。太武帝听说后，说："古弼说的是长远之策，我们能够控制据有南秦，多靠古弼的谋划呀。"

皇太子（未即位就去世，后来追封为景穆皇帝）主持朝政，征古弼为东宫"四辅"（其余三人为穆寿、崔浩、张黎），与宜都王穆寿一同参理政事。迁升为尚书令。古弼虽然事务繁杂，但没有停止过读书。他端谨缜密，口不言禁中之事。他的功绩名声与张黎相同，但不如张黎廉洁。

上谷人上书，说皇帝的苑囿占地太多，百姓没有了耕地，应该减少大半，以赐给贫民。古弼入宫准备陈奏，正好太武帝和给事中刘树在下棋，心思不在听取奏事上。古弼侍坐很久，也没有机会奏事。于是他站起身，当着太武帝的面揪住刘树的头，把他扯下床，用手揪着他的耳朵，用拳头殴击他的后背，说："朝廷不能治理，全是你的罪过！"太武帝脸色大变，放下棋子说："没有听你奏事，过错在朕。刘树有什么罪，放了他吧。"古弼详陈奏闻。太武帝激赏古弼的公直，全部批准了他的奏事，把苑囿的地分给了百姓。古弼说："作为臣子逞志于君主之前，不是没有罪的。"便前往公车府，摘去冠，光着脚，自劾请罪。太武帝召见他，对他说："你快戴上冠，穿上鞋。我听说建筑社庙的工役，要竭力艰难地营筑，衣冠楚楚地侍奉，这样神才会赐福。如此则您有什么罪？从今以后，只要有利于社稷，益国便民的事，虽然是颠沛造次，您就去做，不要有所顾忌。"

太武帝举行大规模阅兵，准备校猎于河西，派古弼留守京城。有诏把肥马供给骑士，古弼却命令供给弱马。太武帝大怒道："尖头奴竟敢裁减起我来了！朕回到都城，先斩这奴才！"古弼的脑袋有些尖，太武帝常称他"笔头"，当时人叫他"笔公"。古弼的属官害怕牵连受诛。古弼告诉他们说："我认为侍奉君主而使他田猎得不愉快，这罪过是小的；如果不能加强防御，使得敌寇恣肆，这罪过就大了。如今北狄嚣张（指蠕蠕），南寇未灭（指宋），心存狂狡，窥伺边境，这是我所担忧的。所以我选择肥马以备军用，为不虞之远虑。只要对国家有利，我难道害怕一死么！英明的君主可以用道理说服，这罪由我自己承担。"太武帝闻听后叹息道："有这样的臣子，是国家的宝贝呀！"便赐衣服一套，马两匹，鹿十头。后来太武帝田猎于山北，猎获麋鹿数千头，诏命尚书派车牛五十乘来运输。接着太武帝对随从说："笔公一定不会给我，你们还不如用马驮着更快一些。"便启程返还。走了一百多里古弼的表章就送到了，说："现今秋谷开始变黄，豆麻遍野，猪鹿偷食，鸟雀侵费，风雨所伤耗，朝夕就相差数倍。乞请暂缓调用，使百姓得以收获载运。"太武帝对左右说："笔公果然如朕所料，真可谓社稷之臣呀！"

开初，杨难当投奔北魏，诏命古弼把他的子弟都送往京师。杨玄的小儿子杨文德，用黄金三十斤贿赂古弼。古弼接受了黄金，让杨文德留在当地，但对他又无礼，杨文德就逃亡入宋。太武帝因为古弼正直，有战功，就没有加罪。太武帝死后，吴王即位（此时吴王拓拨余已经改封为南安王），任命古弼为司徒。文成帝即位，古弼与张黎都因论议不合旨意坐罪，被免职。他们有怨谤之言，被家人告发说搞巫蛊之术，俱被诛杀。当时人都为他们感到冤枉。

郦道元传

【题解】

郦道元(？~公元 527 年),字善长,范阳郡涿州市(今河北涿县)人,北魏地理学家。他出身于官僚世家,曾祖父、祖父均为太守,父亲任刺史、尚书右丞等职。父亲死后,袭爵永宁侯,按惯例降为伯,任尚书主客郎。历任治书侍御史、冀州镇东府长史、颖川太守、鲁阳太守、东荆州刺史、河南尹、御史中尉等职。孝昌三年(527),被人陷害,死于关中阴盘驿亭。主要著作有《水经注》四十卷、《本志》十三篇和《七聘》诸文。流传至今的只有《水经注》一种。

郦道元在地理学上的成就,反映在《水经注》这部书中。此书是郦道元以《水经》为蓝本,以作注的形式写成的地理巨著。书中以水道为纲,将河流流经地区的古今历史、地理、经济、政治、文化、社会风俗、古迹等作了尽可能详细的记述。

【原文】

道元字善长。初袭爵永宁侯,例降为伯。御史中尉李彪以道元执法清刻,自太傅掾引为书侍御史。彪为仆射李冲所奏,道元以属官坐免。景明中,为冀州镇东府长史。刺史于劲,顺皇后父也,西讨关中,亦不至州,道元行事三年。为政严酷,吏人畏之,奸盗逃于他境。后试守鲁阳郡,道元表立黉序,崇劝学教。诏曰:"鲁阳本以蛮人,不立大学。今可听之,以成良守文翁之化。"道元在郡,山蛮伏其威名,不敢为寇。延昌中,为东荆州刺史,威猛为政,如在冀州。蛮人诣阙讼其刻峻,请前刺史寇祖礼。及以遣戍兵七十人送道元还京,二人并坐免官。

郦道元

后为河南尹。明帝以沃野、怀朔、薄骨律、武川、抚冥、柔玄、怀荒、御夷诸镇并改为州,其郡、县、戍名,令准古城邑。诏道元持节兼黄门侍郎,驰驿与大都督李崇筹宜置立,裁减去留。会诸镇叛,不果而还。

孝昌初,梁遣将攻扬州,刺史元法僧又于彭城反叛。诏道元持节、兼侍中、摄行台尚书,节度诸军,依仆射李平故事。梁军至涡阳,败退。道元追讨,多有斩获。

后徐御史中尉。道元素有严猛之称,权豪始颇惮之。而不能有所纠正,声望更损。司州牧、汝南王悦嬖近左右丘念,常与卧起。及选州官,多由于念。念常匿悦第,时还其家,道元密访知,收念付狱。悦启灵太后,请全念身,有敕赦之。道元遂尽其命,因以劾悦。

时雍州刺史萧宝夤反状稍露，侍中、城阳王徽素忌道元，因讽朝廷，遣为关右大使。宝夤虑道元图己，遣其行台郎中郭子帙围道元于阴盘驿亭。亭在冈上，常食冈下之井。既被围，穿井十余丈不得水。水尽力屈，贼遂逾墙而入。道元与其弟道（缺）二子俱被害。道元瞋目叱贼，厉声而死，宝夤犹遣敛其父子，殡于长安城东。事平，丧还，赠吏部尚书、冀州刺史、安定县男。

道元好学，历览奇书，撰注《水经》四十卷，《本志》十三篇。又为《七聘》及诸文皆行于世。然兄弟不能笃睦，又多嫌忌，时论薄之。子孝友袭。

【译文】

郦道元，字善长，起初，继承父亲的封爵永宁侯，按照惯例，由侯降为伯。御史中尉李彪因道元执法清正苛刻，举荐他由太傅掾升任书侍御史。李彪被仆射李冲参奏下台后，道元因为是李彪的下属官员也被罢免。景明期间（公元 500～503 年），道元任冀州镇东府长史。冀州刺史于劲，是顺皇后的父亲，当时带兵在关中打仗，不在冀州上任。州上的事全由道元管理达三年之久。由于道元行政严酷，所以不仅是官吏畏惧，就是奸诈小人和强盗也纷纷逃离冀州，到别的地方去。后来调道元去鲁阳郡代理太守，他向皇帝打报告，请求在鲁阳建立学校，勉励教师和学生。皇帝指示说："鲁阳原来因为是南方边远地区，不立大学。现在可以允许，使鲁阳象西汉文翁办学那样成为有文化教养的地区。"道元在鲁阳郡的日子，老百姓佩服他的威名，不敢违法。延昌期间（公元 512～515 年），道元任东荆州刺史，行政威猛跟在冀州一样。当地百姓向皇帝告状，告他苛刻严峻，请求前任刺史寇祖礼回来。等到寇祖礼回来并派遣戍边士兵七十名送道元回京时，两人都因为犯事被罢官。

后来道元任河南尹。北魏明帝因为沃野、怀朔、薄骨律、武川、抚冥、柔玄、怀荒、御夷等镇均改为州，这些州的郡、县、戍名称，命令用古城邑为标准。皇帝指令道元持节、兼黄门侍郎，与大都督李崇一道按驿站制度兼程而行，筹划哪些地方宜立郡、县、戍，哪些地方要裁减去留。正赶上诸镇叛乱，他们的工作没有结果就回去了。

孝昌初期，梁朝派遣将领攻打扬州，刺史元法僧又在彭城叛乱。孝明帝命道元持节、兼侍中、代理行台尚书，指挥调遣各路军马，依照仆射李平的故事。梁朝的军队到涡阳，被击退，道元指挥军马追杀，获胜。

后来任命道元为御史中尉。道元素有行政严猛的名声，掌握大权的人开始有些畏惧。但过了一段时间后，道元纠正不正之风没有显著的成绩，他的声望受到很大损害。司州牧、汝南王悦宠爱男娼丘念，常常跟他一起睡觉，一起生活。等到选举州官时，全由丘念操纵。平时丘念隐藏在王悦的家里，隔三岔五才回一次家。道元秘密查清丘念回家的规律，找一次机会把丘念抓住，关进监狱。王悦上告灵太后，请求释放丘念。灵太后命令释放，道元抢在命令下达之前把丘念处死，并因此事而检举王悦的违法行为。

正在这个时候，雍州刺史萧宝夤反叛北魏的意图已经暴露，侍中、城阳王徽一向忌恨道元，就劝灵太后派道元为关右大使去视察萧宝夤。萧宝夤害怕道元收拾他，于是派手下的行台郎中郭子帙把道元围困在阴盘驿亭。亭在山冈上，平时喝水靠山下的水井。道元在山冈上打井十余丈仍无水,水尽力竭,郭的人马翻墙入亭,把道元和他的弟弟以及两个儿子杀害。道元怒目高声骂萧,气息而亡。萧宝夤派人把道元父子、弟弟埋葬在长安城东。萧宝夤平定之后,道元的尸骨迁回家乡。朝廷追赠道元吏部尚书、冀州刺史、安定县男。

道元好学,一向喜欢阅览奇书。撰《水经注》四十卷,《本志》十三篇,又有《七聘》等文章流行于世。然而兄弟之间不能团结和睦相处,又多嫌忌,当时的舆论有点看不起。儿子孝友继承爵位。

高遵传

【题解】

历史上所谓的"酷吏",其事迹往往很不一样,有的人由于执法严猛,不避权贵,尽管在行事上不免有些苛刻,但对澄清吏治有一定的作用。这一类人在前后《汉书》中曾出现过不少,到了北魏时,如李彪、郦道元,也属于这一类。另一些人物则与此不同,他们不但残忍,而且贪赃枉法,这里所选的高遵和羊祉就属于后一类。高遵完全是一个贪官污吏,他的贪酷之名甚至传到了北魏孝文帝那里,孝文帝曾加以训诫,他仍不改,最后免不了受到应有惩罚。羊祉的行为和高遵有些相近,他的残暴也曾为朝廷所知。然而他官运亨通,死后还得到了较好的谥号。这是因为他处于孝明帝元诩时代,北魏的朝政已很混乱。传中用了较多的篇幅记载议谥的事,不少人主张给他好的谥号,说什么"义无求备",置他的劣迹于不顾,这很能说明当时贪污已成为较普遍的现象,人们已不把它当作大事。

【原文】

高遵,渤海蓚人。弟允,字世礼,贱出,其兄矫等常欺侮之,及父亡,不令在丧位。遵遂驰赴平城,归允。允为作计,乃为遵父举哀,以遵为丧主,京邑无不吊集,朝贵咸识之。徐归奔赴。免丧后,为营宦路。遵感成益之恩,事允如诸父。涉历文史,颇有笔札。随都将长广公侯穷奇等平定三齐,以功赐爵高昌男,补安定王相。撰太和、安昌二殿画图。后与中书令高闾增改律令,进中书侍郎。假中书令,诣长安,刊燕宣王庙碑,进爵安昌子。使济、兖、徐三州,观风理讼。进中都令。及新制衣冠,孝文恭荐宗庙,遵形貌庄洁,音气雄畅,堂兼太祝令,跪赞礼事,为俯仰之节,粗合仪矩,由是帝颇识待之。后与游明根、高闾、李冲等人议律令,亲对御坐,时有陈奏。出为齐州刺史,建节历本州,宗乡改观,而矫等弥妒毁之。

遵性不廉清。在中书时,每假归山东,必借备骡马,将从百余,屯逼人家,不得丝缣满意,则诟骂不去。旬月之间,缣布千数,郡邑苦之。既莅方岳,本意未弭,选召僚吏,多所取纳。又其妻明氏,家在齐州,母弟舅甥,共相凭属,争取货利。严暴,非理杀害甚多。贪酷之响,帝颇闻之。及车驾幸邺,遵自州来朝。会有赦省,遵临还州,请辞。帝于行宫引见请让之。遵自陈无负。帝厉声曰:"若无迁都赦,必无高遵矣!又卿非唯贪惏,又虐于刑法。"谓："何如济阴王,犹不免于法;卿何人,而为此行! 自今宜自谨约。"还州,仍不悛革。齐州人孟僧振至洛讼遵,诏廷尉少卿刘述穷鞫,皆如所诉。先,沙门道登过遵。遵以道登荷眷于孝文,多奉以货,深托仗之。道登屡因言次,申启救遵,帝不省纳,遂诏述赐遵死。时遵子元荣诣洛讼冤,犹恃道登,不时还赴。道登知事决,方乃遣之。遵恨其妻,不与诀,别处沐浴,引椒而死。

【译文】

　　高遵,渤海蓚人。高允的堂弟。高遵,字世礼。他母亲地位卑贱,因此哥哥高矫等人常欺侮他,到他父亲死时,不让他居于孝子之列。高遵就赶到平城,投奔高允。高允给他负担费用,就为高遵之父发丧,让高遵当孝子,京中人士都聚集吊唁,朝廷贵臣都认识了高遵。这样,高遵就慢慢回家参加丧事。守丧完毕后,高允又为高遵营求仕官的办法。高遵因此感激高允成全自己的恩德,对待高允像父辈一样。高遵阅览文史典籍,颇善于写文章信函。他跟随都将长广公侯穷奇等平定三齐之地,因功被赐爵高昌男,任安定王相。绘制太和、安昌二殿的壁画。后来和中书令高闾增订和修改律令,进位中书侍郎。代理中书令之职,奉命到长安,刊刻燕宣王庙碑,进爵安昌子。奉使济、兖、徐三州,观察风俗,处理诉讼。进职中都令。到孝文帝重新规定衣冠服饰时,孝文帝将衣冠恭恭敬敬上献宗庙,高遵仪容庄重整洁,声音响亮清晰,常兼太祝令,跪着报唱礼仪,他拜伏、起立的动作,大体符合礼制,因此孝文帝很赏识他。后来,他和游明根、高闾、李冲等人商讨律令,面对着孝文帝的座位,时时有所奏禀。出京任齐州刺史,握着符节行经本州,他的宗族都对他改变了看法,但高矫等人更嫉妒而诽毁他。

　　高遵习性不清廉。在中书时,每次请假回东边去,必定到处借骡马,随从百余人,逼迫百姓人家,非得到满意的绢匹之数,就辱骂不走。十天一个月之间,收刮绢布上千匹,为郡邑百姓之害。他既做刺史,原来的习性不改,选用僚佐属吏,都收取很多财货。又他妻子明氏,家在齐州,她的弟弟及舅舅外甥等,都凭借权势,谋取财利。高遵严酷残暴,不合理地杀害人很多,贪酷的名声,颇为孝文帝所闻。到孝文帝来到邺城时,高遵从齐州来朝见。正逢当时有大赦令,高遵临回齐州时,请见辞行。孝文帝在行宫召见并责备他。高遵自称无罪。孝文帝厉声说："如果不因迁都大赦,一定没有你高遵了。而且你不但贪婪,又用刑残虐。"又说："你和济阴王比又怎样? 济阴王当不免于依法处理;你算什么人,而行为如此! 今后要自己谨慎廉俭!"高遵回到州里以后仍不改过。齐州人孟僧振到洛阳去控诉高遵,孝文帝下诏让廷尉少卿刘述彻查,结论和所控诉的相同。先前,道登和尚拜访高遵,高遵因孝文帝宠信道登,用许多财货送他,深深地依托仰仗他。道登因此好几次借机进言,要求救免高遵,孝文帝不听,下诏给刘述让他赐高遵死。当时高遵的儿子高元荣到洛阳诉冤,还依仗道登,不及时赶还。道登知道事情已决定,这才让高元荣回去。高遵恨他妻子,不和她诀别,在别处洗浴后,服毒而死。

羊祉传

【题解】

羊祉,字灵祐,太山钜平(今山东钜平)人,袭父爵为钜平子。性刚愎,喜刑名之学。景明间,任左军将军,使持节梁州军司。正始二年,又假节、在骧将军、益州刺史。在任残虐,百姓苦之,号曰:"天狗"。死谥曰"景"。

【原文】

羊祉字灵祐,太山钜平人,晋太仆卿琇之六世孙也。父规之,宋任城令。太武南讨,至邹山,规之与鲁郡太守崔邪利及其属县徐逊、爰猛之等俱降,赐爵钜平子,拜雁门太守。

祉性刚愎,好刑名。为司空令、辅国长史,袭爵钜平子。侵盗公资,私营居宅,有司按之,抵死,孝文特恕远徙,后还。景明初,为将作都将,加左军将军。四年,持节为梁州军司,讨叛氐。正始二年,王师伐蜀,以祉假节龙骧将军,益州刺史,出剑阁而还。又以本将军为秦、梁二州刺史,加征虏将军。天性酷忍,又不清洁,坐掠人为奴婢,为御史中尉王显所弹,免。高肇执政,祉复被起为光禄大夫,假平南将军、持节,领步骑三万,先驱趣涪。未至,宣武崩,班师。夜中引军,山有二径,军人迷而失路,祉便斩队付杨明达,枭首路侧。为中尉元昭所劾,会赦免。后加平北将军,未拜而卒,赠安东将军、兖州刺史。

太常少卿元端、博士刘台龙议谥曰:"祉志存埋轮,不避强御;及赞戎律,熊武斯裁。仗节抚藩,边夷识德,化沾殊类,襁负怀仁。谨依谥法,布德行刚曰景,宜谥为景。"侍中侯刚、给事黄门侍郎元纂等驳曰:"臣闻唯名与器,弗可妄假,定谥准行,必当其迹。按祉志性急酷,所在过威,布德罕闻,暴声屡发,而礼官虚述,谥之为景,非直失于一人,实毁朝则。请还付外,准行更量虚实。"灵太后令曰:"依驳更议。"元端、台龙上言:"窃惟谥者行之迹,状者迹之称。然尚书铨衡是司,厘品庶物,若状与迹乖,应抑而不受,录其实状,然后下寺,依谥法准状科上。岂有舍其行迹,外有所求,去状去称,将何所准?检祉以母老辞藩,乃降手诏云:'卿绥抚有年、声实兼著,安边宁境,实称朝望。'及其没也,又加显赠,言祉诚著累朝。效彰出内,作牧岷区,字萌之绩骤闻。诏册褒美,无替伦望。然君子使人,器之,义无求备。德有数德,优劣不同,刚而能克,亦为德焉。谨依谥法,布德行刚曰景,谓前议为允。"司徒右长史张烈、主薄李瑒刺称:"按祉历官累朝,当官允称,委捍西南,边隅靖遏,准行易名,奖诫攸在,窃谓无亏体例。"尚书李韶又述奏以府寺为允,灵太后可其毒。

祉自当官,不惮强御,朝廷以为刚断,时有检复,每令出使。然慕刑名,颇为深文,所经之处,人号天狗下。及出将临州,并无恩润,兵人患其严虐。子深。

【译文】

羊祉字灵祐,太山钜平人,晋代太仆卿羊琇的六世孙。他父亲羊规之,刘宋任城令。

魏太武帝南征，到邹山，羊规之和鲁郡太守崔邪利以及崔邪利所属县官吏徐逊、爱猛之等一起投降，太武帝封羊规之为钜平子，任为雁门太守。

羊祉性情刚愎，喜欢刑名之学。任司空令（按：司空属官无令，疑误）、辅国长史，承袭父亲钜平子的爵位。羊祉因侵吞公款，修筑私宅，被有关部门审处，应判死刑，孝文帝特加宽恕，改为流放远地，后来返回洛阳。宣武帝景明初年，任将作都将，加左军将军。景明四年，任持节梁州军司，讨伐叛乱的氐族。正始二年，北魏军队进攻蜀地，以羊祉持符假节任龙骧将军、益州刺史，兵出剑阁而返回。又以龙骧将军本号任秦、梁二州刺史，加号征虏将军。羊祉天性苛酷残忍，又不清廉，因抢掠平民作奴婢，被御史中尉王昱所弹劾，因此免官。高肇西征昌地时，羊祉重新被起用为光禄大大，让羊祉代理平南将军持符节，领步兵骑兵共三万人，率先率军向涪城。羊祉尚未抵达涪城，宣武帝死去，就领兵返回。羊祉夜间领兵赶路，山里有两条道路，军人迷失道路，羊祉便斩了队副杨明达，割下首级挂路边示众。因此被中尉元昭所弹劾，正逢大赦免予处分。后来任平北将军，没有拜官上任就死了，追赠安东将军，劝州刺史。

太常少卿元端、博士刘台龙议论羊祉的谥号说："羊祉尽忠报国，不怕强暴；在他参预军务之时，率领勇敢的战士。当他手持符节，传布德行安抚藩属，边境上的夷狄理解他的恩德，教化及于不同的族类，使他们扶老携幼归附仁德。谨慎地依据谥法，能传布恩德行为刚强的人称景，应谥为景。"侍中侯刚、给事黄门侍郎元纂等人驳诘说："臣下听说名号和礼器，不可胡乱借给人，定谥法要依据行为，必须和他的事迹相合。按羊祉性情急躁暴酷，所到之处威严过度，很少听说他传播恩德，暴虐之声则屡次听到，而礼官虚伪地讲述他的事迹，给他谥为'景'，这不但是对一人的褒贬失当，实在破坏了朝廷法则。请再交付外廷，核定其行事时重新考虑其虚实。"灵太后下令说："依照所驳再议。"元端、刘台龙上奏："臣等私下以为谥号是给所作所为的事迹，行状则是称述事迹的。尚书专门负责权衡此事，依人之德行而定其谥号。如果行状与事迹相违背，就要记录下其人的事实状况，然后交付官署，依据谥法结合行状来定谥奏上。那有舍弃其行状和事迹，对死者另有所要求，舍弃了行状即舍弃人们的称述，定谥又将以什么为准绳？检查羊祉事迹，他因母亲年老，辞去地方长官，皇帝曾降手诏说：'你安抚地方多年了，名声和事实都很显著，安靖边境，实能符合朝廷的期望。'在羊祉死后，又加以显赫的追赠，说羊祉的忠诚著称于好几朝，不论入朝及出守功效均甚显著，在岷山一带作刺史，爱抚百姓的功绩很快就传闻到朝廷。皇帝下诏褒物，不忽视这人伦的楷模。然而君子的使用人，是像器物一样，取其所长，无求全责之理。人的德行有各种各样，其间优劣也不相同，刚强而能克胜也算是德行。臣等谨依照谥法之中有德行刚曰"景"的规定，认为以前的谥号是妥当的。"司徒右长史张烈、主簿李瑒上奏："按羊祉历侄官职多朝，做官能符合其位，被托防卫西南，边境平定，根据他的行为来定其名谥，正是有奖诚为官者的用意。臣等私下以为没有亏损朝廷的规则。"尚书李韶又奏称这些议论中以太常寺官署的意见为妥当。灵太后同意了李韶的奏请。

羊祉自任职以来，不畏强暴，朝廷认为他刚强决断，逢到需要检查复核的事，常常派他出使。但羊祉喜好刑名之学，颇能深文周纳，所到的地方，人们称为天狗下来吃人。他出为将帅及州刺史，并无恩德，士兵和百姓都以他的严厉暴虐为苦。他的儿子叫羊深。

李彪传

【题解】

《魏书》和《北史》都设有《酷吏传》，但在二书中，李彪都另立一传。这是因为他的事迹甚多，作史者认为应单独立传之故。从李彪的行为看来，把他算作"酷吏"，应该是没有疑问的。试看他用木手打击犯人的胁肋，"气绝而复属者时有焉"。李冲还说他曾声称："南台所问，唯恐枉活，终无枉死。"这些事例就很能说明其严酷。不过，综观《李彪传》的记载，李彪毕竟是一个有才能的人物。他在内政、外交、学术、文章方面都有突出的才能，因此得到了魏孝文帝和许多达官的赞赏，六次代表北魏出使南齐。至于他后来的免官，是由于和大臣李冲间的矛盾。这个李冲出身于陇西李氏，是当时的高门，而李彪则属寒门，李彪开始时曾依附过他。后来官职升迁以后，特别是魏孝文帝南伐时，让他们二人充任留守，共同处理政事，难免有不同意见。而李彪生性耿直，因此得罪。从魏孝文帝把李彪和汉代汲黯相比，以及后来李冲参奏他的表看来，李彪只是"是己非人，专恣无忌，"等等，但他也能使"贪暴敛手"，可见错处并不全在李彪。从这件事，也可以看出北朝的寒门之士，即使身为高官，其势力仍不足与高门相比。

【原文】

李彪字道固，顿丘卫国人也，孝文赐名焉。家寒微，少孤贫，有大志，好学不倦。初受业于长乐监伯阳，伯阳称美之。晚与渔阳高悦、北平阳尼等将隐名山，不果而罢，悦兄闾博学高才，家富典籍，彪遂于悦家手抄口诵，不暇寝食。既而还乡里。平原王陆睿年将弱冠，雅有志业。娶东徐州刺史博陵崔鉴女，路由冀、相，闻彪名而诣之，修师友之礼，称之州郡，遂举孝廉，至京师，馆而受业焉。闾阎称之朝贵，李冲礼之甚厚，彪深宗附之。

孝文初，为中书教学博士。后假散骑常侍、卫国子，使于齐。迁秘书丞，参著作事。自成帝已来，至于太和，崔浩、高允著述国书，编年序录为《春秋》体，遗落时事。彪与秘书令高祐始奏从迁、固体，创为纪、传、表、志之目焉。

彪又表上封事七条，曰：

古先哲王之为制也，自天子以至公卿，下及抱关击柝，其宫室车服，各有差品，少不得僭大，贱不得逾贵。夫然，故上下序而人志定。今时浮华相竞，情无常守，大为消功之物，巨制费力之事，岂不谬哉！天消功者，锦绣彤文是也；费力者，广宅高宇，壮制丽饰是也。其妨男业害女工者，可胜言哉！汉文时，贾谊上疏，云今之王政可为长太息者六，此即是其一也。

夫上之所好，下必从之。故越王好勇而士多轻死，楚王好瘠而国有饥人。今二圣躬行俭素，诏令殷勤，而百姓之奢犹未革者，岂楚、越之人易变如彼，大魏之士难化如此？此盖朝制不宣，人未见德，使之然耳。臣遇以为第宅车服，自百官以下至于庶人，宜为其等制。使贵不逼贱，卑不僭高，不可以称其侈意，用违经典。

其二曰：《易》称"主器者莫若长子"，传曰"太子奉冢嫡之粢盛。"然则祭无主则宗庙无所飨，冢嫡废则神器无所传。圣贤知其如此，故垂诰以为长世之法。昔姬王得斯道也，故恢崇儒术以训世嫡，世嫡于是乎习成懿德，用大协于黎蒸。是以世统黎元，载祀八百。逮嬴氏之君于秦也，弗以义方教厥冢子，冢子于是习成凶德，肆虐以临黔首。是以飨年不永，二世而亡。亡之与兴，道在于师傅。故《礼》云："冢子生，因举以礼，使士负之，有司齐肃端冕，见于南郊"。明冢嫡之重，见乎天也。"过阙则下，过庙则趋"，明孝敬之道也。然古之太子，自为赤子而教固以行矣，此则远世之镜。高宗文成皇帝慨少时师不勤教，尝谓群臣曰："朕始学之日，年尚幼冲，情未能专。既临万机，不遑温习。今而思之，岂非唯予之咎，抑亦师傅之不勤。"尚书李䜣免冠而谢。此则近日之可鉴也。

伏惟太皇太后翼赞高宗，训成显祖，使巍巍之功，邈乎前王。陛下幼蒙鞠诲，圣敬日跻，及储宫诞育，复亲抚诲，日省月课，实劳神虑。今诚宜准古立师傅，以诏导太子。诏导正则太子正，太子正则皇家庆，皇家庆则人事幸甚矣。

其三曰：记云：国无三年之储，谓国非其国。光武以一亩不实，罪及牧守。圣人之忧世重谷殷勤如彼；明君之恤人劝农，相切若此。顷年山东饥，去岁京师俭，风外人庶，出入就丰，既废营产，疲困乃加，又于国体，实有虚损。若先多积谷，安而给之，岂有驱督老弱，糊口千里之外？以今况古，诚可惧也。

臣以为宜析州郡常调九分之二，京都度支岁用之余，各立官司。年丰粜积于仓，时俭则加私之二，粜之于人。如此，人必事田以买官绢，又务贮财以取官粟。年登则常积，岁凶则直给。又别立农官，取州郡户十分之一以为屯人。相水陆之宜，料顷亩之数，以赃赎杂物余财市牛科给，令其肆力。一夫之田，岁责六十斛，甄其正课并征戍杂役。行此二事，数年之中，则谷积而人足，虽灾不害。

臣又闻前代明王皆务怀远人，礼贤引滞。故汉高过赵，求乐毅之胄；晋武廓定，旌吴、蜀之彦。臣谓宜于河表七州人中，擢其门才，引令赴阙，依中州官比，随能序之。一可以广圣朝均新旧之义，二可以怀江、汉归有道之情。

其四曰：汉制，旧断狱报重尽季冬，至孝章时改尽十月，以育三微。后岁旱，论者以十月断狱，阴气微，阳气泄，以故至旱。事下公卿。尚书陈宠曰："冬至阳气始萌，故十一月有射干芸荔之应，周以为春。十二月阳气上通，雉雊鸡乳，殷以为春。十三月阳气已至，蛰虫皆震，夏以为春。三微成著，以通三统，三统之月断狱流血，是不稽天意也。"章帝善其言，卒以十月断。

今京都及四方断狱报重，常竟季冬，不推三正以育三微。宽宥之情，每过于昔，遵之典宪，犹或阙然。今岂所谓助阳发生，垂奉微之仁也？诚宜远稽周典，近采汉制，天下断狱起自初秋，尽于孟冬。不于三统之春，行斩绞之刑。如此则道协幽显，仁垂后昆矣。

其五曰：古者大臣有坐不廉而废者，不谓之不廉，乃曰簠簋不饰。此君之所以礼贵臣，不明言其过也。臣有大谴，则白冠厘缨盘水加剑，造室而请死，此臣之所以知罪而不敢逃刑也。圣朝宾遇大臣，礼崇古典，自太和以降，有负罪当陷大辟者，多得归第自尽。遣之日，深垂隐愍，言发凄泪，百官莫不见，四海莫不闻，诚足以感将死之一心，慰戚属之情。然恩发于衷，未著永制，此愚臣所以敢陈末见。

昔汉文时，人有告丞相勃谋反者，逮系长安狱，顿辱之与皂隶同。贾谊乃上书，极陈君臣之义不宜如是。夫贵臣者，天子为其改容而体貌之，吏人为其俯伏而敬贵之。其有罪过，废之可也，赐之死可也。若束缚之，输之司寇，榜笞之，小吏詈骂之，殆非所以令众庶见也。及将刑也，臣则北面再拜，跪而自裁。天子曰："子大夫自有过耳，吾遇子有礼矣。上下使人抑而刑之也。"孝文深纳其言。是后大臣有罪，皆自杀不受刑。至孝武时，稍复下狱。良由孝文行之当时，未为永制故耳。今天下有道，庶人不议之时，安可陈瞽言于朝？且恐万世之后，继体之主有若汉武之事。焉得行恩当时，不著长世之制乎？

其六曰：《孝经》称父子之道天性，盖明一体而同气，可共而不可离者也。及其有罪不相及者，乃君上之厚恩也。而无情之人，父兄系狱，子弟无惨怛之容，子弟即刑，父兄无愧恧之色。宴安荣位，游从自若、车马仍华、衣冠犹饰。宁是同体共气，分忧均戚之理也？臣愚以为父兄有犯，宜令子弟素服肉袒，诣阙请罪；子弟有坐，宜令父兄露板引咎，乞解所司。若职任必要，不宜许乾，慰勉留之。如此，足以敦厉凡薄，使人知有所耻矣。

其七曰：《礼》云：臣有大丧，君三年不呼其门。此圣人缘情制礼，以终孝子之情也。周季陵夷，丧礼稍亡，是以要经即戎，素冠作刺。逮乎虐秦，殆皆泯矣。汉初，军旅屡兴，未能遵古。至宣帝时，人当从军屯者，遭大父母、父母死，未满三月，皆弗徭役。其朝臣丧制，未有定闻。至后汉元初中，大臣有重忧，始得去官终服。暨魏、武、孙、刘之世，日寻干戈，前世礼制，复废不行。晋时鸿胪郑默丧亲，因请终服，武帝感其孝诚，遂著令以为常。

圣魏之初，拨乱反正，未遑建终丧之制。今四方无虞，百姓安逸，诚是孝慈道洽，礼教兴行之日也。然愚臣所怀，窃有未尽。伏见朝臣丁大忧者，服满赴职，衣锦乘轩，从郊庙之祀；鸣玉垂绶。同节庆之醮。伤人子之道，亏天地之经。愚谓如有遭父母丧者，皆得终服。若无其人有旷官者，则优旨慰喻，起令视事。但综理所司，出纳敷奏而已，国之吉庆，一令无预。其军戎之警，墨缞从役，虽愆于礼，事所宜行也。

帝览而善之，寻皆施行。

彪稍见礼遇。诏曰："彪虽宿非清第，代阙华资，然识性严聪，学博坟籍，刚辩之才，颇堪时用。兼优吏职，载宣朝美，若不赏庸叙绩，将何以劝奖勤能？特迁秘书令。"以参议律令之勤，赐帛五百匹，马一匹、牛二头。

其年，加员外散骑常侍，使于齐。齐遣其主客郎刘绘接对，并设讌乐。彪辞乐。及坐，彪曰："向辞乐者，卿或未相体。我皇孝性自天，追慕罔极，故有今者丧除之议。去三月晦，朝臣始除缞裳，犹以素服以事。裴、谢在北，固应见此。今辞乐，想卿无怪。"绘答言："请问魏朝丧礼竟何所依？"彪曰："高宗三年，孝文逾月。今圣上追鞠育之深思，感慈训之厚德，报于殷、汉之间，可谓得礼之变。"绘复问："若欲遵古，何不终三年？"彪曰："万机不可久旷，故割至慕，俯从群议。服变不异三年，而限同一期，可谓失礼？"绘言："汰哉叔氏，专以礼许人。"彪曰："圣朝自为旷代之制，何关许人。"绘言："百官总已听于冢宰，万机何虑于旷？"彪曰："五帝之臣，臣不若君，故君亲揽其事。三王君臣智等，故共理机务。主上亲揽，盖远轨轩、唐。"

彪将还，齐主亲谓彪曰："卿前使还日，赋阮诗云：'但愿长闲暇，后岁复来游。'果如今日。卿此还也，复有来理否？"彪答："请重赋阮诗曰：'宴衍清都中，一去永矣哉'。"齐主惘然曰："清都可尔，一去何事！观卿此言，似成长阔。朕当以殊礼相送。"遂亲至琅邪城，登山临水，命群臣赋诗以送别。其见重如此。彪前后六度衔命，南人奇其睿博。

后为御史中尉，领著作郎。彪既为孝文所宠，性又刚直，遂多劾纠，远近畏之，豪右屏气。帝常听为李生，从容谓群臣曰："吾之有李生，犹汉之有汲黯。"后除散骑常侍，领御史中尉，解著作事。帝宴群臣于流化池，谓仆射李冲曰："崔光之博，李彪之直，是我国得贤之基。"

车驾南伐，彪兼度支尚书，与仆射李冲，任城王澄等参理留台事。彪素性刚豪，与冲等意议乖异，遂形声色，殊无降下之心。冲积其前后罪过，乃于尚书省禁止彪，上表曰：

案臣彪昔于凡品，特以才拔，等望清华，司文东观，绸缪恩眷，绳直宪台，左加金珰，右珥蝉冕。东省宜感思厉节，忠以报德。而窃名忝职，身为违傲，矜势高亢，公行僭逸。坐与禁省，冒取官材，辄驾乘黄，无所惮惧。肆志傲然，愚聋视听。此而可忍，谁不可怀。臣今请以见事免彪所居职，付廷尉狱。

冲又表曰：

臣与彪相识以来，垂二十载，彪始南使之时，见其色厉辞辩，臣之愚识，谓是拔萃之一人。及彪官位升达，参与言宴，闻彪平章古今，商略人物，兴言于侍筵之次，启论于众莫之中，赏忠职正，发言恳恻，惟直是语，辞无隐避。臣虽不愚，辄亦钦其正直。及其始居司直，执志经行，其所弹劾，应弦而倒。赫赫之威，振于下国，肃肃之称，著自京师，天下改目，贪暴敛手。然时有私臣云其威暴者，臣以直强之官，人所忌疾，风谤之际，易生音谣，必不承信。

往年以河阳事，曾与彪在领军府共太尉、司空及领军诸卿等集阅廷尉所问因徒。时有人诉枉者，二公及臣少欲听采。语理未尽，彪便振怒，东坐攘袂挥赫，口称贼奴，叱吒左右，高声大呼曰："南台中取我木手去，搭奴肋折！"虽有此言，终竟不取。即言："南台所问，唯恐枉活，终无枉死。"时诸人以所枉至重，有首实者多，又心难彪，遂各默尔。因缘此事，臣遂心疑有滥。知其威虐。犹谓益多损少，故不以申撤，实失为臣知无不闻之义。

及去年大驾南行以来，彪兼尚书，日夕共事，始乃知其言与行舛，是已非人，专恣无忌，尊身忽物。臣与任城卑躬曲己，其所欲者无不屈从。依事求实，悉有成验。如臣列得实，宜呕投彪于有北，以除奸矫之乱政。如臣列无证，宜于臣于四裔，以息青蝇之白黑。

帝在悬瓠，览表叹愕曰："何意留京如此也！"有司处彪大辟，帝恕之，除名而已。

彪寻归本乡。帝北幸邺，彪野服称草茅臣，拜迎邺南。帝曰："朕以卿为己死。"彪对曰："子在，回何敢死。"帝悦，因谓曰："朕期卿每以贞松为志，岁寒为心，卿应报国，尽心为用，近见弹文，殊乖所以。卿罢此谴，为朕与卿？为宰事？为卿自取。"彪曰："臣愆由己至，罪自身招，实非陛下横与臣罪，又非宰事无辜滥臣。臣罪既如此，宜伏东皋之下，不应远点属车之清尘。但仗承圣躬不豫，臣肝胆涂地，是以敢至，非谢罪而来。"帝曰："朕欲用卿，忆李仆射不得。"帝寻纳宋弁之言，将复采用。会留台表至，言彪与御史贾尚往穷庶人恂事，理有诬抑，奏请收彪。彪自言语枉，帝明彪无此，遣左右慰勉之，听以牛车散载，送之洛阳。会赦得免。

宣武践阼，彪自托于王肃，又与廓祚、崔光、刘芳、甄琛、邢峦等诗书往来，迭相称重。因论求复旧职，修史官之事，肃等许为左右。彪乃表曰：

惟我皇魏之奄有中华也，岁越百令，年几十纪，史官叙录，未充其盛。加以东观中圮，册勋有阙，美随日落，善因月稀。故谚曰："一日不书，百事荒芜。"至于太和之十一年，先帝先后召名儒博达之士，以充麟阁之选。于时忘臣众短，采臣片志。令臣出纳，授臣丞职，猥属斯事，无所与让。高祖时诏臣曰："平尔雅志，正尔笔端，书而不法，后世何观？"臣奉以周旋，不敢失坠。

伏惟幸文皇帝承天地之宝，崇祖宗之业，景功未就，奄焉崩殂，凡百黎萌，若无天地。赖遇陛下体明睿之真，应保合之量，恢大明以独物，履静恭充和邦，天清其气，地乐其静，可谓重明叠圣，元首康哉。《记》曰："善迹者欲人继其行，善歌者欲人继其声。"故传曰："文王基之，周公成之。"然先皇之茂勋圣达，今王之懿美洞鉴，准之前代，其德靡悔也。时哉时哉，可不光昭哉！合德二仪者，先皇之陶钧也。齐明日月者，先皇之洞照也。虑周四时者，先皇之茂功也；合契鬼神者，先皇之玄烛也；迁都改邑者，先皇之达也；变是协和者，先皇之鉴也；思同书轨者，先皇之远也；守在四夷者，先皇之略也；海外有载者，先皇之威也；礼由岐阳者，先皇之义也；张乐岱郊者，先皇之仁也；銮幸幽漠者，先皇之智也；燮伐南荆者，先皇之礼也；升中告成者，先皇之肃也；亲虔宗社者，先皇之敬也；袞实无阙者，先皇之德也；开物成务者，先皇之贞也；观乎人文者，先皇之蕴也；革弊创新者，先皇之志也。孝慈道洽者，先皇之衷也。先皇有大功二十，加以谦尊而光，为而弗有者，可谓四三皇而六五帝矣。诚宜功书于竹素，声播于金石。

臣窃谓史官之达者，大则与日月齐其明，小则与四时并其茂，故能声流无穷，义昭来裔。是以金石可灭，而风流不泯者，其唯载籍乎。谚曰："相门有相，将门有将。"斯不唯其性，盖言习之所得也。窃谓天文之官，太史之职，如有其人，宜其世矣。是以谈、迁世事而功立，彪、固世事而名成，此乃前鉴之轨辙，后镜之蓍龟也。然前代史官之不终业者，皆陵迟之世，不能容善。是以平子去史而成赋，伯喈违阁而就志。近僭晋之世，有佐郎王隐，为著作虞预所毁，亡官在家，昼则樵薪供炊，夜则观文属缀，集成晋书，存一代之事。司马绍敕尚书唯给笔札而已。国之大籍，成于私家，末世之弊，乃至如此。此史官之不遇时也。

今大魏之史，职则身贵，禄则亲荣，优哉游哉，式谷令尔休矣！而典谟弗恢者。其有以也。而故著作渔阳傅毗，北平阳尼、河间邢产、广平宋弁、昌黎韩显宗并以文才见举，注述是同，并登年不永，弗终茂绩。前著作程灵虬同时应举，共掌此务，今徙他职，官非所司。唯著作崔光一人，虽不移任，然侍官两兼，故载述致阙。

臣闻载籍之兴，由于大业。雅颂垂荐，起于德美。昔史谈诫其子迁曰："当世有美而不书，汝之罪也。"是以久而见美。孔明在蜀，不以史官留意，是以久而受讥。《书》称"无旷庶官"《诗》有"职思其忧"，臣虽今非所司，然昔忝斯任，故不以草茅自疏，敢言及于此。语曰："患为之者不必知，知之者不得为。"臣诚不知，强欲为之耳。窃寻先朝赐臣名彪者，远则拟汉史之叔皮，近则准晋史之绍统，推名求义，欲罢不能。今求都下乞一静处，综理国籍，以终前志，官给事力，以充所须。虽不能光启大录，庶不为饱食终日耳。近则期月可就，远则三年有成，正本蕴之麟阁，副贰藏之名山。

时司空北海王详、尚书令王肃许之。肃以其无禄，颇相赈饷。遂在秘书省，同王隐故事，白衣修史。

宣武亲政，崔光表曰："臣昔为彪所致，与之同业积年，其志力贞强，考述无倦。顷来契阔，多所废离，近蒙收起，还综厥事。老而弥厉，史才日新。若克复旧职，专功不殆，必能昭明《春秋》阐成皇籍。既先帝厚委,宿历高班,纤负微愆,应从涤洗。愚谓宜申以常伯,正缩著作。"宣武不许。诏彪兼通直散骑常侍、行汾州事,非彪好也,固请不行,卒于洛阳。

始彪为中尉,号为严酷,以奸款难得,乃为木手击其肋腑,气绝而复属者时有焉。又慰喻汾州叛胡,得其凶渠,皆鞭面杀之。及彪病,体上往往疮溃,痛毒备极。赠汾州刺史,谥曰刚宪。彪在秘书岁余,史业竟未及就,然区分书体,皆彪之功。述《春秋三传》合成十卷,其余著诗颂赋诗章表别有集。

彪号与宋弁结管、鲍交,弁为大中正,与孝文私议,犹以寒地处之,殊不欲微相优假。彪亦知之,不以为恨。彪卒,彪痛之无已,为之哀诗,备尽辛酸。郭祚为吏部,彪为子求官,祚仍以旧第处之。彪以位经常伯,又兼尚书,谓祚应以贵游拔之,深用忿怨,形于言色,时论以此非祚。祚每曰:"尔与义和至友,岂能饶尔,而怨我乎。"任城王澄与彪先亦不穆,及为雍州,彪诣澄,为志求其府僚。澄释然而启,得为列曹行参军,时称澄之美。

志字鸿道。博学有才干,年十余。便能属文。彪奇之,谓崔鸿曰:"子宜与鸿道为二鸿于洛阳。"鸿遂与交款往来。

彪有女,幼而聪令,彪每奇之,教之书学,读诵经传。赏窃谓所亲曰:"此当兴我家,卿曹容得其力。"彪亡后,宣武闻其名,召为婕妤,在宫常教帝妹书,诵授经史。始彪奇志及婕妤,特加器爱,公私坐集,必自称咏,由是为孝文所贵。及彪亡后,婕妤果入掖廷,后宫咸师宗之。宣武崩后,为比丘尼,通习经义,法座讲说,诸僧叹重之。

志历官所在著绩。桓叔兴外叛,南荆荒毁,领军元叉举其才任抚导,擢为南荆州刺史。建义初,叛入梁。

志弟游,有才行。随兄志在南荆州,属尔朱之乱,与志俱奔江左。子昶。

【译文】

李彪字道固,顿丘卫国人,是孝文帝所赐的名字。家世微贱,少年丧父贫穷,有大志,努力学习不知疲倦。起初向长乐人监伯阳学习,监伯阳称赞他。后来他和渔阳人高悦、北平人阳尼等想隐居名山,没有实现。高悦的哥哥高闾,学识渊博才能很高,家中藏书很多,李彪就到高悦家里手抄口读这些书,连睡觉吃饭也顾不上。过了一段时间回到家乡。平原王陆睿年近二十岁,素来有志建功立业。他娶东徐州刺史博陵人崔鉴的女儿,路过冀州、相州,听说李彪的名字而去拜访李彪,视他如同老师和朋友,在州郡官员中称赞他,李彪就被推荐为孝廉。到京城里,陆睿又设馆舍招待,并向他学习。高闾对朝中贵臣称赏他,李冲对待李彪很优厚,李彪就深深依附李冲。

孝文帝初年,李彪任中书教学博士。后来代理散骑常侍、卫国子,出使南齐。回来后升秘书丞。参与著作事宜。从昭成帝(拓跋什翼犍)以来,直到孝文帝太和年间,崔浩、高允等著述魏朝的史书,采用《春秋》的编年体记事,有些时事被遗漏。李彪和秘书令高祐开始奏请效法司马迁、班固的纪传体,创立为纪、传、表、志等名目。

李彪又奏上秘密表章,提出七条说:

古代贤明的君王所定制度,从皇帝以至公卿百官,下到守门人、打更人,他们的住房车辆衣服,各有等级,官小的不许使用大官的服饰,地位卑贱的人不得逾越高贵的人。正因为这样，所以上下都有秩序而人心安定。现在人们互相以浮华相争竞，性情无常，大量制造耗费功夫的物品，大办靡费人力的事情，岂不是荒谬吗！那些耗费功夫的，就是锦绣雕花之物；靡费人力的，就是宽广的住宅高巍的屋宇，以及规模雄壮的仪仗和华丽的装饰。这些东西妨害男子的职业和女子的功夫之处，真是数不清。汉文帝时，贾谊曾经上疏，说当前的王政可以长长地叹息之事有六点，这就是其一。

那些在上位的人所爱好的，在下位的人必然会效法。所以从前越王喜欢勇敢，而武士们大多把死看得很轻，楚王爱好身材苗条，而国中有人节食饿肚子。现在两位圣上亲自实行节俭朴素，诏书中殷勤劝导，而百姓的奢侈之俗仍未改去，难道楚国和越国的人这样容易改变，而大魏的士人这样难于接受教化？这是因为朝廷制度不明，人们未知德行，才造成的。臣下以为住宅车辆服装，从百官以下直到平民，应该制定各级差别。使高贵的人不压迫微贱的人，卑下的人不冒充高等，不能让他们满足奢侈之意，来违反经典的规定。

其二说：《周易》说"主管祭器的人莫如长子。"古书说："太子主管大宗嫡子韵祭礼饭食"。因此祭礼没有主祭者就使宗庙中祖先无法享用，大宗嫡子靡弃帝位就没有传人。圣人贤人知道这个道理，所以训示告诫后人以为长治久安的办法。从前周朝做到了这一点，所以推崇儒家学说来教训嫡子，嫡子们于是养成良好的德行，以此使百姓大为融洽。所以周朝世世统治百姓，传了八百年。到嬴姓做了秦国的君主，不用正当的道理教育他们的长子，长子们于是养成了凶恶的品行，恣意暴虐百姓，所以秦国统治的年代不长，二世而亡。国家的衰亡与兴盛，其道理在于教长子的师傅。所以《礼》说："君主的嫡长子出生，就以礼来举养，让士人背负着他，有关百官整齐严肃端庄地戴着冠冕，去南郊祭天。"说明嫡长子的重要，要让上天见到。嫡长子过宫阙就要下车，过庙就要小步快走，这是说明孝敬的道理。这样古代的太子，从婴儿时代起就已进行教育。这是从前久远的鉴戒。大魏高宗文成皇帝曾感叹年少时师傅没有勤于教诲，曾对群臣说："朕始学习的时候，年纪还很小，情绪不能专一。后来亲自管理国家众多的事务，没有空再进行温习。今天想来，难道仅仅是我的过错，也还是师傅们教诲不勤之故。"尚书李䜣摘下冠来谢罪。这是近日的事可以做鉴戒的。

臣私下以为太皇太后辅佐高宗，教训显祖成长，使他们伟大的功绩，远远超过前代帝王。陛下小时受到太皇太后的抚养教诲，因此圣德日益提高。等太子出生以后，又亲自爱抚训告，每日每月考校其实效，实在是很劳费心思的。现在应当效法古代设立师傅，用来训导皇太子。训导正当，那么太子行为就正当，太子行为正当就是皇家的庆幸，皇家庆幸则政事就万幸了。

其三说：《记》中说："国家没有三年的粮食储备，叫作国非其国。从前汉光武帝因为一亩田没收获，就把州牧太守论罪。圣人的忧虑世事重视谷物，其殷切勤劳到这样；贤明的君主爱惜人民倡导农务，恳切到这样。近年崤山以东饥荒，去年京城一带歉收，畿内畿外的百姓们。出乡到丰产之地，既荒废了所经营的产业，又更加疲乏困顿，这又对国体大有损伤。如果能在事先多藏谷物，安抚而且赈给百姓，岂有驱赶老幼的人，为吃饭而远走千里之外的道理？用现在来比况古代，确实很可怕。

我以为应当分出州郡中常年征上的布帛税收入中的九分之二，京城里度支官署中每年结算的余额，个个设立官署主管。丰收之年就买进五谷储积在仓库中，年景不好则用比私人加二成的谷物量，卖给百姓。这样人们必然努力种田来换取官府的绢匹，又从事积蓄财货来买官府的米。年成好就常加积蓄，年成不好则取值供应。另外又设立农官，取州郡中户数的十分之一作为"屯人"。考察水土适宜种植哪一种作物，估计一顷一亩地的产量，用没收的赃款、入财赎罪的款项及其他剩余的收入买牛分给屯人，让他们努力耕种。一个丁口的田，一年要求收六十斛，甄别他们应交的租税和当兵服劳役之事，实行了这两件事，数年之后，谷物有了储备而人们生活富足，虽遇灾荒不能为害。

臣又听说前朝英明的君主都努力招抚远方的人，尊敬贤能的人，提拔沉沦于下位的人。所以汉高祖路过赵国，访求战国时乐毅的后代；晋武帝平定吴蜀，就表扬两地的才能之士。我认为应在黄河以南七个州的人中，提拔高门中的有才学的人，引他们来到朝廷，依中原官员的例子，随其才能而给予官职。这样一可以广开圣朝对新旧的士庶一律对待的道理，二可以安抚江、汉的人使他们归附有道之邦的心情。

其四说：汉朝的制度规定：旧制判处刑狱到冬季十二月才完毕，到孝章帝时改为到十月就完毕，以养育细微而当未显著的阳气。后来天气干旱，议论的人认为用十月判决刑狱，阴气微弱，阳气就会泄漏，因此引起旱灾。这事交给公卿讨论。尚书陈宏说："冬至时阳气开始萌动，所以十一月有射干木、芸香草、荔草萌芽的徵应，周朝以此为春。十二月阳气向上，雄雉鸣叫求雌，鸡也开始繁殖，殷朝以此为春，十三月（正月）阳气已到，蛰伏的动物都因震雷而动，夏朝以此为春天。把这三个月微弱的阳气转为显著事，就构成夏殷周三代的历法，所谓三统，在这三统的月份里判案流血，是没有考察上天的意志。"汉章帝认为他的话对，最后决定在十月里判断刑狱。

现在京城和四方判断刑狱报请处重刑，总是到十二月执行，这就是不考察三代的历法来养育三个月内微弱的阳气。我们大魏判狱用心宽大，往往比前朝更宽，但要遵守前人的典则，则往往不够。这种做法难道是帮助阳气发生，而施行仁道长养微弱的阳气的办法？的确应远则考察周朝的典章，近则采用汉朝的制度，让天下判决刑狱从初秋开始，到十月结束。不在三统历法中的春天（指十一月和十二月）执行斩首绞杀的刑罚。这样就在道义上合子天道和人道，仁德流传后代了。

其五说：从前大臣有因不廉洁而被免职的，不说他不廉洁，而是说他盛祭品的礼器不整洁。这是君主所以用礼来尊重臣下，不明白说出他的过错。臣子有大罪，就派戴上有毛缨白帽子的人手持一盘水，上面加一把剑，到罪臣屋里要求他自尽，这是臣子能知罪而不敢逃避刑罚。本朝接待大臣如同宾客，礼数比古时更高，自从太和以来，臣子有犯罪应处死刑的，大多能回私第自杀。发遣的日子，皇帝深深地表示哀怜，说话时流着泪，这是朝廷百官无不亲见，四海百姓无不听到的，这的确可以感动将死的人的心，安慰他家属的感情。但这种恩义只发自皇帝的内心，并未立为永远的制度，因此我愚臣才敢把浅见陈上。

从前汉文帝时，有人告发丞相周勃谋反，周勃被捕关在长安狱中，狱吏侮辱他如同奴隶一样。贾谊就上书，竭力说明君臣之义不应当如此办理。那些贵臣们，是天子应该温颜悦色来接待他们，官员百姓所当弯着身子恭敬他们的。他们有了罪，罢官可以，赐他自杀可以。如果把他们绑起来，交付执掌刑罚的司寇，用棒打他们，让小吏们斥骂他们。这种做法是不适宜让众多百姓看到的。等到要行刑时，臣子就向北拜两次，跪着自杀。天子说："你自己有过错，我对你是讲礼的。皇上不会叫人押着他去行刑。"汉文帝深深地采纳了他的话。此后大臣有罪，都让自杀而不行刑。到汉武帝时，逐渐又有人被送进监狱。这是因为文帝当时实行这办法，而没有定为永久的制度之故。现在天下正值有道之君，是平民不应发议论的时候，怎么可以在朝廷上瞎说？只是怕陛下万年之后，继承帝位的君主会有像汉武帝那样的行径。怎可以当时实行恩德，而不定为永久的制度呢？

其六说：《孝经》说父子间的关系是天性，这是说明同一种体质而气性相同，可以共通而不能分离的。等到有人犯罪而其他人不牵连的，仍是君主深厚的恩德。但没有情义的人，父亲和哥哥下狱，儿子和弟弟并无忧伤自警的容貌；儿子或弟弟受了刑罚，父亲或哥哥也没有惭愧地面色。他们照样安居荣耀的地位，游戏安乐和往常一样，车马仍然华丽，衣冠还这样整齐。这岂是同一体性共有气质的人，应当分担忧愁的道理？臣愚意以为：父兄有犯罪之行，应叫子弟穿素色衣服，袒露肩背，到朝廷请求罪责；子弟有犯罪的事，父兄应该公开上章自认罪责，请求免去官职。如果职位和任务必要他们留下，应由皇帝安慰勉励叫他们留任。这样，就可以劝使恶薄的风俗归于淳厚，让人们知道有所羞耻。

其七说：《礼》规定，做臣子的家里遭丧，君主在三年之内不登门召唤。这是圣人根据人情而制定的礼，所以让孝子能尽他们的情。周代末年世风衰颓，丧礼逐渐散亡，所以有人戴着孝去从军，《诗经》中以素冠来讽刺。到了暴虐的秦代，礼制全部泯灭了。汉朝初年，屡次发生军事行动，不能遵守古代的礼制。到宣帝时，人们应当从军屯戍的，遇到祖父母、父母死亡，不满三个月，都不征发。至于朝中臣子遭丧的制度，还没有听说明确的规定。至后汉安帝元初年间，大臣遭逢重大丧事，才允许离开官职服成丧期。到魏武帝和孙权、刘备的时代，天天打仗，前朝礼制的规定，又被废为不行。晋朝时大鸿胪郑默死了母亲，坚持要求在丧服期间守制，武帝被他诚孝之心感动，就下令明文规定成为经常的制度。

圣明的魏朝初年，拨去祸乱复归正道，还没空暇建立服丧三年的制度。现今四方太平，百姓安乐，真是使孝的道理广为流传，使礼教得以振兴行使的时候。但愚臣所想到的，还有未尽之处。臣见到朝中臣子遭遇大丧的人，丧假满了回到职位上来，穿着锦缎的衣服坐着华贵的车子，跟随帝王到南郊和宗庙中参加祭祀；身上挂的玉佩发出音响，头上戴冠，垂着璎珞，和别人一样参加节日庆典的宴会。这伤害做人儿子的道理，亏损天地的常理。臣以为如果有人遭逢父母之丧，应该都得服丧三年。如果此人不在职，无人代替而使官职位空缺，就由皇帝发优抚的诏旨加以安慰，叫他出来担任事务。但只是管理有关的事务，向皇帝进纳劝谏陈奏事情而已，国家的吉庆之事，全部不叫参加。至于军旅方面的警备，穿着丧服去从军役，虽然不合于礼，但确实应该予以实行。

魏孝文帝看了李彪的表很赞赏，不久都加以施行。

李彪渐渐受到孝文帝的礼遇。孝文帝下诏说："李彪虽然过去不是清高门第，家世缺乏荣华的资历，但见识和性情严密聪明，学术上博通群籍，刚强善辩之才，很能适应现时使用。再加他做官能很好尽职，宣扬本朝的美德，如果不赏他的功绩，那么将怎样勉励和奖赏勤于政事又有才能的人？特地升迁他为秘书令。"因为李彪参加议定律令的勤劳，孝文帝赐他帛五百匹，马一匹、牛二头。

这一年,李彪被加员外散骑常侍的官衔,出使南齐。南齐派他们的主客郎刘绘来接待。并设置宴会和音乐。李彪辞谢演奏音乐。等坐定后,李彪说:"刚才我辞去音乐不听,您或者还没有体谅。我们皇上天生的孝性,无穷地追念去世的太皇太后,所以到现在才有除丧的打算。三月底,魏朝臣子刚除去服丧的麻衣,还穿了素服处理政务。裴、谢等人在北方时,自然应都知道这些。我今天推辞音乐,请您不要因此怪罪。"刘绘回答说:"魏朝的丧礼究竟有什么根据?"李彪说:"殷高宗(武丁)服丧三年,汉文帝规定过月除丧。现在皇上追念太皇太后抚养的深恩,感激她仁慈教训的原德,取法于殷代和汉代之间,可以说是深得礼制的变通。"刘绘又问:"如果要遵守古代礼制,何不服丧三年?"李彪说:"国家大事不能长久没人管,所以损割自己的追慕之情,接受群臣的建议。服丧时间的改变实际与三年守丧并无两样,而只限了一年守丧,怎么能说是失礼?"刘绘说:"老先生太过分了,专把礼制来称道人。"李彪说:"圣朝自己订立空前的制度,与称道的人何干?"刘绘说:"古礼君主守丧,百官各司其职而总的听命于宰相,国家大事哪会荒废?"李彪说:"五帝的时候,臣不如君主,所以君主亲自处理事务。三王时君臣的智能相等,所以一起处理国家事务。主上亲自掌握政事,是向远古的轩辕、唐尧取法。"

李彪将要还北魏时,齐武帝亲自对李彪说:"你上次出使回去时,曾背诵阮籍的诗说:'但愿长有闲暇的时间,后年再来此游观。'今天的确又来了。你这次回去,还可能再来吗?"李彪回答说:"请让我再背诵阮籍诗说:'宴乐于清明的都城里,一走就永远完了。'"齐武帝很感慨地说:"称清明的都城是可以的,一去不来又是干什么呢!细想你这话,好像要永远诀别了。我要以特别的礼节来送你。"齐武帝就亲自到琅邪城,登上山,面临流水,命令群臣作诗来送别。李彪之被齐武帝看重就是如此。李彪前前后后六次奉命出使,南朝人对他的耿直和博学表示惊异。

李彪后来任御史中尉,兼管著作郎之职。李彪既被孝文帝所宠任,性格又刚强正直,就多次弹劾别人,远近的人们都怕他,豪门大族不敢吐气。孝文帝常常把李彪称为李生,曾从容地对群臣说:"我有李生在朝,好比汉武帝有汲黯。"后来任散骑常侍,兼管御史中尉之职,免去兼管的著作事务。孝文帝在流化池大宴群臣,对仆射李冲说:"崔光的渊博,李彪的耿直,是我们国家求得贤臣的基础。"

孝文帝率兵南征,让李彪兼任度支尚书,跟濮射李冲、任城王元澄等一起参加治理留守机构的事宜。李彪从来性情刚强豪纵,跟李冲等人意见有分歧,就在声音脸色中表现出来,完全没有自谦退让的意思。李冲收集了他的罪行和过错,于是就在尚书省拘留李彪,上表给孝文帝说:

查李彪在过去本属凡庸的品第,只是倚靠才能被提拔,使他的名声和清贵的高门相等,在任秘书令和著作郎时,深受恩荣,后来又任御史中尉,左边佩上金的冠饰,右边带着蝉状的礼冠。东省(原缺)。应当感恩砥砺臣节,忠于职守以报皇恩。而他盗窃各种官职,亲身做出违理傲慢之事,自夸权势高,公然僭越和放肆。坐在宫禁的官署中,冒取官家的材木,擅自驾着四匹黄马,毫无忌惮。恣意地傲慢,愚弄和阻塞大家的视听。这样如果还可容忍,那就没有可计较的了。我臣下现在请求以现有的事实免去李彪所居官职,交付廷尉监狱审问。

李冲又上表说:

臣下我跟李彪相认识以来，近二十年了。李彪开始出使南方的时候，见到他面色严肃能言善辩。我愚昧的见识，认为他是出类拔萃的一个人。等到李彪官位高升之后，参加议事和宴会，听到他评论古今之事，商讨人物的好坏，在侍奉皇帝宴会时发言，在众多英才面前发议论，表彰忠心，识见正当。所说的话很真诚，只说正直的话，毫无隐瞒。我虽然是愚蠢之辈，也常常佩服他的正直。等他任御史中尉时，意志固执想到就做，他所弹劾的人，无不被他参倒。他赫赫的威势，震恐了各地的官民，严肃的声誉，在京城里著称。天下人都另眼相看，贪污暴虐的人都为之敛手。然而当时已有人私下对我讲到他的擅自作威暴虐的，我认为是正直刚强的官员，为人们所忌恨，风闻的毁谤，容易掺杂谣言，所以心中不相信。

往年因为河阳的事，我曾经在领军府和太尉元丕、司空穆亮以及领军将军九卿诸官聚会审问廷尉所审理的囚犯。当时有犯人倾诉冤枉，元丕、穆亮和我想稍稍听一下。话没说完，李彪便发起火来，坐在东边座位上拉起衣袖斥责，口中骂着贼奴，喝令他左右的人，高声大叫说："到南台里拿我的木手去，用来打折奴才的肋骨！"他虽然有这话，终究没有取来。他就说："南台所审问的囚犯，唯恐有错误的，决没有错死的！"当时在位的各人因为称冤的事情极重，而有口供的事较多，心里又难与和李彪为难，各人都保持了缄默。因为这件事，我就疑心李彪审案有错判。知道他的残虐。但我还认为他长处多于错处，所以没有奏闻，这实在是我失去了做臣子的应该知道的事无不奏闻的道义。

等到去年皇上征伐南方以来，李彪兼任尚书，每日一起共事，才知他言论和行动不一样，自认为正确而非难别人，专横放肆无所忌惮，尊重自己轻视别人。我和任城王委曲求全，李彪所要办的没有不屈从的。根据这些事实，都有实际证据。如果我们陈奏的是事实，应该快流放李彪到北方荒远之地，来除去奸邪们扰乱朝政。如果我陈奏的没有证据，应该把我放逐到四周远地，来平息苍蝇那样淆乱白黑的行为。

当时孝文帝在悬瓠，看了李冲的奏表惊愕叹息说："哪想到留守京城的官员们这个样子！"有关部门判处李彪死罪，孝文帝宽恕他，只是除名为民而已。

李彪不久回到本乡。孝文帝洛阳向北巡幸到邺城，李彪穿着平民的服装自称"草茅臣"，在鄄城南边拜迎。孝文帝说："我当你已死了。"李彪引用《论语》中话说"子（孔子）在，颜回哪里敢死。"孝文帝高兴了，就对李彪说："我常常以坚贞的松树似的志节期望你，希望你有不怕岁寒之心，你应当报效国家，尽心为国做事，近来看到弹劾你的奏章，你的行为大大违反了我的期望。你遭受这次谴责，是由于你还是由于我？是由于掌执事情的大臣？还是你自己找的？"李彪说："臣的错误是臣自己的缘故，罪由自取，实在不是陛下横加臣罪名，又不是掌事的大臣无辜冤枉臣。臣的罪行如此，应该窜伏在田亩之中，不应该远来玷污车驾的尘土。但臣听说圣上身体不舒服，这是臣肝脑涂地之际，所以敢来，并不是为了谢罪才来的。"孝文帝说："我想用你，但因回忆李仆射（李冲）所以不能用。"孝文帝后来采纳宋弁的话，又将起用李彪。正好留台的章表送到，说李彪和御史贾尚过去穷追废太子元恂的事件时，按理说应有冤枉之处，奏请收捕李彪。李彪自称冤枉，孝文帝证明他没有这事，派左右的侍从去安慰他，允许他乘坐牛车，送回洛阳。正好逢大赦免罪。

宣武帝继位，李彪自动依附王肃，又跟郭祚、崔光、刘芳、甄琛、邢峦等人作诗唱和、书

信往来,经常互相称赞推崇。因此计谋求得恢复旧职,重新从事史官的工作,王肃答应给他想办法。李彪就上表说:

我们大魏朝拥有中原之地,年岁已逾百年,将近十纪,但史官的记录,还没有完备。再加秘书著作机构中衰,记录功勋之事有缺,美事日益被遗忘,善事月益稀少。所以谚语说:"一天史官不记事,有事就会荒废。"到了太和十一年时,先帝先太后召集著名儒者和博雅通达的人,来充任史官的人选。当时忽视臣的许多缺点,采纳臣的微薄愿望,命令臣出纳善言,授给臣以秘书丞之职,吩咐臣去做这件事,臣也无法谦让。高祖皇帝当时下诏给臣说:"端正你的素志,在笔头上必须公正,记录史事而不合法则,后世的人会怎样看待呢?"臣奉了高祖的诏命从事工作,不敢失误。

臣私下以为孝文皇帝继承了天地间的大位,使祖宗的基业得以隆盛,大功尚未完成,忽然地去世了,所有的黎民百姓,好像丧失了天地。幸亏逢上陛下明察聪慧的本性,应上天保和协合万民的度量,扩大明亮的智慧体察万物,躬行静默恭敬来使万邦和顺,天的气因此而清明,地也乐于平静,可以说是两代明圣之君重出,君主明良于上。《记》说:"善于示人行迹的人希望别人继承他的行为,善于唱歌的人希望别人延续他的声音。"所以古书说:"文王奠定基础,周公完成了事业。"然则先皇盛大功业和圣明,现今皇上的纯美德行和明察,与前代相比,其德行是没有失误的。这伟大的时机啊,哪能不光大发扬! 先皇的化育万物,其德合于阴阳二仪;先皇的洞察事理,其明同于日月;先皇的伟大功绩,其思虑周密同于四时;先皇的明察与鬼神相符合;是先皇的识见卓越;想使天下统一,是先皇的远虑;安抚四夷使为天子守疆土,是先王的雄略;使境外安宁齐整,是先皇的威德;礼制效法周代,是先皇的恩义,在泰山设乐祭天,是先皇的仁德;车驾亲自征伐漠北,这是先皇的智谋;征伐南方,是先皇的守礼(指孝文帝伐南齐,闻齐明帝死,退兵);登上泰山,告成于上天这是先皇的恭敬天神;亲自祭祀宗庙社稷,是先皇的孝敬祖先神祇;官职无所失误,是先皇的德行;通天下之志而能完成其事务,是先皇的正道;考察人间万事,是先皇的深厚智慧;革去弊端创立新制,是先皇的大志;孝慈之道广泛传播,是先皇的大善。先皇有大功二十件,加上他居尊位能谦恭而且光明,做成了大事而不去据为己有,真可以和三皇并列为四而与五帝并列为六了。确实应该把功劳写在竹帛上,使名声流传于金石。

臣私下以为史官中通达的人,大的可以和日月一样明亮,小的也能和四时那样丰富,所以能把名声无穷地传留下去,把道理明白地告诉后人。所以金石当可磨灭,而人的遗风流韵不会消失,就靠的是史籍。谚语说:"宰相之门出宰相,将军之门出将军。"这不仅因为生性,实因积习的教导所致。窃以为掌管天文的官,职为太史的人,如果确实得到了人才,就应让他世居世官。所以司马谈、司马迁世代从事史职而功业得立,班彪、班固世代从事史职而得以成名,这是前世已实行过的经验,后人当借以为鉴。然而前代史官之不能完成其事业的,都是处于衰乱之世,在上者不能容忍善人的缘故。所以张衡离开史职去做赋,蔡邕离开掌史职的东阁去成就自己的志节。近来东晋时代,有个佐郎叫王隐,被著作虞预所毁谤,被免官在家,白天就打柴供烧火做饭,夜里就观看文书作史,这样写成《晋书》,记录了一代之事。当时晋明帝司马绍只是命令尚书供给王隐纸笔而已。国家重大的典籍,由私人来完成,衰乱末世的弊病,竟到这地步。这是史官的生不逢时。

现在大魏朝的史官,以职而论是贵显的,俸禄使亲属引以为荣,可以从容地从事,因善而得吉祥了。然而像典谟一类文字并未齐备，是有其原因的。而前任著作渔阳人傅毗、北平人阳尼、河间人邢产、广平人宋弁、昌黎人韩显宗都以文才被举拔，都掌管记事之事，但都享年不长，没有能完成重大的功绩。前任著作程灵纠同时被举拔，一起职掌这事务，现在被调任其他职位，再不管著史之事。只有著作崔光一个人，虽然没有调任其他职务，但身兼侍中和著作两个职位，所以记载史事仍然不能兼顾而致缺失。

臣听说史籍的兴起，由于帝王的大业；《雅》《颂》留给后世以赞叹，是由于帝王德行之美。从前司马谈告诫他儿子司马迁说："当代有好的事业而没有记述，这是你的罪过。"所以到久远之后仍能知道当时的美德。诸葛亮在蜀国，不把史官放在心上，所以久后受人讥笑。《尚书》说"不要荒废各种官职"，《诗经》说"实在深忧其事"，臣虽然现在并不掌管史事，但从前曾任此职，所以并不因为身居草野而自觉疏远，敢于谈到这些。俗语说："就怕做这事的人不知道，知道的人又不能做。"臣诚然不知史事，但勉强想做罢了。私下寻思先帝赐臣名叫彪的意思，远则要比作汉史的班彪，近则要学作晋史的司马彪，从赐名以推求先帝的意愿，所以欲罢不能。现在臣请求在都城里给一处安静的地方，让臣综合整理国史的典籍，来完成以前的志向，由国家派人服役，来满足修史所须。臣虽然不能使史传发出光芒，也可以不做饱食终日、无所用心而已。时间稍短，则一年可成，稍长则三年必有成就。史传的正本藏在国家的藏书处，副本藏于名山中。

当时司空北海王元详，尚书令王肃答应了李彪的请求。王肃因为李彪般有俸禄，经常给予资助。李彪就在秘书省中，像王隐的先例一样，以庶民身份修史。

魏宣武帝亲自执政以后，崔光上表说："臣从前是李彪召来的，跟他同时当史官，他心志正，精力强，考订记述不知疲倦。后来阔别，史事常有废缺，近来他又蒙收用，仍然从事修史的事务。他年老更加努力，修史的事做得越来越精。如能恢复他原来的职务，专心工作不停，一定能够阐明史事，完成皇朝的典籍。他既曾受先帝的深厚托付，过去曾经高位，小小的过失，应该给予豁免。臣意认为应给予官职，正式任命他为著作。"宣武帝不同意，下诏让李彪兼通直散骑常侍，代行汾州事务，但这不是李彪所乐意的，他固执地请求没有就任。死于洛阳。

当初李彪当御史中尉，被称为严厉残酷，他认为很难叫人招供罪行，所以制造了木手打犯的胁肋，经常把人打得晕厥而又醒来。他又曾奉命安抚汾州地方反叛的胡人，抓得了为首的人，都鞭打他们的脸再杀死。等李彪病了，身上往往生疮溃烂，极为痛苦。死后遣赠汾州刺史，谥号为"刚宪"。李彪在秘书省一年多，修史的事业竟未完成，然区务史书的体例，都是李彪的功劳。李彪还阐述《春秋》的《左氏》《公羊》《谷梁》三传，合成十卷。其余所著诗颂赋诗章表等另有文集。

李彪虽然和宋弁交谊如同管仲、鲍叔，宋弁当大中正，和孝文帝私下议论，还是把李彪作为微贱门第，一点不稍为通融。李彪也知道，但并不恨他。宋弁死后，李彪悲痛不止，作了哀诗文章，极为辛酸。郭祚当吏部尚书，李彪为儿子李志求官，郭祚仍然把他作为微贱门第。李彪自以为官至御史中尉，又兼任尚书，认为郭祚应该用高门的标准来提拔李志，因此深为怨恨，在言论和脸色上表现出来。当时的舆论不以郭祚为然。郭祚常说："你和宋弁是最好的朋友，他岂能宽假你，你却怨我吗？"任城王元澄和李彪开始时也不和睦，等元澄任雍州刺史，李彪去拜访元澄，请求让李志做他的幕僚。元澄放弃前嫌给李志字鸿道。博学而有才干，十几岁就会写文章。李彪很欣赏他，对崔鸿说："你应该和鸣道在洛阳并称二鸿。"崔鸿就与李志结交往来。

李彪有个女儿，从小聪明，李彪很欣赏她，教她读书学习，诵读经传。李彪曾私下对亲近的人说："她能使我家兴盛，你们或许能得到她帮助。"李彪死后，宣武帝听说他女儿的名声，召她进宫为婕妤。她在宫里常常教皇帝的妹妹读书，讲授经史。当初李彪欣赏李志及李婕妤，特别宠爱，在公私聚会的场合，一定要亲自加以称赞，因此受到孝文帝的责备。等李彪死后，婕妤果然进了宫廷，后宫的人都奉之为师。宣武帝死后，李婕妤做了尼姑，精通佛经，设座讲说，许多和尚都赞叹尊重她。

李志任官到处有政绩。桓叔兴叛魏入梁，南荆州的辖区废弃，领军元叉举拔季志的才能足以安抚，升任他为南荆州刺史。魏孝庄帝建义初年，李志叛入梁朝。

李志的弟弟李游，有才能和好品行。跟随哥哥李志在南荆州，遇到尔朱氏之乱，和李志一同投奔江南。李游的儿子叫李昶。

徐謇传

【题解】

徐謇（约公元 432～512 年），字成伯。他是徐文伯的弟弟。南北朝北魏医家。徐謇去青州之时，适逢慕容白曜平定东阳，被俘入北魏而送到京城。献文帝想验证徐謇的才能，让病人藏于幕内。徐謇隔幕诊脉，同样将病人形色症候予以准确诊断，于是被献文帝所看重，授官为中散。以后又逐渐升至内侍长。当时名医李修，较他更为朝廷重用，文明太后以经方试问徐謇与李修等，謇所论不及李修，然謇合和药剂，临床治疗疾病之效验却比李修精妙。但他性格孤僻，妒忌心强，侍奉医药多不能令其随意。孝文帝迁都洛阳，徐謇待遇较以前有所改善。后来徐謇去嵩山居住了一段时间，准备为皇帝炼制金丹，以助延年益寿。然而最终没有成功。太和二十二年（公元 498 年），皇帝在悬瓠县患疟病，派使者骑马急召徐謇。徐謇赶去专皇帝治病，疗效大验。皇帝为此对他大加嘉奖，授官封爵，赏赐财物。诸亲王也随着赠送很多物品。

徐謇时常服用养生药饵，年近八十岁鬓发不白，身体尚健。后因年老任光禄大夫，死后赠官安东将军，齐州刺史，谥号靖。

【原文】

徐謇字成伯，丹阳人也，家本东莞。与兄文伯等皆善医药。謇因至青州，慕容白曜平东阳，获之，送京师。献文欲验其能，置病人于幕中，使謇隔而脉之，深得病形，兼知色候，遂被宠遇。为中散，稍迁内侍长。文明太后时问经方，而不及李修之见任用。謇合和药剂攻疗之验，精妙于修。而性秘忌，承奉不得其意。虽贵为王公，不为措疗也。

孝文迁洛，稍加眷待，体小不平，及所宠冯昭仪有病皆令处疗。又除中散大夫，转侍御师。謇欲为孝文合金丹,致延年法,乃入居嵩高,采营其物,历岁无所成,遂罢。二十二年,上幸县瓠,有疾大渐,乃驰驿召謇,令水路赴行所。一日一夜行数百里。至,诊省有大验。九月,车驾次于汝滨,乃大为謇设太官珍膳。因集百官,特坐謇于上席,遍陈肴馔于前,命左右宣謇救摄危笃振济之功,宜加酬赉。乃下诏褒美,以謇为大鸿胪卿、金乡县伯,又赐钱绢、杂物、奴婢、牛马,事出丰厚,皆经内呈。诸亲王咸阳王禧等各有别赉,并至千匹。从行至邺,上犹自发动,謇日夕左右。明年,从诣马圈,上疾势遂甚,蹙蹙不怡,每加切诮,又欲加之鞭捶;幸而获免。帝崩后,謇随梓宫还洛。

謇常有将饵及吞服道,年垂八十,而鬓发不白,力未多衰。正始元年,以老为光禄大夫。卒,赠安东将军、齐州刺史,谥曰靖。子践,字景升,袭爵。位建兴太守。

【译文】

徐謇,字成伯,丹阳人,原籍东莞。他与哥哥徐文伯等均善于医药。徐謇因去青州,适逢慕容白曜平定东阳,故被俘入魏,送至京城。献文帝想验证徐謇的才能,让病人藏于幕内,令徐謇隔幕诊脉,他将病人行色症状诊断十分准确,于是被献文帝所看重。授官为中散,后渐升至内侍长。文明太后时常询问徐謇有关医药经方问题,所见不及李修为朝廷重用。徐謇处方用药,治疗效果均较李修为好。然而他性情孤僻易生妒意,承奉医药也不能合人心意。虽然贵为王公大人,也不为之处理治疗。

孝文帝迁都洛阳,待徐謇较以前有所改善。孝文帝若身体稍有不适,以及他所钟爱的冯昭仪有病,均请徐謇治疗。后来又任徐謇为中散大夫,调任侍御师。徐謇打算为孝文帝炼制金丹,以助延年益寿。于是去嵩山居住,采集药物,炼制金丹,然而一年后仍未成功,只好作罢。太和二十二年(498),皇帝在悬瓠县患病且日渐加剧,派使者骑马急召徐謇,命他从水路前往,一日一夜行程数百里。到达目的地,徐氏为皇帝治病疗效大验。九月皇帝到达汝水之滨,为徐謇大设珍膳宴席,聚集众官员,且特别赐徐謇坐上席,将美味佳肴都放在他的面前,又命左右官员宣陈徐謇为皇上解除病苦,救急治危,立下功劳,宜给予酬劳赏赐。皇帝于是下诏书赞美他,授予他为大鸿胪卿、金乡县伯,并赐钱绢、杂物、奴婢、牛马等。丰厚的物品都经大内送呈皇帝检阅才赐予他。诸亲王、咸阳王禧等人也分别赠送他物品,都达到千匹。以后徐謇又随从孝文帝到达邺城,孝文帝旧病发作,徐謇日夜侍奉于他身旁。第二年跟随孝文帝去马圈,孝文帝病情日趋加剧,常常皱眉不愉快,严词责问且要鞭打徐謇,幸而最终他被免罪。孝文帝驾崩后,徐謇跟随皇帝灵柩返回洛阳。

徐謇时常服用养生药饵、吞服道符,年近八十岁而鬓发不白,体力不衰。正始元年(504),徐謇因年老而授光禄大夫。死后赠官安东将军、齐州刺史,谥号靖。他的儿子名践,字景升,承袭徐謇爵位,官至建兴太守。

李延寿传

【题解】

李延寿(约595~?),字遐龄,相州人(今河南安阳),唐初著名史学家。其父李大师(570~628年)早年即有"著述之志",欲改变以往南北史中南北相互诬骂、详本国略别国、因民族偏见而失实的种种弊病,以编年体的形式写出一部新的南北朝史,未果而逝,遂成"没齿之恨"。李延寿自贞观年间起,即参加朝廷组织的修史工作,得到了接触有关南北史资料的便利,便借助他父亲所修的"旧本",经十六年的努力,写出了纪传体的《南史》和《北史》。这两部著作从国家一统的思想出发,承认地不分南北,其历史发展都是祖国历史发展的一部分,反映了魏晋以来各民族大融合的历史过程;弃曲去讳,直书其争,纠正了不少旧史的失实之处;"鸠聚遗逸",增补"异闻",丰富了南北史的内容;叙事简洁,受到后世多数学者的好评。而《北史》详《南史》略,"于征祥诙嘲小事无所不载",删削亦有不甚恰当之处,则是其不足之处。但总的看来,《南史》和《北史》仍不失为我国史学中的佳作。

【原文】

延寿与敬播俱在中书侍郎颜师古、给事中孔颖达下删削。既家有旧本,思欲追终先志,其齐、梁、陈五代旧事所未见,因于编辑之暇,昼夜抄录之。至五年,以内忧去职。服阙,从官蜀中,以所得者编次之。然尚多所阙,未得及终。十五年,任东宫典膳丞日,右庶子、彭阳公令狐德棻又启延寿修《晋书》,因兹复得勘究宋、齐、魏三代之事所未得者。十七年,尚书右仆射褚遂良时以谏议大夫奉敕修《隋书》十志,复准赖召延寿撰录,因此遍得披寻。时五代史既未出,延寿不敢使人抄录;家素贫罄,又不办雇人书写。至于魏、齐、周、隋、宋、齐、梁、陈正史,并手自写,本纪依司马迁体,以次连缀之。又从此八代正史外,更勘杂史于正史所无者一千余卷,皆以编入。其烦冗者,即削去之。始末修撰,凡十六载。始宋,凡八代,为《北史》《南史》二书,合一百八十卷。其《南史》先写讫,以呈监国史、国子祭酒令狐德棻,始末蒙读了,乖失者亦为改正,许令奏闻。次以《北史》谘知,亦为详正。因遍谘宰相,乃上表。表曰:

臣延寿言:臣闻史官之立,其来已旧,执简记言,必资良直。是以《典》《谟》载述,唐、虞之风尤著;《诰》《誓》斯陈,殷、周之烈弥显。鲁书有作,鹿门贻鉴于臧孙;晋《乘》无隐,桃园取讥于赵孟。斯盖哲王经国,通贤垂范,惩诫之方,率由兹义。逮秦书既炀,周籍俱湮。子长创制,五三毕纪,条流且异,纲目咸张。自斯以后,皆所取则。虽左史笔削,无乏于时,微婉所传,唯称班、范。次有陈寿《国志》,亦曰名家。并已见重前修,无俟扬榷。

洎紫气南浮,黄旗东徙,时更五代,年且三百。元熙以前,则总归诸晋,著述之士,家数虽多,泛而商略,未闻尽善。太宗文皇帝神资睿圣,天纵英灵,爱动冲襟用纡玄览,深嗟芜秽,大存刊勒,既悬诸日星,方传不朽。然北朝自魏以还,南朝从宋以降,运行迭变,时俗污隆，代有载笔，人多好事，考之篇目，史牒不少，互陈闻见，同异甚多。而小说短书，易为湮落，脱或残灭，求勘无所。一则王道得丧，朝市贸迁，日失其真，晦明安取？二则至人高迹，达士弘规，因此无闻，可为伤叹。三则败俗巨蠹，滔开桀恶，书法不纪，孰为劝奖？

臣轻生多幸，运奉千龄，从贞观以来，屡叨史局，不揆愚固，私为修撰。起魏登国元年，尽隋义宁二年，凡三代二百四十四年，兼自东魏天平元年，尽齐隆化二年，又四十四年行事，总编为本纪十二卷、列传八十八卷，谓之《北史》；又起宋永初元年，尽陈祯明三年，四代一百七十年，为本纪十卷，列传七十卷，谓之《南史》。凡八代，合为二书，一百八十卷，以拟司马迁《史记》。就此八代，而梁、陈、齐、周、隋五书，是贞观中敕撰，以十志未奏，本犹未出。然其书及志，始末是臣所修。臣既夙怀慕尚，又备得寻闻，私为抄录，一十六年，凡所猎略，千有余卷。连缀改定。止资一手，故淹时序，迄今方就。唯鸠聚遗逸，以广异闻，编次别代，共为部秩。除其冗长，捃其菁华。若文之所安，则因而不改，不敢苟以下愚，自申管见。虽则疏野，远惭先哲，于披求所得，窃谓详尽。其《南史》刊勒已定，《北史》勘校初了。既撰自私门，不敢寝嘿，又未经闻奏，亦不敢流传。轻用陈闻，伏深战越。谨言。

【译文】

李延寿与敬播都在中书侍郎颜师古、给事中孔颖达手下担任写作工作。因为家中已有（南北史的）旧稿，想继承、实现先人的愿望，补出齐、梁、陈、周、隋五代部分所未写的部分，所以在编辑工作之余，昼夜抄录这些材料。到贞观五年，因家中有丧事而离职。服丧期满后，从官到蜀，把所得材料进行编辑。但所缺材料尚多，没有能够完成。贞观十五年，任东宫典膳丞的时候，右庶子、彭阳公令狐德棻又启用李延寿修《晋书》，因此再次得以勘校研究有关宋、齐、魏三代还没有得到的材料。贞观十七年，尚书右仆射褚遂良当时以谏议大夫的身份奉皇上命令修《隋书》的十志，又获得了皇上的批准召李延寿参加撰录，李延寿因此得到了广泛阅读的机会。当时五代史还没有公开，李延寿不敢使人抄录；家中素来贫穷，又无能力雇人书写。魏、齐、周、隋、宋、齐、梁、陈诸正史，都是李延寿自己抄写的，其中本纪是依司马迁的体裁，把它们连缀起来。又在这八部正史之外，参考了一千余卷杂史，将原来正史中没有的记载，都编入书中。对它们烦冗的地方，就删削掉。南北史从开始到修成，共用了十六年。从刘宋开始，共八代，分为《北史》《南史》二书，合计一百八十卷。其中《南史》先写完，呈送给监国史、国子祭酒令狐德棻，承蒙他从头到尾读完，并将其中的错误作了改正，允许我上奏皇上。接着又以《北史》求教，他也为我做了详细更正。将二书向各宰相讨教后，就向皇上上了表。表文说：

臣延寿说：臣下我听说设置史官，由来已久，执简记言，必须借助直笔。所以《典》《谟》记载叙述的，唐尧、虞舜的风范尤其突出；《诰》《誓》所陈述的，殷代、周代的伟绩特别显著。有了鲁国的《春秋》，鹿门之会给臧孙留下了借鉴；晋国的史书《乘》没有隐讳，赵桃园杀君赵盾受到了讥讽。大约圣哲的君王治理国家，交通贤人树立榜样，惩罚告诫的方法，都是由史书引出的意义，到了秦朝大量焚烧书籍，周代的典籍都湮灭。后来司马迁创造了纪传体，五帝三代都完全写入了本纪中，不同的事情归记于不同的体例记载，纲目都很清晰。从此以后，这段都被后人作为效法的对象。虽然左史写史，每一时代都不乏其人，然而微隐委婉所传的，只有班固和范晔得到称赞。其次有陈寿写的《三国志》，也被称为名家所作。这些著作都被前代修史的人所重视，不必在这里再评论赞扬了。

到了紫气南浮，黄旗东徙，五代更替，大约有三百年。元熙年以前，就总归于晋朝，著述这段历史的士人，虽多达数家，大约地讨论一下，没有听说其中有完美的。我大唐太宗文皇帝神资睿圣，天给了他英明灵气，对此事哀恸冲襟，经多方体察，深深地为这些史书的芜秽而嗟叹，于是决心删削而完成新著，此作既悬之于日月星辰，就成了流传不朽的著作了。但是，北朝自元魏以后，南朝从刘宋以后，朝代迭变，当时的风气喜欢诋毁前朝，每个朝代都有史书，人多好事，从篇目上看，史书不少，但各人都陈述自己的见闻，同异甚多。而一些小说短书，易被湮灭散落，其中的脱文或者残落之处，找不到地方去校勘。一则是因为王道颓丧，朝廷与市场不断变换，资料日失其真，怎么判断它的真假？二则是道德修养达到最高境界的人的高尚事迹，通达之士的重要的教导，因此就不能听到了，这是令人伤叹的。三则败坏风俗的巨蠹，犯有如夏桀一样滔天罪恶的人，不记载下来加以贬责，用什么人作为样板来进行鼓励和引导人们呢？

臣下我的生命虽然轻贱但多有幸运，有幸侍奉千岁，从贞观以来，屡次忝入史局，不度量自己的愚蠢鄙陋，私自修撰了前代史。起自北魏登国元年，到隋朝义宁二年止，共三代二百四十四年，又兼写了东魏天平元年，到北齐隆化二年，共四十四年的行事，总编为本纪十二卷、列传八十八卷，称为《北史》；又起南朝宋永初元年，到陈祯明三年，共四代一百七十年，为本纪十卷、列传七十卷，称为《南史》。总共八代，合为二书，计一百八十卷，用以模拟司马迁的《史记》。以上八代之中，梁、陈、齐、周、隋五代史书，是贞观年间奉皇上之命撰写的，因为所写的十志没上奏，这些书都未公开。但这些书及志，从开始到末尾都是臣下我所写的。臣下我本来就一直追慕古事，又完全得到了研寻闻见的条件，便私自抄录，共用了十六年，所涉猎的书，有千多卷。连缀改定，只靠一人之手，所以拖的时间很长，到现在才完成。我只是搜集遗书逸事，用来增加不同的见闻，分朝代进行编辑，把它们统编在一部书中；删除冗长的地方，保留它们的精华。假如原文妥帖，就不修改加以采用，不敢以我的愚钝，自发管见。虽然此书粗疏朴野，大惭于先哲，但在搜寻材料方面也有所得，我私下认为还是详尽的。其中的《南史》删改修订已是定稿，《北史》修改校对仅初步完成。南北史既然是私人修撰的，所以不敢沉默，又没有上奏过皇上，也不敢流传。臣下我轻率地陈述，伏地颤抖等待皇上的裁决。臣就恭敬地说以上的话。

二十四史

旧唐书

导　读

　　《旧唐书》是现存最早的系统记录唐代历史的一部史籍,全书共二百卷,包括本纪二十卷,志三十卷,列传一百五十卷。记载了李渊武德元年(618年)至李柷天祐四年(907年)唐朝二百九十年的历史。它原名《唐书》,宋朝宋祁、欧阳修编写的《新唐书》问世后,才改称《旧唐书》。

　　后晋天福六年(941年),石敬瑭命张昭远、贾纬等人编写唐史,用了四年多的时间写成全书。当时宰相刘昫负责监修,就由他奏上,因此《旧唐书》的作者署名"刘昫"。实际上,刘昫对这部史书没有什么贡献,张昭远、贾纬等人才是真正的作者。

　　《旧唐书》成书仓促,所以显得有些粗糙。本纪的前半部分,由于有唐代实录和史馆编写的"国史"可供采摘,所以对材料的剪裁也还得体,文字也较为简洁。唐武宗以后,没有足资利用的史料,全靠作者采访编辑,内容明显的芜杂,记事矛盾的地方屡见不鲜。列传部分,情况大体相同,唐后期的人物多所缺漏,甚至存在一人两传,一事重见的现象。《历志》《经籍志》只叙述到唐玄宗(712～756年在位)。后人讥议它"敷衍成帙",不是毫无根据的。

　　但就史料价值而言,《旧唐书》却是不能轻视的。作者去唐不远,有条件看到并收录大量的原始记录,如《懿宗本纪》《僖宗本纪》中有关于庞勋起义和黄巢起义的记载,是比较原始而重要的史料。列传中对我国少数民族的记载,超过了以前各史,其中有关突厥、回纥、吐蕃等族的史料尤为详尽。研究隋末农民大起义,不能不利用本书李密、王世充、窦建德、刘武周、刘黑闼、杜伏威、李子通等人的传。科技文化领域的代表人物,如有名的科学家李淳风、孙思邈,文学巨匠李白、杜甫、韩愈、柳宗元,史学和经学家姚思廉、孔颖达,佛学大师玄奘等人,《旧唐书》都记载了他们的生平事迹。这是值得珍视的。

　　《新唐书》行世后,《旧唐书》在很长一段时间里几乎被人们废弃。明朝嘉靖十七年(1538年),闻人诠等人重新刊行后,才又广泛流传开来。《旧唐书》传布过程中的兴衰,既反映了它的缺点,也说明它有自己的长处,《新唐书》不能完全取而代之。

唐高祖纪

【题解】

唐高祖李渊(公元 566~635 年),字叔德,祖籍陇西狄道(今甘肃临洮南),北周大贵族唐国公李虎的孙子。七岁承袭唐国公爵位,隋炀帝大业十三年(公元 617 年),任太原留守。当时各地农民纷纷起义,李渊听从次子李世民的劝告,于当年起兵反隋,攻入长安,立隋代王杨侑为皇帝(隋恭帝)。次年,李渊废掉隋恭帝,自立为皇帝,定都长安,建立了唐王朝。李渊共在位九年,于武德九年(公元 626 年)传位李世民,自为太上皇,不再过问政事。贞观九年(公元 635 年)病卒。

李渊在隋末农民起义军沉重地打击隋朝统治的形势下,摘取农民起义的果实,掌握强兵,统筹全局,有智有谋,依靠李世民的谋略与战功,统一了全国,建立了唐王朝。

李渊

李渊在处理和突厥的关系上,以及对待隋代王杨侑的态度上,充分显示了他的政治远见。特别是遥尊隋炀帝为太上皇,另立代王杨侑为帝,争得了政治上的主动权,从而削平群雄,统一全国。在帝位继承上,他基本上是倾向李世民的,给李世民即皇位创造了条件。他较早让位给二十七岁的李世民,也是明智的决策,这使李世民得以充分发挥才能,大力革除隋朝的暴政,废止繁琐苛刻的刑法,轻徭薄赋,与民休息,从而使唐王朝统治初期出现了"贞观之治"。

【原文】

高祖神尧大圣大光孝皇帝姓李氏,讳渊。其先陇西狄道人,凉武昭王暠七代孙也。暠生歆。歆生重耳,仕魏为弘农太守。重耳生熙,为金门镇将,领豪杰镇武川,因家焉。仪凤中,追尊宣皇帝。熙生天锡,仕魏为幢主。大统中,赠司空。仪凤中,追尊光皇帝。皇祖讳虎,后魏左仆射,封陇西郡公,与周文帝及太保李弼、大司马独孤信等以功参佐命,当时称为"八柱国家",仍赐姓大野氏。周受禅,追封唐国公,谥曰襄。至隋文帝作相,还复本姓。武德初,追尊景皇帝,庙号太祖,陵曰永康。皇考讳昞,周安州总管、柱国大将军。袭唐国公,谥曰仁。武德初,追尊元皇帝,庙号世祖,陵曰兴宁。

高祖以周天和元年生于长安,七岁袭唐国公。及长,倜傥豁达,任性真率,宽仁容众,无贵贱咸得其欢心。隋受禅,补千牛备身。文帝独孤皇后,即高祖从母也,由是特见亲爱,累转谯、陇、岐三州刺史,有史世良者,善相人,谓高祖曰:"公骨法非常,必为人主,愿自爱,勿忘鄙言。"高祖颇以自负。

大业初,为荥阳、楼烦二郡太守,征为殿内少监。九年,迁卫尉少卿。辽东之役,督运于怀远镇。及杨玄感反,诏高祖驰驿镇弘化郡,兼知关右诸军事。高祖历试中外,素树恩德,及是结纳豪杰,众多款附。时炀帝多所猜忌,人怀疑惧。会有诏征高祖诣行在所,遇疾未谒,时甥王氏在后宫,帝问曰:"汝舅何迟?"王氏以疾对,帝曰:"可得死否?"高祖闻之益惧,因纵酒沉湎,纳贿以混其迹焉。十一年,炀帝幸汾阳宫,命高祖往山西、河东黜陟讨捕。师次龙门,贼帅母端儿帅众数千薄于城下。高祖从十余骑击之,所射七十发,皆应弦而倒,贼乃大溃。十二年,迁右骁卫将军。

十三年,为太原留守,郡丞王威、武牙郎将高君雅为副。群贼蜂起,江都阻绝,太宗与晋阳令刘文静首谋,劝举义兵。俄而马邑校尉刘武周据汾阳宫举兵反,太宗与王威、高君雅将集兵讨之。高祖乃命太宗与刘文静及门下客长孙顺德、刘弘基各募兵,旬日间众且一万,密遣使召世子建成及元吉于河东。威、君雅见兵大集,恐高祖为变,相与疑惧,请高祖祈雨于晋祠,将为不利。晋阳乡长刘世龙知之,以告高祖,高祖阴为之备。五月甲子,高祖与威、君雅视事,太宗密严兵于外,以备非常。遣开阳府司马刘政会告威等谋反,即斩之以徇,遂起义兵。甲戌,遣刘文静使于突厥始毕可汗,令率兵相应。

六月甲申,命太宗将兵徇西河,下之。癸巳,建大将军府,并置三军,分为左右:以世子建成为陇西公、左领大都督,左统军隶焉;太宗为燉煌公、右领大都督,右统军隶焉。裴寂为大将军府长史,刘文静为司马,石艾县长殷开山为掾,刘政会为属,长孙顺德、刘弘基、窦琮等分为左右统军。开仓库以赈穷乏,远近响应。

秋七月壬子,高祖率兵西图关中,以元吉为镇北将军、太原留守。癸丑,发自太原,有兵三万。丙辰,师次灵石县,营于贾胡堡。隋武牙郎将宋老生屯霍邑以拒义师。会霖雨积旬,馈运不给,高祖命旋师。太宗切谏乃止。有白衣老父诣军门曰:"余为霍山神使谒唐皇帝曰:'八月雨止,路出霍邑东南,吾当济师。'"高祖曰:"此神不欺赵无恤,岂负我哉!"

八月辛巳,高祖引师趋霍邑,斩宋老生,平霍邑。丙戌,进下临汾郡及绛郡。癸巳,至龙门,突厥始毕可汗遣康稍利率兵五百人,马二千匹,与刘文静会于麾下。隋骁卫大将军屈突通镇河东,津梁断绝,关中向义者颇以为阻。河东水滨居人,竞进舟楫,不谋而至,前后数百人。

九月壬寅,冯翊贼帅孙华、土门贼帅白玄度各率其众送款,并具舟楫以待义师。高祖令华与统军王长谐、刘弘基引兵渡河。屈突通遣其武牙郎将桑显和率众数千,夜袭长谐,义师不利。太宗以游骑数百掩其后,显和溃散,义军复振。丙辰,冯翊太守萧造以郡来降。戊午,高祖亲率众围河东,屈突通自守不出,乃命攻城,不利而还。文武将吏请高祖领太尉,加置僚佐,从之。华阴令李孝常以永丰仓来降。庚申,高祖率军济河,舍于长春宫。三秦士庶至者日以千数,高祖礼之,咸过所望,人皆喜悦。丙寅,遣陇西公建成、司马刘文静屯兵永丰仓,兼守潼关,以备他盗。太宗率刘弘基、长孙顺德等前后数万人,自渭北徇三辅,所至皆下。高祖从父弟神通起兵鄠县,柴氏妇举兵于司竹,至是并与太宗会。鄠县贼帅丘师利、李仲文,盩厔贼帅何潘仁等,合众数万来降。乙亥,命太宗自渭汭屯兵阿城,陇西公建成自新丰趣霸上。高祖率大军自下邽西上,经炀帝行宫园苑,悉罢之,宫女放还亲属。

冬十月辛巳,至长乐宫,有众二十万。京师留守刑部尚书卫文升、右翊卫将军阴世师、京兆郡丞滑仪挟代王侑以拒义师。高祖遣使至城下，谕以匡复之意，再三皆不报。诸将固请围城。十一月丙辰，攻拔京城。卫文升先已病死，以阴世师、滑仪等拒义兵，并斩之。癸亥，率百僚，备法驾，立代王侑为天子，遥尊炀帝为太上皇，大赦，改元为义宁。甲子，隋帝诏加高祖假黄钺、使持节、大都督内外诸军事、大丞相，进封唐王，总录万机。以武德殿为丞相府，改教为令。以陇西公建成为唐国世子；太宗为京兆尹，改封秦公；姑臧公元吉为齐公。

十二月癸未，丞相府置长史、司录已下官僚。金城贼帅薛举寇扶风，命太宗为元帅击之。遣赵郡公孝恭招慰山南，所至皆下。癸巳，太宗大破薛举之众于扶风。屈突通自潼关奔东都，刘文静等追擒于阌乡，虏其众数万。河池太守萧瑀以郡降。丙午，遣云阳令詹俊、武功县正李仲衮徇巴蜀，下之。

二年春正月戊辰，世子建成为抚宁大将军、东讨元帅，太宗为副，总兵七万，徇地东都。二月，清河贼帅窦建德僭称长乐王。吴兴人沈法兴据丹阳起兵。三月丙辰，右屯卫将军宇文化及弑隋太上皇于江都宫，立秦王浩为帝，自称大丞相。徙封太宗为赵国公。戊辰，隋帝进高祖相国，总百揆，备九锡之礼。唐国置丞相以下，立皇高祖已下四庙于长安通义里第。

夏四月辛卯，停竹使符，颁银菟符于诸郡。戊戌，世子建成及太宗自东都班师。五月乙巳，天子诏高祖冕十有二旒，建天子旌旗，出警入跸。王后、王女爵命之号，一遵旧典。戊午，隋帝诏曰：

天祸隋国，大行太上皇遇盗江都，酷甚望夷，衅深骊北。悯予小子，奄遭丕愆，哀号永感，心情糜溃。仰惟荼毒，仇复靡申，形影相吊，罔知启处。相国唐王，膺期命世，抚危拯溺。自北徂南，东征西怨。致九合于诸侯，决百胜于千里。纠率夷夏，大庇甿黎，保义朕躬，繄王是赖。德侔造化。功格苍旻，兆庶归心，历数斯在，屈为人臣，载违天命。在昔虞、夏，揖让相推，苟非重华，谁堪命禹！当今九服崩离，三灵改卜，大运去矣，请避贤路。兆谋布德，顾己莫能，私僮命驾，须归藩国。予本代王，及予而代，天之所废。岂其如是！庶凭稽古之圣，以诛四凶；幸值惟新之恩，预充三恪。雪冤耻于皇祖，守禋祀为孝孙，朝闻夕殒，及泉无恨。今遵故事，逊于旧邸，庶官群辟，改事唐朝。宜依前典，趋上尊号，若释重负，感泰兼怀。假手真人，俾除丑逆，济济多士，明知朕意。仍敕有司，凡有表奏，皆不得以闻。

遣使持节、兼太保、刑部尚书、光禄大夫、梁郡公萧造，兼太尉、司农少卿裴之隐奉皇帝玺绶于高祖，高祖辞让。百僚上表劝进，至于再三，乃从之。隋帝逊于旧邸。改大兴殿为太极殿。

甲子，高祖即皇帝位于太极殿，命刑部尚书萧造兼太尉，告于南郊，大赦天下，改隋义宁二年为唐武德元年。官人百姓，赐爵一级。义师所行之处，给复三年。罢郡置州，改太守为刺史。丁卯，宴百官于太极殿，赐帛有差。东都留守官共立隋越王侗为帝。壬申，命相国长史裴寂等修律令。

六月甲戌，太宗为尚书令，相国府长史裴寂为尚书右仆射，相国府司马刘文静为纳言，隋民部尚书萧瑀、相国府司录窦威并为内史令。废隋大业律令，颁新格。己卯，备法驾，迎皇高祖宣简公已下神主，祔于太庙。追谥妃窦氏为太穆皇后，陵曰寿安。庚辰，立世子建成为皇太子。封太宗为秦王,齐国公元吉为齐王。封宗室蜀国公孝基为永安王,柱国道玄为淮阳王,长平公叔良为长平王,郑国公神通为永康王,安吉公神符为襄邑王,柱国德良为长乐王,上开府道素为竟陵王,上柱国博义为陇西王。奉慈为渤海王。诸州总管加号使持节。癸未,封隋帝为酅国公。薛举寇泾州,命秦王为西讨元帅征之。改封永康王神通为淮安王。壬辰,加秦王雍州牧,余官如故。辛丑,内史令窦威卒。

秋七月丙午,刑部尚书萧造为太子太保。追封皇子玄霸为卫王。西突厥遣使内附。秦王与薛举大战于泾州,我师败绩。

秋八月壬午,薛举死,其子仁果复僭称帝,命秦王为元帅以讨之。丁亥,诏曰:"隋太常卿高炯、上柱国贺若弼,并抗节不阿,矫枉无挠;司隶大走薛道衡、刑部尚书宇文弼、左翊卫将军董纯,并怀忠抱义,以陷极刑:宜从褒饰,以慰泉壤。炯可赠上柱国、郏国公,弼赠上柱国、杞国公,各令有司加谥;道衡赠上开府、临河县公,弼赠上开府、平昌县公,纯赠柱国、狄道县公。"又诏曰:"隋右骁卫大将军李金才、左光禄大夫李敏,并鼎族高门,元功世胄,横受屠杀,朝野称冤。然李氏将兴,天祚有应,冥契深隐,妄肆诛夷。朕受命君临,志存刷荡,申冤旌善,无忘寤寐。金才可赠上柱国、申国公,敏可赠柱国、观国公。又前代酷滥,子孙被流者,并放还乡里。"凉州贼帅李轨以其地来降,拜凉州总管,封凉王。

九月乙巳,亲录囚徒,改银菟符为铜鱼符。辛未,追谥隋太上皇为炀帝。宇文化及至魏州,鸩杀秦王浩,僭称天子,国号许。

冬十月壬申朔,日有蚀之。李密率众来降。封皇从父弟襄武公琛为襄武兰,黄台公瑗为庐江王。癸巳,诏行傅仁均所造戊寅历。

十一月己酉,以京师谷贵,令四面入关者,车马牛驴各给课米,充其自食。秦王大破薛仁杲于浅水原,降之,陇右平。乙巳,凉王李轨僭称天子于凉州。诏颁五十三条格,以约法缓刑。

十二月壬申,加秦王太尉、陕东道大行台。丁丑,封上柱国李孝常为义安王。庚子,李密反于桃林,行军总管盛彦师追讨斩之。

二年春正月乙卯,初令文官遭父母丧者听去职。黄门侍郎陈叔达兼纳言。

二月丙戌,诏天下诸宗人无职任者,不在徭役之限,每州置宗师一人,以相统摄。丁酉,窦建德攻宇文化及于聊城,斩之,传首突厥。

闰月辛丑,刘武周侵我并州。己酉,李密旧将徐世勣以黎阳之众及河南十郡降,授黎州总管,封曹国公,赐娃李氏,庚戌,上微行都邑,以察氓俗,即日还宫。甲寅,贼帅朱粲杀我使散骑常侍段确,奔洛阳。

夏四月乙巳,王世充篡越王侗位,僭称天子,国号郑。辛亥,李轨为其伪尚书安兴贵所执以降,河右平。突厥始毕可汗死。

五月己卯,酅国公薨,追崇为隋帝,谥曰恭。

六月戊戌,令国子学立周公、孔子庙,四时致祭,仍博求其后。癸亥,尚书右仆射裴寂为晋州道行军总管,以讨刘武周。

秋七月壬申,置十二军,以关内诸府分隶焉。王世充遣其将罗士信侵我谷州,士信率其众来降。西突厥叶护可汗及高昌并遣使朝贡。

九月辛未,贼帅李子通据江都,僭称天子,国号吴。沈法兴据毗陵,僭称梁王。丁丑,和州贼帅杜伏威遣使来降,授和州总管、东南道行台尚书令,封楚王。裴寂与刘武周将宋金刚战于介州,我师败绩,右武卫大将军姜宝谊死之。并州总管、齐王元吉惧武周所逼,奔于京师,并州陷。乙未,京师地震。

冬十月己亥,封幽州总管罗艺为燕郡王,赐姓李氏。黄门侍郎杨恭仁为纳言。杀民部尚书、鲁国公刘文静。乙卯,秦王世民讨刘武周,军于蒲州,为诸军声援。壬子,刘武周进围晋州。甲子,上亲祠华岳。

十一月丙子,窦建德陷黎阳,尽有山东之地。淮安王神通、左武候大将军李世勣皆没于贼。

十二月丙申,永安王孝基、工部尚书独孤怀恩、总管于筠为刘武周将宋金刚掩袭,并没焉。甲辰,狩于华山。壬子,大风拔木。

三年春正月辛巳,幸蒲州,命祀舜庙。癸巳,至自蒲州。甲午,李世勣于窦建德所自拔归国。建德僭称夏王。

二月丁酉,京师西南地有声如山崩。庚子,幸华阴。工部尚书独孤怀恩谋反,伏诛。

三月癸酉,西突厥叶护可汗、高昌王麴伯雅遣使朝贡。突厥贡条支巨鸟。己卯,改纳言为侍中,内史令为中书令,给事郎为给事中。甲戌,内史侍郎封德彝兼中书令。封贼帅刘孝真为彭城王,赐姓李氏。

夏四月壬寅,至自华阴。于益州置行台尚书省。甲寅,加秦王益州道行台尚书令。秦王大破宋金刚于介州,金刚与刘武周俱奔突厥,遂平并州。伪总管尉迟敬德、寻相以介州降。

六月壬辰,徙封楚王杜伏威为吴王,赐姓李氏,加授东南道行台尚书令。丙午,亲录囚徒。封皇子元景为赵王,元昌为鲁王,元亨为酆王;皇孙承宗为太原王,承道为安陆王,承乾为恒山王,恪为长沙王,泰为宜都王。

秋七月壬戌,命秦王率诸军讨王世充。遣皇太子镇蒲州,以备突厥。丙申,突厥杀刘武周于白道。

冬十月庚子,怀戎贼帅高开道遣使降,授蔚州总管,封北平郡王,赐姓李氏。

四年春正月丁卯,窦建德行台尚书令胡大恩以大安镇来降,封定襄郡王,赐姓李氏。辛巳,命皇太子总统诸军讨稽胡。

三月,徙封宜都王泰为卫王。窦建德来援王世充,攻陷我管州。

夏四月甲寅,封皇子元方为周王,元礼为郑王,元嘉为宋王,元则为荆王,元茂为越王。初置都护府官员。

五月己未,秦王大破窦建德之众于武牢,擒建德,河北悉平。丙寅,王世充举东都降,河南平。

秋七月甲子,秦王凯旋,献俘于太庙。丁卯,大赦天下。废五铢钱,行开元通宝钱。斩窦建德于市;流王世充于蜀,未发,为仇人所害。甲戌,建德余党刘黑闼据漳南反。置山东道行台尚书省于洺州。

八月,兖州总管徐圆朗举兵反,以应刘黑闼,僭称鲁王。

冬十月己丑,加秦王天策上将,位在王公上,领司徒、陕东道大行台尚书令;齐王元吉为司空。乙巳,赵郡王孝恭平荆州,获萧铣。

十一月甲申,于洺州置大行台,废洺州都督府。庚寅,焚东都紫微宫乾阳殿。会稽贼帅李子通以其地来降。

十二月丁卯,命秦王及齐王元吉讨刘黑闼。壬申,徙封宋王元嘉为徐王。

五年春正月丙申,刘黑闼据洺州,僭称汉东王。

三月丁未,秦王破刘黑闼于洺水上,尽复所陷州县,黑闼亡奔突厥。蔚州总管、北平王高开道叛,寇易州。

夏四月庚戌,秦王还京师,高祖迎劳于长乐宫。壬申,代州总管、定襄郡王大恩为虏所败,战死。

六月,刘黑闼引突厥寇山东。置谏议大夫官员。

秋七月丁亥,吴王伏威来朝。隋汉阳太守冯盎以南越之地来降,岭表悉定。

八月辛亥,以洺、荆、并、幽、交五州为大总管府。改封恒山王承乾为中山王。葬隋炀帝于扬州。丙辰,突厥颉利寇雁门。己未,进寇朔州。遣皇太子及秦王讨击,大败之。

冬十月癸酉,遣齐王元吉击刘黑闼于洺州。时山东州县多为黑闼所守,所在杀长吏以应之。行军总管、淮阳王道玄与黑闼战于下博,道玄败没。

十一月甲申,命皇太子率兵讨刘黑闼。丙申,幸宜州,简阅将士。

十二月丙辰,校猎于华池。庚申,至自宜州。皇太子破刘黑闼于魏州,斩之,山东平。

六年春正月,吴王杜伏威为太子太保。

二月辛亥,校猎于骊山。

三月乙未,幸昆明池,宴百官。

夏四月己未,旧宅改为通义宫,曲赦京城系囚。于是置酒高会;赐从官帛各有差。癸酉,以尚书右仆射、魏国公裴寂为左仆射,中书令、宋国公萧瑀为右仆射,侍中、观国公杨恭仁为吏部尚书。

秋七月,突厥颉利寇朔州,遣皇太子及秦王屯并州以备之。

八月壬子,东南道行台仆射辅公祏据丹阳反,僭称宋王,遣赵郡王孝恭及岭南道大使、永康县公李靖讨之。丙寅,吐谷浑内附。

九月丙子,突厥退,皇太子班师。改东都为洛州。高开道引突厥寇幽州。

冬十月,幸华阴。

十一月,校猎于沙苑。

十二月乙巳,以奉义监为龙跃宫,武功宅为庆善宫。甲寅,至自华阴。

七年春正月己酉,封高丽王高武为辽东郡王,百济王扶余璋为带方郡王,新罗王金真平为乐浪郡王。

二月,高开道为部将张金树所杀,以其地降。丁巳,幸国子学,亲临释奠。改大总管府为大都督府。吴王伏威薨。

三月戊寅,废尚书省六司侍郎,增吏部郎中秩正四品,掌选事。戊戌,赵郡王孝恭大破辅公祏,擒之,丹阳平。

夏四月庚子,大赦天下,颁行新律令。以天下大定,诏遭父母丧者听终制。

五月,造仁智宫于宜州之宜君县。李世勣讨徐圆朗,平之。

六月辛丑,幸仁智宫。

秋七月甲午，至自仁智宫。巂州地震山崩，江水咽流。

八月戊辰，突厥寇并州，京师戒严。壬午，突厥退。乙未，京师解严。

冬十月丁卯，幸庆善宫。癸酉，幸终南山，谒老子庙。

十一月戊辰，校猎于高陵。庚午，至自庆善宫。

八年春二月己巳，亲录囚徒，多所原宥。

夏四月，造太和宫于终南山。

六月甲子，幸太和宫。突厥寇定州，命皇太子往幽州，秦王往并州，以备突厥。

八月，并州道总管张公谨与突厥战于太谷，王师败绩，中书令温彦博没于贼。九月，突厥退。

冬十月辛巳，幸周氏陂校猎，因幸龙跃宫。

十一月辛卯，幸宜州。庚子，讲武于同官县。改封蜀王元轨为吴王，汉王元庆为陈王。加授秦王中书令，齐王元吉侍中。天策上将府司马宇文士及权检校侍中。

十二月辛酉，至自宜州。

九年春正月丙寅，命州县修城隍，备突厥。尚书左仆射、魏国公裴寂为司空。

二月庚申，加齐王元吉为司徒。戊寅，亲祠社稷。

三月辛卯。幸昆明池。

夏五月辛巳，以京师寺观不甚清净，诏曰：

释迦阐教，清净为先，远离尘垢，断除贪欲，所以弘宣胜业，修植善根，开导愚迷，津梁品庶。是以敷演经教，检约学徒，调忏身心，舍诸染著，衣服饮食，咸资四辈。

自觉王迁谢，像法流行，末代陵迟，渐以亏滥。乃有猥贱之侣，规自尊高，浮惰之人，苟避徭役，妄为剃度，托号出家，嗜欲无厌，营求不息。出入闾里，周旋阛阓，驱策田产，聚积货物。耕织为生，估贩成业，事同编户，迹等齐人。进违戒律之文，退无礼典之训。至乃亲行劫掠，躬自穿窬，造作妖讹，交通豪猾。每罹宪纲，自陷重刑，黩乱真如，倾毁妙法。譬兹稂莠，有秽嘉苗；类彼淤泥，混夫清水。又伽蓝之地，本曰净居，栖心之所，理尚幽寂。近代以来，多立寺舍，不求闲旷之境，唯趋喧杂之方。缮采崎岖，栋宇殊拓，错舛隐匿，诱纳奸邪。或有接延鄽邸，邻近屠酤，埃尘满室，膻腥盈道。徒长轻慢之心，有亏崇敬之意。且老氏垂化，本贵冲虚，养志无为，遗情物外，全真守一，是谓玄门，驱驰世务，尤乖宗旨。

朕膺期驭宇，兴隆教法，志思利益，情在护持。欲使玉石区分，薰莸有辨，长存妙道，永固福田。正本澄源，宜从沙汰。诸僧、尼、道士、女冠等，有精勤练行、守戒律者，并令大寺观居住，给衣食，勿令乏短。其不能精进、戒行有阙、不堪供养者，并令罢遣，各还桑梓。所司明为条式，务依法教，违制之事，悉宜停断。京城留寺三所，观二所。其余天下诸州，各留一所，余悉罢之。

事竟不行

六月庚申，秦王以皇太子建成与齐王元吉同谋害己，率兵诛之。诏立秦王为皇太子，继统万机，大赦天下。

八月癸亥，诏传位于皇太子。尊帝为太上皇，徙居弘义宫，改名太安宫。

贞观八年三月甲戌，高祖宴西突厥使者于两仪殿，顾谓长孙无忌曰："当今蛮夷率服，古未尝有。"无忌上千万岁寿，高祖大悦，以酒赐太宗。太宗又奉觞上寿，流涕而言曰："百

便桥会盟图

姓获安,四夷咸附,皆奉遵圣旨,岂臣之力!"于是太宗与文德皇后互进御膳,并上服御衣物,一同家人常礼。是岁,阅武于城西,高祖亲自临视,劳将士而还。置酒于未央宫,三品以上咸侍。高祖命突厥颉利可汗起舞,又遣南越酋长冯智戴咏诗,即而笑曰:"胡、越一家,自古未之有也。"太宗奉觞上寿曰:"臣早蒙慈训,教以文道;爰从义旗,平定京邑。重以薛举、武周、世充、建德,皆上禀睿算,幸而克定。三数年间,混一区宇。天慈崇宠,遂蒙重任。今上天垂佑,时和岁阜,被发左衽,并为臣妾。此岂臣圣力,皆由上禀圣算。"高祖大悦,群臣皆呼万岁,极夜方罢。

九年五月庚子,高祖大渐,下诏:"既殡之后,皇帝宜于别所视军国大事。其服轻重,悉从汉制,以日易月。园陵制度,务从俭约。"是日,崩于太安宫之垂拱前殿,年七十。群臣上谥曰大武皇帝,庙号高祖。十月庚寅,葬于献陵。高宗上元元年八月,改上尊号曰神尧皇帝。天宝十三载二月,上尊号神尧大圣大光孝皇帝。

【译文】

唐高祖神尧大圣大光孝皂帝姓李,名渊。祖籍陇西狄道,是西凉武昭王李暠的七代孙。李暠生李歆。李歆的儿子李重耳,任北魏弘农太守。李重耳的儿子李熙,任金门守将,带领一些豪杰镇守武川,于是把家搬到这里。唐高宗仪凤年间,被追尊为宣皇帝。李熙的儿子李天锡,任北魏的禁军主将。西魏文帝大统年间,赠司空。仪凤年间,被追尊为光皇帝。唐高祖的祖父叫李虎,任西魏左仆射,封陇西郡公,与北用文帝宇文泰及太保李弼、大司马独孤信等人因有功同任辅佐大臣,当时人称为"八柱国家",李虎并被赐姓为大野氏。北周接受西魏的禅让后,追封李虎为唐国公,赠谥号为襄。到隋文帝作北周宰相时,又恢复本姓李氏。唐高祖武德初年,李虎被追尊为景皇帝,庙号太祖,陵墓称永康陵。唐高祖的父亲叫李昞,任北周安州总管、柱国大将军,承袭唐国公爵位,赠谥号为仁。武德初年,被追尊为元皇帝,庙号世祖,陵墓称兴宁陵。

唐高祖北周天和元年生于长安,七岁承袭唐国公爵位。长大后,洒脱豁达,坦率直爽,毫不做作,宽厚仁慈,能容纳人,不论贵贱,他全以好意相待。隋接受北周的禅让后,高祖任千牛备身。隋文帝独孤皇后,是高祖的姨妈,因此高祖特别受隋文帝的亲近和宠爱,连续迁任谯、陇、岐三州刺史。有个叫史世良的人,擅长看相,对高祖说:"您的骨骼、相貌非同一般,一定会当皇帝,希望您自爱,不要忘掉我的鄙陋之言。"高祖听后颇以此自负。

隋炀帝大业初年,高祖任荥阳、楼烦二郡太守,又被征召入朝担任殿内少监。大业九年,升任卫尉少卿。隋炀帝远征辽东的时候,高祖奉命在怀远镇监督运粮。等到杨玄感造反时,炀帝命高祖速乘驿车前去镇守弘化郡,兼主管关右各郡军事。高祖历任中央和地方的官吏,一向多树立个人的恩德,到这时更广泛结交豪杰,大家也多诚心归附于他。当时炀帝多猜忌臣下,人人心里都疑虑恐惧。正好炀帝下诏征召高祖到他所在的地方,高祖得病,未能按时谒见炀帝。当时高祖的外甥女王氏在后宫,炀帝问她说:"你舅舅为什么迟迟不来?"王氏回答说舅舅得了病,炀帝说:"会死不?"高祖听说这事后更加害怕,于是尽情饮酒,收受贿赂,故意使自己的行为污浊。大业十一年,炀帝驾临汾阳宫,命令高祖前往山西、河东督察官吏,进退人才,讨捕盗贼。高祖率军暂驻龙门,盗贼首领母端儿领徒众数千逼近龙门城下。高祖带十多名骑兵攻打他们。高祖发射七十支箭,敌人都应声倒地,贼寇于是大败。大业十二年,高祖升任右骁卫将军。

大业十三年,高祖任太原留守,郡丞王威、武牙郎将高君雅任副留守。这时各路盗贼纷然并起,太原与住在江都的炀帝断绝联系,唐太宗李世民和晋阳县令刘文静首先在一起谋划,劝高祖起兵反隋。没过多久马邑校尉刘武周占领汾阳宫起兵造反,唐太宗与王威、高君雅准备调集军队讨伐他。高祖于是命令太宗和刘文静以及自己的门客长孙顺德、刘弘基分别到各地招募士兵,十日间就得到士兵将近一万名,高祖又秘密派人到河东召来自己的嫡长子李建成以及嫡子李元吉。王威、高君雅见大军集结,担心高祖发生变故,心里感到疑虑和恐惧,于是请高祖到晋祠祈雨,准备乘机干危害高祖的事。晋阳乡长刘世龙知道这件事,将它报告给高祖,高祖暗中作了防备。五月甲子,高祖与王威、高君雅在一起办公,太宗暗中在府衙外严密地布下军队,以防备发生突如其来的事故。高祖派开阳府司马刘政会告发王威等人图谋造反,于是立即将他们斩首示众,宣布起兵反隋。甲戌,高祖派刘文静出使突厥,让突厥始毕可汗派兵与高祖相呼应。

六月甲申,高祖命令太宗领兵夺取西河,攻下了它。癸巳,建立大将军府,设置三军,分为左三军右三军:任命嫡长子李建成为陇西公、左领军大都督,左三统军归他领导;任命太宗为敦煌公、右领军大都督,右三统军归他领导。任命裴寂为大将军府长史,刘文静为大将军府司马,石艾县长殷开山为大将军府掾,刘政会为大将军府属,长孙顺德、刘弘基、窦琮等分别担任左右统军。高祖下令开仓救济穷困的百姓,远近的人争相响应。

秋季七月壬子,高祖率兵西行谋取关中,任命李元吉为镇北将军、太原留守。癸丑,高祖由太原出发,有兵十三万名。丙辰。军队停留于灵石县,在贾胡堡扎营。隋朝的武牙郎将宋老生屯兵霍邑以抵抗义军。恰好连续下了十天大雨,军粮无法运到,高祖下令回师太原,经太宗极力劝谏才没有这样做。有一位穿白色衣服的老人到义军的营门说:"霍山神派我来谒见和告诉唐皇帝说:'八月雨停,你路经霍邑东南,我当帮助唐皇帝的军队。'"高祖说:"这神不欺骗赵无恤,难道会背弃我吗!"

八月辛巳,高祖领兵奔赴霍邑,杀了宋老生,平定霍邑。丙戌,进兵攻下临汾郡及绛郡。癸巳,高祖到龙门,突厥始毕可汗派康稍利带领士兵五百人、马两千匹前来龙门,与刘文静会合于帅旗下。隋朝骁卫大将军屈突通镇守河东,通往关中的蒲津黄河浮桥断绝,关中地区心向义军的人感到这是一个阻碍。于是河东地区居于水滨的百姓,竞相向高祖进献船只,不约而同前来进献的人,前后达数百名。

九月壬寅，冯翊盗贼首领孙华、土门盗贼首领白玄度各自率领部下归顺高祖，并准备好船只等待义军渡过黄河。高祖命令孙华与统军王长谐、刘弘基领兵渡过黄河。屈突通派他手下的武牙郎将桑显和率领数千士兵，在晚上袭击王长谐，义军迎战失利。唐太宗带领数百名流动骑兵从背后突袭敌人，桑显和的军队溃散，义军的士气又振作起来。丙辰，隋冯翊太守萧造率郡中军民投降高祖。戊午，高祖亲自带领军队包围河东城，隋将屈突通坚守不出，高祖于是下令攻城，结果因失利而撤军。文武官员请求高祖担任太尉，并增置僚属，高祖接受他们的建议。隋华阴县令李孝常献永丰仓投降高祖。庚申，高祖带领军队渡过黄河，住进长春宫。三秦士民每天到长春宫来的，以千计算，高祖对他们以礼相待，全超过了他们的期望，因此大家都非常高兴。丙寅，高祖派陇西公李建成、司马刘文静领兵屯驻永丰仓，兼守卫潼关，以防备别的盗贼入关。太宗率领刘弘基、长孙顺德等前后共数万人，由渭北夺取三辅，所到之地，攻无不克。高祖的堂弟李神通在鄠县起兵，柴绍的妻子在司竹起兵，这时候都领兵与太宗会合。郿县盗贼首领丘师利、李仲文、盩厔盗贼首领何潘仁等，聚集徒众数万，前来投降太宗。乙亥，高祖命令太宗自渭汭领兵屯驻阿城，陇西公李建成由新丰率兵赴霸上。高祖统率大军由下邽西上，一路上经过隋炀帝的行宫、园林，高祖都下令废除，宫女一律释放回家。

冬季十月辛巳，高祖到长乐宫，有军队二十万人。隋京师留守、刑部尚书卫文升，右翊卫将军阴世师和京兆郡丞滑仪胁持隋代王杨侑以抵抗义军。高祖派使者到京师城下，告谕他们自己有挽救扶助隋室之意，几次派使者反复申明此意，都得不到答复。各位将领坚决请求围攻京城。十一月丙辰，攻下京城。卫文升在这以前已经病死，高祖认为阴世师、滑仪等人抗拒义军，都将他们斩首。癸亥，高祖带领百官，准备好天子的车驾，立代王杨侑为皇帝，遥尊隋炀帝为太上皇，大赦天下，改年号为义宁。甲子，隋帝杨侑下诏加授高祖得借用天子的仪仗黄钺、使持节、大都督内外诸军事、大丞相，进封唐王，总揽朝廷的各项事务。提供武德殿作为丞相府，唐王对百官的教谕改称为令。以陇西公李建成为唐国太子；任命太宗为京兆尹，改封秦公；改封姑藏公李元吉为齐公。

十二月癸未，丞相府设置长史、司录以下属官。金城盗贼首领薛举进犯扶风，任命太宗为元帅领兵攻打薛举。派赵郡公李孝恭招抚山南地区，所到之地吏民无不归服。癸巳，太宗在扶风将薛举的部队打得大败。屈突通由潼关逃往东都，刘文静等人领兵追击，在阌乡将他抓住，又俘虏了他的部下数万人。河池太守萧瑀率郡中军民投降高祖。丙午，高祖派云阳县令詹俊、武功县正李仲衮夺取巴蜀地区，攻下了它。

义宁二年春季正月戊辰，高祖任命太子李建成为抚宁大将军、东讨元帅，太宗为副元帅，领兵七万，夺取东都。二月，清河盗贼首领窦建德越分自称为长乐王。吴兴人沈法兴占据丹阳起兵。三月丙辰，隋右屯卫将军宇文化及在江都宫杀死隋太上皇杨广，立秦王李浩为皇帝，自称为大丞相。改封唐太宗为赵国公。戊辰，隋帝杨侑进封高祖为相国，让他总领百官，又加赐九锡之礼。唐国设置丞相以下官员，在长安通义里私第立唐高祖的已故高祖父以下四代祖先的祠庙。

夏季四月辛卯，停止使用竹使符，另发给各郡银兔符。戊戌，太子李建成与太宗自东都班师回朝。五月乙巳，隋帝杨侑下诏让高祖戴皇帝用的有十二旒的冕，并立天子的旌旗，像天子那样出入警戒，禁止行人来往。王后、王女的封号，都依照旧规办理。戊午，隋帝杨侑下诏说：

上天降祸给隋国，已故太上皇在江都遇到贼寇，残酷甚于赵高在望夷宫刺杀秦二世，仇恨深于周幽王在骊山北被犬戎杀死。可悲啊我这小子，忽然铸成大错，哀伤哭泣，长叹不已，痛苦之至，内心破碎。抬头想起太上皇受到的残害，冤仇又得不到申雪，我只身孤立，不知怎样过日子。相国唐王，应圣王兴起之期，有治世之才，扶危济困，把百姓从水火中救出。唐王由北往南征讨，如果向东进军，西边的百姓就会抱怨为什么不先到他们那里去。使各路诸侯汇合，决战于千里之外而取得大胜。集合、统率夷狄、华夏之人，保护黎民百姓，使朕自身得到安定，都有赖于唐王。唐王的道德同于造物主，功勋感通上天，万民归心，天命体现在他身上，如今仍屈居臣下之位，违背了上天的旨意。从前虞、夏时代，彼此推举，让位于贤者，如果不是有虞舜，谁能命令夏禹继位！现今天下分崩离析，天、地、人改变选择，隋朝气数已尽，朕请求为贤者让路。重新开始谋划广施恩德，不过自己已做不到，命令私人的僮仆驾车，朕应当回到原来的地方。我本是代王，到了我而被取代，上天的遗弃隋，怎么就像这样啊！也许可以依靠德与天齐的圣王，来诛灭叛逆的恶人；希望得到新王朝的恩泽，让隋朝子孙受封为王侯，充任三恪之一。能为朕的祖先申雪冤耻，能保持对祖先的祭祀作孝顺的子孙，早晨知道这些愿望实现晚上就立即死去，朕到了泉下也不感到遗憾。现在朕遵从旧例，退位居于旧府第，众位文武官员，应改而服侍唐朝。应当按照以往的规矩，赶快奉上皇帝尊号，这样做朕便如释重负，感到安宁，心地宽广如能包容万物。借助真正的帝王之手，来清除凶恶的叛逆者，满朝众多的官员，应明白了解朕的这一旨意。命令有关部门，凡有群臣的奏章，都不得上报朕知。

隋帝杨侑派遣使持节、兼太保、刑部尚书、光禄大夫、梁郡公萧造，以及兼太尉、司农少卿裴之隐将皇帝的印玺进献给高祖，高祖推让。百官联名上表劝高祖即帝位，高祖没有接受。经再三上表，高祖才接受。隋帝杨侑退位居于旧府第。将大兴殿改名为太极殿。

甲子，高祖在太极殿即皇帝位，任命刑部尚书萧造兼任太尉，在南郊祭告上天，发布大赦令，改隋义宁二年为唐武德元年。官吏百姓，赐给一级爵位。义军经过的地方，免除三年徭役。撤销郡改设州，将郡太守改为州刺史。丁卯，高祖在太极殿宴请百官，分别赐给他们多少不等的丝织品。隋朝东都留守等官一起立隋越王杨侗为皇帝。壬申，高祖命令相国府长史裴寂等人制定律令。

六月甲戌，太宗李世民任尚书令，相国府长史裴寂任尚书右仆射，相国府司马刘文静任纳言，隋朝民部尚书萧瑀、相国府司录窦威都任内史令。废除隋朝的《大业律令》，颁布新的法规。已卯，准备天子的车驾，将唐高祖的高祖父宣简公以下四代祖先的神主迎进太庙受祭。给已故高祖妃窦氏追加谥号为太穆皇后，她的陵墓称寿安陵。庚辰，立嫡长子李建成为皇太子。封太宗为秦王，齐国公李元吉为齐王。封皇族子弟蜀国公李孝基为永安王，柱国李道玄为淮阳王，长平公李叔良为长平王，郑国公李神通为永康王，安吉公李神符为襄邑王，柱国李德良为长乐王，上开府李道素为竟陵王，上柱国李博义为陇西王，李奉慈为渤海王。各州总管都加使持节的名号。癸未，高祖封隋帝杨侑为酅国公。薛举侵犯泾州，高祖命令秦王李世民为西讨元帅领兵征讨薛举。改封永康王李神通为淮安王。壬辰，加封秦王为雍州牧，其他官职不变。辛丑，内史令窦威去世。

秋季七月丙午,刑部尚书萧造任太子太保。追封已故皇子李玄霸为卫王。西突厥派使者要求归附唐朝。秦王在泾州与薛举交战,唐军战败。

八月壬午,薛举去世,他的儿子薛仁杲又越分自称为皇帝,高祖命令秦王为元帅领兵讨伐他。丁亥,高祖发布诏令说:"隋朝的太常卿高炯、上柱国贺若弼,都坚持节操,刚正不阿,纠正邪恶,不屈不挠;司隶大夫薛道衡、刑部尚书宇文弼、左翊卫将军董纯,都心怀忠义,却被处以极刑。这些人都应加以表扬,以使他们在泉下能得到一些安慰。高炯应追赠上柱国、郕国公,贺若弼追赠上柱国、杞国公,让有关部门分别给他们追加谥号;薛道衡追赠上开府、临河县公,宇文弼追赠上开府、平昌县公,董纯赠柱国、狄道县公。"又发布诏令说:"隋右骁卫大将军李金才、左光禄大夫李敏,都出身高门望族,有大功绩的贵族世家,他们意外地遭屠杀,朝廷民间都认为冤枉。但李氏家族将兴起,自有上天赐福的灵应,暗中感悟到这种隐秘的灵应,于是便狂乱地肆意诛戮李氏族人。朕受命于天作万民的君主,志在清除邪恶,日夜不忘申雪冤屈,表彰善人。李金才应追赠上柱国、申国公,李敏应追赠柱国、观国公。另外,前朝刑罚残酷、失当,受害者的子孙被流放的,一律放他们回故乡。"凉州盗贼首领李轨献出他的辖地投降唐朝,高祖任命他为凉州总管,又封他为凉王。

九月乙巳,高祖亲自省察囚徒的罪状,看有无处治不当的情况;改银兔符为铜鱼符。辛未,给隋太上皇杨广追加炀帝的谥号。宇文化及到魏州,毒死隋秦王杨浩,越分自称为天子,定国号为许。

冬季十月壬申初一,出现日蚀。李密带领部众前来投降唐朝。高祖封自己的堂弟襄武公李琛为襄武王,黄台公李瑗为庐江王。癸巳,高祖下令施行傅仁均制定的《戊寅历》。

十一月巳酉,由于京师粮食昂贵,高祖下令四方进入潼关的人,官府各为他们的车马牛驴配给收来的税米,供他们自己喂养牲口之用。秦王李世民在浅水原将薛仁杲打得大败,薛仁杲投降,陇右平定。乙巳,凉王李轨在凉州越分自称为天子。高祖下诏颁布五十三条法律,借以简省法令,减轻刑罚。

十二月壬申,加封秦王李世民为太尉、陕东道大行台。丁丑,高祖封上柱国李孝常为义安王。庚子,李密在桃林造反,行军总管盛彦师追击讨伐,将李密杀死。

武德二年春季正月乙卯,首次下令规定文官,凡遇父母去世,听任他们离职守丧。黄门侍郎陈叔达兼任纳言。

二月丙戌,高祖下诏规定全国各地与天子同宗未担任官职的人,一律免除徭役。每州设置宗师一人,总领本州这些同宗的人。丁酉,窦建德在聊城攻打并杀死宇文化及,将他的首级送到突厥。

闰二月辛丑,刘武周侵犯唐朝的并州。己酉,李密的旧将徐世勣率黎阳的军民及河南十郡投降唐朝,高祖任命他为黎州总管,封曹国公,赐姓李氏。庚戌,高祖穿平民的服装巡视京城,考察民俗,当日回宫。甲寅,盗贼首领朱粲杀死唐朝的使臣散骑常侍段确,逃往洛阳。

夏季四月乙巳,王世充篡夺隋越王杨侗的皇位,越分自称为天子,定国号为郑。辛亥,李轨的伪尚书安兴贵逮捕李轨,投降唐朝,河西平定。突厥始毕可汗去世。

五月己卯,酅国公杨侑去世,高祖追尊他为隋帝,定谥号为恭。

六月戊戌，命令国子学建立周公、孔子庙，四季都举行祭祀，并在全国广泛寻找周公、孔子的后代。癸亥，尚书右仆射裴寂担任晋州道行军总管，以讨伐刘武周。

秋季七月壬申，设置十二军，让关内各府分别隶属于十二军。王世充派他的将领罗士信领兵侵犯唐朝谷州，罗士信率领他的部下投降了唐朝。西突厥叶护可汗和高昌国都派使者前来朝见高祖，进献贡品。

九月辛未，盗贼首领李子通占据江都，越分自称为天子，定国号为吴。沈法兴占据毗陵，越分自称为梁王。丁丑，和州盗贼首领杜伏威派使者前来投降唐朝，高祖任命杜伏威为和州总管、东南道行台尚书令，并封他为楚王。裴寂与刘武周的将领宋金刚在介州交战，唐军战败，右武卫大将军姜宝谊战死。唐并州总管、齐王李元吉害怕刘武周进逼，逃往京师长安，并州于是沦陷。乙未，京师发生地震。

冬季十月己亥，高祖封幽州总管罗艺为燕郡王，赐姓李氏。任命黄门侍郎杨恭仁为纳言。杀死民部尚书、鲁国公刘文静。乙卯，秦王李世民讨伐刘武周，率军驻扎于蒲州，与唐各军声势相通，互为援助。壬子，刘武周进兵围攻晋州。甲子，高祖亲自祭祀华山。

十一月丙子，窦建德攻陷黎阳，全部占有了太行山以东地区。唐淮安王李神通、左武候大将军李世勣都被窦建德俘虏。

十二月丙申，唐永安王李孝基、工部尚书独孤怀恩、陕州总管于筠遭到刘武周的将领宋金刚的突然袭击，全部被俘。甲辰，高祖在华山打猎。壬子，大风将树连根拔起。

武德三年春季正月辛巳，高祖到蒲州，下令到舜庙祭祀。癸巳，从蒲州回到长安。甲午，李世勣从窦建德那里自己脱身返回唐朝。窦建德越分自称为夏王。

二月丁酉，京师西南地里发出像山崩一样的声音。庚子，高祖到华阴。工部尚书独孤怀恩图谋造反，被处死。

三月癸酉，西突厥叶护可汗、高昌国王麴伯雅派使者入唐朝见天子，进献方物。突厥向唐进献条支大鸟。己卯，将纳言改为侍中，内史令改为中书令，给事郎改为给事中。甲戌，内史侍郎封德彝兼任中书令。高祖封盗贼首领刘孝真为彭城王，赐姓李氏。

夏季四月壬寅，高祖自华阴回到长安。唐在益州设立行台尚书省。甲寅，加封秦王李世民为益州道行台尚书令。秦王李世民在介州将宋金刚打得大败，宋金刚与刘武周一起逃往突厥，于是平定了并州。刘武周手下的总管尉迟敬德、寻相献出介州投降唐朝。

六月壬辰，高祖改封楚王杜伏威为吴王，赐姓李氏，并加授他为东南道行台尚书令。丙午，高祖亲自审查囚徒的罪状，看有无处治不当的情况。高祖封皇子李元景为赵王，李元昌为鲁王，李元亨鄁为王；封皇孙李承宗为太原王，李承道为安陆王，李承乾为恒山王，李恪为长沙王，李泰为宜都王。

秋季七月壬戌，高祖命令秦王李世民统率各军讨伐王世充。派皇太子李建成镇守蒲州，以防备突厥入侵。丙申，突厥在白道杀死刘武周。

冬季十月庚子，怀戎盗贼首领高开道派使者前来投降，高祖任命高开道为蔚州总管，并封他为北平郡王，赐姓李氏。

武德四年春季正月丁卯，窦建德的行台尚书令胡大恩率大安镇军民投降唐朝，高祖封他为定襄郡王，赐姓李氏。辛巳，高祖命令皇太子统领各军讨伐稽胡。

三月，改封宜都王李泰为卫王。窦建德领兵前来援救王世充，攻陷唐朝的管州。

夏季四月甲寅，高祖封皇子李元方为周王，李元礼为郑王，李元嘉为宋王，李元则为荆王，李元茂为越王。首次设置都护府官员。

五月己未，秦王李世民在武牢关把窦建德的部队打得大败，活捉了窦建德。河北地区全部平定。丙寅，王世充献东都城投降唐朝，河南地区平定。

秋季七月甲子，秦王李世民得胜回朝，到太庙献俘虏。丁卯，高祖发布大赦令。朝廷下令废除五铢钱，发行开元通宝钱。在长安将窦建德斩首；王世充被流放蜀地，尚未启程，被他的仇人杀死。甲戌，窦建德的余党刘黑闼占据漳南造反。唐在洺州设立山东道行台尚书省。

八月，兖州总管徐圆朗起兵反叛朝廷，以响应刘黑闼，并越分自称为鲁王。

冬季十月己丑，高祖加封秦王李世民为天策上将，地位在王公之上，又命他兼任司徒、陕东道大行台尚书令；任命齐王李元吉为司空。乙巳，赵郡王李孝恭平定荆州，俘获萧铣。

十一月甲申，在洺州设置大行台，废除洺州都督府。庚寅，焚毁东都紫微宫乾阳殿。会稽盗贼首领李子通献出他的地盘投降唐朝。

十二月丁卯，高祖命令秦王李世民及齐王李元吉讨伐刘黑闼。壬申，改封宋王李元嘉为徐王。

武德五年春正月丙申，刘黑闼占据洺州，越分自称为汉东王。

三月丁未，秦王在洺水边击败刘黑闼，全部收复被刘黑闼攻陷的州县，刘黑闼逃往突厥。蔚州总管、北平王高开道反叛朝廷，进犯易州。

夏季四月庚戌，秦王回京师长安，高祖到长乐宫迎接慰劳秦王。壬申，代州总管、定襄郡王李大恩被突厥打败，战死。

六月，刘黑闼领突厥兵侵犯太行山以东地区。朝廷设立谏议大夫的官职。

秋季七月丁亥，吴王杜伏威前来朝见高祖。隋朝汉阳太守冯盎献南越之地投降唐朝，岭南地区全部平定。

八月辛亥，在洺、荆、并、幽、交五州设立大总管府。改封恒山王李承乾为中山王。在扬州改葬隋炀帝。丙辰，突厥颉利可汗侵犯雁门。己未，又进犯朔州。高祖派皇太子李建成和秦王李世民讨伐突厥，获得大胜。

冬季十月癸酉，高祖派齐王李元吉到洺州攻打刘黑闼。当时太行山以东的州县多被刘黑闼控制，到处有人杀死州县长官以响应刘黑闼。行军总管、淮阳王李道玄在下博与刘黑闼交战，李道玄兵败被杀。

十一月甲申，高祖命令皇太子李建成率兵讨伐刘黑闼。丙申，高祖到宜州，检阅将士。

十二月丙辰，高祖在华池围猎。庚申，高祖自宜州回到长安。皇太子在魏州击败刘黑闼，杀死了他，太行山以东地区平定。

武德六年春季正月，吴王杜伏威担任太子太保。

二月辛亥，高祖在骊山围猎。

三月乙未，高祖到昆明池，在那里宴请百官。

夏季四月己未，高祖即位以前的旧宅改名为通义宫，因特殊情况赦免京城的在押囚犯。于是高祖在通义宫举行大宴会，并赐给随从的官吏多少不等的丝织物。癸酉，高祖任命尚书右仆射、魏国公裴寂为尚书左仆射，中书令、宋国公萧瑀为尚书右仆射，侍中、观国公杨恭仁为吏部尚书。

秋季七月，突厥颉利可汗侵犯朔州，高祖派皇太子和秦王率兵屯驻并州以防备突厥。

八月壬子，东南道行台仆射辅公祏占据丹阳造反。越分自称为宋王，高祖派遣赵郡王李孝恭及岭南道大使、永康县公李靖领兵讨伐他。丙寅，吐谷浑归附大唐。

九月丙子，突厥退兵。皇太子班师回朝。东都改名为洛州。高开道领突厥兵侵犯幽州。

冬季十月，高祖到华阴。

十一月，高祖在沙苑围猎。

十二月乙巳，把奉义监改为龙跃宫，将高祖在武功的旧宅改为庆善宫。甲寅，高祖从华阴回到长安。

武德七年春季正月己酉，高祖封高丽王高武为辽东郡王，百济王扶余璋为带方郡王，新罗王金真平为乐浪郡王。

二月，高开道被他的部将张金树杀死，张金树献出高开道的地盘投降唐朝。丁巳，高祖到国子学，亲自祭祀先圣先师。将大总管府改为大都督府。吴王杜伏威去世。

三月戊寅，废除尚书省六部侍郎的官职，将吏部郎中的级别提升为正四品，掌管选拔官吏的事务。戊戌，赵郡王李孝恭把辅公祏打得大败，并活捉了他，丹阳地区平定。

夏季四月庚子，全国实行大赦，颁行新的律令。由于天下安定，高祖下诏规定官吏凡遇父母去世，听任他离职守满三年之丧。

五月，在宜州的宜君县建造仁智宫。李世勣讨伐徐圆朗，平定了他的叛乱。

六月辛丑，高祖到仁智宫。

秋季七月甲午，高祖从仁智宫回到长安。巂州因发生地震而出现山崩，江水被堵塞。

八月戊辰，突厥侵犯并州，京城戒严。壬午，突厥退兵。乙未，京城解除戒严。

冬季十月丁卯，高祖到庆善宫。癸酉，到终南山，晋谒老子庙。

十一月戊辰，高祖在高陵围猎。庚午，从庆善宫回到长安。

武德八年春二月己巳，高祖亲自审查囚徒的罪状，宽赦了不少人的罪。

夏季四月，在终南山造太和宫。

六月甲子，高祖到太和宫。突厥侵犯定州，高祖命皇太子李建成前往幽州，秦王李世民前往并州，以防备突厥。

八月，并州道总管张公谨在太谷与突厥交战，唐军大败，中书令温彦博被敌人俘虏。九月，突厥退兵。

冬季十月辛巳，高祖到周氏陂围猎，于是驾临龙跃宫。

十一月辛卯，高祖到宜州。庚子，在同官县讲习武事。改封蜀王李元轨为吴王，汉王李元庆为陈王。加授秦王李世民为中书令，齐王李元吉为侍中。任命天策上将府司马宇文士及为代理检校侍中。

十二月辛酉，高祖从宜州回到长安。

武德九年春正月丙寅，命令各州县修筑城墙城壕，防备突厥入侵。任命尚书左仆射、魏国公裴寂为司空。

二月庚申,加授齐王李元吉为司徒。戊寅,高祖亲自祭祀土、谷之神。

三月辛卯,高祖到昆明池。

夏季五月辛巳,由于京师的佛寺道观不很清净,高祖下诏说:

释迦牟尼阐明教义,将清净放在首要地位,主张远离尘世,断除贪欲。这些是用来扩大、发扬佳妙的思想行为,修习、树立善的根性,启发诱导愚蠢糊涂的人,接引众生到达彼岸的教法。因此释迦牟尼铺陈讲论各种经义教说,约束徒弟,对身心作调理和忏悔,舍弃各种迷恋、执着于外物的妄念,衣服饮食,全依靠僧俗弟子供给。

自从释迦牟尼辞世,佛法流行,每遇到一个朝代的末期国势衰落,就逐渐会有破坏规矩、滥竽充数的现象出现。于是有卑贱之徒,图谋提高自己的地位,懒惰不务正业的人,苟求逃避徭役,胡乱剃发为僧,名为出家,嗜好与欲望却没有满足之时,谋求财富从不止息。这些人出入里巷,周旋于市场,使用田产,聚积货物。有的靠耕田织布为生,有的以商贩为业,行为事迹同编入户籍的平民百姓没有两样。进违背佛教戒律的条文,退无视礼经的教诲。甚至于亲自进行抢劫,干凿壁翻墙的偷窃勾当,公然制造妖异怪乱,交结地方上有势力的不法之徒。他们常触犯法网,自己陷入重刑,玷污搅乱佛教的永恒真理,毁坏佛法。就譬如那杂草,使田里的好禾苗荒芜;又像那污泥,使清水变浑浊。另外佛寺之地,本称"净居",是养心的处所,理应崇尚幽静。近代以来,多建造寺庙,不寻找安静空旷的地方,只选择喧闹嘈杂的处所。这些寺庙修造高低不一,屋宇开阔,交互错杂,便于隐藏,可引诱招纳奸恶之徒。有的寺庙与市场旅店相连,同肉铺酒肆邻近,弄得尘埃满屋,膻腥气充满道路。这只会增加对佛教的轻慢之心,有损于对佛的崇敬之意。况且老子的教化传留后世,本以淡泊虚静为贵,要求人们涵养高尚的志趣,清静无为,忘却世情,置身物外,保持自然本性,专一思道,这被称为入道的门户,奔走世事,特别有悖于道家的宗旨。

朕应圣王兴起之期而统治全国,欲使佛道的教法昌盛,心想利益众生,意在护持佛道。要让玉石区分,香草臭草有别,长期保全释老妙道,永远得到福报,从根本上对佛道加以整顿,应该进行甄别淘汰。凡和尚、尼姑、道士、女道士等,有能够专心勤奋地修行、遵守戒律的,都让他们到大的佛寺道观居住,由官府供给衣食,不让他们有所缺乏。那些不能努力修行、在遵守戒律的行为上有缺陷、不宜供养的人,一律取消他们的和尚、道士资格,遣送回各自的家乡。有关主管部门要明确地制订条规,务必按照法制教令执行,违背制度的事,都应制止。京城只保留佛寺三座,道观两座。其余全国各州,每州佛寺、道观各保留一座。其余的佛寺、道观,全部废除。

这事最后没有实行。

六月庚申,秦王李世民因皇太子李建成和齐王李元吉合谋杀害自己,便领兵诛灭了他们。高祖下诏立秦王为皇太子,承继高祖总领天下的纷繁政务,并在全国实行大赦。

八日癸亥,高祖下诏把帝位传给皇太子李世民。李世民尊高祖为太上皇,高祖迁居弘义宫,将弘义宫改名为太安宫。

唐太宗李世民贞观八年三月甲戌,高祖在两仪殿宴请西突厥使者,回过头对长孙无忌说道:"当今四方异族归顺,是古时未曾有过的。"长孙无忌祝高祖千岁万岁,高祖十分高兴,赐给太宗酒喝。太宗又举杯向高祖祝寿,流着泪说道:"百姓得以安定,四方异族全部归附,都是遵照您的旨意做的,哪里是我的功劳!"于是太宗与文德皇后交替向高祖进献饮食,并献上车马衣服器物等,全按家庭的日常礼节进行。这一年,在长安城西检阅军队,高祖亲自前往视察,慰劳将士而后回宫。在未央宫设宴,三品以上官员全部陪侍。在宴会上,高祖命突厥颉利可汗站起来跳舞,又让南越酋长冯智戴吟诗,接着笑道:"胡、越成为一家,这是自古以来没有过的。"太宗举杯向高祖祝寿道:"臣很早就蒙受父亲教诲,父亲教给臣文治之道;后来跟随父亲创建的义军,平定了京城。又有薛举、刘武周、王世充、窦建德等人,都是秉承父亲的明智计谋,才幸而战胜了他们。几年之间,统一了全国。由于父皇的推重、宠爱,臣于是承受重任。现在上天保佑大唐,四时调和,收成丰足,那些散发不束、衣服前襟向左开的异族人,都成为朝廷的臣仆。这哪里是靠臣的智力,都是由于秉承父亲的圣明计谋的结果。"高祖非常高兴,在座的群臣都高呼万岁,宴会一直到夜尽才结束。

贞观九年五月庚子,高祖病危,下诏说:"朕停枢以后,皇帝应当在正殿以外的地方处理军政大事。皇帝守丧礼节的轻重,都依从汉朝的制度,用一日代替一月。陵园的制度规模,务必遵从节约的原则。"这一天,高祖在太安宫的垂拱前殿驾崩,享年七十。群臣进献谥号为大武皇帝,庙号高祖。十月庚寅,高祖葬于献陵。唐高宗上元元年八月,改进献尊号为神尧皇帝。唐玄宗天宝十三载二月,改进献尊号为神尧大圣大光孝皇帝。

太宗本纪

【题解】

唐太宗李世民(599~649),唐高祖李渊次子。隋末劝李渊起兵,推翻隋王朝。他是唐王朝的实际缔造者,在唐王朝镇压和收编各路农民起义军,消灭各地割据势力,实现全国的统一等方面,都起了关键性的作用。李渊即帝位,他被封为秦王。武德九年(626),发动"玄武门之变",杀其兄弟建成、元吉。同年,高祖让位于世民。太宗在位期间,知人善任,虚心纳谏,注意缓和阶段矛盾,恢复和发展农业生产,使国家形成一个政治清明、刑法宽平、社会安定、经济繁荣的局面,历史上称为"贞观之治"。太宗在对外关系方面,也取得巨大成就。首先他征服西突厥,使国家的西北部地区,免除了落后的游牧民族的侵扰。他对四境少数民族采取比较正确的政策,同等看待汉族和非汉族人,因此境外部落纷纷内附,使唐的疆域空前扩大。但他晚年骄矜心逐渐滋长,曾错误地出兵侵犯高丽。总的说来,唐太宗是中国历史上少见的英明君主和卓越人物,他的文治武功,为唐帝国的统一、安定和强盛,奠定了巩固的基础。

【原文】

太宗文武大圣大广孝皇帝讳世民,高祖第二子也。母曰太穆顺圣皇后窦氏。隋开皇十八年十二月戊午,生于武功之别馆。时有二龙戏于馆门之外,三日而去。高祖之临岐州,太宗时年四岁。有书生自言善相,谒高祖曰:"公贵人也,且有贵子。"见太宗,曰:"龙凤之姿,天日之表,年将二十,必能济世安民矣。"高祖惧其言泄,将杀之,忽失所在,因采"济世安民"之义以为名焉!太宗幼聪睿,玄鉴深远,临机果断,不拘小节,时人莫能测也。

大业末,炀帝于雁门为突厥所围,太宗应募救援,隶屯卫将军云定兴营。将行,谓定兴曰:"必赍旗鼓以设疑兵。且始毕可汗举国之师,敢围天子,必以国家仓卒无援。我张军容,令数十里幡旗相续,夜则钲鼓相应,虏必谓救兵云集。望尘而遁矣。不然,彼众我寡,悉军来战,必不能支矣。"定兴从焉。师次崞县,突厥候骑驰告始毕曰:王师大至。由是解围而遁。及高祖之守太原,太宗时年十八。有高阳贼帅魏刀儿,自号历山飞,来攻太原,高祖击之,深入贼阵。太宗以轻骑突围而进,射之,所向皆披靡,拔高祖于万众之中。适会步兵至,高祖与太宗又奋击,大破之。

唐太宗

时隋祚已终,太宗潜图义举,每折节下士,推财养客,群盗大侠,莫不愿效死力。及义兵起,乃率兵略徇西河,克之。拜右领大都督,右三军皆隶焉,封敦煌郡公。

大军西上贾胡堡,隋将宋老生率精兵二万屯霍邑,以拒义师。会久雨粮尽,高祖与裴寂议,且还太原,以图后举。太宗曰:"本兴大义以救苍生,当须先入咸阳,号令天下;遇小敌即班师,将恐从义之徒一朝解体。还守太原一城之地,此为贼耳,何以自全!"高祖不纳,促令引发。太宗遂号泣于外,声闻帐中。高祖召问其故,对曰:"今兵以义动,进战则必克,退还则必散。众散于前,敌乘于后,死亡须臾而至,是以悲耳。"高祖乃悟而止。八月己卯,雨霁,高祖引师趣霍邑。太宗恐老生不出战,乃将数骑先诣其城下,举鞭指麾,若将围城者,以激怒之。老生果怒,开门出兵,背城而阵。高祖与建成合阵于城东,太宗及柴绍阵于城南。老生麾兵疾进,先薄高祖,而建成坠马,老生乘之,高祖与建成军咸却。太宗自南原率二骑驰下峻坂,冲断其军,引兵奋击,贼众大败,各舍仗而走。悬门发,老生引绳欲上,遂斩之,平霍邑。

至河东,关中豪杰争走赴义。太宗请进师入关,取永丰仓以赈穷乏,收群盗以图京师。高祖称善。太宗以前军济河,先定渭北。三辅吏民及诸豪猾诣军门请自效者日以千计,扶老携幼,满于麾下。收纳英俊,以备僚列,远近闻者,咸自托焉。师次于泾阳,胜兵九万,破胡贼刘鹞子,并其众。留殷开山、刘弘基屯长安故城。太宗自趣司竹,贼帅李仲文、何潘仁、向善志等皆来会,顿于阿城,获兵十三万。长安父老赍牛酒诣旌门者不可胜纪,劳而遣之,一无所受。军令严肃,秋毫无所犯。寻与大军平京城。高祖辅政,受唐国内史,改封泰国公。会薛举以劲卒十万来逼渭滨,太宗亲击之,大破其众,追斩万余级,略地至于陇坻。

义宁元年十二月,复为右元帅,总兵十万徇东都。及将旋,谓左右曰:"贼见吾还,必相追蹑。"设三伏以待之。俄而隋将段达率万余人自后而至,度三王陵,发伏击之,段达大败,追奔至于城下。因于宜阳、新安置熊、谷二州,戍之而还。徙封赵国公。高祖受禅,拜尚书令、右武候大将军,进封秦王,加授雍州牧。

武德元年七月,薛举寇泾州,太宗率众讨之,不利而旋。九月,薛举死,其子仁杲嗣立。太宗又为元帅以击仁杲,相持于折墌城。深沟高垒者六十余日。贼众十余万,兵锋甚锐,数来挑战,太宗按甲以挫之。贼粮尽,其将牟君才、梁胡郎来降。太宗谓诸将军曰:"彼气衰矣,吾当取之。"遣将军庞玉先阵于浅水原南以诱之,贼将宗罗睺并军来拒,玉军几败。既而太宗亲御大军,奄自原北,出其不意。罗睺望见,复回师相拒。太宗将骁骑数十入贼阵,于是王师表里齐备,罗睺大溃,斩首数千级,投涧谷而死者不可胜计。太宗率左右二十余骑追奔,直趣折墌以乘之。仁杲大惧,婴城自守。将夕,大军继至,四面合围。诘朝,仁杲请降,俘其精兵万余人,男女五万口。

既而诸将奉贺,因问曰:"始大王野战破贼,其主尚保坚城,王无攻具,轻骑腾逐,不待步兵,径薄城下,咸疑不克。而竟下之,何也?"太宗曰:"此以权道迫之,使其计不暇发,以故克也。罗睺恃往年之胜,兼复养锐一久,见吾不出,意在相轻。今喜吾出,悉兵来战,虽击破之,擒杀盖少。若不急蹑,还走投城,仁杲收而抚之,则便未可得矣。且其兵众皆陇西人,一败披退,不及回顾,败归陇外,则折墌自虚,我军随而迫之,所以惧而降也。此可谓成算,诸君尽不见耶?"诸将曰:"此非凡人所能及也。"获贼兵精骑甚众,还令仁杲兄弟及贼帅宗罗睺、翟长孙等领之。太宗与之游猎驰射,无所间然。贼徒荷恩慑气,咸愿效死。时李密初附,高祖令密驰传迎太宗于豳州。密见太宗天姿神武,军威严肃,惊悚叹服,私谓殷开山曰:"真英主也。不如此,何以定祸乱乎?"凯旋,献捷于太庙。拜太尉、陕东道行台尚书令,镇长春宫,关东兵马并受节度。寻加左武候大将军、凉州总管。

宋金刚之陷浍州也,兵锋甚锐。高祖以王行本尚据蒲州,吕崇茂反于夏县,晋、浍二州相继陷没,关中震骇,乃手敕曰:"贼势如此,难与争锋,宜弃河东之地,谨守关西而已。"太宗上表曰:"太原王业所基,国之根本,河东殷实,京邑所资。若举而弃之,臣窃愤恨。愿假精兵三万,必能平殄武周,克复汾、晋。"高祖于是悉发关中兵以益之,又幸长春宫亲送太宗。

二年十一月,太宗率众趣龙门关,履冰而渡之,进屯柏壁,与贼将宋金刚相持。寻而永安王孝基败于夏县,于筠、独孤怀恩、唐俭并为贼将寻相、尉迟敬德所执,将还浍州。太宗遣殷开山、秦叔宝邀之于美良川,大破之,相等仅以身免,悉虏其众,复归柏壁。于是诸将咸请战,太宗曰:"金刚悬军千里,深入吾地,精兵骁将,皆在于此。武周据太原,专倚金刚以为捍。士卒虽众,内实空虚,意在速战。我坚营蓄锐以挫其锋,粮尽计穷,自当遁走。"

三年二月,金刚竟以众馁而遁,太宗追之至介州。金刚列阵,南北七里,以拒官军。太宗遣总管李世勣、程咬金、秦叔宝当其北,翟长孙、秦武通当其南。诸军战小却,为贼所乘。太宗率精骑击之,冲其阵后,贼众大败,追奔数十里。敬德、相率众八千来降,还令敬德督之，与军营相参。屈突通惧其为变，骤以为请。太宗曰："昔萧王推赤心置人腹中，并能毕命，今委任敬德，又何疑也。"于是刘武周奔于突厥，并、汾悉复旧地。诏就军加拜益州道行台尚书令。

七月，总率诸军攻王世充于洛邑，师次谷州。世充率精兵三万阵于慈涧，太宗以轻骑挑之。时众寡不敌，陷于重围，左右成惧。太宗命左右先归，独留后殿。世充骁将单雄信数百骑夹道来逼，交抢竞进，太宗几为所败。太宗左右射之，无不应弦而倒，获其大将燕顾。世充乃拔慈涧之镇归于东都。太宗遣行军总管史万宝自宜阳南据龙门，刘德威自太行东围河内，王君廓自洛口断贼粮道。又遣黄君汉夜从孝水河中下舟师袭回洛城，克之。黄河已南，莫不响应，城堡相次来降。大军进屯邙山。九月，太宗以五百骑先观战地，卒与世充万余人相遇，会战，复破之，斩首三千余级，获大将陈智略，世充仅以身免。其所署筠州总管杨庆遣使请降，遣李世勣率师出辕道安抚其众。荥、汴、洧、豫九州相继来降。世充遂求救于窦建德。

四年二月，又进屯青城宫。营垒未立，世充众二万自方诸门临谷水而阵。太宗以精骑阵于北邙山，令屈突通率步卒五千渡水以击之，因诫通曰："待兵交即放烟，吾当率骑军南下。"兵才接，太宗以骑冲之，挺身先进，与通表里相应。贼众殊死战，散而复合者数焉。自辰及午，贼众始退。纵兵乘之，俘斩八千人，于是进营城下。世充不敢复出，但婴城自守，以待建德之援。太宗遣诸军掘堑，匝布长围以守之。吴王杜伏威遣其将陈正通、徐召宗率精兵二千来会于军所。伪郑州司马沈悦以武牢降，将军王君廓应之，擒其伪荆王王行本。

会窦建德以兵十余万来援世充，至于酸枣。萧瑀、屈突通、封德彝皆以腹背受敌，恐非万全，请退师谷州以观之。太宗曰："世充粮尽，内外离心，我当不劳攻击，坐收其敝。建德新破孟海公，将骄卒惰，吾当进据武牢，扼其襟要。贼若冒险与我争锋，破之必矣。如其不战，旬日间世充当自溃，若不速进，贼入武牢，诸城新附，必不能守。二贼并力，将若之何？"通又请解围就险以候其变。太宗不许。于是留通辅齐王元吉以围世充，亲率步骑三千五百人趣武牢。

建德自荥阳西上，筑垒于板渚，太宗屯武牢，相持二十余日。谍者曰："建德伺官军刍尽，候牧马于河北，因将袭武牢。"太宗知其谋，遂牧马河北以诱之。诘朝，建德果悉众而至，陈兵汜水，世充将郭士衡阵于其南，绵亘数里，鼓噪，诸将大惧。太宗将数骑升高丘以望之，谓诸将曰："贼起山东，未见大敌。今度险而嚣，是无政令；逼城而阵，有轻我心。我按兵不出，彼乃气衰，阵久卒饥，必将自退，追而击之，无往不克。吾与公等约，必以午时后破之。"建德列阵，自辰至午，兵士饥倦，皆坐列，又争饮水，逡巡敛退。太宗曰："可击矣！"亲率轻骑追而诱之，众继至。建德回师而阵，未及整列，太宗先登击之，所向皆靡。俄而众军合战，嚣尘四起。太宗率史大奈、程咬金、秦叔宝、宇文歆等挥幡而入，直突出其阵后，张我旗帜。贼顾见之，大溃。追奔三十里，斩首三千余级，虏其众五万，生擒建德于阵。太宗数之曰："我以干戈问罪，本在王世充，得失存亡，不预汝事，何故越境，犯我兵锋？"建德股栗而言曰："今若不来，恐劳远取。"高祖闻而大悦，手诏曰："隋氏分崩，峥函隔绝。两雄合势，一朝清荡。兵既克捷，更无死伤。无愧为臣，不忧其父，并汝功也。"

乃将建德至东都城下。世充惧，率其官属二千余人诣军门请降，山东悉平。太宗入据宫城,令萧瑀、窦轨等封守府库,一无所取,令记室房玄龄收隋图籍。于是诛其用恶段达等五十余人,枉被囚禁者悉释之,非罪诛戮者祭而诔之。大飨将士,班赐有差。高祖令尚书左仆射裴寂劳于军中。

六月,凯旋。太宗亲披黄金甲,陈铁马一万骑,甲士三万人,前后部鼓吹,俘二伪主及隋氏器物辇辂献于太庙。高祖大悦,行饮至礼以享焉。高祖以自古旧官不称殊功,乃别表徽号,用旌勋德。十月,加号天策上将、陕东道大行台,位在王公上。增邑二万户,通前三万户。赐金辂一乘,衮冕之服,玉璧一双,黄金六千斤,前后部鼓吹及九部之乐,班剑四

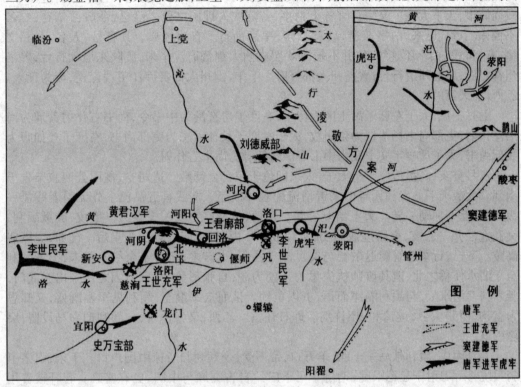

唐军于洛阳、虎牢败王世充、窦建德之战示意图

十人。

于时海内渐平,太宗乃锐意经籍,开文学馆以待四方之士。行台司勋郎中杜如晦等十有八人为学士,每更直阁下,降以温颜,与之讨论经义,或夜分而罢。

未几,窦建德旧将刘黑闼举兵反,据洺州。十二月,太宗总戎东讨。五年正月,进军肥乡,分兵绝其粮道,相持两月。黑闼窘急求战,率步骑二万,南渡洺水,晨压官军。太宗亲率精骑,击其马军,破之,乘胜蹂其步卒,贼大溃,斩首万余级。先是,太宗遣堰洺水上流使浅,令黑闼得渡。及战,乃令决堰,水大至,深丈余,贼徒既败,赴水者皆溺死焉。黑闼与二百余骑北走突厥,悉虏其众,河北平。时徐圆朗阻兵徐、兖,太宗回师讨平之,于是河、济、江、淮诸郡邑皆平。十月,加左右十二卫大将军。

七年秋,突厥颉利、突利二可汗自原州入寇,侵扰关中。有说高祖云:"只为府藏子女在京师,故突厥来,若烧却长安而不都,则胡寇自止。"高祖乃遣中书侍郎宇文士及行山南

可居之地，即欲移都。萧瑀等皆以为非，然终不敢犯颜正谏。太宗独曰："霍去病，汉廷之将帅耳，犹且志灭匈奴。臣忝备藩维，尚使胡尘不息，遂令陛下议欲迁都，此臣之责也。幸乞听臣一申微效，取彼颉利。若一两年间不系其颈，徐建移都之策，臣当不敢复言。"高祖怒，仍遣太宗将三十余骑行刬。还日，固奏必不可移都，高祖遂止。八年，加中书令。

九年，皇太子建成、齐王元吉谋害太宗。六月四日，太宗率长孙无忌、尉迟敬德、房玄龄、杜如晦、宇文士及、高士廉、侯君集，程知节、秦叔宝，段志玄、屈突通、张士贵等于玄武门诛之。甲子，立为皇太子，庶政皆断决。太宗乃纵禁苑所养鹰犬，并停诸方所进珍异，政尚简肃，天下大悦。又令百官各上封事，备陈安人理国之要。己巳，令曰："依礼，二名不偏讳。近代已来，两字兼避，废阙己多，率意而行。有违经典。其官号、人名、公私文籍，有'世民'两字不连续者，并不须讳。"罢幽州大都督府。辛未，废陕东道大行台，置洛州都督府；废益州道行台，置益州大都督府。壬午，幽州大都督庐江王瑗谋逆，废为庶人。乙酉，罢天策府。

七月壬辰，太子左庶子高士廉为侍中，右庶子房玄龄为中书令，尚书右仆射萧瑀为尚书左仆射，吏部尚书杨恭仁为雍州牧，太子左庶子长孙无忌为吏部尚书，右庶子杜如晦为兵部尚书，太子詹事宇文士及为中书令。封德彝为尚书右仆射。

八月癸亥，高祖传位于皇太子，太宗即位于东宫显德殿。遣司空、魏国公裴寂柴告于南郊。大赦天下。武德元年以来责情流配者并放还。文武官五品已上先无爵者赐爵一级，六品已下加勋一转。天下给复一年。癸酉，放掖庭宫女三千余人。甲戌，突厥颉利、突利寇泾州。乙亥，突厥进寇武功，京师戒严。丙子，立妃长孙氏为皇后。己卯，突厥寇高陵。辛巳，行军总管尉迟敬德与突厥战于泾阳，大破之，斩首千余级。癸未，突厥颉利至于渭水便桥之北，遣其酋帅执失思力入朝为觇，自张形势，太宗命囚之。亲出玄武门，驰六骑幸渭水上，与颉利隔津而语，责以负约。俄而众军继至，颉利见军容既盛，又知思力就拘，由是大惧，遂请和，诏许焉。即日还宫。乙酉，又幸便桥，与颉利刑白马设盟，突厥引退。

九月丙戌，颉利献马三千匹、羊万口，帝不受，令颉利归所掠中国户口。丁未，引诸卫骑兵统将等习射于显德殿庭，谓将军已下曰："自古突厥与中国，更有盛衰。若轩辕善用五兵，即能北逐獯鬻；周宣驱驰方、召，亦能制胜太原。至汉、晋之君，逮于隋代，不使兵士素习干戈，突厥来侵，莫能抗御，致遗中国生民涂炭于寇手。我今不使汝等穿池筑苑，造诸淫费，农民恣令逸乐，兵士唯习弓马，庶使汝斗战，亦望汝前无横敌。"于是每日引数百人于殿前教射，帝亲自临试，射中者随贯弓刀、布帛。朝臣多有谏者，曰："先王制法，有以兵刃至御所者刑之，所以防萌杜渐，备不虞也。今引矢卒之人，弯弧纵矢于轩陛之侧，陛下亲在其间，正恐祸出非意，非所议为社稷计也。"上不纳。自是后，士卒皆为精锐。壬子，诏私家不得辄立妖神，妄设淫祀，非礼祠祷，一皆禁绝。其龟易五兆之外，诸杂占卜，亦皆停断。长孙无忌封齐国公，房玄龄邢国公，尉迟敬德吴国公，杜如晦蔡国公，侯君集潞国公。

冬十月丙辰朔，日有蚀之。癸亥，立中山王承乾为皇太子。癸酉，裴寂食实封一千五百户，长孙无忌、王君廓、尉迟敬德、房玄龄、杜如晦一千三百户，长孙顺德、柴绍、罗艺、赵郡王孝恭一千二百户，侯君集、张公谨、刘师立一千户，李世勣、刘弘基九百户，高士廉、宇文士及、秦叔宝、程知节七百户,安兴贵、安修仁、唐俭、窦轨、屈突通、萧瑀、封德彝、刘义节六百户,钱九陇、樊世兴、公孙武达、李孟常、段志玄、庞卿恽、张亮、李药师、杜淹、元仲文四百户,张长逊、张平高、李安远、李子和、秦行师、马三宝三百户。

十一月庚寅,降宗室封郡王者并为县公。

十二月癸酉,亲录囚徒。

是岁,新罗、龟兹、突厥、高丽、百济、党项并遣使朝贡。

贞观元年春正月乙酉,改元。辛丑,燕郡王李艺据泾州反,寻为左右所斩,传首京师。庚午,以仆射窦轨为益州大都督。

三月癸巳,皇后亲蚕。尚书左仆射、宋国公萧瑀为太子少师。丙午,诏:"齐故尚书仆射崔季舒、给事黄门侍郎郭遵、尚书右丞封孝琰等,昔仕邺中,名位通显,志存忠谠,抗表极言,无救社稷之亡,遂见龙逢之酷,其季舒子刚、遵子云、孝琰子君遵,并以门遭时谴,淫刑滥及。宜从褒奖,特异常伦,可免内侍,量才利叙。"

夏四月癸巳,凉州都督、长乐王幼良有罪伏诛。

六月辛巳,尚书右仆射、密国公封德彝薨。壬辰,太子少师宋国公萧瑀为尚书左仆射。

是夏,山东诸州大旱,令所在赈恤,无出今年租赋。

秋七月壬子,吏部尚书、齐国公长孙无忌为尚书右仆射。

八月戊戌,贬侍中、义兴郡公高士廉为安州大都督。户部尚书裴矩卒。是月,关东及河南、陇右沿边诸州霜害秋稼。

九月辛酉,命中书侍郎温彦博、尚书右丞魏微等分往诸州赈恤。中书令、郢国公宇文士及为殿中监。御史大夫、检校吏部尚书、参预朝政、安吉郡公杜淹署位。

十二月壬午,上谓待臣曰:"神仙事本虚妄,空有其名。秦始皇非分爱好,遂为方士所诈,乃遣童男女数千人随徐福入海求仙药。方士避秦苛虐,因留不归,始皇犹海侧踟蹰以待之,还至沙丘而死。汉武帝为求仙,乃将女嫁道术人,事既无验,便行诛戮。据此二事,神仙不烦妄求也。"尚书左仆射、宋国公萧瑀坐事免。戊申,利州都督义安王孝常、右武卫将军刘德裕等谋反,伏诛。

是岁,关中饥,至有鬻男女者。

二年春正月辛丑,尚书右仆射、齐国公长孙无忌为开府仪同三司。徙封汉王恪为蜀王,卫王泰为越王,楚王祐为燕王。复置六侍郎,副六尚书事,并置左右司郎中各一人。前安州大都督、赵王元景为雍州牧,蜀王恪为益州大都督,越王泰为扬州大都督。

三月丙戌,靺鞨内属。

三月戊申朔,日有蚀之。丁卯,遣御史大夫杜淹巡关内诸州。出御府金宝,赎男女自卖者还其父母。庚午,大赦天下。

夏四月己卯,诏骸骨暴露者,令所在埋瘗。丙申,契丹内属。初诏天下州县并置义仓。夏州贼帅梁师都为其从父弟洛仁所杀,以城降。

五月,大雨雹。

六月庚寅,皇子治生,宴五品以上。赐帛有差,仍赐天下是日生者粟。辛卯,上谓待臣曰:"君最不君,臣不可以不臣。裴虔通,炀帝旧左右也,而亲为乱首。朕方崇奖敬义,

岂可犹使宰民训俗。"诏曰:

　　天地定位,君臣之义以彰;卑高既陈,人伦之道斯著。是用笃厚风俗,化成天下。虽复时经治乱,主或昏明,疾风劲草,芬芳无绝,剖心焚体,赴蹈如归。夫岂不爱七尺之躯,重百年之命?谅由君臣义重,名教所先,故能明大节于当时,立清风于身后。至如赵高之殒二世,董卓之鸩弘农,人神所疾,异代同愤。况凡庸小竖,有怀凶悖,遐观典策,莫不诛夷。辰州刺史、长蛇县男裴虔通,昔在隋代,委质晋藩,炀帝以旧邸之情,特相爱幸。遂乃志蔑君亲,潜图弑逆,密伺间隙,招结群丑,长戟流矢,一朝窃发。天下之恶,孰云可忍!宜其夷宗焚首,以彰大戮。但年代异时,累逢赦令,可特免极刑,除名削爵,迁配欢州。

　　秋七月戊申,诏:"莱州刺史牛方裕、绛州刺史薛世良、广州都督府长史唐奉义、隋武牙郎将高元礼,并于隋代俱蒙任用。乃协契宇文化及,构成弑逆。宜依裴虔通,除名配流岭表。"太宗谓侍臣曰:"天下愚人,好犯宪章,凡赦宥之恩,唯及不轨之辈。古语曰:'小人之幸,君子之不幸。''一岁再赦,好人暗哑。''凡养稂莠者伤禾稼,惠奸宄者贼良人。'昔文王作罚,刑兹无赦。又蜀先主尝谓诸葛亮曰:'吾周旋陈元方、郑康成间,每见启告理乱之道备矣,曾不语赦也。'夫小人者,大人之贼,故朕有天下已来,不甚放赦。今四海安静,礼义兴行,非常之恩,施不可数,将恐愚人常冀侥幸,唯欲犯法,不能改过。"

　　八月甲戌朔,幸朝堂,亲览冤屈。自是,上以军国无事,每日视膳于西宫。癸巳,公卿奏曰:"依礼,季夏之月,可以居台榭。今隆署未退,秋霖方始,宫中卑湿,请营一阁以居之。"帝曰:"朕有气病,岂宜下湿。若遂来请,糜费良多。昔汉文帝将起露台,而惜十家之产。朕德不逮于汉帝,而所费过之,岂谓为民父母之道也?"竟不许。是月,河南、河北大霜,人饥。

　　九月丙午,诏曰:"尚齿重旧,先王以之垂范;还章解组,朝臣于是克终。释菜合乐之仪,东胶西序之制,养老之义,遗文可睹。朕恭膺大宝,宪章故实,乞言尊事,弥切深衷。然情存今古,世踵浇季,而策名就列,或乖大体。至若筋力将尽,桑榆且迫,徒竭凤兴之勤,未悟夜行之罪。其有心惊止足,行堪激励,谢事公门,收骸闾里,能以礼让,固可嘉焉。内外文武群官年高致仕、抗表去职者,参朝之日,宜在本品见任之上。"丁未,谓侍臣曰:"妇人幽闭深宫,情实可愍。隋氏末年,求采无已,至于离宫别馆,非幸御之所,多聚宫人,皆竭人财力,朕所不取。且洒扫之余,更何所用?今将出之,任求伉俪,非独以惜费,亦人得各遂其性。"于是遣尚书左丞戴胄、给事中杜正伦等,于掖庭宫西门简出之。

　　冬十月庚辰,御史大夫、安吉郡公杜淹卒。戊子,杀瀛洲刺史卢祖尚。

　　十一月辛酉,有事于圆丘。

　　十二月壬午,黄门侍郎王珪为侍中。

　　三年春正月辛亥,契丹渠帅来朝。戊午,谒太庙。癸亥,亲耕籍田。辛未,司空、魏国公裴寂坐事免。

　　二月戊寅,中书令、邢国公房玄龄为尚书左仆射,兵部尚书、检校侍中、蔡国公杜如晦为尚书右仆射,刑部尚书、检校中书令、永康县公李靖为兵部尚书,右丞魏微为守秘书监,参与朝政。

　　夏四月辛巳,太上皇徙居大安宫。甲午,太宗始于太极殿听政。

　　五月,周王元方薨。

六月戊寅,以旱,亲录囚徒。遣长孙无忌、房玄龄等祈雨于名山大川,中书舍人杜正伦等往关内诸州慰抚。又令文武官各上封事,极言得失。己卯,大风折木。

秋八月己巳朔,日有蚀之。薛延陀遣使朝贡。

九月癸丑,诸州置医学。

冬十一月丙午,西突厥、高昌遣使朝贡。庚申,以并州都督李世勣为通汉道行军总管,兵部尚书李靖为定襄道行军总管,以击突厥。

十二月戊辰,突利可汗来奔。癸未,杜如晦以疾辞位,许之。癸丑,诏建义以来交兵之处,为义士勇夫殒身戎阵者各立一寺,命虞世南、李伯药、褚亮、颜师古、岑文本、许敬宗、朱子奢等为之碑铭,以纪功业。

是岁,户部奏言:中国人自塞外来归及突厥前后内附、开四夷为州县者,男女一百二十余万口。

四年春正月乙亥,定襄道行军总管李靖大破突厥,获隋皇后萧氏及炀帝之孙正道,送至京师。癸巳,武德殿北院火。

二月己亥,幸温汤。甲辰,李靖又破突厥于阴山,颉利可汗轻骑远遁。丙午,至自温汤。甲寅,大赦,赐酺五日。民部尚书戴胄以本官检校吏部尚书,参与朝政。太常卿萧瑀为御史大夫,与宰臣参议朝政。御史大夫、西河郡公温彦博为中书令。

三月庚辰,大同道行军副总管张宝相生擒颉利可汗,献于京师。甲申,尚书右仆射、蔡国公杜如晦薨。甲午,以俘颉利告于太庙。

夏四月丁酉。御顺天门,军吏执颉利以献捷。自是西北诸蕃咸请上尊号为"天可汗",于是降玺书册命其君长,则兼称之。

秋七月甲子朔,日有蚀之。上谓房玄龄、萧瑀曰:"隋文何等主?"对曰:"克己复礼,勤劳思政,每一坐朝,或至日昃。五品已上,引之论事,宿卫之人,传餐而食。虽非性体仁明,亦励精之主也。"上曰:"公得其一,未知其二。此人性至察而心不明。夫心暗则照有不通,至察则多疑于物。自以欺孤寡得之,谓群下不可信任,事皆自决,虽劳神苦形,未能尽合于理。朝臣既知上意,亦复不敢直言,宰相已下,承受而已。朕意不然。以天下之广,岂可独断一人之虑?朕方选天下之才,为天下之务,委任责成,各尽其用,庶几于理也。"因令有司:"诏敕不便于时,即宜执奏,不得顺旨施行。"

八月丙午,诏三品已上服紫,五品已上服绯,六品七品以绿,八品九品以青;妇人从夫色。甲寅,兵部尚书、代国公李靖为尚书右仆射。

九月庚午,令收瘗长城之南骸骨,仍令致祭。壬午,令自古明王圣帝、贤臣烈士坟墓无得刍牧,春秋致祭。

冬十月壬辰,幸陇州,曲赦陇、岐二州,给复一年。辛丑,校猎于贵泉谷。甲辰,校猎于鱼龙川,自射鹿,献于大安宫。

十一月甲子,至自陇州。戊寅,制决罪人不得鞭背,以明堂孔穴针灸之所。兵部尚书侯君集参议朝政。

十二月辛亥,开府仪同三司、淮安王神通薨。甲寅,高昌王麹文泰来朝。

是岁,断死刑二十九人,几致刑措。东至于海,南至于岭,皆外户不闭,行旅不赍粮焉。

五年春正月癸酉,大蒐于昆明池,蕃夷君长咸从。丙子,亲献禽于大安宫。己卯,幸左藏库,赐三品已上帛,任其轻重。癸未,朝集使请封禅。

二月己酉,封皇弟元裕为邓王,元名为谯王,灵夔为魏王,元祥为许王,元晓为密王。庚戌,封皇子愔为梁王,贞为汉王,恽为郯王,治为晋王,慎为申王,嚣为江王,简为代王。

夏四月壬辰,代王简薨。以金帛购中国人因隋乱没突厥者男女八万人,尽还其家属。

六月甲寅,太子少师、新昌县公李纲薨。

秋八月甲辰,遣使毁高丽所立京观,收隋人骸骨,祭而葬之。戊申,初令天下决死刑必三覆奏,在京诸司五覆奏,其日尚食进蔬菜,内教坊及太常不举乐。

九月乙丑,赐群官大射于武德殿。

冬十月,右卫大将军、顺州都督、北平郡王阿史那什钵苾卒。

十二月壬寅,幸温汤。癸卯,猎于骊山。丙午,赐新丰高年帛有差。戊申,至自温汤。

六年春正月乙卯朔,日有蚀之。

二月丙戌,置三师官员。戊子,初置律学。

三月戊辰,幸九成宫。

六月己亥,郢王元亨薨。辛亥,江王嚣薨。

冬十月乙卯,至自九成宫。

十二月辛未,亲录囚徒,归死罪者二百九十人于家,令明年秋末就刑。其后应期毕至,诏悉原之。

是岁,党项羌前后内属者三十万口。

七年春正月戊子,诏曰:“宇文化及弟智及、司马德戡、裴虔通、孟景、元礼、杨览、唐奉义、牛方裕、元敏、薛诏、乌举、元武达、李孝本、李孝质、张恺、许弘仁、令狐行达、席德方、李覆等,大业季年,咸居列职,或恩结一代,任重一时;乃包藏凶慝,罔思忠义,爰在江都,遂行弑逆,罪百阎、赵,衅深枭獍。虽事是前代,岁月已久,而天下之恶,古今同弃,宜置重典,以励臣节。其子孙并宜禁锢,勿令齿叙。”是日,上制《破阵乐舞图》。辛丑,赐京城酺三日。丁卯,雨土。乙酉,薛延陀遣使来朝。庚寅,秘书监、检校侍中魏徵为侍中。癸巳,直太史、将仕郎李淳风铸浑天黄道仪,奏之,置于凝晖阁。

夏五月癸未,幸九成宫。

八月,山东、河南三十州大水,遣使赈恤。

冬十月庚申,至自九成宫。

十一月丁丑,颁新定《五经》。壬辰,开府仪同三司、齐国公长孙无忌为司空。

十二月丙辰,狩于少陵原,诏以少牢祭杜如晦、杜淹、李纲之墓。

八年正月癸未,右卫大将军阿史那吐苾卒。辛丑,右屯卫大将军张士贵讨东、西五洞反獠,平之。壬寅,命尚书右仆射李靖、特进萧瑀杨恭仁、礼部尚书王珪、御史大夫韦挺、鄜州大都督府长史皇甫无逸、扬州大都督府长史李袭誉、幽州大都督府长史张亮、凉州大都督李大亮、右领军大将军窦诞、太子左庶子杜正伦、绵州刺史刘德威、黄门侍郎赵弘智使于四方,观省风俗。

二月乙巳,皇太子加元服。丙午,赐天下酺三日。

三月庚辰,幸九成宫。

五月辛未朔，日有蚀之。丁丑，上初服翼善冠，贵臣服进德冠。

七月，始以云麾将军阶为从三品。陇右山崩，大蛇屡见。山东、河南、淮南大水，遣使赈恤。

八月甲子，有星孛于虚、危，历于氐，十一月上旬乃灭。

九月丁丑，皇太子来朝。

冬十月，右骁卫大将军、褒国公段志玄击吐谷浑，破之，追奔八百余里。甲子，至自九成宫。

十一月辛未，右仆射、代国公李靖以疾辞官，授特进。丁亥，吐谷浑寇凉州。己丑，吐谷浑拘我行人赵德楷。

十二月辛丑，命特进李靖、兵部尚书侯君集、刑部尚书任城王道宗、凉州都督李大亮等为大总管，各帅师分道以讨吐谷浑。壬子，越王泰为雍州牧。乙卯，帝从太上皇阅武于城西。

是岁，龟兹、吐蕃、高昌、女国、石国遣使朝贡。

九年春三月，洮州羌叛，杀刺史孔长秀。壬午，大赦。每乡置长一人，佐二人。乙酉，监泽道总管高甑生大破叛羌之众。庚寅，敕天下户立三等，未尽升降，置为九等。

夏四月壬寅，康国献狮子。

闰月丁卯，日有蚀之。癸巳，大总管李靖、侯君集、李大亮、任城王道宗破吐谷浑于牛心堆。

五月乙未，又破之于乌海，追奔至柏海。副总管薛万均、薛万彻又破之于赤水源，获其名王二十人。庚子，太上皇崩于大安宫。壬子，李靖平吐谷浑于西海之上，获其王慕容伏允。以其子慕容顺光降，封为西平郡王，复其本国。

秋七月甲寅，增修太庙为六室。

冬十月庚寅，葬高祖太武皇帝于献陵。戊申，祔于太庙。辛丑，左仆射、魏国公房玄龄加开府仪同三司，余如故。

十二月甲戌，吐谷浑西平郡王慕容顺光为其下所弑，遣兵部尚书侯君集率师安抚之，仍封顺光子诺曷钵为河源郡王，使统其众。右光禄大夫、宋国公萧瑀依旧特进，复令参与朝政。

十年春正月壬子，尚书左仆射房玄龄、侍中魏徵上梁、陈、齐、周、隋五代史，诏藏于秘阁。癸丑，徙封赵王元景为荆王，鲁王元昌为汉王，郑王元礼为徐王，徐王元嘉为韩王，荆王元则为彭王，滕王元懿为郑王，吴王元轨为霍王，幽王元凤为虢王，陈王元庆为道王，魏王灵夔为燕王，蜀王恪为吴王，越王泰为魏王，燕王祐为齐王，梁王愔为蜀王，郯王恽为蒋王，汉王贞为越王，申王慎为纪王。

夏六月，以侍中魏徵为特进，仍知门下省事。壬申，中书令温彦博为尚书右仆射。甲戌，太常卿、安德郡公杨师道为侍中。己卯，皇后长孙氏崩于立政殿。

冬十一月庚寅，葬文德皇后于昭陵。

十二月壬申，吐谷浑河源郡王慕容诺曷钵来朝。乙亥，亲录京师囚徒。

是岁，关内、河东疾病，命医赍药疗之。

十一年春正月丁亥朔，徙邹王元裕为邓王，谯王元名为舒王。癸巳，加魏王泰为雍州庚子，颁新律令于天下。作飞山宫。甲寅，房玄龄等进所修《五礼》，诏所司行用之。二月丁巳，诏曰：

夫生者天地之大德，寿者修短之一期。生有七尺之形，寿以百龄为限，含灵禀气，莫不同焉，皆得之于自然，不可以分外企也。是以《礼记》云："君即位而为椑。"庄周云："劳我以形，息我以死。"岂非圣人远鉴，通贤深识？末代已来，明辟盖寡，靡不矜黄屋之尊，虑白驹之过，并多拘忌，有慕遐年。谓云车易乘，羲轮可驻，异轨同趣，其蔽甚矣。

有隋之季，海内横流，豺狼肆暴，吞噬黔首。朕投袂发愤，情深拯溺，扶翼义师，济斯涂炭。赖苍昊降鉴，股肱宣力，提剑指麾，天下大定。此朕之宿志，于斯已毕。犹恐身后之日，子子孙孙，习于流俗，犹循常礼，加四重之槶，伐百祀之木，劳扰百姓，崇厚园陵。今预为此制，务从俭约，于九峻之山，足容棺而已。积以岁月，渐而备之。木马涂车，土桴苇籥，事合古典，不为时用。

又佐命功臣，或义深舟楫，或谋定帷幄，或身摧行阵，同济艰危，克成鸿业，追念在昔，何日忘之！使逝者无知，咸归寂寞；若营魂有识，还如畴曩，居止相望，不亦善乎！汉氏使将相陪陵，又给以东园秘器，笃终之义，恩意深厚，古人岂异我哉！自今已后，功臣密戚及德业佐时者，如有薨亡，宜赐茔地一所，及以秘器，使窀穸之时，丧事无阙。所司依此营备，称朕意焉。

甲子，幸洛阳宫，命祭汉文帝。

三月丙戌朔，日有蚀之。丁亥，车驾至洛阳。丙申，改洛州为洛阳宫。辛亥，大蒐于广城泽。癸丑，还宫。

夏四月甲子，震乾元殿前槐树。丙寅，诏河北、淮南举孝悌淳笃，兼闲时务；儒术该通，可为师范；文辞秀美，才堪著述；明识政体，可委字人：并志行修立，为乡闾所推者，给传诣洛阳宫。

六月甲寅，尚书右仆射、虞国公温彦博薨。丁巳，幸明德宫。己未，定制诸王为世封刺史。戊辰，定制勋臣为世封刺史。改封任城王道宗为江夏郡王，赵郡王孝恭为河间郡王。己巳，改封许王元祥为江王。

秋七月癸未，大霖雨。谷水溢入洛阳宫，深四尺，坏左掖门，毁宫寺十九所；洛水溢，漂六百家。庚寅，诏以灾命百官上封事。极言得失。丁酉，车驾还宫。壬寅，废明德宫及飞山宫之玄圃院，分给遭水之家，仍赐帛有差。丙午，修老君庙于亳州，宣尼庙于兖州，各给二十户享祀焉。凉武昭王复近墓二十户充守卫，仍禁刍牧樵采。

九月丁亥，河溢，坏陕州河北县，毁河阳中潬。幸白司马坂以观之，赐遭水之家粟帛有差。

冬十一月辛卯，幸怀州。乙未，狩于济源。丙午，车驾还宫。

十二月辛酉，百济王遣其太子隆来朝。

十二年春正月乙未，吏部尚书高士廉等上《氏族志》一百三十卷。壬寅，松、丛二州地震，坏人庐舍，有压死者。

二月乙卯，车驾还京。癸亥，观砥柱，勒铭以纪功德。甲子，夜郎獠反，夔州都督齐善行讨平之。乙丑，次陕州，自新桥幸河北县，祀夏禹庙。丁卯，次柳谷顿，观盐池。戊寅，以隋鹰扬郎将尧君素忠于本朝，赠蒲州刺史，仍录其子孙。

闰二月庚辰朔，日有蚀之。丙戌，至自洛阳宫。

夏五月壬申，银青光禄大夫、永兴县公虞世南卒。

六月庚子，初置玄武门左右飞骑。

秋七月癸酉，吏部尚书、申国公高士廉为尚书右仆射。

冬十月己卯，狩于始平，赐高年粟帛有差。乙未，至自始平。己亥，百济遣使贡金甲雕斧。

十二月辛巳，右武候将军上官怀仁大破山獠于壁州。

十三年春正月乙巳朔，谒献陵。曲赦三原县及行从大辟罪。丁未，至自献陵。戊午，加房玄龄为太子少师。

二月丙子，停世袭刺史。

三月乙丑，有星孛于毕、昴。

夏四月戊寅，幸九成宫。甲申，阿史那结社尔犯御营，伏诛。壬寅，云阳石燃者方丈，昼如灰，夜则有光，投草木于上则焚，历年而止。

自去冬不雨至于五月。甲寅，避正殿，令五品以上上封事，减膳罢役，分使赈恤，申理冤屈，乃雨。

六月丙申，封皇弟元婴为滕王。

秋八月辛未朔，日有蚀之。庚辰，立右武候大将军、化州都督、怀化郡王李思摩为突厥可汗，率所部建牙于河北。

冬十月甲申，至自九成宫。

十一月辛亥，侍中、安德郡公杨师道为中书令。

十二月丁丑，吏部尚书、陈国公侯君集为交河道行军大总管，帅师伐高昌。乙亥，封皇子福为赵王。壬午，巂州都督王志远有罪伏诛。诏于洛、相、幽、徐、齐、并、秦、蒲等州并置常平仓。己丑，吐谷浑河源郡王慕容诺曷钵来逆女。壬辰，狩于咸阳。

是岁，滁州言："野蚕食槲叶，成茧大如柰，其色绿，凡六千五百七十石。"高丽、新罗、西突厥、吐火罗、康国、安国、波斯、疏勒、于阗、焉耆、高昌、林邑、昆明及荒服蛮酋，相次遣使朝贡。

十四年春正月庚子，初命有司读时令。甲寅，幸魏王泰宅。赦雍州及长安狱大辟罪已下。

二月丁丑，幸国子学，亲释奠，赦大理、万年系囚，国子祭酒以下及学生高第精勤者加一级，赐帛有差。庚辰，左骁卫将军、淮阳王道明送弘化公主归于吐谷浑。壬午，幸温汤。辛卯，至自温汤。乙未，诏以梁皇侃、褚仲都，周熊安生、沈重、陈沈文阿、周弘正、张讥，隋何妥、刘焯、刘炫等前代名儒，学徒多行其义，命求其后。

三月戊午，置宁朔大使，以护突厥。

夏五月壬戌。徙封燕王灵夔为鲁王。

六月乙酉，大风拔木。己丑，薛延陀遣使求婚。乙未，滁州野蚕成茧，凡收八千三百石。

八月庚午，新作襄城宫。癸巳，交河道行军大总管侯君集平高昌，以其地置西州。

九月癸卯，曲赦西州大辟罪。乙卯，于西州置安西都护府。

冬十月己卯,诏以赠司空、河间元王孝恭,赠陕东道大行台尚书右仆射、郧节公殷开山,赠民部尚书、渝襄公刘政会等配飨高祖庙庭。

闰月乙未,幸同州。甲辰,狩于尧山。庚戌,至自同州。丙辰,吐蕃遣使献黄金器千斤以求婚。

十一月甲子朔,日南至,有事于圆丘。

十二月丁酉,交河道旋师。吏部尚书、陈国公侯君集执高昌王麹智盛,献捷于观德殿,行饮至之礼,赐酺三日。乙卯,高丽世子相权来朝。

十五年春正月丁丑,吐蕃遣其国相禄东赞来逆女。丁丑,礼部尚书、江夏王道宗送文成公主归吐蕃。辛巳,幸洛阳宫。

三月戊申,幸襄城宫。庚午,废襄城宫。

夏四月辛卯,诏以来年二月有事泰山,所司详定仪制。

五月壬申,并州僧道及老人等抗表,以太原王业所因,明年登封已后,愿时临幸。上于武成殿赐宴,因从容谓侍臣曰:"朕少在太原,喜群聚博戏,暑往寒逝,将三十年矣。"时会中有旧识上者,相与道旧以为笑乐。因谓之曰:"他人之言,或有面谀。公等朕之故人,实以告朕,即日政教,于百姓何如?人间得无疾苦耶?"皆奏:"即日四海太平,百姓欢乐,陛下力也。臣等余年,日惜一日,但眷恋圣化,不知疾苦。"因固请过并州。上谓曰:"飞鸟过故乡,犹踟蹰徘徊;况朕于太原起义,遂定天下,复少小游观,诚所不忘。岱礼若毕,或冀与公等相见。"于是赐物各有差。丙子,百济王扶馀璋卒。诏立其世子扶馀义慈嗣其父位,仍封为带方郡王。

六月戊申,诏天下诸州,举学综古今及孝悌淳笃、文章秀异者,并以来年二月总集泰山。己酉,有星孛于太微,犯郎位。丙辰,停封泰山,避正殿以思咎,命尚食减膳。

秋七月甲戌,孛星灭。

冬十月辛卯,大阅于伊阙。壬辰,幸嵩阳。辛丑,还宫。

十一月壬戌,废乡长。壬申,还京师。癸酉,薛延陀以同罗、仆骨、回纥、靺鞨、霫之众度漠,屯于白逼川。命营州都督张俭统所部兵压其东境;兵部尚书李勣为朔方行军总管,右卫大将军李大亮为灵州道行军总管,凉州都督李袭誉为凉州道行军总管,分道以御之。

十二月戊子朔,至自洛阳宫。甲辰,李勣及薛延陀战于诺真水,大破之,斩首三千余级,获马万五千匹,薛延陀跳身而遁。勣旋破突厥思结于五台县,虏其男女千余口,获羊马称是。

十六年春正月辛未,诏在京及诸州死罪囚徒,配西州为户;流人未达前所者,徙防西州。兼中书侍郎、江陵子岑文本为中书侍郎,专知机密。

夏六月辛卯,诏复隐王建成曰隐太子,改封海陵刺王元吉曰巢刺王。

秋七月戊午,司空、赵国公无忌为司徒,尚书左仆射、梁国公玄龄为司空。

九月丁巳,特进、郑国公魏徵为太子太师,知门下省事如故。

冬十一月丙辰,狩于岐山。辛酉,使祭隋文帝陵。丁卯,宴武功士女子庆善宫南门。酒酣,上与父老等涕泣论旧事,老人等递起为舞,争上万岁寿,上各尽一杯。庚午,至自岐州。

十二月癸卯,幸温汤。甲辰,狩于骊山,时阴寒晦冥,围兵断绝。上乘高望见之,欲舍其罚,恐亏军令,乃回辔入谷以避之。

是岁,高丽大臣盖苏文弑其君高武,而立武兄子藏为王。

十七年春正月戊辰,右卫将军、代州都督刘兰谋反,腰斩。太子太师、郑国公魏徵薨。

戊申,诏图画司徒、赵国公无忌等勋臣二十四人于凌烟阁。

三月丙辰,齐州都督齐王祐杀长史权万纪、典军韦文振,据齐州自守,诏兵部尚书李勣、刑部尚书刘德威发兵讨之。兵未至,兵曹杜行敏执之而降,遂赐死于内侍省。丁巳,荧惑守心前星,十九日而退。

夏四月庚辰朔,皇太子有罪,废为庶人。汉王元昌、吏部尚书侯君集并坐与连谋,伏诛。丙戌,立晋王治为皇太子,大赦,赐酺三日。丁亥,中书令杨师道为吏部尚书。己丑,加司徒、赵国公长刊、无忌太子太师,司空、梁国公房玄龄太子太傅;特进、宋国公萧瑀太子太保,兵部尚书、英国公李勣为太子詹事,仍同中书门下三品。庚寅,上亲谒太庙,以谢承乾之过。癸巳,魏王泰以罪降爵为东莱郡王。

五月乙丑,手诏举孝廉茂才异能之士。

六月己卯朔,日有蚀之。壬午,改葬隋恭帝。丁酉,尚书右仆射高士廉请致仕,诏以为开府仪同三司、同中书门下三品。

闰月戊午,薛延陀遣其兄子突利设献马五万匹、牛驼一万、羊十万以请婚,许之。丙子,徙封东莱郡王泰为顺阳王。

秋七月庚辰,京城讹言云:"上遣枨枨取人心肝,以祠天狗。"递相惊悚。上遣使遍加宣谕,月余乃止。丁酉,司空、太子太傅、梁国公房玄龄以母忧罢职。

八月,工部尚书、郧国公张亮为刑部尚书,参预朝政。

九月癸未,徙庶人承乾于黔州。

冬十月丁巳,房玄龄起复本职。

十一月己卯,有事于南郊。壬午,赐天下酺三日。以凉州获瑞石,曲赦凉州,并录京城及诸州系囚,多所原宥。

十八年春正月壬寅,幸温汤。

夏四月辛亥,幸九成宫。

秋八月甲子,至自九成宫。丁卯,散骑常侍清苑男刘洎为侍中,中书侍郎江陵子岑文本、中书侍郎马周并为中书令。

九月,黄门侍郎褚遂良参与朝政。

冬十月辛丑朔,日有蚀之。甲辰,初置太子司议郎官员。甲寅,幸洛阳宫。安西都护郭孝恪帅师灭焉耆,执其王突骑支送行在所。

十一月壬寅,车驾至洛阳宫。庚子,命太子詹事、英国公李勣为辽东道行军总管,出柳城,礼部尚书、江夏郡王道宗副之;刑部尚书、郧国公张亮为平壤道行军总管,以舟师出莱州,左领军常何、泸州都督左难当副之。发天下甲士,招募十万,并趣平壤,以伐高丽。

十二月辛丑,庶人承乾死。

十九年春二月庚戌,上亲统六军发洛阳。乙卯,诏皇太子留定州监国;开府仪同三司、申国公高士廉摄太子太傅,与侍中刘洎、中书令马周、太子少詹事张行成、太子右庶子高季辅五人同掌机务;以吏部尚书、安德郡公杨师道为中书令。赠殷比干为大师,谥曰忠烈,命所司封墓,葺祠堂,春秋祠以少牢,上自为文以祭之。

三月壬辰,上发定州,以司徒、太子太师兼检校侍中、赵国公长孙无忌,中书令岑文本、杨师道从。

夏四月癸卯,誓师于幽州城南,因大飨六军以遣之。丁未,中书令岑文本卒于师。癸亥,辽东道行军大总管、英国公李勣攻盖牟城。破之。

五月丁丑,车驾渡辽。甲申,上亲率铁骑与李勣会围辽东城,因烈风发火弩,斯须城上屋及楼皆尽,麾战士令登,乃拔之。

六月丙辰,师至安市城。丁巳,高丽别将高延寿、高惠真帅兵十五万来援安市,以拒王师。李勣率兵奋击,上自高峰引军临之,高丽大溃,杀获不可胜纪。延寿等以其众降,因名所幸山为驻跸山,刻石纪功焉。赐天下大酺二日。

秋七月,李勣进军攻安市城,至九月不克,乃班师。

冬十月丙辰,入临渝关,皇太子自定州迎谒。戊午,次汉武台,刻石以纪功德。

十一月辛未,幸幽州。癸酉,大飨,还师。

十二月戊申,幸并州。侍中、清苑男刘洎以罪赐死。

是岁,薛延陀真珠毗伽可汗死。

二十年春正月,上在并州。丁丑,遣大理卿孙伏伽、黄门侍郎褚遂良等二十二人,以六条巡察四方,黜陟官吏。庚辰,曲赦并州,宴从官及起义元从,赐粟帛、给复有差。

三月己巳,车驾至京师。己丑,刑部尚书、郧国公张亮谋反,诛。

闰月癸巳朔,日有蚀之。

夏四月甲子,太子太师、赵国公长孙无忌,太子太傅、梁国公房玄龄,太子太保、宋国公萧瑀各辞调护之职,诏许之。

六月,遣兵部尚书、固安公崔敦礼,特进、英国公李勣击破薛延陀于郁督军山北,前后斩首五千余级,虏男女三万余人。

秋八月甲子,封皇孙忠为陈王。己巳,幸灵州。庚午,次泾阳顿。铁勒回纥、拔野古、同罗、仆骨、多滥葛、思结、阿跌、契苾、跌结、浑、斛薛等十一姓各遣使朝贡,奏称:"延陀可汗不事大国,部落乌散,不知所之。奴等各有分地,不能逐延陀去,归命天子,乞置汉官。"诏遣会灵州。

九月甲辰,铁勒诸部落俟斤、颉利发等遣使相继而至灵州者数千人,来贡方物,因请置吏,咸请至尊为可汗。于是北荒悉平,为五言诗勒石以序其事。辛亥,灵州地震有声。

冬十月,前太子太保、宋国公萧瑀贬商州刺史。丙戌,至自灵州。

二十一年春正月壬辰,开府仪同三司、申国公高士廉薨。丁酉,诏以来年二月有事泰山。甲寅,赐京师酺三日。

二月壬申,诏以左丘明、卜子夏、公羊高、谷梁赤、伏胜、高堂生、戴圣、毛苌、孔安国、刘向、郑众、杜子春、马融、卢植、郑康成、服子慎、何休、王肃、王辅嗣、杜元凯、范甯等二十一人,代用其书,垂于国胄,自今有事于太学,并命配享宣尼庙堂。丁丑,皇太子于国学释菜。

夏四月乙丑,营太和宫于终南之上,改为翠微宫。

五月戊子,幸翠微宫。

六月癸亥，司徒、赵国公无忌加授扬州都督。

秋七月庚子，建玉华宫于宜君县之凤凰谷。庚戌，至自翠微宫。

八月壬戌，诏以河北大水，停封禅。辛未，骨利干国遣使贡名马。丁酉，封皇子明为曹王。

冬十一月癸卯，徙封顺阳王泰为濮王。

十二月戊寅，左骁卫大将军阿史那社尔、右骁卫大将军契苾何力、安西都护郭孝恪、司农卿杨弘礼为昆山上道行军大总管，以伐龟兹。

是岁，堕婆登、乙利、鼻林送、都播、羊同、石、波斯、康国、吐火罗、阿悉吉等远夷十九国，并遣使朝贡。又于突厥之北至于回纥部落，置驿六十六所，以通北荒焉。

二十二年春正月庚寅，中书令马周卒。司徒、赵国公无忌兼检校中书令，知尚书门下二省事。己亥，刑部侍郎崔仁师为中书侍郎，参知机务。戊戌，幸温汤。戊申，还宫。

二月，前黄门侍郎褚遂良起复黄门侍郎。中书侍郎崔仁师除名，配流连州。癸丑，西番沙钵罗叶护率众归附，以其俟斤屈裴禄为忠武将军，兼大俟斤。戊午，以结骨布置坚昆都督。乙亥，幸玉华宫。乙卯，赐所经高年笃疾粟帛有差。己卯，蒐于华原。

四月甲寅，碛外蕃人争牧马出界，上亲临断决，然后咸服。丁巳，右武候将军梁建方击松外蛮，下其部落七十二所。

五月庚子，右卫率长史王玄策击帝那伏帝国，大破之，获其王阿罗那顺及王妃、子等，虏男女万两千人，牛马二万余以诣阙。使方士那罗迩娑婆于金飚门造延年之药。吐蕃赞普击破中天竺国，遣使献捷。

六月癸酉，特进、宋国公萧瑀薨。

秋七月癸卯，司空、梁国公房玄龄薨。

八月己酉朔，日有蚀之。

九月己亥，黄门侍郎褚遂良为中书令。

十月癸亥，至自玉华宫。

十一月戊戌，眉、邛、雅三州獠反，右卫将军梁建方讨平之。庚子，契丹帅窟哥、奚帅可度者并率其部内属。以契丹部为松漠都督，以奚部置饶乐都督。

十二月乙卯，增置殿中侍御史、监察御史各二员，大理寺置平事十员。

闰月丁丑朔，昆山道总管阿史那社尔降处密、处月，破龟兹大拨等五十城，虏数万口，执龟兹王诃黎布失毕以归，龟兹平，西域震骇。副将薛万彻胁于阗王伏阇信入朝。癸未，新罗王遣其相伊赞千金春秋及其子文王来朝。

是岁，新罗女王金善德死，遣册立其妹真德为新罗王。

二十三年春正月辛亥，俘龟兹王诃黎布失毕及其相那利等，献于社庙。

二月丙戌，置瑶池都督府，隶安西都护府。丁亥，西突厥肆叶护可汗遣使来朝。

三月丙辰，置丰州都督府。自去冬不雨，至于此月己未乃雨。辛酉，大赦。丁卯，敕皇太子于金液门听政。是月，日赤无光。

四月己亥，幸翠微宫。

五月戊午，太子詹事、英国公李勣为叠州都督。辛酉，开府仪同三司、卫国公李靖薨。己巳，上崩于含风殿，年五十二。遗诏皇太子即位于枢前，丧纪宜用汉制。秘不发丧。庚午,遣旧将统飞骑劲兵从皇太子先还京,发六府甲士四千人,分列于道及安化门,翼从乃入;大行御马舆,从官侍御如常。壬申,发丧。

六月甲戌朔,殡于太极殿。

八月丙子,百僚上谥曰文皇帝,庙号太宗。庚寅,葬昭陵。上元元年八月,改上尊号曰文武圣皇帝。天宝十三载二月,改上尊号为文武大圣大广孝皇帝。

史臣曰:臣观文皇帝,发迹多奇,聪明神武。拔人物则不私于党,负志业则咸尽其才。所以屈突、尉迟,由仇敌而愿倾心膂;马周、刘洎,自疏远而卒委钧衡。终平泰阶,谅由斯道。尝试论之:础润云兴,虫鸣螽跃。虽尧、舜之圣,不能用梼杌、穷奇而治平;伊、吕之贤,不能为夏桀、殷辛而昌盛。君臣之际,遭遇斯难,以至抉目剖心,虫流筋擢,良由遭值之异也。以房、魏之智,不逾于丘、轲,遂能尊主庇民者,遭时也。

或曰:以太宗之贤,失爱于昆弟,失教于诸子,何也?曰:然,舜不能仁四罪,尧不能训丹朱,斯前志也。当神尧任谗之年,建成忌功之日,苟除畏逼,孰顾分崩,变故之兴,间不容发,方惧“毁巢”之祸,宁虞“尺布”之谣?承乾之愚,圣父不能移也。若文皇自定储于哲嗣,不骋志于高丽;用人如贞观之初,纳谏比魏徵之日。况周发、周成之世袭,我有遗妍;较汉文、汉武之恢弘,彼多惭德。迹其听断不惑,从善如流,千载可称,一人而已!

【译文】

太宗文武大圣大广孝皇帝名世民,高祖第二子。母亲是太穆顺圣皇后窦氏。隋代开皇十八年十二月戊午,出生于高祖在武功县的别墅里。当时有两条龙在别墅门外游戏,三天才离开。高祖到岐州任刺史,太宗当时四岁。有个书生自称擅长算命,晋见高祖说:“您是贵人,而且有贵子。”见到太宗,说:“龙凤的姿貌,天庭隆起的仪表,年近二十,必定能济世安民。”高祖怕他把这话泄露出去,准备杀掉他,书生忽然不见,于是取“济世安民”的意思作为名字。太宗年幼时聪明多智,见解深远,处事果断,不拘小节,当时人都摸不透他。

大业末年,隋炀帝在雁门被突厥围困,太宗应募前去救援,隶属于屯卫将军云定兴的部队。临出发时,对定兴说:“一定要携带旗鼓,用来虚设队伍,迷惑敌人。始毕可汗全国的军队,敢于来围困天子,一定以为国家仓促间派不出援兵。我方部署队伍,让数十里旗帜相连,夜晚则钲鼓声相应,敌人必定会以为救兵云集,望见我军的行尘而逃去。要不然,敌众我寡,敌人全军来战,我方一定支持不住。”定兴听从太宗的意见。部队在崞县宿营,突厥的侦察骑兵跑回去报告始毕说:隋朝的大军已到。突厥因此解围而去。高祖守太原的时候,太宗十八岁。有高阳盗贼首领魏刀儿,自己起个号叫历山飞,来攻太原,高祖袭击敌人,深入贼阵。太宗用轻骑兵突围进入贼阵,箭射贼兵,所到之处,敌皆倒退,于是把高祖从上万贼兵的围困中救出。这时正好遇上步兵开到,高祖与太宗义奋力进击,大破敌兵。

这时隋朝气数已尽,太宗暗中图谋起义,常屈己下人,舍财养客,群盗大侠,无不愿效死力。等到义军一起,便率兵夺取西河,攻下了它。拜右领军大都督,右三军都归他统领,封敦煌郡公。

起义大军西上贾胡堡,隋将宋老生率领精兵二万屯驻霍邑,以抵挡义军。正遇上连天阴雨，军粮用尽，高祖与裴寂商议，暂且领兵回太原，再谋划以后的行动。太宗说："原本兴立大义是为了拯救百姓，应当先攻入咸阳，号令天下；遇到小敌就回师，恐怕随从起义的人将会一朝解体。回去守太原一城之地，这不过是贼寇罢了，怎么能保全自己！"高祖不接受，催促他带兵出发。太宗于是在营帐外啼哭，声音传入营帐中。高祖召太宗进账，询问原因，回答说："现在部队凭借正义而出动，前进、战斗就必定胜利，退回就一定会散伙。大家散伙于煎，敌人趁机追击于后，死亡将顷刻而至，因此悲伤。"高祖醒悟，停止退兵。八月己卯，雨过天晴，高祖领兵直趋霍邑。太宗怕老生不出战，于是率领数名骑兵先到霍邑城下，拿着马鞭指点比画，好像要围城的样子，以激怒老生。老生果然发怒，开门出兵，背城列阵。高祖与李建成一起列阵于城东，太宗和柴绍列阵于城南。老生指挥兵士迅速前进，先逼近高祖，这时建成忽然坠马，老生趁机进攻，高祖与建成的部队都往后退。太宗自城南高地率领两名骑兵急驰而下，冲断了老生的部队，又领兵奋力进击，敌军大败，各扔掉兵器逃跑。城上的闸门放下，老生手拉绳子想上城，于是被砍死，霍邑平定。

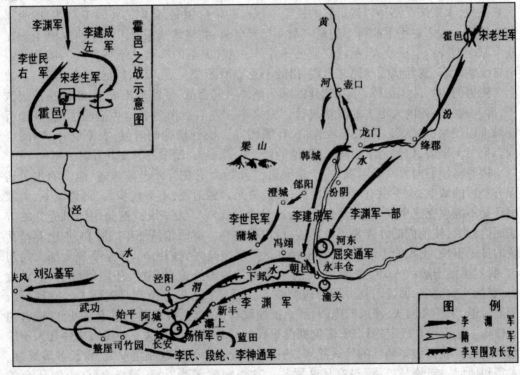

李渊进军关中、攻克长安示意图

　　部队到河东，关中豪杰争着跑来参加义军。太宗请求进兵入关，夺取永丰仓用来救济穷苦百姓，收编各路盗贼以便谋取京师，高祖认为这个建议很好。太宗带领先锋部队渡过黄河，先平定渭北。三辅的官吏百姓以及各式强宗豪族，到营门请求让自己效力的每日有上千人，扶老携幼，拥挤于将旗之下。太宗收纳优秀人才，用以充任朝廷官吏，远近听到消息的人，无不自求托身于此。部队在泾阳宿营，有优秀兵士九万名，击破贼寇胡人刘鹬子,兼并了他的部下。留下殷开山,刘弘基屯驻长安旧城。太宗自己奔赴司竹、盗贼首领李仲文、何潘仁、向善志等都来相见,停留于阿城,获得兵士十三万人。长安父老牵牛担酒到营门劳军的不可胜数,太宗都加以慰问,然后送走他们,东西一概不收。军令严肃,秋毫无犯。接着与大军一起平定京城。高祖任宰相时,太宗当唐国内史,改封秦国公。恰巧薛举率精壮的士兵十万逼近渭水边,太宗亲自迎击,大破敌兵,追杀万余人,夺取的土地一直到了陇坻。

义宁元年十二月,太宗又任右元帅,统兵十万前去夺取东都。到了准备回师的时候,对部下说:"贼寇见我回去,必定会追赶。"设三处埋伏等待敌军。没多久隋将段达率领一万多人尾随而至,走过三王陵,发伏兵出击,段达大败,太宗的部队追击逃敌一直到了东都城下。于是在宜阳、新安设置熊、谷两州,派兵防守而后回京。太宗改封赵国公。高祖接受隋帝禅让,太宗拜尚书令、右武侯大将军,进封秦王,加授雍州牧。

武德元年七年,薛举死亡,他的儿子薛仁杲继位。太宗又任元帅带兵攻打仁杲,双方相持于折墌城,各挖深沟筑高垒,对抗六十余日。贼寇有十多万人,军队的锋芒甚锐,多次来挑战,太宗按兵不动以挫折它的锐气。贼寇的粮食用完,他们的将领牟君才、梁胡郎前来投降。太宗对手下的将军们说:"敌军已经气衰,我应该征服它了。"派将军庞玉先在浅水原南列阵以引诱敌人,敌将宗罗睺率全军出战,庞玉的部队几乎被打败。接着太宗亲自统领大军,忽然从浅水原北出现,出敌不意。罗睺望见后,又回师抵抗。太宗率领数十名骁勇的骑兵冲入贼阵,于是朝廷的军队里外一起奋战,罗睺溃不成军,斩敌兵首级数千,落入涧谷而死的人更多的没法统计。太宗率领左右二十多名骑兵追击逃敌,直趋折墌城下以便乘机破城。仁杲非常害怕,环城固守。快到傍晚的时候,大军到达,四面合围。第二天早晨,仁杲请求投降,俘获他的精兵一万多人、随军的男女五万名。

接着将领们向太宗表示祝贺,于是问道:"开始大王在野外击破贼寇,他们的主子还保有坚固的城池,大王没有攻城的器具,靠轻骑兵奔驰追逐,不等候步兵,直逼城下,大家都怀疑不能攻克这个城,却竟然攻下了,这是为什么呢?"太宗说:"这是用随机应变的方法逼迫敌人,使他们的计谋来不及形成,所以能攻克。罗睺依恃往年的胜利,加上养精蓄锐的日子很长,见我们不出战,便有相轻之意。现在高兴我们出战,于是率领全部人马迎击,我们虽然击破敌人,但擒获、杀死的人不多。如不急追,使敌人还跑回城里,仁杲收聚、安抚这些败卒,那我们就得不到这个城了。而且罗睺的部下都是陇西人,一打败仗,溃散后退,来不及回头,便逃归陇西,那么折墌城自然空虚,我军随着逼近它,所以就害怕而投降。这可说是既定的计划,诸位都没看到吗?"将领们说:"这不是我们这些凡人所能赶得上的。"获得敌军精壮的骑兵甚多,还让仁杲兄弟及敌军首领宗罗睺、翟长孙等统领。太宗和他们一起骑马打猎,没有什么隔阂。这帮贼寇蒙受恩惠,屏息丧气,全愿舍命效力。当时李密刚归附朝廷,高祖命他乘驿车到幽州迎接太宗。李密见太宗容貌精明而威武,军威严肃,惊畏叹服,私下对殷开山说:"真是英明的主子。不像这样,怎么能平定祸乱呢?"太宗凯旋回京,到太庙进献战利品。拜为太尉,陕东道行台尚书令,坐镇长春宫,关东的兵马都归他指挥调度。接着加授左武侯大将军、凉州总管。

宋金刚攻陷浍州的时候,军队的锋芒甚锐。高祖因为王行本还占据蒲州,吕崇茂在夏县反叛,晋州、浍州相继陷落,关中震惊,就亲自给太宗写诏书说:"贼寇的势力像这样,难以同他们争斗以决胜负,应该放弃河东,谨慎防守关西。"太宗进上奏章说:"太原是王业的奠基之地,国家的根本,河东富足,京城依托于它。如果攻下而又放弃它们,臣私下感到愤恨。愿陛下借给精兵三万,必定能消灭刘武周,克复汾州、晋州。"高祖于是全部征调关中的军队以增强太宗的兵力,又亲临长春宫送太宗。

武德二年十一月,太宗率领部队奔赴龙门关,踩着冰过河,进驻柏壁,与贼将宋金刚相持。接着永安王李孝基在夏县打败仗,于筠、独孤怀恩、唐俭都被贼将寻相、尉迟敬德抓获。敌军将回浍州,太宗派殷开山、秦叔宝在美良川拦击,大破敌军,寻相等只独自逃脱,他们的部下全被俘虏,殷开山、秦叔宝又回到柏壁。于是将领们全来请战,太宗说:"金刚孤军千里,深入我们的地方,精兵骁将,都集中在这里。刘武周据有太原,专依靠金刚保卫自己。敌人士卒虽多,内实空虚,意在速战。我们加固营垒、养精蓄锐以挫折敌人的锋芒,一朝粮尽计穷,敌人自当逃走。"

武德三年二月,金刚竟因士卒饥饿而逃跑,太宗追赶他们到介州。金刚列阵,南北七里,以抵挡官军。太宗派总管李世勣、程咬金、秦叔宝在其阵北抵敌,翟长孙、秦武通在其阵南抵敌。各军作战略退却,被贼寇钻了空子。太宗率领精壮骑兵攻打敌人,冲击敌军阵后,贼寇大败,太宗追击逃兵跑了数十里地。尉迟敬德、寻相率领八千人前来投降,太宗还让敬德统领这些兵士,与太宗军营的人相杂,屈突通害怕他们有变故,急忙告诉太宗。太宗说:"从前萧王推赤心置他人腹中,他人全能尽力效命,现在委任敬德,又有什么可怀疑的呢。"于是刘武周逃奔突厥,并州、汾州全恢复原有的辖地。高祖下令往军中加授太宗为益州道行台尚书令。

七月,太宗总领各军往洛邑攻打王世充,部队在谷州宿营。世充率领精兵三万在慈涧列阵,太宗率领轻骑兵向敌人挑战。当时众寡不敌,官军陷于重围,太宗旁边的人都感到害怕。太宗命令旁边的人先回去,独自留下来殿后。这时世充骁将单雄信的数百名骑兵从道路两边互逼太宗,他们交互争先,竞相向前,太宗几乎被他们打败。太宗左右开弓,敌兵无不应弦落马,俘获敌军的大将燕颀。世充于是撤去慈涧的据点回到东都。太宗派行军总管史万宝自宜阳往南占据龙门,刘德威自太行向东包围河内,王君廓自洛口截断贼寇的运粮通道。又派黄君汉率水军夜晚从孝水河顺流而下袭击回洛城,攻克了它。黄河以南,无不响应,城堡一个接一个前来投降。大军进驻邙山。九月,太宗带五百名骑兵先去观察地形,突然与世充率领的一万多人相遇,双方会战,又破敌军,斩首级三千余,俘获大将陈智略,世充只独自脱身。他所委任的筼州总管杨庆派使者要求投降,太宗派李世勣率军出辕道安抚杨庆的部队。荥、汴、洧、豫等九州相继前来投降。世充于是向窦建德求救。

武德四年二月,太宗又进驻青城宫。营垒还没有建立起来,世充的部队二万人即出方诸门临谷水列阵。太宗率精壮骑兵在北邙山列阵,命令屈突通率步兵五千渡过谷水攻击敌军,于是告诫屈突通说:"等两军交战就放烟为号,我当率骑兵南下。"军队刚交战,太宗率骑兵冲击敌人,挺身走在队伍前方,与屈突通里外相应。贼军拼死战斗,多次散而复合。自辰时到午时,敌人才开始后退。太宗趁势纵兵追击,俘虏和杀死敌军八千人,于是部队前进到洛阳城下扎营。世充不敢再出来,只环城固守,以等待窦建德的援兵。太宗派各部队在营外挖壕沟,营四周布满长围子以利防守。吴王杜伏威派他的将领陈正通、徐召宗率精兵二千前来同太宗的部队会合。伪郑州司马沈悦献虎牢关投降,将军王君廓同他里应外合,擒获了关里的伪荆王王行本。

正好窦建德领兵十多万前来援救世充,到了酸枣。萧瑀、屈突通、封彝德都认为腹背受敌,恐怕不是万全之策,要求退兵到谷州以观察敌情。太宗说:"世充粮尽,内外离心,我们合当不费力攻击,坐等他自己破败而得利。建德新破孟海公,将骄兵惰,我们应该进兵据守虎牢,扼制要害之地。贼寇如果冒险与我们决战,击破他们是必然的。如果贼寇不战,十日间世充当自崩溃。如果不迅速进兵,贼寇一入虎牢,各城新归附我们,必定无法守住。那时世充、建德两贼协力,我们将怎么办呢?"屈突通又要求解东都之围移军险要之地以等待敌军的变化,太宗不允许。于是留下屈突通辅助齐王李元吉包围世充,亲自率领步、骑兵三千五百人奔赴虎牢。

建德由荥阳西上,筑营垒于板渚,太宗驻虎牢,双方相持二十余日。间谍报告说:"建德等候官军草料用尽,侦察到官军在黄河北岸放马,就将袭击虎牢。"太宗知道敌人的计划,于是在黄河北岸放马以引诱敌人。第二天早晨,建德果然倾巢出动,列军汜水,世充的将领郭士衡也列阵于建德之南,绵延数里,击鼓呼叫,将领们非常害怕。太宗带数名骑兵登上高地瞭望敌阵,对将领们说:"这些贼寇起于山东,未遇见大敌。现在他们要通过险要之地而喧闹,这是军中没有规矩法度的表现;逼近城堡而列阵,这是有轻我之心。我们按兵不出,敌军的锐气就会渐衰,列阵时间一长,兵士饥饿,必将自己退兵,那时追击敌人,无往不克。我与诸位相约,一定在午时后破敌。"建德列阵,自辰时至午时,兵士饥饿疲倦,都坐在队列里,又争水喝,不一会收兵退走。太宗说:"可以出击了!"亲自率领轻骑兵追赶并引诱敌人,大部队也接着赶到。建德把军队掉转过来列阵。还来不及整理队伍,太宗就先上前进攻,所到之处,敌皆倒退。一会儿众军合战,喊声四起,尘土飞扬。太宗率领史大奈、程咬金、秦叔宝、宇文歆等挥旗进入敌阵,直接冲杀到敌军阵后,张开我军的旗帜。贼寇回头见到旗帜,溃不成军。太宗追击逃兵跑了三十里地,斩敌军首级三千余,俘获敌兵五万名,在阵中活捉了建德。太宗责备他说:"我兴师问罪,目标本在王世充。得失存亡,不干好事,为什么越过自己的境域,触犯我军的锋芒?"建德吓得两腿发抖说道:"现在我如果不来,怕还要有劳您到远方去拿我。"高祖听到胜利的消息非常高兴,亲自给太宗写诏书说:"隋朝分崩离析,崤山函谷关隔绝不通。两个豪杰势力相连,一时就把他们清除。军队既打胜仗,又没有死伤。无愧是臣子的表率,不让自己的父亲忧虑,这些都是你的功劳。"

太宗于是带着建德到东都城下。世充害怕,率领他的部属二千多人到营门要求投降,山东全部平定。太宗进驻东都宫城,命令萧瑀、窦轨等封闭和防守仓库,一无所取,命令记室房玄龄收集隋朝的地图和户籍。于是诛杀和窦、王一起作恶的段达等五十余人,无辜被囚禁的人一律释放,无罪被杀害的人都加以祭奠并作悼词。大宴将士,分等级颁赏。高祖派尚书左仆射裴寂到军中慰问。

六月,凯旋回京。太宗身披黄金甲,队伍中有披甲的骑兵、战马一万,带甲的步兵三万人,前后部鼓吹乐,俘获的两个伪皇帝和隋朝的器物、辇车等献到太庙。高祖非常高兴,在太庙行饮至礼犒劳太宗。高祖认为自古以来已有的官号同太宗的特殊功勋不相称,于是另立徽号,以表彰太宗的功德。十月,加号天策上将,领陕东道大行台,地位在王公之上。增加封邑二万户，连以前的共三万户。赐给太宗用黄金作装饰的大车一辆，衮冕服，玉璧一双，黄金六千厅，前后部鼓吹乐及九部乐，持木剑的仪仗队四十人。

当时海内逐渐平定，太宗于是专心研读经籍，开设文学馆以接待四方的士人。行台司勋郎中杜如晦等十八人任学士，常轮流在馆里值班，太宗和产悦色，同他们讨论经义，有时到夜半才休息。

没多久，窦建德的旧将刘黑闼起兵反叛，占据洺州。十二月，太宗统兵东讨。武德五年正月，进军肥乡，分兵截断敌人的运粮道路，双方相持两个月。黑闼窘迫惶急，求战心切，率领步、骑兵两万，往南渡过洺水，清晨逼近官军。太宗亲自率领精壮骑兵，攻打敌人的马军，击破它，然后乘胜践踏敌人的步兵，贼寇大败，斩敌首级一万多。在这以前，太宗派人在洺水上游筑坝挡水，使河变浅，让黑闼能够渡河。等到战斗打响，就下令决坝，结果大水流到河深丈余，敌军溃败后，往河里跑的人全被淹死。黑闼与二百多骑兵北走突厥，他的部下全被俘虏，河北平定。当时徐圆朗拥兵于徐、兖二州，太宗回师讨平他，于是黄河、济水、长江、淮水各郡邑全部平定。十月，加授太宗左右十二卫大将军。

武德七年秋，突厥颉利、突利两可汗由原州入侵，袭扰关中。有人劝说高祖道："只因为财宝女子在京师，所以突厥人来，如果烧掉长安城而不以它为首都，那么胡寇自然不来。"高祖于是派中书侍郎宇文士及巡视山南可居之地，准备迁都。萧瑀等都认为这样做不对，但终不敢冒犯天子，正言劝谏。太宗独自进谏说："霍去病，汉朝的一个将帅罢了，尚且立志消灭匈奴。臣充诸侯王之数，还使边患不息，于是让陛下准备迁都，这都是臣的责任。现在有幸乞求陛下听任臣效些微之劳，拿住那颉利。如果一两年间不能把绳子套在他颈上，慢慢再立迁都之策，臣当不敢再说什么。"高祖发怒，仍派太宗带领三十多名骑兵去巡视栈道。回来的时候，太宗坚决奏请一定不能迁都，高祖于是打消迁都的念头。八年，加授太宗中书令。

武德九年，皇太子建成、齐王元吉图谋杀害太宗。六月四日，太宗率领长孙无忌、尉迟敬德、房玄龄、杜如晦、宇文士及、高士廉、侯君集、程知节、秦叔宝、段志玄、屈突通、张士贵等在玄武门杀建成、元吉。甲子，太宗立为皇太子，各种政务都由他裁定。太宗于是放走禁苑中所养的鹰犬，并命各地停止进献珍异之物，政治崇尚简约严肃，天下人非常高兴。又命令百官和上密封的奏章，细述安民治国的要旨。己巳发布命令说："依照礼的规定，两个字的名字不单个避讳。近代以来，两个字的名字都单个避讳，名号、词语、书籍等废弃、空缺已多。随意而行，有违经典。凡官号、人名、公私文书，有'世民'两字不相连的，都不须避讳。"撤销幽州大都督府。辛未，废除陕东道大行台，设置洺州都督府；废除益州道行台，设置益州大都督府，壬午，幽州大都督庐江王李瑗图谋叛逆，废为平民。乙酉，撤销天策府。

七月壬辰，太子左庶子高士廉任侍中，右庶子房玄龄任中书令，尚书右仆射萧瑀任尚书左仆射，吏部尚书杨恭仁任雍州牧，太子左庶子长孙无忌任吏部尚书，右庶子杜如晦任兵部尚书，太子詹事宇文士及任中书令，封德彝任尚书右仆射。

八月癸亥，高祖传位给皇太子，太宗在东宫显德殿即位。派司空、魏国公裴寂在南郊烧柴祭告上天。大赦天下的罪人。武德元年以来究问得实被流放到边远地区的人全部放回。文武官五品以下原先无爵的赐给最低一等爵，六品以上各加勋官一级。天下免除

玄武门兵变

徭役一年。癸酉,放走后宫里的宫女三千多人。甲戌,突厥颉利、突利可汗侵犯泾州。乙亥,突厥进犯武功,京师戒严,丙子,立妃子长孙氏为皇后。己卯,突厥侵犯高陵。辛巳,行军总管尉迟敬德同突厥在泾阳作战,大破敌军,斩首级一千多。癸未,突厥颉利可汗到了渭水便桥北边,派他的酋长执失思力入朝窥探,擅自察看地形,太宗下令囚禁他。太宗亲自出玄武门,乘六匹马驾的车疾驱到渭水上,与颉利隔着河谈话,指责他负约。一会儿各个部队接着开到,颉利见军容壮盛,又知道思力被囚禁,因此很害怕,要求讲和,太宗允许。当日回宫。乙酉,又亲临便桥,与颉利杀白马订盟,突厥退兵。

九月丙戌。颉利献马三千匹、羊一万头,皇帝不收,让颉利送回所掠夺的中国户口。丁未,领进各卫的骑兵统领等在显德殿庭练习射箭,对将军以下的人说:“自古以来突厥与中国,互有盛衰,傍轩辕善于使用五种兵器,就能在北方驱逐獯鬻;周宣王使方叔、召虎为自己效力,也能在太原克敌制胜,到了汉、晋的君主,以至于隋代,不让兵士平时练习各种兵器,突厥来犯,不能抵御,导致扔下中国百姓在敌寇手中遭难。我现在不让你们挖池筑苑,建造各种过度浪费钱财的设施。农民可恣意让他们安乐,兵士只有练习射箭骑马,希望使你们能战斗,也盼望在你们面前没有敢于横行的敌人。”于是每天领进数百人在殿前教他们射箭,皇帝亲自考试,射中的人立刻赏给弓刀、布匹、丝织品。朝臣多有进谏的,他们说:“先代的圣王制定法律,有带兵器到天子住处的处死刑,这是制止刚萌生的不良现象扩展,防备不测之事的办法。现在领进偏将士卒一类人,在皇宫旁边弯弓放箭,正怕灾祸产生于不意之中,这不是为国家考虑的办法。”皇上不接受。从这以后,士兵都变精锐了。壬子,天子命令私家不得随便立妖神,滥设祭杞,不符合礼制规定的祭祀,一律禁止。除龟卜和它的五种兆形、《易经》和它的卜筮术外,各种形形色色的占卜术,也全禁止。长孙无忌封齐国公,房玄龄封邢国公,尉迟敬德封吴国公,杜如晦封蔡国公,侯君集封潞国公。

冬十月丙辰初一，日蚀。癸亥，立中山王李承乾为皇太子。癸酉，赐给裴寂封邑一千五百户，长孙无忌、王君廓、尉迟敬德、房玄龄、杜如晦一千三百户，长孙顺德、柴绍、罗艺、赵郡王李孝恭一千二百户，侯君集、张公谨、刘师立一千户，李世勣、刘弘基九百户，高士廉、宇文士及、秦叔宝、程知节七百户，安兴贵、安修仁、唐俭、窦轨、屈突通、萧瑀、封德彝、刘义节六百户，钱九陇、樊世兴、公孙武达、李孟常、段志玄、庞卿恽、张亮、李药师、杜淹、元仲文四百户，张长逊、张平高、李安远、李子和、秦行师、马三宝三百户。

十一月庚寅，皇族封郡王的都降为县公。

十二月癸酉，亲自省察囚徒的罪状。

这一年，新罗、龟兹、突厥、高丽、百济、党项都派使者来朝见天子，进献方物。

贞观元年春正月乙酉，更改年号。辛丑，燕郡王李艺占据泾州反叛朝廷，接着被他的部下杀死，首级传送到京师。庚午，任命仆射窦轨为益州大都督。

三月癸巳，皇后行亲自养蚕之礼。尚书左仆射、宋国公萧瑀任太子少师。丙午，发布诏令："齐国的前尚书仆射崔季舒、给事黄门侍郎郭遵、尚书右丞封孝琰等，从前在邺中做官，名位显达，志操忠直，上表极言直谏，不能挽救国家的危亡，于是像关龙逄那样遇害。季舒的儿子崔刚，郭遵的儿子郭云，孝琰的儿子君遵，都因家遭当世责难，而身受滥施的刑罚。应当给予褒奖，特别不同于一般人，可免除他们的内侍之官，另外量才进用。"

夏四月癸巳，凉州都督、长乐王李幼良有罪被处死刑。

六月辛巳，尚书左仆射、密国公封德彝逝世。壬辰，太子少师宋国公萧瑀任尚书左仆射。

这年夏天，山东各州大旱，下令各州救济，百姓不用出今年的租赋。

秋七月壬子，吏部尚书、齐国公长孙无忌任尚书右仆射。

八月戊戌，贬侍中、义兴郡公高士廉为安州大都督。户部尚书裴矩去世。这一月，关东及河南、陇右沿边各州秋庄稼受霜害。

九月辛酉，命令中书侍郎温彦博、尚书右丞魏徵等分别到各州救济百姓。中书令、郢国公宇文士及任殿中监。御史大夫、检校吏部尚书、参与朝政、安吉郡公杜淹就任。

十二壬午，皇上对随侍左右的臣子说："神仙的事本来虚妄，不过空有其名。秦始皇不安本分地爱好神仙，于是被方士欺骗，便派童男童女数千人随徐福入海求仙药。方士为躲避秦朝暴政，留在那里不回来，始争还在海边徘徊等待他们，后来回到沙丘便死了。汉武帝为求神仙，就把女儿嫁给有道术的人，后来事情既无效验，便杀掉方士。根据这两件事，神仙是不必劳神去妄求的。"尚书左仆射、宋国公萧瑀因事获罪被免职。戊申，利州都督义安王李孝常、右武卫将军刘德裕等图谋造反，被处死刑。

这一年，关中饥荒，以至于有卖儿鬻女的。

贞观二年春正月辛丑，尚书左仆射、齐国公长孙无忌任开府仪同三司。改封汉王李恪为蜀王，卫王李泰为越王，楚王李祐为燕王。又设置六部侍郎，辅助六部尚书治理政事，并设置左右司郎中各一人。前安州大都督、赵王李元景任雍州牧，蜀王李恪任益州大都督，越王李泰任扬州大都督。

二月丙戌，靺鞨成为唐的属国。

三月戊申初一，日蚀。丁卯，派御史大夫杜淹巡视关内各州。取出皇宫府库里的黄金和宝物,赎回自己卖身为奴的男女,送还给他们的父母。庚午,大赦天下的罪人。

夏四月己卯,命令死人的骸骨暴露在外的,让所在的地方负责掩埋。丙申,契丹成为唐的属国。首次命令天下的州县都设置义仓。夏州的盗贼首领梁师都被他的堂弟洛仁杀死,洛仁献城投降唐朝。

五月,下大冰雹。

六月庚寅,皇子李治诞生,设宴招待五品以上官吏,分等第赐给他们丝织物,还赐给全国在这一天出生的人粮食。辛卯,皇上对随侍左右的人说:"君主虽然不像君主,臣子不可以不像臣子。裴虔通,本是炀帝的侍从之臣,却亲自当叛乱的首领。朕正推崇、鼓励恭敬信义,怎么还可以让他继续统治人民、训导风俗呢。"发布诏令说:

天与地确定位置,君臣之间应有的关系也就明白了;地卑天高的位置既已确立,人与人之间应有的等级关系也就清楚了。所以能使风俗淳厚,天下教化成功。虽然又时常经历太平或动乱的年代,君主有昏有明,但疾风中有劲草,芬芳的品德不绝,不少人为君主剖胸焚身,赴汤蹈火,视死如归。难道他们不爱惜七尺的身躯,不重视百年的生命?实由于君臣之间应有的关系非常重,在礼教中被置于首要地位,所以他们能在当世显示临难不苟的节操,于身后树立清正高洁的风范。至于像赵高的杀害秦二世,董卓的毒死弘农王,是人与神所憎恶的,连其他时代的人都共同感到气愤。更何况平庸小子,有凶暴悖逆之心! 远观前代帝王的策命,这种人没有不杀掉的。辰州刺史、长蛇县男裴虔通,过去在隋代,侍奉晋王杨广,炀帝因原先在王府的交情,特别加以宠幸。于是就心无君亲,暗中图谋弑君,秘密窥测可乘之机,招纳、勾结各种恶人,长戟流矢,竟一朝私自往宫中发射。这是天下的恶事,谁说可以忍受! 应当诛灭虔通的同宗,焚烧他的首级,用以表明他的犯上行为是一种大耻辱。但发生的年代不与当今同时,又多次遇到发布赦令,可特别免去他的死刑,从官籍中除名并削去爵位,流放欢州。

秋七月戊申,发布诏令:"莱州刺史牛方裕、绛州刺史薛世良、广州都督府长史唐奉义、隋武牙将高元礼,在隋代都蒙炀帝任用,却协同宇文化及,构成弑君之罪。应当按照裴虔通的样子,除名流放岭南。"太宗对随侍左右的臣子说:"天下的愚人,好触犯法令,所有赦免罪人的恩惠,只能给予不守法度之辈。古语说:'小人的幸运。是君子的不幸。''一年两次赦免罪人,好人成了哑巴。''凡养着杂草,会妨害禾苗的生长,施恩惠给为非作歹的人,会伤害好人。'从前文王设刑罚,该用刑的都不被免。又蜀先主曾对诸葛亮说:'我周旋于陈元方、郑康成之间,常听见他们告诉我治乱之道,内容相当全面,而不曾谈到赦免罪人。'小人,是君子的祸害,所以朕自得天下以来,不大发布赦令。观今四海安静,礼义得到振兴和推行,非常的恩惠,施给不可频繁,怕愚人常会冀求侥幸,只想犯法,不能改过。"

八月甲戌初一,太宗到朝堂,亲自过问冤狱。从这以后,皇上因为国家、军队无事,每天到西宫侍奉太上皇,问寒问暖。癸巳,公卿大臣进言:"按照礼的规定,季夏六月,可以住在台上的高屋里。现在盛暑未退,秋天的多雨季节即将开始,宫中地势低而潮湿,请营造一座楼阁居住。"皇帝说:"朕有气力衰竭的病,哪里适合住在低而湿的地方。如果答应你们的请求,要耗费的钱财实在不少,从前汉文帝准备建露台,而舍不得相当于十户人家财产的花销。朕品德赶不上汉文帝,而所费的钱超过他,难道说作百姓父母的方法就是这样?"竟不答应。这一月,河南、河北有大霜害,百姓饥饿。

九月丙午,发布诏令说:"尊崇老年人,看重旧臣,先代的圣王以此为后人留下了榜样;送回官印,解下绶带,去职退休,朝臣于是能有一个好结局。放置芹藻祭祀先师合奏众乐的礼仪,设立东胶西序一类学校的制度,奉养老人的道理,前代的遗文里都可以看到。朕恭敬地接受帝位,效法先代旧事,尊敬、侍奉老人,向他们求教,这样做也十分符合自己内心深处的意愿。但情况有今古的不同,时代进入风俗浮薄的末世,却出仕就职,或许违背原则。至于像筋力将尽,暮年逼近,而仍居官位,徒然极尽起早的辛劳,不明白夜行的过错,他们中有的人心中惊恐,知止知足,行为堪激励后辈,主动辞去官职,归死乡里,能以礼相让,精神本来可嘉。内外文武官吏凡年老退休、上表辞官的,入朝参见天子之时,位次应存本品现任官之上。"丁未,对随侍左右的臣子说:"妇女被幽闭于探宫,那情况实在可怜。隋朝末年,选女入宫,没有停止的时候,至于建在各地的离宫别馆,不足天子临幸游息之处,也多集聚宫女,全耗尽了人民的财力,这是我所不取的。而且宫女除洒水扫地之处,还能用在什么地方?现在准备遣返宫女,听任她们寻求配偶。不但因为吝惜费用,也使这些人能够各按照自己的本性生活。"于是派尚书左丞戴胄、给事中杜正伦等在妃嫔居住的掖庭宫西门选择宫女,遣返她们。

冬十月庚辰,御史大夫、安吉郡公杜淹去世。戊子,杀瀛州刺史卢祖尚。

十一月辛酉,在圆丘祭天。

十二月壬午,黄门侍郎王珪任侍中。

贞观三年春正月辛亥,契丹首领来朝见天子。戊午,在太庙祭祀。癸亥,天子行亲耕籍田礼。辛未,司空、魏国公裴寂因事获罪被免职。

二月戊寅,中书令、邢国公房玄龄任尚书左仆射,兵部尚书、检校侍中、蔡国公杜如晦任尚书右仆射,刑部尚书、检校中书令、永康县公李靖任兵部尚书,右丞魏徵任守秘书监,参预朝政。

夏四月辛巳,太上皇迁居大安宫。甲午,太宗开始在太极殿处理政务。

五月,周王李元方逝世。

六月戊寅,由于天旱,亲自省察囚徒的罪状。派长孙无忌、房玄龄等在名山大川祈雨,派中书舍人杜正伦等到关内各州安抚、慰问。又下令文武官吏各上密封的奏章,毫无保留地谈出自己对政治得失的看法。己卯,大风吹折树木。

秋八月己巳初一,日蚀。薛延陀派使者入朝拜见天子,进献方物。

九月癸丑,各州设立培养医师的学校。

冬十一月阳午,西突厥、高昌派使者入朝拜见天子,进献方物。庚申,任命并州都督李世勣为通汉道行军总管,兵部尚书李靖为定襄道行军总管,领兵攻打突厥。

十二月戊辰,突利可汗投奔中国。癸未,杜如晦因病辞官,皇上答应。癸丑,下令在自树立义旗以来交战的地方,为那些丧生于战阵的义士勇夫各立一座寺庙,命令虞世南、李伯药、褚亮、颜师古、岑文本、许敬宗、朱子奢等为他们撰写碑铭,以记载他们的功业。

这一年,户部报告:中国自塞外归来和突厥人前后归附中国以及开辟四境异族地区而建立的州县所增加的人口,合计共有男女一百二十多万。

贞观四年春正月乙亥,定襄道行军总管李靖大破突厥,俘获隋朝皇后萧氏和炀帝的孙子杨正道,送到京师。癸巳,武德殿北院发生火灾。

二月己亥,太宗到温泉。甲辰,李靖又在阴山击败突厥,颉利可汗轻装骑马远逃。丙午,自温泉回到长安。甲寅,发布大赦令,赐臣民会饮五天。民部尚书戴胄兼任检校吏部尚书,参预朝政。太常卿萧瑀任御史大夫,和宰相一起参议朝政。御史大夫、西河郡公温彦博任中书令。

三月庚辰,大同道行军副总管张宝相活捉颉利可汗,送往京师。甲申,尚书右仆射、蔡国公杜如晦逝世。甲午,到太庙向祖先报告俘获颉利的喜讯。

夏四月丁酉,皇上临顺天门,军中的官吏押解颉利向天子献战利品。自这以后西北各藩属都请求皇上用"天可汗"的尊号,于是皇上下诏书册封各藩属的君长,就兼用这个称号。

秋七月甲子初一,日蚀。皇上对房玄龄、萧瑀说:"隋文帝是个怎么样的君主?"回答说:"约束自己,使言行符合于礼,辛勤思考政事,每次一坐到朝廷上,有时直到太阳偏西。领着五品以上官吏议论政事,皇宫的卫士不能下岗,站着传递干粮而食。虽然不能说品性仁爱、贤明,也可算是一个励精图治的君主了。"皇上说:"你们看到他的一个方面,而不了解他的另一个方面。这人本性极其明察而内心并不贤明。内心昏昧那么览察事理就不能都通达,极其明察就会临事多疑。自己靠欺骗孤儿寡母得到天下,认为众臣不可信任,凡事都自己决定,虽然使精神劳累、身体受苦,处事也未能都符合道理。朝廷的臣子既然了解皇上的这种心理,也就不敢直言,自宰相以下,接受皇帝的命令罢了。朕的意思不认为这样做对。以天下事物之广,难道可以凭一个人的思考独自决断?朕将选用天下的人才,治理天下的事务,信任人才,要求他们完成任务,使他们各尽其用,这样做也许可以达到政治的清明安定。"因此命令官吏:"天子的诏令如果不适合于时世,就应当坚持上报,不得顺旨施行。"

八月丙午,下诏规定三品以上官员穿紫色衣服,五品以上官员穿红色衣服,六品、七官穿绿色衣服,八品、九品官穿青色衣服;妇人衣服的颜色随从丈夫。甲寅,兵部尚书、代国公李靖任尚书右仆射。

九月庚午,命令收埋长城南边的死人骸骨,并让祭奠死者。壬午,命令不得在自古至今的圣明君主、贤臣义士的坟墓上放牧,每年春秋两季在他们的坟上祭奠。

冬十月壬辰,到陇州,因特殊情况赦免陇、岐两州的罪犯,免除两州百姓的徭役一年。辛丑,在贵泉谷立栅栏围猎野兽。甲辰,在鱼龙川围猎野兽,亲自射鹿,献给大安宫。

十一月甲子,自陇州回到长安。戊寅,命令判决处置罪犯不得鞭打背部,免得连及针灸穴位。兵部尚书侯君集参议朝政。

十二月辛亥,开府仪同三司、淮安王李神通逝世。甲午,高昌王麴文泰前来朝见天子。

这一年,判死刑的共二十九人,几乎达到刑罚弃置不用的地步。东到海,南到五岭,都夜不闭户,来往的旅客用不着携带粮食。

贞观五年春正月癸酉,在昆明池打猎,藩属和四境异族君长都跟随。丙子,亲自到大安宫献猎获的禽兽。己卯,亲临左藏库,赐给三品以上官员丝织品,听任自取,不限轻重。癸未,朝集使请求行封禅礼。

二月己酉，封皇弟元裕为郐王，元名为谯王，灵夔为魏王，元祥为许王，元晓为密王。庚戌，封皇子愔为梁王，贞为汉王，恽为郯王，治为晋王，慎为申王，嚣为江王，简为代王。

夏四月壬辰，代王简去世。用黄金和丝织品赎回由于隋末动乱沦入突厥的中国男女八万人，全部送还给他们的家属。

六月甲寅，太子少师、新昌县公李纲逝世。

秋八月甲辰，派遣使者到高丽，毁掉高丽人所立的京观，收集隋代战死者的骸骨，祭奠并埋葬它们。戊申，首次命令天下判死刑必须经过三次按验、上奏，在京各司要经过五次按验、上奏，判死刑这一天，尚食局供应膳食只有蔬菜，内教坊和太常寺不奏乐。

九月乙丑，赐群臣在武德殿举行射礼。

冬十月，右卫大将军、顺州都督、北平郡王阿史那什钵苾去世。

十二月壬寅，到温泉。癸卯，在骊山打猎。丙午，分等第赏给新丰县年高的人丝织品。戊申，自温泉回到长安。

贞观六年春正月乙卯初一，日蚀。

二月丙戌，设置三师的官职。戊子，开始设立律学。

三月戊辰，到九成宫。

六月己亥，郧王李元亨逝世。辛亥，江王李嚣逝世。

冬十月乙卯，自九成宫回到长安。

十二月辛未，亲自省察囚徒的罪状，释放犯死罪的二百九十个人回家，命令他们明年秋末自动前来受刑。后来死囚们全按期归来，天子下诏宽赦所有人的罪过。

这一年党项羌前后归附于中国的共三十万人。

贞观七年春正有戊子，发布诏令说："宇文化及的弟弟智及、司马德戡、裴虔通、孟景、元礼、杨览、唐奉义、牛方裕、元敏、薛良、马举、元武达、李孝本、李孝质、张恺、许弘仁、令狐行达、席德方、李覆等，大业末年，全任各种官职，有的家中一代人都蒙受隋帝的恩惠，有的整整一个时代担负重任，却包藏邪恶之心，不思忠义，就在江都，干出弑君的勾当。罪恶是阎乐、赵高的百倍，超过了生而食母的枭和生而食父的獍。虽然事情发生在前代，时间已久，而天下的恶人，为古今所共弃，当应处以重法，用来劝勉臣子保持节操。这些人的子孙都应当禁锢，不允许录用。"这一天，皇上制作《破阵乐舞图》。辛丑，赐京城臣民会饮三天。丁卯，天上落下泥土。乙酉，薛延陀派使者来朝见天子。庚寅，秘书监、检校侍中魏徵任侍中。癸巳，直太史、将仕郎李淳风铸造浑天黄道仪，进献给天子，放置于凝晖阁。

夏五月癸未，到九成宫。

八月，山东、河南三十州发生大水灾，皇上派使臣救济。

冬十月庚申，自九成宫回到长安。

十一月丁丑，颁行新编定的《五经》。壬辰，开府仪同三司、齐国公长孙无忌任司空。

十二月丙辰，在少陵原打猎，命令用羊、猪二牲在杜如晦、杜淹、李纲的坟上祭奠。

贞观八年春正月癸未，右卫大将军阿史那吐苾去世。辛丑，右屯卫大将军张士贵讨伐东、西五洞反叛的獠族人，平定了他们。壬寅，命令尚书右仆射李靖、特进萧瑀杨恭仁、礼部尚书王珪、御史大夫韦挺、瑀州大都督府长史皇甫无逸、扬州大都督府长史李袭誉、幽州大都督府长史张亮、凉州大都督李大亮、右领军将军窦诞、太子左庶子杜正伦、绵州刺史刘德威、黄门侍郎赵弘智出使四方,观察风俗民情。

二月乙巳,皇太子加冠。丙午,赐全国臣民会饮三天。

三月庚辰,到九成宫。

五月辛未初一,日蚀。丁丑,皇上开始戴翼善冠,贵臣戴进德冠。

七月,首次定武散官云麾将军的阶位为从三品。陇右山崩,大蛇屡次出现。山东、河南、淮南发生大水灾,天子派使臣救济。

八月甲子,有一颗彗星出现于虚、危宿之间,经过氐宿,到十一月上旬才消失。

九月丁丑,皇太子来拜见天子。

冬十月,右骁卫大将军、褒国公段志玄攻打吐谷浑,击破了它,追踪逃敌走了八百多里。甲子,皇上自九成宫回到长安。

十一月辛未,右仆射、代国公李靖因病辞官,授特进。丁亥,吐谷浑侵犯凉州。己丑,吐谷浑拘禁我国使者赵德楷。

十二月辛丑,命令特进李靖、兵部尚书侯君集、刑部尚书任城王李道宗、凉州都督李大亮等为大总管,各率兵分路讨伐吐谷浑。壬子,越王李泰任雍州牧。乙卯,皇帝跟隋太上皇在城西检阅军队。

这一年,龟兹、吐蕃、高昌、女国、石国派使者入朝拜见天子,进献方物。

贞观九年春三月,洮州羌族反叛,杀死刺史孔长秀。壬午,发布大赦令。每个乡各设置乡长一人,乡佐二人。乙酉,盐泽道总管高甑生大破反叛的羌族民众。庚寅,下诏说天下的住户分成三等,不能完全显示出住户资产的增减情况,现改定为九等。

夏四月壬寅,康国进献狮子。

闰四月丁卯,日蚀。癸巳,总管李靖、侯君集、李大亮、任城王李道宗在牛心堆击败吐谷浑。

五月乙未,又在乌海击败吐谷浑,追击逃敌到了柏海。副总管薛万均、薛万彻又在赤水源击破吐谷浑,抓获吐谷浑有名的王二十人。庚子,太上皇在永安宫逝世。壬子,李靖在西海上平定了吐谷浑,俘虏了吐谷浑王慕容伏允。由于慕容伏允的儿子慕容顺光投降唐朝,被封为西平郡王,吐谷浑国又得到恢复。

秋七月甲寅,增修太庙,扩大为六个室。

冬十月庚寅,安葬高祖太武皇帝于献陵。戊申,在太庙合祭高祖和祖先。辛丑,左仆射、魏国公房玄龄加授开府仪同三司,其他官位封爵不变。

十二月甲戌,吐谷浑西平郡王慕容顺光被他的下属杀害,天子派兵部尚书侯君集率兵安抚吐谷浑,封顺光的儿子诺曷钵为河源郡王,让他统领吐谷浑军民。右光禄大夫、宋国公萧瑀依旧任特进,又命令他参与朝政。

贞观十年春正月壬子,尚书左仆射房玄龄、侍中魏徵进上梁、陈、齐、周、隋五代史,天子命令将这些书藏在秘阁。癸丑,改封赵王李元景为荆王,鲁王元昌为汉王,郑王元礼为徐王,徐王元嘉为韩王,荆王元则为彭王。滕王元懿为郑王,吴王元轨为霍王,幽王元凤为虢王,陈王元庆为道王,魏王灵夔为燕王,蜀王恪为吴王,越王泰为魏王,燕王佑为齐王,梁王愔为蜀王,郯王恽为蒋王,汉王贞为越王,申王慎为纪王。

夏六月,任命侍中魏徵为特进,仍执掌门下省事务。壬申,中书令温彦博任尚书右仆射。甲戌,太常卿、安德郡公杨师道任侍中。己卯,皇后长孙氏在立政殿逝世。

冬十一月庚寅。安葬文德皇后于昭陵。

十二月壬申,吐谷浑河源郡王慕容诺曷钵来朝见天子。乙亥,亲自省察京师囚徒的罪状。

这一年,关内、河东疾病流行,命令医师携带药品前去治疗。

贞观十一年春正月丁亥初一,改封郐王元裕为邓王,谯王元名为舒王。癸巳,加封魏王泰为雍州牧、左武侯大将军。庚子,将新定的律令颁发到全国。建造飞山宫。甲寅,房玄龄等进上他们所写的《五礼》,皇上命令主管礼仪的部门施行。

二月丁巳,发布诏令说:

生是天地的大德大恩,寿是或长或短的一个期限。生有七尺的身躯,寿以百岁为限度,包藏灵性、禀受天地之气的人类,无不一样。生与寿都得之于自然,是不能够分外企求的。所以《礼记》说:"君主即位就制作棺木。"庄周说:"躯体使我劳累,死亡使我休息。"这难道不是圣人的远见,通达事理的贤人的深识? 近代以来,明君不多,无不自负帝王尊贵,想到光阴迅速,犹如白驹过隙,因而全都有不少拘限禁忌,思慕长生。认为仙人的云车容易乘坐,羲和驾驭的太阳之车可以停留,车轨不同趋向一致,他们的受蒙蔽已经很厉害了。

隋朝末年,天下大乱,豺狼恣行暴虐,吞噬百姓。朕挥袖而起,发愤努力,对拯救危难一往情深,护持义军,救民于涂炭之中。依赖苍天明察下情,辅佐之臣效劳出力,朕提剑指挥,终于使天下得到大安定。这是朕平素的志向,现在已经实现。但仍怕朕死后的日子,子子孙孙。习惯于流行的风俗,仍然遵循通常的礼仪,加四层的棺材,砍伐百年的巨木,骚扰百姓,增高增大陵园。现在预先写下这一诏令,丧事务必遵从俭省的原则,陵园在九峻山,地宫不过足以容纳棺木而已。岁月累积,逐渐齐备。葬具有木马泥车,瓦制的鼓,芦苇截成的笛,这样做符合古代的典章制度,却不被当代采用。

另外辅助朕立国的功臣,有的对朕的情义之深,犹如过大河所需的船和桨,有的在军队的帐幕中定下计谋,有的亲自冲锋陷阵,与朕一起度过艰难危险,成就大业。追念往事,没有一天能够忘掉! 假如死去的人没有知觉,那就尽可各居东西,都归于孤单冷清;如果魂魄有知,那就还像从前一样,居处相望,不也是很好的吗! 汉朝让将相葬在天子陵墓附近,又供给他们东园制作的棺木,重视送终,恩义深厚,古人哪里不同于我呢! 从今以后,功臣近亲和德行、事业有助于当世的人,如果逝世,应当赐给坟地一处,及所用的棺木,使埋葬的时候,丧事完满。有关主管部门照此筹措准备,就合朕的心意了。

甲子,往洛阳宫,命令祭奠汉文帝。

三月丙戌初一,日蚀。丁亥,车驾抵达洛阳。丙申,改洛州为洛阳宫。辛亥,在广城泽举行大规模的狩猎活动。癸丑,回洛阳宫。

夏四月甲子,雷击乾元殿前槐树。丙寅,命令河北、淮南推荐孝顺父母、敬爱兄长、淳厚朴实,兼熟悉当代事务的人;博通儒术、可作为学习榜样的人;文辞秀美、才能可以担负著述任务的人;明了施政的要领、可委以抚养百姓任务的人。这些人都必须是志向、操守修治树立,为乡里所推崇的,官府供给驿车送他们到洛阳宫。

六月甲寅,尚书右仆射、虞国公温彦博逝世。丁巳,到明德宫。已未,定立制度,诸王任世袭刺史。戊辰,定立制度,功臣任世袭刺史。改封任城王李道宗为江夏郡王,赵郡王孝恭为河间郡王。已巳,改封许王元祥为江王。

秋七月癸未,长时间下大雨。谷水泛滥,流入洛阳宫,深四尺,冲坏左掖门,冲毁宫观十九处;洛水泛滥,冲走六百家。庚寅,由于水灾命令群臣各上密封的奏章,毫无保留地谈出自己对政治得失的看法。丁酉,天子回洛阳宫。壬寅,放弃明德宫和飞山宫的玄圃院,分给遭水淹的人家居住,还分等第赐给他们丝织品。丙午,在亳州修建老君庙,在兖州修建宣尼庙,每个庙各给二十户人家负责祭祀。免除靠近凉武昭王陵墓的二十户人家的徭役,让他们负责陵墓的守卫,并禁止在墓地放牧打柴。

九月丁亥,黄河泛滥,冲坏陕州河北县,冲毁河阳县中潬城。亲临白司马坂观察水情,分等第赐给遭水淹的人家粮食和丝织品。

冬十一月辛卯,到怀州。乙未,在济源打猎。丙午,回洛阳宫。

十二月辛酉,百济王派他的太子隆来朝见天子。

十二年春正月乙未,吏部尚书高士廉等进上《氏族志》一百三十卷。壬寅,松、丛两州地震,毁坏百姓房屋,有人被压死。

二月乙卯,皇帝自洛阳回长安。癸亥,观看砥柱,刻铭文记载功德。甲子,夜郎獠反叛,被夔州都督齐善行讨平。乙丑,在陕州停留,皇上自新桥到河北县,祭夏禹庙。丁卯,在柳谷顿停留,皇上观看盐池。戊寅,认为隋鹰扬郎将尧君素忠于自己的朝廷,赠给蒲州刺史的官号,还录用他的子孙。

闰二月庚辰初一,日蚀。丙戌,自洛阳宫回到了长安。

夏五月壬申,银青光禄大夫、永兴县公虞世南去世。

六月庚子,开始设立玄武门左右飞骑。

秋七月癸酉。吏部尚书、申国公高士廉任尚书右仆射。

冬十月已卯。在始平打猎,分等第赐给那里的高龄老人粮食和丝织品。乙未,自始平回到长安。已亥,百济派使者进献黄金甲和刻有花纹的斧子。

十二月辛巳,右武候将军上官怀仁在壁州大破山獠。

贞观十三年春正月乙巳初一,晋谒高祖献陵。因特殊原因赦免三原县及随从出行人员中犯有死罪的人。丁未,自献陵阿到长安。戊午,加授房玄龄为太子少师。

二月丙子,取消世袭刺史。

三月乙丑,有彗星出现于毕、昴宿之间。

夏四月戊寅,到九成宫。甲申,阿史那结社尔进犯禁卫军营帐,被处死刑。壬寅,云阳县一块石头能燃烧,有一丈见方大小,白天像灰,晚上便有光,将草木扔到它上面就会燃烧,这种现象历时一年才消失。

自去年冬天不下雨一直持续到今年五月。甲寅,不居正殿,命令五品以上官员各上密封的奏章,减少肴馔,免除徭役,分派使者到各地救济百姓,为受冤屈的人昭雪,天于是下雨。

六月丙申,封皇弟元婴为滕王。

秋八月辛未初一,日蚀。庚辰,立右武候大将军、化州都督、怀化郡王李思摩为突厥可汗,让他率领部属在黄河北边建立官署。

冬十月甲申,自九成宫回到长安。

十一月辛亥,侍中、安德郡公杨师道任中书令。

十二月丁丑。吏部尚书、陈国公侯君集任交河道行军大总管,率军讨伐高昌。乙亥,封皇子福为赵王。壬午,嶲州都督王志远有罪被处死刑。下令在洛、相、幽、徐、齐、并、秦、蒲等州设立常平仓。己丑,吐谷浑河源郡王慕容诺曷钵前来迎亲。壬辰,在咸阳打猎。

这一年,滁州报告:"野蚕吃栎树的叶子,结的茧大得像沙果,绿色,共收得六千五百七十石。"高丽、新罗、西突厥、吐火罗、康国、安国、波斯、疏勒、于阗、焉耆、高昌、林邑、昆明及边远地区的异族首领,相继派使者入朝拜见天子,进献方物。

贞观十四年春正月庚子,首次命令有关官吏宣读按季节制定的政令。甲寅,到魏王李泰的宅第。赦免雍州和长安监狱中犯死罪以下的囚犯。

二月丁丑,到国子学,亲自参预祭奠先师孔子,赦免大理寺、万年县在押的囚犯,国子祭酒以下学官及在学生徒成绩优异学习勤奋的,提升一级,赐给丝织品,多少不等。庚辰,左骁卫将军、淮阳王李道明送弘化公主远嫁吐谷浑。壬午,天子到温泉。辛卯,自温泉回到长安。乙未,发布诏令说梁皇侃、褚仲都,周熊安生、沈重,陈沈文阿、周弘正、张讥,隋何妥、刘焯、刘炫等前代名儒,他们的学生多能实行老师的道义,命令寻找这些名儒的后代。

三月戊午,设置宁朔大使,用来监视突厥。

夏五月壬戌,改封燕王灵夔为鲁王。

六月乙酉,大风把树连根拔起。己丑,薛延陀派使者前来求婚。乙未,滁州野蚕结茧,共收得八千三百石。

八月庚午,新建成襄城官。癸巳,交河道行军大总管侯君集平定高昌,在那里设置西州。

九月癸卯,因特殊原因赦免西州的死刑罪犯。乙卯,在西州设立安西都护府。

冬十月己卯,下令让赠司空、河间元王李孝恭,赠陕东道大行台尚书右仆射、郧国公殷开先,赠民部尚书、渝襄公刘政会等在高祖庙陪从受祭。

闰十月乙未,到同州。甲辰,在尧山打猎。庚戌,自同州回到长安。丙辰,吐蕃派使者进献总重约一千斤的黄金器物,向唐求婚。

十一月甲子初一,冬至,在圆丘祭天。

十二月丁酉,交河道的军队归来。吏部尚书、陈国公侯君集押解高昌王麹智盛,到观德殿献战利品,天子行饮至礼犒劳将士,赐他们会饮三天。乙卯,高丽太子相权来拜见天子。

贞观十五年春正月丁卯,吐蕃派他的国相禄东赞前来迎亲。丁丑,礼部尚书、江夏王李道宗送文成公主远嫁吐蕃。辛巳,往洛阳宫。

三月戊申,到襄城宫。庚午,放弃襄城宫。

夏四月辛卯,命令在明年二月封泰山,有关主管部门详细制定封禅的礼仪制度。

五月壬申,并州的和尚、道士及老人等上书,说成就王业有赖于太原,明年封泰山之后,希望陛下降临太原。皇上在武成殿设宴招待来洛阳上书的并州父老,于是从容不迫地对随侍左右的人说:"朕年幼时在太原,喜欢好多人聚在一块赌博,岁月流逝,快三十年了。"当时宴会上有过去认识皇上的人,皇上和他们在一起叙故旧之情,感到快乐。于是对他们说:"别人的话,或许是当面阿谀奉承。你们是朕的老朋友,请如实告诉朕,现在的政治教化,百姓认为怎么样? 民间能没有疾苦吗?"大家都奏道:"现在天下太平,百姓欢乐,这是陛下的功劳。我们这些人剩下的日子,一天比一天更加爱惜,只眷恋圣人的教化,不知道疾苦。"于是坚决请求皇上到并州去。皇上对他们说:"飞鸟经过故乡,还要徘徊不前;何况朕在太原起义,终于平定天下,又是幼时游览的地方,确实是朕所不能忘的。泰山的封禅礼如果结束,希望与你们相见。"于是赐给他们礼物,各有差别。丙子,百济王扶馀璋去世。下令立他的嫡长子扶馀义慈承继父位,仍封为带方郡王。

六月戊申,命令天下各州,推荐学问综贯古今和孝顺父母、敬爱兄长、淳厚朴实以及文辞优异的人,都在明年二月汇集泰山。己酉,有彗星出现于太微垣,侵犯郎位。丙辰,取消封泰山。不居正殿,自思过错,命令尚食局减少肴馔。

秋七月甲戌,彗星消失。

冬十月辛卯,在伊阙大规模检阅军队。壬辰,到嵩阳。辛丑,回洛阳宫。

十一月壬戌,废除乡长。壬申,还京师。癸酉,薛延陀率领同罗、仆骨、回纥、靺鞨、雞的士兵越过沙漠,屯驻于白道川。命令营州都督张俭带领所统率的部队逼近敌人的东境;命令兵部尚书李勣任朔方行军总管,右卫大将军李大亮任灵州道行军总管,凉州都督李袭誉任凉州道行军总管,率兵分道抵御敌人。

十二月戊子初一,自洛阳宫回到了长安。甲辰,李勣在诺真水同薛延陀打仗,大破敌军,斩首级三千多,获得马一万五千匹,薛延陀首领跃身逃脱。李勣接着在五台县打败突厥思结,俘获敌军男女一千余口,得到的羊、马数量和这相当。

贞观十六年春正月辛未,命令将在京城和各州的死刑罪犯,发配到西州为住户;被流放的人还没有抵达流放地的,改送到西州戍边。任命兼中书侍郎、江陵子岑文本为中书侍郎,专门执掌机要事务。

夏六月辛卯,命令恢复隐王李建成为隐太子,改封海陵剌王李元吉为巢剌王。

秋七月戊午,司空、赵国公长孙无忌任司徒,尚书左仆射、梁国公房玄龄任司空。

九月丁巳,特进、郑国公魏徵任太子太师,仍执掌门下省事务。

冬十一月丙辰,到岐山打猎。辛酉,派人到隋文帝陵墓祭奠。丁卯,在庆善宫南门设宴招待武功县士女。酒喝得高兴,皇上与武功父老等谈论往事,甚至于哭泣落泪。老人等交替起身为皇上跳舞,竞相向皇上敬酒祝寿,皇上各喝完每个人敬的一杯酒。庚午,自岐州回到长安。

十二月癸卯,到温泉。甲辰,在骊山打猎,当时天色阴冷晦暗,围猎野兽的部队失去联络,皇上登高望见他们,想免掉对他们应有的处罚,又怕损害军令的严肃性,于是掉转马走入谷中以避开他们。

这一年,高丽大臣盖苏文杀死高丽君主高武,而立高武哥哥的儿子高藏为王。

贞观十七年春正月戊辰,右卫将军、代州都督刘兰图谋造反,被腰斩。太子太师、郑国公魏徵逝世。戊申,命令画司徒、赵国公长孙无忌等二十四个功臣的像于凌烟阁。

三月丙辰,齐州都督齐王李勣杀死齐州长史权万纪、典军韦文振,占领齐州,据城自守,命令兵部尚书李勣、刑部尚书刘德威调兵讨伐。军队还没有开到,齐州兵曹杜行敏逮住齐王投降,于是解送齐王入京,赐死于内侍省。丁巳,火星出现在心宿前头那颗星星的位置上,十九天才隐没。

夏四月庚辰初一,皇太子有罪,废为平民。汉王李元昌、吏部尚书侯君集都犯有与太子同谋的罪,被处死刑。丙戌,立晋王李治为皇太子,发布大赦令,赐天下会饮三天。丁亥,中书令杨师道任吏部尚书。己丑,加授司徒、赵国公长孙无忌太子太师,司空、梁国公房玄龄太子太傅;授特进、宋国公萧瑀太子太保,兵部尚书、英国公李勣太子詹事,两人又任同中书门下三品。庚寅,皇上亲自晋谒太庙,就原太子承乾的罪过向祖先道歉。癸巳,魏王李泰因有罪降爵为东莱郡王。

五月乙丑,亲自写诏书命令各地推荐孝顺廉洁、才能优秀杰出的士人。

六月己卯初一,日蚀。壬午,改葬隋恭帝。丁酉,尚书右仆射高士廉请求退休,皇上命他任开府仪同三司、同中书门下三品。

闰六月戊午,薛延陀可汗派他哥哥的儿子突利设进献马五万匹、牛和骆驼一万头、羊十万只,向唐求婚,天子答应。丙子,改封东莱郡王李泰为顺阳王。

秋七月庚寅,京城有谣言说:"皇上派枨枨取人心肝,用来祭天狗。"百姓一批接一批,都很惊恐不安。皇上派使者到处宣传解说,过了一个多月风波才止息。丁酉,司空、太子太傅、梁国公房玄龄因母丧罢职。

八月,工部尚书、勋国公张亮任刑部尚书,参预朝政。

九月癸未,流放平民李承乾到黔州。

冬十月丁巳,房玄龄服丧未满,又被起用担任原来的职务。

十一月己卯,在南郊祭天。壬午,赐天下会饮三日。由于凉州获得吉祥之石,赦免凉州的罪犯,并省察京城及各州在押囚犯的罪状,受到宽赦的人不少。

贞观十八年春正月壬寅,到温泉。

夏四月辛亥,到九成宫。

秋八月甲子,自九成宫回到长安。丁卯,散骑常侍、清苑县男刘洎任侍中;中书侍郎、江陵县子岑文本,中书侍郎马周,同任中书令。

九月,黄门侍郎褚遂良参预朝政。

冬十月辛丑初一,日蚀。甲辰,开始设立太子司议郎的官职。甲寅,往洛阳宫。安西都护郭孝恪率兵灭焉耆者,捉住焉耆王突骑支,送往天子所在的地方。

十一月壬寅,天子抵达洛阳宫。庚子,命令太子詹事、英国公李勣任辽东道行军总管,自柳城出兵,礼部尚书、江夏郡王李道宗辅助他;刑部尚书、郧国公张亮任平壤道行军总管,率水师自莱州出发,左领军常何、泸州都督左难当辅助他。征调天下的兵士,又招募到兵士十万名,同趋平壤,征讨高丽。

十二月辛丑,平民李承乾去世。

贞观十九年春二月庚戌,皇上亲自统率六军自洛阳出发。乙卯,命令皇太子留在定州代天子处理国政;命开府仪同一司、申国公高士廉代理太子太傅,与侍中刘洎、中书令马周、太子少詹事张行成、太子右庶子高季辅五人共同掌管机要事务;任用吏部尚书、安德郡公杨师道为中书令。追赠殷代比干为太师。定谥号为忠烈。命令有关主管部门给他的墓添土，并修葺祠堂，每年春秋二季用猪、羊二牲祭奠，皇上亲自写祭文。

三月壬辰，皇上从定州出发，司徒、太子太师兼检校侍中、赵国公长孙无忌，中书令岑文本、杨师道随从。

夏四月癸卯，在幽州城南誓师，于是大宴六军将士而后派他们出征。丁未，中书令岑文本死于军中。癸亥，辽东道行军大总管、英国公李勣进攻盖牟城，击破了它。

五月丁丑，天子渡过辽水。甲申，皇上亲自率领精锐的骑兵与李勣合围辽东城，借助大风接连发射带引火物的箭，不一会儿城上的房屋和城楼全被烧光，于是指挥战士登城，随即拿下了这座城堡。

六月丙辰，部队到达安市城下。丁巳，高丽偏将高延寿、高惠真率兵十五万来援救安市，抵抗天子的军队。李勣率兵奋力进击，皇上从高山上领兵俯冲敌阵，高丽军大败，杀死和俘获的敌兵多得没法计算。延寿等带领剩下的兵士投降。于是将天子所到的山改名为驻跸山，并在那里刻石记功。赐天下会饮两天。

秋七月，李勣进军攻打安市城，到九月仍没有攻下，于是班师回朝。

冬十月丙辰，进入临渝关，皇太子自定州来关上迎接和晋见天子。戊午，在汉武台停留，刻石记载功德。

十一月辛未，到幽州。癸酉，大宴将士，接着军队撤回。

十二月戊申，到并州。侍中、清苑县男刘洎因有罪被赐死。

这一年，薛延陀真珠毗伽可汗去世。

贞观二十年春正月，皇上在并州。丁丑，派大理卿孙伏伽、黄门侍郎褚遂良等二十二人，用汉代制定的六条标准巡察四方，升降官吏。庚辰，因特殊情况赦免并州的罪犯，设宴招待随从的官员和一开始就随从起义的战士，分等第赐给他们粮食、丝织品和免除徭役的待遇。

三月己巳，天子抵达京师。己丑，刑部尚书、郧国公张亮图谋造反，被处死。

闰三月癸巳初一，日蚀。

夏四月甲子，太子太师、赵国公长孙无忌，太子太傅、梁国公房玄龄，太子太保、宋国公萧瑀各辞去调理保护太子的职务，天子同意。

六月，派兵部尚书、固安县公崔敦礼，特进、英国公李勣在郁督军山北击破薛延陀，前后斩敌军首级五千余，俘获男女三万多人。

秋八月甲子，封皇孙李忠为陈王。己巳，往灵州。庚午，在泾阳顿停留。铁勒回纥、拔野古、同罗、仆骨、多滥葛、思结、阿跌、契苾、跌结、浑、斛薛等十一个部落各派使者来朝见天子，贡献方物，进奏说："薛延陀的可汗不侍奉大国，部落如鸟兽散，不知道往哪儿去了。我等各有自己的地盘，不能跟随薛延陀走，现归顺天子，请求在我们那儿设置汉族的官吏。"天子命令他们派人到灵州聚会。

九月甲辰，铁勒各部落的俟斤、颉利发等派使者相继到达灵州的有数千人，他们前来贡献方物，接着要求设置官吏，都请天子做他们的可汗。于是北部边远地区全部平定，天子写了一首五言诗刻在石上记叙这事。辛亥，灵州发生地震，可听到声音。

冬十月，从前的太子太保、宋国公萧瑀贬任商州刺史。丙戌，天子自灵州回到长安。

贞观二十一年春正月壬辰,开府仪同三司、申国公高士廉逝世。丁酉,下令在明年二月封泰山。甲寅,赐京师会饮三日。

二月壬申,下诏说左丘明、卜子夏、公羊高、谷梁赤、伏胜、高堂生、戴圣、长苌、孔安国、刘向、郑众、杜子春、马融、卢植、郑康成、服子慎、何休、王肃、王辅嗣、杜元凯、范宁等二十一人,世上使用他们的书,恩惠及于公卿大夫的子弟,从今以后太学祭祀,全让他们在宣尼庙堂陪从受祭。丁丑,皇太子在国学放置芹藻祭奠先师。

夏四月乙丑,在终南山上营造太和宫,改名为翠微宫。

五月戊子,到翠微宫。

六月癸亥,司徒、赵国公长孙无忌加授扬州都督。

秋七月庚子,在宜君县的凤凰谷建玉华宫。庚戌,自翠微宫回到长安。

八月壬戌,下诏说河北发生大水灾,取消原定明年举行的封禅典礼。辛未,骨利干国派使者进献名马。丁酉,封皇子李明为曹王。

冬十一月癸卯,改封顺阳王李泰为濮王。

十二月戊寅,任命左骁卫大将军阿史那社尔、右骁卫大将军契苾何力、安西都护郭孝恪、司农卿杨弘礼为昆山道行军大总管,领兵讨伐龟兹。

这一年,堕婆登、乙利、鼻林送、都播、羊同、石、波斯、康国、吐火罗、阿悉吉等远方异族的十九个国家,都派使者入朝拜见天子,进献方物。又在突厥的北边到回纥部落之间,设立驿站六十六处,以使往北部荒远地区的道路得以畅通。

贞观二十二年春正月庚寅,中书令马周去世。司徒、赵国公长孙无忌兼检校中书令,执掌尚书、门下两省事务。己亥,刑部侍郎崔仁师任中书侍郎,参与执掌机要事务。戊戌,到温泉。戊申,回宫。

二月,前任黄门侍郎褚遂良服丧未满,又被起用为黄门侍郎。中书侍郎崔仁师从官籍中除名,流放连州。癸丑,西部异族首领沙钵罗叶护率领他的臣民归附唐朝,任命他的俟斤屈裴禄为忠武将军,兼大俟斤。戊午,在结骨部落居住区设置坚昆都督。乙亥,往玉华宫。乙卯,赐给所经之地高龄有重病的人粮食和丝织品,多少不等。己卯,在华原打猎。

四月甲寅,漠北异族人为牧马越出疆界而相争,皇上亲自裁决,然后各方都心服。丁巳,右武侯将军梁建方进攻松外蛮,打下它的部落七十二个。

五月庚子,右卫率长史王玄策进攻帝那伏帝国,大破敌兵,捉到国王阿罗那顺及王妃、王子等,俘获男女一万两千人、牛马两万头而后还朝。派方士那罗迩娑婆在金飚门制造延长寿命的药。吐蕃赞普击破中天竺国,派使者来献战利品。

六月癸酉,特进、宋国公萧瑀逝世。

秋七月癸卯,司空、梁国公房玄龄逝世。

八月己酉初一,日蚀。

九月己亥,黄门侍郎褚遂良人造中书令。

十月癸亥,天子自玉华宫回到长安。

十一月戊戌,眉、邛、雅三州的獠人反叛,右卫将军梁建方将他们平定。庚子,契丹首领窟哥、奚首领可度者都率部归附唐朝。在契丹部落居住区设立松漠都督,在奚部落居住区设立饶乐都督。

十二月乙卯,增设殿中侍御史、监察御电各二人,大理寺设平事十人。

闰十二月丁丑初一,昆山道总管阿史那社尔逼降处密、处月,攻破龟兹大拔等五十座城,俘获数万人,捉拿龟兹王诃黎布失毕回朝,龟兹平定,西域各国震惊。副将薛万彻胁迫于阗王伏信入朝。癸未,新罗王派她的宰相伊赞千金春秋和她的儿子文王来朝见天子。

这一年,新罗女王金善德去世,派使者册封她的妹妹真德为新罗王。

贞观二十三年春正月辛亥,俘获的龟兹王诃黎布失毕和他的宰相那利等,被献到祭土神的庙里。

二月丙戌,设立瑶池都督府,隶属于安西都护府。丁亥,西突厥肆叶护可汗派使者来朝见天子。

三月丙辰,设立丰州都督府。自去年冬天不下雨,到了这月己未才下雨。辛酉,发布大赦令。丁卯,命令皇太子在金掖门处理政务。这一月,太阳发赤无光。

唐代宫女

四月己亥,皇上到翠微宫。

五月戊午,太子詹事、英国公李勣任叠州都督。辛酉,开府仪同三司、卫国公李靖逝世。己巳,皇上在含风殿去世,享年五十二。遗诏命皇太子在灵柩前即位,说丧事应当按照汉代的制度办理。不公布天子逝世的消息。庚午,派先帝旧将统率飞骑营的精壮士兵随从皇太子先回京,调集六府披甲的士兵四千人,分列于道路及安化门,以这些士兵为护卫侍从,而后天子的车驾才入京;辞世的天子所用的车马,以及侍从护卫的官吏,都和平日一样。壬申,公布天子逝世的消息。

六月甲戌初一,停枢于太极殿。

八月丙子,百官进献谥号为文皇帝,庙号太宗。庚寅,葬于昭陵。上元元年八月,改进献尊号为文武圣皇帝。天宝十三载二月,改进献尊号为文武大圣大广孝皇帝。

史官说:臣观文皇帝,创业立功,才能出众,聪慧多智,精明威武。选拔人物不对自己的同伙有所偏私,胸有志向、事业的人都能充分发挥自己的才能。所以屈突通、尉迟恭,由仇敌变而为愿意竭尽心力;马周、刘洎,自关系疏远而最终委以宰相的重任。终于使天下太平,实因为这个道理。臣尝试谈一下这样的事:柱子下的石墩湿润,空中就会云起雨落,昆虫叫唤,蟊斯就会跳跃。纵然尧、舜圣明,不可能任用梼杌、穷奇而使天下太平;伊尹、吕尚贤能，不可能辅助夏桀、殷辛而使国家昌盛。君臣之间，遇合是困难的，以至于伍子胥挖眼，比干剖心，齐桓公尸体腐烂生蛆，虫子爬到门外，齐缗王被抽筋而薨，这实在是由于遇到的人不同造成的。以房玄龄、魏徵的才智而论，没有超过孔丘、孟轲，之所以能使君主尊贵、百姓受到保护，是因为遇到了机会。

有人问：凭太宗的贤明，却对兄弟没有爱，对儿子们有失教诲，为什么？回答是：对，舜不能爱四个被惩处的恶人，尧不能教育好丹朱，这是过去的记载中说的。当高祖神尧皇帝任用逸人的日子，李建成嫉妒太宗的功劳的时候，如果能消除畏惧，谁还顾得上家族的分崩离析，那时变故的发生，迫在眉睫，太宗正害怕"毁巢"的灾祸，哪里考虑到"兄弟二人不能相容"的歌谣？李承乾的愚昧，是圣明的父亲不能改变的。假如文皇帝自己选定贤明的太子，不随心所欲地攻打高丽，任用人才像贞观初年那样，接受谏言同于魏徵在世的时候，那么，较之周武王、周成王的王位世代相袭，我有美德遗留于世；同汉文帝、汉武帝的气度恢宏相比，他们多半会因为自己的行事有缺欠而内愧于心。推求太宗的听言断事不迷惑，从善如流，千载之间，可说是只有一人而已！

窦建德传

【题解】

窦建德(573~621)，贝州漳南(今山东武城东北)人。世代为农。公元611年，他的全家被隋官屠杀，于是率领二百人加入农民起义军。建德招收贤能，与士卒同甘苦，远近的人都来归附，到616年，已有兵士十余万人。617年，在乐寿(今河北献县)建国，自称长乐王。618年，自称夏国王，619年，消灭宇文化及，自称夏帝。在隋末农民起义领袖中，窦建德是一个最杰出、最有器局的人物，所以声势日盛，他领导的夏，成为黄河以北地区的大国。但称帝后，他的骄矜气滋长，曾听信谗言，杀害大将王伏宝和直臣宋正本，最后走上败亡的道路，被李世民消灭。

【原文】

窦建德，贝州漳南人也。少时，颇以然诺为事。尝有乡人丧亲，家贫无以葬，时建德耕于田中，闻而叹息，遽辍耕牛，往给丧事，由是大为乡党所称。初，为里长，犯法亡去，会赦得归，父卒，送葬者千余人，凡有所赠，皆让而不受。

大业七年，募人讨高丽，本郡选勇敢尤异者以充小帅，遂补建德为二百人长。时山东大水，人多流散，同县有孙安祖，家为水所漂，妻子馁死。县以安祖骁勇，亦选在行中。安祖辞贫，自言漳南令，令怒笞之。安祖刺杀令，亡投建德，建德舍之。是岁，山东大饿，建德谓安祖曰："文皇帝时，天下殷盛，发百万之众以伐辽东，尚为高丽所败。今水潦为灾，黎庶穷困，而主上不恤，亲驾临辽；加以往岁西征，疮痍未复，百姓凋弊，累年之役，行者不归，今重发兵，易可摇动。丈夫不死，当立大功，岂可为逃亡之虏也。我知高鸡泊中广大数百里，莞蒲阻深，可以逃难，承间而出虏掠，足以自资。既得聚人，且观时变，必有大功于天下矣。"安祖然其计。建德招诱逃兵及无产业者，得数百人，令安祖率之，入泊中为群盗，安祖自称将军。玖人张金称亦结聚得百人，在河阻中。鄃人高士达又起兵得千余人，在清河界中。时诸盗往来漳南者，所过皆杀掠居人，焚烧舍宅，独不入建德之间。由是郡县意建德与贼徒交结，收系家属，无少长皆杀之。建德闻其家被屠灭，率麾下二百人亡归士达。士达自称东海公，以建德为司兵。后安祖为张金称所杀，其兵数千人又尽归于建德。自此渐盛，兵至万余人，犹往来高鸡泊中。每倾身接物，与士卒均执勤苦，由是能致人之死力。

窦建德

十二年，涿郡通守郭绚率兵万余人来讨士达。士达自以智略不及建德，乃进为军司马，咸以兵授焉。建德既初董群，欲立奇功以威众贼，请士达守辎重，自简精兵七千人以拒绚，诈为与士达有隙而叛之。士达又宣言建德背亡，而取虏获妇人给为建德妻子，于军中杀之。建德伪遣人遗绚书请降，愿为前驱，破士达以自效。绚信之，即引兵从建德至长河界，期与为盟，共图士达。绚兵益懈而不备，建德袭之，大破绚军，杀略数千人，获马千余匹，绚以数十骑遁走，遣将追及于平原，斩其首以献士达。由是建德之势益振。

隋遣太仆卿杨义臣率兵万余人讨张金称，破之于清河。所获贼众皆屠灭，余散在草泽间者复相聚而投建德。义臣乘胜至平原，欲入高鸡泊中，建德谓士达曰："历观隋将，善用兵者唯义臣耳，新破金称。远来袭我，其锋不可当。请引兵避之，令其欲战不得，空延岁月，将士疲倦，乘便袭击，可有大功，今与争锋，恐公不能敌也。"士达不从其言，因留建德守壁，自率精兵逆击义臣，战小胜，而纵酒高宴，有轻义臣之心，建德闻之曰："东海公未能破贼而自矜大，此祸至不久矣。隋兵乘胜，必长驱至此，人心惊骇，吾恐不全"遂留人守壁，自率精锐百余据险，以防士达之败。后五日，义臣果大破士达，于阵斩之，乘势追奔，将围建德。守兵既少，闻士达败，众皆溃散。建德率百余骑亡去，行至饶阳，观其无守备，攻陷之，抚循士众，人多愿从，又得三千余兵。

初，义臣既杀士达，以为建德不足忧。建德复还平原，收士达败兵之死者，悉收葬焉。为士达发丧，三军皆缟素。招集亡卒，得数千人，军复大振，始自称将军。初，群盗得隋官及山东士子皆杀之，唯建德每获士人，必加恩遇。初得饶阳县长宋正本，引为上客，与参谋议。此后隋郡长吏稍以城降之，军容益盛，胜兵十余万人。

十三年正月，筑坛场于河间乐寿界中，自称长乐王，年号丁丑，署置官属。七月，隋遣右翊卫将军薛世雄率兵三万来讨之，至河间城南，营于七里井。建德闻世雄至，选精兵数千人伏河间南界泽中，悉拔诸城伪遁，云亡入豆子䴚中。世雄以为建德畏己，乃不设备。建德觇知之，自率敢死士一千人袭击世雄。会云雾昼晦，两军不辨，隋军大溃，自相踏藉，死者万余，世雄以数百骑而遁，余军悉陷。于是建德进攻河间，频战不下。其后城中食尽，又闻炀帝被弑，郡丞王琮率士吏发丧，建德遣使吊之，琮因使者请降，建德退舍具馔以待焉。琮率官属素服面缚诣军门，建德亲解其缚，与言隋亡之事，琮俯伏悲哀，建德亦为之泣。诸贼帅或进言曰："琮拒我久，杀伤甚众，计穷方出，今请烹之。"建德曰："此义士也。方加擢用，以励事君者，安可杀之？往在泊中共为小盗，容可恣意杀人，今欲安百姓以定天下，何得害忠良乎？"因令军中曰："先与王琮有隙者，今敢动摇，罪三族。"即日授琮瀛州刺史。始都乐寿，号曰金城宫，自是郡县多下之。

武德元年冬至日，于金城宫设会，有五大鸟降于乐寿，众鸟数万从之，轻日而去，因改年为五凤。有宗城人献玄圭一枚，景城丞孔德绍曰："昔夏禹膺箓，天赐玄圭。今瑞与禹同，宜称夏国。"建德从之，先是，有上谷贼帅王须拔自号漫天王，拥众数万，入掠幽州，中流矢而死。其亚将魏刀儿代领其众，自号历山飞，入据深泽，有徒十万。建德与之和，刀儿因弛守备，建德袭破之，又尽并其地。

二年，宇文化及僭号于魏县，建德谓其纳言宋正本、内史侍郎孔德绍曰："吾为隋之百姓数十年矣，隋为吾君二代矣。今化及杀之，大逆无道，此吾雠矣，请与诸公讨之，何如？"德绍曰："今海内无主，英雄竞逐，大王以布衣而起漳浦，隋郡县官人莫不争归附者，以大王仗顺而动，义安天下也。宇文化及与国联姻，父子兄弟受恩隋代，身居不疑之地，而行弑逆之祸，篡隋自代，乃天下之贼也。此而不诛，安用盟主！"建德称善。即日引兵讨化及，连战大破之。化及保聊城。建德纵撞车抛石，机巧绝妙，四面攻城，陷之。建德入城，先谒隋萧皇后，与语称臣。悉收弑炀帝元谋者宇文智及、杨士览、元武达，许弘仁、孟景，集隋文武官对而斩之，枭首辕门之外。化及并其二子同载以槛车，至大陆县斩之。

建德每平城破阵，所得资财，并散赏诸将，一无所取。又不肉，常食唯有菜蔬、脱粟之饭。其妻曹氏不衣纨绮，所使婢妾才十数人。至此，得宫人以千数，并有容色，应时放散。得隋文武官及骁果尚且一万，亦放散，听其所去。又以隋黄门侍郎裴矩为尚书左仆射，兵部侍郎崔君肃为侍中，少府令何稠为工部尚书，自余随才拜授，委以政事。其有欲往关中及东都者亦恣听之，仍给其衣粮，以兵援之，送出其境。攻陷洛州，虏刺史袁子洛。迁都于洺州，号万春宫。遣使往灌津，祠窦青之墓，置守冢二十家。又与王世充结好，遣使朝隋越王侗于洛阳。后世充废侗自立，乃绝之。始自尊大，建天子旌旗，出警入跸，下书言诏。追谥隋炀帝为闵帝，封齐王暕子政道为郧公。然犹依倚突厥。隋义城公主先嫁突厥，及是遣使迎萧皇后，建德勒兵千余骑送之入蕃，又传化及首以献公主。既与突厥相连，兵锋益盛。

九月，南侵相州，河北大使淮安王神通不能拒，退奔黎阳。相州陷，杀刺史吕珉。又进攻卫州，陷黎阳，左武卫大将军李世勣、皇妹同安长公主及神通并为所虏。滑州刺史王轨为奴所杀，携其首以奔建德，曰："奴杀主为大逆，我何可纳之。"命立斩奴，而返轨首于滑州。吏人感之，即日而降。齐、济二州及兖州贼帅徐圆朗皆闻风而下。建德释李世勣，使其领兵以镇黎州。

三年正月，世勣舍其父而逃归，执法者请诛之，建德曰："勣本唐臣，为我所虏，不忘其主，逃还表朝，此忠臣也，其父何罪！"竟不诛。舍同安长公主及神通于别馆，待以客礼。高祖遣使与之连和，建德即遣公主与使俱归。尝破赵州，执刺史张昂、邢州刺史陈君宾、大使张道源等，以侵轶其境，建德将戮之。其国子祭酒凌敬进曰："夫犬各吠非其主，今邻人坚守，力屈就擒，此乃忠确士也。若加酷害，何以劝大王之臣乎？"建德盛怒曰："我至城下，犹迷不降，劳我师旅，罪何可赦？"敬又曰："今大王使大将军高士兴于易水抗御罗艺，兵才至，士兴即降，大王之意复为可不？"建德乃悟，即命释之。其宽厚从谏，多此类也。

又遣士兴进围幽州，攻之不克，退军于笼火城，为艺所袭，士兴大溃。先是，其大将王伏宝多勇略，功冠等伦，众帅嫉之。或言其反，建德将杀之，伏宝曰："我无罪也，大王何听谗言，自斩左右手乎？"既杀之，后用兵多不利。

九月，建德自帅师围幽州，艺出兵与战，大破之，斩首千二百级。艺兵频胜而骄，进袭其营，建德列阵于营中，填堑而出，击艺败之。建德薄其城，不克，遂归洺州。其纳言宋正本好直谏，建德又听谗言杀之。是后人以为诫，无复进言者，由此政教益衰。

先，曹州济阴人孟海公拥精兵三万，据周桥城以掠河南之地。其年十一月，建德自率兵渡河以击之。时秦王政王世充屯于洛阳，建德中书舍人刘斌说建德曰："今唐有关内，郑有河南，夏居河北，此鼎足相持之势也。闻唐兵悉众攻郑，首尾二年，郑势日蹙而唐兵不解。唐强郑弱，其势必破郑，郑破则夏有齿寒之忧。为大王计者，莫若救郑，郑拒其内，夏攻其外，破之必矣。若却唐全郑，此常保三分之势也，若唐军破后而郑可图，则因而灭之，总二国之众，乘唐军之败，长驱西入，京师可得而有，此太平之基也。"建德大悦曰："此良策矣。"适会世充遣使乞师于建德，即遣其职方侍郎魏处绘入朝，请解世充之围。

四年二月，建德克周桥，虏海公，留其将范愿守曹州，悉发海公及徐圆朗之众来救世充。军至滑州，世充行台仆射韩洪开城纳之，遂进逼元州、梁州、管州，皆陷之，屯于荥阳。三月，秦王入武牢，进薄其营，多所伤杀，并擒其将殷秋、石瓒。时世充弟世辨为徐州行台，遣其将郭士衡领兵数千人从之，舍众十余万，号为三十万，军次成皋，筑宫于板渚，以示必战。又遣闻使约世充共为表里。经二月，迫于武牢，不得进。秦王遣将军王君廓领轻骑千余抄其粮运，获其大将张青特，虏获甚众。

建德数不利，人情危骇，将帅已下破孟海公，皆有所获，思归洺州。凌敬进说曰："宜悉兵济河，攻取怀州河阳，使重将居守。更率众鸣鼓建旗，逾太行，入上党，先声后实，传檄而定。渐趋壶口，稍骇蒲津。收河东之地，此策之上也。行此必有三利：一则入无人之境，师有万全；二则拓土得兵；三则郑围自解。"建德将从之，而世充之使长孙安世阴赍金玉洺其诸将，以乱其谋。众成进谏曰："凌敬书生耳，岂可与言战乎？"建德从之，退而谢敬曰："今众心甚锐，此天赞我矣。因此决战，必将大捷。已依众议，不得从公言也。"敬固争，建德怒，扶出焉。其妻曹氏又言于建德曰："祭酒之言可从，大王何不纳也？请自滏口之道，乘唐国之虚，连营渐进，以取山北，又因突厥西抄关中，唐必还师以自救，此则郑围解矣。今顿兵武牢之下，日月淹久，徒为自苦，事恐无功。"建德曰："此非女子所知也。且郑国悬命，朝暮以待吾来，既许救之，岂可见难而退，示天下以不信也？"于是悉众进逼武牢，官军按甲挫其锐。

及建德结阵于汜水，秦王遣骑挑之，建德进军而战，窦抗当之。建德少却，秦王驰骑深入。反覆四五合，然后大破之。建德中枪，窜于牛口渚，车骑将军白士让、杨武威生获之。先是，军中有童谣曰："豆入牛口，势不得久。"建德行至牛口渚，甚恶之，果败于此地。

建德所领兵众，一时奔溃，妻曹氏及其左仆射齐善行将数百骑遁于沼州。余党欲立建德养子为主，善行曰："夏王平定河朔，士马精强，一朝被擒如此，岂非天命有所归也？不如委心请命，无为涂炭生人。"遂以府库财物悉分士卒，各令散去。善行乃与建德右仆射裴矩、行台曹旦及建德妻率伪官属举山东之地,奉传国等八玺来降。七月,秦王俘建德至京师,斩于长安市,年四十九。自起军至减,凡六岁。河北悉平。其年,刘黑闼复盗据山东。

【译文】

窦建德,贝州漳南县人。年幼时,常干一些重许诺的义举。曾有一个同乡亲人去世,家里贫穷无法埋葬,当时建德正在田里犁地,听到这事后不禁叹息,突然中止犁地,把耕牛送去充作办丧事的费用,由此大为乡里所称道。起初,建德当里长,因犯法逃亡,遇上朝廷发布大赦令,又回到家乡。他父亲去世,送葬的有一千多人。所有送给他的礼物,他都推辞不受。

大业七年,朝廷募兵讨伐高丽,本郡挑选特别勇敢的人充当军队的小头目,于是委任建德做二百人长。当时太行山以东地区发生大水灾,百姓流散逃亡,同县有一个叫孙安祖的人,家被水淹,妻子儿女饿死。县里认为安祖骁勇,也选中他从军出征。安祖以家贫为由推辞,亲自向漳南县令报告,县令发怒鞭打他。安祖刺杀县令,逃到建德这里,建德安排他住下。这一年,太行山以东地区发生大饥荒,建德对安祖说:"隋文帝的时候,天下繁盛,朝廷征集百万大军征讨辽东,尚且被高丽打败。现今大水成灾,百姓穷困,而皇上不加抚恤,却亲自驾临辽水;加上往年西征,国家所受的创伤尚未平复,百姓疲弊,连年的兵役徭役,应征的人只去不回,现在又再次征兵,天下轻易就可以摇动。大丈夫不死,当建立大功业,岂可做一名逃亡的贼寇!我知道高鸡泊中广大,方圆数百里,有蒲草阻隔,可以避难,再趁机出来抢掠,足可以自己供给自己。你在那里可以聚集民众,观察时世的变化,将来定会为天下人立大功。"安祖赞成他的计划。建德招聚、引诱逃兵和没有产业的百姓,得到数百人,让安祖统率,入泊中当强盗,安祖自称将军。当时玡县人张金称也聚集百人,居于黄河的险阻之处;鄃县人高士达又起兵反隋,有千余人,在清河县境内。当时各路盗贼往来于漳南的,所到之处都杀掠居民,焚烧住宅,唯独不进入建德的居里。因此郡县官猜测建德同盗贼交结,于是逮捕他的家属,不论长幼,全部杀死。建德听到他的家被杀绝的消息后,率领手下二百人投奔士达。士达自称东海公,让建德任司兵。后来安祖被张金称杀死,他的部队数千人又全归属建德。从此声势渐盛,军队达到一万多人,仍活动于高鸡泊中。建德常竭尽全力待人,和士兵一样干劳苦的工作,因此能使他人为他尽死力。

大业十二年,涿郡通守郭绚率领一万多名士兵来征讨士达。士达自认为智谋赶不上建德,于是让建德升任军司马,把军队全交给他指挥。建德初次统领全部人马,想立奇功以使盗贼们畏服,于是请士达看守军用物资,自己挑选精兵七千人抵御郭绚,假装成与士达有嫌隙而背叛他的样子。士达又宣称建德背叛自己,带兵逃走,而且找来一个虏获的妇女,伪称是建德的妻子,在军中把她杀了。建德派人给郭绚送信,假装请求投降,说自己愿充当前锋,击破士达,以此为郭绚效力。郭绚相信他的话,便领兵跟随建德到达长河县境,期望与他订立盟约,共同对付士达。郭绚的军队更加松懈,毫无防备,建德乘机袭击,大破郭绚的部队,杀死、劫掠数千人,获得马一千多匹,郭绚带领数十名骑兵逃走,建德派手下将领在平原追上他,砍下了他的头献给士达。从此建德的势力更加兴盛。

隋朝派太仆卿杨义臣率士兵一万多人讨伐张金称，在清河击破他，将所俘获的贼寇全部杀死，其余逃散在荒野之间的又聚集一起，投奔建德。义臣乘胜到平原，想进入高鸡泊中，建德对士达说："遍观隋朝将领，善于用兵的只有义臣一人而已。现在他新破金称，从远方来袭击我们，锋一正锐不可当。我请求领兵避开他，让他想打又打不成，白白拖延岁月，那时战士疲倦，我们乘便袭击，便可建立大功。现在同他争斗以决胜负，恐怕您不是他的对手。"士达不听他的话，于是留建德守营，自己率精兵迎击义臣，战斗取得小胜，士达便设盛宴狂饮，有轻视义臣之心。建德知道这事后说："东海公没有能破敌却骄傲自大，这样灾祸临头就不会很远了。隋军乘胜，一定会顺利地前进到这里，那时人心惊恐，我们怕不能自全。"于是留人守营，自己率领精锐士兵一百多人占据险要之地，以预防士达的失败。过了五天，义臣果然大破士达，在阵上杀死他，并乘势追击逃敌，准备围攻建德。建德的守兵既少，得知士达失败，又全部溃散，建德带领一百多名骑兵逃跑，走到饶阳县，发现城里不设防，便攻陷了它，安抚士人百姓，人们多愿跟从，又得到士兵三千多名。

起初，义臣杀了士达后，认为建德不值得忧虑。于是建德又回到平原，收集士达已战死的败兵的尸体，都加以埋葬。公布士达逝世的消息，部队全穿白色丧服。招集已逃散的士达士兵，得到数千人，军队再次振兴，开始自称将军。起初，各路盗贼获得隋朝官吏及山东士人都杀掉，只有建德每次得到士人，必定以德惠相待。最初得到饶阳县长宋正本，待为上宾，让他参与军政大事的谋议。这以后隋朝的郡县长官逐渐献城投降，建德军容更盛，有优秀的士兵十余万。

大业十三年正月，建德在河间郡乐寿县境内筑坛场祭祀，自称长乐王，年号丁丑，设置官职并任命官吏。七月，隋朝派右翊卫将军薛世雄率领三万军队前来讨伐，到达河间城南，扎营于七里井。建德得知世雄的军队已到，挑选精兵数千人埋伏于河间南境的沼泽地中，全部从各城撤出军队，假装逃跑，放出话说，已逃入豆子䴚中。世雄以为建德害怕自己，于是不设防。建德侦察到这一情况，亲自率领敢于赴死的战士一千人袭击世雄。正好遇上白昼大雾，天色昏暗，敌我两军无从分辨，隋军惊逃溃散，自相践踏，死的人有一万多，世雄带领数百名骑兵逃走，余下的军队全部被俘。于甚建德进攻河间，打了多次未能攻下。以后城中粮食用完，又听说炀帝被杀。郡丞王琮率领城中的上卒官吏公布炀帝逝世的消息，建德派使者去吊唁，王琮通过使者请求投降，建德于是撤走围城的军队，备好食物等待王琮。王琮率领郡中佐吏穿白色衣服反绑双手到营门投降，建德亲自给他解开绳子，同他谈到隋亡的事，王琮俯伏在地，非常悲哀，建德也为此而哭泣。贼将们有的向建德进言说："王琮抵抗我们很久，杀伤我们的士兵甚多，无计可施才出来投降，现在我们要求对他处以烹刑。"建德说："这是一位义士，将加以提拔任用，借此鼓励侍奉君主的人，怎么可以杀死他？从前在高鸡泊中一起当小强盗，也许可以任意杀人，现在要安抚百姓，平定天下，怎么能杀害忠良呢？"于是在军中发布命令说："从前与王琮有嫌隙的，现在如果胆敢有所动作，罪及父母、兄弟、妻子。"当天便任命王琮为瀛洲刺史。开始在乐寿建都，称为金城宫。从这以后隋朝的郡县多降附建德。

武德元年冬至，建德同僚属在金城宫聚会，有五只大鸟降落到乐寿，各种鸟数万只跟随它们，历时一天才离去，于是改年号为五凤。有一个宗城人进献玄圭一枚，景城县丞孔德绍说:"从前夏禹亲受图欸,应运而兴,上天赐给玄圭。现在的祥瑞和夏禹的时候一样,国名应当改为夏。"建德听从。在这之前,有上谷盗贼首领王须拔自称漫天王,拥有徒众数万,进入幽州劫掠,中流箭身亡。他的副将魏刀儿代他统领徒众,自称历山飞,进据深泽县,有兵士十万。建德同他讲和,刀儿于是放松防备,建德击破他,又兼并他的所有土地。

武德二年,宇文化及在魏县僭越称帝,建德对自己的纳言宋正本、内史侍郎孔德绍说:"我当隋朝的百姓已经数十年了,隋做我的君主已经两代了。现在化及杀死隋帝,大逆不道,这是我的仇敌,请和诸位一起讨伐他,怎么样?"德绍说:"当今海内没有君主,英雄相互竞争,大王以平民的身份兴起于漳水之滨,隋朝的郡县官吏之所以都争相归附,是因为大王坚持顺理而行,用仁义安定天下。宇文化及与天子联姻,父子兄弟都蒙受隋朝的恩惠,身处于不被怀疑的地位,而干弑君谋逆的勾当,篡隋自代,是危害天下的坏人。这样的人不诛杀,要盟主做什么!"建德说他的意见很好。当天就领兵讨伐化及,连续作战都大破敌军。化及守聊城,建德派出撞车抛射石块,打击敌人,装置灵巧绝妙,四面攻城,打下了它。建德入城,先晋见隋朝萧皇后,同她谈话自称臣。全部收捕弑杀炀帝的主谋宇文智及、杨士览、元武达、许弘仁、孟景等,召集隋朝文武官吏,当着他们的面将这些人处斩,首级挂在营门外示众,化及和他的两个儿子都装进囚车,到大陆县处斩。

建德每次平定城池攻破敌阵,所得资财,都分赏给手下的将领,自己一无所取。又不吃肉,平常的食品只有蔬菜、糙米饭,他的妻子曹氏不穿用细绢和有花纹的丝织品做成的衣服,使用的奴婢、侍妾才十几人。到这时候,得到的宫女以千计算,都有姿色,立时释放。得到的隋朝文武官员和骁果将近一万,也全释放,随他们愿意上哪儿都可以。又让隋黄门侍郎裴矩任尚书左仆射,兵部侍郎崔君肃任侍中,少府令何稠任工部尚书,其余官员也随才授职,委以政事。有想到关中及东都去的也听便,还供给他们衣服、粮食,派士兵帮助他们,送他们出自己的国境。攻陷洺州,俘获刺史袁子干。迁都到洺州,称万春宫。派使者往灌津,到窦青的墓上祭祀,为他设置了二十户守墓的人家,又同王世充建立友好关系,派使者到洛阳朝见隋朝越王杨侗。后来王世充废掉杨侗,自立为帝,才同他断绝关系。开始自尊自大,立天子旌旗,像天子那样出入称警跸,发布文书称诏。为隋炀帝追加谥号为闵帝,封齐王杨暕的儿子政道为郧公。但仍依靠突厥。隋朝义城公主早先嫁到突厥,到这时候派使者来迎接萧皇后,建德带领一千多名骑兵送她入突厥,又递送化及的首级献给公主。这以后与突厥联合,兵势更盛。

九月,南侵相州,唐河北大使淮安王李神通不能抵御,逃到黎阳。相州沦陷,杀死刺史吕珉。又进攻卫州,打下黎阳。唐左武卫大将军李世勣、皇妹同安长公主及神通都被俘获。滑州刺史王轨被他的奴仆杀死,这个奴仆携带王轨的头投奔建德,建德说:"奴仆杀死主人是大逆不道,我怎么可以接纳这样的人呢。"命令立刻杀掉这个奴仆,而把王轨的头送回滑州。滑州的官吏百姓感激他,当天就投降。齐、济二州及兖州的盗贼首领徐圆朗都闻风降附。建德释放李世勣,派他领兵镇守黎州。

武德三年正月,李世勣丢下他的父亲逃回唐朝,负责执法的官吏要求杀世勣的父亲,建德说:"世勣原是唐朝的臣子,被我俘获,不忘自己的主人,逃回本朝,这是忠臣,他的父亲有什么罪呢!"竟然不杀世勣的父亲。安排同安长公主和神通住在客馆里,以客礼相待。唐高祖派使者来同建德和好、联合，建德就送公主和使者一起回唐。曾攻破赵州，捉住刺史张昂、邢州刺史陈君宾、大使张道源等，由于他们侵突建德的辖境，建德准备杀掉他们，建德的国子祭酒凌敬进言说："狗对不是自己的主人的人总要吠叫，现在邻居们坚持防守，力尽就擒，这些人都很忠诚、刚强。如果残酷地加以杀害，用什么来劝励大王的臣子呢？"建德非常生气地说："我到城下，他们仍坚持错误不投降，使我的军队吃苦受累，这罪怎么可以赦免？"凌敬又说："现在大王如果派大将军高士兴在易水抵抗罗艺，敌兵刚到，士兴就投降，大王的意思以为可不可以呢？"建德于是醒悟，当即下令释放他们。他的宽厚和听谏，多类似这样。

又派士兴前去围攻幽州，没有能攻下，退兵到笼火城，被罗艺袭击，士兴的军队奔逃溃散。在这之前，建德的大将王伏宝勇猛多谋，功劳在同辈之上，许多将领嫉妒他。有人告他造反，建德要杀他，伏宝说："我没有罪。大王为什么听信谗言，自己砍去左右手呢？"建德既杀了伏宝，以后作战多失利。

九月，建德亲自领兵包围幽州，罗艺出兵与建德作战，大破建德的军队，斩首级一千二百个。罗艺的军队屡战屡胜，骄傲轻敌，进袭建德的营地，建德在营中列阵，填掉部分营外的壕沟，领兵冲出，回击罗艺，打败了他。建德逼近幽州城，未能攻下它，于是回到洛州。建德的纳言宋正本好直言进谏，建德又听信谗言杀了他。这以后人们以此为戒，不再进言，从此政治教化日益衰落。

起初，曹州济阴人孟海公拥有精兵三万，占据周桥城，以它为据点劫掠黄河以南之地。这一年十一月，建德亲自率兵渡过黄河攻打海公。当时秦王在洛阳攻打王世充，建德的中书舍人刘斌劝建德说："现在唐占有关内，郑占有河南，夏居于河北，这是三方鼎足相持的形势。听说唐军出动全部人马攻打郑国，前后两年，郑国的势力日减而唐军仍不解除对它的围困。唐强郑弱，那趋势必定会击破郑国，郑被击破，那么夏就会有唇亡齿寒的忧患。为大王考虑，不如援救郑国，郑在内部抵抗，夏从外面进攻，击破唐军是必然的。如果逼唐退兵，保全郑国，这就可以长久地保持天下三分的形势了。如果唐军被击破后而郑可谋取，那就接着灭掉它，再统领两国的军队，利用唐军的失败，长驱西入，京师就可以得到，这是使天下太平的基础。"建德非常高兴地说："这是好计策啊！"刚巧遇上世充派使者来向建德求救兵，便派他的职方侍郎魏处绘入唐，要求解除对世充的围困。

武德四年二月，建德攻克周桥，俘获海公，留下他的将领范愿守曹州，全部征集海公及徐圆朗的军队来救世充，军队到滑州，世充的行台仆射韩洪打开城门接纳他们进城，于是进逼元州、梁州、管州，全攻下它们，屯兵于荥阳。三月，秦王李世民入虎牢关，进逼建德的营垒，多所杀伤并抓获建德的将领殷秋、石瓒。当时世充的弟弟世辩任徐州行台，派他的将领郭士衡领兵数千人跟随建德，两方的军队合起来共有十余万，号称三十万，驻扎在成皋，又在板渚筑宫室，借以表示一定要同唐决战。又派使者约世充相互呼应、配合。经过两个月，因被虎牢关阻迫，不能前进。秦王派将军王君廓率领轻骑兵千余名走近路袭击建德的运粮队伍，捉住他的大将张青特，其他俘获也很不少。

建德屡次失利，人们的情绪惊惧不安，将帅以下新破孟海公，都各自掠夺到一些东西，想回洛州。凌敬向建德进言说："我们应当全军渡过黄河，攻取怀州河阳县，派重要将领镇守。然后再率领部队，击鼓立旗，越过太行，进入上党，先树立声威，挫折敌方士气，然后进军,这样,无须作战,传递檄文即可使所到之地平定。进而逐渐趋向壶口,惊动蒲津,取得河东之地。这是上策。依此而行必定育三大好处:一是进入无人之境,军队不会受到任何伤害;二是可以扩展领土,得到士兵;三是对郑的围困能自动解除。"建德准备听从凌敬的建议,而世充的使者长孙安世暗中送黄金宝玉引诱建德的将领,让他们扰乱建德的谋划。将领们都进谏说:"凌敬不过是个书生,怎么可以同他讨论作战的事呢?"建德听从他们的意见,下朝后谢绝凌敬说:"现在大家的意志很坚决,这是上天助我。因此决战,必将大胜。已依从众人的议论,不能听你的话了。"凌敬坚决争辩,建德发怒,命令手下人将他扶出。建德的妻子曹氏又对建德说:"祭酒的话可以听从,大王为什么不采纳呢? 请由滏口的道路进兵,趁唐国在那儿空虚无备,军营相连逐渐推进,以夺取山北之地,利用突厥的军队向西抄掠关中,唐朝必定回师自救,这样对郑的围困也就解除了。现在驻军于虎牢关下,时间很长,只是自己苦自己。恐怕不会有什么功效。"建德说:"这不是女人所能知道的事。而且郑国性命不保,朝朝暮暮等待我们来,我们既已答应援救,怎么可以见难而退,向天下人表明我们不讲信用呢?"于是全军出动进逼虎牢,官军按兵不动,挫折了建德的锐气。

等到建德在汜水列阵,秦王于是派骑兵挑战,建德进兵攻打唐军,窦抗领兵抵挡他。建德略往后退,秦王率骑兵深入敌阵,反复交战四五次,然后大破建德的军队。建德中枪,逃窜到牛口渚,车骑将军白士让、杨武威活捉了他。在这之前,军中有童谣说:"豆入牛口,势力不能长久。"建德走到牛口渚,很厌恶这个名称,果然败于这个地方。

建德所率领的部队,一时间奔逃溃散,他的妻子曹氏和左仆射齐善行带领数百名骑兵逃回洺州。建德的余党想立建德的养子做君主,善行说:"夏王平定河北,兵马精强,顷刻间被擒就像这样,难尊不是天命已有所归属了吗? 不如倾心于唐,请求保全生命,不要使百姓再受苦受难。"于是把仓库里的财物全分给士兵,让他们各自散去。善行就同建德的右仆射裴矩、行台曹旦及建德的妻子,率领伪夏国官员献上太行山以东的土地及夏皇帝的传国玺等八个印章投降唐朝。七月,秦王带着被俘的建德到京师,在长安的市场上将他处斩,当时他四十九岁。建德从起兵到灭亡,共六年。河北全部平定。这一年,刘黑闼又窃据太行山以东地区反叛朝廷。

李建成传

【题解】

隐太子李建成,唐高祖李渊长子。隋大业末,李渊在太原(在今山西)起兵,建成从之,拜陇西郡公,左领军大都督,从平长安。义宁元年(617)冬,隋恭帝拜其为唐国世子,节二年振抚军大将军、东讨元帅,率军十万攻洛阳。武德元年(618),立为皇太子。武德四年(621),刘黑闼反于河北,李建成率军讨平之。时太宗李世民功勋隆威,威震四海,李建成以自己不及之,心不自安,恐李世民夺其嫡嗣,遂与齐王李元吉结盟而欲加害太宗。李渊虽调停之而不得,双方势若水火。武德九年(626),太宗李世民发动"玄武门之变",

李建成被杀,时年三十八岁。

【原文】

　　隐太子建成,高祖长子也。大业末,高祖捕贼汾、晋,建成携家属寄于河东。义旗初建,遣使密召之,建成与巢王元吉间行赴太原。建成至,高祖大喜,拜左领军大都督,封陇西郡公,引兵略西河郡,从平长安。义宁元年冬,隋恭帝拜唐国世子,开府,置僚属。二年,授抚军大将军、东讨元帅,将兵十万徇洛阳。及还,恭帝授尚书令。

　　武德元年,立为皇太子。二年,司竹群盗祝山海有众一千,自称护乡公,诏建成率将军桑显和进击山海,平之。时凉州人安兴贵杀贼帅李轨,以众来降,令建成往原州应接之。时甚暑而驰猎无度,士卒不堪其劳,逃者过半。高祖忧其不闲政术,每令习时事,自非军国大务,悉委决之,又遣礼部尚书李纲、民部尚书郑善果俱为宫官,与参谋议。

　　四年,稽胡酋帅刘仚成拥部落数万人为边害,又诏建成率师讨之。

李建成和李元吉

军次鄜州,与仚成军遇,击,大破之,斩首数百级,虏获千余人。建成设诈放其渠帅数十人,并授官爵,令还本所招慰群胡,仚成与胡中大帅亦请降。建成以胡兵尚众,恐有变,将尽杀之。乃扬言增置州县,须有城邑,悉课群胡执板筑之具,会筑城所,阴勒兵士皆执之。仚成闻有变,奔于梁师都。竟诛降胡六千余人。

　　时太宗功业日盛,高祖私许立为太子,建成密知之,乃与齐王元吉潜谋作乱。及刘黑闼重反,王珪、魏征谓建成曰:"殿下但以地居嫡长,爰践元良,功绩既无可称,仁声又未遐布。而秦王勋业充隆,威震四海,人心所向,殿下何以自安?今黑闼率破亡之余,众不盈万,加以粮运限绝,疮痍未瘳,若大军一临,可不战而擒也。愿请讨之,且以立功,深自封植,因结山东英俊。"建成从其计,遂请讨刘黑闼,擒之而旋。

　　时高祖晚生诸王,诸母擅宠,椒房亲戚并分事宫府,竞求恩惠。太宗每总戒律,唯以抚接才贤为务,至于参请妃媛,素所不行。初平洛阳,高祖遣贵妃等驰往东都选阅宫人及府库珍物,因私有求索,兼为亲族请官。太宗以财薄先已封奏,官爵皆酬有功,并不允许,因此衔恨弥切。

　　时太宗为陕东道行台,诏于管内得专处分。淮安王神通有功,太宗乃给田数十顷。后婕妤张氏之父令姨妤私奏以乞其地,高祖手诏赐焉。神通以教给在前,遂不肯与。婕妤矫奏曰:"敕赐妾父地,秦王夺之以与神通。"高祖大怒,攘袂责太宗曰:"我诏敕不行,尔之教命州县即受。"他日,高祖呼太宗小名谓裴寂等:"此儿典兵既久,在外专制,为读书汉所教,非复我昔日子也。"

又德妃之父尹阿鼠所为横恣，秦王府属杜如晦行经其门，阿鼠家僮数人牵如晦坠马殴击之，骂云："汝是何人，敢经我门而不下马！"阿鼠或虑上闻，乃令德妃奏言："秦王左右凶暴，凌轹妾父。"高祖又怒谓太宗曰："尔之左右欺我妃嫔之家，一至于此，况凡人百姓乎！"太宗深自辩明，卒不被纳。妃嫔等因奏言："至尊万岁后，秦王得志，母子定无孑遗。"因悲泣哽咽。又云："东宫慈厚，必能养育妾母子。"高祖恻怆久之。自是于太宗恩礼渐薄，废立之心亦以此定，建成、元吉转蒙恩宠。

自武德初，高祖令太宗居西宫之承乾殿，元吉居武德殿后院，与上台、东宫昼夜并通，更无限隔。皇太子及二王出入上台，皆乘马携弓刀杂用之物，相遇则如家人之礼。由是皇太子令及秦、齐二王教与诏敕并行，百姓惶惑，莫知准的。建成、元吉又外结小人，内连嬖幸，高祖所宠张婕妤、尹德妃皆与之淫乱。复与诸公主及六宫亲戚骄恣纵横，并兼田宅，侵夺犬马。同恶相济，掩蔽聪明，苟行己志，惟以甘言谀辞承候颜色。

建成乃私召四方骁勇，并募长安恶少年二千余人，畜为宫甲，分屯左、右长林门，号为长林兵。及高祖幸仁智宫，留建成居守，建成先令庆州总管杨文干募健儿送京师，欲以为变。又遣郎将尔朱焕、校尉桥公山赍甲以赐文干，令起兵共相应接。公山、焕等行至豳乡，惧罪驰告其事。高祖托以他事，手诏追建成诣行在所。既至，高祖大怒，建成叩头谢罪，奋身自投于地，几至于绝。其志，置之幕中，令殿中监陈万福防御，而文干遂举兵反。高祖驰使召太宗以谋之，太宗曰："文干小竖，狂悖起兵，州府官司已应擒剿。纵其假息时刻，但须遣一将耳。"高祖曰："文干事连建成，恐应之者众，汝宜自行，还，立汝为太子。吾不能效隋文帝诛杀骨肉，废建成封作蜀王，地既僻小易制。若不能事汝，亦易取耳。"太宗既行，元吉及四妃更为建成内请，封伦又外为游说，高祖意便顿改，遂寝不行，复令建成还京居守。惟责以兄弟不能相容，归罪于中允王珪、左卫率韦挺及天策兵曹杜淹等，并流之巂州。

后又与元吉谋行鸩毒，引太宗入宫夜宴，既而太宗心中暴痛，吐血数升，淮安王神通狼狈扶还西宫。高祖幸等问疾，因敕建成："秦王素不能饮，更勿夜聚。"乃谓太宗曰："发迹晋阳，本是汝计；克平宇内，是汝大功。欲升储位，汝固让不受，以成汝美志。建成自居东宫，多历年所，今复不忍夺之。观汝兄弟，终是不和，同在京邑，必有忿竞。汝还行台，居于洛阳，自陕已东，悉宜主之。仍令汝建天子旌旗，如梁孝王故事。"太宗泣而奏曰："今日之授，实非所愿，不能远离膝下。"言讫呜咽，悲不自胜。高祖曰："昔陆贾汉臣，尚有递过之事，况吾四方之主，天下为家。东西两宫，途路咫尺，忆汝即往，无劳悲也。"及将行，建成、元吉相与谋曰："秦王今往洛阳，既得土地甲兵，必为后患。留在京师制之，一匹夫耳。"密令数人上封事曰："秦王左右多是东人，闻往洛阳，非常欣跃，观其情状，自今一去，不作来意。"高祖于是遂停。

是后，日夜阴与元吉连结后宫，潜诉愈切，高祖惑之。太宗惧，不知作为。李靖、李勣等数言："大王以功高被疑，靖等请申犬马之力。"封伦亦潜劝太宗图之，并不许。伦反言于高祖曰："秦王恃有大勋，不服居太子之下。若不立之，愿早为之所。"又说建成作乱曰："夫为四海者，不顾其亲。汉高乞羹，此之谓矣。"

九年，突厥犯边，诏元吉率师拒之，元吉因兵集，将与建成克期举事。长孙无忌、房玄龄、杜如晦、尉迟敬德、侯君集等日夜固争曰："事急矣！若不行权道，社稷必危。周公圣人，岂无情于骨肉？为存社稷，大义灭亲。今大王临机不断，坐受屠戮，于义何成？若不见听，无忌等将窜身草泽，不得居王左右。"太宗然其计。六月三日，密奏建成、元吉淫乱后宫，因自陈曰："臣于兄弟无丝毫所负，今欲杀臣，似为世充、建德报仇。臣今枉死，永违君亲，魂归地下，实亦耻见诸贼。"高祖省之愕然，报曰："明日当勘问，汝宜早参。"四日，太宗将左右九人至玄武门自卫。高祖已召裴寂、萧瑀、陈叔达、封伦、宇文士及、窦诞、颜师古等，欲令穷核其事。建成、元吉行至临湖殿，觉变，即回马，将东归宫府。太宗随而呼之，元吉马上张弓，再三不彀。太宗乃射之，建成应弦而毙。元吉中流矢而走，尉迟敬德杀之。俄而东宫及齐府精兵两千人结阵驰攻玄武门，守门兵仗拒之，不得入，良久接战，流矢及于内殿。太宗左右数百骑来赴难，建成等兵遂败散。高祖大惊，谓裴寂等曰："今日之事如何？"萧瑀、陈叔达进曰："臣闻内外无限，父子不亲，当断不断，反受其乱。建成、元吉，义旗草创之际，并不预谋，建立已来，又无功德，常自怀忧，相济为恶，衅起萧墙，遂有今日之事。秦王功盖天下，率土归心，若处以元良，委之国务，陛下如释重负，苍生自然乂安。"高祖曰："善！此亦吾之夙志也。"乃命召太宗而抚之曰："近日已来，几有投杼之惑。"太宗哀号久之。

建成死时年三十八。长子太原王承宗早卒。次子安陆王承道、河东王承德、武安王承训、汝南王承明、钜鹿王承义并坐诛。太宗即位，追封建成为息王，谥曰隐，以礼改葬。葬日，太宗于宜秋门哭之甚哀，仍以皇子赵王福为建成嗣。十六年五月，又追赠皇太子，谥仍依旧。

【译文】

隐太子李建成，是唐高祖李渊的长子。隋朝大业末年，唐高祖李渊在河东汾、晋地区镇压农民起义军，李建成携带着家属寄居在河东。李渊刚在太原起兵反隋时，派使者秘密召回李建成，李建成和巢王李元吉从小道偷偷奔赴太原。李建成到达后，李渊非常高兴，拜李建成为左领军大都督，封陇西郡公，率军攻略西河郡，又跟从平定长安。义宁元年冬天，隋恭帝拜李建成为唐国世子，可以开府第，设置僚属。第二年，授李建成抚军大将军、东讨元帅，率兵十万进攻洛阳。等从洛阳回来，隋恭帝又授李建成尚书令之职。

唐高祖武德元年，李建成被立为皇太子。武德二年，司竹盗匪首领祝山海手下有一千人，自称护乡公。李渊诏令李建成率将军桑显和等进击祝山海，将他们消灭。这时，凉州人安兴贵杀死贼帅李轨，率众前来投降，李渊令李建成去原州接应安兴贵。当时，天气炎热，李建成却驰骋游猎，放纵无度，士兵们受不了劳苦，逃亡了一大半。高祖李渊担心李建成不熟悉为政之术，常令李建成学习处理时事，只要不是重要的军国大事，都交给李建成处理。又派礼部尚书李纲、民部尚书郑善果等人都为宫中官员，参与李建成的谋议。

武德四年，稽胡酋长豪帅刘仚成拥部落人众数万人不断侵扰，为边境之害。高祖又诏令李建成率军讨伐。唐军进至鄜州，和刘仚成的人马相遇，挥军进击；大败刘仚成，斩首数百级，俘虏一千多人。李建成施用诈谋，释放被俘的渠帅首领数十人，并授给他们官爵，让他们回到原来部落招慰胡人，刘仚成和胡人中的大帅也请求投降。李建成因为胡人士兵人数尚多，怕他们叛乱，准备把他们都杀掉，便扬言增置州县，必须有城郭邑居，令所有胡人都拿着筑墙的工具，到筑城的地方集合，暗中却令士兵把他们都抓起来。刘仚成听说有变故，逃奔了梁师都。而李建成却终于杀死投降的胡人六千多人。

这时，唐太宗李世民功勋日盛，高祖李渊私下答应立李世民为皇太子，李建成暗中得知了这个消息，便和齐王李元吉秘密图谋作乱。等刘黑闼在河北重又起兵造反，王珪、魏征对李建成说："殿下只是因为是嫡亲长子，才得立为皇太子，既没有可称道的功绩，仁义的声名也没有广为传播。而秦王世民功勋业绩显赫，威震四海，是人心所向，殿下凭什么使自己的地位安稳？现在刘黑闼率领败亡剩下的残兵，人数不满一万，加上粮运被限制阻绝，所占领之地战争创伤尚未平复，如果大军一到，可以不战而把他擒获。愿殿下向皇上请求率军讨伐，而且乘此机会建立功勋，巩固自己的地位并结交山东豪杰。"李建成听从了他们的计策，便向高祖李渊请求率军讨伐，擒获刘黑闼而凯旋归来。

当时，高祖李渊晚年生的几个儿子，他们的母亲得到李渊的宠爱，后宫亲戚故友分别在宫中任职，竞相求取恩惠。太宗李世民总是忙于军政事务，只以抚接贤才为务。至于给李渊的妃子们参见请安，是李世民平素所不干的事情。刚刚平定洛阳，李渊派自己的贵纪等人驰往东都去选择宫中用人和府库中的珍宝物品，并私自向李世民索要财物，还为亲戚族人要官做。李世民因为财物账簿已经封好上奏，而官爵只酬给有功之人，便都不答应。因此这些人对李世民更加怀恨在心。

当时，太宗李世民为陕东道行台，李渊诏令李世民在自己所管辖的地区可以自专处分。淮安王李神通有功劳，太宗便赐给良田数十顷。后来高祖婕妤张氏的父亲让张婕妤私自向高祖请求要这些田地，高祖手写诏令将这些土地赐给他。李神通因为太宗赐给在前，便不肯答应。张婕妤便说谎上奏说："皇上赐给臣妾父亲的田地，秦王夺去给了李神通。"李渊大怒，甩着袖子责备李世民说："我下的诏敕行不通，而你的命令州县便听从。"一天，李渊叫着太宗的小名对裴寂等人说："这孩子久掌兵权，在外边专制行事，被那些读书人教唆，已不是我过去的孩子了。"

另外高祖德妃的父亲尹阿鼠横行不法，秦王府属官杜如晦从尹阿鼠的家门口经过，尹阿鼠的几个家奴把杜如晦从马上拉下来殴打，骂道："你是什么人，敢经过我家门口而不下马！"尹阿鼠怕高祖李渊知道此事，便让德妃上奏说："秦王的左右凶暴无礼，欺凌臣妾的父亲。"李渊又大怒，对太宗说："你的左右欺凌我的妃嫔家属竟然到这种地步，何况对凡人百姓呢？"李世民极力辩解，李渊却根本不听。李渊的妃嫔们乘机奏言说："至尊万岁之后，秦王得志，我们母子一个也活不了。"说着还哭哭啼啼。又说："东宫皇太子慈善仁厚，必然能养育臣妾母子。"李渊为此伤怀了很久。从此，对太宗李世民的恩遇礼仪逐渐淡薄，也因此而不再有废皇太子而更立之心。李建成和李元吉转而受到恩宠。

从武德初年开始，高祖李渊令太宗李世民居住在西宫的承乾殿，李元吉居住在武德殿的后院，和上台、东宫昼夜相通，没有阻隔。皇太子和李世民、李元吉出入上台，都骑着马，携带着弓箭、刀和杂用物品，遇见时用一家人之礼。因此，皇太子的命令和秦王、齐王的命令及高祖李渊的诏敕同时并行，百姓惶惑，不知该依何令为准。李建成和李元吉又外结小人、内连嬖妾幸臣，高祖李渊所宠爱的张婕妤、尹德妃都和他们私通淫乱。他们又和各个公主及六宫亲戚骄恣纵横，兼并百姓田地，侵夺人民马匹财物。同恶相济，掩蔽聪明，苟行己志，只知道用好听的言语阿谀奉承及察言观色。

李建成又私自招募四方骁勇，并募长安城中恶少年二千多人充当宫中甲士，分别屯驻在左、右长杯门，号为长林兵。等高祖李渊临幸仁智宫，留李建成居守京师，李建成先命令庆州总管杨文干招募骁勇健儿送京师，想依靠他们发动变乱。又派郎将尔朱焕、校尉桥公山携带甲胄赐给杨文干，让他起兵相接应。桥公山和尔朱焕等行至幽乡，怕被治罪，派人骑马驰告高祖李渊，李渊借口别的事情，写手诏让李建成到监时驻地。李建成到来后，高祖大怒，李建成叩头谢罪，跳起来自投于地，几乎死去。当天夜里，高祖下令把李建成放在帐幕中，令殿中临陈万福作防御准备。而杨文干便起兵反叛。李渊派骑马召李世民商量此事，李世民说："杨文干不过是竖子一个，狂悖起兵，州府官员已开始进剿。纵然一时不能平定，但只需派一员将领即可。"李渊说："杨文干的事牵连到建成，恐怕响应他的人多。你还是自己去，回来后，立你为皇太子。我不能效法隋文帝诛杀亲骨肉，废掉建成，封他为蜀王，地方既偏僻又狭小，容易制服。如果他不能服从你的指挥，也容易攻取。"太宗走了之后，李元吉和李渊的四个妃子更相为李建成在后宫说情，封伦又在外游说，高祖李渊的思想便改变了，遂不再提废立的事，又令李建成回京师居守，只责备他兄弟不能相容，而归罪于中允王珪、左卫率韦挺及天策兵曹杜淹等人，把他们都流放到嶲州。

以后，李建成又和李元吉谋划用毒药，请太宗李世民入宫夜宴，不久李世民肚子突然疼痛，吐了几次的血，淮安王李神通狼狈地把李世民扶回府第。高祖到府中来看望李世民的病，并敕令李建成说："秦王平素不能饮酒，以后不能再夜里饮酒，"又对太宗说："起兵晋阳，本是你的计策；平定海内，是你的大功。想立你为皇太子，你怎么也不肯接受，以此成全你自己美好的志愿。建成居东宫为皇太子已有多年，现在又不忍心废掉他。看来，你们兄弟之间，最终还是不能和好，同在京师，必然引起矛盾冲突。你回还行台，到洛阳去，从陕州以东，都由你掌管。你还可以建立天子旌旗，象汉代的梁孝王那样。"太宗哭着上奏说："今天所授的官职，实在不是我的愿望，我不能远离父亲膝下。"说着呜咽哭泣，悲痛不已。高祖说："过去陆贾是汉朝的臣子，尚且能够在孩子中间依次来往，何况我是四方之王，天下为家。东西两宫，路途仅咫尺之遥，想念你了我就去，不用悲伤。"等太宗准备启程，李建成和李元吉在一起商量说："秦王现在去洛阳，既得土地和军队，必然后患无穷。把他留在京师而制服他，不过是匹夫一人而已。"秘密令几个人上封事说："秦王的左右大多是山东之人，听说去洛阳，都非常欢欣雀跃。看他们的样子，现在一走，便再也不回来了。"高祖便将此事作罢。

从此以后，李建成日夜暗中和李元吉连结后宫，更频繁地诋毁太宗李世民，高祖将信将疑。太宗惶惧不安，不知道该怎么办。李靖、李勣等几次说："大王功高而被猜疑，我们请效犬马之力。"封伦也暗中劝太宗除掉李建成，太宗都不答应。封伦见太宗不从，反言于高祖说："秦王仗着自己立有大功、不服居于太子之下。如果不立他为太子，请陛下早点为他安排个地方。"又劝李建成作乱，说："为天下四海的人，不顾自己的亲人。汉高祖刘邦向项羽乞求分食父亲的一杯羹，便是如此。"

武德九年，突厥进犯边塞，高祖诏令李元吉率军抵御，李元吉乘调集兵马之机，准备和李建成约期举事，除掉太宗。长孙无忌，房玄龄，杜如晦、尉迟敬德、侯君集等人日夜和太宗争执说："事情已经很紧急了！如果再不动手，社稷必然陷于危难。周公是圣人，难道对亲骨肉没有感情？为保存社稷，大义灭亲。如今大王临机不断，坐着等死，能成什么义？如果不听我们的话，我们只好逃亡草泽之中，不能再在大王左右了。"太宗同意了他们的计划。六月三日，太宗秘密上奏李建成、李元吉在后宫淫乱，并自己辩解说："臣对兄弟没有丝毫对不起的地方，现在他们想杀臣，象是为王世充、窦建德报仇。臣现在冤枉而死，永别君亲，魂归于地下，实在也以见各个贼人为耻。"高祖看了表章之后，感到愕然，回报说："明天便勘问此事，你要早点进宫。"四日，太宗率左右九个人到玄武门以自卫，高祖已下令召裴寂、萧瑀、陈叔达、封伦、宇文士及、窦诞、颜师古等人入宫，想令他们彻底调查此事。李建成、李元吉走到临湖殿时，发觉有伏兵，便调转马头，想东回宫府。太宗李世民跟在他们后面喊叫他们，李元吉在马上张弓搭箭，向太宗射了三箭都未射中，太宗便自己发箭而射，当即把李建成射死。李元吉身中流箭逃走，尉迟敬德杀死了他。过了一会儿，东宫和齐王府精兵两千人结阵猛攻玄武门，遭守门的士兵顽强抵御，不得进入，双方打了很久，流箭直射到内殿中。太宗手下的数百名骑兵前来助战，李建成的兵马才溃败逃散。高祖李渊得知后大吃一惊，对裴寂等人说："今天是怎么回事？"萧瑀、陈叔达等说："臣听说内外无限，父子不相亲爱，当断不断，反受其乱。李建成和李元吉在初举义旗时，都不曾参与谋划。立为太子和封王以后，又没有什么功德，常常自怀忧虑，相济为恶，祸起于萧墙之下，才有今天的事情。秦王功盖天下，海内归心。如果让他继承大统，将国家政务交给他，陛下如释重负，而百姓自然安和。"高祖说："好！这也是我平素的愿望。"使命召太宗入宫，抚摸着太宗的头说："近一段日子，我几乎像曾参之母，听信谣言而害了你。"太宗悲痛地哭了很久。

李建成死的时候二十八岁，他的长子太原王李承宗早死。次子安陆王李承道、河东王李承德、武安王李承训、汝南王李承明、钜鹿王李承义都被处死。太宗即位后，追封李建成为息王，谥号为隐，以礼改葬。埋葬之日，太宗在宜秋门哭得非常悲痛，并以皇子赵王李福为李建成的后嗣，贞观十六年五月，又追赠李建成为皇太子，谥号依旧不变。

房玄龄传

【题解】

房玄龄（579～648），名乔（一说名玄龄、字乔），齐州临淄（今山东临淄东北）人，隋朝末年任隰城尉。唐军入关中，他前往谒见李世民，被任用为秦王府记室参军。他在秦府十余年，是李世民的主要谋士。后来参与"玄武门之变"，帮助李世民取得帝位。贞观元年（627），房玄龄任中书令，成为宰相。四年（630）又任尚书左仆射，总揽朝政。房玄龄精通吏治，在任宰相期间，审定法令时能注意宽大，量才用人时能不论贵贱，适应了唐初要求安定和急需人才的社会政治形势，为"贞观之治"做出了贡献。房玄龄与另一位宰相杜如晦一起被后人合称为"房杜"，被看作是唐初的两位良相。

【原文】

房乔，字玄龄，齐州临淄人。曾祖翼，后魏镇远将军、宋安郡守，袭壮武伯。祖熊，字子,释褐州主簿。父彦谦,好学,通涉《五经》,隋泾阳令,《隋书》有传。

玄龄幼聪敏,博览经史,工草隶,善属文。尝从其父至京师,时天下宁晏,论者咸以国祚方永,玄龄乃避左右告父曰:"隋帝本无功德,但诳惑黔黎,不为后嗣长计,混诸嫡庶,使相倾夺,储后藩枝,竞崇淫侈,终当内相诛夷,不足保全家国。今虽清平,其亡可翘足而待。"彦谦惊而异之。年十八,本州举进士,授羽骑尉。吏部侍郎高孝基素称知人,见之深相嗟挹,谓裴矩曰:"仆阅人多矣,未见如此郎者。必成伟器,但恨不睹其耸壑凌霄耳。"父病绵历十旬,玄龄尽心药膳,未尝解衣交睫。父终,酌饮不入口者五日。后补隰城尉。

房玄龄

会义旗入关,太宗徇地渭北,玄龄杖策谒于军门,温彦博又荐焉。太宗一见,便如旧识,署渭北道行军记室参军。玄龄既遇知己,馨竭心力,知无不为。贼寇每平,众人竞求珍玩,玄龄独先收人物,致之幕府。及有谋臣猛将,皆与之潜相申结,各尽其死力。

既而隐太子见太宗勋德尤盛,转生猜间。太宗尝至隐太子所,食,中毒而归,府中震骇,计无所出。玄龄因谓长孙无忌曰:"拿嫌隙已成,祸机将发,天下恟恟,人怀异志。变端一作,大乱必兴,非直祸及府朝,正恐倾危社稷。此之际会,安可不深思也!仆有愚计,莫若遵周公之事,外宁区夏,内安宗社,申孝养之礼。古人有云,'为国者不顾小节',此之谓欤。孰若家国沦亡,身名俱灭乎?"无忌曰:"久怀此谋,未敢披露,公今所说,深会宿心。"无忌乃入白之。太宗召玄龄谓曰:"阽危之兆,其迹已见,将若之何?"对曰:"国家患难,今古何殊。自非睿圣钦明,不能安辑。大王功盖天地,事钟压纽,神赞所在,匪藉人谋。"因与府属杜如晦同心勠力。仍随府迁授秦王府记室,封临淄侯;又以本职兼陕东道大行台考功郎中,加文学馆学士。玄龄在秦府十余年,常典管记,每军书表奏,驻马立成,文约理赡,初无稿草。高祖尝谓侍臣曰:"此人深识机宜,足堪委任。每为我儿陈事,必会人心,千里之外,犹对面语耳。"隐太子以玄龄、如晦为太宗所亲礼,甚恶之,谮之于高祖,由是与如晦并被驱斥。

隐太子将有变也,太宗令长孙无忌召玄龄及如晦,令衣道士服,潜引入阁计事。及太宗入春宫,擢拜太子右庶子,赐绢五千匹。贞观元年,代萧瑀为中书令。论功行赏,以玄龄及长孙无忌、杜如晦、尉迟敬德、侯君集五人为第一,进爵邢国公,赐实封千三百户。太宗因谓诸功臣曰:"朕叙公等勋效,量定封邑,恐不能尽当,各许自言。"皇从父淮安王神通进曰:"义旗初起,臣率兵先至。今房玄龄、杜如晦等刀笔之吏,功居第一,臣窃不服。"上曰:"义旗初起,人皆有心。叔父虽率得兵来,未尝身履行阵。山东未定,受委专征,建德南侵,全军陷没。及刘黑闼翻动,叔父望风而破。今计勋行赏,玄龄等有筹谋帷幄、定社稷之功,所以汉之萧何,虽无汗马,指踪推毂,故得功居第一。叔父于国至亲,诚无所爱,必不可缘私,滥与功臣同赏耳。"初,将军丘师利等咸自矜其功,或攘袂指天,以手画地。

及见神通理屈，自相谓曰："陛下以至公行赏，不私其亲，吾属何可妄诉？"

三年，拜太子少师，固让不受，摄太子詹事，兼礼部尚书。明年，代长孙无忌为尚书左仆射，改封魏国公，监修国史。既任总百司，虔恭夙夜，尽心竭节，不欲一物失所。闻人有善，若己有之。明达吏事，饰以文学，审定法令，意在宽平。不以求备取人，不以己长格物，随能收叙，无隔卑贱。论者称为良相焉。或时以事被遣，则累日朝堂，稽颡请罪，悚惧踧踖，若无所容。九年，护高祖山陵制度，以功加开府仪同三司。十一年，与司空长孙无忌等十四人并代袭刺史，以本官为宋州刺史，改封梁国公，事竟不行。

十三年，加太子少师，玄龄频表请解仆射，诏报曰："夫选贤之义，无私为本；奉上之道，当仁是贵。列代所以弘风，通贤所以协德。公忠肃恭懿，明允笃诚。草昧霸图，绸缪帝道。仪刑黄阁，庶政惟和；辅翼春宫，望实斯著。而忘彼大体，徇兹小节，虽恭教谕之职，乃辞机衡之务，岂所谓弼予一人，共安四海者也？"玄龄遂以本官就职。时皇太子将行拜礼，备仪以待之，玄龄深自卑损，不敢修谒，遂归于家。有识者莫不重其崇让。玄龄自以居端揆十五年，女为韩王妃，男遗爱尚高阳公主，实显贵之极，频表辞位，优诏不许。十六年，又与士廉等同撰《文思博要》成，锡赉甚优。进拜司空，仍综朝政，依旧监修国史。玄龄抗表陈让，太宗遣使谓之曰："昔留侯让位，窦融辞荣，自惧盈满，知进能退，善鉴止足，前代美之。公亦欲齐踪往哲；实可嘉尚。然国家久相任使，一朝忽无良相，如失两手。公若筋力不衰，无烦此让。"玄龄遂止。

十七年，与司徒长孙无忌等图形于凌烟阁，赞曰："才兼藻翰，思入机神。当官励节，奉上忘身。"高宗居春宫，加玄龄太子太傅，仍知门下省事，监修国史如故。寻以撰《高祖、太宗实录》成，降玺书褒美，赐物一千五百段。其年，玄龄丁继母忧去职，特敕赐以昭陵葬地。未几，起复本官。太宗亲征辽东，命玄龄京城留守，手诏曰："公当萧何之任，朕无西顾之忧矣。"军戎器械，战士粮廪，并委令处分发遣。玄龄屡上言敌不可轻，尤宜诫慎。寻与中书侍郎褚遂良受诏重撰《晋书》，于是奏取太子左庶子许敬宗、中书舍人来济、著作郎陆元仕、刘子翼、前雍州刺史令狐德棻、太子舍人李义府、薛元超、起居郎上官仪等八人，分功撰录。以臧荣绪《晋书》为主，参考诸家，甚为详洽。然史官多是文咏之士，好采诡谬碎事，以广异闻；又所评论，竞为绮艳，不求笃实，由是颇为学者所讥。唯李淳风深明星历，善于著述，所修《天文》《律历》《五行》三志，最可观采。太宗自著宣、武二帝及陆机、王羲之四论，于是总题云"御撰"。至二十年，书成，凡一百三十卷，诏藏于秘府，颁赐加级各有差。

玄龄尝因微谴归第，黄门侍郎褚遂良上疏曰："君为元首，臣号股肱，龙跃云兴，不啸而集，苟有时来，千年朝暮。陛下昔在布衣，心怀拯溺，手提轻剑，仗义而起。平诸寇乱，皆自神功，文经之助，颇由辅翼。为臣之勤，玄龄为最。昔吕望之扶周武，伊尹之佐成汤，萧何关中，王导江外，方之于斯，可以为匹。且武德初策名伏事，忠勤恭孝，众所同归。而前宫、海陵，凭凶恃乱，干时事主，人不自安，居累卵之危，有倒悬之急，命视一刻，身縻寸景。玄龄之心，终始无变。及九年之际，机临事迫，身被斥逐，阙于谟谋，犹服道士之衣，与文德皇后同心影助，其于臣节，自无所负。及贞观之始，万物惟新，甄吏事君，物论推与，而勋庸无比，委质惟旧。自非罪状无赦，搢绅同尤，不可以一犯一愆，轻示遐弃。陛下必矜玄龄齿发，薄其所为，古者有讽谕大臣遣其致仕，自可在后，式遵前事，退之以礼，不失善声。今数十年勋旧，以一事而斥逐，在外云云，以为非是。夫天子重大臣则人尽其力，轻去就则物不自安。臣以庸薄，忝预左右，敢冒天威，以申管见。"

二十一年，太宗幸翠微宫，授司农卿李纬为民部尚书。玄龄时在京城留守，会有自京师来者，太宗问曰："玄龄闻李纬拜尚书如何？"对曰："玄龄但云李纬好髭须，更无他语。"太宗遽改授纬洛州刺史。其为当时准的如此。

二十二年，驾幸玉华宫，时玄龄旧疾发，诏令卧总留台。及渐笃，追赴宫所，乘担舆入殿，将至御座乃下。太宗对之流涕，玄龄亦感咽不能自胜。敕遣名医救疗，尚食每日供御膳。若微得减损，太宗即喜见颜色；如闻增剧，便为改容凄怆。玄龄因谓诸子曰："吾自度危笃，而恩泽转深，若孤负圣君，则死有余责。当今天下清谧，咸得其宜，唯东讨高丽不止，方为国患。主上含怒意决，臣下莫敢犯颜；吾知而不言，则衔恨入地。"遂抗表谏曰：

臣闻兵恶不戢，武贵止戈。当今圣化所覃，无远不届，泊上古所不臣者，陛下皆能臣之，所不制者，皆能制之。详观今古，为中国患害者，无如突厥。遂能坐运神策，不下殿堂，大小可汗，相次束手，分典禁卫，执戟行间。其后廷陀鸱张，寻就夷灭，铁勒慕义，请置州县，沙漠以北，万里无尘。至如高昌叛换于流沙，吐浑首鼠于积石，偏师薄伐，俱从平荡。高丽历代逋诛，莫能讨击。陛下责其逆乱，弑主虐人，亲总六军，问罪辽、碣。未经旬月，即拔辽东，前后虏获，数十万计，分配诸州，无处不满。雪往代之宿耻，掩崤陵之枯骨，比功较德，万倍前王。此圣心之所自知，微臣安敢备说。

且陛下仁风被于率土，孝德彰于配天。睹夷狄之将亡，则指期数岁；授将帅之节度，则决机万里。屈指而候驿，视景而望书。符应若神，算无遗策。擢将于行伍之中，取士于凡庸之末。远夷单使，一见不忘；小臣之名，未尝再问。箭穿七札，弓贯六钧。加以留情坟典，属意篇什，笔迈钟、张，辞穷班、马。文锋既振，则管磬自谐；轻翰暂飞，则花葩竞发。抚万姓以慈，遇群臣以礼。褒秋毫之善，解吞舟之网。逆耳之谏必听，肤受之诉斯绝。好生之德，焚障塞于江圳；恶杀之仁，息鼓刀于屠肆。鳧鹤荷稻梁之惠，犬马蒙帷盖之恩。降乘吮思摩之疮，登堂临魏征之柩。哭战亡之卒，则哀动六军；负填道之薪，则精感天地。重黔黎之大命，特尽心于庶狱。臣心识昏聩，岂足论圣功之深远，谈天德之高大哉！陛下兼众美而有之，靡不备具，微臣深为陛下惜之重之，爱之宝之。

《周易》曰："知进而不知退，知存而不知亡，知得而不知丧。"又曰："知进退存亡，不失其正者，惟圣人乎！"由此言之，进有退之义，存有亡之机，得有丧之理。老臣所以为陛下惜之者，盖此谓也。老子曰："知足不辱，知止不殆。"谓陛下威名功德，亦可足矣；拓地开疆，亦可止矣。彼高丽者，边夷贱类，不足待以仁义，不可责以常礼。古来以鱼鳖畜之，宜从阔略。若必欲绝其种类，恐兽穷则搏。且陛下每决一死囚，必令三覆五奏，进素食、停音乐者，盖以人命所重，感动圣慈也。况今兵士之徒，无一罪戾，无故驱之于行阵之间，委之于锋刃之下，使肝脑涂地，魂魄无归，令其老父孤儿、寡妻慈母，望辒车而掩泣，抱枯骨以摧心。足以变动阴阳，感伤和气，实天下冤痛也。且兵者凶器，战者危事，不得已而用之。向使高丽违失臣节，陛下诛之可也；侵扰百姓，而陛下灭之可也；久长能为中国患，而陛下除之可也。有一于此，虽日杀万夫，不足为愧。今无此三条，坐烦中国，内为旧王雪耻，外为新罗报仇，岂非所存者小，所损者大？

愿陛下遵皇祖老子止足之诚，以保万代巍巍之名。发沛然之恩，降宽大之诏，顺阳春以布泽，许高丽以自新，焚凌波之船，罢应募之众，自然华夷庆赖，远肃迩安。臣老病三公，且夕入地，所恨竟无尘露，微增海岳。谨罄残魂余息，预代结草之诚。倘蒙录此哀鸣，即臣死且不朽。

太宗见表，谓玄龄子妇高阳公主曰："此人危惙如此，尚能忧我国家。"

后疾增剧，遂凿苑墙开门，累遣中使候问。上又亲临，握手叙别，悲不自胜。皇太子亦就之与之诀。即日授其子遗爱右卫中郎将，遗则中散大夫，使及目前见其通显。寻薨，年七十。废朝三日，册赠太尉、并州都督，谥曰文昭，给东园秘器，陪葬昭陵。玄龄尝诫诸子以骄奢沉溺，必不可以地望凌人，故集古今圣贤家诫，书于屏风，令各取一具，谓曰："若能留意，足以保身成名。"又云："袁家累叶忠节，是吾所尚，汝宜师之。"高宗嗣位，诏配享太宗庙庭。

子遗直嗣，永徽初为礼部尚书、汴州刺史。次子遗爱，尚太宗女高阳公主，拜驸马都尉，官至太府卿、散骑常侍。初，主有宠于太宗，故遗爱特承恩遇，与诸主婿礼秩绝异。主既骄恣，谋黜遗直而夺其封爵，永徽中诬告遗直无礼于己。高宗令长孙无忌鞠其事，因得公主与遗爱谋反之状。遗爱伏诛，公主赐自尽，诸子配流岭表。遗直以父功特宥之，除名为庶人。停玄龄配享。

【译文】

房乔，字玄龄，是齐州临淄县人。曾祖父房翼，是后魏的镇远将军、宋安郡太守，承袭壮武伯爵位。祖父房熊，字子，初任官为州主簿。父亲房彦谦，喜好读书，涉猎《五经》，任隋朝泾阳县令，《隋书》有传。

房玄龄幼时聪明，博览经史，工于草书隶书，善写文章，曾跟随父亲到京城去。当时天下安宁，大家都认为隋朝的国运会很长久，房玄龄避开左右随从对父亲说："隋朝皇帝本无功德，只会迷惑黎民百姓，不为后代作长远打算。他混淆嫡亲和庶出，让他们互相争夺，皇太子与诸王，又竞相奢侈，早晚会引起互相残杀，靠他们是不足以保全家国的。现在天下虽然清平，但其灭亡却指日可待。"房彦谦听后很吃惊，从而对他另眼相看。房玄龄十八岁时，本州举荐他应进士考，及第后被授羽骑尉。吏部侍郎高孝基一向被认为有知人之明，见到房玄龄后深加赞叹，对裴矩说："我见过的人多了，还从未见到像这位郎君那样的人。他将来必成大器，但恨我看不到他功成名就，位高凌云了。"父亲久病，历百余日，房玄龄尽心侍奉药物膳食，一直没有脱衣睡觉。父亲去世后，五天不吃不喝。后来房玄龄被任命为隰城县县尉。

到高祖举义旗入关内，太宗向渭北拓地时，房玄龄驱马前往军营谒见。温彦博又加以推荐。太宗一见房玄龄，就如同旧相识一般，署任他为渭北道行军记室参军。房玄龄既然已遇知己，就竭尽全力，知无不为。每当讨平寇贼时，众人都竞相搜求珍玩，唯独房玄龄先去网罗人才，送到太宗幕府。遇有猛将谋臣，他就暗中与他们交结，使他们能各尽全力。

不久隐太子李建成见太宗功德比他更盛，转而产生猜忌。太宗曾到隐太子住所吃饭，中毒而归。幕府中人十分震惊，但又无计可施。房玄龄因此对长孙无忌说："现在怨仇已成，祸乱将发，天下人心恐慌，各怀异志。灾变一作，大乱必起。不但能祸及幕府，还

怕会倾覆国家。在此关头,怎能不再三深思呢!我有条愚计:不如遵从周公诛杀兄弟的故事,就能对外抚宁天下,对内安定宗族社稷,来尽一份孝养的礼节。古人曾经说过:'治理国家的人不能顾及小节',说的就是这个道理。这比家国沦亡、身败名裂不是要好得多吗?"长孙无忌说:"我也早有这种打算,一直没敢披露出来。您现在所说的,与我的想法深深相合。"长孙无忌于是入见太宗献策。太宗召来房玄龄对他说:"危险的征兆,已现出迹象,应该怎么办呢?"房玄龄回答说:"国家遭逢患难,古今没什么不同,不是英明的圣人,不能平定它。大王功盖天地,符合君临臣民的预兆,自有神助,不靠人谋。"因此与幕府属官杜如晦同心尽力。仍然随同幕府升迁为秦王府记室,封爵临淄侯。又以本职兼任陕东道大行台考功郎中,加官文学馆学士。房玄龄在秦王府十余年,经常掌管文书。每当撰写奏章时,他驻马路边、一挥而就,行文简洁道理充分,不打任何草稿。高祖曾对侍臣们说:"此人深知事理,完全可以委任。每当他为我儿向我陈述事情,都能理会我心,使千里之外,与我儿就像对面谈话一样。"隐太子看到房玄龄、杜如晦被太宗信任,十分厌恶,在高祖面前进谗言,于是房玄龄与杜如晦一起被贬斥。

隐太子将要变乱,太宗命令长孙无忌召来房玄龄和杜如晦,让他们穿上道士服装,悄悄带他们入府阁议事。到太宗入东宫成为皇太子,提拔房玄龄为太子右庶子,赐绢五千匹。贞观元年,代替萧瑀任中书令。太宗论功行赏以房玄龄和长孙无忌、杜如晦、尉迟敬德、侯君集五人为第一。房玄龄晋爵邢国公,赐予实有封户一千三百户。太宗因此对诸位功臣说:"朕奖励你们的功勋、给你们划定封邑,恐怕不能全都恰当。现在允许你们各自发表意见。"太宗叔父淮安王李神通进言说:"高祖刚举义旗,臣就率先领兵赶到。现在房玄龄、杜如晦等刀笔吏功居第一,臣有些不服。"太宗说:"义旗初举,人人有心追随。叔父虽然率兵前来,但不曾身经战阵。山东没有平定时,叔父受命出征,窦建德南侵,叔父全军覆灭。到刘黑闼叛乱,叔父才随军破敌。现在论功行赏,房玄龄等有运筹帷幄、安定国家的功劳。所以汉朝的萧何,虽然没有征战的功劳,但他指挥谋划、助人成事,因此能功居第一。叔父是皇家至亲,对你的确没什么可以吝惜,但朕又切不可因此私情,让你与功臣接受同等的赏赐。"起初,将军丘师利等都居功自傲,甚至有时挽袖指天、以手画地,陈说怨愤。等见到李神通理屈后,他们自己互相议论说:"陛下赏赐极为公正,不徇私情,我辈怎能妄加陈述呢?"

贞观三年,任命房玄龄为太子太师。他坚辞不肯接受,改任代理太子詹事、兼礼部尚书。明年,代替长孙无忌任尚书左仆射,改封爵为魏国公,并监修国史。房玄龄既已总管百官事务,就虔诚恭谨、日夜操劳,不让一事处理不当。听到别人的长处,就像自己有长处那样高兴。他精通史事、注意文辞,审定法令、意在宽平。用人不求全责备,也不以自己的长处来衡量别人,随才录用,不拘贵贱,当时人称为良相。有时因事被皇上谴责,他就连日在朝堂上叩头请罪,恐惧不安,似无地自容一般。贞观九年,房玄龄监护高祖陵寝制度,因功加授开府仪同三司。十一年,房玄龄和司空长孙无忌等十四人一起被授予世袭刺史。房玄龄带原官任宋州刺史、改封爵为梁国公。这件事结果没有施行。

贞观十三年,加房玄龄官为太子太师。房玄龄再三上表请求解除仆射职务,太宗下诏书回报说:"选用贤能的根本,在于无私;侍奉君上的道义,贵在当仁不让。列圣所以能弘扬风化,贤臣所以能协力同心。公忠贞庄重、诚信贤明,为我草创霸业,助成帝道。执掌尚书省,使百政通和;辅佐皇太子,实众望所归。但是公忘记了那些大事,拘于这点小节,虽然恭敬完成教谕事务、却要辞去宰相职位,这难道就是所说的辅佐朕共同安定天下吗?"房玄龄于是带本官就任太子太师。当时皇太子要行拜师礼,已备好仪仗等待。房玄龄深加谦退,不敢进见,于是回家去了。有见识的人都推崇他的谦让精神。房玄龄认为自己居宰相位十五年,女儿是韩王妃子、儿子房遗爱娶高阳公主,实在是极为显贵,于是频繁上表,请求辞去职位。太宗下诏宽慰,但并不批准。十六年,又与高士廉等人一起撰成《文思博要》,赏赐丰厚。拜官司空,仍然总掌朝政,依旧监修国史。玄龄上表辞让,太宗派遣使节对他说:"过去留侯张良让位、窦融辞去富贵,都是自己惧怕功名太盛,知道进能够退,善察时势、及时止步的,所以前代人加以赞美。公也想追随往日贤哲,实在应当嘉奖。然而国家任用公已久,一旦突然失去良相,就如同失去双手一般。公若体力不衰,就不要再辞让了。"房玄龄于是停止了推让。

贞观十七年,房玄龄和司徒长孙无忌等人的像被画在凌烟阁上。赞词说:"才能兼有辞藻,思虑化入神机。为官励精守节,奉上尽忠忘身。"高宗在东宫时,加房玄龄太子太傅、仍然知门下省事、监修国史如故。后因《高祖、太宗实录》撰成,太宗颁下诏书褒奖,赐织物一千五百段。同年,房玄龄因继母去世、停职修丧礼,太宗特命赐以昭陵葬地。不久,恢复本职。太宗亲自出征辽东,命房玄龄在京城留守,手写诏书说:"公担当着萧何那样的职任,朕就没有后顾之忧了。"军事器械、战士衣粮,都委任房玄龄去处置发送。房玄龄屡次上言说敌人不可轻视、应当特别谨慎。后与中书侍郎褚遂良接受诏命重新撰写《晋书》,于是上奏选取了太子左庶子许敬宗、中书舍人来济、著作郎陆元仕、刘子翼、前雍州刺史令狐德棻、太子舍人李义府、薛元超、起居郎上官仪等八人,分工修撰。以臧荣绪所写《晋书》为主,参考诸家,很是博洽详尽。然而修史官员都是文学之士,喜好采用怪异荒谬琐碎的故事,来显示见多识广;加上所写的评论追求艳丽、不求真实,因此多被学者讥讽。唯独李淳风精通星象历法,善于著述写作。他写的《天文》《律历》《五行》三志最值得阅读。太宗亲自撰写了晋宣帝、晋武帝二帝以及陆机、王羲之共四篇纪传的评论,于是题名说"御撰"。到二十年,《晋书》撰成,共一百三十卷,诏命藏在秘书省,按级别对撰写人赐物加官。

房玄龄曾因微小过失被罢官回家。黄门侍郎褚遂良上奏说:"君主是'首脑',臣下称'四肢'。有龙跃就有云起、不待呼啸而汇集,假如时机到来,千年不敌一瞬。陛下过去是布衣百姓时,心怀拯救民众的大志,手提轻剑、仗义而起。平定诸处寇乱,全靠陛下神功,而文章谋略,颇得辅佐帮助。作为臣下,玄龄出力最勤。往昔吕望扶助周武王、伊尹辅佐成汤,萧何竭力于关中、王导尽心于江南。比起这些人,玄龄可以匹敌。况且武德初年出仕做官的人,都是忠诚勤恳、恭敬孝顺,众人同归陛下。但隐太子与海陵王,凭仗凶乱、求用惑主,使人人不能自安,处境像鸡蛋相叠一样危险、形势如身被倒挂一样危急,命在旦夕、身系寸阴,而玄龄之心,始终不变。到武德九年之际,事情紧迫,玄龄虽被贬斥赶走,未能参与谋略,但仍然穿着道士衣服入府,与文德皇后一起同心相助。他在臣节方面,确实没有什么亏欠。到贞观初年,万物更新,玄龄选择能吏侍奉君主、为舆论所推奖,虽有无上功勋,却忠心依旧。只要不是犯有不赦的罪状、为百官同愤,就不能因一点小错误就轻易地舍弃他不用。陛下如果确实怜悯玄龄年迈,或瞧不起他的行为,自可像古时那样,谕示大臣让他退休。但这事实行起来要靠后一些，并要遵循往日故事，按退休礼仪去做，就不会使陛下失去好的声誉。现在玄龄这样有数十年功勋的旧臣，因一件小事而被贬斥，朝廷外面议论纷纷，都认为不应该。天子重用大臣则人尽其力，轻易舍弃则人心不安。臣以庸碌之才，愧列陛下左右，斗胆冒犯天威，略为陈述管见。"

贞观二十一年，太宗前往翠微宫，在那里授司农卿李纬官为民部尚书。房玄龄当时留守京城。恰好有人从京城来，太宗问他："玄龄听说李纬官拜尚书后怎么样？"那人回答："玄龄只说李纬胡子好，没说其他话。"太宗立刻改授李纬为洛州刺史。房玄龄就是这样，是当时的一种尺度。

贞观二十二年，太宗前往玉华宫。当时房玄龄旧病发作，诏书命令他在京养病并仍然总管留守事务。到他病重时，太宗让他来玉华宫。房玄龄坐抬轿入殿，一直被抬到太宗座前才下轿。太宗面对他垂泪，房玄龄也感动的哽咽不止。诏书派遣名医救治，并命尚食局每日供应宫廷膳食。如果房玄龄稍有好转，太宗便喜形于色；如果听说病情加重，脸色便变得悲伤。房玄龄因此对诸子说："我自从病情危急后，受恩泽反而更深；如果辜负了圣明君主，则死有余辜。当今天下清明，各件事务都很得当，唯独东征高丽不止，将为国患。主上含怒下了决心，臣下不敢冒犯圣威。我若知而不言，就会含恨入地。"于是上表劝谏说：

臣听说兵革最怕不收敛，武功贵在停止干戈。当今圣明教化，无所不至。上古未能臣服的地方，陛下都能让其称臣；未能制服的地方，陛下都能制服。详察古今，为中国患害最大的，首推突厥。而陛下却能运用神机妙策，不下殿堂就使突厥大、小可汗相继归降，分掌禁卫军，执戟行列间。其后薛延陀嚣张，旋即被讨平灭亡；铁勒倾慕礼义，请朝廷设置州县。沙漠以北，万里安宁，没有兵尘硝烟。至于说高昌在流沙拥兵叛乱，吐谷浑在积石山归属不定，发一军进讨，全都荡平。高丽躲过诛灭，已经历代，朝廷未能征讨。陛下谴责它为逆作乱、杀害君主虐待民众，于是亲自统领六军，前往辽东、碣石问罪，不到一月，就攻拔了辽东，前后抓获俘虏达数十万，分配在诸州，无处不满。雪前代的旧耻，埋亡卒的枯骨。若比较功德，则高出前王万倍。这些都是圣主心中所自知的，卑臣怎么敢详尽述说。

况且陛下仁风流布、遍于四海，孝德显扬、与天同高。看到夷狄将要灭亡，便能算出还需几年；授予将帅指挥谋略，就能决胜万里之外。屈指计日、等待驿传，观日算时、迎候捷报，符合应验如同神灵，算计谋划没有遗漏。在行伍之中提拔将领、于凡人之内选取士人。远方的使节，一见不忘，小臣的名字，不曾再问。射箭能洞穿七层铠甲、拉弓能力贯百八十斤。加上留心经典、注意文章，用笔超过钟繇、张芝，文辞不让班固、司马迁。文锋已振，管磬自然和谐，翰墨轻飞、花卉竞相开放。以仁慈安抚百姓、以礼义接遇群臣。有喜好生命的德性，在江湖焚烧障塞，释放鱼类；有厌恶杀戮的仁慈，在屠场止息刀斧，拯救畜生。鸭鹤承接了稻粱的赐予、犬马蒙受着帷盖的恩惠。下车吮吸李思摩的箭疮、登堂哭临魏征的灵柩。为战亡的七卒哭泣，哀痛震动六军；背填路用的薪柴，精诚感动天地。重视民众的生命，特别关心狱囚。臣见识昏聩，怎能论尽圣功的深远，奢谈天德的高大呢！陛下兼有众多长处，各种优点无不具备，卑臣深深地为陛下珍惜它，爱重它。

《周易》说："知道进而不知道退，知道存而不知道亡，知道得而不知道失。"又说："知道进退存亡，又不迷失正道的，只有圣人啊！"由此说来，进里有退的含义，存中有亡的机宜，得内有失的道理，老臣为陛下珍惜的原因，指的就是这些。老子说："知足就不会招致侮辱，知道适可而止就不会遇到危险。"陛下的威名功德。也可以说是"足"了；拓广疆域，也可以"止"了。那个高丽，是边境的夷族残类，不足以用仁义对待，也不可以常礼责备。古来将他们像鱼鳖一样喂养，应该宽恕他们。如果一定要灭绝他们的种类，恐怕野兽落入穷困境地就要搏斗。而且陛下每次决杀一个死囚，都必定命令法官再三复审多次上奏，并要吃素食、停音乐。这就是在因为人命关天，感动了圣上仁慈之心的缘故。何况现在这些兵士，没有一点罪过，却无故被驱赶到战阵之间，处于刀锋剑刃之下，使他们肝脑涂地，魂魄没有归处；让他们的老父孤儿、寡妻慈母，望灵车而掩泣，抱枯骨而伤心，这就足以使阴阳发生变动，和气受到伤害，实在是天下的冤痛啊。况且"兵"是凶器，"战"是危事，不得已才使用。如果高丽违反臣节，陛下诛讨它是可以的；如果高丽侵扰百姓，陛下灭亡它是可以的；如果高丽会成为中国的长久之患，陛下除掉它是可以的。有其中的一条，虽然日杀万人，也不值得惭愧。现在没有这三条，却烦扰中国，内为前朝旧王雪耻，外替新罗报仇，难道不是所保存的少、所丢失的多吗？

希望陛下遵循皇朝祖先老子"止足"的告诫，来保全万代巍峨的名声。发布甘沛的恩泽，颁下宽大的诏书；顺应阳春散布雨露，允许高丽悔过自新；焚烧凌波的船只，停罢应募的民众，自然华夏与夷族都庆贺依赖，远方肃宁近处安定。臣是老病的三公，早晚就要入地，所遗憾的只是臣竟然没有尘埃露水，来增高山岳增广海洋。谨此竭尽残魂余息，预先代行报恩的忠诚。倘若承蒙录用这些哀鸣，臣就是死而不朽了。

太宗见到表奏，对房玄龄的儿媳妇高阳公主说："此人病危成这样，还为我国家担忧。"

房玄龄后来病情加剧。太宗于是凿通苑墙开设新门，屡次派遣宫中使臣问候。太宗又亲自前往，握手告别，悲伤不止。皇太子也前去与他诀别。当天授房玄龄的儿子房遗爱为右卫中郎将、房遗则为中散大夫，让他生前看到儿子的显贵。不久病故，时年七十岁。太宗命三天不上朝，下册书赠房玄龄官太尉、并州都督，赐谥号为"文昭"，朝廷供丧葬器物，陪葬在昭陵。房玄龄常告诫诸子不能骄奢、沉溺于声色，一定不可以用地位门第去欺凌他人，因此汇集了古今圣贤的家诫格言，写在屏风上，令诸子各取一扇，对他们说："你们如果能留意这些家诫，就足以保身成名。"又说："汉朝的袁家历代保有忠节，是我所崇尚的，你们也应该效法。"高宗继位，诏命房玄龄在太宗庙庭中祔祭。

长子遗直承袭了房玄龄的爵位，永徽初年官为礼部尚书、汴州刺史。次子遗爱，娶太宗女儿高阳公主，官拜驸马都尉，后至太府卿、散骑常侍。起初，太宗宠爱高阳公主，因此遗爱受到特别恩泽，与太宗其他女婿的礼仪官秩有极大差异。高阳公主既已骄横放纵，阴谋贬黜遗直而夺取他的封爵，就在永徽年中诬告遗直对她无礼。高宗命令长孙无忌审讯此事，因而获得了公主与遗爱的谋反实情。遗爱被诛死，公主赐自杀，其他诸子流放到岭南。遗直因父亲有功而特予宽宥，革官为平民，停罢了房玄龄在太宗庙庭的祔祭。

秦叔宝传

【题解】

秦琼(？～638)，字叔宝，齐州历城(今山东济南)人，以勇猛著称。隋末随张须陀镇压起义军，后依附李密。李密失败后，投入王世充门下，因鄙薄其狡诈，最后投奔唐高祖李渊，随从李世民破尉迟敬德，又征伐宋金刚、王世充、窦建德、刘黑闼，在战斗中表现出勇悍无比，受到李世民的重视。武德九年(626)，随从太宗诛杀建成、元吉，拜左武卫大将军。秦叔宝是唐初名将和开国功臣。从宋到明清，成为话本和小说中的英雄人物。

【原文】

秦叔宝名琼，齐州历城人。大业中，为隋将来护儿帐内。叔宝丧母，护儿遣使吊之，军吏怪曰："士卒死亡及遭丧者多矣，将军未尝降问，独吊叔宝何也？"答曰："此人勇悍，加有志节，必当自取富贵，岂得以卑贱处之。"

隋末群盗起，从通守张须陀击贼帅卢明月于下邳。贼众十余万，须陀所统才万人，力势不敌，去贼六七里立栅，相持十余日，粮尽将退，谓诸将士曰："贼见兵却，必轻来追我。其众既出，营内即虚，若以千人袭营，可有大利。此诚危险，谁能去者？"人皆莫对，唯叔宝与罗士信请行。于是须陀委栅遁，使二人分领千兵伏于芦苇间。既而明月果悉兵追之，叔宝与士信驰至其栅，栅门闭不得入，二人超升其楼，拔贼旗帜，各杀数人，营中大乱。叔贤、士信又斩关以纳外兵，因纵火焚其三十余栅，烟焰涨天。明月奔还，须陀又回军奋击，大破贼众。明月以数百骑遁去，余皆虏之。由是勇气闻于远近。

秦叔宝

又击孙宣雅于海曲，先登破之。以前后累勋授建节尉。从须陀进击李密于荥阳，军败，须陀死之，叔宝以余众附裴仁基。会仁基以武牢降于李密，密得叔宝大喜，以为帐内骠骑，待之甚厚。密与化及大战于黎阳童山，为流矢所中，坠马闷绝。左右奔散，追兵且至，唯叔宝独捍卫之，密遂获免。叔宝又收兵与之力战，化及乃退。后密败，又为王世充所得，署龙骧大将军。叔宝薄世充之多诈，因其出抗官军，至于九曲，与程咬金、吴黑闼、牛进达等数十骑西驰百许步，下马拜世充曰："虽蒙殊礼，不能仰事，请从此辞。"世充不敢逼，于是来降。

高祖令事秦府，太宗素闻其勇，厚加礼遇。从镇长春宫，拜马军总管。又从征于美良川，破尉迟敬德，功最居多。高祖遣使赐以金瓶，劳之曰："卿不顾妻子，远来投我，又立功效。朕肉可为卿用者，当割以赐卿，况子女玉帛乎？卿当勉之。"寻授秦王右三统军。又从破宋金刚于介休。录前后勋，赐黄金百斤、杂绚六千段，授上柱国。从讨王世充，每为前锋。太宗将拒窦建德于武牢，叔宝以精骑数十先陷其阵。世充平，进封翼国公，赐黄金百斤、帛七千段。从平刘黑闼，赏物千段。

叔宝每从太宗征伐，敌中有骁将锐卒，炫耀人马，出入来去者，太宗颇怒之，辄命叔宝往取。叔宝应命，跃马负枪而进，必刺之万众之中，人马辟易，太宗以是益重之，叔宝亦以此颇自矜尚。

六月四日，从诛建成、元吉。事宁，拜左武卫大将军，食实封七百户。其后每多疾病，因谓人曰："吾少长戎马，所经二百余阵，屡中重疮。计吾前后出血亦数斛矣，安得不病乎？"十二年卒，赠徐州都督，陪葬昭陵。太宗特令所司就其茔内立石人马，以旌战阵之功焉。十三年，改封胡国公。十七年，与长孙无忌等图形于凌烟阁。

【译文】

秦叔宝，名琼，齐州历城人。大业年间，在隋将来护儿军中任事。叔宝母亲去世，来护儿派人去吊唁，军吏感到奇怪，说："士兵死亡以及家遭丧事的人很多，将军未曾降身去慰问，为何独独吊唁叔宝家？"来护儿答道："此人勇敢强悍，加上有志气节操，必然会自己取得富贵，岂能像对待卑贱的人那样对待他。"

隋末群盗蜂起，秦叔宝随从通守张须陀在下邳出击盗贼统帅卢明月。贼军的人数有十余万，张须陀所统军队才一万人，力量比不过贼军，于是在离贼军六七里的地方设营立栅，相持十余天，粮食吃完将要退兵，张须陀对各将士说："贼军看到我们兵退却，一定会轻易地来追我们。他们的大部队出来后，营内就空虚，如果用一千人的队伍去偷袭营房，可获得大胜利。但这诚然是十分危险的，谁能去呢？"没有人回答，只有秦叔宝与罗士信请求去行动。于是张须陀弃营而退逃，派他们两人分别率领一千士兵埋伏在芦苇中间。不久，卢明月果然派出几乎全部的兵追来，秦叔宝与罗士信骑马飞驰到敌人的营地，营门紧闭不能进去，两人就偷偷爬过栅栏，到了敌人城楼上，拔去了旗帜，各杀死数人，敌营中大乱。秦叔宝、罗士信又斩死守关贼兵，打开城门，让外面隋兵可进入，接着放火焚烧了敌军三十余座营栅，烟焰弥漫天空。卢明月回军来救，张须陀也回军奋起追击，大败贼军。卢明月带数百人骑马逃去，其余都被俘虏。从此秦叔宝的勇猛远近闻名了。

又在沿海的弯曲处出击孙宣雅，最先冲上去打败了他。积前后多次功勋授宫建节尉。随从张须陀在荥阳进攻李密，打了败仗，张须陀战死，秦叔宝带着剩余士兵投奔裴仁基。刚好裴仁基献虎牢关投降李密，李密得到秦叔宝大喜，任为骠骑将军，对他十分优厚。李密在黎阳童山与宇文化及大战，被流箭射中，从马上跌下来，昏了过去。左右战士已奔散，追兵将到，只有秦叔宝单独捍卫他，李密才避免被俘，秦叔宝又收集余兵与敌人奋力作战，宇文化及终于退兵。后来李密失败，秦叔宝又被王世充所得，被任命为龙骧大将军。秦叔宝鄙薄王世充为人多狡诈，趁他出去抵抗官军，到了九曲，就与程咬金、吴黑闼、牛进达等数十人骑马向西奔驰百余步，然后下马拜辞王世充，说："虽然承蒙您给我们特殊的礼遇，但我们不能侍奉您，请就此告别。"王世充不敢追逼，于是来投降官军。

唐高祖命秦叔宝到秦王府去做事，太宗素来听说他勇猛，对他十分优待礼敬。随从秦王镇守长春宫，拜官为马军总管。又随从秦王出征美良川，打败尉迟敬德，功劳要算他最多。高祖派使者尝赐给他金瓶，慰劳他说："卿不顾妻儿，远来投奔我，又立功劳。朕的肉如果可以被卿所用，也当割下来赐给卿，何况女子、玉器、绢帛呢？卿应当努力自勉。"不久授官为秦玉右三统军。又随从秦王在介休击败宋金刚。综合前后的功勋，赐给黄金一百斤，杂色丝织品六千段，授官上柱国。随从讨伐王世充，常常担任前锋。太宗在虎牢关抵御窦建德的时候，秦叔宝带数十名精锐骑兵先攻陷敌人阵地。王世充被平定后，晋封为翼国公，赐给黄金一百斤，帛七千段。随从平定刘黑闼，赐给织物一千段。

秦叔宝每次随从太宗征伐，敌人中有勇敢而武艺高强的将领或士兵，在阵上横冲直撞，炫耀其武功的，太宗看了十分怖怒，总是命令秦叔宝去收拾他。秦叔宝接受命令后，立即跨上战马提着枪冲入阵中，必能在万众之中把他刺倒，使敌人的人马退避，太宗因此更加看重他，秦叔宝也为此颇为自负。

武德九年六月四日，随从太宗诛杀建成、元吉。此事结束后，拜官左武卫大将军，赐给封邑七百户。这以后常多疾病，于是对人说："我从小就过戎马生涯，共经过二百多次战斗，多次受重伤，估计我前后流的血也有数斛了，哪里会不得病呢？"贞观十二年去世，赠官徐州都督，陪葬在昭陵。太宗特别命令有关官府在他的墓内立石人石马，以表彰他的战斗之功。十三年，改封胡国公。十七年，与长孙无忌等人的像都被画在凌烟阁上。

魏征传

【题解】

魏征（580~643），字玄成，巨鹿（今河北巨鹿）人。少时孤贫，出家为道士，隋末参加李密领导的瓦岗军。李密失败后降唐，后又被窦建德俘虏。窦建德败亡，被唐太子李建成任用为太子洗马。李建成被杀，唐太宗即位后，提拔他作谏议大夫，先后进谏二百余事。贞观二年（628）升任秘书监，参与朝政。贞观七年（633）任侍中，正式行使宰相职权，进封郑国公。由于魏征不太熟悉法律政令，在任期间最大的政绩在于对唐太宗的犯颜直谏。他再三告诉唐太宗君主"兼听则明、偏信则暗"的道理，并以隋朝灭亡为例提醒唐太宗"水能载舟，亦能覆舟"，希望唐太宗能任用贤能、节省民力、居安思危、宜静不宜动。他的许多谏议和意见给唐太宗的行为及政策措施以十分有益的影响，因此在他死后唐太宗曾感慨地说："以铜为镜，可以正衣冠；以古为镜，可以知兴替；以人为镜，可以明得失"，"今魏征殂逝，遂亡一镜矣。"魏征是中国封建社会中以尽力谏诤而闻名后世的一位宰相。

【原文】

魏征，字玄成，钜鹿曲城人也。父长贤，北齐屯留令。征少孤贫，落拓有大志。不事生业，出家为道士。好读书，多所通涉，见天下渐乱，尤属意纵横之说。

大业末，武阳郡丞元宝藏举兵以应李密，召征使典书记。密每见宝藏之疏，未尝不称善。既闻征所为，遽使召之。征进十策以干密，虽奇之而不能用。及王世充攻密于洛口，征说密长史郑颋曰："魏公虽骤胜，而骁将锐卒死伤多矣；又军无府库，有功不赏，战士心情。此二者难以应敌。未若深沟高垒，旷日持久，不过旬月，敌人粮尽，可不战而退，追而击之，取胜之道。且东都食尽，世充计穷，意欲死战，可谓穷寇难与争锋，请慎无与战。"颋曰："此老生之常谈耳！"征曰："此乃奇谋深策，何谓常谈？"因拂衣而去。

魏征

及密败，征随密来降，至京师，久不见知，自请安辑山东，乃授秘书丞，驱传至黎阳。时徐世勣尚为李密拥众，征与世勣书曰：

自隋末乱离，群雄竞逐，跨州连郡，不可胜数。魏公起自叛徒，奋臂大呼，四方响应，万里风驰，云合雾聚，众数十万。威之所被，将半天下，破世充于洛口，摧化及于黎山。方欲西蹈咸阳，北凌玄阙，扬旌翰海，饮马渭川，翻以百胜之威，败于奔亡之虏。固知神器之重，自有所归，不可以力争。是以魏公思皇天之乃眷，入函谷而不疑。公生于扰攘之时，感知己之遇，根本已拔，确乎不动，鸠合遗散，据守一隅。世充以乘胜余勇，息其东略；建德因侮亡之势，不敢南谋。公之英声，足以振于今古。然谁无善始，终之虑难，去就之机，安危爽节。若策名得地，则九族荫其余辉；委质非人，则一身不能自保。殷鉴不远，公所闻见。孟贲犹豫，童子先之，知几其神，不俟终日。今公处必争之地，乘宜速之机，更事迟疑，坐观成败，恐凶狡之辈，先人生心，则公之事去矣。

世勣得书，遂定计遣使归国，开仓运粮，以馈淮安王神通之军。

俄而建德悉众南下，攻陷黎阳，获征，署为起居舍人。及建德就擒，与裴矩西入关。隐太子闻其名，引直洗马，甚礼之。征见太宗勋业日隆，每劝建成早为之所。及败，太宗使召之，谓曰："汝离间我兄弟，何也？"征曰："皇太子若从征言，必无今日之祸。"太宗素器之，引为詹事主簿。及践祚，擢拜谏议大夫，封钜鹿县男，使安辑河北，许以便宜从事。征至磁州，遇前宫千牛李志安、齐王护军李思行锢送诣京师。征谓副使李桐客曰："吾等受命之日，前宫、齐府左右，皆令赦原不问。今复送思行，此外谁不自疑？徒遣使往，彼必不信，此乃差之毫厘，失之千里。且公家之利，知无不为，宁可虑身，不可废国家大计。今若释遣思行，不问兵罪，则信义所感，无远不臻。古者，大夫出疆，苟利社稷，专之可也。况今日之行，许以便宜从事，主上既以国士见待，安可不以国士报之乎？"即释遣思行等，仍以启闻，太宗甚悦。

太宗新即位，励精政道，数引征入卧内，访以得失。征雅有经国之才，性又抗直，无所

屈挠，太宗与之言，未尝不欣然纳受。征亦喜逢知己之主，思竭其用，知无不言。太宗尝劳之曰："卿所陈谏，前后二百余事，非卿至诚奉国，何能若是？"其年，迁尚书左丞。或有言征阿党亲戚者，帝使御史大夫温彦博案验无状。彦博奏曰："征为人臣，须存形迹，不能远避嫌疑，遂招此谤。虽情在无私，亦有可责。"帝令彦博让征，且曰："自今后不得不存形迹。"他日，征入奏曰："臣闻君臣协契，义同一体。不存公道，唯事形迹，若君臣上下，同遵此路，则邦之兴丧，或未可知。"帝瞿然改容曰："吾已悔之。"征再拜曰："愿陛下使臣为良臣，勿使臣为忠臣。"帝曰："忠、良有异乎？"征曰："良臣，稷、契、咎陶是也。忠臣，龙逢、比干是也。良臣使身获美名，君受显号，子孙传世，福禄无疆。忠臣身受诛夷，君陷大恶，家国并丧，空有其名。以此而言，相去远矣。"帝深纳其言，赐绢五百匹。

贞观二年，迁秘书监，参与朝政。征以丧乱之后，典章纷杂，奏引学者校定四部书。数年之间，秘府图籍，粲然毕备。

时高昌王麴文泰将入朝，西域诸国咸欲因文泰遣使贡献，太宗令文泰使人厌怛纥干往迎接之。征谏曰："中国始平，疮痍未复，若微有劳役，则不自安。往年文泰入朝，所经州县，犹不能供，况加于此辈。若任其商贾来往，边人则获其利，若为宾客，中国即受其弊矣。汉建武二十二年，天下已宁，西域请置都护，远侍子。光武不许，盖不以蛮夷劳弊中国也。今若许十国入贡，其使不下千人，欲使缘边诸州何以取济？人心万端，后虽悔之，恐无所及。"上善其议。时厌怛纥干已发，遽追止之。

后太宗幸九成宫，因有宫人还京，憩于沩川县之官舍。俄又右仆射李靖、侍中王珪继至，官属移宫人于别所而舍靖等。太宗闻之，怒曰："威福之柄，岂由靖等？何为礼靖而轻我宫人！"即令案验沩川官属及靖等。征谏曰："靖等，陛下心膂大臣；宫人，皇后扫除之隶。论其委付，事理不同。又靖等出外，官吏访朝廷法式，归来，陛下问人间疾苦。靖等自当与官吏相见，官吏亦不可不谒也。至于宫人，供食之外，不合参承。若以此罪责县吏，恐不益德音，徒骇天下耳目。"帝曰："公言是也。"乃释官吏之罪，李靖等亦寝而不问。

寻宴于丹霄楼，酒酣，太宗谓长孙无忌曰："魏征、王珪，昔在东宫，尽心所事，当时诚亦可恶。我能拔擢用之，以至今日，足为无愧古人。然征每谏我不从，发言辄即不应，何也？"对曰："臣以事有不可，所以陈论，若不从辄应，便恐此事即行。"帝曰："但当时且应，更别陈论，岂不得耶？"征曰："昔舜诫群臣：'尔无面从，退有后言。'若臣面从陛下方始谏，此即'退有后言'，岂是稷、契事尧、舜之意耶？"帝大笑曰："人言魏征举动疏慢，我但觉妩媚，适为此耳。"征拜谢曰："陛下导之使言，臣所以敢谏，若陛下不受臣谏，岂敢数犯龙鳞？"

是月，长乐公主将出降，帝以皇后所生，敕有司资送倍于永嘉长公主。征曰："不可。昔汉明欲封其子，云'我子岂与先帝子等？可半楚、淮阳'。前史以为美谈。天子姊妹为长公主，子为公主，既加'长'字，即是有所尊崇。或可情有浅深，无容礼相逾越。"上然其言，入告长孙皇后，后遣使赍钱四十万、绢四百匹，诣征宅以赐之，寻进爵郡公。

七年，代王珪为侍中，尚书省滞讼有不决者，诏征评理之。征性非习法，但存大体，以情处断，无不悦服。

初，有诏遣令狐德棻、岑文本撰《周史》，孔颖达、许敬宗撰《隋史》，姚思廉撰《梁》《陈》史，李百药撰《齐史》。征受诏总加撰定，多所损益，务存简正。《隋史》序论，皆征所做，

《梁》《陈》《齐》各为总论，时称良史。史成，加左光禄大夫，进封郑国公，赐物二千段。

征自以无功于国，徒以辩说，遂参帷幄，深惧满盈，后以目疾频表逊位。太宗曰："朕拔卿于仇虏之中，任公以枢要之职，见朕之非，未尝不谏。公独不见金之在矿也，何足贵哉，良冶锻而为器，便为人所宝，朕方自比于金，以卿为良匠。卿虽有疾，未为衰老，岂得便尔？"其年，征又面请逊位，太宗难违之，乃拜征特进，仍知门下事。其后又频上四疏，以陈得失。

其一曰：

臣观自古受图膺运，继体守文，控御英杰，南面临下，皆欲配厚德于天地，齐高明于日月，本枝百代，传祚无穷。然而克终者鲜，败亡相继，其故何哉？所以求之失其道也。殷鉴不远，可得而言。

昔在有隋，统一寰宇，甲兵强盛，三十余年，风行万里，威动殊俗，一旦举而弃之，尽为他人之有。彼炀帝岂恶天下之治安，不欲社稷之长久，故行桀虐，以就灭亡哉？恃其富强，不虞后患，驱天下以从欲，罄万物以自奉。采域中之子女，求远方之奇异。宫宇是饰，台榭是崇，徭役无时，干戈不戢，外示威重，内多险忌。谗邪者必受其福，忠正者莫保其生。上下相蒙，君臣道隔，人不堪命，率土分崩。遂以四海之尊，殒于匹夫之手，子孙殄灭，为天下笑，深可痛哉！

圣哲乘机，拯其危溺，八柱倾而复正，四维绝而更张。远肃迩安，不逾于期月；胜残去杀，无待于百年。今宫观台榭，尽居之矣，奇珍异物，尽收之矣；姬姜叔媛，尽侍于侧矣；四海九州，尽为臣妾矣。若能鉴彼之所以亡，念我之所以得，日慎一日，虽休勿休。焚鹿台之宝衣，毁阿房之广殿，惧危亡于峻宇，思安处于卑宫，则神化潜通，无为而理，德之上也。若成功不毁，即仍其旧，除其不急，损之又损。杂茅茨于桂栋，参玉砌以土阶，悦以使人，不竭其力。常念居之者逸，作之者劳，亿兆悦以子来，群生仰而遂性，德之次也。若惟圣罔念，不慎厥终，忘缔构之艰难，谓天命之可恃。忽采椽之恭俭，追雕墙之侈靡，因其基以广之，增其旧而饰之。触类而长，不知止足，人不见德，而劳役是闻，斯为下矣。譬之负薪救火，扬汤止沸，以乱易乱，与乱同道，莫可则也，后嗣何观？则人怨神怒；人怨神怒，则灾害必下，而祸乱必作。祸乱既作，而能以身名令终者鲜矣。顺天革命之后，隆七百之祚，贻厥孙谋，传之万世，难得易失，可不念哉。

其二曰：

臣闻求木之长者，必固其根本；欲流之远者，必浚其泉源；思国之安者，必积其德义。源不深而岂望流之远，根不固而何求木之长。德不厚而思国之治，虽在下愚，知其不可，而况于明哲乎！人君当神器之重，居域中之大，将崇极天之峻，永保无疆之休。不念于居安思危，戒奢以俭，德不处其厚，情不胜其欲，斯亦伐根以求木茂，塞源而欲流长者也。

凡百元首，承天景命，莫不殷忧而道著，功成而德衰。有善始者实繁，能克终者盖寡，岂其取之易而守之难乎？昔取之而有余，今守之而不足，何也？夫在殷忧必竭诚以待下，既得志则纵情以傲物。竭诚则胡越为一体，傲物则骨肉为行路。虽董之以严刑，振之以威怒，终苟免而不怀仁，貌恭而不心服。怨不在大，可畏惟人。载舟覆舟，所宜深慎，奔车朽索，其可忽乎？

君人者，诚能见可欲则思知足以自戒，将有所作则思知止以安人，念高危则思谦冲而自牧，惧满溢则思江海而下百川，乐盘游则思三驱以为度，恐懈怠则思慎始而敬终，虑壅蔽则思虚心以纳下，想谗邪则思正身以黜恶，恩所加则思无因喜以谬赏，罚所及则思无因怒而滥刑。总此十思，弘兹九德，简能而任之，择善而从之，则智者尽其谋，勇者竭其力，仁者播其惠，信者效其忠。文武争驰，君臣无事，可以尽豫游之乐，可以养松乔之寿，鸣琴垂拱，不言而化。何必劳神苦思，代下司职，役聪明之耳目，亏无为之大道哉！

其三曰：

臣闻《书》曰："明德慎罚，惟刑恤哉！"《礼》云："为上易事，为下易知，则刑不烦矣。上多疑则百姓惑，下难知则君长劳矣。"夫上易事，下易知，君长不劳，百姓不惑。故君有一德，臣无二心，上播忠厚之诚，下竭股肱之力，然后太平之基不坠，"康哉"之咏斯起。当今道被华夷，功高宇宙，无思不服，无远不臻。然言尚于简大，志在于明察，刑赏之本，在乎劝善而惩恶，帝王之所以与天下为画一，不以亲疏贵贱而轻重者也。今之刑赏，未必尽然。或申屈在乎好恶，轻重由乎喜怒。遇喜则矜其刑于法中，逢怒则求其罪于事外，所好则钻皮出其毛羽，所恶则洗垢求其瘢痕。瘢痕可求，则刑斯滥矣；毛羽可出，则赏典谬矣。刑滥则小人道长，赏谬则君子道消。小人之恶不惩，君子之善不劝，而望治安刑措，非所闻也。

且夫暇豫清谈，皆敦尚于孔、老；威怒所至，则取法于申、韩。直道而行，非无三黜，危人自安，盖亦多矣。故道德之旨未弘，刻薄之风已扇。夫上风既扇，则下生百端，人竞趋时，则宪章不一，稽之王度，实亏君道。昔州黎上下其手，楚国之法遂差；张汤轻重其心，汉朝之刑以弊。人臣之颇僻，犹莫能申其欺罔，况人君之高下，将何以措其手足乎！以睿圣之聪明，无幽微而不烛，岂神有所不达，智有所不通哉？安其所安，不以恤刑为念；乐其所乐，遂忘先笑之变。祸福相倚，吉凶同域，唯人所召，安可不思。顷者责罚稍多，威怒微厉，或以供给不赡，或以人不从欲，皆非致治之所急，实乃骄奢之攸渐。是知贵不与骄期而骄自来，富不与奢期而奢自至，非徒语也。

且我之所代，实在有隋。隋氏乱亡之源，圣明之所临照。以隋氏之甲兵，况当今之士马；以隋氏之府藏，譬今日之资储，以隋氏之户口，校今时之百姓，度长计大，曾何等级？然隋氏以富强而丧败，动之也；我以贫寡而安宁，静之也。静之则安，动之则乱，人皆知之，非隐而难见也，微而难察也。鲜蹈平易之涂，多遵覆车之辙，何哉？在于安不思危，治不念乱，存不虑亡之所致也。昔隋氏之未乱，自谓必无乱；隋氏之未亡，自谓必不亡。所以甲兵屡动，徭役不息，至于身将戮辱，竟未悟其灭亡之所由也。可不哀哉！

夫鉴形之美恶，必就于止水，鉴国之安危，必取于亡国。《诗》曰："殷鉴不远，在夏后之世。"又曰："伐柯伐柯，其则不远。"臣愿当今之动静，思隋氏以为鉴，则存亡治乱，可得而知。若能思其所以危，则安矣；思其所以乱，则治矣；思其所以亡，则存矣。存亡之所在，节嗜欲以从人，省畋游之娱，息靡丽之作，罢不急之务，慎偏听之怒。近忠厚，远便佞，杜悦耳之邪说，听苦口之忠言。去易进之人，贱难得之货，采尧、舜之诽谤，追禹、汤之罪己，惜十家之产，顺百姓之心，近取诸身，恕以待物，思劳谦以受益，不自满以招损。有动则庶类以和，出言而千里斯应，超上德于前载，树风声于后昆。此圣哲之宏规，帝王之盛业，能事斯毕，在乎慎守而已。

夫守之则易，取之实难，既得其所以难，岂不能保其所以易。其或保之不固，则骄奢淫泆动之也,慎终如始,可不勉欤!《易》云:"君子安不忘危,存不忘亡,治不忘乱,是以身安而国家可保。"诚哉斯言,不可以不深察也。伏惟陛下欲善之志,不减于昔时;闻过必改,少亏于曩日,若能以当今之无事,行畴昔之恭俭,则尽善尽美,固无得而称焉。

其四曰:

臣闻为国之基,必资于德礼;君子所保,惟在于诚信。诚信立则下无二心,德礼形则远人斯格。然则德礼诚信,国之大纲,在于父子君臣,不可斯须而废也。故孔子曰:"君使臣以礼,臣事君以忠。"又曰:"自古皆有死,人无信不立。"文子曰:"同言而信,信在言前;同令而行,诚在令外。"然则言而不行,言不信也;令而不从,令无诚也。不信之言,无诚之令,为上则败国,为下则危身,虽在颠沛之中,君子所不为也。

自王道休明,十有余载,威加海外,万国来庭,仓廪日积,土地日广。然而道德未益厚,仁义未益博者,何哉?由乎待下之情未尽于诚信,虽有善始之勤,未睹克终之美故也。其所由来者渐,非一朝一夕之故。昔贞观之始,闻善若惊,暨五六年间,犹悦以从谏。自兹厥后,渐恶直言,虽或勉强,时有所容,非复曩时之豁如也。謇谔之士,稍避龙鳞;便佞之徒,肆其巧辩。谓同心者为朋党,谓告讦者为至公,谓强直者为擅权,谓忠谠者为诽谤。谓之朋党,虽忠信而可疑;谓之至公,虽矫伪而无咎。强直者畏擅权之议,忠谠者虑诽谤之尤。至于窃斧生疑,投杼致惑,正人不得尽其言,大臣莫能与之诤。荧惑视听,郁于大道,妨化损德,其在兹乎?故孔子恶利口之覆邦家,盖为此也。

且君子小人,貌同心异。君子掩人之恶,扬人之善,临难无苟免,杀身以成仁。小人不耻不仁,不畏不义,唯利之所在,危人以自安。夫苟在危人,则何所不至。今将求致治,必委之于君子;事有得失,或访之于小人。其待君子也则敬而疏,遇小人也必轻而狎,狎则言无不尽,疏则情或不通。是毁誉在于小人,刑罚加于君子,实兴丧所在,亦安危所系,可不慎哉!夫中智之人,岂无小慧,然才非经国,虑不及远,虽竭力尽诚,犹未免于倾败;况内怀奸利,承颜顺旨,其为祸患,不亦深乎?故孔子曰:"君子或有不仁者焉,未见小人而仁者。"然则君子不能无小恶,恶不积无妨于正道;小人或时有小善,善不积不足以立忠。今谓之善人矣,复虑其有不信,何异夫立直木而疑其影之不直乎?虽竭精神,劳思虑,其不可亦已明矣。

夫君能尽礼,臣得竭忠,必在于内外无私,上下相信。上不信则无以使下,下不信则无以事上,信之为义大矣哉!故自天佑之,吉无不利。昔齐桓公问于管仲曰:"吾欲酒腐于爵,肉腐于俎,得无害于霸乎?"管仲曰:"此极非其善者,然亦无害霸也。"公曰:"何如而害霸乎?"曰:"不能知人,害霸也;知而不能用,害霸也;用而不能信,害霸也;既信而又使小人参之,害霸也。"晋中行穆伯攻鼓,经年而不能下,馈间伦曰:"鼓之啬夫,间伦知之,请无疲士大夫而鼓可得。"穆伯不应。左右曰:"不折一戟,不伤一卒,而鼓可得,君奚为不取?"穆伯曰:"间伦之为人也,佞而不仁。若间伦下之,吾不可以不赏。赏之,是赏佞人也。佞人得志,是使晋国之士舍仁而为佞,虽得鼓,将何用之?"夫穆伯列国大夫,管仲霸者之佐,犹慎于信任,远避佞人也如此,况乎为四海之大君,应千龄之上圣,而可使巍巍之盛德,复将有所间然乎?

若欲令君子小人是非不杂,必怀之以德,待之以信,厉之以义,节之以礼,然后善善而恶恶,审罚而明赏。则小人绝其佞邪,君子自强不息,无为之化,何远之有。善善而不能进，恶恶而不能去，罚不及于有罪，赏不加于有功，则危亡之期，或可未保，永锡祚胤，将何望哉！

太宗手诏嘉美，优纳之。尝谓长孙无忌曰："朕即位之初，上书者或言'人主必须威权独运，不得委任群下'；或欲耀兵振武，慑服四夷。唯有魏征劝朕'偃革兴文，布德施惠，中国既安，远人自服。'朕从其语，天下大宁。绝域君长，皆来朝贡，九夷重译，相望于道。此皆魏征之力也。"

太宗尝嫌上封者众，不近事实，欲加黜责。征奏曰："古者立诽谤之木，欲闻己过，今之封事，谤木之流也。陛下思闻得失，只可恣其陈道。若所言衷，则有益于陛下；若不衷，无损于国家。"太宗曰："此言是也。"并劳而遣之。

后太宗在洛阳宫，幸积翠池，宴群臣，酒酣各赋一事。太宗赋《尚书》曰："日昃玩百篇，临灯披《五典》。夏康既逸豫，商辛亦流湎。恣情昏主多，克己明君鲜。灭身资累恶，成名由积善。"征赋西汉曰："受降临轵道，争长趣鸿门。驱传渭桥上，观兵细柳屯。夜宴经柏谷，朝游出杜原。终藉叔孙礼，方知皇帝尊。"太宗曰："魏征每言，必约我以礼也。"寻以修订《五礼》，当封一子为县男，请让孤兄子叔慈。太宗怆然曰："卿之此心，可以励俗。"遂许之。

十二年，礼部尚书王珪奏言："三品以上遇亲王于涂，皆降乘，违法申敬，有乖仪准。"太宗曰："卿辈皆自崇贵，卑我儿子乎？"征进曰："自古迄兹，亲王班次三公之下。今三品皆曰天子列卿及八座之长，为王降乘，非王所宜当也。求诸故事，则无可凭，行之于今，又乖国宪。"太宗曰："国家所以立太子者，拟以为君。然则人之修短，不在老少，设无太子，则母弟次立。以此而言，安得轻我子耶？"征曰："殷家尚质，有兄终弟及之义；自周以降，立嫡必长，所以绝庶孽之窥觎，塞祸乱之源本，有国者之所深慎。"于是遂可珪奏。会皇孙诞育，召公卿赐宴，太宗谓侍臣曰："贞观以前，从我平定天下，周旋艰险，玄龄之功，无所与让。贞观之后，尽心于我，献纳忠说，安国利民，犯颜正谏，匡朕之违者，唯魏征而已。古之名臣，何以加也。"于是亲解佩刀以赐二人。

征以戴圣《礼记》编次不伦，遂为《类礼》二十卷，以类相从，削其重复，采先儒训注，择善从之，研精覃思，数年而毕。大宗览而善之，赐物一千段，录数本以赐太子及诸王，仍藏之秘府。

先是，遣使诣西域立叶护可汗，未还，又遣使多赍金银帛历诸国市马。征谏曰："今以立可汗为名，可汗未定，即诣诸国市马，彼必以为意在市马，不为专意立可汗。可汗得立，则不甚怀恩。诸蕃闻之，以为中国薄义重利，未必得马而失义矣。昔汉文有献千里马者，曰：吾凶行日三十里，吉行五十里，銮舆在前，属车在后，吾独乘千里马将安之？乃赏其道里所费而返之。汉光武有献千里马及宝剑者，马以驾鼓车，剑以赐骑士。陛下凡所施为，皆邈逾三王之上，奈何至于此事，欲为孝文、光武之下乎？又魏文帝欲求市西域大珠，苏则曰：'若陛下惠及四海，则不求自至，求而得之，不足为贵也。'陛下纵不能慕汉文之高行，可不畏苏则之言乎？"太宗纳其言而止。

时公卿大臣并请封禅，唯征以为不可。太宗曰："朕欲卿极言之。岂功不高耶？德不厚耶？诸夏未治安耶？远夷不慕义耶？嘉瑞不至耶？年谷不登耶？何为而不可？"对曰："陛下功则高矣，而民未怀惠；德虽厚矣，而泽未滂流；诸夏虽安，未足以供事；远夷慕义，无以供其求;符瑞虽臻,蔚罗犹密;积岁丰稔,仓廪尚虚。此臣所以窃谓未可。臣未能远譬,且借喻于人。今有人十年长患瘵,治且愈,此人应皮骨仅存,便欲使负米一石,日行百里,必不可得。隋氏之乱,非止十年,陛下为之良医,疾苦虽已乂安,未甚充实,告成天地,臣窃有疑。且陛下东封,万国咸萃,要荒之外,莫不奔走。今自伊、洛以东,暨乎海岱,灌莽巨泽,苍茫千里,人烟断绝,鸡犬不闻,道路萧条,进退艰阻,岂可引彼夷狄,示以虚弱?竭财以赏,未厌远人之望,重加给复,不偿百姓之劳。或遇水旱之灾,风雨之变,庸夫横议,悔不可追。岂独臣之恳诚,亦有舆人之诵。"太宗不能夺。是后,右仆射缺,欲拜之,征固让乃止。

及皇太子承乾不修德业,魏王泰宠爱日隆,内外庶僚,并有疑议。太宗闻而恶之,谓侍臣曰:"当今朝臣忠謇,无逾魏征,我遣傅皇太子,用绝天下之望。"十六年,拜太子太师,知门下省事如故。征自陈有疾,诏答曰:"汉之太子,四皓为助,我之赖公,即其义也。知公疾病,可卧护之。"

其年,称绵惙,中使相望。征宅先无正寝,太宗欲为小殿,辍其材为征营构,五日而成。遣中使赍素褥布被而赐之,遂其所尚也。及病笃,舆驾再幸其第,抚之流涕,问所欲言,征曰:"嫠不恤纬,而忧宗周之亡。"后数日,太宗夜梦征若平生,及旦而奏征薨,时年六十四。太宗亲临恸哭,废朝五日,赠司空、相州都督,谥曰文贞,给羽葆鼓吹、班剑四十人,赙绢布千段,米粟千石,陪葬昭陵。及将祖载,征妻裴氏曰:"征平生俭素,今以一品礼葬,羽仪甚盛,非亡者之志。"悉辞不受,竟以布车载枢,无文彩之饰。太宗登苑西楼,望丧而哭。诏百官送出郊外。帝亲制碑文,并为书石。其后追思不已,赐其实封九百户。尝临朝谓侍臣曰:"夫以铜为镜,可以正衣冠;以古为镜,可以知兴替;以人为镜,可以明得失。朕常保此三镜,以防己过。今魏征殂逝,遂亡一镜矣!征亡后,朕遣人至宅,就其书函得表一纸,始立表草,字皆难识,唯前有数行,稍可分辨,云:'天下之事,有善有恶。任善人则国安,用恶人则国乱。公卿之内,情有爱憎。憎者唯见其恶,爱者唯见其善。爱憎之间,所宜详慎,若爱而知其恶,憎而知其善,去邪勿疑,任贤勿贰,可以兴矣。'其遗表如此。然在朕思之,恐不免斯事。公卿侍臣,可书之于笏,知而必谏也。"

征状貌不逾中人,而素有胆智。每犯颜进谏,虽逢王赫斯怒,神色不移。尝密荐中书侍郎杜正伦及吏部尚书侯君集有宰相之材。征卒后,正伦以罪黜,君集犯逆伏诛,太宗始疑征阿党。征又自录前后谏诤言辞往复以示史官起居郎褚遂良。太宗知之,愈不悦。先许以衡山公主降其长子叔玉,于是手诏停婚,顾其家渐衰矣。

征四子。叔琬、叔璘、叔瑜。叔玉袭爵国公,官至光禄少卿;叔瑜至潞州刺史;叔璘礼部侍郎,则天时为酷吏所杀。

神龙初,继封叔玉子膺为郑国公。

叔瑜子华,开元初太子右庶子。

【译文】

魏征,字玄成,钜鹿县曲城人。父亲魏长贤,任北齐屯留县令。魏征少年时孤苦贫穷,但风流洒脱,胸怀大志,不去谋生,出家做了道士。他喜好读书,往往能融会贯通。看到天下一天天混乱,便特别留意起纵横学说。

隋朝大业末年，武阳郡丞元宝藏起兵响应李密，召魏征掌管文书。李密每次见到元宝藏的书信，都要称赞一番。当他得知这些书信都出自魏征之手，立即派人把魏征召去。魏征向李密提出十条计策，李密虽然称奇却不采用。及至王世充在洛口攻李密，魏征对李密的长史郑颋说："魏公(李密)虽然迅速取胜，但精兵强将死伤太多，加之军队没有钱物，有功将士得不到奖赏，士气低落。这两点使他的军队难于应敌。不如深挖沟，高筑墙，拖延时日，这样不出十天半月，敌人粮草用尽，就可以不战而退敌，此时再追击消灭敌人，这是取胜之道。而且东都洛阳粮尽，王世充无计可施，就要死战，可以说被逼入绝境的敌人很难与他争锋。请慎重考虑，不要与敌人交战。"郑颋说："这些不过是老生常谈。"魏征说："这是奇谋深策，怎么说是常谈？"于是拂袖而去。

待到李密失败，魏征随他一同降唐，来到京城。魏征很久得不到赏识，便自己请求去安抚山东地区。于是他被授为秘书丞，乘驿马赶到黎阳。当时徐世勣还在效忠李密，聚众一方，魏征投书徐世勣，信中写道：

自从隋末战乱分裂，争夺天下的群雄跨州连郡，数不胜数。魏公叛隋而起，振臂疾呼，四方响应，驱驰万里，追随之众如云合雾聚，以数十万计，威风所至，几达半壁天下。在洛口破王世充，在黎山摧毁宇文化及，正要西蹈咸阳，北夺宫阙，扬旌旗于瀚海，饮战马于渭川，却以百战百胜的神威败为奔亡逃命的穷寇。因此可知帝王之位，自有所归，不是奋力争夺就能得到的。为此，魏公念及皇帝眷顾，毫不迟疑西入函谷关。您生于乱世，感念魏公的知遇之恩。如今依靠的根基已撤，您却不改初衷，纠集残余部众，固守一隅。使王世充以乘胜余勇，不敢东向，窦建德顺有利之势，不敢南攻。您的英名足以传扬今古。然而谁没有好的开端呢？要想有好的结局却不易。背离唐还是归附唐是关系您安危的大计。如果接受唐的封爵，领受封地，那么九族都可以享受余荫；若误投他人，那么您就连自身也无法保全。前代已有教训，您已耳闻目睹。孟贲只因犹豫不决，就使童子先他一步，征兆一出现，应当立即把握，不能等到明天。现在您位于兵家必争之地，处在须尽快决断的关头，若再迟疑不决，坐观成败，恐怕凶顽狡诈之徒就会抢先一步萌生献地降唐之心，那样的话您的大势就无可挽回了。

徐世勣得到书信，便定计遣使归附唐朝，并开仓运粮，供应淮安王神通的军队。

不久窦建德率部众南下，攻占黎阳，俘获魏征，让他任起居舍人。等到窦建德被俘，他又和裴矩一起西行入关归唐。隐太子李建成听说他的名声，引荐他做太子洗马，对他十分尊敬。魏征看到太宗李世民的功业日盛一日，常劝建成对他早做防备。及至建成失败，太宗派人召来魏征，对他说："你挑拨我们兄弟二人，这是为什么？"魏征回答："皇太子若是听从我的话，绝不会有今日的灾祸了。"太宗一直很器重他，引荐他做詹事主簿。太宗继位后，升魏征为谏议大夫，封钜鹿县男，派他去安抚河北地区，并准许他遇事相机处理，不必请示。魏征行至磁州，遇到李建成的东宫千牛李志安和齐王护军李思行正被枷梏押往京城。魏征对副使李桐客说："我辈接受使命之日，原东宫太子府、齐王府的人，都已被圣命赦免，不再问罪。现在却又押送恩行问罪，别人谁能不自生疑心，徒然派使臣前去，他们一定不会相信。这真是差之毫厘，失之千里。况且只要于国家有利，就该知无不为，宁可殃及自身，不可败坏国家大计。现在如果放还思行，不向他问罪，那么朝廷信义能够感化之处，就会无远不及。古时，卿大夫出使边地，只要于国家有利的事，就可以专断,何况此次出行,允许我们有遇事随时处理、不必请示的权利。皇上既把我们当国士对待,我们怎么能够不以国士的身份行事以报效皇上呢?"他们立即开释思行等人,过后据实上报,太宗十分高兴。

太宗初即位,励精图治,多次领魏征进卧室,询问施政得失。魏征很有治国的才略,并且性情耿直,无所屈服。太宗与他谈话,总是欣然采纳他的意见,他也欣喜遇到知己的君主,力图竭尽所能,知无不言。太宗曾慰劳他说:"卿所陈述劝谏的事,前后共有二百余条,如果不是卿竭诚为国效力,怎么能如此?"这一年,魏征升任尚书左丞。有人传言魏征偏袒自己的亲戚,皇帝派御史温彦博调查证明传言不实。温彦博奏报说:"魏征身为朝臣,应该检点自己的言行举止,他却不能避开嫌疑,所以招来这些非议。虽然在情理上他并没有徇私,但也有该受责备的地方。"皇帝命温彦博去责备魏征,并且说:"从今以后不可不注意自己行为的影响。"过了几天,魏征入朝上奏道:"臣听说君臣和协默契,二者道义上如同一个整体。哪有弃公道于不顾,只追求个人行为影响的。如果君臣上下,都按这条道路行事,那么国家的兴亡就不可预知了。"皇帝吃惊地变了脸色,说:"我已经悔悟了。"魏征再次叩拜说:"希望陛下让臣做良臣,不要让臣做忠臣。"皇帝说:"难道忠和良还有区别吗?"魏征答:"稷、契和皋陶就是良臣,而龙逢、比干则是

唐太宗

忠臣。良臣能使自身获得美名,君主也获得显赫的尊号,并且子孙相传,福禄无穷。忠臣却不但自己遭杀身之祸,也使君主陷于罪恶深重的境地,自家、国家一同毁灭,只是空得一个忠臣的美名。由此而言,忠和良相差太远了。"皇帝诚恳地接受了他的意见,并赐给他五百匹绢。

贞观二年,魏征迁秘书监,开始参与朝政。他提出战乱过后,典籍章册纷零杂乱,奏请选派学者校定经、史、子、集四部书,几年之内,国家书库的典藏已是洋洋大观、十分齐备了。

其时高昌国王麴文泰即将入京朝见,西域各国都想随文泰一行派使朝贡,太宗命令文泰的使臣厌怛纥干前往迎接他们。魏征劝阻说:"中国刚刚安定,还没有从战争的创伤中恢复过来,如果稍有劳役,就会使自身不安定。往年文泰一人入朝,一路经过的州县都供他不起,更何况又加上这些来使。如果听任他们的商贾往来经商,边地的人还可以从中获利,但若作为宾客,中国很快就会受到他们的困累。东汉建武二十二年时,天下已经安定,西域请求汉设置都护,并遣送子弟入侍汉天子。光武皇帝没有同意,就是因为不想

为了异族而使中国劳顿困竭。现在如果准许十国人朝进贡，十国的使臣不少于千人，想要让沿边各州拿什么来接待他们呢？人心万种，日后虽然后悔，恐怕也于事无补了。"皇帝认为他的意见很好。这时厌怛纥干已启程，于是立即派人去追赶阻止他。

后来，太宗游幸九成宫。因为有宫女要回京城，她们就住在沣川县的官舍里，不久右仆射李靖、侍中王珪相继到来，县里官吏把宫女从官舍移走，而让李靖等人住下。太宗得知后恼怒地说："威福的权柄难道归李靖这几个人？为什么优礼接待李靖而慢怠我的宫女。"随即下令查处沣川县官员和李靖等人。魏征劝阻说："李靖他们几人是陛下的心腹大臣，而宫女是替皇上皇后清扫的奴婢，若论他们各自的职守，完全不是一回事。何况李靖等人外出，各地官吏要向他们打听朝廷的纲纪，回朝后，陛下也要向他们询问民间的疾苦。李靖等人自然应当与下面的官吏见面，下面的官吏也不能不去参见大臣。至于宫女，除了供给她们饮食之外，并不需要另外参见奉承。如果以此为罪责罚县吏，恐怕不利于陛下仁德的名声，只会使天下人听说后惊骇。"太宗说："你的话很对。"于是宣布县官无罪，对李靖等人也不再责问。

不久太宗在丹霄楼设宴。酒兴正浓时，太宗对长孙无忌说："魏征、王珪过去在东宫做事尽心竭力，当时也实在可恶。我能提拔他们，一直到今天，完全算得上无愧于古人了。但是魏征每次劝谏，我不听从时，我说的话他总不立即回答，这是为什么？"长孙无忌回答："大臣们认为事情不妥，所以才陈述意见，如果陛下不听从而大臣马上回答，就恐事情会立即实行。"皇帝说："当时姑且先答应，过后再另外陈述意见，不是就可以了吗？"魏征说："往昔舜告诫群臣'你们不要当面顺从我，退下后又有话说。'如果臣当面顺从陛下，回去后又要进谏，这就叫'退下后又有话说，'这哪里是稷、契用来侍奉尧、舜的心志呢。"皇帝大声笑道："人家都说魏征举止粗疏傲慢，我却只觉得他柔媚，刚才的事就是这样。"魏征拜谢道："陛下引导臣，让臣讲话，所以臣才敢进谏。如果陛下不接受臣的劝谏，臣岂敢屡次冒犯陛下。"

当月，长乐公主将要下嫁，皇帝认为她是皇后所生，因此命主管官员送去的陪嫁比永嘉长公主多一倍。魏征说："不行。过去汉明帝要封自己的儿子时说：'我的儿子怎么可以与先帝的儿子同等待遇呢？只可以给他相当于楚王、淮阳王一半的封土。'这件事被前代的史书传为美谈。天子的姐妹称长公主，女儿称公主。既然加上'长'字，就表示尊崇的意思。或许对她们的感情可以有深浅之分，但是在礼遇上却不能越制。"皇帝同意他的话，回去后告诉长孙皇后。皇后派人带上钱四十万、绢四百匹，到魏征家中赏赐给他。不久他的爵位进为郡公。

贞观七年，魏征代替王珪任侍中，尚书省有迟迟判决不下的案子，皇上命令魏征评断。魏征本不熟悉法律，他只是依据大的原则，按情理断处，没有人不心悦诚服。

当初皇帝下诏令，派令狐德棻、岑文本撰写《周史》，派孔颖达、许敬宗撰写《隋史》，派姚思廉撰写《梁史》《陈史》，李百药撰写《齐史》。魏征奉诏统一修订，对上面各书有多处删改，力求简明无误。《隋史》的序和论，都是魏征所作，他还为《梁史》《陈史》《齐史》各书写了总论。当时这几部书被称为良史。史书修成后，魏征升左光禄大夫，晋封为郑国公，受赐彩帛二千段。

魏征自认为对国家没有功劳，只是因为能言善辩，才参与国事的决策，生怕荣宠太过，后来便以眼疾为由多次上表辞官。太宗说：朕朕把卿从仇敌的阵营中提拔起来，让卿担任机要的职务，卿见到朕的过失，也从来没有不加劝谏的。卿难道看不见，金属埋在矿里时，哪里值得珍惜，擅长冶炼的良匠把它锻造后制成器具，才被世人看作宝物。朕把自己比作金属，把卿比做良匠。卿虽然有病，却没有衰老，怎么能让卿就辞官呢？"这一年，魏征又当面向太宗请求辞官，太宗难于违背他的要求，于是拜他为特进，依旧让他掌管门下省政务。其后魏征又连上四篇章疏，论述治国成功与失败的经验。第一篇说：

臣考察自古以来凡接受版图配享天命、承继帝位恪守成法、统御英豪君临天下者，都希望道德崇厚达于天地，神思睿智与日月相辉，子孙百代，国运相传，没有穷尽。但是能够保全天下的很少，一个个相继败亡，这是什么缘故呢？我为此探求他们失败的原因。历史教训并不遥远，可以求得为陛下言说。

往昔隋朝，统一天下，军势强盛，三十余年间风行万里，声威远震异域，然而一旦举天下而弃之，天下便都为他人所有。难道他隋炀帝不喜欢天下太平安定，不想使国家命运长远，而故意像夏桀那样施行虐政，以走向败亡吗？就是因为他自恃国家富强，不思虑以后的祸患。驱使天下人以放纵一己的私欲，耗尽天下资财以供自己享用，搜寻天下美女，求取远方珍奇异物，宫殿室宇务求装饰华丽，楼台亭榭务求建筑巍峨徭役不息，战事不断，对外耀武扬威，内部危机四伏，奸诈邪恶者必定从中获福，忠臣义士不能保全性命。上下欺骗，君臣猜忌，百姓不堪重负，国家分崩离析，于是天下至尊之主死在匹夫手下，子孙也遭诛戮，最终为天下人耻笑，真是太让人痛惜了。

圣人贤哲善于把握时机，挽救危急沉沦的局势。支撑苍穹的八根立柱倾倒能使它重新竖起，礼义廉耻四义沦丧能使它重新光大，不出十天半月，可使远近整肃安定，无须等待百年，便可使恶人归善而废除刑杀。如今隋朝的宫观楼台都已住上，珍奇异物都已收齐，又有妻妾嫔妃在身旁服侍，四海九州也已称臣称妾了。如果能够以隋亡的教训为鉴，记住我唐朝所以得天下的原因，一天比一天谨慎，虽政绩良好而不自以为好，焚烧商纣王鹿台的宝衣，捣毁秦始皇阿房宫宽广的殿堂，身处高大的宫殿便忧惧国家危亡，身居卑陋的宫室才能安然处之，那么就会暗通神灵化境，使天下无为而治，这是德之中最上乘的境界。如果不毁弃已经完成的功业，继续按照成规行事，停罢并非急需之务，将用度减损之后再减损，雕梁画栋间参以茅草，玉石台阶庞杂以土台，以和悦役使百姓而不穷竭民力，时常想到坐享其成者已十分安逸，劳作者却十分辛苦，百姓因愉悦而归顺，众生因仰慕而安守本分，这是德之中次一等的境界。如果不思念圣贤之道，不顾及日后的结局，忘却创业的艰难，自以为可以依恃天命，忽视建筑的俭朴，追求雕墙画栋的奢侈靡费，前代的宫室要拓宽，旧物添新再加粉饰，遇到相类似之物必定与之攀比、一争高下，而不想到适可而止，人们看不到德政，只听说无休止的劳役，这是德之中最下等的。这样做就如同背负柴草去救火，泼上开水以制止沸腾，这是以新乱代替旧乱，与原有的乱如出一辙，切不可以效法。这样做后果如何？会使天怒人怨。天怒人怨，就必定遭受灾害、引发祸乱。一旦祸乱发生，便很少有国君能够保全自家性命、留下美好名声的了。顺应天命改朝换代之后，国运兴盛七百年。这七百年的江山谁都想把它留给后人，传续万代。然而得天下难，失天下易，难道还能够不认真想一想吗！

第二篇说：

臣听说要想树木茂盛，必须使它的根部扎得牢固；要想河水流得长远，必须疏浚它的源头；要使国家安泰，必须积聚德政义行。源头不深怎么能希望河流长远，根部扎得不牢哪有树木的繁茂。德行不崇厚却希望国家大治，臣虽愚钝，也知道不行，更何况贤明圣哲呢。君主掌握国家的重权，居宇宙间道、天、地、王四大之一，其尊崇与上天一样高峻，应永保福运无疆。如果不想到居安思危，以节俭戒除贪婪，不能使德行聚累崇厚，不能用情理战胜欲望，这也就如同砍伐树根而想使它茂盛、阻塞源头而想使河流长远一样。

一切帝王，承受上天大命，没有不是深怀忧惧而治绩卓著、功业告成而德行衰微的。有良好开端的实在很多，能够贯彻到底的却很少。难道是夺取江山容易守护江山难吗？昔日夺取时力有余，如今守卫却力不足，原因何在？原来深怀忧患时必定竭尽诚心对待下面的人，已经实现志向后就会放纵自己，傲视一切。如果竭尽诚心，那么就会四海结为一家，如果傲视一切，那么至亲骨肉也会视同路人。虽以严刑管束、以威怒震慑，终究也只是免于刑罚而并不感念仁德，外表恭顺而内心不服。怨愤不在大小，可畏惧的是众人。（众人如水）水可以载舟，也可以覆舟，这是应该十分谨慎对待的；腐朽的绳索套着奔驰的车辆，这种危险是可以忽视的吗？

为人君主者，如果能做到见到引起贪欲之物就想到知足以警诫自己；将要有所举措时就想到应当适可而止以使百姓安定；每念身居高位面临危殆就想到谦虚淡泊以自处；惧怕满盈而溢出就想到要如江海那样低下以容纳百川；以巡游为乐就想到天子射猎应以三驱为限；恐怕松懈倦怠就要想到做事应当谨慎地开始、兢兢业业地结束；忧虑壅塞蒙蔽就要想到应虚心待人以接纳下面的意见；思虑谗言邪说就要想到端正自身以去除邪恶；有所赏赐就该想到不因个人喜好而误赏；有所惩罚就要想到不因盛怒而滥用刑罚。总结这"十思"，弘扬九德，选拔有才能者任用，择取好的意见听从，那么聪明的人就会献出全部智谋，勇敢的人就会献出全部力量，仁慈的人就会传播他们的恩惠，诚信的人就会贡献全部忠心。文臣武将争相效力，君臣之间没有嫌隙。这样就可以尽享悠游之乐，可以颐养天年、弹琴鸣曲，垂衣拱手，无须烦言而教化已成。何必劳费精神，苦苦思虑，代替臣下履行各自的职责，役使聪明的耳目，而有亏"无为而治"的大道呢！

第三篇说：

臣听《尚书》说："崇显道德而慎用刑罚，用刑务求慎重不滥！"《礼记》说："君主易于侍奉，臣民易于了解，那么刑罚就不至苛繁。如果君上多猜忌之心，百姓就会困惑；如果臣民难于了解，君上就要操劳。"君主易于侍奉，臣民易于了解，君主不操劳，臣民不困惑。君主有专一的美德，臣民就不会萌生异心，君主以忠厚的诚心待下，臣下就会效辅佐之力，这样太平的基业才不致坠亡，"康哉"的赞颂就会响起。当今圣道遍及华夏和异邦，功高达于宇宙，无处不归服，无远不向化。然而言谈崇尚简要，心志贵在明察。刑罚赏赐的本意在于劝善惩恶。帝王之所以要划一天下，就在于不因亲疏贵贱而使赏罚轻重不一。如今的刑罚和赏赐未必都适当，是非曲直以个人的好恶为准，赏罚的轻重视个人的喜怒而定。高兴时依法慎重量刑，发怒时则在事实之外寻找罪名。对于喜爱的人，不惜以皮上钻孔显露羽毛般的夸张去赞美，对于厌恶的人，则把瘢痕当作污点加以挑剔。瘢痕可以找到，刑罚就可以滥施，羽毛不难显露，赏赐便可以谬加。滥用刑罚，小人之道大张，赏赐失当，君子之道消亡。小人的恶行得不到惩处，君子的善举得不到鼓励，却希望天下安定,刑罚弃置不用,这样的事臣没有听说过。

而且闲暇清淡时,都信奉、推崇孔子、老子;一旦发威动怒,则效法申不害、韩非。凭道义行事,也难保不会被三次罢官;危害他人保全自己,这样的事大约也有许多。因此道德的宗旨没有弘扬,而刻薄的风习大张。上面已兴起风气,下面就会不断滋生事端。人人争相追逐时尚,法度规章便不一致。稽考王者法度,这样实在有亏人君之道。昔日伯州黎与人串通作弊,楚国的法律于是败坏;张汤量刑轻重不一,汉朝的刑律便有偏差。臣下的偏颇,人们尚且不能申明他的欺瞒,更何况君主倚高倚低,将使下面何以适从呢!以圣上的聪明才智,应该无所不知。难道是神思有所不及,睿智有所不通吗?这是因为安于现状便不考虑刑罚须谨慎,乐于眼前便忘记先笑难免日后祸变。祸福相互依赖,凶吉连在一起,只在于人们自己招致,怎么可以不慎重考虑!近来对下责罚稍多,威怒稍盛,或由于供应物品不足,或由于不能顺遂自己的欲望,都不是达到天下太平所急需的事务,实际上是骄纵奢侈在渐渐滋长。由此可知尊贵没有与骄傲相约而骄傲自会到来,富足没有与奢侈相约而奢侈自会来到,这并不只是说说而已。

况且我朝所取代的是隋朝,隋朝祸乱灭亡的根源,应该是圣上明君所对照思考的。以隋朝的兵马,比当今的军力;以隋朝的库藏,比当今的储备;以隋朝的户口,比当今的百姓;衡量两者的长短大小,有多大的差别呀!然而隋朝以富国强兵而丧乱败亡,因为国家动荡;我朝却以贫国寡民而邦国安宁,因为国家平静。以静治国则天下安定,以动治国则天下离乱,人人都明白这个道理,并非隐蔽不明显、细微难于觉察。但很少有人走平坦易行的道路,大多却跟从翻车的辙印,原因何在?就在于安定时不思虑危难,太平时想不到战乱,生存时不忧惧灭亡。往昔隋朝未乱时,自以为一定不会乱,未灭亡时,自以为一定不会亡。因此屡屡兴兵打仗,徭役不止,以至于自身行将被杀受辱,竟然还不知道灭亡的原因,不是很可悲吗?

照看相貌的美丑,一定要去静止的水面,照看国家的安危,一定要吸取亡国的教训。《诗经》说:"殷朝的借鉴不远,就在夏朝。"又说:"砍伐树枝做斧柄,斧柄尺度并不远。"臣希望当今有所举动时,要把隋朝作为镜子,那么存亡治乱的道理便可以明白了,若能想到隋朝危机的原因,就会安定;想到隋朝祸乱的原因,就会太平;想到隋朝灭亡的原因,就会长存。生存还是灭亡就在于:节制嗜好欲望以顺从他人,减少游猎的娱乐,制止靡费华丽的兴作,停办并非急需的事务,小心因偏听而犯怒,接近忠诚敦厚者,疏远巧言媚宠者,杜绝悦耳的邪说,听取逆耳忠占,使善于钻营的人远去,使稀罕的货物轻贱。采用尧舜树立诽谤之木的做法;追念夏禹、商汤责罚自己的美德。珍惜民产,顺应民心,近取自身为则,以宽恕待人接物,想到勤劳谦和可以受益,不要因自满而招致损害。这样便能有所动作而万众相和,说一句话便千里呼应,超越前代人高尚的道德,为后世树立良好的风范。这是圣哲的宏伟规划,帝王的盛大功业。要做的事就是这些,只在于慎重保守成业而已。

保守帝王的成业容易,夺取它却很困难。已经取得难于得到的,还能保不住容易守护的吗?如果保守得不稳固,那是因为骄奢淫逸动摇了它。因此怎能不努力,做到慎终如始呢!《易经》说:"君子平定不忘危险,生存不忘灭亡,太平不忘动乱,因此自身安全,国家也可以保全。"这些话千真万确,不能不深刻体会呀。臣惟愿陛下求善的心志不减当年,闻过必改的行为不逊于往日。若能在当今的太平之世,仍像往昔一样奉行恭谦节俭,那么尽善尽美自然是当之无愧的了。

第四篇说：

臣听说治理国家的根本，必定要依靠德和礼；君子所保有的，只是诚和信。建立起诚、信，臣下就不会怀有二心；有了德、礼，远方异国的人也会感通圣德。所以德、礼、诚、信是治国的大纲，父子君臣之间，一刻也不能废弃。因此孔子说："君主以礼使用臣下，臣下以忠侍奉君主。"又说："自古人都有一死，做人如果没有信义便会一事无成。"文子说："同样的话有些能得到信任，可知在说话之前就有一个信义的问题；同样的命令，有些就能够施行，可见在存命令之外，还有一个诚意的问题。"这样看来说过的话没有被实行，是因为说话不讲信义；下达的命令没有被遵从，是因为命令缺乏诚意。不讲信义的话、缺乏诚意的命令，对上会使国家败亡，对下会危及自身，即使处在颠沛流离的困境，君子也是不会不讲诚信的。

自从实行帝王正道，天下美好清明，至今已有十余年，皇朝声威远播海外，万国前来朝贡，仓谷日益充实，土地日见宽广。然而道德却没有更加崇厚，仁义也不见一天天广博，原因何在？就在于陛下还没有完全以诚意和信任对待臣下，虽然开始时十分勤奋，却不见坚持到底的美德。所以会这样是逐渐形成的，而非一朝一夕的缘故。过去在贞观初年，陛下听到善言就为之惊叹，乃至五、六年间仍以听从劝谏为乐。但从此之后逐渐嫌恶直言，虽有时勉强接受，不时加以容忍，但已不再有往日的豁达大度了。正义直言的大臣，慢慢开始回避陛下；阿谀媚宠的小人却大肆施展巧辩的伎俩，彼此同心的大臣被指为朋党，揭短告密者被说成大公无私，坚强耿直者被说成专权，忠诚正直者被诬为诽谤。被指为朋党的大臣，虽忠诚守信义仍受到猜疑；被说成大公无私的小人，虽伪善虚假也不受责罚；坚强耿直者畏惧擅权的非议，忠诚正直者担心诽谤的罪名，以至于猜疑成风，谣言惑众，正直的人不能畅所欲言，大臣中没有人敢于争辩。蛊惑视听，阻塞正道，妨碍教化，亏损道德，不正是如此吗？孔子之所以厌恶以巧言善辩颠覆国家的人，大概就是因为这个道理。

况且君子和小人外表相同而内心不一样。君子替人掩恶扬善，危难临头不苟且免祸，而是杀身成仁。小人不耻于不讲仁，不畏惧丧失义，只要有利可图，就会危害他人以求自身平安。如果敢于危害他人，还有什么不敢干呢！现在要想达到天下太平，必定任用君子；事情有差错，有时又会询问小人，对待君子敬重而疏远，对待小人轻视而亲昵。亲昵就会无话不说，疏远就会情感互不相通。这样毁誉由小人决定，刑罚由君子担当，实在关系到国家的兴亡安危，怎么可以不慎重对待呀！才智中等的人，哪能没有小聪明，然而才能不足以治国。考虑问题不深远，虽然全力以赴、忠心耿耿，仍不免失败。更何况内心奸诈贪利、善于察言观色迎合陛下心意的人，这种人造成的祸患还不够深吗？因此孔子说："君子中也有有时不仁的，但从来见到小人而具有仁的品德的。"这样看来，君子不可能没有小恶，但只要恶不积累多就不会妨碍正道；小人有时也会有小善，但善不积累就不足以树立忠诚。现在说一个人善，却又担心他不讲信义，这同树立一根笔直的木头却怀疑它的影子不正有什么两样？这样做即使耗尽精神，殚思竭虑，依旧行不通，这也是十分明白的。

君王能尽礼，人臣能效忠，必定由于对内对外没有私心，上下彼此相信。君上不信任臣下就无法使用臣下，臣下不相信君上就不能侍奉君上，信的意义真是太大了！借此能得到上天的佑助，没有不吉不利的。从前齐桓公问管仲说："我想让酒在酒杯中发臭，让肉在砧板上烂掉，这不会妨害霸业吗？"管仲说："这样做非常不好，但是不妨害霸业。"齐桓公问："怎样做就会损害霸业呢？"齐桓公说："不能了解人损害霸业；了解了而不去任用损害霸业；任用了而不加信任损害霸业；已经给予信任了而又使小人参杂其间也损害霸业。"晋国中行穆伯攻打鼓国，过了一年仍不能攻克。馈间伦说："鼓国的啬夫，间伦认识。请允许我不使士大夫们劳累而夺取鼓国。"穆伯没有答应。随从问："不折毁一支戟，不伤害一个士兵，而鼓国可以攻克，您为什么不采用呢？"穆伯说："间伦为人，巧于谄媚而不讲仁义。如果他攻下鼓城，我不能不奖赏，奖赏他，就是奖赏谄媚的人，谄媚的人得志，这会使晋国士人放弃仁而去做谄媚的事。这样即使夺取鼓国，又有什么用呢？"穆伯身为列国大夫，管仲是霸业的辅臣，对于信任人尚且如此慎重，远远避开谄媚之徒，何况陛下身为四海大国的君主、享千年之寿的圣上，岂能使巍巍盛德，又稍有不足呢？

若要使君子和小人之间是非不致混杂，必须以德安抚臣民，以信对待臣民，以义鼓励臣民，以礼约束臣民，然后奖善惩恶，做到赏罚分明。这样小人就可以戒除阿谀奸邪的恶习，君子则会自强不息。陛下无为而臣民得到教化，还有比这更好的吗？奖善而不能使善者晋升，惩恶而不能去除恶者，有罪不罚，有功不赏，那么国家危亡的日子，就不好说了。又将如何指望把福运永久赐给子孙后代呢！

太宗手写诏书表示称赞，优礼采纳。又对长孙无忌说："朕即位初期，上书者有的说：'人君必须独断威权，不能委任群臣。'有的想炫耀武功，使四方异族慑服。只有魏征劝朕'放弃武力，振兴教化，广布德政，遍施惠泽，中国安定之后，远方异族自然归服'。朕听从他的话，天下于是十分安定，偏远僻地的君长都来朝贡，各国行人辗转翻译着彼此的语言，在大路上往来不断。这都是魏征的功劳。"

太宗曾经嫌上密封奏章的人太多，不合乎事实，想加以罢斥。魏征上奏说："古人立诽谤之木，想听到自己的过失，今天的密封奏书和古时的谤木是一样的意思。陛下想知道自己的得失，就只能任人说短论长，如果所说切合实际，就会有益于陛下，不切合实际，也无损于国家。"太宗说："这番话很对。"向他表示慰劳并送他离去。

后来太宗在洛阳宫，游幸积翠池，宴请群臣。酒兴浓时，每人以一件事赋诗。太宗以《尚书》为题赋诗一首："日昃玩百篇，临灯披《五典》。夏康既逸豫，商辛亦流湎。恣情昏主多，克己明君鲜。灭身资累恶，成名由积善。"魏征以西汉历史为题赋诗一首："受降临轵道，争长趣鸿门。驱传渭桥上，观兵细柳屯。夜宴经柏谷，朝游出杜原。终藉叔孙礼，方知皇帝尊。"太宗说："魏征每次讲话，必定以礼约束我。"不久因魏征修成《五礼》，应当封他的一个儿子为县男。魏征请求把封爵让给亡兄的孤子叔慈。太宗凄然说："卿这样的心，可以激励世俗。"随后批准了他的请求。

贞观十二年，礼部尚书王珪上奏说："三品以上官员在路上遇到亲王，都要下马，这种违反法令以表示尊敬的做法，有悖于礼的准则。"太宗说："大臣们都自认为尊崇高贵，难道我的儿子就卑下吗？"魏征进言说："自古至今，亲王的等级在三公以下。如今三品官指的都是天子的列卿、尚书省长官和各部尚书，他们为亲王下马，可不是亲王应当承受的。查询以往的成例，没有凭据；实行到现在，又违背国家大法。"太宗说："国家所以要立太子,就是准备让他做国君的。但是人的寿命的长短,不在年长年少。假如没有太子,他的胞弟也会依次而立。以此而言,怎么可以轻视我的儿子呢?"魏征说:"殷商崇尚质朴,有兄长死后弟弟取代王位的做法。周朝以后,立嫡子必定立嫡长子,以此杜绝其余子嗣觊觎觎觎王位,堵塞祸乱的根源。这是掌管国家的人应当十分谨慎的。"于是太宗同意了王珪的奏言。适逢皇孙出世,太宗召集公卿赐宴。太宗说:"贞观以前,跟随我平定天下,在乱世奔波周旋的,房玄龄的功劳不可推让。贞观之后,对我尽心竭力,奉献忠诚,使国家平安、百姓获益、敢犯颜直谏、纠正朕的过失的,只有魏征一人了。古代的名臣又怎能比得上他呢。"于是亲自解下佩刀赐给房玄龄、魏征二人。

魏征因戴圣的《礼记》编排没有秩序,而编《类礼》二十卷,分门别类,删除重复,采用前代大儒的训注,择善而从。研究精辟而思考深入,经过几年编成全书。太宗看了给予赞扬,赐给魏征帛一千段,又把书抄录了几部,赐给太子和各亲王,并将书收藏在秘书省书库中。

先前,朝廷曾派使臣到西域立叶护为可汗。使臣还没有回来,又派使节带上许多金、银、帛、缎到西域各国买马。魏征劝谏说:"现在以立可汗为名,去西域,可汗还没有确定,又到各国去买马,各国一定以为我们意在买马,并不专为立可汗。这样即使立了可汗,可汗也不会十分感恩戴德。而各国听说这件事,会认为中国薄义重利。我们未必能得到马,却又失去了义。过去汉文帝时有人献千里马,汉文帝说:'我因凶丧的事出行,每日走三十里,因吉庆的事出行每日五十里,銮车在前,属行车马在后,我独自骑着千里马能安然处之吗?'于是赏还路途费用后让献马的人返回。汉光武帝时有人献千里马和宝剑,光武帝用千里马驾车,把宝剑赐给骑士。陛下凡所作所为,都远远超过三王之上,为什么在这件事情上要在孝文帝、光武帝之下呢? 再有,魏文帝想买西域的大珠,苏则说:'如果陛下的惠泽遍及四海,那么大珠不求自来,经过索求才得到它,也就没有什么可珍贵的。'陛下纵然不能追慕汉文帝的高尚行为,能不以苏则的话为戒吗?"太宗接受了他的意见而停派买马使者。

其时公卿大臣一致请求举行封禅大典,只有魏征认为不可以。太宗说:"朕想让卿彻底说出对这件事的看法。难道朕功劳还不高、道德还不崇厚、国家还不太平安定、远方异邦还不仰慕大义、祥瑞还没有到来、粮谷还没有丰收吗? 为什么不可以举行封禅大典?"魏征问答:"陛下的功勋当然很高,但是百姓还没有感怀恩惠;陛下的道德虽然崇厚,但圣泽还没有汇成巨流;国家虽然安定,但还不足以供奉国家大典;远方异邦虽仰慕大义,但我们还拿不出东西满足他们的索求;祥瑞虽然到来,但刑网还很密结;虽然连年丰收,但粮仓尚嫌空虚,这些就是臣私下以为不可以封禅的道理。臣不能借用太远的东西做比喻,姑且以人做比喻:现在有一个人,患病长达十年,刚刚治好,瘦得只剩下皮包骨。若马上就让他背上一石米,一天走百里路,必定做不到。隋朝的祸乱,不止十年,陛下做它的良医,疾病虽已治好,但是还不强壮,就去向天地报告成功,臣私下有些怀疑。而且陛下要去东方封禅泰山,各国都要汇聚而来,连荒蛮极远之地,也没有不奔驰而来的。如今从伊水、洛水向东直到海岱,遍地灌木草莽和巨大的沼泽,苍茫千里,人烟断绝,听不到鸡鸣狗吠,道路萧条,前后都有艰难险阻。怎么可以引来异族,让他们看到我们的虚弱呢? 穷竭财力去赏赐,也不能满足远方异族的愿望,加重偿还,仍不足以补偿百姓的辛劳。若再遇水旱灾害、风雨变幻,庸俗小人横加议论,就会追悔不及了。岂止臣一人有恳切劝谏的诚心,还有众人的公议。"太宗不能使魏征改变主张。此后,右仆射的官位空缺,太宗想让魏征担任,魏征坚决推辞,太宗才没有任命。

及至皇太子承乾不注意修行、道德,魏王李泰越来越受皇上宠爱,内外百官都有疑义,太宗听说后十分厌恶,对侍臣说:"当今朝臣中忠诚正直的,没有人能超过魏征,我要派他当太子的老师,以此断绝天下人改立太子的希望。"贞观十六年,拜魏征为太子太师,仍然知门下省事,魏征自己诉说有病。太宗下诏书答复:"汉朝的太子,有商山四位皓首隐士辅佐,我依赖公,也是这个用意。我知道公有疾病在身,公可以卧床佑护太子。"

这一年,魏征病重,太宗派宦官看望。魏征的家宅原来没有正厅,太宗原要造一座小殿,于是停造小殿用其料为魏征家修建正厅,五天完工。又派宦官送来白色的褥子和布被赐给魏征,这是顺从魏征的喜好。待到魏征病危,太宗又亲自去他家,摸着魏征流下眼泪,问他还有什么话要说。魏征说:"寡妇不担心纬纱少,而忧虑宗周的灭亡。"过了几天,太宗梦见魏征一如往常,等到天亮,就得到魏征去世的奏报。这一年魏征六十四岁。太宗亲自前去痛哭,五日不上朝办公。赠魏征司空、相州都督,加谥号文贞,供给有羽葆和鼓吹乐的仪仗以及佩剑护卫四十人,赐给绢布千段,粮谷千石,令在昭陵陪葬。等到即将抬棺柩上灵车行祖祭礼时,魏征夫人裴氏说:"魏征一生节俭朴素,现在以一品官的礼遇安葬他,羽旗仪仗盛大,不合乎亡者的心愿。"于是退回所有的东西不受纳,最后以布幔的车子载着棺木,上面没有漆刻任何文采做装饰。太宗登上禁苑西楼,遥望丧车而哭悼。下诏令百官送灵车出郊外。太宗亲自作碑文,并把它书写到碑石上。而后追思不已,赐给魏征遗属实封户九百家。太宗曾在朝廷对侍臣说:"以铜为镜可以端正衣冠,以历史为镜可以知道兴衰的道理,以人为镜可以看清自己的得失,朕时常保有这三面镜子,以防止自己的过失,现在魏征去世,朕于是失去了一面镜子呀。魏征去世后,朕派人去他家,在他书写的函件中得到一纸表文,刚刚写了草稿,字迹都很难辨认,只有前面几行可以看得清楚些,上面说:'天下的事,有善有恶,任用善者国家就会平安,任用恶人国家就会动乱;公卿之间,陛下对他们的情感有爱有憎,对于憎恶的,只看到恶的一面,对于钟爱的,只看到善的一面。在爱憎之间,应当十分审慎。如果陛下能做到对于爱的知道恶的一面,对于憎的知道善的一面,去除邪恶毫不迟疑,任用贤能不加猜疑,国家就可以兴旺发达了。'魏征遗留表文的内容就是这些。然而在朕看来,仍恐怕不免要犯魏征所说的过错,公卿侍臣可以把表文书写在朝笏上,知道朕有过失一定要劝谏。"

魏征体态相貌不超过平常的人,但是向来有胆量、有智谋。每次冒犯天子进谏,虽然碰到天子勃然大怒,仍能做到面不改色。他曾秘密推荐中书侍郎杜正伦和吏部尚书侯君集有做宰相的才干。魏征死后,杜正伦因犯罪被罢官,侯君集因叛逆罪被处死,太宗开始疑心魏征偏袒同党。魏征又自己抄录了先后劝谏皇帝的言辞,并把它拿给史官起居郎褚遂良看,太宗得知更加不高兴,原先曾答应把衡山公主嫁给魏征的长子叔玉,现在亲手写诏书停掉这门婚事。这样魏征的家也就渐渐衰落了。

魏征有四个儿子,叔琬、叔璘、叔瑜。叔玉继承魏征国公的爵位,任官至光禄少卿;叔瑜任官至潞州刺史;叔璘任官至礼部侍郎,武则天时被酷吏杀害。

神龙初年,叔玉的儿子魏膺被续封为郑国公。

叔瑜的儿子魏华在开元初年任太子右庶子。

李百药传

【题解】

李百药(565~648),字重规,定州定平(今河北安平)人,唐初史学家。其父李德林,在北齐时曾参加修撰国史,成纪、传共二十七篇。入隋,又奉文帝命续修,总计撰成北齐史三十八篇。贞观元年(627),李百药受诏修订《五礼》并承继父业完成《北齐书》。贞观三年,唐太宗又下诏修梁、陈、齐、周、隋五代史,李百药仍分撰北齐史,于贞观十年告成,这就是《北齐书》。该书五十卷,即帝纪八卷、列传四十二卷,记载了北魏分裂前到北齐灭亡共七十余年间的史事。此书到北宋时已残缺不全。现行五十卷本,是后人据李延寿《北史》辑补的,其中仅十七卷是其旧本。从今本看,李百药叙事简洁,注重政治事件的记述,企求从历史中取得鉴戒的思想表现很突出;但其叙述内容除政治外,经济、文化方面涉及太少,这不

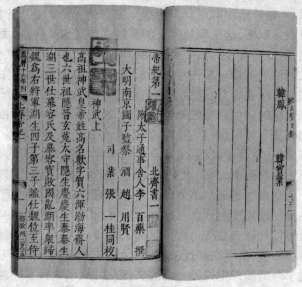

《北齐书》书影

仅使一代之史大为偏持,而且由于注意力的片面,就必然使其鉴戒的作用大打折扣了。

【原文】

李百药字重规,定州安平人,隋内史令、安平公德林子也。为童儿时多疾病,祖母赵氏故以百药为名。七岁解属文。父友齐中书舍人陆乂、马元熙尝造德林宴集,有读徐陵文者,云:"既取成周之禾,将刈琅邪之稻",并不知其事。百药时侍立,进曰:"《传》称'鄅人藉稻'。杜预《注》云'鄅国在琅邪开阳。'"父等大惊异之。

开皇初,授东宫通事舍人,迁太子舍人,兼东宫学士。或嫉其才而毁之者,乃谢病免去。十九年,追赴仁寿宫,令袭父爵。左仆射杨素、吏部尚书牛弘雅爱其才,奏授礼部员外郎,皇太子勇又召为东宫学士,诏令修《五礼》,定律令,撰《阴阳书》。台内奏议文表,多百药所撰。时炀帝出镇扬州,尝召之,百药辞疾不赴,炀帝大怒,及即位,出为桂州司马。其后,罢州置郡,因解职还乡里。

大业五年,授鲁郡临泗府步兵校尉。九年,充成会稽。寻授建安郡丞,行达乌程,属

江都难作，复为沈法兴所得，署为掾。会沈法兴为李子通所破，予通又命为中书侍郎、国子祭酒。及杜伏威攻灭子通，又以百药为行台考功郎中。或有谮谮者，伏威囚之，百药著《省躬赋》以致其情，伏威亦知其无罪，乃令复职。

伏威既据确江南，高祖遣使招抚，百药劝伏威入朝，伏威从之，遣其行台仆射辅公祏与百药留守，遂诣京师。及渡江至历阳，狐疑中悔，将害百药，乃饮以石灰酒，因大泄痢，而宿病皆除。伏威知百药不死，乃作书与公祏令杀百药，赖伏威养子王雄诞保护获免。公祏反，又授百药吏部侍郎。有谮百药于高祖，云百药初说杜伏威入朝，又与辅公祏同反。高祖大怒。及公祏平，得伏威与公祏令杀百药书，高祖意稍解，遂配流泾州。

太宗重其才名，贞观元年，召拜中书舍人，赐爵安平县男。受诏修订《五礼》及律令，撰《齐书》。二年，除礼部侍郎。朝廷议将封建诸侯，百药上《封建论》曰：

臣闻经国庇民，王者之常制；尊主安上，人情之本方。思阐治定之规，以弘长世之业者，万古不易，百虑同归。然命历有赊促之殊，邦家有理乱之异，遐观载籍，论之详矣。咸云周过其数，秦不及期，存亡之理，在于郡国。周氏以监夏、殷之长久，遵黄、唐之并建，维城磐石，深根固本，虽王纲驰废，枝干相持，故使逆节不生，宗祀不绝。秦氏背师古之训，弃先王之道，践华恃险，罢侯置守，子弟无尺土之邑，兆庶罕共治之忧，故一夫号泽，七庙隳祀。

臣以为自古皇王，君临宇内，莫不受命上玄，飞名帝策，缔构遇兴王之运，殷忧属启圣之期。虽魏武携养之资，汉高徒役之贱，非止意有觊觎，推之亦不能去也。若其狱讼不归，菁华已竭，虽帝尧之光被四表，大舜之上齐七政，非止情存揖让，守之亦不可固焉。以放勋、重华之德，尚不能克昌厥后。是知祚之长短，必在天时，政或盛衰，有关人事。隆周卜代三十，卜运七百，虽沧胥之道斯极，而文、武之器犹存，斯则龟鼎之祚，已悬定于杳冥也。至使南征不返，东迁避逼，禋祀如线，郊畿不守，此乃凌夷之渐，有累于封建焉。暴秦运短闰余，数钟百六。受命之主，德异禹、汤；继世之君，才非启、诵。借使李斯、王绾之辈盛开四履，将闾、子婴之徒俱启千乘，岂能逆帝子之勃兴，抗龙颜之基命者也！

然则得失成败，各有由焉。而著述之家，多守常辙，莫不情亡今古，理蔽浇淳，欲以百王之季，行三代之法。天下五服之内，尽封诸侯，王畿千乘之间，俱为采地。是以结绳之化行虞、夏之朝，用象刑之典治刘、曹之末，纪纲既紊，断可知焉。锲舟求剑，未见其可；胶柱成文，弥所多惑。徒知问鼎请隧，有惧霸王之师，白马素车，无复藩篱之援。不悟望夷之衅，未甚羿、浞之灾；高贵之殃，宁异申、缯之酷。乃钦明昏乱，自革安危，固非守宰公侯，以成兴废。且数世之后，王室浸微，始自藩屏，化为仇敌。家殊俗，国异政，强凌弱，众暴寡，疆场彼此，干戈日寻。狐驳之役，女子尽髽；崤陵之师，只轮不返。斯盖略举一隅，其余不可胜数。陆士衡方规规然云："嗣王委其九鼎，凶族据其大邑，天下晏然，以治待乱。"何斯言之谬也！而设官分职，任贤使能，以循吏之才，膺共治之寄，刺郡分竹，何代无人。至使地或呈祥，天不爱宝，民称父母，政比神明。曹元首方区区然称："与人共其乐者，人必忧其忧，与人同其安者，人必拯其危。"岂容委以侯伯，则同其安危；任之牧宰，则殊其忧乐。何斯言之妄也！

封君列国，藉庆门资，忘其先业之艰难，轻其自然之崇贵，莫不世增淫虐，代益骄侈。自离宫别馆，切汉凌云，或刑人力而将尽，或召诸侯而共乐。陈灵则君臣悖礼，共侮征舒；

卫宣则父子聚麀，终诛寿、朔。乃云为己思治，岂若是乎？内外群官，选自朝廷，擢士庶以任之，澄水镜以鉴之，年劳优其阶品，考绩明其黜陟。进取事切，砥砺情深，或俸禄不入私门，妻子不之官舍。颁条之贵，食不举火，剖符之重，衣唯补葛。南阳太守，敝布裹身；莱芜县长，凝尘生甑。专云为利图物，何其爽欤！总而言之，爵非世及，用贤之路斯广；民无定主，附下之情不固。此乃愚智所辨，安可惑哉？至如灭国弑君，乱常干纪，春秋二百年间，略无宁岁。次睢咸秩，遂用玉帛之君；鲁道有荡，每等衣裳之会。纵使西汉哀、平之际，东洛桓、灵之时，下吏淫暴，必不至此。为政之理，可一言以蔽之。

伏惟陛下握纪御天，膺期启圣，救亿兆之焚溺，扫氛祲于寰区。创业垂统，配二仪以立德；发号施令，妙万物而为言。独照宸衷，永怀前古，将复五等而修旧制，建万国以亲诸侯。窃以汉、魏以还，余风之弊未尽；勋、华既往，至公之道斯革。况晋氏失驭，宇县崩离；后魏乘时，华夷杂处。重以关河分阻，吴、楚悬隔，习文者学长短纵横之术，习武者尽干戈战争之心，毕为狙诈之阶，弥长浇浮之俗。开皇在运，因藉外家。驱御群英，任雄猜之数；坐移时运，非克定之功。年逾二纪，民不见德。及大业嗣文，世道交丧，一时人物，扫地将尽。虽天纵神武，削平寇虐，兵威不息，劳止未康。

自陛下仰顺圣慈，嗣膺宝历，情深致治，综核前王。虽至道无名，言象所纪，略陈梗概，实所庶几。爱敬蒸蒸，劳而不倦，大舜之孝也。访安内竖，亲尝御膳，文王之德也。每宪司谳罪，尚书奏狱，大小必察，枉真咸申，举断趾之法，易大辟之刑，仁心隐恻，贯彻幽显，大禹之泣辜也。正色直言，虚心受纳，不简鄙讷，无弃刍荛，帝尧之求谏也。弘奖名教，劝励学徒，既耀明经于青紫，将升硕儒于卿相，圣人之善诱也。群臣以宫中暑湿，寝膳或乖，请徙御高明，营一小阁。遂惜家人之产，竟抑子来之愿，不吝阴阳所感，以安卑陋之居。去岁荒俭，普天饥馑，丧乱甫尔，仓廪空虚。圣情矜愍，勤加惠恤，竟无一人流离道路，犹且食啖藜藿。乐撤簨虡，言必凄动，貌成癯脊。公旦喜于重译，文命矜其即序。陛下每四夷款附，万里归仁，必退思省进，凝神动虑，恐妄劳中国，以事远方，不藉万古之英声，以存一时之茂实。心切忧劳，迹绝游幸，每旦视朝，听受无倦，智周于万物，道济于天下。罢朝之后，引进名臣，讨论是非，备尽肝膈，唯及政事，更无异辞。才及日昃，命才学之士，赐以清闲，高谈典籍，杂以文咏，间以玄言，乙夜忘疲，中宵不寐。此之四道，独迈往初，斯实生民以来，一人而已。弘兹风化，昭示四方，信可以期月之间，弥纶天壤。而淳粹尚阻，浮诡未移，此由习之永久，难以卒变。请待断斫雕成朴，以质代文，刑措之教一行，登封之礼云毕，然后定疆理之制，议山河之赏，未为晚焉。《易》称："天地盈虚，与时消息，况于人乎？"美哉斯言也。

太宗竟从其议。

四年，授太子右庶子。五年，与左庶子于志宁、中允孔颖达、舍人陆敦信侍讲于弘教殿。时太子颇留意典坟，然闲燕之后，嬉戏过度，百药作《赞道赋》以讽焉，辞多不载。太宗见而遣使谓百药曰："朕于皇太子处见卿所献赋，悉述古来储贰事以诫太子，甚是典要。朕选卿以辅弼太子，正为此事，大称所委，但须善始令终耳。"因赐彩物五百段。然太子卒不悟而废。十年，以撰《齐史》成，加散骑常侍，行太子左庶子，赐物四百段。俄除宗正卿。十一年，以撰《五礼》及律令成，进爵为子。后数岁，以年老固请致仕，许之。太宗尝制《帝京篇》，命百药并作，上叹其工，手诏曰："卿何以身之老而才之壮，何齿之宿而意之新乎！"

二十二年卒,年八十四,谥曰康。

百药以名臣之子,才行相继,四海名流,莫不宗仰。藻思沈郁,尤长于五言诗,虽樵童牧竖,并皆吟讽。性好引进后生,提奖不倦。所得俸禄,多散之亲党。又至性过人,初侍父母丧还乡,徒跣单衣,行数千里,服阕数年,容貌毁悴,为当时所称。及悬车告老,怡然自得,穿池筑山,文酒谈赏,以舒平生之志。有集三十卷。子安期。

【译文】

李百药,字重规,是定州安平人,隋内史令、安平公李德林的儿子。李百药儿童时期体弱多病,他的祖母赵氏就给他起名百药。七岁的时候就懂得如何写作文章。他父亲的好友北齐中书舍人陆乂、马元熙曾经去李德林家参加宴会,有一个读徐陵文章的人,说徐陵文章中有"已经收了成周的庄稼,将割琅邪之稻"的话,不知讲的什么事。李百药当时正站在旁边,就上前对那人说:"《传》中称'鄅人收割稻谷'。杜预注解说'鄅国在琅邪的开阳'。"陆乂等人对李百药的学问记忆感到十分吃惊。

开皇初年,李百药被授职为东宫通事舍人,又迁升太子舍人,兼任东宫学士。有人嫉妒他的才华并陷害他,李百药便借口身体有病,辞去了官职。开皇十九年,朝廷补任他的官职,让他进入仁寿宫,并让他继承他父亲的爵位。左仆射杨素、吏部尚书牛弘都很欣赏他的才华,上奏朝廷之后,授任他为礼部员外郎,皇太子杨勇又叫他去做东宫学士。文帝命令李百药修订《五礼》,制定条律法规,撰写《阴阳书》。礼部中的奏议文表,多是百药撰写的。当时炀帝还是扬州的总管,曾召李百药去他那里。百药以病推辞,没有去。炀帝为此非常愤怒。他即位之后,贬罚百药外出任桂州司马。后来,炀帝改州为郡,李百药因此被罢免官职,回归家乡。

大业五年,李百药被授任鲁郡临泗府步兵校尉。九年,他前往会稽戍守,不久又被任命为建安郡丞。在赴任的路上,走到乌程时,恰逢江都出现农民起义,又被沈法兴抓住,让他暂时代理府掾事务。不久沈法兴被李子通打败,李子通便任命李百药为中书侍郎、国子祭酒。杜伏威攻打、击败李子通后,又任命李百药为行台考功郎中。有人在杜伏威面前诽谤他,杜伏威便将他囚禁起来。李百药著《省躬赋》来表述自己的真实情感,杜伏威也了解到他并没有罪过,于是恢复了他的职位。

杜伏威占据江南之后,唐高祖派去使者,想招抚他。百药劝说伏威投降朝廷,伏威听从了他的建议,并命令行台仆射辅公祏与百药留守,自己前去京师献降。但杜伏威渡过长江到达历阳时,又在怀疑中后悔自己的行动,便想杀掉百药。于是让他饮用石灰酒,百药用后大泻一场,反而除掉了所有的病根。杜伏威得知百药未死,便给辅公祏写信,命令他杀死百药。幸有伏威养子王雄诞的保护,百药获免一死。后来辅公祏又起兵反唐,任命百药为吏部侍郎。有人在高祖面前谗言,说百药起初说服杜伏降唐,后又与辅公威一起谋反。高祖听后大怒。平定公伏之后,朝廷发现了杜伏威给辅公祏让他杀死李百药的书信,高祖的气愤才稍有缓解,于是发配百药流放泾州。

太宗即位后重视百药的才学名声,贞观元年,召回百药,任命他为中书舍人,赐给他安平县男的爵位。李百药接受诏令,修订《五礼》及条律法规,撰述《齐书》。二年,李百药任职礼部侍郎。朝廷为封建诸侯事召集大臣议论,百药奏上《封建论》,说:

　　我听说经理国家，保护民众，是统治天下者都要做的事情；尊敬主人，保卫皇上地位的安定，是做人的基本原则。思索、创立治理安定国家的法规，以光大长治久安帝业的人，万古以来都是如此，他们千思百虑都是为了一个目的。然而，天命、历数有长短盈缺之别，国家有治理衰乱之异，纵览古今载籍，它们都已论述得很详细了。这些论述都认为，西周的统治时间超过了命定的气数，而秦国的存在则没有达到命定的时间，因此保存或失去统治的关键，在于同家本身治理得如何。周王朝借鉴夏、殷治理长久的经验，遵循黄帝、唐尧制定的各项统治措施，建立相互网结、坚如磐石的城堡，从根本上深入、强固统治，虽然后来王朝的纲纪逐渐被废弃，但枝、干仍能相互扶持，这才没有出现背叛周王朝的事情，使得周朝的帝业没有断绝。秦朝则违背丁学习古制的教导，抛弃先王们治理国家的方法、原则，建都华山之下，依仗它的险要，废除诸侯，建置郡守，自己的子弟没有半点封邑，百姓很少有与皇上一起治理国家的忧患，所以当陈胜在大泽乡振臂一呼，秦朝帝业便完全崩溃了。

　　我以为自古以来的皇上帝王，能够成为君主，统治天下，没有不受命上天，在帝王的名录上留下高贵的名声的，他们在缔造自己的王朝的时候，恰遇出现新王的气运，在深切忧虑的时候，刚好碰到上天要开启圣明的时期。因此即使曹操只有被宦官收养的资历，刘邦普为低贱的小吏，但他们都能成为君王，这并不只是由于他们有觊觎帝位之心，从气数上来推算，天意也是不让他们失去这个机会的。至于被暂时释放的囚徒不能按时归狱，国家的人才也已枯竭，虽然帝尧的光辉照耀四海，大舜的才能使七政都整治得有条有理，（但尧、舜也只能退位），并不只是由于尧、舜一心要退让帝位，而是因为即使尧、舜坚守不放，帝位也是不能稳固的。以尧、舜的德行，尚不能让他们的后人也繁荣昌盛。由此可以明白，统治时间的长短，必定是由天命所给的机遇决定的，而国政的兴盛和衰败，则是与人事相关联的。兴隆的周代卜算出自己将有三十代君主，统治时间有七百年，虽然后来王道沦落到了极点，但文王、武王的统治规模仍然存在，这不说明帝位的存在及其朝限，早已被高高在上、冥冥不可见的天安排好了吗？至于昭王南征死于楚河之畔，平王东迁，以避西戎的进逼，周王朝的祖业微弱如线，连京城周围的土地都守护不住，这就说明王朝败落的原因，是受累于封建制。残暴的秦朝，其帝位之运短促，执政于帝王系统中的闰位之时，气数恰逢一百零六，因此得以掌握政权。但受命而兴的秦王，德行有异于大禹、商汤；后来继位的二世，寸能又不能与大启、诅诵相比。假设李斯、王绾之辈能够开拓四方的疆域，将闾、子婴之徒有千乘之兵能够完全发动，又怎能逆转汉高祖勃兴帝业的趋势，抵抗真龙天子的命运！

　　然而帝业的得失成败，各代有各代的原因。而谈论政事的作者，大多都墨守通常的解释，没有不在感情上不区分今古的差别，在论述事理时看不到古今社会风气的逐渐变异的，都希望在百代帝王之后，仍施行三代的法规。在天下五服之内，尽封诸侯；在君王的土地和各诸侯国之间，到处都是分封的采邑。这样就是把结绳时代的教化推行在虞、夏之朝，用尧舜时期的象刑治理刘汉及曹魏的末世，纲纪的紊乱，便断然可知了。刻舟求剑，不见得可行；胶柱成文，实在是太糊涂了。这些人徒劳地知道楚庄王问鼎、晋文公请用天子葬礼，表现出周王对于霸王之师的恐惧；以不加修饰的马和车为天子出丧，反映出王室已失去了分封诸侯国的援助。却不明白赵高弑二世于望夷宫，并不比后羿、寒浞制造的灾乱更厉害；高贵乡公曹髦遭到的杀身之殃，与申侯、缯侯反叛周幽王的残暴行为又有什么不同。这些都是由于皇上昏乱，自己改变了自己安全的处境，并不是由于郡守、宰相、公侯，能够造成废除帝王的局面。况且数代之后，王室将逐渐衰微，与各个分封国的不和也要出现，互相之间将成为仇敌。每家都有不同的习俗，每国都有不同的政治制度，于是以强凌弱，以众欺寡，每个分封国彼此划清疆界，战争频频爆发。狐驳的那场战争，鲁国战败，鲁国的女子全都身披丧服；秦国攻打晋国的军队，在崤陵大败，没有一支车轮能够返回秦国。这里仅略举一、二，类似的事情不可胜数。陆士衡方才谦卑地说："把国家政权交给继位的君王，让那些危险有势力的世族占据大城镇，这样天下就会平安，可以以治待乱。"这种说法多么荒谬啊！况且，朝廷设官分职，任贤使能，于是廉明清正的官员，接受皇上共治国家的期望，被分到各郡，管辖地方州郡的治理。这些人才哪一代没有。这种治理方式，使大地上时而出现祥瑞，上天也不吝惜他的宝藏，民众将官吏看作是自己的父母，政治同神仙治理的一样清明。曹元首方才神情自得地说，"能够同别人共享欢乐的，别人也必然会分担他的忧愁；能够与别人共享平安的，别人也一定会拯救他的危机。"难道允许把统治地方的权力委托给诸侯国的侯伯，就能同安共危；交给州郡牧宰，他们同皇上的安乐就不相同了吗？这些话说得多么荒诞啊！

各封君列国，凭借和依赖他们的门第，遗忘了先祖创业的艰难，忽视了与生俱来的尊崇和高贵，他们没有不世增淫虐，代益骄侈的。虽然他们有众多的离宫别馆，摩顶凌云，但这些或是劳役人力殆尽而建造起来的，或是为了召集其他诸侯共同寻欢作乐的。陈灵公与仪行父违背礼教，拿夏征舒取乐；卫宣公则父子同娶一个女人，最终酿出诛杀寿、朔二公子的惨祸。（就是这样的诸侯），天子还说他们是为自己思虑治理国家的大事，难道果真如此吗？而内朝或外朝的众多官吏，都由朝廷统一选拔，从文人百姓中提升出来，任以官职，用清明的官员去评定他们，每年他们都在各自的职位上辛勤劳作，朝廷还要对他们的工作成效进行考评，以宣明升迁或是黜降。这些官员渴望升迁的心很急切，他们砥砺自己的品行，对自己要求很严格，有的官员甚至不把俸禄用作自己家用，也不让妻室儿女到自己的官舍中。身居颁布条令的显贵地位，但吃饭也不生火；掌握着军队大权，所穿的衣服也仅是打着补丁的麻衣。南阳太守，穿着破旧的衣服；莱芜县长范冉，家中清贫，久不做饭，以至甑中积聚了大量的尘土。只说各地官员为了私利，索取财物，这与事实是多么的不符啊！总而言之，郡县官员的职位不是世袭，所以选用贤能的路途很宽广；老百姓没有终身不变的主人，所以依附之情便不牢固。这些是愚笨者和聪慧者都能分辨的道理，怎么能够迷惑人呢！至如诸侯国灭国弑君，扰乱纲常秩序，（这些事在春秋时期大量出现），二百年间很少有安定的岁月。宋国、邾国及其他东夷小国都想成为霸王，于是就杀人来祭祀土地神；鲁国的政局不稳固，于是就常常等待各卿大夫的会盟。纵使西汉哀帝、平帝之际，东汉桓帝、灵帝之时，地方官吏残暴，也必定不会到达这个地步。掌握政治的原则，可以一言以蔽之。

下臣俯伏思量，陛下您掌握政权，统治天下，顺应时运，开启圣明，救亿万百姓于水深火热之中，荡涤灾祸隐患于寰宇之内。开创大业，传位后代，祭享天地以立德，发布命令，施行政措，探知万物的精深细微之后才做出结论。我暗自揣度皇上的心意，是怀念往古的制度，将恢复人臣五等的旧制，分封王国，以诸侯为依靠的对象。下臣以为，汉、魏以来，因封国建侯而造成的流弊还没有除尽，尧舜的时代已成过去，在道义上追求完全公正的风尚已发生变革。况且两晋政权并没有完全控制天下，国土分裂；后魏乘机占据中原，于是中国境内华夷杂处。如果重新分割关、河，建立相互阻隔的诸侯国，那么习文者便会又热衷于学习长短纵横之术，习武者全都怀有挥舞干戈，发动战争的欲望，天下之人全是狡诈、阴险之辈，浇薄浮华的风气将更为昌盛。隋承运而有国家，但在开皇时期，却凭借外戚的势力。文帝指挥豪杰群英，使用的是有雄才大略、却又心存猜忌的权术；他坐等时运的转移，并非是我朝以武力平定天下的功绩。隋统治的时间已经经过了两个皇帝，百姓却并没有得到他们的恩德。到了隋炀帝时期，社会风气日益败坏，各种英雄豪杰，几乎一个都没有出现。虽然上天赋予他神武之能，削平寇虐，但他频繁出兵，使战士和平民都得不到安宁。

自从陛下仰承顺应您圣贤的父亲的事业，继承受任统治大权，您全部心思都用来思虑如何把国家治理到最好的状态，综理借鉴前代帝王的经验教训。虽然我在官府中没有什么名气，但从您的言谈举止中，我体察到您的功德。我在这里略陈梗概，它实在不过是您所有作为一点皮毛而已。您敬爱父母，恭恭敬敬，虽忙碌辛勤却并不厌倦，这是大舜一样的孝心。您访问安抚宫内小臣，亲尝御膳，这是文王一样的美德。每有御史上交的疑难案件，尚书关于案件诉讼的奏折，无论大小，都要亲自审察，冤枉的和正直的都要给以平反昭雪，废除断趾之法，更易大辟之刑，将恻隐仁义之心，贯彻到社会的各个角落，这是大禹怜悯罪人的慈悲胸怀。您认真对待直言的进谏，并虚心接受，不嫌弃地位低微和言谈木讷的人，不遗弃山村野夫的各种意见，这是帝尧的求谏方式。您弘奖名教，劝励学徒，已经提拔考取明经的儒生为高级官员，还将升迁学识渊博的儒士为政府卿相，这种劝诱士人上进的方式，是圣人的作为。大臣们认为宫中焖热潮湿，陛下睡觉和吃饭可能会感到不舒适，便请求迁徙侍奉皇上的地方，另选地方营造一个小阁楼。可是您爱惜百姓们创造的财富，最终抑制了忠顺大臣们提出的建议，不顾天气酷热或寒冷的影响，安然地居住在简陋的房子中。去年出现天灾，农作物歉收，普天之下受饥挨饿，死丧祸乱纷纷出现，仓廪空虚。陛下深切地关心、怜惜民众，勤于施惠、抚恤他们，于是天下竟然没有一人流离失所，更不要说食用藜藿之类的野菜了。陛下为此事撤去了乐队用以悬挂钟鼓的木架，言谈哀伤，容颜凄凉，体貌消瘦。公旦为各族语言的辗转翻译而高兴，大禹为能在所到之处即兴作文而自负。陛下每当周边四夷诚心归附，万里之外的少数民族归心圣德时，必然退而深思反省，专心致志地思虑，唯恐错误地征役中原百姓，平定远方民族。您不愿践踏自己的万古英名，只为保存当前的胜利成果。您内心为国事非常忧虑、辛劳，从不出外游幸，每日早晨上朝，主持政务，接受奏折没有疲倦的时候。您的智慧所及，遍于万物，仁义道德，能够拯救天下。罢朝之后，又留下一些名臣，共同讨论为政得失，彼此肝胆相照，但所谈论者只有政事，绝无其他话题。太阳刚刚偏西，就命令才学之士，赐给他们清静悠闲的时间，自由自在地谈论典籍，还有文章诗词，并间有哲学玄言，直到深夜，忘记了疲劳，顾不上睡觉。陛下这四个方面的道义，超过了历史上所有君王的作为，实在是自有生民以来，唯一的一个人啊。弘扬风化，昭示四方，的确可在一月之间，遍示天下。然而淳朴与文明之间，尚有阻隔，浮华诡诈的风气还没有改变，这些是由于积习已久，难以很快得以改变。请等待社会风气能够去浮华，崇质朴，以质代文，以刑措之教统一行为，登临泰山，完成封禅之礼，然后再决定统治疆土的制度，讨论以何种形式赐赏功臣，也不算晚嘛。《易》中说："天地日月有盈有虚，随着时间的变化而消失，何况人呢？"这句话说得多好啊！

太宗最后听从了李百药的建议。

贞观四年，李百药被任命为太子右庶子。五年，李百药与左庶子于志宁、中允孔颖达、舍人陆敦信在弘教殿为太子讲课，当时太子对书籍还很感兴趣，然而在清静地学习之后，却玩耍过度，百药于是作《赞道赋》来劝说太子，此文很长，此处不载。太宗看到赋后，派使者对百药说："朕于皇太子处见到你献上的赋，详细叙述古代以来有关太子的事情来告诫太子，所说非常正确重要。朕选你来辅弼太子，正是为了这样，这是我举荐你的重任所在，你有好的开端，也一定要让它延续到最后。"于是赐给李百药彩色织物五百段。然而太子却终于因不醒悟而被废。贞观十年，李百药因撰成《齐史》，加官为散骑常侍，行太子左庶子，赐物四百段。不久又任宗正卿。贞观十一年，李百药因撰成《五礼》及律令，爵位晋升为子。数年之后，李百药以年老坚决请求退休，得到朝廷允许。太宗曾创作《帝京篇》，命令百药也一起作一篇，皇上叹服李百药文章的工丽，亲笔写诏说："爱卿身体虽已老，但才华是多么地实力雄厚，年龄已大，但立意是多么地新颖！"贞观二十二年，李百药去世，时年八十四，谥号为"康"。

李百药作为名臣之子，才行都继承了父亲，四海之内的名流人士，没有不承认他的地位而敬仰他的。文思华美，含蓄深刻，尤其擅长写五言诗，即使是砍柴的少年，放牛的儿郎，都能吟诵他的诗句。他又喜好引进后生，不知厌倦地提拔扶持他们。他把得到的俸禄，大多分散给需用钱的亲戚邻里。他淳厚的天性也超过了一般人，起初为父母的丧事回到老家时，他光着脚，穿着单衣，行走数千里地，为父母守丧数年，容貌因之毁悴，受到当时人们的称颂。后来告老还乡，他怡然自得，游乐于山水之间，携友作文，以酒论赏，以此舒展他平生的心愿。李百药有文集三十卷，儿子李安期。

姚思廉传

【题解】

姚思廉（557~637），字简之，吴兴武康（今浙江德清西）人，唐初著名史学家。其父姚察（553~606），任陈朝秘书监、领大著作、吏部尚书，曾修《梁书》。入隋后，又曾奉命撰梁、陈之史，未竟而卒。姚思廉继承父业，从隋大业初年即开始续补，经二十余年，至唐贞观三年（629），才受唐太宗诏独撰梁、陈二史，于贞观十年奏上。《梁书》共五十六卷，其中本纪六卷，列传五十卷，无表、志，记述了萧齐末年和萧梁皇朝五十余年的历史，比较全面地反映了政治、军事、文化、思想状况。其中姚察所著几乎占了全书的一半。《陈书》三十六卷，包括纪六卷，列传三十卷，无表、志，记述了梁、陈之际的政治变化和陈皇朝三十余年的历史。其中姚思廉的新作居多。二书相较《梁书》比《陈书》无论内容和文字上都稍胜一筹。在材料上，二书多因承旧史，留下了不少曲笔之处。但梁、陈二代事迹，别的书籍记载极少，所以这两部书至今仍被看成研究这段历史的主要著作。

【原文】

姚思廉字简之，雍州万年人。父察，陈吏部尚书，入隋历太子内舍人、秘书丞、北绛公，学兼儒史，见重于二代。陈亡，察自吴兴始迁关中。思廉少受汉史于其父，能尽传家业，勤学寡欲，未尝言及家人产业。在陈为扬州主簿，入隋为汉王府参军，丁父忧解职。初，察在陈尝修梁、陈二史，未就，临终令思廉续成其志。丁继母忧，庐于墓侧，毁瘠加人。服阕，补河间郡司法书佐。思廉上表陈父遗言，有诏许其续成《梁》、《陈》史。炀帝又令与起居舍人崔祖濬修《区宇图志》。

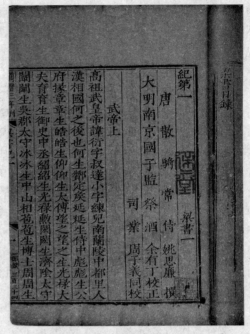

《梁书》书影

后为代王侑侍读，会义师克京城，侑府僚奔骇，唯思廉侍王，不离其侧。兵将升殿，思廉厉声谓曰："唐公举义，本匡王室，卿等不宜无礼于王。"众服其言，于是布列阶下。高祖闻而义之，许其扶侑至顺阳阁下，泣拜而去。观者感叹曰："忠烈之士也。仁者有勇，此之谓乎！"

高祖受禅，授秦王文学。后太宗征徐圆朗，思廉时在洛阳，太宗尝从容言及隋亡之事，概然叹曰："姚思廉不惧兵刃，以明大节，求诸古人，亦何以加也！"因寄物三百段以遗之，书曰："想节义之风，故有斯赠。"寻引为文学馆学士，太宗入春宫，迁太子洗马。

贞观初，迁著作郎、弘文馆学士。写其形像列于《十八学士图》，令文学褚亮为之赞，曰："志苦精勤，纪言实录。归危殉义，余风励俗。"三年，又受诏与秘书监魏征同撰梁、陈二史，思廉又采谢炅等诸家梁史续成父书，并推究陈事，删益傅潓、顾野王所修旧史，撰成《梁书》五十卷、《陈书》三十卷。魏征虽裁其总论，其编次笔削，皆思廉之功也，赐彩绢五百段，加通直散骑常侍。

思廉以藩邸之旧，深被礼遇，政有得失，常遣密奏之，思廉亦直言无隐。太宗将幸九成宫，思廉谏曰："离宫游幸，秦皇、汉武之事，固非尧、舜、禹、汤之所为也。"言甚切至。太宗谕曰："朕有气疾，热便顿剧，固非情好游赏也。"因赐帛五十匹。九年，拜散骑常侍，赐爵丰城县男。十一年卒，太宗深悼惜之。废朝一日，赠太常卿，谥曰康，赐葬地于昭陵。

【译文】

姚思廉，字简之，是雍州万年人。他的父亲姚察，是陈朝的史部尚书，后入隋历任太子内舍人、秘书丞、北绛公，他兼有儒学、史学两个领域的学识，在陈、隋两代都很受器重。陈朝灭亡之后，姚察从吴兴迁往关中地区。思廉年少时跟随父亲学习汉史，能够完全把他父学的学识传递下去，他勤学寡欲，从来没有谈到有关家人、产业之类的事情。姚思廉仕陈时为扬州主簿，入隋之后为汉王府参军，后因服父丧退职。起初，姚察在陈时曾修撰梁、陈二朝的史书，但未能最后完成，他临终嘱托思廉一定要继承并完成自己未竟的事业。父亲去世后接着又是母亲去世，姚思廉便在父母墓旁修筑一个茅庐，由于哀伤过度，他消瘦得比别人都厉害。服丧期满后，补官河间郡司法书佐。思廉上表陈述父亲的遗言，皇上诏令允许他续成《梁史》《陈史》。炀帝又让起居舍人崔祖濬修撰《区宇图志》。

思廉后来成为代王杨侑的侍读，不久遭遇义师平定京城。代王的府僚纷纷逃奔，只有思廉陪伴代王，不离其侧。唐兵将登上王府殿堂，思廉厉声说道："唐公高举正义之旗，本意在于安定王室，卿等不应该对代王无礼。"大家都很敬服他的话，于是在殿堂的台阶下排列兵士。高祖听到这件事后，认为思廉很正直，允许他扶持杨侑到顺阳阁下，他流着眼泪，行过拜礼，才离开了杨侑。看到这件事的人都感叹地说："姚思廉是忠烈之士啊。仁义之人才有勇气，就是说的姚思廉吧！"

高祖即皇位之后，授姚思廉为秦王府文学。后太宗征伐徐圆朗，思廉当时在洛阳，太宗曾从容地谈到隋朝灭亡的事情，（对姚思廉的行为）感慨万分说："姚思廉不惧怕兵刃，敢于宣明大节，即使在古代寻找这样的人，忠义的程度又能比他多多少呢！"于是遣使赠送给他三百段礼物，并有书信，说："思念您的知节晓义的气度，故赠给您这些东西。"不久就引荐姚思廉为文学馆学士。太宗进入礼部之后，姚思廉被授官太子洗马。

贞观初年，姚思廉升任著作郎，弘文馆学士。他的画像被收入《十八学士图》，朝廷又让文学褚亮为他作赞，歌颂道："志向艰难，用心勤奋，所记君言，都为实录。临危不惧，殉身为义，古代余风，可励民俗。"贞观三年，姚思廉受诏与秘书监魏征共同修撰梁、陈二史，思廉又采用谢炅等诸家梁史续写完父亲未成之稿，并对陈朝史事进行推究、删改、补充傅溥、顾野王所修旧史，撰成《梁书》五十卷、《陈书》三十卷。魏征虽然为二书的总论作了最后裁定，但其编次、删改，都是思廉的功劳，朝廷于是赐给思廉彩绢五百段，并加官为通直散骑常侍。

姚思廉因是秦王府旧僚，深受太宗礼遇，政有得失，就经常地遣使秘密上奏，他对政事评论直言不隐。太宗将游览九成宫，思廉谏道："到离宫游玩，是秦皇、汉武做的事，本不是尧、舜、禹、汤这些圣明君主所做的事。"言词非常恳切。太宗解释说："朕有气疾，炎热天气中便会加剧，并非我性情本身爱好游赏。"于是赐思廉帛五十匹。贞观九年，授思廉散骑常侍，赐爵为丰城县男。贞观十一年思廉去世，太宗深感悲伤和惋惜，以至停止朝事一天，追赠思廉为太常卿，谥号为"康"，并在昭陵一带赐给他墓地。

令狐德棻传

【题解】

令狐德棻(583~666),宜州华原(今陕西耀州区)人,唐初著名史学家。他是唐初大修前朝史的发动者。武德四年(621),他上书唐高祖,建议撰修或重修前朝史,深得高祖的赞赏。次年,李渊即颁布了《命萧瑀等人修六代史诏》,任命了各代史书修撰的负责人,后因种种原因而中缀。但这一年令狐德棻购募天下图书的建议产生了积极的结果,使唐朝廷在数年之后,群书毕备,为此后史学的开展创造了条件。贞观三年(629),唐太宗复命诸大臣撰写梁、陈、齐、周、隋五代史,令狐德棻除承命撰写《周书》外,还负责诸史撰写的组织协调工作。贞观十二年,唐太宗下诏修晋史,参加写作的有十八人,令狐德棻又是"为首"者,重大举措都由他决定。另外,他还为李延寿审阅过《南史》和《北史》。他自己署名的史书却只有一部《周书》。此书包括本纪八卷,列传四十二卷,无表、志,实际上记述了从东、西魏分裂(534)到杨坚代周(581)总计四十八年的西魏、北周史;又将后梁史纳入其中,弥补了前史中西魏、后梁史事的疏缺,在一定程度上呈现了当时南北历史的发展大势。全书"繁简得宜,文笔亦极简劲",受到多数人的肯定。

【原文】

令狐德棻,宜州华原人,隋鸿胪少卿熙之子也。先居敦煌,代为河西右族。德棻博涉文史,早知名。大业末为药城长,以世乱不就职。及义旗建,淮安王神通据太平宫,自称总管,以德棻为记室参军。高祖入关,引直大丞相府记室。武德元年,转起居舍人,甚见亲待。五年,迁秘书丞,与侍中陈叔达等受诏撰《艺文类聚》。高祖问德棻曰:"比者,丈夫冠、妇人髻竞为高大,何也?"对曰:"在人之身,冠为上饰,所以古人方诸君上。昔东晋之末,君弱臣强,江佐士女,皆衣小而裳大。及宋武正位之后,君德尊严,衣服之制,俄亦变改。此即近事之征。"高祖然之。

时承丧乱之余,经籍亡逸,德棻奏请购募遗书,重加钱帛,增置楷书,令缮写。数年间,群书略备。德棻尝从容言于高祖曰:"窃见近代已来,多无正史,梁、陈及齐,犹有文籍。至周、隋遭大业离乱,多有遗阙。当今耳目犹接,尚有可凭,如更十数年后,恐事迹湮没。陛下既受禅于隋,复承周氏历数,国家二祖功业,并在同时。如文史不存,何以贻鉴今古? 如臣愚见,并请修之。"高祖然其奏,下诏曰:

司典序言,史官记事,考论得失,究尽变通,所以裁成义类,惩恶劝善,多识前古,贻鉴将来。伏牺以降,周、秦斯及,两汉传绪,三国受命,迄于晋、宋,载籍备焉。自有魏南徙,乘机抚运,周、隋禅代,历世相仍,梁氏称邦,跨据淮海,齐迁龟鼎,陈建皇宗,莫不自命正朔,绵历岁祀,各殊徽号,删定礼仪。至于发迹开基,受终告代,嘉谋善政,名臣奇士,立言著绩,无乏于时。然而简牍未编,纪传咸阙,炎凉已积,谣俗迁讹,余烈遗风,倏焉将坠。朕握图驭宇,长世字人,方立典谟,永垂宪则。顾彼湮落,用深轸悼,有怀撰次,实资良直。

中书令萧瑀、给事中王敬业、著作郎殷闻礼可修魏史，侍中陈叔达、秘书丞令狐德棻太史令庾俭可修周史，兼中书令封德彝、中书舍人颜师古可修隋史，大理卿崔善为、中书舍人孔绍安、太子洗马萧德言可修梁史，太子詹事裴矩、兼吏部郎中祖孝孙、前秘书丞魏征可修齐史，秘书监窦琎、给事中欧阳询、秦王文学姚思廉可修陈史。务加详核，博采旧闻，义在不刊，书法无隐。

瑀等受诏，历数年，竟不能就而罢。

贞观三年，太宗复敕修撰，乃令德棻与秘书郎岑文本修周史，中书舍人李百药修齐史，著作郎姚思廉修梁、陈史，秘书监魏征修隋史，与尚书左仆射房玄龄总监诸代史。众议以魏史既有魏收、魏澹二家，已为详备，遂不复修。德棻又奏引殿中侍御史崔仁师佐修周史，德棻仍总知类会梁、陈、齐、隋诸史。武德已来创修撰之源，自德棻始也。六年，累迁礼部侍郎，兼修国史，赐爵彭阳男。十年，以修周史赐绢四百匹。十一年，修《新礼》成，进爵为子。又以撰《氏族志》成，赐帛二百匹。十五年，转太子右庶子，承乾败，随例除名，十八年，起为雅州刺史，以公事免。寻有诏改撰《晋书》，房玄龄奏德棻令预修撰，当时同修一十八人，并推德棻为首，其体制多取决焉。书成，除秘书少监。

永徽元年，又受诏撰定律令，复为礼部侍郎，兼弘文馆学士，监修国史及《五代史志》。寻迁太常卿，兼弘文馆学士。

时高宗初嗣位，留心政道，尝召宰臣及弘文馆学士于中华殿而问曰："何者为王道、霸道？又孰为先后？"德棻对曰："王道任德，霸道任刑。自三王已上，皆行王道；唯秦任霸术；汉则杂而行之；魏、晋已下，王、霸俱失。如欲用之，王道为最，而行之为难。"高宗曰："今之所行，何政为要？"德棻对曰："古者为政，清其心，简其事，以此为本。当今天下无虞，年谷丰稔，薄赋敛，少征役，此乃合于古道。为政之要道，莫过于此。"高宗曰："政道莫尚于无为也。"又问曰："禹、汤何以兴？桀、纣何以亡？"德棻对曰："《传》称：'禹、汤罪己，其兴也勃焉；桀、纣罪人，其亡也忽焉。'二主惑于妹喜、妲己，诛戮谏者，造炮烙之刑，是其所以亡也。"高宗甚悦，既罢，各赐以缯彩。

四年，迁国子祭酒，以修贞观十三年以后实录功，赐物四百段，兼授崇贤馆学士。寻又撰《高宗实录》三十卷，进爵为公。龙朔二年，表请致仕，许之，仍加金紫光禄大夫。乾封元年，卒于家，年八十四，谥曰宪。德棻暮年尤勤于著述，国家凡有修撰，无不参预。

【译文】

令狐德棻，宜州华原人，隋朝鸿胪少卿令狐熙的儿子。他的家族原先居住在敦煌，世代为河西的大族。令狐德棻博涉文史，很早就有名气。大业末年，被任命为药城长，他认为社会纷乱，就没有接受官职。到了义军大旗竖起，淮安王神通占据太平宫，自称总管，任用德棻为记室参军。高祖李渊入关后，任用德棻为大丞相府记室。武德元年，德棻转任起居舍人，甚受高祖亲密相待。五年，升为秘书丞，与侍中陈叔达等受诏编撰《艺文类聚》。高祖曾问德棻："过去，男人戴冠、妇人头上挽髻都竞相攀比高大，这是为什么？"德棻回答道："在人的身体上，冠是最上面的饰物，所以古人以冠比喻君上。后到东晋末期，君弱臣强，江左的仕女们，都上衣小而裙子大。到了宋武帝刘裕摆正君臣秩序之后，君主应有的尊严得到恢复，于是衣服的样式，不久也就改变了。我说的这些，都是近代的事情，可做过去人们对帽子、发式要求的证明。"高祖认为他说得对。

当时正值丧乱之后，图书散逸、丢失很多，令狐德棻上奏请求向民间收购遗存的书籍，对献书的人多给钱帛，并在官府中增加楷书手，让他们工整地抄写。几年之间，众多的图书大略齐备了。德棻曾从容不迫地对高祖说："我看到近代以来，各朝多无正史，梁、陈及齐，还有文籍存留。至于北周、隋，遭受大业年间的战乱，国家文件、图书有很多遗缺。当今离周、隋不远，许多事从前朝人那里还可访问到，著史尚有凭据，若再过十几年，周、隋的事情恐怕就会湮没无闻了。陛下您既接受禅让于隋，又承受北周的政权，大唐国家有二祖的基业，都是在北周营造的。如果北周及隋的历史不能在文章、史书中保存下来，如何给现在提供借鉴！以我的愚见，请求同时修撰周、隋历史。"高祖同意了他的奏请，下诏书说：

掌管典籍的记载言论，史官记载事情，他们考察评论朝政得失，探究穷尽变通之理，以此裁量言、事为不同意义的类别，用来惩恶劝善，使后人多识前古往事，并给后人留下借鉴。伏羲以后，接着就是周、秦，两汉又继承他们的余绪，以后又是三国受命于天，一直到晋、宋，这期间记载史事的文籍都很完备。自从有魏向南迁徙，抓住时机建立帝国，周、隋禅让帝位，历代相承，梁氏建立邦国，跨据淮海，齐国拥有政权，陈国营建皇室宗亲，他们没有不自称正统，延续他们每年的祭祀的。他们的徽号各不相同，但都制定自己的礼义制度。至于先祖发迹，开拓基业，承接前代的终结，将换代的事祀告上天，其间有高超的谋略，贤明的政治，众多的名臣奇士，他们创立学说，建立显赫的功绩，每一代都不缺少这样的人。然而这些业绩并没有被编入书籍，纪传体史也都缺少，时间已过去得不短了，有关过去的民谣风俗已在流传中发生错讹，前代的余烈遗风，瞬息之间就会被埋没。朕掌握政权，统治天下，一心想爱护人民，让社会长治久安，不久前才制定了典章制度，要让它们成为永久遵循的法则。我看到那些将要湮灭埋没的业绩，心中深感怜惜和悲伤，因此考虑要把过去的业绩编集起来，这件事必须依赖能够直笔的良史。中书令萧瑀、给事中王敬业、著作郎殷闻礼可修魏史，侍中陈叔达、秘书丞令狐德棻、太史令庾俭可修周史、兼中书令封德彝、中书舍人颜师古可修隋史，大理卿崔善为、中书舍人孔绍安、太子洗马萧德言可修梁史，太子詹事裴矩、兼吏部郎中祖孝孙、前秘书丞魏征可修齐史，秘书监窦琎、给事中欧阳询、秦王文学姚思廉可修陈史。你们这些人务必仔细研核史料，广博地采集过去的各种史实，这次编撰的目的是要成为后世著史的典范，必须书法无隐。

萧瑀等接受诏命，经过数年之年，这件事最终没有能够完成，因而作罢。

贞观三年，太宗重新下令修撰前朝诸史，于是命令德棻与秘书郎岑文本修周史，中书舍人李百药修齐史，著作郎姚思廉修梁、陈史，秘书监魏征修隋史，魏征还与尚书左仆射房玄龄为修撰各部前代史的总监。大家认为，魏史既然有魏收、魏澹二家史书，就已经很详备了，于是就不再重新修撰。德棻又上奏推荐殿中侍御史崔仁师帮助自己修撰周史，德棻还全面掌管梁、陈、齐、隋诸史在体例、内容分类方面的统一、协调工作。武德已来开创修撰史书端绪的，是从德棻开始的。贞观六年，令狐德棻历任礼部侍郎，兼修国史，赐爵为彭阳男。贞观十年，他因为修撰周史被赏赐绢四百匹。十一年，德棻修成《新礼》，爵晋升为子。又因为他撰成《氏族志》，朝廷赏赐他帛一百匹。十五年，德棻转任太子右庶子，太子承乾谋反失败之后，按照惯例，令狐德棻被免去官职。贞观十八年，他又被朝廷起用,任命为雅州刺史,后又因公事被免职。不久,皇上诏令要重新修撰《晋书》,房玄龄奏请德棻参与修撰,当时同修者共有十八人,他们一起推举德棻为主管人,《晋书》的编撰体例大都是由德棻最后裁决的。《晋书》撰成之后,德棻被任命为秘书少监。

永徽元年,令狐德棻又受诏撰定律令,又重为礼部侍郎,兼弘文馆学士,监修大唐国史及《五代史志》。不久又迁为太常卿,兼弘文馆学士。

当时高宗刚刚继位,留心于为政之道,他曾在中华殿召集宰臣及弘文馆学士,问道:"什么是王道、霸道?它们的出现谁先谁后?"德棻回答道:"王道以德治天下,霸道用刑治天下。自三王以上,都施行王道;只有秦始皇任用霸术;汉朝是将王道、霸道交杂使用;魏晋以下,王道和霸道全都没有了。如想施行它们,王道是最好的,但施行起来也最为艰难。"高宗问道:"现在施行的各项政治措施,以哪一项为最关键的?"德棻回答道:"古代人治理国家,以清静人心,精简事务,为基本方针。当今天下没有需要戒备、忧虑的事情,五谷丰登,国家收取赋敛很轻,征役也很少,这种做法合乎古人治国的大道。治理国家的关键,是莫过于此了。"高宗说:"为政之道没有比无为而治更高的策略了。"接着他又问道:"大禹、商汤为何能创建国家?夏桀、商纣为何亡国?"德棻回答道:"《传》上讲:'大禹、商汤把罪过归于自己,因此他们的国家能够生气勃发地建立起来;夏桀、商纣把罪过全归于别人,因此他们的国家在瞬息之间就灭亡了。'夏桀、商纣被妹喜、妲己迷惑,诛杀进谏的忠臣,制造炮烙这种严酷的刑法,这就是他们灭亡的缘由。"高宗非常高兴,集会散后,高宗向前来中华殿议事的大臣们各赐以缯彩。

永徽四年,德棻被提升为国子祭酒,因为修撰贞观十三年以后的实录有功,受赐织物四百缎,并让他兼任崇贤馆学士。不久,德棻又修撰《高宗实录》三十卷,于是他的爵位又被晋升为公。龙朔二年,他上表请求退休,得到皇上允许,给他加衔为金紫光禄大夫。乾封元年,德棻在家中去世,时年八十四。谥号为"宪"。德棻晚年,在著述方面尤其勤奋,国家凡有修撰的事,他都全部参与了。

姚崇传

【题解】

姚崇(650~721),陕州硖石(今河南三门峡东南)人。本名元崇,字元之,武则天时改以字行,玄宗时为避开元字讳,又改名崇。

姚崇初应制举,授官濮州司仓。武则天时五迁为夏官郎中。契丹入侵河北时,因处理军机有条不紊,果断干练,受到则天的赏识,升为夏官侍郎。圣历元年又加同凤阁鸾台平章事。神龙元年与张柬之、桓彦范等人谋划诛杀张易之兄弟,因功被封为梁县侯。中宗复位后,出任亳州刺史、常州刺史。睿宗即位,征召他为兵部尚书、同中书门下三品。因与宋璟奏请让公主出居洛阳、亲王出任刺史触怒皇室,被贬为申州刺史。先天二年又入朝为相。他向玄宗提出十项改革建议,包括以仁爱治天下;不求边功,不做军事冒险;依法制行事,不论亲疏;禁止宦官干政;禁止贡献以取宠于皇帝;皇亲国戚不得任台省官;

不得增建佛寺道观;广开言路纳谏;杜绝外戚干政;停止不合制度的滥用人才。他的建议基本上被玄宗所采纳。他反对度人为僧,将其中伪滥勒令还俗。在蝗灾泛滥时他坚持捕杀,卓有成效。开元四年,举宋璟自代。九年去世,遗嘱中阐明佛道之害,嘱后人薄葬。

姚崇三度为相,都兼兵部尚书之职,对于边境屯守、兵马器械等无不默记于心。玄宗励精图治,政事多向他咨询。姚崇善于应变成命,宋璟以守法主公道见长,二人同心辅佐,使赋役宽平,刑法公正,百姓富庶。故人称唐代贤相,前称房(玄龄)、杜(如晦),后称姚(崇)、宋(璟),成为有唐一代著名的良相。

【原文】

姚崇,本名元崇,陕州硖石人也。父善意,贞观中,任巂州都督。元崇为孝敬挽郎,应下笔成章举,授濮州司仓,五迁夏官郎中。时契丹寇陷河北数州,兵机填委,元崇剖析若流,皆有条贯。则天甚奇之,超迁夏官侍郎,又寻同凤阁鸾台平章事。

圣历初,则天谓侍臣曰:"往者周兴、来俊臣等推勘诏狱,朝臣递相牵引,咸承反逆,国家有法,朕岂能违。中间疑有枉滥,更使近臣就狱亲问,皆得手状,承引不虚,朕不以为疑,即可其奏。近日周兴、来俊臣死后,更无闻有反逆者,然则以前就戮者,不有冤滥耶?"元崇对曰:"自垂拱已后,被告身死破家者,皆是枉酷自诬而死。告者特以为功,天下号为罗织,甚于汉之党锢。陛下令近臣就狱问者,近臣亦不自保,何敢辄有动摇?被问者若翻,又惧遭其毒手,将军张虔勖、李安静等皆是也。赖上天降灵,圣情发寤,诛锄凶竖,朝廷乂安。今日已后,臣以微躯及一门百口保见在内外官更无反逆者。乞陛下得告状,但收掌,不须推问。若后有征验,反逆有实,臣请受知而不告之罪。"则天大悦曰:"以前宰相皆顺成其事,陷朕为淫刑之主。闻卿所说,甚合朕心。"其日,遣中使送银千两以赐元崇。

姚崇

时突厥叱利元崇构逆,则天不欲元崇与之同名,乃改为元之。俄迁凤阁侍郎,依旧知政事。

长安四年,元之以母老,表请解职侍养,言甚哀切,则天难违其意,拜相王府长史,罢知政事,俾获其养。其月,又令元之兼知夏官尚书事、同凤阁鸾台三品。元之上言:"臣事相王,知兵马不便。臣非惜死,恐不益相王。"则天深然其言,改为春官尚书。是时,张易之请移京城大德僧十人配定州私置寺,僧等苦诉,元之断停,易之屡以为言,元之终不纳。由是为易之所潜,改为司仆卿,知政事如故,使充灵武道大总管。

神龙元年,张柬之、桓彦范等谋诛易之兄弟,适会元之自军还都,遂预谋,以功封梁县侯,赐实封二百户。则天移居上阳宫,中宗率百官就阁起居,王公已下皆欣跃称庆,元之独呜咽流涕。彦范、柬之谓元之曰:"今日岂是啼泣时!恐公祸从此始。"元之曰:"事则天岁久，乍此辞违，情发于衷，非忍所得。昨预公诛凶逆者，是臣子之常道，岂敢言功；今辞违旧主悲泣者，亦臣子之终节，缘此获罪，实所甘心。"无几，出为亳州刺史，转常州刺史。

睿宗即位，召拜兵部尚书、同中书门下三品，寻迁中书令。时玄宗在东宫，太平公主干预朝政，宋王成器为闲厩使，岐王范、薛王业皆掌禁兵，外议以为不便。元之同侍中宋璟密奏请令公主往就东都，出成器等诸王为刺史，以息人心。睿宗以告公主，公主大怒。玄宗乃上疏以元之、璟等离间兄弟，请加罪，乃贬元之为申州刺史。再转扬州长史、淮南按察使。为政简肃，人吏立碑纪德。俄除同州刺史。先天二年，玄宗讲武在新丰驿，召元之代郭元振为兵部尚书、同中书门下三品，复迁紫微令。避开元尊号，又改名崇，进封梁国公。固辞实封，乃停其旧封，特赐新封一百户。

先是，中宗时，公主外戚皆奏请度人为僧尼，亦有出私财造寺者，富户强丁，皆经营避役，远近充满。至是，崇奏曰："佛不在外，求之于心。佛图澄最贤，无益于全赵；罗什多艺，不救于亡秦。何充、苻融，皆遭败灭；齐襄、梁武，未免灾殃。但发心慈悲，行事利益，使苍生安乐，即是佛身。何用妄度奸人，令坏正法？"上纳其言，令有司隐括僧徒，以伪滥还俗者万二千余人。

开元四年，山东蝗虫大起，崇奏曰："《毛诗》云：'秉彼蟊贼，以付炎火。'又汉光武诏曰：'勉顺时政，劝督农桑，去彼螟螣，以及蟊贼。'此并除蝗之义也。虫既解畏人，易为驱逐。又苗稼皆有地主，救护必不辞劳。蝗既解飞，夜必赴火，夜中设火，火边掘坑，且焚且瘗，除之可尽。时山东百姓皆烧香礼拜，设祭祈恩，眼看食苗，手不敢近。自古有讨除不得者，祗是人不用命，但使齐心戮力，必是可除。"乃遣御史分道杀蝗。汴州刺史倪若水执奏曰："蝗是天灾，自宜修德。刘聪时除既不得，为害更深。"仍拒御史，不肯应命。崇大怒，牒报若水曰："刘聪伪主，德不胜妖；今日圣朝，妖不胜德。古之良守，蝗虫避境，若其修德可免，彼岂无德致然！今坐看食苗，何忍不救，因以饥馑，将何自安？幸勿迟回，自招悔吝。"若水乃行焚瘗之法，获蝗一十四万石，投汴渠流下者不可胜计。

时朝廷喧议，皆以驱蝗为不便，上闻之，复以问崇。崇曰："庸儒执文，不识通变。凡事有违经而合道者，亦有反道而适权者。昔魏时山东有蝗伤稼，缘小忍不除，致使苗稼总尽，人至相食；后秦时有蝗，禾稼及草木俱尽，牛马至相啖毛。今山东蝗虫所在流满，仍极繁息，实所稀闻。河北、河南，无多贮积，倘不收获，岂免流离，事系安危，不可胶柱。纵使除之不尽，犹胜养以成灾。陛下好生恶杀，此事请不烦出敕，乞容臣出牒处分。若除不得，臣在身官爵，并请削除。"上许之。

黄门监卢怀慎谓崇曰："蝗是天灾，岂可制以人事？外议咸以为非。又杀虫太多，有伤和气。今犹可复，请公思之。"崇曰："楚王吞蛭，厥疾用疗；叔敖杀蛇，其福乃降。赵宣至贤也，恨用其犬；孔丘将圣也，不爱其羊。皆志在安人，思不失礼。今蝗虫极盛，驱除可得，若其纵食，所在皆空。山东百姓，岂宜饿杀！此事崇已面经奏定讫，请公勿复为言。若救人杀虫，因缘致祸，崇请独受，义不仰关。"怀慎既庶事曲从，竟亦不敢逆崇之意，蝗因此亦渐止息。

是时，上初即位，务修德政，军国庶务，多访于崇，同时宰相卢怀慎、源乾曜等，但唯诺而已。崇独当重任，明于吏道，断割不滞。然纵其子光禄少卿彝、宗正少卿异广引宾客，受纳馈遗，由是为时所讥。时有中书主书赵诲为崇所亲信，受蕃人珍遗，事发，上亲加鞫问,下狱处死。崇结奏其罪,复营救之,上由是不悦。其冬,曲赦京城,敕文特标诲名,令决杖一百,配流岭南。崇自是忧惧,频面陈避相位,荐宋璟自代。俄授开府仪同三司,罢知政事。

居月余,玄宗将幸东都,而太庙屋坏,上召宋璟、苏颋问其故,璟等奏言:"陛下三年之制未毕,诚不可行幸。凡灾变之发,皆所以明教诫。陛下宜增崇大道,以答天意,且停幸东都。"上又召崇问曰:"朕临发京邑,太庙无故崩坏,恐神灵诫以东行不便耶?"崇对曰:"太庙殿本是苻坚时所造,隋文帝创立新都,移宇文朝故殿造此庙,国家又因隋氏旧制,岁月滋深,朽蠹而毁。山有朽壤,尚不免崩,既久来枯木,合将摧折,偶与行期相会,不是缘行乃崩。且四海为家,两京相接,陛下以关中不甚丰熟,转运又有劳费,所以为人行幸,岂是无事烦劳?东都百司已作供拟,不可失信于天下。以臣愚见,旧庙既朽烂,不堪修理,望移神主于太极殿安置,更改造新庙,以申诚敬。车驾依前径发。"上曰:"卿言正合朕意。"赐绢二百匹,令所司奉七庙神主于太极殿,改新庙,车驾乃幸东都。因令崇五日一参,仍入阁供奉,甚承恩遇。后又除太子少保,以疾不拜。九年薨,年七十二,赠扬州大都督,谥曰文献。

崇先分其田园,令诸子侄各守其分,仍为遗令以诫子孙,其略曰:

古人云:富贵者,人之怨也。贵则神忌其满,人恶其上;富则鬼瞰其室,虏利其财。自开辟已来,书籍所载,德薄任重而能寿考无咎者,未之有也。故范蠡、疏广之辈,知止足之分,前史多之。况吾才不逮古人,而久窃荣宠,位逾高而益惧,恩弥厚而增忧。往在中书,遘疾虚惫,虽终匪懈,而诸务多缺。荐贤自代,屡有诚祈,人欲天从,竟蒙哀允。优游园沼,放浪形骸,人生一代,斯亦足矣。田巴云:"百年之期,未有能至。"王逸少云:"俯仰之间,已为陈迹。"诚哉此言。

比见诸达官身亡已后,子孙既失覆荫,多至贫寒,斗尺之间,参商是竞。岂唯自玷,仍更辱先,无论曲直,俱受嗤毁。庄田水碾,既众有之,递相推倚,或致荒废。陆贾、石苞,皆古之贤达也,所以预为定分,将以绝其后争,吾静思之,深所叹服。

昔孔丘亚圣,母墓毁而不修;梁鸿至贤,父亡席卷而葬。昔杨震、赵咨、卢植、张奂,皆当代英达,通识今古,咸有遗言,属以薄葬。或濯衣时服,或单帛幅巾,知真魂去身,贵于速朽,子孙皆遵成命,迄今以为美谈。凡厚葬之家,例非明哲,或溺于流俗,不察幽明,咸以奢厚为忠孝,以俭薄为悭惜,至令亡者致戮尸暴骸之酷,存者陷不忠不孝之诮。可为痛哉,可为痛哉!死者无知,自同粪土,何烦厚葬,使伤素业。若也有知,神不在柩,复何用违君父之令,破衣食之资。吾身亡后,可殓以常服,四时之衣,各一副而已。吾性甚不爱冠衣,必不得将入棺墓,紫衣玉带,足便于身,念尔等勿复违之。且神道恶奢,冥涂尚质,若违吾处分,使吾受戮于地下,于汝心安乎?念而思之。

今之佛经,罗什所译,姚兴执本,与什对翻。姚兴造浮屠于永贵里,倾竭府库,广事庄严,而兴命不得延,国亦随灭。又齐跨山东,周据关右,周则多除佛法而修缮兵威,齐则广置僧徒而依凭佛力。及至交战,齐氏灭亡,国既不存。寺复何有?修福之报,何其蔑如!梁武帝以万乘为奴,胡太后以六宫入道,岂特身戮名辱,皆以亡国破家。近日孝和皇帝发使赎生,倾国造寺,太平公主、武三思、悖逆庶人、张夫人等皆度人造寺,竟术弥街,咸不免受戮破家,为天下所笑。经云:"求长命得长命,求富贵得富贵","刀寻段段坏,火坑变成池"。比来缘精进得富贵长命者为谁？生前易知，尚觉无应，身后难究，谁见有征。且五帝之时，父不葬子，兄不哭弟，言其致仁寿、无夭横也。三王之代，国祚延长，人用休息，其人臣则彭祖、老聃之类，皆享遐龄。当此之时，未有佛教，岂抄经铸像之力，设斋施物之功耶？《宋书·西域传》，有名僧为《白黑论》，理证明白，足解沈疑，宜观而行之。

且佛者觉也，在乎方寸，假有万像之广，不出五蕴之中，但平等慈悲，行善不行恶，则佛道备矣。何必溺于小说，惑于凡僧，仍将喻品，用为实录，抄经写像，破业倾家，乃至施身亦无所吝，可谓大惑也。亦有缘亡人造像，名为追福，方便之教，虽则多端，功德须自发心，旁助宁应获报？递相欺诳，浸成风俗，损耗生人，无益亡者。假有通才达识，亦为时俗所拘。如来普慈，意存利物，损众生之不足，厚豪僧之有余，必不然矣。且死者是常，古来不免，所造经像，何所施为？

夫释迦之本法，为苍生之大弊，汝等各宜警策，正法在心，勿效儿女子曹，终身不悟也。吾亡后必不得为此弊法。若未能全依正道，须顺俗情，从初七至终七，任设七僧斋。若随斋须布施，宜以吾缘身衣物充，不得辄用余财，为无益之枉事，亦不得妄出私物，徇追福之虚谈。

道士者，本以玄牝为宗，初无趋竞之教，而无识者慕僧家之有利，约佛教而为业。敬寻老君之说，亦无过斋之文，抑同僧例，失之弥远。汝等勿拘鄙俗，辄屈于家。汝等身没之后，亦教子孙依吾此法云。

十七年，重赠崇太子太保。

崇长子彝，开元初光禄少卿。次子异，坊州刺史。少子弈，少而修谨，开元末，为礼部侍郎、尚书右丞。天宝元年，右相牛仙客薨，彝男闳为侍御史、仙客判官，见仙客疾亟，逼为仙客表，请以弈及兵部侍郎卢奂为宰相代己。其妻因中使奏之，玄宗闻而怒之，闳决死，弈出为永阳太守，奂为临淄太守。玄孙合，登进士第，授武功尉，迁监察御史，位终给事中。

【译文】

姚崇，本名元崇，陕州硖石人。父亲善意，贞观年间，曾任嶲州都督。元崇作了孝敬皇帝的挽郎，在制科下笔成章科考试中及第，朝廷授予他濮州司仓参军的职位，经过五次改迁做到夏官郎中。当时契丹入寇，攻陷了河北几个州郡，军机事务堆积，元崇辨别分析，犹如水之分流，都很有条理。武则天非常稀罕他的才能，越级提升他为夏官侍郎，紧接着又加同凤阁鸾台平章事之衔。

圣历初年，武则天对随侍左右的人说："以前周兴、来俊臣等人负责皇帝交办的案件的审理，朝廷臣僚们互相牵制。接受了谋反的罪名，国家有法律，朕怎么能违背。怀疑这其中有无辜受害的人，又派左右亲近之臣到狱中亲自询问，获得了所有犯人的亲笔供词，承认罪行属实，朕不再怀疑，便批准了周兴他们的报告。近来周兴、来俊臣死后，再没听说有谋反的人。如此看来以前被杀的人中，岂不是有受冤被滥杀的吗？"元崇回答说："自从垂拱以后，被告身亡家破的，都是因无辜遭受酷刑被迫认罪而死，告发者认为是立功，天下人称为罗织，比汉代的党锢之祸更厉害。陛下派亲近之臣到狱中查问，这些近臣尚且不能自保，哪敢随便动摇已经断定的结论？被关的人如果翻案，又怕遭酷吏毒打，将军张虔勖、李安静等人都是如此。幸赖上天降福，陛下醒悟，诛灭凶恶的小人，使朝廷太平无事。从今以后，为臣以微贱之躯和一家百口性命来担保，现任中外官吏再没有谋反的人。请求陛下再接到告发状词时，仅仅收存保管好，不必再推究审问。如果以后有了证据，谋反属实的话，我请求接受知情不报的罪名。"武则天非常高兴地说："以前的宰相都顺应促成此事，陷我于滥施酷刑之君的名声。听了卿所说的话，非常符合我的心意。"当天，就派宦官给元崇送去一千两银子作为赏赐。

当时因突厥叱利元崇图谋叛逆，武则天不愿元崇和他同名，便改名为元之，不久转任凤阁侍郎，仍旧知政事。

长安四年，元之因母亲年老，上表请求解职回家侍奉母亲，言辞非常悲伤。武则天不好违背他的心愿，让他任相王府长史，卸去知政事的职权，便于他侍奉母亲。这一月，又让元之兼掌夏官尚书事，加同凤阁鸾台三品衔。元之上疏说："我正在侍奉相王，不便于兼掌兵马，为臣并非怕死，恐怕不利于相王。"武则天很同意他的话，便改任春官尚书。这个时候，张易之请求把京城十位大德僧移到定州私设的寺庙中，僧人们苦苦诉说，元之决意停止，易之屡次提出，元之始终不予接受。由此遭到易之的诽谤诋毁，改官为司仆卿，仍旧执掌政事，让他充任灵武道大总管。

神龙元年，张柬之、桓彦范等人谋划诛杀张易之兄弟，正赶上元之从灵武军回到都城，便参与谋划，因功被封为梁县侯，赐封户二百户。武则天退位移居上阳宫，中宗率文武百官迁到皇宫中生活，王公以下都欢欣雀跃，前来道贺，唯独元之呜咽流泪。彦范、柬之对元之说："今天哪里是哭泣的时候，恐怕你的灾祸将从今开始了。"元之说："我侍奉则天已经多年，突然就此分离，这发自内心的感情，不是能忍住的，先前和你们一道诛杀凶险的逆臣，是作臣子应尽的职责，哪敢说有什么功劳；现在辞别旧日的君主而悲伤哭泣，也是臣子最后的礼节，要是由此而获罪，确实是我心甘情愿的。"没过多久，就调他出去任亳州刺史，后转迁为常州刺史。

睿宗即位，召他入朝委以兵部尚书、同中书门下三品，不久升迁为中书令。当时玄宗在东宫，太平公主干预朝政，宋王李成器为闲厩使，岐王李范、薛王李业都掌管着禁军，外面人议论都觉得不利。元之与侍中宋璟秘密地上奏皇帝，请求让公主到东都洛阳去，让李成器等各位亲王到地方上任刺史，以稳定人心。睿宗把他们的意见转告给公主，公主大怒。玄宗便上疏以元之、宋璟等人离间他们兄弟为由，请求给予加罪处罚，睿宗于是把元之贬为申州刺史。后来又转迁扬州长史、淮南按察使。元之在任时治理政务简明严肃，百姓官吏为他立碑记录他的功德。不久以后，又任同州刺史。先天二年，玄宗在新丰驿讲习武事，征召元之代替郭元振任兵部尚书、同中书门下三品，又升为紫微令。为了避开元尊号之讳，又改名为崇，晋封为梁国公。姚崇坚决辞让所授封户，玄宗便取消他原有的封户，特意赐给他一百户新封户。

先前，中宗统治时期，公主、外戚都上奏请求度人出家为僧、尼姑，也有拿出私人财产建造寺庙的人，富有之家以及强壮人丁都想办法逃避赋役，远近大小寺庙中都占满了人。至此，姚崇上奏说："佛不在于外，在于从内心寻找。佛图澄最为贤明，却无益于保全后赵政权；鸠摩罗什多才多艺，却不能挽救后秦的灭亡。何充、蔡融信佛，可都遭到败亡；齐襄、梁武二帝也信佛，但也没能免除灾祸。只要慈悲发自内心，行事有益，使百姓安乐，就是佛身。哪里还用乱度奸人，败坏佛法呢？"玄宗接受了他的意见，让有关部门官吏搜查僧徒，因不实滥度还俗的有一万二千多人。

开元四年，山东发生大蝗灾，姚崇上奏说："《毛诗》记载：'抓住那吃禾稼的害虫，投入烈火中烧死。'另外汉光武帝曾下诏说：'努力顺应时令，鼓励、敦促百姓种田织布，除掉那些蚀苗的蝗蟊，以及其他吃庄稼的害虫。'所说的都是灭蝗的措施。蝗虫既然知道怕人，就容易驱逐。另外禾苗都各有主人，救护起来必然不辞辛劳。蝗虫既然会飞，夜间必然见火就扑，如在夜间点起火堆，在火堆边挖坑，边烧边埋，蝗虫就可以被除尽。当时山东地区的百姓都烧香拜神，祭祀祈福，眼看蝗虫吞食禾苗，手却不敢靠近。自古以来蝗虫没有除掉，只是因为人们不肯尽力，只要让大家齐心协力，蝗虫就一定能够除尽。"于是派遣御史分赴各道督促灭蝗。汴州刺史倪若水坚持上奏说："蝗虫是上天降下的灾祸，自然应当靠修养德行来消灭。刘聪的时候捕杀不成，反而为害更加厉害。"依旧抵制御史，不肯从命。姚崇大怒，发牒文给若水说："刘聪是伪皇帝，德不压邪；现在是圣明的朝廷，邪不能压德。古代蝗虫遇到好郡守，就避开他的州境，如果说修德可以免除祸害的话，那岂不是说蝗害是由于无德招致的！现在坐视蝗虫吃禾苗，怎么能忍心不救，由此造成饥荒，将如何心安呢？希望不要迟疑，以免自己招来悔恨。"倪若水才执行烧埋灭蝗的命令，捕获蝗虫十四万石，扔进汴渠里流走的无法计算。

当时朝廷里议论纷纷，都以为驱除蝗虫不利，皇上听到以后，又向姚崇询问。姚崇说："平庸的儒者恪守经文，不懂变通。凡有事情违背经义而合乎道理的，也有违反常理而符合变通之道的。过去魏的时候山东有蝗虫伤害庄稼，由于稍加忍耐没采取捕杀办法，致使庄稼全被蝗虫吃尽，百姓饥饿导致了人吃人的局面；后秦时有蝗灾，庄稼和草木都被吃光了，牛马到了互相啃毛的地步。现在山东一带到处是蝗虫，还在极力繁殖，实在很少听说。河北、河南地区，粮食积蓄不多，倘若没有收成，百姓岂能免遭流亡之苦。这件事情关系到国家的安危，不能再固守旧规。纵然是害虫没被全部除尽，也总比姑息不除造成灾害要好。陛下爱惜生灵，憎恨杀戮，这件事请求不必劳烦陛下发布诏敕，请允许由为臣发牒文处理。如果没能除灭蝗虫，为臣所有的官爵都请一律削除。"皇帝同意了他的意见。

黄门监卢怀慎对姚崇说："蝗患是上天降下的灾害，哪能由人来制止？外面议论都认为捕杀不妥。另外杀虫太多，会伤害天地阴阳之气的调和。现在还可以改变主意，请求您考虑。"姚崇说："楚王吞吃了蚂蟥，他的病就痊愈了；孙叔敖杀了两头蛇，他的福气便随之降临了。赵宣子最为贤明，恨晋灵公放狗咬他；孔丘近乎于圣人，而不爱惜祭祀用羊。他们都志在安定百姓，考虑问题不违背礼义。现在蝗害泛滥严重，驱除它们是可能的，如果放任让它们蚕食禾苗的话，那么蝗虫所到之处，庄稼会全被吃光。山东的百姓，难道就应该饿死！此事我姚崇已当面上奏由皇帝做决定，请你不要再说了。如果为救人杀虫而因此招致灾祸的话，姚崇请求独自承受，从道义上说也不依赖和牵连您。"卢怀慎既然凡事都曲意顺从，终究也不敢违背姚崇的意志，蝗虫因此也逐渐被制止消除了。

这时候，皇帝刚刚即位，致力于实行德政，军国一切事务，多向姚崇询问，同时期的宰相卢怀慎、源乾曜等人，只是附和从命而已。姚崇独自承担重任，通晓为官之道，裁断政事没有滞缓。然而却放任他的儿子光禄少卿姚彝、宗正少卿姚异广招宾客，收受馈赠，因此遭到了当时人的非议。当时有中书主书赵海受到姚崇的信任，接受了蕃人的珍贵礼物，事发之后，皇帝亲自审问，把他投入监狱，判处死刑。姚崇结案报告他的罪行，又要营救他，皇帝因此不高兴。这年冬季，特赦京城的罪犯，赦文中特意标出赵海的名字，下令处以一百杖的刑罚，发配流放到岭南。姚崇从此便忧虑恐惧，多次当面奏请皇帝允许他让出宰相的席位，并推荐宋璟代替他。不久便授予他开府仪同三司，免除执掌政事的权力。

过了一个多月，玄宗要去东都，而太庙的房屋坏损，召来宋璟、苏颋询问原因。宋璟等人报告说："陛下三年服丧期未满，实在不能出行。凡是发生了灾害变故，都是上天用来申明教训和警告之意的。陛下应该更加尊崇正道，以回报天意，姑且停止东都之行的打算。"玄宗又召见姚崇询问道："我就要从京师出发，太庙却无缘无故地倒塌了，恐怕是神灵在告诫我不该东行吧？"姚崇回答说："太庙的殿堂本来是苻坚时所修造的，隋文帝创建新都后，把宇文氏朝廷旧殿的材料用来建造了太庙，唐朝又延续隋代的旧制，继续用作太庙，年代久了便因腐朽虫蛀而毁坏了。山有朽土，尚且不能避免崩塌，年久的枯木，自然会要折断的，只是偶然地与您出行的日期相吻合，并不是因为出行才倒塌的。而且皇帝以四海为家，长安、洛阳两京连接，陛下因为关中地区收成不好，往来转运粮食又要劳民伤财，所以才为了百姓出行去洛阳，哪里是没事自找烦劳呢？东都的各个部门已经安排好供应计划，您可不能失信于天下。依为臣的愚见，旧的太庙已然朽烂，没法修好，希望把太庙神位移置到太极殿，重新改建新太庙，以表示对先帝的忠诚敬意。您的车驾应该按照计划马上出发。"皇上说："你的话正符合朕的心意。"赐给他二百匹绢作为奖赏，命令有关部门的官吏恭敬地把七个神位捧到太极殿安置，又改建新庙，于是皇帝出发去东都。命姚崇每五天一次上朝参见皇帝、依旧入阁中供奉，得到皇帝的恩惠，礼遇很多。后来又任命为太子少保，因生病没有受拜。开元九年逝世，终年七十二岁，朝廷追赠他为扬州大都督，定谥号为文献。

姚崇先划分好田园家产，让子侄各自守住自己应得的份额，还立遗书以告诫子孙，大致意思是说：

古人说：富贵会招致人们的怨恨。贵则招致神灵嫉妒你的满盈，人们讨厌你位居其上；富则招鬼来窥视你的家，奴仆也来贪图你的钱财。自从开天辟地以来，按书籍所记录，那种德行浅薄、承担重任却能长寿无罪的人是不存在的。所以范蠡、疏广之流，明白适可而止和知足的尺度，前代的史书都称赞他们。何况我的才能不及古人，却长期窃得荣耀和宠任，地位越高越害怕，皇帝赐予的恩惠越厚就越增添我的忧虑。以往在中书任职时，患病体弱，虽然始终不敢懈怠，可各项政务还是多有缺欠。推荐贤人代替自己，多次真诚祈求天从人愿，终于承蒙皇上的哀怜和同意。我悠然畅游在园林池沼之间，放任自己的形态，人生一世，能这样也就满足了。田巴说："百年的生命，没有人能够达到。"王逸少说："仅在俯首举头之间，一切已成过去的陈迹了。"这些话都是确实的。

近来看到各位达官死后，子孙们既然失去庇护，遂大多落入贫寒，为了一斗一尺的家产，也要互相争夺。不仅只是玷污自己，而且更辱没了先人，不论谁是谁非，都受到人们的讥笑和非议。庄田和水碾，既是大家共同拥有的，由于互相推诿、依赖，有的则导致荒废。陆贾、石苞，都是古时贤明豁达的人，所以在死前事先分定家产，以杜绝身后子孙的争夺,我静心考虑这些,对他们的做法深表赞叹和佩服。

昔日孔丘仅次于圣人,母亲的墓坏了却不修复;梁鸿是大贤人,父亲去世却用席子裹尸埋葬。从前杨震、赵咨、卢植、张奂,都是当世杰出而通达的人,他们通晓古今之事,都有遗言,嘱咐后人薄葬。有的身穿洗干净的平常衣服,有的用单层的绢来束发,他们懂得人的真魂离开身躯后,以快速腐朽为最好,子孙都遵照他们既定的主张,至今人们还作为美谈。凡是厚葬的人家,一概都不是明智的,有的是沉溺于流行的习俗,不辨善恶贤愚,都以为奢侈厚葬才是忠孝,而节俭薄葬就是吝啬爱财,以至让死者招致戮尸暴骸的惨祸、生者陷于不忠不孝的责难。真是令人痛惜的事啊,令人痛惜啊!死者没有感觉,自然如同粪土,何必费力厚葬,造成原有家业的损害。如果死者也有知觉的话,他们的灵魂不在棺材里,又何必违背君父之命,耗费可供衣食之用的钱财。我死以后,可用平常的衣服来收敛,一年四季的衣服各一套罢了。我生性非常不喜欢做官穿的礼服,一定不要放入棺墓,紫衣玉带,穿在身上足够了,你们不要违背我的意愿。而且墓道也讨厌奢华,阴间崇尚质朴,如果你们违反我的决定,让我在地下尸体遭戮,你们能心安吗?请你们考虑。

现在的佛经,是鸠摩罗什翻译的,姚兴手执经本和他一起对应翻译。姚兴在永贵里建造佛塔,竭尽府库的资财,广求装饰美盛,可他却没能延年,国家也随之灭亡。另外齐国横跨山东,周国占据关右,周就大量除灭佛法而整治军威,齐却广泛安置僧徒,依靠佛的力量。等到两国交兵时,齐国灭亡了,国家既不存在,还有什么佛寺呢?求福所换来的报应,是何等轻视!梁武帝以皇帝的身份作寺庙的奴仆,胡太后用皇后的身份入寺为教徒。结果哪只是身死名辱,都导致了亡国败家的结局。近来孝和皇帝发遣使者去放生,倾国所有来建造佛寺,太平公主、武三思、悖逆庶人、张夫人等人都度人出家,建造寺庙,这些人用尽手段,寺庙充斥街道,都不能避免杀身破家,被天下人耻笑。佛经说:"求长命得长命,求富贵得富贵","刀会一段段折断,火坑会变成水池",近来因持善乐道不自放纵而得到富贵和长命的有谁呢?生前的事容易知道,尚且感到没有回应,身死之后难于推求,谁见到这些有什么征验。况且五帝的时候,父不葬子,兄不哭弟,是说人们都长寿,没有夭折和遭横祸致死的。三王之世,国运长久,人们休养生息,身为臣子的彭祖、老聃之类,都享受长寿高龄之福。在当时,还没有佛教,哪里是抄写佛经、铸造佛像的功力和设斋施舍的功劳?《宋书·西域传》中有位知名僧人,撰著了《白黑论》,道理论证得明确清楚,足以解除深疑,应该阅读照办。

况且佛是一种感悟,在于内心。如果有自然一切事物景象的广大,也没超出色、受、想、行、识五蕴的范围,只要对一切众生都慈悲为怀,做善事不作恶事,就把握住佛道了。何必沉溺于小人浅薄的说教,受凡僧的迷惑,把佛经中的比喻当成符合实际的记载,抄写经文,描绘佛像,倾家荡产,乃至于舍身也在所不惜,这才是太糊涂啊。也有人为死者造像,称为追福,因人施教,诱导人们领悟佛的真义,办法虽然多种多样,然而诸如念佛布施等事都必须发自内心,靠别人相助难道应该得到善报吗?这样互相欺骗,渐渐形成风俗,既损耗活人的钱财,也无助于死者。假如有通达多识的人,也被时俗所限制了。如来广施慈爱,目的是利于万物,而损害资财不足的众生,增加豪僧富裕的资财,如来一定不能这么做。而且死的常规,自古以来不能避免的,制作的佛经、佛像,有什么用呢?

释迦的根本之法是百姓的大害,你们应各自警惕,只要正法在心,不要效法那些儿女之辈，终生不能觉悟。我死之后一定不要实行这种有害之法。如果不能全部按照正道去做，必须顺应俗情，从第一个七日到最后一个七日，任凭你们请僧人设七日斋会。如果斋会的同时必须布施，则应用我常用的衣物，不得随意动用多余的资财，去做无益的冤枉事，也不要乱用私人财物，去顺应追福的空谈。

道士，原本是以衍生万物来源为宗旨，最初没有逐利、竞争的教论，而没有见识的人羡慕僧人有利可图，就照佛教的做法去做。恭敬地追寻老君的教法，也没有斋会的条文，使其同于僧人之例，错得很远。你们不要拘守鄙陋的习俗，有损于家。你们身死以后，也要教导子孙照我的做法去做。

开元十七年，玄宗重赠姚崇为太子太保。

姚崇的长子姚彝，开元初年任光禄少卿。次子姚异，任坊州刺史。小儿子姚弈，年幼时就能修身谨严，开元末年，作礼部侍郎，尚书右丞。天宝元年，右相牛仙客去世，姚彝的儿

释迦牟尼塑像

子闳作侍御史和牛仙客的判官，看到仙客病势严重，强迫仙客上表，请求朝廷让姚弈和兵部侍郎卢奂担任宰相以代替自己。牛仙客的妻子通过宦官上奏皇帝，玄宗听后大怒，姚闳被处死，姚弈贬为永阳太守，卢奂贬为临淄太守。姚崇玄孙姚合，进士及第，授官武功县尉，后升迁为监察御史，官位最后达到给事中。

刘知几传

【题解】

　　刘知几(661~721)，字子玄，彭城(今江苏徐州)人。我国古代杰出的史学理论家。他的代表作是《史通》。《史通》全书共二十卷，分内篇、外篇二部分，内篇十卷三十九篇，外篇十卷十三篇，每一小篇均为专题论述的形式。其中内篇有三篇原文已经亡佚。

　　《史通》是对我国唐初以前史学状况的第一次全面总结。它在批评以往史学的基础上，形成了一个系统的史学理论体系。包括：

　　史学目的论。《史通》认为，史学"乃生人之急务，为国家之要道"(《史官建置》)，治理国家绝不能缺少史学。史学的存在，是为了"申以劝诫，树之风声"(《直书》)，史学是维护封建统治秩序的重要工具。

　　史家论。《史通》提出了衡量史家优劣的三个标准。首先，史家必须具备彰善瘅恶，

不惧强御的"直笔"精神；其次，史家要具有编纂不朽史书的才华；第三，史家必须要有渊博的学识。《史通》主张史家要撰述能成一家之言的史书，对唐高宗及武则天时期的史馆弊病作了尖锐的批评。

史书编纂论。《史通》论述了关于史书内容，史料选择、史书体裁、体例、文字表述，撰述原则在内的几个理论问题。指出"五志七科"是史书的主要内容，选择史料要博采而善择，纪传体、编年体是史书编纂的主要形式，史书的文字表述要尚简，特别主张要"适时随俗"，要在史书中反映出时代风尚的变革。《史通》尤其强调，"书法不隐"，如实记事，是编纂实录史书的基本原则。

史学批评论。《史通》指出，进行史学批评，必须能够探赜索幽，不能妄测史家的本意。要根据时代的特点，评价史书价值。

总之，《史通》是我国第一部具有完整体系的史学理论著作。它的出现，把我国古代的史学理论推向了一个新的层面，标志着我国古代史学理论的形成。

【原文】

刘子玄，本名知几，楚州刺史胤之族孙也。少与兄知柔俱以词学知名，弱冠举进士，授获嘉主簿。证圣年，有制文武九品已上各言时政得失，知几上表陈四事，词甚切直。是时官爵僭滥而法网严密，士类竞为趋进而多陷刑戮，知几乃著《思慎赋》以刺时，且以见意。凤阁侍郎苏味道、李峤见而叹曰："陆机《豪士》所不及也。"

知几长安中累迁左史，兼修国史。擢拜凤阁舍人，修史如故。景龙初，再转太子中允，依旧修国史。时侍中韦巨源、纪处讷、中书令杨再思、兵部尚书宗楚客、中书侍郎萧至忠并监修国史，知几以监修者多，甚为国史之弊。萧至忠又尝责知几著述无课，知几于是求罢史任，奏记于至忠曰：

仆自策名士伍，待罪朝列，三为史臣，再入东观，竟不能勒成国典，贻彼后来者，何哉？静言思之，其不可者五也。何者？古之国史，皆出自一家，如鲁、汉之丘明、子长，晋、齐之董狐、南史，咸能立言不朽，藏诸名山，未闻藉以众功，方玄绝笔。唯后汉东观，大集群儒，而著述无主，条章靡立。由是伯度讥其不实，公理以为可焚，张、蔡二子纠之于当代，傅、范两家嗤之于后叶。今史司取士，有倍东京，人自以为荀、袁，家自称为政、骏。每欲记一事，载一言，皆阁笔相视，含毫不断。故首白可期，而汗青无日。其不可一也。

前汉郡国计书，先上太史，副上丞相；后汉公卿所撰，始集公府，乃上兰台。由是史官所修，载事为博。原自近古，此道不行，史臣编录，唯凭自询采。而左右二史，阙注起居；衣冠百家，罕通行状。求风俗于州郡，视听不该；讨沿革于台阁，簿籍难见。虽使尼父再出，犹且成其管窥，况限以中才，安能遂其博物。其不可二也。

昔董狐之书法也，以示于朝；南史之书弑也，执简以往。而近代史局，皆通籍禁门，幽居九重，欲人不见。寻其义者，由杜彼颜面，防诸请谒故也。然今馆中作者，多士如林，皆原长喙，无闻颛舌。倘有五始初成，一字加贬，言未绝口而朝野具知，笔未栖毫而晋绅咸诵。夫孙盛实录，取嫉权门；王韶直书，见仇贵族。人之情也，能无畏乎！其不可三也。

古者刊定一史，纂成一家，体统各殊，指归咸别。夫《尚书》之教也，以疏通知远为主；《春秋》之义也，以惩恶劝善为先。《史记》则退处士而进奸雄，《汉书》则抑忠臣而饰主阙。斯并曩贤得失之例,良史是非之准,作者言之详矣。顷史官注记,多取禀监修,杨令公则云"必须直词",宗尚书则云"宜多隐恶"。十羊九牧,其事难行;一国三公,适从焉在?其不可四也。

窃以史置监修,虽无古式,寻其名号,可得而言。夫言监者,盖总领之义耳。如创纪编年,则年有断限,草传叙事,则事有丰约。或可略而不略,或应书而不书,此失刊削之例也。属词比事,劳逸宜均;挥铅奋墨,勤惰须等。某帙某篇,付之此职;某纪某传,归之此官。此铨配之理也。斯并宜明立科条,审定区域,倘人思自勉,则书可立成。今监之者既不指授,修之者又无遵奉。用使争学苟且,务相推避,坐变炎凉,徒延岁月。其不可五也。

凡此不可,其流实多,一言以蔽,三隅自反。而时谈物议,焉得笑仆编次无闻者哉!比者伏见明公每汲汲于劝诱,勤勤于课责。或云坟籍事重,努力用心;或云岁序已淹,何时辍手?窃以纲维不举,而督课徒勤,虽威以次骨之刑,勖以悬金之赏,终不可得也。语曰:"陈力就列,不能则止。"仆所以比者布怀知己,历抵群公,屡辞载笔之官,愿罢记言之职者,正为此耳。当今朝号得人,国称多士。蓬山之下,良直差肩;芸阁之中,英奇接武。仆既功亏刻鹄,笔未获麟徒殚太官之膳,虚索长安之米。乞以本职,还其旧居,多谢简书,请避贤路。惟明公足下哀而许之。

至忠惜其才,不许解史任。宗楚客嫉其正直,谓诸史官曰:"此人作书如是,欲置我何地!"

时知几又著《史通子》二十卷,备论史策之体。太子右庶子徐坚深重其书,尝云:"居史职者,宜置此书于座右。"知几自负史才,常慨时无知己,乃委国史于著作郎吴兢,别撰《刘氏家史》十五卷、《谱考》三卷。推汉氏为陆终苗裔,非尧之后;彭城丛亭里诸刘,出自宣帝子楚孝王嚣曾孙司徒巢侯刘恺之后,不承楚元王交。皆按据明白,正前代所误,虽为流俗所讥,学者服其该博。初,知几每云若得受封,必以居巢为名,以绍司徒旧邑;后以修《则天实录》功,果封居巢县子。又乡人以知几兄弟六人进士及弟,文学知名,改其乡里为高阳乡居巢里。

景云中,累迁太子左庶子,兼崇文馆学士,仍依旧修国史,加银青光禄大夫。时玄宗在东宫,知几以名音类上名,乃改子玄。二年,皇太子将亲释奠于国学,有司草仪注,令从臣皆乘马著衣冠。子玄进议曰:

古者自大夫以上,皆乘车而以马为骖服。魏、晋以降,迄乎隋代,朝士又驾牛车。历代经史,具有其事,不可一二言也。至如李广北征,解鞍憩息;马援南伐,据鞍顾盼,斯则鞍马之设,行于军旅;戎服所乘,贵于便习者也。按江左官至尚书郎而辄轻乘马,则为御所弹。又颜延之罢官后,好骑马出入闾里,当代称其放诞。此则专车凭轼,可摄朝衣;单马御鞍,宜从褒服。求之近古,灼然之明验也。

自皇家抚运,沿革随时。至如陵庙巡谒,王公册命,则盛服冠履,乘彼辂车。其士庶有衣冠亲迎者,亦时以服箱充驭。在于他事,无复乘车,贵贱所行,通用鞍马而已。臣伏见比者,銮舆出幸,法驾首途,左右侍臣,皆以朝服乘马。夫冠履而出,只可配车而行,今乘车既停,而冠履不易,可谓唯知其一而未知其二也。何者?褒衣博带,革履高冠,本非马上所施,自是车中之服。必也鞯而升镫,跣以乘鞍,非唯不师古道,亦自取惊今俗。求诸折中,进退无可。且长裾广袖,襜如翼如,鸣珮行组,锵锵奕奕,驰骤于风尘之内,出入于旌旗之间，倘马有惊逸，人从颠坠，遂使属车之右，遗履不收，清道之傍，结骖相续，固以受嗤行路，有损威仪。

今议者皆云秘阁有《梁武帝南郊图》，多有危冠乘马者，此则近代故事，不得谓无其文。臣案此图是后人所为，非当时所撰。且现代间有古今图画者多矣，如张僧繇画《群公祖二疏》，而兵士有著芒屩者；阎立本画《明君入匈奴》，而妇人有著帷帽者。夫芒屩出于水乡，非京华所有；帷帽创于隋代，非汉宫所作。议者岂可征此二画，以为故实者乎？由斯而言，则《梁氏南郊之图》，义同于此。又传称因俗，礼贵缘情。殷辂周冕，规模不一；秦冠汉佩，用舍无常。况我国家道轶百王，功高万古，事有不便，理资变通，其乘马衣冠，窃谓宜从省废。臣怀此异议，其来自久，日不暇给，未及摧扬。今属殿下亲从齿胄，将临国学，凡有衣冠乘马，皆惮此行，所以辄进狂言，用申鄙见。

皇太子手令付外宣行，仍编入令，以为常式。

开元初，迁左散骑常侍，修史如故。九年，长子贶为太乐令，犯事配流。子玄诣执政诉理，上闻而怒之，由是贬授安州都督府别驾。

子玄掌知国史，首尾二十余年，多所撰述，甚为当时所称。礼部尚书郑惟忠尝问子玄曰："自古以来，文士多而史才少，何也？"对曰："史才须有三长，世无其人，故史才少也。三长，谓才也、学也、识也。夫有学而无才，亦犹有良田百顷，黄金满盈，而使愚者营生，终不能致于货殖者矣。如有才而无学，亦犹思兼匠石，巧若公输，而家无楩柟斧斤，终不能果成其宫室者矣。犹须好是正直，善恶必书，使骄主贼臣，所以知惧，此则为虎傅翼，善无可加，所向无敌者矣。脱苟非其才，不可叨居史任。自复古以来，能应斯目者，罕见其人。"时人以为知言。子玄至安州，无几而卒，年六十一。自幼及长，述作不倦，朝有论著，必居其职。预修《三教珠英》《文馆词林》《姓族系录》，论《孝经》非郑玄注，《老子》无河上公注，修《唐书实录》，皆行于代，有集三十卷。后数年，玄宗敕河南府就家写《史通》以进，读而善之，追赠汲郡太守；寻又赠工部尚书，谥曰文。

【译文】

刘子玄，本名刘知几，是楚州刺史刘胤的同族孙子。刘知几少年时与其兄刘知柔都以擅长韵文之学而知名，二十岁时应举中进士，任命为获嘉县主簿。证圣年间，皇上下令九品以上的文武官员，各自说出时政得失。刘知几上表叙述了四件事情，言词非常确切率直。在这个时期，官爵僭滥而法规严厉周密，士人们竞相趋进，却有很多人陷于刑戮之中。刘知几于是著《思慎赋》以讽刺时局，并且以此表现自己的意愿。凤阁侍郎苏味道、李峤看到后赞叹道："即使是陆机的《豪士赋》也不及此啊。"

刘知几于长安年间连续职任左史，兼修国史。后提升为凤阁舍人，但依然像过去一样参加修史工作。景龙初年，又转任太子中允，依旧修国史。当时侍中韦巨源、纪处讷，中书令杨再思，兵部尚书宗楚客，中书侍郎萧至忠一起监修国史。刘知几认为监修过多，成为修国史工作最严重的弊端。萧至忠又曾经责备刘知几在著述上没有计划，刘知几于是请求免去修史的职务，写信给萧至忠陈述道：

我自从加入官吏的队伍，与众官站列在朝廷之上，进见奏报皇上，至今已三次被任命为史官，二次进入史馆，但最终却不能著成国史，并以此流传后代，这是为什么呢？

　　我自己思考这件事，认为不能著成国史是由于五个原因。都是什么呢？古代的国史，都出自一家，如鲁国的左丘明，刘汉的司马迁，晋国的董狐，齐国的南史，他们都能著成不朽之作，藏于名山。从未听说过凭借众人的功力，才能撰成绝世佳作的。只有后汉在东观大集群儒，（撰写国史，）但在著述上没有主持人，也没有规定统一的体例。于是李伯度上表讥讽国史失实，仲长统认为应该焚毁。张衡、蔡邕二人在当时为修史发生纠纷，傅玄、范晔两家后来对这部书表示轻蔑。现在史馆选用的官员，是东汉修史人数的一倍，这些人都认为自己是荀悦、袁宏，各自夸誉自己是刘向、刘歆。每次要记载一件事，一句话，都搁笔相视，含着笔不能下一个结语。所以等头发白是可以期望的，但要等国史修成却没有日子。这是第一不可。

　　西汉时，郡县及诸侯国上报的载录地方人事、户口、赋税的簿书，先交给太史，再呈送丞相。后汉时，公卿官员的奏书，先集中于公府，然后交给兰台。所以史官所修国史，记载的事情很广博。从近古开始，这种做法不再施行了。史官的编辑记录，只有自己求询采集。但左史、右史的起居注有所缺漏，众多的门阀世族，如今也很少有人来通报他们的情况了。在州郡中搜访风俗民情，所见所闻都有不完备的方面；在官府藏书中寻讨历史沿革，却有许多原始材料书籍难以见到。即使让孔圣人出生在现在，也只能有管窥之见，况且我们限于中等才能，怎能达到广闻博识的目的？这是第二不可。

　　过去董狐以记事表明道义法则，并在朝廷上宣示；南史兄弟为了记载弑君一事，拿着竹简前往朝廷。而近代的修史机构，都设立在内城，幽居禁城之内，想要人们都看不见。思考这样做的用意，大约是以此来谢绝情面，防止有人拉关系的缘故。然而如今史馆中的作者，士多如林，都喜言善辩，没有听说咬着舌头不说话的人。一旦有史书草成，一个字的嘉誉或贬毁，话还没有说完，朝野便都知道了；毛笔还没有插入笔套，官员们就都可以背诵了。孙盛的实录，被当权者嫉恨；王韶的直书，被贵族视为仇敌。这是人之常情啊，谁能不畏惧它呢！这是第三不可。

　　古时候刊定一史，纂成一家之言，体裁、规定都不一样，旨意目的也都不同。《尚书》的教导，是以通晓以往，预知未来为主；《春秋》的宗旨，是以惩恶劝善为首要目的。《史记》则黜退那些不愿做官的高洁之人而推荐奸雄；《汉书》则压抑忠臣而粉饰皇上的缺点。这些都是过去的圣贤们有得有失的例子，是好史书应遵循的是非标准，过去写书的人说得已很详细了。近来史官著录记载，大多是承命于监修官，杨令公命令"必须直书"，宗尚书则说"应该把不好的事情多多地隐讳起来"。十头羊却有九个牧人，事情就很难做成；一个国家三个主人，听命、跟从谁呢？这是第四不可。

　　我个人认为史馆设置监修官，虽然古代没有模式，但追寻其名号渊源，还是可以说出一些的。所谓监，是总管统领的意思。如果是编年记事，则在时间上有起止断限；如果写作传体，叙述事迹，则记事有繁富有简洁。有的应该省略却不省略，有的应该记载而不记载，这些就违背了全书取舍的规则。连缀文辞，排列史事，烦劳和安逸应该平均；挥洒铅粉，奋笔而书，勤快人和懒惰人的任务应相等。某卷某篇，交付给这个职务的人；某纪某传，归属于那个史官。这些就是选用人员安排事务的法则。这些都需要明确地订立规矩，详细确定职责范围，一旦每个人都自己思量着努力进取，那么史书就可立即写成。现在监修的官员既然不指派受理任务，撰写的官吏也没有可以遵守奉命的。这就使官员争着效法苟且之人,尽力互相推避任务,坐等季节的冷热变化,白白地延误岁月。这是第五不可。

凡是这些妨碍修撰国史的情况,类似的实在还有很多。我在这里用主要的几条概括这些,其他的举一反三便可知道了。而如今众人的议论,怎么可以讥笑我在编撰史书上没有什么成就呢!近来我尊敬地看到大人您常常心怀急切地勉励开导史官们,还时常提出要求,进行考察。您有时说著述典籍的事业很重大,要努力用心;有时说时间已经过去很多,国史何时才能完成?我个人认为,不确立制度条例,却徒劳地勤于督促、考察,即使以残酷的刑法进行威胁,以重金赏赐进行勉励,最终也是达不到目的的。有这样一句话:"发挥自己的力量,承担责任,实在做不好就罢手。"我近来之所以向自己的知己敞开心扉、陈述想法,一个一个地触犯长官们,多次要辞去记载的官位,愿意罢免自己记言的职务,正是因为这句话的缘故。如今朝廷号称得到贤才,国家多有才学渊博之人,大明宫里,贤良正直者比比皆是,秘书省中,英奇之才一个挨着一个。我既然仿效圣贤没有成功,编撰的史书也没有最后完成,白白地用尽太官的饭食,凭空取得朝廷的俸禄。乞请还我以过去的职务,让我回到过去的住所,谢绝简书往来,避让朝廷纳贤之路。请求明达的长官您可怜我,答应我的请求。

萧至忠爱惜刘知几的才华,没有答应他辞去史官的请求。宗楚客嫉恨刘知几的正直,对其他史官说:"他写出这样的信,想把我等置于何地!"

当时刘知几又著《史通》二十卷,详细地议论史书的体例。太子右庶子徐坚非常重视这部书。曾说:"居于撰史职位上的人,应该将这部书置于座右。"刘知几自负史才,经常慨叹当时没有了解自己才能的人,于是将著国史的任务委托给著作郎吴兢,自己另外撰述《刘氏家史》十五卷、《谱考》三卷。推寻出汉氏是颛顼后代陆终的子孙,并不是尧的子人。彭成丛亭里的各支刘姓,都出自宣帝的儿子楚孝王刘嚣的曾孙司徒居巢侯刘恺之后,并不是承续楚元王刘交之后。所有这些,都考证清楚,证据确凿,可以刊正前代的错误。虽然被世俗之人讥笑,但学者却敬佩他考据翔实,学识渊博。起初,刘知几常说,如果能够得到皇帝授予的封号,就一定要以"居巢"为名,以继承从前司徒刘恺受封城邑的名号,后来刘知几因为撰修《则天实录》有功,果然被封为居巢县子。另外,刘知几的乡亲们因为刘氏兄弟六人都获进士及弟,文章、学识名扬天下,就将乡里的名称改为高阳乡居巢里。

景云年间,刘知几连续被任命为太子左庶子,兼崇文馆学士,并依旧修国史,加衔银青光禄大夫。当时玄宗是东宫太子,刘知几的名字在读音上与太子的名字相似,就改称子玄。景云二年,皇太子将亲自去国学祭奠先圣先师,(作为入学典礼)。有关部门起草了仪式的礼节章程,规定随从官员一律骑马、穿官服。子玄上奏建议道:

古时候自大夫以上,都乘车而马有四匹。魏、晋以后,直至隋代,京城的官员们都是乘坐牛车。历代经史,都记录有这些事情,不能在这里一一说明。至如李广北征匈奴,打完一仗即解下马鞍休息;马援南伐公孙述,依凭马鞍侦察敌情,这些都说明,设置鞍、马,是在军队中使用的;穿着戎服骑马,是图它方便骑射。南朝官员升为尚书郎的,常常随便骑马,于是被御史弹劾,颜延之罢官之后,喜欢骑马出入闾里,当时的人们都说他放诞不羁。这些都说明,如果乘坐专车,可以穿着朝衣;如果骑着卸鞍的马匹,则应该穿着便服。

举出近古的这些例子，都是可以说明这个道理的明证。

自皇家应运而兴，就随着时代的需求，制定相关的制度。至于去陵庙扫墓祭祀，任命王公大臣，就穿着华丽的衣服鞋帽，乘坐豪华大车。一般的书生、百姓如果要穿着整洁的服装亲自迎接贵客，也是常常驾驭带有车箱的车子。（除此之外的）其他事情，则不再乘车，无论是贵族还是百姓外出，都只是骑马而已。臣子我近来看到天子的车驾外出巡幸，皇车一出发上路，左右侍卫都身着朝服乘马。既然穿戴正规，就只能配上车出行。如今既然罢除了侍卫乘车的规矩，但服装却不更换，可谓是只知其一而不知其二啊。为什么呢？宽衣大带，革履高冠，本来就不是马上能使用的，当然是坐车才能穿的衣服。如果一定要穿着袜子踩镫，不穿鞋子骑马，不但没有遵循传统习惯，也违背了当今习俗。想要求得折中，是不行的。而且衣袖宽广，飘飘洋洋，佩玉叮咚，丝带成行，节奏明快，神采飞扬，驰行于世俗的骚扰之内，出入于旌旗术戟之间，一旦马受惊飞奔，骑者颠坠于地，便会使成排车马的两旁，丢满大量的鞋子，皇车专用的路上，受阻的马匹一个连着一个。这当然就会使路边的行人嗤笑，因而有损皇家的威仪。

现在提出建议的人都说，秘阁之中有《梁武帝南郊图》，图上有许多戴着高冠骑马的人，这是近代出现的事情，不能说（盛服骑马的事在过去）没有记载。但我认为这幅图是后人所画，并不是当时的作品。而且现在有许多关于古今事情的图画，如张僧繇画有《群公祖二疏》，图中兵士有的穿着草鞋；阎立本画《明君入匈奴》，图中妇女有的戴着周边缝有黑纱以防风沙的帽子。可是草鞋出于水乡，并非中原所有；防风沙的帽子创始于隋代，并非汉代宫廷的服饰。建议盛服骑马的人难道可以根据这二幅画，就认为中原果真有草鞋，西汉果真有防风沙的帽子吗？因此说，《梁氏南郊之图》（所画并非当时之事），道理就在于此。再说，解经的书宣扬要顺应习俗，《礼》经注重依据实际情况。殷商乘辂车，周代用冕，规模不一样；秦代男子讲究戴冠，汉代男子喜欢佩剑，用舍没有常规。何况我们国家在道义上超过任何一个帝王，功高万古，如果礼节、事情不便利的，当然有权力加以变通。身着朝服骑马这种形式，我个人认为应当废除。我怀有这一异议，已经有很久了，由于没有机会，一直没来得及宣扬。现在恰逢殿下您要前往国学与众卿之子一起读书，凡有衣冠乘马的人都畏惧这次出行，所以我轻率地进此狂言，以申说我的鄙陋之见。

皇太子亲笔批示对外宣布施行，并编入制度中，作为常规。

开元初年，刘知几升任左散骑常侍，修史职务依然不变。开元九年，刘知几长子刘贶任职太乐令，由于触犯条律被发配流放。刘知几为此到执法部门申诉。皇上听到这件事后很愤怒，贬授刘知几为安州都督府别驾。刘子玄负责撰修国史，首尾共二十多年，有许多成就，甚为当时人们称赞。礼部尚书郑惟忠曾问子玄："自古以来，文学人才多而史学人才少，这是为什么？"刘子玄回答说："作为史学人才，必须具备三项才能，世上没有这种人，所以史才缺少。三项才能，是说才、学、识。只有学问而没有能力，就比如有百顷良田，黄金满筐，却使愚笨的人去经营，永远不能发财致富。只有能力而没有学问，就好像兼有雕刻石玉的才思，灵巧得像公输，但家中却没有楩、柟一类的木料，斧头一类的工具，最终不能完成宫室的建造。尤其须要坚持正义，端正刚直，善恶必书，使骄奢的皇上、祸国的臣子，也有他们惧怕的事情。这样就会如虎添翼，没有比这更好的人才，天下也没有能够抵挡他的人。倘若不具备（以上这三种）才能就不能忝居史官的位置。自远古以来，能够符合这几项要求的，实在是很少。"当时人们认为这些话是很有见解的。刘子玄到了安州之后，没有多长时间就去世了，享年六十一岁。他从小到老，撰述不倦，只要朝廷里有论著的任务，他就一定会任居其职。曾参与修撰了《三教珠英》《文馆词林》《姓族系录》，论断《孝经》并非郑玄所注，《老子》没有河上公的注，又修撰了《唐书实录》。这些著述都在当时流行，又有文集三十卷。刘知几去世数年之后，玄宗诏令河南府派人到他家抄写《史通》，进献给朝廷。玄宗读过之后，觉得很不错，于是追赠刘子玄汲郡太守；不久又追赠为工部尚书，谥号"文"。

李林甫传

【题解】

李林甫，出身李唐宗室，以辈分而沦，当是唐玄宗的远房叔叔。年轻时素行才望不高，被人瞧不起。但是，他却十分机灵乖巧，善于钻营，历任御史中丞、刑部侍郎、吏部侍郎、黄门侍郎等职，开元二十二年（734年）拜相。由于他"面柔而有狡计，能伺候人主意"，又厚结宦官、妃家，"伺帝动静，皆预知之"，因而"出言进奏，动必称旨"，不到两年时间便又兼任中书令，一人专权达十六年之久。对上，"蔽欺天子耳目"，杜绝谏诤之路；对下，妒贤嫉能，排斥异己，"阴计中伤之"。因此，当时都称其"口有蜜，腹有剑"。唐玄宗委政李林甫，正是其由"明"变"昏"的转折点，也是唐政权由国治转乱的征兆。

【原文】

李林甫，高祖从父弟长平王叔良之曾孙。叔良生孝斌，官至原州长史。孝斌生思海，官至扬府参军，思海即林甫之父也。林甫善音律，初为千牛直长，其舅楚国公姜皎深爱之。开元初，迁太子中允。时源乾曜为侍中，乾曜侄孙光乘，姜皎妹婿，乾曜与之亲。乾曜之男洁白其父曰："李林甫求为司门郎中。"乾曜曰："郎官须有素行才望高者，哥奴岂是郎官耶？"数日，除谕德。哥奴，林甫小字。累迁国子司业。

十四年，宇文融为御史中丞，引之同列，因拜御史中丞，历刑、吏二侍郎。时武惠妃爱倾后宫，二子寿王、盛王以母爱特见宠异，太子瑛益疏薄。林甫多与中贵人善，乃因中官干惠妃云："愿保护寿王。"惠妃德之。初，侍中裴光庭妻武三思女，诡谲有材略，与林甫私。中官高力士本出三思家，及光庭卒，武氏衔哀祈于力士，请林甫代其夫位，力士未敢言。玄宗使中书令萧嵩择相，嵩久之以右丞韩休对，玄宗然之，乃令草诏。力士遽漏于武氏，乃令林甫白休。休既入相，甚德林甫，

李林甫

与嵩不和,乃荐林甫堪为宰相,惠妃阴助之,因拜黄门侍郎,玄宗眷遇益深。

二十三年,以黄门侍郎平章事裴耀卿为侍中,中书侍郎平章事张九龄为中书令,林甫为礼部尚书、同中书门下三品,并加银青光禄大夫。林甫面柔而有狡计,能伺候人主意,故骤历清列,为时委任。而中官妃家,皆厚结托,伺上动静,皆预知之,故出言进奏,动必称旨。而猜忌阴中人,不见于词色,朝廷受主恩顾,不由其门,则构成其罪;与之善者,虽厮养下士,尽至荣宠。寻历户、兵二尚书,知政事如故。

寻又以太子瑛、鄂王瑶、光王琚皆以母失爱而有怨言,驸马都尉杨洄白惠妃,玄宗怒,谋于宰臣,将罪之。九龄曰:"陛下三个成人儿不可得。太子国本,长在宫中,受陛下义方,人未见过,陛下奈何以喜怒间忍欲废之?臣不敢奉诏。"玄宗不悦。林甫惘然而退,初无言,既而谓中贵人曰:"家事何须谋及于人。"时朔方节度使牛仙客在镇,有政能,玄宗加实封,九龄又奏曰:"边将训兵秣马,储蓄军实,常务耳,陛下赏之可也;欲赐实赋,恐未得宜。惟圣虑思之。"帝默然。林甫以其言告仙客,仙客翌日见上,泣让官爵。玄宗欲行实封之命,兼为尚书,九龄执奏如初。帝变色曰:"事总由卿?"九龄顿首曰:"陛下使臣侍罪宰相,事有未允,臣合尽言。远忤圣情,合当万死。"玄宗曰:"卿以仙客无门籍耶?卿有何门阀?"九龄对曰:"臣荒徼微贱,仙客中华之士。然陛下擢臣践台阁,掌纶诰;仙客本河湟一使典,目不识文字,若大任之,臣恐非宜。"林甫退而言曰:"但有材识,何必辞学,天子用人,何有不可?"玄宗滋不悦。

九龄与中书侍郎严挺之善。挺之初娶妻出之,妻乃嫁蔚州刺史王元琰。时元琰坐赃,诏三司使推之,挺之救免其罪。玄宗察之,谓九龄曰:"王元琰不无赃罪,严挺之嘱托所由辈有颜面。"九龄曰:"此挺之前妻,今已婚崔氏,不合有情。"玄宗曰:"卿不知,虽离之,亦却有私。"玄宗籍前事,以九龄有党,与裴耀卿俱罢知政事,拜左、右丞相,出挺之为洺州刺史,元琰流于岭外。即日林甫代九龄为中书、集贤殿大学士、修国史;拜牛仙客工部尚书、同中书门下平章事,知门下省事。监察御史周子谅言仙客非宰相器,玄宗怒而杀之。林甫言予谅本九龄引用,乃贬九龄为荆州长史。

玄宗终用林甫之言,废太子瑛、鄂王瑶、光王琚为庶人,太子妃兄驸马都尉薛锈长流瀼州,死于故驿,人谓之"三庶",闻者冤之。其月,佞媚者言有乌鹊巢于大理狱户,天下几致刑措。玄宗推功元辅,封林甫晋国公,仙客豳国公。其冬,惠妃病,三庶人为祟而毙。储宫虚位,玄宗未定所立。林甫曰:"寿王年已成长,储位攸宜。"玄宗曰:"忠王仁孝,年又居长,当守器东宫。"乃立为皇太子。自是林甫惧,巧求阴事以倾太子。

林甫既秉枢衡,兼领陇右、河西节度,又加吏部尚书。天宝改易官名,为右相,停知节度事,加光禄大夫,迁尚书左仆射。六载,加开府仪同三司,赐实封三百户。而恩渥弥深,凡御府膳馐,远方珍味,中人宣赐,道路相望。舆宰相李适之虽同宗属,而适之轻率,尝与林甫同论时政,多失大体,由是主恩益疏,以至罢免。黄门侍郎陈希烈性便佞,尝曲事林甫,适之既罢,乃引希烈同知政事。林甫久典枢衡,天下威权,并归于己;台司机务,希烈不敢参议,但唯诺而已。每有奏请,必先赂遗左右,伺察上旨,以固恩宠。上在位多载,倦于万机,恒以大臣接对拘检,难徇私欲。自得林甫,一以委成。故杜绝逆耳之言,恣行宴乐,祍席无别,不以为耻,由林甫之赞成也。

林甫京城邸第,田园水硙,利尽上腴。城东有薛王别墅,林亭幽邃,甲于都邑,特以赐之，及女乐二部，天下珍玩，前后赐予，不可胜计。宰相用事之盛，开元以来，未有其比。然每事过慎，条理众务，增修纲纪，中外迁除，皆有恒度。而耽宠固权，已自封植，朝望稍著，必阴计中伤之。初，韦坚登朝，以坚皇太子妃兄，引居要职，示结恩信，实图倾之，乃潜令御史中丞杨慎矜阴伺坚隙。会正月望夜，皇太子出游，与坚相见，慎矜知之，奏上。上大怒，以为不轨，黜坚，免太子妃韦氏。林甫因是奏李适之与坚昵狎，及裴宽、韩朝宗并曲附适之，上以为然，赐坚自尽，裴、韩皆坐之斥逐。后杨慎矜权位渐盛，林甫又忌之，乃引王鉷为御史中丞，托以心腹。鉷希林甫意，遂诬罔密奏慎矜左道不法，遂族其家。杨国忠以椒房之亲，出入中禁，奏请多允，乃擢在台省，令按刑狱。会皇太子良娣杜氏父有邻与子婿柳勣不叶，勣飞书告有邻不法，引李邕为证，诏王鉷与国忠按问。鉷与国忠附会林甫奏之，于是赐有邻自尽，出良娣为庶人，李邕、裴敦复枝党数人并坐极法。林甫之苞藏安忍，皆此类也。

　　林甫自以始谋不佐皇太子，虑为后患，故屡起大狱以危之，赖太子重慎无过，流言不入。林甫尝令济阳别驾魏林告陇右、河西节度使王忠嗣，林往任朔州刺史，忠嗣时为河东节度，自云与忠王同养宫中，情意相得，欲拥兵以佐太子。玄宗闻之曰："我儿在内，何路与外人交通？此妄也。"然忠嗣亦左授汉阳太守。八载，咸宁太府赵奉章告林甫罪状二十余条。告未上，林甫知之，讽御史台逮捕，以为妖言，重杖决杀。

　　十载，林甫兼领安西大都护、朔方节度，俄兼单于副大都护。十一载，以朔方副使李献忠叛，让节度，举安思顺自代。国家武德、贞观以来，蕃将如阿史那社尔、契苾何力，忠孝有才略，亦不专委大将之任，多以重臣领使以制之。开元中，张嘉贞、王晙、张说、萧嵩、杜暹皆以节度使入知政事，林甫固位，志欲杜出将入相之源，尝奏曰："文士为将，怯当矢石，不如用寒族、蕃人，蕃人善战有勇，寒族即无党援。"帝以为然，乃用思顺代林甫领使。自是高仙芝、哥舒翰皆专任大将，林甫利其不识文字，无入相由，然而禄山竟为乱皆由专得大将之任故也。

　　林甫恃其早达，舆马被服，颇极鲜华。自无学术，仅能秉笔，有才名于时者尤忌之。而郭慎微、苑咸文士之阘茸者，代为题尺。林甫典选部时，选人严迥判语有用"杕杜"二字者，林甫不识"杕"字，谓吏部侍郎韦陟曰："此云'杖杜'，何也？"陟俯首不敢言。太常少卿姜度，林甫舅子，度妻诞子，林甫手书庆之曰："闻有弄獐之庆。"客视之掩口。

　　初，杨国忠登朝，林甫以微才不之忌；及位至中司，权倾朝列，林甫始恶之。时国忠兼领剑南节度，会南蛮寇边，林甫请国忠赴镇。帝虽依奏，然待国忠方渥，有诗送行，句末言入相之意。又曰："卿止到蜀郡处置军事，屈指待卿。"林甫心尤不悦。林甫时已寝疾。其年十月，扶疾从幸华清宫，数日增剧，巫言一见圣人差减，帝欲视之，左右谏止。乃敕林甫出于庭中，上登降圣阁遥视，举红巾招慰之，林甫不能兴，使人代拜于席。翌日，国忠自蜀达，谒林甫，拜于床下，林甫垂涕托以后事。寻卒，赠太尉、扬州大都督，给班剑、西园秘器。诸子以吉仪护柩还京师，发丧于平康坊之第。

　　林甫晚年溺于声妓，姬侍盈房。自以结怨于人，常忧刺客窃发，重局复壁，络板甃石，一夕屡徙，虽家人不之知。有子二十五人、女二十五人：岫为将作监，崿为司储郎中，屿为太常少卿；子婿张博济为鸿胪少卿，郑平为户部员外郎，杜位为右补阙，杨齐宣为谏议大夫，元捴为京兆府户曹。

初,林甫尝梦一白皙多须长丈夫逼己,接之不能去。既瘳,言曰:"此形状类裴宽,宽谋代我故也。"时宽勾户部尚书、兼御史大夫,故因李适之党斥逐之。是时杨国忠始为金吾胄曹参军,至是不十年,林甫卒,国忠竟代其任,其形状亦类宽焉。国忠素憾林甫,既得志,诬奏林甫与蕃将阿布思同构逆谋,诱林甫亲族间素不悦者为之证。诏夺林甫官爵,废为庶人,岫、崿诸子并谪于岭表。林甫性沉密,城府深阻,未尝以爱憎见于容色。自处台衡,动循格令,衣冠士子,非常调无仕进之门。所以秉钧二十年,朝野侧目,惧其威权。及国忠诬构,天下以为冤。

【译文】

李林甫,唐高祖的从父弟长平王李叔良的曾孙,李叔良生李孝斌,官至原州长史。李孝斌生李思海,官至扬州参军,李思海就是李林甫的父亲。李林甫擅长音律。最初为官千牛直长,他舅父楚国公姜皎非常喜欢他。玄宗开元初年,迁为太子中允。当时源乾曜为侍中,源乾曜的侄孙源光乘,是姜皎的妹夫,源乾曜与他很是亲近,源乾曜的儿子源洁对父亲说:"李林甫要求当司门郎中。"源乾曜说:"郎中必须是平素品行和才望都高的人,哥奴哪里能当郎官呢?"过了数日,除官为谕德。哥奴,是李林甫的小名。累迁至国子司业。

开元十四年,宇文融为御史中丞,引荐李林甫与自己同列,于是拜官为御史中丞,历刑、吏二部侍郎。当时武惠妃正宠压后宫,她的两个儿子寿王、盛王因母亲得宠也尤其被宠异,而太子李瑛则越加被疏远淡薄,李林甫与很多中贵人交好,便通过宦官干谒武惠妃,道:"我愿保护寿王。"武惠妃很感激他。此前,侍中裴光庭的妻子是武三思的女儿,诡谲而有才略,与李林甫有私情。宦官高力士本出自武三思家,及至裴光庭去世,武氏含悲求请于高力士,请求让李林甫替代其夫的位置,高力士未敢答应。玄宗让中书令萧嵩选择宰相,萧嵩过了好久才以右丞韩休应对,玄宗同意,便命他起草诏命。高力士很快把这消息透露给武氏,武氏便让李林甫去告诉韩休。韩休既入朝为相,很感激李林甫,却与萧嵩不和,便推荐李林甫为宰相,武惠妃从暗处相助,于是便拜官黄门侍郎,玄宗对他的恩遇更深了。

开元二十三年,以黄门侍郎平章事裴耀卿为侍中,中书侍郎平章事张九龄为中书令,李林甫为礼部尚书、同中书门下三品,都加银青光禄大夫。李林甫表面柔顺而内有狡计,能观察皇上的意图,所以骤然历官清显之列,为当时所委任。而对宦官与后妃之家,他都深相结纳,窥伺皇上动静,都能预先知道,所以出言进奏,动辄符合皇上意旨。而他性格猜忌,暗中陷害人,不露于言词面色。朝官受到皇上恩顾,只要不出入他的门下,就要设法构成其罪;而与他交好的,即使是厮养之徒、卑贱之士,都可以位至荣宠。不久历官户部、兵部二尚书,执掌政事如故。

不久,太子李瑛、鄂王李瑶、光王李琚因母亲失宠而有怨言,驸马都尉杨洄把此事禀告给武惠妃,玄宗因此大怒,与宰相们商议,准备治罪。张九龄道:"陛下三个成年的儿子不可再得。太子是国家根本,生长于宫中,受陛下教诲,人们没见他有什么过失,陛下为什么在喜怒之间就忍心要废掉他呢?臣不敢奉行诏旨。"唐玄宗很不高兴。李林甫不知所答而退下,开始并无一言,既而他对中贵人说:"王子自己家中的事,何必与外人商量。"

当时朔方节度使牛仙客在镇所，有政治才干，玄宗要加以实封（唐时封爵有食邑，但往往是名义上的封邑，实封则是享受封邑的塞帅训兵秣马，储备军事物资，这是正常的租赋了）。张九龄又上奏道："边职任，陛下赏赐他就可以了。现在要赐以封邑的租赋，恐怕不甚得当。希望圣上考虑。"玄宗默然不语。李林甫把这些话告诉了牛仙客，牛仙客次日面见玄宗，哭泣着辞让官爵。玄宗要执行实封的命令，还让牛仙客兼任尚书。张九龄坚持上奏如旧。玄宗面色大变，道："事情总要听你的吗？"张九龄叩头道："陛下让臣担任宰相，事情有所不妥，臣就理应尽言。违忤圣意，该当万死。"玄宗道："你认为牛仙客没有门第吗？你又有何门阀？"张九龄答道："臣是荒野微贱之人，仙客是中华之士。但陛下擢拔臣登上台阁，执掌诏诰；而牛仙客不过河湟的一名典史（按牛仙客泾州人，初为县中小吏），目不识文字，如若委以重任，臣担心不太妥当。"李林甫退朝后说道："只有才干见识，何必有文辞之学，天子用人，有什么不可的？"玄宗便更加对张九龄不满意了。

张九龄与中书侍郎严挺之交好。严挺之把初次娶的妻子休了，她便嫁给了蔚州刺史王元琰。当时王元琰犯了贪赃罪，诏令三司使鞫审，严挺之救免其罪。玄宗了解到此事，对张九龄说："王元琰不是没有赃罪，严挺之嘱托主管官吏给了面子。"张九龄道："她是严挺之的前妻，如今他已娶了崔氏，不应再有情分。"玄宗道："你不知道，虽然已经离婚，还是有私情的。"玄宗又追究前事，认为张九龄有党羽，便把他与裴耀卿都罢知政事，拜为左、右丞相，而出严挺之为洺州刺史，王元琰流放岭南。就在当天，李林甫代替张九龄为中书令、集贤殿大学士、修国史；拜牛仙客为工部尚书、同中书门下平章事，知门下省事。监察御史周子谅上言说牛仙客不是宰相之材，玄宗发怒而杀死了他。李林甫说周子谅本是张九龄所荐举的，于是贬张九龄为荆州长史。

玄宗终于采用李林甫的建议，废太子李瑛、鄂王李瑶、光王李琚为庶人，太子妃的哥哥驸马都尉薛锈远流于瀼州，死于破旧的驿站中，人们称太子李瑛等为"三庶人"，听到这事的都感到冤枉。这个月，佞媚之人上言有乌鹊在大理寺狱的门上搭起了巢，天下几乎达到"刑措不用"的境界。玄宗把功劳推让给宰相，封李林甫为晋国公，牛仙客为豳国公。这年冬天，武惠妃病，"三庶人"的鬼魂为祟而死（按《新唐书》言，玄宗用李林甫之言，杀死李瑛等三子）。储君之宫空虚，玄宗还定不下立谁为太子。李林甫说："寿王年已长成，太子之位他是很适合的。"玄宗道："忠王仁孝，年岁又居长，应该由他守重器于东宫。"便立忠王为皇太子。从此李林甫心怀忧惧，巧妙地探求阴私之事以倾陷太子。

李林甫既已执掌宰相大权，兼领陇右、河西节度使，又加吏部尚书。天宝年间改换官名，李林甫担任右相，罢去节度使，加光禄大夫，迁为尚书左仆射。天宝六载，加开府仪同三司，赐实封三百户食邑。而玄宗恩遇愈加深厚，凡是皇宫中的御膳珍馐，远方的珍奇食品，由宦官宣命赐送，相望于道路。他与宰相李适之虽然同为皇帝宗室，但李适之性格轻率，曾与李林甫一起论辩时政，多失宰相之体，由此玄宗对他越加疏远，以至罢免。黄门侍郎陈希烈生性便巧诡媚，曾委曲侍奉李林甫，李适之既已罢相，李林甫便荐引陈希烈为同知政事。李林甫久掌政枢，天下威权，都收归于自己，中央各部门机务，陈希烈不敢参与意见，只是唯唯恭恭而已。李林甫每次所有奏请，必先贿赠玄宗的左右，窥伺玄宗的意旨，以巩固自己的恩宠。玄宗在位多年，倦怠于处理政务，常认为与大臣相对时拘束，难徇自己的私欲。自从得到李林甫，一切政事都委托给他办理了，所以他杜绝逆耳的忠言，恣意肆行宴乐,衽席之上不加区别(按指玄宗纳其子寿王妃杨玉环事),也毫不以为羞耻,这都是由于李林甫赞助而成的缘故。

李林甫在京城的宅第,以及田园、水磨,尽都是上等膏腴。城东有薛王的别墅,林亭幽邃,为都城之甲,玄宗特别赐给李林甫,还有女乐二部、天下的珍玩,前后赏赐,不可胜计。宰相用事之盛,自开元以来,未有能与他相比的。但他遇事非常谨慎,料理各种政务,增修各种法律,朝内外官吏的任命,都有稳定的规矩。可是他牢结恩宠,加固权位,培植自己的势力,谁在朝廷上声望稍著,他必然暗中策划加以中伤。开初,韦坚进入朝廷,李林甫因为韦坚是皇太子妃的哥哥,便荐引他居于要职,表示以恩信相结纳,但他实际上要图谋倾陷韦坚,便悄悄让御史中丞杨慎矜暗中窥伺韦坚的过错。正值正月十五之夜,皇太子出游,与韦坚相见,杨慎矜知道了,便奏告玄宗。玄宗大怒,认为他们图谋不轨,便黜罢韦坚,废免太子妃韦氏。李林甫借以上奏李适之与韦坚亲昵过分,裴宽、韩朝宗都曲身依附李适之。玄宗相信了这些话,便赐韦坚自尽,裴宽、韩朝宗都坐罪斥逐出朝。后来杨慎矜的权力地位渐盛,李林甫又忌恨起他,便荐引王铁为御史中丞,以心腹相托。王铁投合李林甫的意旨,便秘密上奏诬陷杨慎矜用邪教为不法,于是族灭了杨家。杨国忠以外戚之亲,出入宫禁,奏请多被应允,李林甫便把他提拔到御史台,让他按察刑狱。正值皇太子良娣(良娣为太子内官,位低于太子妃)杜氏的父亲杜有邻与女婿柳勣不和,柳勣上匿名书告杜有邻不法,并引李邕为证,诏命王铁与杨国忠鞫审。王铁、杨国忠附和李林甫之意而上奏,于是赐杜有邻自尽,杜良娣逐出东宫为庶人,李邕、裴敦复等几个亲友都被处以极刑。李林甫的包藏祸心、安忍不露,都与此相类。

李林甫自己认为开始没有打算佐助皇太子,顾虑将为后患,所以屡次兴起大狱以倾危太子,所赖太子稳重谨慎,没有过犯,所以流言未被玄宗相信。李林甫曾让济阳别驾魏林诬告陇右、河西节度使王忠嗣,魏林以往任朔州刺史,王忠嗣当时为河东节度使,自言与忠王同养于宫中,情意相投,打算拥兵以辅佐太子。玄宗听了后说:"我儿子在宫内,有什么途径能与外面人沟通?这是虚妄的。"但还是把王忠嗣降职为汉阳太守。天宝八载,咸宁太府赵奉章揭发李林甫罪状二十余条。状还没有奏上,李林甫知道了,便示意御史台逮捕赵奉章,定为妖言,用重杖打死。

天宝十载,李林甫兼领安西大都护、朔方节度使,不久又兼单于副大都护。天宝十一载,因为朔方节度副使李献忠叛变,李林甫辞让节度使,举荐安思顺代替自己。唐朝自武德(高祖年号)、贞观(太宗年号)以来,蕃人将领如阿史那社尔、契苾何力,忠孝而有才略,但也不专委以大将之任,大多以朝廷重臣遥领节度使以制驭他们。开元年间,张嘉贞、王唆、张说、萧嵩、杜暹都以节度使入朝知政事,李林甫为了稳固自己的位置,打主意要堵塞出将入相的源头,曾上奏说:"文士为将帅,害怕身当矢石,不如用寒族和蕃人,蕃人善战勇敢,寒族则没有亲党做后援。"玄宗很以为然,便用安思顺代替李林甫领节度使。从此高仙芝、哥舒翰都专任大将,李林甫取利于他们不识文字,没有入朝为相的理由,然而安禄山终于为祸乱,就是因为他专有大将之任的缘故。

李林甫自恃其早年腾达,舆马衣服,都极其华丽。他自己不学无术,仅能执笔,所以对有才名于时的尤其忌妒。而郭慎微、苑咸这些文士中的下等人物,则用来代他题写书信。李林甫典掌吏部时,参加考选的严迥,在判语中用了"杕杜"二字(《诗经》中有《杕杜》篇），李林甫不认识"杕"字，对吏部侍郎韦陟说："这里说'杖杜'，是什么意思？"韦陟低头不敢回答。太常少卿姜度，是李林甫舅父的儿子，姜度的妻子生个儿子，李林甫亲手写信庆贺，说"闻有弄獐之庆"（按为"弄璋"之误），宾客看了，掩口而笑。

开初，杨国忠进入朝廷，李林甫认为他才能平庸而未加忌妒；及至杨国忠位至御史中丞，权倾朝列，李林甫才嫉恨他。当时杨国忠兼领剑南节度使，正值南诏国进犯边境，李林甫就请杨国忠赴任镇所。玄宗虽然同意了他的奏章，但对杨国忠正恩宠方渥，亲自写诗送行，句末透露出以后让他入朝为相的意思，还说："你只需到蜀郡处置军事就行了，朕数着指头等你回来。"李林甫心中更加不痛快了。李林甫当时已经病重。这年十月，他扶病随从玄宗临幸华清宫，数日之后病情加剧。巫师说，如果能见一下圣人，病就会好转，玄宗想去探视他，左右劝谏不要去。于是敕命李林甫出来到庭院中，玄宗登上降圣阁从远处观望，举起红巾招手慰问，李林甫不能起身，让别人代拜于席。次日，杨国忠自蜀郡还朝，谒见李林甫，拜于床下，李林甫垂着眼泪，以身后事相托。很快他就死了，赠太尉、扬州大都督，赐给班剑、西园秘器（帝王用的葬具）。他的儿子们用吉礼的仪仗护送灵柩回到京城，发丧于平康坊的府第。

李林甫晚年沉溺于声妓，姬妾满房。自己觉得结怨于人，常担心暗中突然出现刺客，重门复壁，联板砌石，一夜间几次迁徙，就是家中人也不知他睡在何处。有子二十五人，女二十五人：李岫为将作监，李崿为司储郎中，李屿为太常少卿；女婿张博济为鸿胪少卿，郑平为户部员外郎，杜位为右补阙，杨齐宣为谏议大夫，元㧑为京兆府户曹。

开初，李林甫曾梦见一个白皙多须、个子高大的男子逼近自己，贴到身上推不开。醒了之后，他言道："那样子象裴宽，这是裴宽图谋取代我的缘故。"当时裴宽为户部尚书，兼御史大夫，所以李林甫借口他是李适之一党而斥逐出朝。当时杨国忠才刚当金吾胄曹参军，从此不到十年，李林甫死，杨国忠竟取代其位，他的形状也很象裴宽。杨国忠一向怀恨李林甫，既已得志，便诬奏李林甫与蕃将阿布思共同策划逆谋，并利诱李林甫亲戚中一向与他不合的人做证。于是诏命夺削李林甫官爵，废为庶人，李岫、李崿等诸子都谪斥于岭南。李林甫性格沉鸷缜密，城府很深，从来不以爱憎现于颜色。自己身处相位，举动遵循规定，衣冠士人，如不是正常调任，他从不开仕进之门，所以他掌朝政二十年，朝野之人，侧目而视，惧惮他的威严和权势。及至杨国忠诬陷构罪，天下皆以为冤枉。

杨国忠传

【题解】

杨国忠，本名钊，祖父与杨贵妃祖父是兄弟，因而与杨贵妃是从祖兄妹，但不在直系之列。杨国忠踏上仕途，无疑是"因缘椒房之亲"。天宝四载（745年），为聚敛之臣王铁的判官。其后，短短的五年，便爬到仅次于宰相李林甫、御史大夫王铁的重臣地位，"专钱谷之任"，这主要是其善于迎合唐玄宗聚敛天下财富的需求，与杨贵妃已无多少直接关系了。天宝八载（749年），玄宗赐名"国忠"，正表明其因聚敛而受到的荣宠。天宝十一载

（752年），先翦除王鉷，接着取代李林甫为相，开始了他一人专断的独裁。史称其聚敛不顾"怒天下，"用人"无问贤不肖"。为争权宠，排斥安禄山，不惜采取激化矛盾的做法，终于导致"安史之乱"，自己身首分离，连累杨贵妃系颈而亡，朝廷陷没，兵满天下。

【原文】

杨国忠本名钊，蒲州永乐人也。父珣，以国忠贵，赠兵部尚书。则天朝幸臣张易之，即国忠之舅也。国忠无学术拘检，能饮酒，蒲博无行，为宗党所鄙。乃发愤从军，事蜀帅，以屯优当迁，益州长史张宽恶其为人，因事笞之，竟以屯优授新都尉。稍迁金吾卫兵曹参军。太真妃，即国忠从祖妹也。天宝初，太真有宠，剑南节度使章仇兼琼引国忠为宾佐，既而擢授监察御史。去就轻率，骤履清贯，朝士指目嗤之。

时李林甫将不利于皇太子，掎摭阴事以倾之。侍御史杨慎矜承望风旨，诬太子妃兄韦坚与皇甫惟明私谒太子，以国忠怙宠敢言，援之为党，以按其事。京兆府法曹吉温舞文巧诋，为国忠爪牙之用，因深竟坚狱，坚及太子良娣杜氏、亲属柳勣、杜昆吾等，痛绳其罪，以树威权。于京城别置推院，自是连岁大狱，追捕挤陷，诛夷者数百家，皆国忠发之。林甫方深阻保位，国忠凡所奏劾，涉疑似于太子者，林甫虽不明言以指导之，皆林甫所使，国忠乘而为邪，得以肆意。上春秋高，意有所爱恶，国忠探知其情，动契所欲。骤迁检校度支员外郎，兼侍御史，监水陆运及司农、出纳钱物、内中市买、招募剑南健儿等使。以称职迁度支郎中，不期年，兼领十五余使，转给事中、兼御史

杨国忠

中丞，专判度支事。是岁，贵妃姐虢国、韩国、秦国三夫人同日拜命，兄铦拜鸿胪卿。八载，玄宗召公卿百僚观左藏库，喜其货币山积，面赐国忠金紫，兼权太府卿事。国忠既专钱谷之任，出入禁中，日加亲幸。

初，杨慎矜希林甫旨，引王鉷为御史中丞，同构大狱，以倾东宫。既帝意不回，慎矜稍避事防患，因与鉷有隙。鉷乃附国忠，奏诬慎矜，诛其昆仲，由是权倾内外，公卿惕息。吉温为国忠陈移夺执政之策，国忠用其谋，寻兼兵部侍郎。京兆尹萧炅、御史中丞宋浑皆林甫所亲善，国忠皆诬奏谴逐，林甫不能救。王鉷为御史大夫，兼京兆尹，恩宠侔于国忠，而位望居其右。国忠忌其与己分权，会邢縡事泄，乃陷鉷兄弟诛之，因代鉷为御史大夫，权京兆尹，赐名国忠。乃穷竟邢縡狱，令引林甫交私鉷、锝与阿布思事状，而陈希烈、哥舒翰附会国忠，证成其状，上由是疏薄林甫。

南蛮质子阁罗凤亡归不获，帝怒甚，欲讨之。国忠荐阆州人鲜于仲通为益州长史，令率精兵八万讨南蛮，与罗凤战于泸南，全军陷没。国忠掩其败状，仅叙其战功，仍令仲通上表请国忠兼领益部。十载，国忠权知蜀郡都督府长史，充剑南节度副大使，知节度事，仍荐仲通代己为京兆尹。国忠又使司马李宓率师七万再讨南蛮。宓渡泸水，为蛮所诱，

至和城，不战而败，李宓死于阵。国忠又隐其败，以捷书上闻。自仲通、李宓再举讨蛮之军，其征发皆中国利兵，然于土风不便，沮洳之所陷，瘴疫之所伤，馈饷之所乏，物故者十八九。凡举二十万众，弃之死地，只轮不还，人衔冤毒，无敢言者。国忠寻兼山南西道采访使。十一载，南蛮侵蜀，蜀人请国忠赴镇，林甫亦奏遣之。将辞，雨泣恳陈必为林甫所排，帝怜之，不数月召还。会林甫卒，遂代为右相，兼吏部尚书、集贤殿大学士、太清太微宫使、判度支、剑南节度、山南西道采访、两京出纳租庸铸钱等使并如故。

国忠本性疏躁，强力有口辩，既以便佞得宰相，剖决机务，居之不疑。立朝之际，或攘袂扼腕，自公卿以下，皆颐指气使，无不詟惮。故事，宰相居台辅之地，以元功盛德居之，不务威权，出入骑从简易。自林甫承恩顾年深，每出车骑满街，节将、侍郎有所关白，皆趋走辟易，有同案吏。旧例，宰相午后六刻始出归第，林甫奏太平无事，以巳时还第，机务填委，皆决于私家。主书吴珣持籍就左相陈希烈之第，希烈引籍署名，都无可否。国忠代之，亦如前政。国忠自侍御史以至宰相，凡领四十余使，又专判度支、吏部三铨，事务鞅掌，但署一字，犹不能尽，皆责成胥吏，贿赂公行。

国忠既以宰臣典选，奏请铨日便定留放，不用长名。先天以前，诸司官知政事，午后归本司决事，兵部尚书、侍郎亦分铨注拟。开元以后，宰臣数少，始崇其任，不归本司。故事，吏部三铨，三注三唱，自春及夏，才终其事。国忠使胥吏于私第暗定官员，集百僚于尚书省对注唱，一日令毕，以夸神速，资格差谬，无复伦序。明年注拟，又于私第大集选人，令诸女弟垂帘观之，笑语之声，朗闻于外。故事，注官讫，过门下侍中、给事中。国忠注官时，呼左相陈希烈于座隅，给事中在列，曰："既对注拟，过门下了矣。"吏部侍郎韦见素、张倚皆衣紫，是日与本曹郎官同咨事，趋走于屏树之间。既退，国忠谓诸妹曰："两员紫袍主事何如人？"相对大噱。其所昵京兆尹鲜于仲通、中书舍人窦华、侍御史郑昂讽选人于省门立碑，以颂国忠铨综之能。

贵妃姐虢国夫人，国忠与之私，于宣义里构连甲第，土木被绨绣，栋宇之盛，两都莫比，昼会夜集，无复礼度。有时与虢国并辔入朝，挥鞭走马，以为谐谑，衢路观之，无不骇叹。玄宗每年冬十月幸华清宫，常经冬还宫。国忠山第在宫东门之南，与虢国相对，韩国、秦国甍栋相接，天子幸其第，必过五家，赏赐宴乐。每扈从骊山，五家合队，国忠以剑南幢节引于前，出有饯路，还有软脚，远近晌遗，珍玩狗马，阉侍歌儿，相望于道。进封卫国公，食实封三百户，俄拜司空。

时安禄山恩宠特深，总握兵柄。国忠知其跋扈，终不出其下，将图之，屡于上前言其悖逆之状，上不之信。是时，禄山已专制河北，聚幽、并劲骑，阴图逆节，动未有名，伺上千秋万岁之后，方图叛换。及见国忠用事，虑不利于己，禄山遥领内外闲厩使，遂以兵部侍郎吉温知留后，兼御史中丞、京畿采访使，内伺朝廷动静。国忠使门客蹇昂、何盈求禄山阴事，围捕其宅，得李超、安岱等，使侍御史郑昂缢杀于御史台。又奏贬吉温于合浦，以激怒禄山，幸其摇动，内以取信于上，上竟不之悟。由是禄山惶惧，遂举兵以诛国忠为名。玄宗闻河朔变起，欲以皇太子监国，自欲亲征，谋于国忠。国忠大惧，归谓姐妹曰："我等死在旦夕。今东宫监国，当与娘子等并命矣。"姐妹哭诉于贵妃，贵妃衔土请命，其事乃止。及哥舒翰守潼关，诸将以函关距京师三百里，利在守险，不利出攻。国忠以翰持兵未决，虑反图己，欲其速战，自中督促之。翰不获已出关，及接战桃林，王师奔败，哥舒受擒，败国丧师,皆国忠之误惑也。

自禄山兵起,国忠以身领剑南节制,乃布置腹心于梁、益间,以图自全之计。六月九日,潼关不守。十二日凌晨,上率龙武将军陈玄礼、左相韦见素、京兆尹魏方进,国忠与贵妃及亲属,拥上出延秋门,诸王妃主从之不及。虑贼奄至,令内侍曹大仙击鼓于春明门外,又焚刍藁之积,烟火烛天。既渡渭,即令断便桥。辰时,至咸阳望贤驿,官吏骇窜,无复贵贱,坐宫门大树下。亭午,上犹未食,有老父献麨,帝令具饭,始得食。翌日,至马嵬,军士饥而愤怒,龙武将军陈玄礼惧乱,先谓军士曰:"今天下崩离,万乘震荡,岂不由杨国忠割剥氓庶,朝野怨咨,以至此耶?若不诛之以谢天下,何以塞四海之怨愤!"众曰:"念之久矣。事行,身死固所愿也。"会吐蕃和好使在驿门遮国忠诉事,军士呼曰:"杨国忠与蕃人谋叛。"诸军乃围驿擒国忠,斩首以徇。是日,贵妃既缢,韩国、虢国二夫人亦为乱兵所杀,御史大夫魏方进死,左相韦见素伤。良久兵解,陈玄礼等见上谢罪曰:"国忠挠败国经,构兴祸乱,使黎元涂炭,乘舆播越,此而不诛,患难未已。臣等为社稷大计,请矫制之罪。"帝曰:"朕识之不明,任寄失所。近亦觉悟,审其诈佞,意欲到蜀,肆诸市朝。今神明启卿,谐朕夙志,将畴爵赏,何至言焉。"

是时,禄山虽据河洛,其兵锋东止于梁、宋,南不过许、邓。李光弼、郭子仪统河朔劲卒,连收恒、定,若崤、函固守,兵不妄动,则凶逆之势,不讨自弊。及哥舒翰出师,凡不数日,乘舆迁幸,朝廷陷没,百僚系颈,妃主被戮,兵满天下,毒流四海,皆国忠之召祸也。

国忠子:暄、昢、晓、晞。暄为太常卿兼户部侍郎,尚延和郡主;昢为鸿胪卿,尚万春公主。兄弟各立第于亲仁里,穷极奢侈。国忠娶蜀倡裴氏女曰裴柔,国忠既死,柔与虢国夫人皆自刭死。暄死于马嵬;昢陷贼被杀;晓走汉中郡,汉中王瑀榜杀之;晞走至陈仓,为追兵所杀。

国忠之党翰林学士张渐窦华、中书舍人宋昱、吏部郎中郑昂等,凭国忠之势,招来赂遗,车马盈门,财货山积;及国忠败,皆坐诛灭,其斫丧王室,俱一时之沴气焉。

【译文】

杨国忠,本名杨钊,蒲州永乐人。父杨珣,由于杨国忠贵显,追赠为兵部尚书。武则天朝内的幸臣张易之,就是杨国忠的舅父。杨国忠不学无术,不识检点,能饮酒,赌博无赖,很为宗族的人所鄙视。于是他发愤从军,投到蜀帅帐下。因作屯官考核为优等而升迁,益州长史张宽讨厌他的为人,找个借口斥责了他一顿,但还是以屯优授他为新都县尉。稍迁为金吾卫兵曹参军。唐玄宗的妃子杨太真,是杨国忠的从祖妹。天宝初年,杨太真有宠,剑南节度使章仇兼琼便拉杨国忠为僚属,既而提拔为监察御史。他的去就轻率,骤然登上清显之位,朝士冷眼指划着,很是瞧不起他。

当时李林甫正想构陷太子,搜罗隐私之事企图把他废掉。侍御史杨慎矜顺承李林甫的意旨,诬陷太子妃的哥哥韦坚与皇甫惟明私自谒见太子,他因为看杨国忠仗恃宠信敢于说话,就引为党援,以按察此事。京兆府法曹吉温,善于舞文弄法以诬人成罪,成了杨国忠的爪牙。于是杨国忠深究韦坚一案,对韦坚以及太子的良娣杜氏、亲属柳勣、杜昆吾等,狠狠治罪,以树立自己的威权。在京城另外设置法院,从此连年兴起大狱,追捕挤陷,诛戮夷灭者数百家,都是杨国忠所发起。李林甫此时正要深藏不露以保全地位,凡是杨国忠所奏劾，与太子有涉嫌疑的，李林甫虽然没有明言指使，其实都是他操纵的，杨国忠乘此为奸，得以肆意。玄宗年纪已经大了，心里对人有所爱恶，杨国忠便探知他的内情，一举一动则与玄宗的意旨相合。骤升为检校度支员外郎，兼侍御史，监水陆运及司农、出纳钱物、宫内市买、招募剑南健儿等使。因为称职而迁为度支郎中，没过一年，兼领十五余使，转给事中、兼御史中丞，专判度支事。这一年，杨贵妃的姐姐虢国夫人、韩国夫人、秦国夫人同一天受封诰，她哥哥杨铦拜官鸿胪卿。天宝八载，玄宗召公卿百官参观左藏库，见其中货币如山，很是高兴，当面赐杨国忠金紫，兼权太府卿事。杨国忠专掌钱粮之任以后，出入宫禁，日益亲幸。

开初，杨慎矜迎合李林甫的意旨，牵引王鉷为御史中丞，一起制造大案，倾陷太子。后来看到玄宗的主意并未扭转，杨慎矜开始稍稍躲事以防后患，于是和王鉷有了裂痕。王鉷便依附杨国忠，诬奏杨慎矜，诛戮其兄弟。由此杨国忠权倾中外，公卿大臣都吓得不敢出气。吉温为杨国忠策划了个夺取执政的计谋，杨国忠采用其计，不久便兼任兵部侍郎。京兆尹萧炅、御史中丞宋浑，都是李林甫的亲信，杨国忠把他们全都诬奏贬谪流放，李林甫没有能力挽救。王鉷为御史大夫，兼京兆尹，恩宠与杨国忠相伴，而位望尚超过杨国忠。杨国忠嫉恨他分掉自己的一部分权力，正好邢𫟉的事泄漏（天宝十一载，邢𫟉密谋于十一月引龙武军造反，提前二日被揭发），他就构陷王鉷兄弟，诛戮了他们，于是自己取代王鉷为御史大夫，权领京兆尹，皇上赐名为国忠。于是他穷究邢𫟉一案，让他牵引出李林甫勾结王鉷、王銲与阿布思的情况，而陈希烈、哥舒翰附和杨国忠，证明其事。玄宗从此开始疏远李林甫。

南诏国的质子（国王的儿子作为人质留居于别国，称质子）阁罗凤逃回本国而没有捉获，玄宗非常恼怒，想出兵征讨。杨国忠推荐阆州人鲜于仲通为益州长史，命他率领精兵八万讨伐南诏，与阁罗凤战于泸南，全军覆没。杨国忠掩盖失败的情况，仍旧叙录其战功，并让鲜于仲通上表请求杨国忠兼领益州。天宝十载，杨国忠代理蜀郡都督府长史，充剑南节度副大使，知节度事，并推荐鲜于仲通代替自己为京兆尹。杨国忠又派司马李宓率军七万再次征讨南诏。李宓渡过泸水，为南诏军所诱，进至和城，不战而败，李宓死于战阵。杨国忠又隐瞒这次失败，以捷书上奏。鲜于仲通、李宓两次讨伐南诏的军队，征调的都是国中的精锐，但由于对当地的风土不习惯，为沼泽所陷，为瘴疫所伤，粮草供应不继，因此而死亡的十有八九。总计兴兵二十万之众，弃之于必死之地，连一只车轮都没有回来，人们满怀着怨恨，却没有敢于说话的。杨国忠不久又兼任山南西道采访使。天宝十一载，南诏国入侵蜀地，蜀人请求杨国忠赴往本镇，李林甫也奏请派他去。即将辞行，杨国忠泪下如雨地向玄宗恳切陈述，说此行必然是被李林甫所排挤的结果。玄宗很可怜他，没过几个月就把他召回朝廷。正好赶上李林甫死了，于是杨国忠便代替他做了右相，兼任吏部尚书、集贤殿大学士、太清太微宫使、判度支、剑南节度使、山南西道采访使、两京出纳租庸铸钱等使如故。

杨国忠本性狂躁，固执而有口辩，凭仗着巧言谄媚当了宰相以后，剖决机务，很自以为是。上朝的时候，他扬袖扼腕，对公卿以下的都颐指气使，众人无不惧惮。旧例，宰相居于台辅之位，由于功高德盛，所以不显示威权，出入的随从骑士很简易。自从李林甫多年承受恩宠，每次出门都是车骑满街，节度使、侍郎有所禀白，都像案前史一般趋走退缩。

旧例，宰相在午后六刻(约合现在的下午一时半)才出官府回家，李林甫奏言太平无事，在已时(约合上午十时)就归第，机务公文堆积，全都在家中处理。主书吴珣带着文籍前往左相陈希烈的府第，陈希烈拿过文籍就署名，全都不置可否。杨国忠代替李林甫，也和前任一样。杨国忠自侍御史以至宰相，共领四十余使，又专判度支、吏部三铨，事务繁重，只签署一个字还处理不完，就都责成吏胥，于是贿赂公行。

杨国忠既然以宰相主掌铨选，奏请铨选那天就确定是留是放，不用长名榜(历叙选人之名于榜，循资铨补)。玄宗先天年以前，诸司长官参知政事的，午后回本司处理事务，兵部尚书、侍郎也参与武官的铨注。开元以后，宰相的数目少了，才开始提高宰相的地位，不回本司。旧例，吏部三次铨选，注拟三次，唱名三次，从春到夏，才结束铨选。杨国忠派自己的吏胥在私第中暗定官员，汇集百官到尚书省当面注拟唱名，一天就让它完事，以夸示神速，而资格差谬，毫无次序。第二年注拟，又在私第大集选人，让自己的几个妹妹隔帘观看，笑语之声，朗朗传闻于外。旧例，注官完毕，被注官的人要拜访门下侍中和给事中。杨国忠注官时，招呼左相陈希烈坐于一隅，给事中列座，说："既然已经当面注拟，就算拜过门下省了。"吏部侍郎韦见素、张倚都穿着紫色的衣袍，这天与本曹的郎官一起来咨询事情，趋走于屏风之间，退下之后，杨国忠对妹妹们说："这两员紫袍的主事官怎么样？"相对大笑。他所亲昵的京兆尹鲜于仲通、中书舍人窦华、侍御史郑昂，示意选人在中书省门立碑，以歌颂杨国忠主持铨选的才能。

杨贵妃的姐姐虢国夫人，杨国忠与她通奸，在宣义里建造相连的府第，土木都披上了锦绣，屋宇的豪华，两京无能与比，他们白天黑夜地会聚，毫无礼度可言。他有时与虢国夫人并排着乘马入朝，挥鞭跑马，以为调谑，沿路的人看见，无不骇叹。玄宗每年冬十月临幸骊山华清宫，经常过了冬天才回长安。杨国忠在骊山的府第位于华清宫东门的南面，与虢国夫人住处相对，韩国夫人、秦国夫人的屋宇与他们相接。天子临幸其第，必然过访杨氏五家(以上四家与杨铦)，赏赐宴乐。他们每次扈从玄宗去骊山，必然是五家合成一队，杨国忠以剑南节度使的仪仗引路于前，出行时赐有"饯路"(饯行的酒宴)，回来时赐以"软脚"(慰劳归来的酒宴)，远近馈赠，珍玩狗马，阉人女侍，舞女歌儿，络绎于道。进封卫国公，享受实封三百户，不久又拜司空。

当时安禄山特别受玄宗恩宠，掌握着兵权。杨国忠知道他跋扈，终究不会在自己之下，便图谋搞掉他，屡次在玄宗面前说安禄山的悖逆之事，玄宗不肯相信。当时安禄山已经掌握了河北，会聚幽、并的精锐骑兵，暗地里图谋造反，只是出师无名，想等到玄宗去世之后，再图叛乱。及至他见杨国忠掌权，担心会不利于己。当时安禄山遥领着内外闲厩使，便用兵部侍郎吉温知留后，兼御史中丞、京畿采访使，窥伺着朝廷动静。杨国忠派门客塞昂、何盈探求安禄山的隐私之事，包围搜捕安禄山在京城的住宅，捉到李超、安岱等人，又让侍御史郑昂把他们勒死在御史台。杨国忠又上奏把吉温贬谪到合浦，以激怒安禄山，希望他有些造反的举动，好向玄宗证明自己说得正确，但玄宗始终没有觉悟。由此安禄山开始惶惧，于是以诛杨国忠为名，兴兵造反。玄宗听说河北生变，想留下皇太子监国，自己御驾亲征，便与杨国忠商量。杨国忠吓坏了，回家对姐妹们说："我等死在旦夕了。如今要让太子监国，我们就要和娘子一起丧命了！"姐妹哭诉于贵妃，贵妃口含黄土，向玄宗请求饶命，这事便中止了。及至哥舒翰把守潼关，诸将认为函谷关距京师三百里，利于守险,不利出攻。杨国忠认为哥舒翰掌握着军队,迟疑不决,担心他会反过来图谋自己,便希望他尽速出战,自己从朝廷督促着。哥舒翰不得已,只好出关,及至在桃林接战,朝廷的军队大败,哥舒翰被擒,误国丧师,这都是杨国忠的谬误昏惑造成的。

自从安禄山起兵,杨国忠因为自己遥领剑南节度使,便在梁、益之间布置心腹,以图谋保全自己之计。六月九日,潼关失守。十二日凌晨,玄宗率领龙武将军陈玄礼、左相韦见素、京兆尹魏方进、杨国忠与贵妃及其亲属,相拥着出了延秋门,诸王子、妃嫔、公主都没来得及相从。玄宗担心贼兵突然追到,命令宦官曹大仙在春明门外击鼓,又焚烧储存的草料,烟火冲天。渡过渭河之后,便下令拆断便桥。辰时,行至咸阳望贤驿,官吏吓得乱窜,贵贱无复分别,乱坐在宫门的大树下。将近晌午,玄宗还没有吃饭,有位老人献上面粉,玄宗吩咐做饭,才得以进食。次日,行至马嵬坡,军士饥饿而愤怒,龙武将军陈玄礼担心兵乱,先对军士们说:“如今天下崩乱,天子震荡,难道不是因为杨国忠宰割百姓,朝野怨愤,才至于此么!如果不诛之以谢天下,怎么能平息四海的怨愤!”众人道:“我们早就想这样了。只要能办到,我们就是自己死了也情愿。”正好吐蕃的和好使在驿门拦住杨国忠诉说事,军士们高呼道:“杨国忠与蕃人谋反!”诸军士便包围住驿站,捉住杨国忠,斩首示众。这一天,杨贵妃被勒死之后,韩国、虢国二夫人也被乱兵所杀,御史大夫魏方进被杀死,左相韦见素受伤。过了很久,兵乱才停止,陈玄礼等见玄宗请罪说:“杨国忠扰乱国法,构成祸乱,使黎民涂炭,皇上播迁,如此而不诛戮,患难是不能停止的。臣等为社稷大计,请治矫命之罪。”玄宗道:“朕没有知人之明,委任失当。近来也有所觉悟。了解他的奸诈谀佞,想到了蜀地之后,再诛戮于市朝。而今神明启发诸卿,完成了朕的夙愿。朕将要颁行爵赏,你们何必要说这种话呢!”

当时安禄山虽然据有河洛,但军队的前锋东止于梁、宋,南不过许、邓。李光弼、郭子仪统帅河北精兵,接连收复恒州、定州,假如崤山、函谷能够坚守,军队不胡乱出动,则叛军的兵势,可以不战自垮。及至哥舒翰出兵,总共没有几天,就搞得御驾播迁,朝廷陷没,百官被俘,妃主受戮,战乱满天下,遗毒流四海,这都是杨国忠召来的祸乱呀!

杨国忠的儿子有杨暄、杨昢、杨晓、杨晞。杨暄为太常卿兼户部侍郎,娶延和公主;杨昢为鸿胪卿,娶万春公主,兄弟各建府第于亲仁里,穷极奢侈。杨国忠娶蜀郡的娼妓裴氏的女儿裴柔,杨国忠死后,裴柔与虢国夫人都自刭而死。杨暄死于马嵬坡,杨昢陷没于贼,被杀;杨晓逃亡汉中郡,被汉中王李瑀杖死;杨晞逃到陈仓,被追兵所杀。

杨国忠的党羽翰林学士张渐、窦华,中书舍人宋昱,吏部郎中郑昂等,依仗杨国忠的势力,招纳贿赂,车马盈门,财货如山。及至杨国忠败亡,都坐罪诛灭,他们败坏国家,也算是一时的妖孽之气了。

李光弼传

【题解】

李光弼(708~764),唐营州柳城(今辽宁朝阳南)人。契丹族。善骑射。曾任河西节度副使、朔方节度副使。安史之乱爆发后，经郭子仪推荐，任河东节度副使，与郭子仪一起，大败史思明，收复河北十余郡。肃宗即位后，任户部尚书，兼太原尹，在太原以少数兵力，大破乱军。乾元二年(759)，升为天下兵马副元帅，与九节度使在相州围攻安庆绪，诸军皆退，唯光弼所部不散。任太尉、兼中书令，代郭子仪为朔方节度、兵马副元帅，统关东诸军。史思明攻占洛阳后，从河阳掣其背，消耗其力量。后迫于肃宗命令，进攻洛阳，在邙山战败。宝应元年(762)，进封临淮郡王。李光弼治军严肃，富有韬略，能出奇谋，以少胜多，是唐代与郭子仪齐名的良将。

【原文】

李光弼，营州柳城人。其先，契丹之酋长。父楷洛，开元初，左羽林将军同正、朔方节度副使，封蓟国公，以骁果闻。光弼幼持节行，善骑射，能读班氏《汉书》。少从戎，严毅有大略，起家左卫郎。丁父忧，终丧不入妻室。

天宝初，累迁左清道率兼安北都护府、朔方都虞候。五载，河西节度王忠嗣补为兵马使，充赤水军使。忠嗣遇之甚厚，常云："光弼必居我位。"边上称为名将。八载，充节度副使，封蓟郡公。十一载，拜单于副使都护。十三载，朔方节度安思顺奏为副使、知留后事。思顺爱其材，欲妻之，光弼称疾辞官。陇右节度哥舒翰闻而奏之，得还京师。禄山之乱，封常清、高仙芝战败，斩于潼关。又以哥舒翰率师拒贼。寻命郭子仪为朔方节度，收兵河西。玄宗眷求良将，委以河北、河东之事，以问子仪，子仪荐光弼堪当闻寄。

李光弼

十五载正月，以光弼为云中太守，摄御史大夫，充河东节度副使、知节度事。二月，转魏郡太守、河北道采访使，以朔方兵五千会郭子仪军，东下井陉，收常山郡。贼将史思明以卒数万来援常山，追击破之，进收藁城等十余县，南攻赵郡。三月八日，光弼兼范阳长史、河北节度使，拔赵郡。自禄山反，常山为战场，死人蔽野，光弼酹其尸而哭之，为贼幽闭者出之，誓平寇难，以慰其心。六月，与贼将蔡希德、史思明、尹子奇战于常山郡之嘉山，大破贼党，斩首万计，生擒四千。思明露发跣足，奔于博陵，河北归顺者十余郡。

光弼以范阳禄山之巢穴，将先断之，使绝根本。会哥舒翰潼关失守，玄宗幸蜀，人心惊骇。肃宗理兵于灵武，遣中使刘智达追光弼、子仪赴行在，授光弼户部尚书，兼太原尹、北京留守，同中书门下平章事，以景城、河间之卒五千赴太原。时节度王承业军政不修，诏御史崔众交兵于河东。众侮易承业，或裹甲持枪突入承业厅事玩谑之。光弼闻之素不平。至是，交众兵于光弼。众以麾下来，光弼出迎，旌旗相接而不避。光弼怒其无礼，又不即交兵，令收系之。顷中使至，除众御史中丞，怀其救问众所在。光弼曰："众有罪，系之矣！"中使以救示光弼，光弼曰："今只斩侍御史；若宣制命，即斩中丞；若拜宰相，亦斩宰相。"中使惧，遂寝之而还。翌日，以兵仗围众，至碑堂下斩之，威震三军。命其亲属吊之。

二年，贼将史思明、蔡希德、高秀岩、牛廷玠等四伪帅率众十余万来攻太原。光弼经河北苦战，精兵尽赴朔方，麾下皆乌合之众，不满万人。思明谓诸将曰："光弼之兵寡弱，可屈指而取太原，鼓行而西，图河陇、朔方，无后顾矣！"光弼所部将士闻之皆惧，议欲修城以侍之，光弼曰："城周四十里，贼垂至，今兴攻役，是未见敌而自疲矣。"乃躬率士卒百姓外城掘壕以自固。作堑数十万，众莫知所用。及贼攻城于外，光弼即令增垒于内，坏辄补之。贼城外诟晋戏侮者，光弼令穿地道，一夕而擒之，自此贼将行皆视地，不敢逼城。强弩发石以击之，贼骁将劲卒死者十二三。城中长幼咸伏其勤智，懦兵增气而皆欲出战。史思明揣知之，先归，留蔡希德等攻之。月余，我怒而寇急，光弼率敢死之士出击，大破之，斩首七万余级，军资器械一皆委弃。贼始至及遁，五十余日，光弼设小幕，宿于城东南隅，有急即应，行过府门，未尝回顾。贼退三日，决军事毕，始归府第。转检校司徒，收清夷、横野等军，擒贼将李弘义以归。诏曰："银青光禄大夫、检校司徒、兼户部尚书、同中书门下平章事、兼御史大夫、鸿胪卿、太原尹、北京留守、河东节度副大使、蓟国公光弼，全德挺生，英才间出，干城御侮，坐甲安边。可守司空、兼兵部尚书、中书门下平章事，进封魏国公，食实封八百户。"

乾元元年，与关内节度使王思礼入朝，敕朝官四品以上出城迎谒。迁侍中，改封郑国公。二年七月，制曰："元帅之任，实属于师贞；左军之选，谅资于邦杰。自非道申启沃，学富韬钤，则何以翊分阃而专征，膺凿门而受律。求诸将相，允得其人。司空、兼侍中、郑国公光弼，器识弘远，志怀沉毅，蕴孙、吴之略，有文武之材。往属艰难，备彰忠勇，协风云而经始，保宗社于阽危。由是出备长城，入扶大厦，茂功悬于日月，嘉绩被于岩廊。属残寇犹虞，总戎有命，用择惟贤之佐，式弘建亲之典。必能绥宁邦国，协赞天人，誓于丹浦之师，剿彼绿林之盗。载明朝奖，爰籍旧勋。宜副出车之命，仍践分麾之宠。为天下兵马元帅赵王系之副，知节度行营事。"

八月，兼幽州大都督府长史、河北节度支度营田经略等使，余如故。与九节度兵围安庆绪于相州，拔有日矣，史思明自范阳来救，屡绝粮道，光弼身先士卒，苦战胜之。属大风晦冥，诸将引众而退，所在剽掠，唯光弼所部不散。东京留守崔圆、河南尹苏震南奔襄阳，郭子仪率众屯于谷水。史思明因杀安庆绪，即伪位，纵兵河南。加光弼太尉、兼中书令，代郭子仪为朔方节度、兵马副元帅，以东师委之。左厢兵马使张用济承子仪之宽，惧光弼之令，与诸将颇有异议，欲逗留其众。光弼以数千骑出次汜水县，用济单骑迎谒，即斩于辕门。诸将慑伏，都兵马使仆固怀恩先期而至。

初，光弼次汴州，闻思明悉众且至，谓许叔冀曰："大夫能守此城浃旬，我必将兵来救。"叔冀曰："诺。"光弼还东京，思明至汴，叔冀与战不利，遂与董秦、梁浦、刘从谏率众降思明。贼势甚炽，遣梁浦、刘从谏、田神功等将兵徇江淮，谓之曰："收得其地，每人贡两船玉帛。"思明乘胜而西。光弼整众徐行，至洛，谓留守韦陟曰："贼乘邺下之胜，再犯王畿，宜按甲以挫其锋，不利速战。洛城非御备之所，公计若何？"陟曰："加兵陕州，退守潼关，据险以待之，足挫其锐矣！"光弼曰："此盖兵家常势，非用奇之策也。夫两军相寇，贵进尺寸之间耳。今委五百里而不顾,是张贼势也。若移军河阳,北阻泽潞、三城以抗,胜则擒之,败则自守,表里相应,使贼不敢西侵,此则猿臂之势也。夫辨朝廷之礼,光弼不如公;论军旅之事,公不如光弼。"陟无以应。判官韦损曰:"东京帝宅,侍中何不守之?"光弼曰:"若守洛城,氾水、崿岭皆须人守,子为兵马判官,能守之乎?"遂移牒留守及河南尹并留司官、坊市居人,出城避寇,空其城,率军士运油铁诸物,以为战守之备。

时史思明已至偃师,光弼悉军赴河阳。贼已至洛城,光弼军方至石桥。日暮,令秉炬徐行,与贼相随,而不敢来犯。乙夜,入河阳三城。排阅守备,号令严明,与士卒同甘苦,咸誓力战。贼惮光弼威略,顿兵白马寺,南不出百里,西不敢犯宫阙,于河阳南筑月城,掘壕以拒光弼。十月,贼攻城。于中潬城西大破逆党五千余众,斩首千余级,生擒五百余人,溺死者大半。

初,光弼谓李抱玉曰:"将军能为我守南城二日乎?"抱玉曰:"过期若何?"光弼曰:"过期而救不至,任弃也。"抱玉禀命,勒兵守南城。将陷,抱玉绐贼曰:"吾粮尽,明日当降。"贼众大喜,敛军以俟之。抱玉复得缮完设备,明日,坚壁请战。贼怒见欺,急攻之。抱玉出奇兵,表里夹击,杀伤甚众,贼帅周挚领军而退。光弼自将于中潬城,城外置栅,栅外大掘堑,阔二丈,深亦如之。周挚舍南城,并力中潬。光弼命荔非元礼出劲卒于羊马城以拒贼。光弼于城东北角树小红旗,下望贼军。贼恃众直逼其城,以车二乘载木鹅、蒙冲、斗楼、橦车随其后,督兵填城下堑,三面各八道过其兵,又当堑开栅,各置一门。光弼遥望贼逼城,使人语荔非元礼曰:"中丞看贼填堑开栅过兵,居然不顾,何也?"元礼报曰:"太尉拟守乎,拟战乎?"光弼曰:"战。"元礼曰:"若战,贼为我填堑,复何嫌也!"光弼曰:"吾智不及公,公其勉之!"元礼俟栅开,率其勇敢出战,一逼贼军,退走数百步。元礼料敌阵坚,虽出入驰突,不足破贼,收军稍退,以息其寇而攻之。光弼望见收军,大怒,使人唤元礼,欲按军令。元礼曰:"战正忙,唤作何物?"良久,令军中鼓噪出栅门,徒搏齐进,贼大溃。

周挚复整军押北城而下,将攻之。光弼遽率众入北城,登城望曰:"彼虽众,乱而嚣,不足惧也。当为公等日午而破之。"命出将战。及期,不决,谓诸将曰:"向来战,何处最坚而难犯?"或曰:"西北角。"遽命郝玉曰:"尔往击之。"玉曰:"玉,步卒也;请骑军五百翼之。"光弼与之三百。又问:"何处最坚?"曰:"东南隅。"即命论惟贞以所部往击之。对曰:"贞,蕃将也,不知步战,请铁骑三百。"与之百。光弼又出赐马四十匹分给,且令之曰:"尔等望吾旗而战,若麾旗缓,任尔观望便宜;吾旗连麾三至地,则万众齐入,生死以之,少退者斩无捨。"玉策马赴贼,有一人将援枪刺贼,洞马腹,连刺数人;一人逢贼,不战而退。光弼召不战者斩,赏援枪者绢五百疋。须臾,郝玉奔归。光弼望之,惊曰:"郝玉退,吾事危矣。"命左右取玉头来。玉见使者曰:"马中箭,非敢败也。"使者驰报,光弼令换马遣之。玉换马复入,决死而前。光弼连麾,三军望旗俱进,声动天地,一鼓而贼大溃,斩万余级,生擒八千余人,军资械粮储数万计,临阵擒其大将徐璜玉、李秦授、周挚。其大将安太清走保怀州。思明不知挚等败,尚攻南城。光弼悉驱俘囚临河以示之,杀数十人以威之,余众惧,投河赴南岸,光弼皆斩之。初,光弼将战,谓左右曰:"战,危事,胜负系之。光弼位为三公,不可死于贼手,苟事之不捷,继之以死。"及是击贼,常纳短刀于靴中,有决死之志,城上面西拜舞,三军感动。

贼既败走，光弼收怀州，思明来救，迎击于沁水之上，又败之。城将安太清极力拒守，月余不下。光弼令仆固怀恩、郝玉由地道而入，得其军号，乃登陴大呼，我师同登，城遂拔。生擒安太清、周挚、杨希文等，送于阙下，即日怀州平。以功进爵临淮郡王，累加实封至一千五百户。

观军容使鱼朝恩屡言贼可灭之状，朝旨令光弼速收东都。光弼屡表："贼锋尚锐，请候时而动，不可轻进。"仆固怀恩又害光弼之功，潜附朝恩，言贼可灭。由是中使督战，光弼不获已，进军列阵于北邙山下。贼悉精锐来战，光弼败绩，军资器械并为贼所有。时李抱玉亦弃河阳，光弼渡河保闻喜。朝旨以怀恩异同致败，优诏征之。光弼自河中入朝，抗表请罪，诏释之。光弼恳让太尉，遂加开府仪同三司、侍中、河南尹、行营节度使；俄复拜太尉，充河南、淮南、山南东道、荆南等副元帅，侍中如故，出镇临淮。史朝义乘邙山之胜，寇申、光等十三州，自领精骑围李岑于宋州。将士皆惧，请南保扬州，光弼径赴徐州以镇之，遣田神功击败之。浙东贼首袁晁攻剽郡县，浙东大乱，光弼分兵除讨，克定江左，人心乃安。

初，光弼将赴临淮，在道舁疾而行。监军使以袁晁方扰江淮，光弼兵少，请保润州以避其锋。光弼曰："朝廷寄安危于我，今贼虽强，未测吾众寡，若出其不意，当自退矣。"遂径往泗州。光弼未至河南也，田神功平刘展后，逗留于扬府，尚衡、殷仲卿相攻于兖、郓，来瑱旅拒于襄阳，朝廷患之。及光弼轻骑至徐州，史朝义退走，田神功遽归河南，尚衡、殷仲卿、来瑱皆惧其威名，相继赴阙。宝应元年，进封临淮王，赐铁券，图形凌烟阁。

广德初，吐蕃入寇京畿，代宗诏征天下兵。光弼与程元振不协，迁延不至。十月，西戎犯京师，代宗幸陕。朝廷方倚光弼为援，恐成嫌疑，数诏问其母。吐蕃退，乃除光弼东都留守，以察其去就。光弼伺知之，辞以久待救不至，且归徐州，欲收江淮租赋以自给。代宗还京，二年正月，遣中使往宣慰。光弼母在河中，密诏子仪舁归京师。其弟光进，与李辅国同掌禁兵，委以心膂。至是，以光进为太子太保、兼御史大夫、凉国公、渭北节度使，上遇之益厚。

光弼御军严肃，天下服其威名，每申号令，诸将不敢仰视。及惧朝恩之害，不敢入朝，田神功等皆不禀命，因愧耻成疾，遣衙将孙珍奉遗表自陈。广德二年七月，薨于徐州，时年五十七。辍朝三日，赠太保，谥曰武穆。光弼既疾亟，将吏问以后事，曰："吾久在军中，不得就养，既为不孝子，夫复何言！"因取已封绢布各三千疋、钱三千贯文分给将士。部下护丧枢还京师。代宗遣中官开府鱼朝恩吊问其母于私第，又命京兆尹第五琦监护丧事。十一月，葬于三原，诏宰臣百官祖送于延平门外。母李氏，有须数十茎，长五六寸，以子贵，封韩国太夫人，二子皆节制一品。光弼十年间三入朝，与弟光进在京师，虽与光弼异母，性亦孝悌，双旌在门，鼎味就养，甲第并开，往来追欢，极一时之荣。

【译文】

李光弼，营州柳城人。他的祖先，曾是契丹的酋长。父亲李楷洛，开元年间初期，任左羽林将军同正、朔方节度副使，封蓟国公，以骁勇果敢而闻名。李光弼幼年修持操行，善于骑马射箭，能读班固的《汉书》。年轻时从军，刚毅有谋略，开始任左卫良。遭父死辞官，在服丧期间始终不入妻室。

天宝初年，不断加官到左清道率兼安北都护府、朔方节度都虞候。五年，河西节度使王忠嗣任他为兵马使，充任赤水军使。王忠嗣对他很优厚，常常说："光弼一定会做到我的职位。"边地上称他为名将。八年，充任节度副使，封蓟郡公。十一年，拜官单于大都护府副大都护。十三年，朔方节度使安思顺奏报朝廷，任他为朔方节度副使、知留后事。安思顺爱他的才能，想把女儿嫁给他，李光弼称自己有病而辞去官职。陇右节度使哥舒翰听说后上奏朝廷，使他得以回到京城。安史之乱后，封常清、高仙芝战败，在潼关被处斩。朝廷又任命哥舒翰率领军队抵御贼军。不久，任命郭子仪为朔方节度使，到河西地区征集士兵。唐玄宗思求良将，以便委任河北与河东的军务，就这件事询问郭子仪，郭子仪推荐李光弼，说他能当此重任。

十五年正月，朝廷任命李光弼为云中太守，代理御史大夫，充任河东节度副使、知节度事。二月，转任魏郡太守、河北道采访使，率领朔方的五千士兵与郭子仪的军队会合，东出井陉，收复常山郡。贼将史思明带领数万士兵来支援常山，李光弼追击这支军队，打败了它，进兵收复藁城等十余县，又南攻赵郡。三月八日，李光弼兼任范明长史、河北节度使，攻克赵郡。自从安禄山反叛，常山地区成为战场，死尸遍野，李光弼把酒洒地，哭祭死者，被贼军幽禁的人都放了出来，发誓要平定贼寇，以安慰受害者的心。六月，与贼将蔡希德、史思明、尹子奇战斗于常山郡的嘉山，大败贼军，杀死敌人以万计数，活捉四千人。史思明丢了帽子，光着脚，逃奔到博陵，河北地区归顺朝廷的有十余郡。

李光弼认为范阳是安禄山的老巢，一定要先攻破它，这样才能丧失他的根据地。刚好哥舒翰失守潼关，唐玄宗逃往蜀地，人心惊恐害怕。唐肃宗在灵武训练军队，派宫中的使者刘智达追李光弼、郭子仪到皇帝所在的地方，肃宗授官李光弼为户部尚书，兼太原尹、北京留守、同中书门下平章事，命他率领景城、河间的五千士兵奔赴太原。当时河东节度使王承业军政大事治理得不好，朝廷下诏命御史崔众去河东让王承业交出兵权，崔众欺负轻视王承业，有时穿着盔甲提着枪进入王承业的厅堂戏弄他。李光弼听说后心中很是不平。到这时，朝廷命崔众的军队交给李光弼。崔众作为部下来见，李光弼出来迎接，双方旌旗相接而崔众不躲避。李光弼对他的无礼很恼怒，崔众又不立即交出军队，于是下令把他逮捕。不久宫中使者来，任命崔众为御史中丞，使者怀藏敕文问崔众在哪里。李光弼说："崔众有罪，已经收捕了。"使者把敕文交给李光弼看，李光弼说："今天只斩侍御史；如果宣布诏命，就斩御史中丞；如果拜宰相，也要斩宰相。"使者害怕，于是不宣布敕文就回去了。次日，李光弼派兵包围了崔众，押到碑堂下把他斩首，此事震动了全军。李光弼命他的亲属对崔众吊唁。

至德二年，贼将史思明、蔡希德、高秀岩、牛廷玠等四个伪帅率领十多万军队来攻太原。李光弼经过河北苦战，精兵都到了朔方，部下都是些乌合之众，不满万人。史思明对将领们说："李光弼的兵少而弱，可以屈指计日而攻下太原，然后乘势向西，再攻取河西、陇右、朔方，就可以无后顾之忧了。"李光弼的将士们听说后都很惧怕，有人提议修筑城墙来抵御，李光弼说："城的周长四十里，贼军即将到来，现在再兴劳役来筑城，是还未见敌人而自己已疲劳不堪了。"于是亲自率领士兵和百姓在城外开掘壕坑，以作防守。又造土坯数十万，大家不知做什么用。等到贼军在外攻城，李光弼就命令在城内用土坯增加修筑营垒，坏了就立刻修补好。贼军在城外辱骂戏侮，李光弼就命令挖地道，由地道冲出，一个晚上的功夫就把敌人擒获了。从此贼军走路先要注视地下，不敢逼城。李光弼又用强弩发射石块打击敌人，贼军中骁勇的将领和强壮的士兵死了十分之二三。太原城中的老少都佩服他的勤劳智慧，连胆怯的士兵也增加了勇气而都要出击敌人，史思明揣测知道了城中情况，先撤去了，留下蔡希德等攻城。经过一个多月，李光弼军士气更旺盛而敌军则懈怠，于是李光弼率领敢死队出击，大破敌军，斩首七万余级，敌军的军用物资和武器等全部丢弃而逃。从敌人开始来到了逃遁，共五十余天，李光弼搭一小帐篷，住宿在城的东南角上，有急事就能立即应付，走过自己府第的门，没有回头看过一眼。贼军退走后三日，军事上的事情都处理完毕，他开始回到自己的府第。转官任检校司徒。他又收复清夷、横野等军，擒获贼将李弘义而回。天子下诏书说："银青光禄大夫、检校司徒、兼户部尚书、同中书门下平章事、兼御史大夫、鸿胪卿、太原尹、北京留守、河东节度副大使、蓟国公光弼，德行完美，才能杰出，是少有的英才，捍卫城池抵御外侮，披甲待敌安定边境，可任司空，兼兵部尚书、中书门下平章事，进封魏国公，赐给八百户封户。"

乾元元年，李光弼与关内节度使王思礼一同入朝，天子命令四品以上的朝官出城迎接和晋见。李光弼升任为侍中，改封郑国公。二年七月，天子下诏说："元师这一职位，实在应属于军队中忠贞之人；东路军将领这一人选，确须依托于国内的英杰人才。假如不是道德方面能一再竭诚忠告君主，学识富有韬略，那么何以能辅助元帅而专掌某方军事，担当受命出征的重任。从将相中寻求，确实得到了那样的人选。司空、兼侍中、郑国公光弼，器量见识远大，深沉刚毅，有孙武、吴起的谋略，兼备文武的才干。以往遇到时世艰难，充分表现出忠贞和勇敢，君臣在风云中开始经营天下，在危险时刻保卫了宗庙社稷。从此出外充当保卫国家的长城，入内扶持着朝廷的大厦，丰功像日月一样高悬，伟绩惠及于朝廷。正遇到残寇甚堪忧虑，统帅有令，选用贤能的辅佐，打破用亲属的常典。必然能够使邦国安宁，天人之间协调，在丹水之滨誓师，去消灭绿林的盗贼。明白朝廷的勉励，凭借旧日的功勋，应该辅助完成出征使命，继续经历统兵做将的荣耀。任命光弼为天下兵马元帅赵王系的辅佐，执掌节度行营的事务。"

八月，李光弼兼任幽州大都督府长史、河北节度支度营田经略等使，其他官爵照旧。与九个节度使的军队在相州包围安庆绪，快要攻下的时候，史思明从范阳来救援，多次断绝唐军粮道，李光弼身先士卒，经过苦战打败了他们。刚好碰到狂风大起，天昏地暗，其他将领纷纷带领部队撤退。并在一路上到处掠夺，唯有李光弼的部队不散。东京留守崔圆、河南尹苏震南奔襄阳，郭子仪率部众屯驻于谷水。史思明于是杀了安庆绪，即位称皇帝，发兵到河南。朝廷加授李光弼太尉、兼中书令，代替郭子仪为朔方节度使、天下兵马副元帅，把关东的部队委任他统领。左厢兵马使张用济接受郭子仪的宽的作风，害怕李光弼的军令，对李光弼代替郭子仪，与其他将领颇有些议论，打算停止军队前去到指定地点。李光弼带数千骑兵东行停留在汜水县，张用济单骑来迎接谒见，李光弼在辕门外把他斩首了。其他将领畏惧服从，都兵马使仆固怀恩在期限前到达了指定地点。

起初，李光弼停留在汴州，听说史思明的全军即将来到，对汴滑节度使许叔冀说："大夫能守这座城十天，我一定带兵来救。"许叔冀答："可以。"李光弼回到东京，史思明到汴州，许叔冀作战失利，就与董秦、梁浦、刘从谏率领部众投降了史思明。贼军势力很强大，史思明派遣梁浦、刘从谏、田神功等带兵进攻江淮地区，对他们说："如果攻下这地区，每人给我进贡两船玉和帛。"史思明乘胜向西进攻。李光弼整顿部队慢慢退却,到了洛阳,对留守韦陟说:"贼军乘邺下的胜利,再次进犯王畿所在地,应该按兵不动以挫折他们的锐气,不利于速战。洛阳不是可以防御守备的地方,您有何好的计谋?"韦陟说:"增兵陕州,退守潼关,依靠险要的地形以等待他们到来,这样就足以挫折他们的锐气了。"李光弼说:"这是兵家一般的战法,不是出奇制胜的计策。两军互相对垒,贵在争夺尺寸之土地。现在放弃五百里土地而不顾,是增长敌人的声势。如果把军队移到河阳,北面依恃泽潞、三城以抗击敌人,胜利就擒获他们,战败就退而自守,表里相呼应,使贼军不敢向西侵犯,这是如同猿臂可以随意伸缩的态势。分辨朝廷的礼仪,我光弼不如您;讨论军队作战之事,您不如我光弼。"韦陟无话可答。判官韦损说:"东京洛阳是帝王居住之处,侍中为什么不守住它?"李光弼说:"如果守洛阳,汜水、崿岭都须人防守,你作为兵马判官,能守得了吗?"于是李光弼发文书给东京留守及河南尹和在东京的中央官署的分部的官吏、东京坊市的居民,要他们出城躲避敌寇,使东京成为空城,李光弼率领士兵运送油、铁等物往河阳,做作战和防守的准备。

当时史思明已到偃师,李光弼全军开赴河阳。贼军已到洛城,李光弼军才到石桥。黄昏过后,他命士兵持火炬徐徐行进,与贼军前后相随,但贼军不敢来犯。二更时,进入河阳三城。李光弼安排和视察部队守备情况,号令严明,与士卒同甘苦,大家誓死尽力作战。贼军害怕李光弼的声威和谋略,把军队停顿在白马寺,南不敢出百里,西不敢进犯皇宫,在河阳南修筑了小城,挖掘战壕用来对付李光弼。十月,贼军攻河阳城。李光弼在河阳中潬城西大败叛党五千余人,斩首千余级,活捉五百余人,其余溺死了大半。

起初,李光弼对李抱玉说:"将军能为我防守河阳南城两天吗?"李抱玉问:"过期怎么办?"李光弼说:"过期如救兵不到,任你弃城。"李抱玉接受命令,统率士兵防守南城。城快陷落时,李抱玉欺骗贼军说:"我的粮食已完了,明天必定投降。"贼军大喜,收兵等待。李抱玉争取到了时间修缮防御工事,第二天,李抱玉加固壁垒请再战。贼军见受了骗,大怒,疯狂攻城。李抱玉出奇兵,内外夹击,杀伤了许多敌人,贼军统帅周挚领兵而退。李光弼自己领兵居中潬城,城外设置栅栏,栅外大挖壕沟,阔两丈,深也一样。周挚放弃攻南城,全力进攻中潬城。李光弼命令荔非元礼带出些精兵在城外的羊马城以御贼军。李光弼在城东北角树一面小红旗,下望贼军。贼军依仗人多直攻羊马城,在军队后用两辆大车装载着木鹅、蒙冲、斗楼、橦车等攻城器械,又督促士兵用土填城下壕沟,城三面各填了八条通道以让其军队通过,又对着通道攻开栅栏,各设一门。李光弼远远望见贼军逼近城前,派人对荔非元礼说:"中丞你看到贼军填壕沟开栅栏通过士兵,居然不顾,是何道理?"元礼回答说:"太尉您是打算守,还是打算战?"李光弼答:"战。"元礼说:"如果战,贼军为我填壕沟,又有什么可讨厌的呢?"李光弼说:"我的智慧不及您,您好好干吧!"元礼等栅栏打开,就率领他手下勇敢的士兵出击,一逼近贼军,就使贼军退走数百步。元礼预料敌阵坚固,虽然前后奔驰冲撞,也不能破贼,就收兵稍稍退却,等敌人疲劳后再进攻。李光弼望见他收兵,大怒,命人唤元礼来,要以军法从事。元礼说:"我作战正忙,唤我做什么?"过了较长一段时间,元礼命令军队击鼓呼喊冲出栅门,徒步搏斗一起奋进,贼军大败。

周挚重新整顿军队压向河阳北城,准备进攻,李光弼立即率领部队进入北城,登上城楼观望敌军,说:"他们虽然人多,但杂乱喧闹,不可怕,我替你们在中午击败他们。"命令派出将领作战,到时候,胜负未决。李光弼对各位将领说:"近来战斗,什么地方最坚固而难攻?"有人说:"西北角。"李光弼立即命令郝玉说:"你去攻击。"郝玉说:"我只有步兵,请给骑兵五百名作为协助。"李光弼给他三百名。又问:"还有何处最坚固?"有人回答:"东南角。"于是又命令论惟贞带他的部队去攻击。论惟贞说:"我是外族将领,不懂得步行作战,请给予铁骑三百名。"给予一百。李光弼又拿出天子赐给的马四十匹分给郝玉等人,并且命令说:"你们望着我的旗子而行动,如果旗子挥动缓慢,任凭你们观望自由行动,如果我的旗子连续挥动三次到地上,那时就要立即全军万众一心冲入敌阵,不顾生死,稍微后退的人就处斩,决不放过。"郝玉用鞭猛击战马,飞速冲入敌阵。在作战,有一人用枪刺敌人,刺穿了马肚子,又接连刺死数;另一个遇到贼军,不战而退。李光弼命令将后退的那人斩首,而用枪刺杀敌人者赏给五百匹绢。不久,郝玉奔回来,李光弼见到,大惊说:"郝玉退回,我们这次战斗危险了。"命左右去斩郝玉的头。郝玉见到使者,说:"我因为马中箭才退回,不是失败逃回。"使者马上回报李光弼,于是给他换了马让他出战。郝玉换马重新冲入敌阵,不顾死活向前。李光弼连挥三次旗子,全军望见旗子一起向前冲锋,喊杀声震天动地,战鼓敲过一遍敌军就溃败,斩首万余级,活捉八千余人,获得军用物资武器粮食有数万,临阵活捉贼军大将徐璜玉、李秦授、周挚。另一大将安太清逃到怀州。史思明不知道周挚等已失败,还在攻南城。李光弼把全部俘虏赶到黄河边让史思明看,又杀数十人来威慑敌人,其他战俘害怕,跳到河中向南岸游,李光弼把这些人全杀了。起初,李光弼在出战前,对左右部属说:"战争,是危险的事,关系到胜败。我光弼身为三公,不可死于贼手,如果不能胜利,我就自杀。"等后来出击贼军时,常把短刀藏在靴子中,有随时准备自杀的打算,又在城上向西方行跪拜礼,全军无不感动。

贼军败走后,李光弼准备收复怀州,史思明来救,李光弼在沁水上迎击,又打败了他。怀州城守将安太清极力抵抗,经过一个多月战斗城还未攻下。李光弼命令仆固怀恩、郝玉从地道进入城中,得知其口令,于是登上城上的女墙大声叫喊,我军由城外一起登城,怀州于是被攻克。活捉了安太清、周挚、杨希文等人,送到京师,当日怀州平定。李光弼因战斗有功晋爵为临淮郡王,累计增加的封户达到一千五百户。

观军容使鱼朝恩多次上奏讲贼军可以消灭的情状,朝廷下旨命李光弼迅速收复东都。李光弼多次上表说:"贼军士气尚锐,请等待时机而行动,不可以轻易进军。"仆固怀恩又妒忌李光弼的功劳,暗中附和鱼朝恩,称说贼军可灭。因此朝廷派宫中的使者督战,李光弼身不由己,进军在北邙山下摆开军阵,贼军派全部精锐部队来攻,李光弼战败,军用物资和武器都被贼军掠去。当时李抱玉也丢弃了河阳,李光弼渡黄河退保闻喜。朝廷下旨因仆固怀恩前曾称说贼军可灭而招致失败,用优诏征李光弼入朝。李光弼从河中府入朝,上表请罪,天子下诏宽恕了他。李光弼恳切请求辞去太尉,于是朝廷加授他开府仪同三司、侍中、河南尹、行营节度使;不久再拜太尉,充任河南、淮南、山南东道、荆南等副元帅,侍中官位不变,出镇临淮。史朝义乘在邙山获胜之势,进攻申州、光州等十三州,自己率领精锐骑兵在宋州包围李岑。唐将领士兵都害怕,请求李光弼南下保扬州,李光弼不从,直接开赴徐州镇守,派田神功击败了史朝义。浙东盗贼首领袁晁进攻劫掠郡县,浙东大乱,李光弼分派一部分兵去讨伐,平定了江南地区,人心才稍稍安定。

起初,李光弼将去临淮,在路上抱病而行。监军使认为袁晁正骚扰江淮地区,李光弼的兵少,请求往南守卫润州以避开其锋芒。李光弼说:"朝廷把安危托付于我,现今贼军虽强,还没有推测出我军多少,如果出其不意,向他们攻击,就会使他们自己退走。"于是直往泗州。李光弼还未到河南的时候,田神功在平完刘展之后,逗留在扬州府,尚衡、殷仲卿在兖州、郓州互相攻伐,来瑱在襄阳聚众抗命,朝廷很忧患。等到李光弼带轻装而迅速地骑兵到徐州,史朝义退走,田神功便迅速回归河南,尚衡、殷仲卿、来瑱都害怕李光弼威名,也相继入朝。宝应元年,朝廷进封李光弼为临淮王,赐给他专给有功之臣的可以免罪的铁券,又在凌烟阁上画了他的像。

广德初年,吐蕃侵入到长安附近,代宗下诏令在全国征兵。李光弼与宰相程元振不和,拖延时间不至长安。十月,吐蕃进入长安,代宗逃到陕州。朝廷正想依靠李光弼来援,怕造成猜疑,多次派宫中使者到河中慰问他母亲。吐蕃退兵,朝廷任命李光弼为东都留守,以观察他的来去动向。李光弼心中知道朝廷用意,就借口久等待天子诏文不到,而且要回徐州,打算收江淮的租赋来供给部队等理由而推辞。代宗回京后,二年正月,派宫中使者前去安抚李光弼。李光弼母亲在河中府,朝廷秘密命郭子仪用车子把她送回京师。他的弟弟李光进,与李辅国共同掌握禁兵,被委以心腹重任。到这时,任命李光进为太子太保,兼御史大夫、凉国公、渭北节度使,皇帝对他更加优厚。

李光弼治军严厉,全国都佩服他,很有声威,他每次发布号令,将领们都不敢正眼看他。等到他因害怕鱼朝恩的陷害,不敢入朝,田神功等都不再听从他的命令。因此,李光弼由惭愧和感到耻辱而生病,他派节镇军官孙珍进呈遗表自述心迹。广德二年七月,李光弼死于徐州,年龄五十七岁。朝廷停止朝会三天,赠官太保,谥号"武穆"。光弼病重时,将吏们询问他对后事的意见,他说:"我长久在军中,不能奉养老母,既然是个不孝儿子,还有什么可说。"接着取出已封存的绢和布各三千匹、钱三千贯分发给将士们。他部下护送灵柩回到京师。代宗派宦官开府仪同三司鱼朝恩到他母亲住处吊唁和慰问,又命令京兆尹第五琦监护丧事。十一月,葬于三原县,下诏由宰相百官在延平门外设奠送行。他母亲李氏,有胡须数十根,长五六寸,因儿子贵,封韩国太夫人,两个儿子都任节度使,一品官。光弼十年中三次入朝,与弟光进同在京师,光进虽与光弼异母,性也孝顺,兄弟两人都有双旌双节在门,用各种厚味奉养老母,头等宅第并立,老母往来寻求欢乐,极尽一时的荣耀。

韩滉传

【题解】

韩滉(723～787),字太冲,长安(陕西西安市)人。他出生于官宦之家,父亲韩休,唐玄宗朝任宰相。韩滉在唐德宗朝历任吏部员外郎、吏部郎中、给事中、尚书右丞、户部侍郎,至检校左仆射、同中书门下平章事、江淮转运使,被封为晋国公。韩滉为官清廉,自奉甚俭,对下属约束亦严。精于吏治,但失之苛刻。他治理地方,能在短期内治理得井井有条。也能治军,在平定李希烈之乱中,显示了他的军事才能。韩滉还是唐代著名书画家,书法得草书大师张旭的笔法,绘画方面,长于写农村景物,画牛、羊、驴最为出色,与韩干齐名。传世画作有《五牛图》《文苑图》等。其子韩皋,字仲闻,历官尚书右丞、兵部侍郎、京兆尹,至尚书左仆射。韩皋也自奉俭约,精于吏治,饶有父风。但他求治太急,不免有浮夸之弊。韩皋性知音律,据说他听演奏晋代嵇康的琴曲《广陵散》,能悟出乐曲中所反映的政治局势、司马氏代魏以及司马氏的式微等内容。这当然有以既成史事去附会的成分,也说明他对音律的修养是相当高的。

【原文】

　　韩滉字太冲,太子少师休之子也。少贞介好学,以荫解褐左威卫骑曹参军,出为同官主簿。至德初,青齐节度邓景山辟为判官,授监察御史、兼北海郡司马,以道路阻绝,因避地山南。采访使李承昭奏充判官,授通州长史、彭王府谘议参军。邓景山移镇淮南,又表为宾佐,未行,除殿中侍御史,追赴京师。先是,滉兄法知制诰,草王玙拜官之词,不加虚美,玙颇衔之。及其秉政,诸使奏滉兄弟者,必以冗官授之。玙免相,群议称其屈,累迁至祠部、考功、吏部三员外郎。

韩滉文苑图

　　滉公洁强直,明于吏道,判南曹凡五年,详究簿书,无遗纤隐。大历中,改吏部郎中、给事中。时盗杀富平令韦当,县吏捕获贼党,而名隶北军,监军鱼朝恩以有武材,请诏原其罪,滉密疏驳奏,贼遂伏辜。迁尚书左丞。五年,知兵部选。六年,改户部侍郎、判度支。自至德、乾元以后,所在军兴,赋税无度,帑藏给纳,多务因循。滉既掌司计,清勤检辖,不容奸妄,下吏及四方行纲过犯者,必痛绳之。又属大历五年以后,蕃戎罕侵,连岁丰稔,故滉能储积谷帛,帑藏稍实。然苛克颇甚,复治案牍,勾剥深文,人多咨怨。

　　大历十二年秋,霖雨害稼,京兆尹黎干奏畿县损田,滉执云干奏不实。乃命御史巡复,回奏诸县凡损三万一千一百九十五顷。时渭南令刘藻曲附滉,言所部无损,白于府及户部。分巡御史赵计复检行,奏与藻合。代宗览奏,以为水旱咸均,不宜渭南独免,申命御史朱敖再检,渭南损田三千余顷。上谓敖曰:"县令职在字人,不损犹宜称损,损而不问,岂有恤隐之意耶!卿之此行,可谓称职。"下有司讯鞫,藻、计皆伏罪,藻贬万州南浦员外尉,计贬丰州员外司户。滉弄权树党,皆此类也。俄改太常卿,议未息,又出为晋州刺史。数月,拜苏州刺史、浙江东西都团练观察使。寻加检校礼部尚书、兼御史大夫、润州刺史、镇海军节度使。

滉既移镇,安辑百姓,均其租税,未及逾年,境内称理。及建中年冬,泾师之乱,德宗出幸,河、汴骚然,滉训练士卒,锻砺戈甲,称为精劲。李希烈既陷汴州,滉乃择其锐卒,令裨将李长荣、王栖曜与宣武军节度使刘玄佐犄角讨袭,解宁陵之围,复宋、汴之路,滉功居多。

然自关中多难,滉即于所部闭关梁,筑石头五城,自京口至玉山,禁马牛出境;造楼船战舰三十余艘,以舟师五千人由海门扬威武,至申浦而还;毁撤上元县佛寺道观四十余所,修坞壁,建业抵京岘,楼雉相属,以佛殿材于石头城缮置馆第数十。时滉以国家多难,恐有永嘉渡江之事,以为备预,以迎銮驾,亦申儆自守也。城中穿深井十丈近百所,下与江平,俾偏将丘涔督其役。涔酷虐士卒,日役千人,朝令夕办,去城数十里内先贤丘墓,多令毁废。明年正月,追李长荣等戍军还,以其所亲吏卢复为宣州刺史、采石军使,憎营垒,教习长兵。以佛寺铜钟铸弩牙兵器。陈少游时镇扬州,以甲士三千人临江大阅,滉亦以兵三千人临金山,与少游相应,楼船于江中,以金银缯彩互相聘责。而自德宗出居,及归京师,军用既繁,道路又阻,关中饥饿,加之以灾蝗,江南、两浙转输粟帛,府无虚月,朝廷赖焉。

兴元元年,就加检校吏部尚书。数月,又加检校右仆射。贞元元年七月,拜检校左仆射、同平章事,使并如故。二年春,特封晋国公。其年十一月,来朝京师。时右丞元琇判度支,以关辅旱俭,请运江淮租米以给京师。上以滉浙江东西节度,素著威名,加江淮转运使,欲令专督运务。琇以滉性刚愎,难与集事,乃条奏滉督运江南米至扬子,凡一十八里,扬子以北,皆元琇主之。滉深怒于琇。琇以京师钱重货轻,切疾之,乃于江东监院收获见钱四十余万贯,令转送入关。滉不许,乃诬奏云:“运千钱至京师,费钱至万,于国有害。请罢之。”上以问琇,琇奏曰:“一千之重,约与一斗米均。自江南水路至京,一千之所运,费三百耳,岂至万乎?”上然之,遣中使赍手诏令运钱。滉坚执以为不可。其年十二月,加滉度支诸道转运盐铁等使,遂逞宿怒,累诬奏琇,贬雷州司户。其责既重,举朝以为非罪,多窃议者。尚书左丞董晋谓宰臣刘滋、齐映曰:“元左丞忽有贬责,未知罪名,用刑一滥,谁不危惧?假有权臣骋志,相公何不奏请三司详断之。去年关辅用兵,时方蝗旱,琇总国计,夙夜忧勤,以赡给师旅,不增一赋,军国皆济,斯可谓之劳臣也。今见播逐,恐失人心,人心一摇,则有闻鸡起舞者矣。窃为相公痛惜之。”滋、映但引过而已。给事袁高又抗疏申理之,滉诬以朋党,寝而不行。

时两河罢兵,中土宁义,滉上言:“吐蕃盗有河湟,为日已久。大历以前,中国多难,所以肆其侵轶。臣闻其近岁以来,兵众窃弱,西迫大食之强,北病回纥之众,东有南诏之防,计其分镇之外,战兵在河、陇五六万而已。国家第令三数良将,长驱十万众,于凉、鄯、洮、渭并修坚城,各置二万人,足当守御之要。臣请以当道所贮蓄财赋为馈运之资,以充三年之费。然后营田积粟,且耕且战,收复河、陇二十余州,可翘足而待也。”上甚纳其言。滉之入朝也,路由汴州,厚结刘玄佐,将荐其可任边事,玄佐纳其赂,因许之。及来觐,上访问焉,初颇禀命,及滉以疾归第,玄佐意怠,遂辞边任,盛陈犬戎未衰,不可轻进。滉贞元三年二月，以疾薨，遂寝其事，年六十五。上震悼久之，废朝三日，赠太傅，赠布帛米粟有差。

　　浑，宰相子，幼有美名，其所结交，皆时之俊彦，非公直者不与之亲密。性持节俭，志在奉公，衣裘茵衽，十年一易，居处陋薄，才蔽风雨。弟洄常于里宅增修廊宇，浑自江南至，即使命撤去之，曰："先公容焉，吾辈奉之，常恐失坠，所有摧坦，葺之而已，岂敢改作，以伤俭德。"自居重位，愈清俭嫉恶，弥缝阙漏，知无不为，家人资产，未尝在意。入仕之初，以至卿相，凡四十年，相继乘马五匹，皆及敝帷。尤工书，兼善丹青，以绘事非急务，自晦其能，未尝传之。好《易象》及《春秋》，著《春秋通例》及《天文事序议》各一卷。然以前辈早达，稍薄后进。晚岁至京师，丞郎卿佐，接之颇倨，众不能平。其在浙右也，政令明察，末年伤于严急，巡内婺州傍县有犯其令者，诛及邻伍，死者数十百人。又俾推复官分察境内，情涉疑似，必置极法，诛杀残忍，一判即剿数十人，且无虚日。虽令行禁止，而冤滥相寻。议者以浑统制一方，颇著勤绩，自幼立名贞廉，晚途政甚苛惨，身未达则饰情以进，得其志则木质遂彰。子群、皋。群官至考功员外郎。

　　皋字仲闻，夙负令名，而器质重厚，有大臣之度。由云阳尉擢贤良科，拜右拾遗，转左补阙，累迁起居郎、考功员外郎。俄丁父艰，德宗遣中人就第慰问，仍宣令论撰浑之事业，皋号泣承命，立草数千言，德宗嘉之。及免丧，执政者拟考功郎中，御笔加知制诰。迁中书舍人、御史中丞、尚书右丞、兵部侍郎，皆称职。改京兆尹，奏郑锋为仓曹，专掌钱谷。锋苛刻剥下为事，人皆咨怨。又劝皋搜索府中杂钱，折籴百姓粟麦等三十万石进奉，以图恩宠。皋纳其计，寻奏锋为兴平县令。及贞元十四年，春夏大旱，粟麦枯槁，畿内百姓，累经皋陈诉，以府中仓库虚竭，忧迫惶惑，不敢实奏。会唐安公主女出适右庶子李愬，内官中使于愬家往来，百姓遮道投状，内官继以事上闻。德宗下诏曰："京邑为四方之则，长吏受亲人之寄，实系邦本，以分朕忧，苟非其才，是瘝于理。正议大夫、守京兆尹、赐紫金鱼袋韩皋，比践清贯，颇闻谨恪，委之尹正，冀效公忠。乃者邦畿之间，粟麦不稔，朕念兹黎庶，方仪蠲除，自宜悉心，以副勤恤。皋奏报失实，处理无方，致令闾井不安，嚣然上诉。及令复视，皆涉虚词，壅蔽颇深，罔惑斯甚。宜加惩诫，以勖守官。可抚州司马，员外置同正员，驰驿发遣。"锋亦寻出为汀州司马。皋无几移杭州刺史，复拜尚书右丞。

　　皋恃前辈，颇以简倨自处。顺宗时，王叔文党盛，皋嫉之，谓人曰："吾不能事新贵。"皋从弟晔，幸于叔文，以告之，因出为鄂州刺史、岳鄂蕲沔等州观察使。入为东都留守。元和八年六月，加检校吏部尚书，兼许州刺史，充忠武军节度使。以陈、许二州水潦之后，赐皋绫绢布葛十万端疋，以助军资宴赏。所理以简俭称。入为吏部尚书。兼太子少傅，判太常卿事。元和十一年三月，皇太后王氏崩，以皋充大明宫使。十五年闰正月，充宪宗山陵礼仪使。三月，穆宗以师保之旧，加检校右仆射。

　　十二月，以铨司考科目人失实，与刑部侍郎知选事李建罚一月俸料。长庆元年正月，正拜尚书右仆射。二年四月，转左仆射，赴尚书省上事，命中使宣赐酒馔，及宰臣百僚送上，皆如近式。其年，以本官东都留守，行及戏源驿暴卒，年七十九。赠太子太保。太和元年，谥曰贞。

　　皋生知音律，尝观弹琴，至《止息》，叹曰："妙哉！嵇生之为是曲也，其当晋、魏之际乎？其音主商，商为秋声。秋也者，天将摇落肃杀，其岁之晏乎？又晋乘金运，商，金声，此所以知魏之季而晋将代也。慢其商弦，与宫同音，是臣夺君之义也，所以知司马氏之将篡也。司马懿受魏明帝顾托后嗣，反有篡夺之心，自诛曹爽，逆节弥露。王陵都督扬州，谋立荆王彪；母丘俭、文钦、诸葛诞前后相继为扬州都督，咸有匡复魏室之谋，皆为懿父子所杀。叔夜以扬州故广陵之地，彼四人者，皆魏室文武大臣，咸败散于广陵，散言魏氏散亡自广陵始也。止息者，晋虽暴兴，终止息于此也。其哀愤躁蹙，惨痛迫胁之旨，尽在于是矣。永嘉之乱，其应乎？叔夜撰此，将贻后代之知音者，且避晋、魏祸，所以托之神鬼也。"

【译文】

韩滉字太冲，他是太子少师韩休的儿子。他在少年时就性格耿直，好读书学习，因他父亲的恩荫，初入官场就任他为左威卫骑曹参军，又外任为同官县主簿。至德初年，青齐节度使邓景山征召他为判官，又授任他为监察御史兼北海郡司马，因北海郡道路隔绝，于是避战乱来到山南。采访使李承昭上奏，任他为判官，实授他为通州长史、彭王府谘议参军。邓景山转为淮南节度使，又上奏征他为幕僚，还未成行，朝廷任他为殿中侍御史，催他赶赴师京长安。在此之前，韩滉的哥哥韩法任知制诰，在起草任命王玙文件的时候，不肯虚加吹捧，王玙因此痛恨韩法。当王玙当政时，官员们推荐韩滉兄弟，必定只任命闲散职务，王玙被罢免宰相，官员们都替韩滉兄弟叫屈，韩滉历升至祠部、考功、吏部三个部的员外郎。

韩滉为官，公正廉洁，耿直倔强，对官务很熟悉。他任南曹判官五年，对各种文件都详加研究，没有丝毫的遗漏。大历年间，改任吏部郎中、给事中。当时发生了强盗杀害富下县令的案件，县里的官吏捕获了强盗党羽，但他们属于北军管辖，监军鱼朝恩因他们武艺好，上奏朝廷，请免去他们的罪过，韩滉写了秘密奏折，加以驳斥，强盗党羽才伏法。升任他为尚书右丞。大历五年，掌管兵部官员的升迁任免。大历六年，改任户部侍郎、掌管财政。从至德、乾元以后，各地用兵，赋税征收没有节制，国库的出入，仍因循旧法。韩滉掌管财政以后，认真清理检查，对于贪污官吏毫不容情，他的下属以及各地收缴财税的官员犯罪的，必痛加惩治。再者在大历五年以后，边境上外族极少侵扰，加上连年丰收，因此韩滉能够积蓄些粮食布疋，国库稍为充实。但是他搜刮过于苛刻，又重新审查各种账目文书，多方找借口加强搜刮，引起百姓的怨恨。

大历十二年秋天，连阴雨损害了庄稼，京兆尹黎干向朝廷汇报京城周围农田受灾的情况，韩滉坚持认为黎干的汇报夸大了灾情。于是派御史复查，御史汇报京城周围各县共有三万一千一百九十五顷农田受灾。当时任渭南县令的刘藻不顾事实曲意迎附韩滉，他汇报渭南县境内没有受灾，并上报知府和户部。分巡御史赵计重新进行检查，汇报和刘藻的说法一致。代宗看了奏章，认为水旱灾害在附近各地应该相同，不应渭南县独独不受灾，命令御史朱敖再去检查，查出渭南受灾面积三千多顷。代宗对朱敖说："县令的职责是抚育百姓，即使没有受灾也应汇报受了灾害，可是他却遭灾而不汇报，这哪有一点点体恤百姓的心意呢？你这次去检查，可以说是称职的。"于是把刘藻、赵计交司法部门审讯，刘藻、赵计都认罪服罪，刘藻贬降为万州南浦县员外尉，赵计贬为丰州员外司户。韩滉玩弄权术培植私人势力，都像这事情一样。不久，改任韩滉为太常卿，但是未能平息人们对他的议论，于是又外任为晋州刺史。过了几个月，又升任苏州刺史、浙江东西都团练观察使。不久又升任检校礼部尚书，兼御史大夫、润州刺史、镇海军节度使。

韩滉移任以后，安抚境内百姓，均摊赋税租役，没过一年时间，在他的管辖范围内，治理得井井有条。到德宗建中年间，泾州守兵发动叛乱，德宗从长安出逃，黄河下游、汴水流域的政治局势骚动不安，韩滉训练士卒，制造兵器盔甲，建立了一支精兵劲旅。叛将李希烈攻陷汴州，韩滉挑选精锐部队，令偏将李长荣、王栖曜率领，与宣武军节度使刘玄佐形成犄角之势，进攻李希烈，解除叛兵对宁陵的围困，收复宋州、汴州一带地方。韩滉的功劳最大。

但自从关中地区战乱加剧，韩滉即在他管辖的地区封锁关口桥梁，从京口至玉山，修筑石头城等五座城池，禁止牛马运出境外，又建造楼船战舰三十多艘，派水兵五千人由海门耀武扬威至申浦而回；又拆毁上元县佛寺道观四十多处，用拆下的物料修筑堡垒，从建业到京岘，一路上城堡相连，又用佛殿的材料修造馆第数十处。当时韩滉鉴于国家处于危难之中，担心发生西晋时永嘉之乱、朝廷渡江偏安的情况，预先做好准备，用来迎接皇帝的到来，也借此来表明自己戒备自守的决心。在城里挖掘十丈深的水井近百眼，水井的底部和江面成水平，派偏将丘涔总管此事。丘涔对待挖井兵士残酷暴虐，每天派千人左右，他要求早上派去，晚上必须完成。近城数十里内的古代名人的坟墓，大多都被挖毁。第二年正月，把在外担任守卫任务的李长荣守军召回，派他的亲信卢复为宣州刺史、采石军使，增筑营垒，教习士兵弓箭。用佛寺的铜钟铸造弩机兵器。陈少游当时任扬州刺史，在江边检阅三千全副武装的兵士，韩滉也派三千兵士登上金山，和陈少游遥相呼应，楼船在江中游弋，韩、陈互相赠送金银绸缎等物。从德宗出逃到返回京城，其间军事费用浩繁，道路又时时被阻，关中地区连年饥荒，加上蝗虫为灾，江南、两浙的粮食布匹源源不断地往关中运送，每一府每月都要按时运出，朝廷依赖这些物资来维持。

兴元元年，就地升任检校吏部尚书。过了几个月，又升任检校右仆射。贞元元年七月，升任检校左仆射、同平章政事，仍兼任节度使。贞元二年春天，封爵为晋国公。这年十一月，进京朝见皇帝。当时尚书右丞元琇主管财政，因关中地区发生旱灾收成不好，请求朝廷运江淮地区的税米供应京师。皇帝鉴于韩滉任浙江东西节度使，一向有威信，任他为江淮转运使，想让他专职督理运粮事务。元琇因韩滉性格刚愎自用，很难和他共事，于是元琇上书建议，韩滉只管把江南米运到扬子江，只有十八里路，扬子江以北，都由元琇来主管。韩滉对元琇此举，恨得咬牙切齿。元琇鉴于京师长安流通的铜钱少价值高，货物价钱低，为此他很伤脑筋，于是从江东监院收笼现钱四十余万贯，让韩滉转运入关，韩滉不答应，便谎言上奏说："运一千钱至京师，运费要用万钱，这样做对国家有害，请停止这么干。"皇帝询问元琇，元琇上奏说："一千钱的重量，大致和一斗米相同。从江南水路运输至京师，一千钱所花的运费，只不过三百钱罢了，怎么能花费一万钱呢？"皇帝认为元琇说得有道理，于是皇帝派太监带着圣旨去，命令韩滉运钱。韩滉仍坚持自己的意见，认为不可行。这年十二月，韩滉升任度支诸道转运盐铁等使，韩滉不忘旧怨，多次诬告元琇，最终把元琇贬降为雷州司户。因对元琇处分得太重，满朝官员都认为元琇没罪，很多人在私下议论。尚书左丞董晋对宰相刘滋、齐映说："元琇忽然遭贬降，不知犯了什么罪，这样胡乱处分人，谁不担心害怕？这样会使得有权的大臣随心所欲，宰相大人何不上奏，让司法部门详细审理？去年关中地区用兵，当时又发生蝗灾旱灾，元琇主持国家财政，整日整夜操劳，使军队能得到供给，而且不增加税收，军队和国家的费用都得到满足，这样的人真可算是为国操劳的臣子了。现在却遭到流放，这样做恐怕会失去民心，民心一旦动摇，就会出现闻风而动的人。我真为宰相大人痛惜啊！"刘滋、齐映只是敷衍说自己有过失罢了。给事袁高又抗旨上疏，替元琇申冤，韩滉诬蔑他们是同党，袁高的奏疏被搁置不理。

当时两河地区战事停止，中原出现安宁的局面，韩滉上奏说："吐蕃侵占河湟地区，已经很长时间了。大历以前，中原多灾多难，因此吐蕃肆意侵犯。我听说近年以来，它的军事力量削弱了，西边受强国大食的挤迫，北面有回纥的大兵压境，东面有南诏的坚强抵御，它的军队分守各地的不计，在河、陇地区的兵力只不过有五、六万人。国家只需派三四个强将，率领十万兵长驱直入，在凉、鄯、洮、滑等地修筑坚固的城防工事，各派守兵二万人，足以守卫各军事要地。我请求将我处的赋税收入作为军用物资，可以满足三年的费用。然后组织军队屯田，积蓄粮米，边耕边战，这样，河、陇地区二十余州，可以垂手而得。"皇帝采纳了他的建议。韩滉进京任职，路过汴州，和汴宋节度使刘玄佐深深结交，韩滉说让刘推荐他任守边将帅，刘玄佐收了韩滉的礼物，答应了。刘玄佐任边将后，进京朝见皇帝，皇帝不断向他询问边地的情况。起初刘玄佐对边事尚且受命尽职，当韩滉因病回家休养以后，刘玄佐也心灰意懒，于是辞去边任，并强调说明边境上的异族势力尚未衰弱，不可轻易进兵。韩滉在贞元三年二月，因病去世，边境上的事情也就搁了下来，他活了六十五岁。皇帝长时间为之悲悼，为了悼念他，三天不上朝，追赠他为太傅，按规定赠送他家布帛米粟等物。

韩滉是宰相的儿子，小时候就有好名声，他结交的朋友，都是一时的佼佼者，不是公正耿直的人，他不深交。他生性节俭，一意为公，他的衣服被褥，十年才一换，住房也很简陋，只是能避风雨而已。他的弟弟韩洄曾在老家的旧宅增修了穿廊，韩滉从江南回来，马上下令拆除，他说："祖宗居住的房屋，我们保持原貌，常怕它倒塌，如有损坏的地方，修整一下就行了，哪里敢改造，有损节俭的美德。"他做了大官，更加清廉节俭，痛恨奢侈浪费，为国家财政，他严密计算，堵塞漏洞，只要他认识到了，马上去做，但对于自己的家产，从不放在心上。从他进入官场，以至位居卿相，前后共计四十年，共乘用过五匹马，每匹都是老死以后再换新马。他擅长书法，也长于绘画，但他认为绘画不是当务之急，因而不愿显露这方面的才能，也不把他韵技法传授给他人。他爱读《易象》和《春秋》，曾著《春秋通例》《天文事序议》各一卷。但他自恃在朝臣中为前辈，又早年做了大官，对后辈官员就有些轻视。他晚年调进京城，在和各衙门中的副职助手官员接触中，显得架子很大，众官员愤愤不平。他在浙东任职时，行政精明，但后期则有急躁严厉的毛病，在他的管辖范围里婺州属县有人冒犯了他的禁令，把犯人的左邻右舍都治罪处死，杀了百十来人。他又派官在境内进行复查，凡是嫌疑犯，必定处死，非常残忍，一次审判，往往处死数十人，几乎天天如此。虽然在他管辖的范围内令行禁止，但冤案接连发生。人们议论说，他治理一方，确实政绩突出。他从小立志为官清廉，但晚年行政过于残忍；在他还没有发达的时候，掩饰他的本性以图向上爬，一旦得志，则本性暴露无遗。他的儿子韩群、韩皋。韩群官至考功员外郎。

韩皋字仲闻,早年就很有名声,气质庄重敦厚,有大臣的风度。他由云阳县尉选拔为贤良人才,任官右拾遗,转左补阙,历升起居郎、考功员外郎。不久,父亲去世,在家守孝,德宗派太监去他家进行慰问,并传旨让他论述他父亲韩滉事功,韩皋在悲痛中接受了这一任务,立即写出几千字的文稿,受到德宗的嘉赏。守孝期满,执政大臣拟任他为考功郎中,德宗亲笔批示兼任知制诰,后升任中书舍人、御史中丞、尚书右丞、兵部侍郎,都胜任称职。后改任京兆尹,他奏请任郑锋为仓曹官,专门掌管钱粮的出入。郑锋以苛刻搜刮下民为能事,引起人们的不满。他又劝诱韩皋搜罗杂项收入,压价收购百姓的粟麦三十万石献给朝廷,以博得皇帝的恩宠。韩皋采纳了他的建议,不久奏请任郑锋为兴平县令。到贞元十四年,春夏大旱无雨,谷子和小麦都干旱而死,京城附近的百姓多次向韩皋陈诉,要求免去赋税,韩皋因国库空虚,忧愁恐惧,不敢如实向上汇报。这时唐安公主的女儿嫁给右庶子李愬,宫中的太监经常去李愬家,百姓们拦道苦诉,太监就把这种情况向皇帝汇报。德宗下旨说:"京城附近是首善之区,是各地的榜样,京城附近的地方长官,他接受的是治理百姓的重托,是治理国家的基础,指望他们分担我的忧虑,如果任人不当,就会把政事搞乱。正议大夫、守京兆尹、赐紫金鱼袋韩皋,近年官任清近,也颇有谨慎尽职的声誉,所以委任他为京兆尹,期望他效力尽忠。近来京城附近,米、麦不收,我关心百姓的疾苦,正在考虑免除赋税,韩皋本应尽心尽力,以体现我体恤百姓的本意。韩皋对上的汇报不实,措施不当,致使百姓不能安生,纷纷上诉。下令让他复查,他的汇报都是虚假情况,掩盖得越严,欺君之罪越重。应该加以惩处,使各地方官有所警戒。韩皋应贬为抚州司马,编外安置,待遇与编内官员相同,用驿马遣派。"不久,郑锋也外贬为汀州司马。韩皋不久又提升为杭州刺史,继而升任尚书右丞。

韩皋自恃是老臣前辈,待人接物,简傲无礼。唐顺宗年间,王叔文派势力强大,韩皋十分嫉恨,对人说:"我不能侍候这些新贵。"韩皋的堂弟韩晔,与王叔文关系密切,把韩皋的话告诉王叔文,于是韩皋又被外贬为鄂州刺史、岳鄂蕲沔等州观察使。又内调为东都留守。元和八年六月,升任检校吏部尚书,兼许州刺史,充任忠武军节度等使。因陈、许二州发生了水灾,皇帝赏赐给韩皋绫绢布葛等十万匹,以补贴军费和宴请赏功的费用。他为官行政,以节俭著称。又调他进京,任为吏部尚书,兼太子少傅,兼管太常卿事务。元和十一年三月,皇太后王氏逝世,让韩皋担任大明宫使。十五年闰正月,担任宪宗陵墓礼仪使。三月,穆宗念韩皋任保傅官时的旧情,给韩皋加衔为检校右仆射。十二月,因吏部考选人才失实,韩皋和主管考选的刑部侍郎李建被罚一个月的俸禄。长庆元年正月,实授尚书右仆射。二年四月,转为左仆射,在他去尚书省衙门奏事时,皇帝派内使太监赏赐酒食,后来宰相及百官送迎皇帝,赏赐都以此为准。这一年,复任东都留守,赴任路上,行至戏源驿,得急病去世,终年七十九岁。追赠太子太保。大和元年,赠谥号为"贞"。

韩皋有理解音律的天赋,他曾听人弹琴,当弹到嵇康的《止息》《广陵散》乐曲时,他感叹地说:"嵇康这首琴曲谱得真好啊!它反映的是魏、晋之际的史事吧!它的声调以商音为主,商代表秋天的声音。所谓秋,大自然将摇落树叶、草木将枯死,到了一年的尾声吧!又晋朝的国运属金,商音即是金声,从这里可以推知魏国已到晚年,而晋国将要代替它。演奏者慢挑商弦,它发出的音调与宫音相同,这是臣夺君位的象征,从这里可以推知司马氏将要篡权。司马懿受魏明帝的嘱托,辅保他的后继子孙,而司马懿反生篡权的野心,从诛杀曹爽以后，凶相毕露，王陵为扬州都督，谋划立荆王曹彪为帝；毋丘俭、文钦、诸葛诞前后相继任扬州都督，都有恢复曹魏的谋划，都被司马懿父子所杀。嵇康鉴于扬州即是旧广陵之地，以上四人都是曹魏的文武大臣，都在广陵散败，所谓'散'，指的是曹魏散亡从广陵开始。所谓'止息'，晋朝虽勃然兴起，最终也息败于广陵。乐曲中表现出的哀愤、狂促、悲痛、被胁迫的情绪，都是由此而发。永嘉之乱，不就是应验吗？嵇康谱写这首乐曲，是为了留给后代懂音乐的人来鉴赏品味，也是为了避免在当时招致祸害，所以才采用这样神秘莫测的表现手法。"

陆贽传

【题解】

陆贽（754～805），字敬舆，苏州嘉兴（今浙江嘉兴南）人。唐朝后期著名宰相。大历六年进士及第，授官华州郑县尉，迁改任渭南县主簿，监察御史。

德宗即位，召为翰林学士。朱泚谋反时陆贽随德宗出奔奉天（今陕西乾县），当时诏令大多出自陆贽之手。他通晓兵机，才思敏捷，决策果断，曲折周到，深得信任，时号"内相"。他随事进谏，规劝皇上约己克俭，怜爱百姓，以国事为重。因屡屡指陈卢杞罪状，举止有失，言辞激烈，引起皇上不满，加上同僚嫉妒，多次诋毁，故长期不得为相。后又任兵部侍郎，至贞元八年窦参贬职才以中书侍郎同平章事。他曾作奏议数十篇，指陈时政，论辩明确。如罢省轮番更替的防兵，奖励屯田，建议台省长官自荐属僚，废除将帅过多、兵力分散及君主遥控指挥等弊政，又上均节赋税六疏，条陈两税之失等。

陆贽

后因遭宠臣裴延龄讦毁，免除相职，贬为忠州（今四川忠县）别驾。在忠州十年，为避谤不著书，仅辑录医方成《陆氏集验方》五十卷，已亡佚。生平论奏由后人编辑为《翰苑集》，又名《陆宣公奏议》。新旧唐书均有传。

【原文】

陆贽，字敬舆，苏州嘉兴人。父侃，溧阳令，以贽贵，赠礼部尚书。贽少孤，特立不群，颇勤儒学。年十八登进士第，以博学宏词登科，授华州郑县尉。罢秩，东归省母，路由寿州，刺史张镒有时名，贽往谒之。镒初不甚知，留三日，再见与语，遂大称赏，请结忘年之契。及辞，遗贽钱百万，曰："愿备太夫人一日之膳。"贽不纳，唯受新茶一串而已，曰："敢不承君厚意。"又以书判拔萃，选授渭南县主簿，迁监察御史。德宗在东宫时，素知贽名，乃召为翰林学士，转祠部员外郎。赞性忠荩，既居近密，感人主重知，思有以效报，故政或有缺，巨细必陈，由是顾待益厚。

建中四年，朱泚谋逆，从驾幸奉天。时天下叛乱，机务填委，征发指踪，千端万绪，一日之内，诏书数百。赞挥翰起草，思如泉注。初若不经思虑，既成之后，莫不曲尽事情，中于机会。胥吏简札不暇，同舍皆伏其能。转考功郎中，依前充职。尝启德宗曰："今盗遍天下，舆驾播迁，陛下宜痛自引过，以感动人心。昔成汤以罪己勃兴，楚昭以善言复国。陛下诚能不吝改过，以言谢天下，使书诏无忌，臣虽愚陋，可以仰副圣情，庶令反侧之徒，革心向化。"德宗然之。故奉天所下书诏，虽武夫悍卒，无不挥涕感激，多赞所为也。

其年冬，议欲以新岁改元，而卜祝之流，皆以国家数钟百六，凡事宜有变革，以应时数。上谓赞曰："往年群臣请上尊号'圣神文武'四字，今缘寇难，诸事并宜改更，众欲朕旧号之中更加一两字，其事何如？"赞奏曰："尊号之兴，本非古制。行于安泰之日，已累谦冲，袭乎丧乱之时，尤伤事体。今者銮舆播越，未复宫闱，宗社震惊，尚愆禋祀，中区多梗，大憝犹存。此乃人情向背之秋，天意去就之际，陛下宜深自惩励，收揽群心，痛自贬损，以谢灵谴，不可近从末议，重益美名。"帝曰："卿所奏陈，虽理体甚切，然时运必须小有改变，亦不可执滞，卿更思量。"赞曰："古之人君称号，或称皇、称帝，或称王，但一字而已。至暴秦，乃兼皇帝二字，后代因之，及昏僻之君，乃有圣刘、天元之号。是知人主轻重，不在自称，崇其号无补于徽猷，损其名不伤其德美。然而损之有谦光稽古之善，崇之获矜能纳谄之讥，得失不侔，居然可辨。况今时遭迍否，事属倾危，尤宜惧思，以自贬抑。必也俯稽术数，须有变更，与其增美称而失人心，不若黜旧号以祗天戒。天时人事，理必相符，人既好谦，天亦助顺。陛下诚能断自宸鉴，焕发德音，引咎降名，深示刻责，惟谦与顺，一举而二美从之。"德宗从之，但改兴元年号而已。

初，德宗仓皇出幸，府藏委弃，凝冱之际，士众多寒，服御之外，无尺缣丈帛。及贼泚解围，诸藩贡奉继至，乃于奉天行在贮贡物于廊下，仍题曰琼林、大盈二库名。赞谏曰：

琼林、大盈，自古悉无其制，传诸耆旧之说，皆云创自开元。贵臣贪权，饰巧求媚，乃言："郡邑贡赋所用，盍各区分；赋税当委于有司，以给经用；贡献宜归于天子，以奉私求。"玄宗悦之，新是二库，荡心侈欲，萌柢于兹，迨乎失邦，终以饵寇。《记》曰："货悖而入，必悖而出。"岂其效欤！

陛下嗣位之初，务遵理道，敦行俭约，斥远贪饕。虽内库旧藏，未归太府，而诸方曲献，不入禁闱，清风肃然，海内丕变。近以寇逆乱常，銮舆外幸，既属忧危之运，宜增儆励之诚。臣昨奉使军营，出经行殿，忽睹右廊之下，牓列二库之名，惧然若惊，不识所以。何者？天衢尚梗，师旅方殷，痛心呻吟之声，噢咻未息，忠勤战守之效，赏赉未行。诸道贡珍，遽私别库，万目所视，孰能忍情？窃揣军情，或生觖望，或忿形谤讟，或丑肆讴谣，颇含思乱之情，亦有悔忠之意。是知氓俗昏鄙，识昧高卑，不可以尊极临，而可以诚义感。

顷者六师初降，百物无储，外扞凶徒，内防危堞。昼夜不息，殆将五旬，冻饿交侵，死伤相枕。毕命同力，竟夷大艰。良以陛下不厚其身，不私其欲，绝甘以同卒伍，辍食以啗功劳。无猛制人而不携，怀所感也；无厚赏士而不怨，悉所无也。今者攻围已解，衣食已丰，而谤讟方兴，军情稍沮，岂不以勇夫常性，嗜货矜功，其患难既与之同忧，而好乐不与之同利，苟异恬默，能无怨咨！此理之常，故不足怪。《记》曰："财散则民聚。"岂其效欤！

陛下天资英圣，见善必迁，是将化蓄怨为衔恩，反过差为至当，促殄遗寇，永垂鸿名。大圣应机，固当不俟终日。

上嘉纳之，令去其题署。

兴元元年，李怀光异志已萌，欲激怒诸军，上表论诸军衣粮薄，神策衣粮厚，厚薄不均，难以驱战，意在挠阻进军。李晟密奏，恐其有变，上忧之，遣贽使怀光军宣谕。使还，贽奏事曰：

贼泚稽诛，保聚宫苑，势穷援绝，引日偷生。怀光总仗顺之军，乘制胜之气，鼓行芟翦，易若摧枯。而乃寇奔不追，师老不用，诸帅每欲进取，怀光辄阻其谋。据兹事情，殊不可解。陛下意在全获，委曲听从，观其所为，亦未知感。若不别为规略，渐相制持，唯以姑息求安，终恐变故难测。此诚事机危迫之秋也，故不可以寻常容易处之。

今李晟奏请移军，适遇臣衔命宣慰，怀光偶论此事，臣遂泛问所宜，怀光乃云："李晟既欲别行，某亦都不要藉。"臣犹虑有翻覆，因美其军强盛，怀光大自矜夸，转有轻晟之意。臣又从容问云："昨发离行在之日，未知有此商量，今日从此却回，或恐圣旨顾问，事之可否，决定何如？"怀光已肆轻言，不可中变，遂云："恩命许去，事亦无妨。"要约再三，非不详审，虽欲追悔，固难为词。伏望即以李晟表出付中书，敕下依奏，别赐怀光手诏，示以移军事由。其手诏大意云："昨得李晟奏，请移军城东以分贼势。朕缘未知利害，本欲委卿商量，适会陆贽从彼宣慰回，云见卿论叙军情，语及于此，仍言许去，事亦无妨，遂敕本军允其所请。卿宜授以谋略，分路夹攻，务使叶齐，克平寇孽。"如此词婉而直，理当而明，虽蓄异端，何由起怨？

臣初奉使谕旨，本缘粮料不均，偶属移军，事相谐会。又幸怀光诡对，且无阻绝之言，机宜合并，若有幽赞，一失其便，后何可追。幸垂裁察。

德宗初望怀光回意破贼，故晟屡奏移军不许。及贽缕陈怀光反状，乃可晟之奏，遂移军东渭桥。而鄜坊节度李建徽、神策行营阳惠元犹在咸阳，贽虑怀光并建徽等军，又奏曰：

怀光当管师徒，足以独制凶寇，逗留未进，抑有他由。所患太强，不资傍助。比者又遣李晟、李建徽、阳惠元三节度之众附丽其营，无益成功，祇忧生事。何则？四军悬垒，群帅异心，论势力则悬绝高卑，据职名则不相统属。怀光轻晟等兵微位下，而忿其制不从心，晟等疑怀光养寇蓄奸，而怨其事多陵己。端居则互防飞谤，欲战则递恐分功，龃龉不和，嫌衅遂构，俾之同处，必不两全。强者恶积而后亡，弱者势危而先覆，覆亡之祸，翘足可期。旧寇未平，新患方起，忧叹所切，实堪疚心。太上消恶于未萌，其次救失于始兆，况乎事情已露，祸难垂成，委而不谋，何以制乱？李晟见机虑变，先请移军就东，建徽、惠元，势转孤弱，为其吞噬，理在必然。他日虽有良图，亦恐不能自拔。拯其危急，唯在此时。今因李晟愿行，便遣合军同往，托言晟兵素少，虑为贼泚所邀，藉此两军迭为犄角，仍先谕旨，密使促装，诏书至营，即日进路，怀光意虽不夫制军驭将，所贵见情，离合疾徐，各有宜适。当离者合之则召乱，当合者离之则寡功，当疾而徐则失机，当徐而疾则漏策。得其要，契其时，然后举无败谋，措无危势。而今者屯兵而不肯为用，聚将而罔能叶心，自为鲸鲵，变在朝夕。留之不足以相制，徒长厉阶，析之各竞于擅能，或成勋绩。事有必位，断无可疑。

德宗曰："卿之所料极善。然李晟移军，怀光心已惆怅，若更遣建徽、惠元就东，则使得为词。且俟旬时。"晟至东渭桥，不旬日，怀光果夺两节度兵，建徽单骑遁而获免，惠元中路被执，害之。报至行在，人情大恐。翌日，移幸山南。贽练达兵机，率如此类。

二月，从幸梁州，转谏议大夫，依前充学士。先是，凤翔衙将李楚琳乘泾师之乱，杀节度使张镒，归款朱泚。及奉天解围，楚琳遣使贡奉。时方艰阻，不获已，命为凤翔节度使。然德宗忿其弑逆，心不能容，才至汉中，欲令浑瑊代为节度。贽谏曰："楚琳之罪，固不容诛，但以乘舆未复，大憝犹存，勤王之师，悉在畿内，急宣速告，晷刻是争。商岭则道迂且遥，骆谷复为贼所扼，仅通王命，唯在褒斜，此路若又阻艰，南北便成隔绝。以诸镇危疑之势，居二逆诱胁之中，恟恟群情，各怀向背。贼胜则往，我胜则来，其间事机，不容差跌。倘楚琳发憾，公肆猖狂，南塞要冲，东延巨猾，则我咽喉梗而心膂分矣，其势岂不病哉！"上释然开悟，乃善待楚琳使，优诏安慰其心。德宗至梁，欲以谷口以北从臣赐号曰"奉天定难功臣"，谷口以南随扈者曰"元从功臣"，不选朝官内官，一例俱赐。贽奏曰："破贼扞难，武臣之效。至如宫闱近侍，班列员僚，但驰走从行而已，忽与介胄奋命之士，俱号功臣，伏恐武臣愤惋。"乃止。

李晟既收京城，遣中使宣付翰林院具录先散失宫人名字，令草诏赐浑瑊，遣于奉天寻访，以得为限，仍量与资粮送赴行在。贽不时奉诏，进状论之曰：

顷以理道乖错，祸乱荐钟，陛下思咎惧灾，裕人罪己，屡降大号，誓将更新。天下之人，垂涕相贺，惩忿释怨，煦仁戴明，毕力同心，共平多难。止土崩于绝岸，收版荡于横流，殄寇清都，不失旧物。实由陛下至诚动于天地，深悔感于神人，故得百灵降康，兆庶归德。苟不如此，自古何尝有捐弃宫阙，失守宗祧，继逆于赴难之师，再迁于蒙尘之日，不逾半岁，而复兴大业者乎！

今渠魁始平，法驾将返，近自郊甸，远周寰瀛，百役疲瘵之氓，重战伤残之卒，皆忍死扶痛，倾耳耸肩，想闻德声，翘望圣泽。陛下固当感上天悔祸之眷，荷列祖垂裕之休，念将士锋刃之殃，愍黎元涂炭之酷。以致寇为戒，以居上为危，以务理为忧，以复宫为急。损之又损，尚惧沃侈之易滋；艰之惟艰，犹患戒慎之难久。谋始尽善，克终已稀，始而不谋，终则何有！夫以内人为号，盖是中壶末流，天子之尊，富有宫掖，如此等辈，固繁有徒，但恐伤多，岂忧乏使。翦除元恶，曾未浃辰，奔贺往来，道途如织，何必自亏君德，首访妇人，又令资装速赴行在。万目阅视，众口流传，恐非所以答庆赖之心，副惟新之望也。

夫事有先后，义有重轻，重者宜先，轻者宜后。武王克殷，有未及下车而为之者，有下车而为之者，盖美其不失先后之宜也。自翠华播越，万姓靡依，清庙震惊，三时乏祀，当今所务，莫大于斯。诚宜速遣大臣，驰传先往，迎复神主，修整郊坛，展禋享之仪，申告谢之意。然后吊恤死义，慰犒有功，绥辑黎蒸，优问耆耋，安定反侧，宽宥胁从，宣畅郁堙，褒奖忠直，官失职之士，复废业之人，是皆宜先，不可后也。至如崇饰服器，缮缉殿台，备耳目之娱，选巾栉之侍，是皆宜后，不可先也。

散失内人，已经累月，既当离乱之际，必为将士所私。其人若稍有知，不求当自陈献；其人若甚无识，求之适使忧虞。自因寇乱丧亡，颇有大于此者，一闻搜索，怀惧必多，余孽尚繁，群情未一，因而善抚，犹恐危疑，若又惧之，于何不有。昔人所以掩绝缨而饮盗马者，岂必忘其情爱，盖知为君之体然也。以小妨大，明者不为，天下固多褰人，何必独在于此。所令撰赐浑瑊诏书，未敢顺旨。帝遂不降诏，但遣使而已。

德宗还京，转中书舍人，学士如故。初，赞受张镒知，得居内职。及镒为卢杞所排，赞常忧惴。及杞贬黜，始敢上书言事，德宗好文，益深顾遇。奉天解围后，德宗言及违离宗庙，呜咽流涕曰："致寇之由，实朕之过。"赞亦流涕而对曰："臣思致今日之患者，群臣之罪也。"赞意盖为卢杞、赵赞等也。上欲掩杞之失，则曰："虽朕德薄，致兹祸乱，亦运数前定，事不由人。"赞又极言杞等罪状，上虽貌从，心颇不悦。吴通微兄弟俱在翰林，亦承德宗宠遇，文章才器不迨赞，而能交结权倖，共短赞于上前。故刘从一、姜公辅自卑品苍黄之中，皆登辅相，而赞为朋党所挤，同职害其能，加以言事激切，动失上之欢心，故久之不为辅相。其于议论应对，明练理体，敷陈剖判，下笔如神，当时名流，无不推挹。贞元初，李抱真入朝，从容奏曰："陛下幸奉天、山南时，赦书至山东，宣谕之时，士卒无不感泣，臣即时见人情如此，知贼不足平也。"

时赞母韦氏在江东，上遣中使迎至京师，搢绅荣之。俄丁母忧，东归洛阳，寓居嵩山丰乐寺。藩镇赗赠及别陈饷遗，一无所取，与韦皋布衣时相善，唯西川致遗，奏而受之。赞父初葬苏州，至是欲合葬，上遣中使护其枢车至洛，其礼遇如此。免丧，权知兵部侍郎，依前充学士。中谢日，赞伏地而泣，德宗为之改容叙慰，恩遇既隆，中外属意为辅弼，而宰相窦参素忌赞，赞亦短参之所为，言参黩货，由是与参不平。七年，罢学士，正拜兵部侍郎，知贡举。时崔元翰、梁肃文艺冠时，赞输心于肃，肃与元翰推荐艺实之士，升第之日，虽众望不惬，然一岁选士，才十四五，数年之内，居台省清近者十余人。

八年四月，窦参得罪，以赞为中书侍郎、门下同平章事。赞久为邪党所挤，困而得位，意在不负恩奖，悉心报国，以天下事为己任。上即位之初，用杨炎、卢杞秉政，树立朋党，排摈良善，卒致天下沸腾，銮舆奔播。惩是之失，贞元以后，虽立辅臣，至于小官除拟，上必再三详问，久之方下。及赞知政事，请许台省长官自荐属官，仍保任之，事有旷败，兼坐举主。上许之，俄又宣旨曰："外议云：'诸司所举，多引用亲党，兼通赂遗，不得实才。'此法行之非便，今后卿等宜自选择，勿用诸司延荐。"赞论奏曰：

臣实顽鄙，一无所堪，猥蒙任使，待罪宰相。虽怀窃位之惧，且乏知人之明，自揣庸虚，终难上报。唯知广求才之路，使贤者各以汇征；启至公之门，令职司皆得自达。既蒙允许，即宜宣行。南宫举人，才至十数，或非台省旧吏，则是使府佐僚，累经荐延，多历事任。论其资望，既不愧于班行，考其行能，又未闻于阙败。遽以腾口，上烦圣聪。道之难行，亦可知矣。

陛下勤求理道，务徇物情，因谓举荐非宜，复委宰臣拣择。其为崇任辅弼，博采舆词，可谓圣德之盛者。然于委任责成之道，听言考实之方，闲邪存诚，犹恐有阙。陛下既纳臣言而用之，旋闻横议而止之，于臣谋不责成，于横议不考实，此乃谋失者得以辞其罪，议曲者得以肆其诬。率是而行，触类而长，固无必定之计，亦无必实之言。计不定则理道难成，言不实则小人得志，国家之病，常必由之。昔齐桓公问管仲害霸之事，对曰："得贤不能任，害霸也；用而不能终，害霸也；与贤人谋事而与小人议之，害霸也。"为小人者，不必悉怀险波，故覆邦家。盖以其意性回邪，趣向狭促，以沮议为出众，以自异为不群，趋近利而昧远图，效小信而伤大道，况又言行难保，恣其非心者乎！

伏以宰辅，常制不过数人，人之所知，固有限极，不能遍谙诸士，备阅群才。若令悉命群官,理须展转询访,是则变公举为私荐,易明扬为暗投。倘如议者之言,所举多有情故,举于君上,且未绝私,荐于宰臣,安肯无诈,失人之弊,必又甚焉。所以承前命官,罕有不涉私谤,虽则秉钧不一,或自行情,亦由私访所亲,转为所卖。其弊非远,圣鉴明知。今又将徇浮言,专任宰臣除吏,宰臣不遍谙识,踵前须访于人。若访亲朋,则是悔其覆车,不易故辙;若访于朝列,则是求其私荐,不如公举之愈也。二者利害,惟陛下更详择焉。恐不如委任长官,慎拣僚属,所拣既少,所求亦精,得贤有鉴识之名,失实当暗谬之责。人之常性,莫不爱身,况于台省长官,皆是当朝华选,孰肯徇私妄举,以伤名取责者耶!所谓台省长官,即仆射、尚书、左右丞、侍郎及御史大夫,中丞是也。陛下比择辅相,多亦出于其中。今之宰臣,则往日台省长官也,今之台省长官,乃将来之宰臣也,但是职名暂异,固非行业顿殊。岂有为长官之时不能举一二属吏,居宰臣之位则可择千百具僚,物议悠悠,其惑斯甚。

夫求才贵广,考课贵精。求广在于各举所知,长吏之荐择是也;贵精在于按名责实,宰臣之序进是也。往者则天太后践祚临朝,欲收人心,尤务拔擢,弘委任之意,开汲引之门,进用不疑,求访无倦,非但人得荐士,亦许自举其才。所荐必行,所举辄试,其于选士之道,岂不伤于容易哉!而课责既严,进退皆速,不肖者旋黜,才能者骤升,是以当代谓知人之明,累朝赖多士之用。此乃近于求才贵广,考课贵精之效也。

陛下诞膺宝历,思致理平,虽好贤之心,有逾于前哲,而得人之盛,未追于往时。盖由赏鉴独任于圣聪,搜择颇难于公举,仍启登延之路,罕施练核之方。遂使先进者渐益凋讹,后来者不相接续,施一令则谤沮互起,用一人则疮痏立成。此乃失于选才太精,制法不一之患也。则天举用之法,伤易而得人;陛下慎拣之规,太精而失士,陛下选任宰相,必异于庶官;精择长官,必愈于末品。及至宰相献规,长吏荐士,陛下即但纳横议,不稽始谋。是乃任以重者轻其言,待以轻者重其事,且又不辨所毁之虚实,不较所试之短长。人之多言,何所不至,是将使人无所措其手足,岂独选任之道失其端而已乎!

上虽嘉其所陈,长官荐士之诏,竟追寝之。

国朝旧制,吏部选人,每年调集。自乾元以后,属宿兵于野,岁或凶荒,遂三年一置选。由是选人停拥,其数猥多,文书不接,真伪难辨,吏缘为奸,注授乖滥,而有十年不得调者。贽奏吏部分内外官员为三分,计阙集人,每年置选,故选司之弊,十去七八,天下称之。

贽与贾耽、卢迈、赵憬同知政事,百司有所申覆,皆更让不言可否。旧例,宰臣当旬秉笔决事,每十日一易。贽请准故事,令秉笔者以应之。又以河陇陷蕃已来,西北边常以重兵守备,谓之防秋,皆河南、江淮诸镇之军也,更番往来,疲于戍役。贽以中原之兵,不习边事,及扞虏战贼,多有败衄,又苦边将名目太多,诸军统制不一,缓急无以应敌,乃上疏论其事曰:

臣历观前代书史,皆谓镇抚四夷。宰相之任,不揆阔劣,屡敢上言。诚以备边御戎,国家之重事,理兵足食,备御之大经。兵不治则无可用之师,食不足则无可固之地,理兵在制置得所,足食在敛导有方。陛下幸听愚言,先务积谷,人无加赋,官不费财,坐致边储,数逾百万。诸镇收籴,今已向终,分贮军城,用防艰急,纵有寇戎之患,必无乏绝之忧。守此成规,以为永制,常收冗费,益赡边农,则更经二年,可积十万人三万之粮矣。足食之原粗立,理兵之术未精,敢议筹量,庶备采择。

伏以戎狄为患,自古有之,其于制御之方,得失之论,备存史籍,可得而言。大抵尊即序者,则曰非德无以化要荒,曾莫知威不立,则德不能驯也;乐武威者,则曰非兵无以服凶狁,曾莫知德不修,则兵不可恃也;务和亲者,则曰要结可以睦邻好,曾莫知我结之而彼复解也;美长城者,则曰设险可以固邦国而扞寇雠,曾莫知力不足,兵不堪,则险之不能有也;尚薄伐者,则曰驱遏可以禁侵暴而省征徭,曾莫知兵不锐,垒不完,则遏之不能胜,驱之不能去也。议边之要,略尽于斯,虽互相讥评,然各有偏驳。听一家之说,则例理可征,考历代所行,则成败异效。是由执常理以御其不常之势,徇所见而昧于所遇之时。

夫中夏有盛衰,夷狄有强弱,事机有利害,措置有安危,故无必定之规,亦无长胜之法。夏后以序戎而圣化茂,古公以避狄而王业兴;周城朔方而猃狁攘,秦筑临洮而宗社覆;汉武讨匈奴而贻悔,太宗征突厥而致安;文、景约和亲而不能弭患于当年,宣、元弘抚纳而足以保宁于累叶。盖以中夏之盛衰异势,夷狄之强弱异时,事机之利害异情,措置之安危异便。知其事而不度其时则败,附其时而不失其称则成,形变不同,胡可专一。

夫以中国强盛,夷狄衰微,而能屈膝称臣,归心受制,拒之则阻其向化,威之则类于杀降,安得不存而抚之,即而序之也?又如中国强盛,夷狄衰微,而尚弃信奸盟,蔑恩肆毒,谕之不变,责之不惩,安得不取乱推亡,息人固境也?其有遇中国丧亡之弊,当夷狄强盛之时,图之则彼衅未萌,御之则我力不足,安得不卑词降礼,约好通和,啗之以亲,纾其交祸?纵不必信,且无大侵,虽非御戎之善经,盖时事亦有不得已也。倘或夷夏之势,强弱适同,抚之不宁,威之不靖,力足以自保,不足以出攻,得不设险以固军,训师以待寇,来则薄伐以遏其深入,去则攘斥而戒于远追?虽非安边之令图,盖势力亦有不得不然也。故夏之即序,周之于攘,太宗之芟乱,皆乘其时而善用其势也;古公之避狄,文、景之和亲,神尧之降礼,皆顺其时而不失其称也;秦皇之长城,汉武之穷讨,皆知其事而不度其时者也。向若遇孔炽之势,行即序之方,则见侮而不从矣;乘可取之资,怀畏避之志,则失机而养寇矣;有攘却之力,用和亲之谋,则示弱而劳费矣;当降屈之时,务芟伐之略,则召祸而危殆矣。故曰:知其事而不度其时则败,附其时而不失其称则成。是无必定之规,亦无长胜之法,得失著效,不其然欤!至于察安危之大情,计成败之大数,百代之不变易者,盖有之矣。其要在于失人肆欲则必蹶,任人从众则必全,此乃古今所同,而物理之所一也。

国家自禄山构乱、河陇用兵以来,肃宗中兴,撤边备以靖中邦,借外威以宁内难,于是吐蕃乘衅,吞噬无厌,回纥矜功,凭陵亦甚。中国不遑振旅,四十余年。使伤耗遗氓,竭力蚕织,西输贿币,北偿马资,尚不足塞其烦言,满其骄志。复乃远征士马,列戍疆陲,犹不能遏其奔冲,止其侵侮。小入则驱略黎庶,深入则震惊邦畿。时有议安边策者,多务于所难而忽于所易,勉于所短而略于所长。遂使所易所长者,行之而其要不精;所难所短者,图之而其功靡就。忧患未弭,职斯之由。

夫制敌行师,必量事势,势有难易,事有先后。力大而敌脆,则先其所难,是谓夺人之心,暂劳而永逸者也;力寡而敌坚,则先其所易,是谓固国之本,观衅而后动者也。顷属多故,人劳未疗,而欲广发师徒,深践寇境,复其侵地,攻其坚城,前有胜负未必之虞,后有馈运不继之患。倘或挠败,适所以启戎心而挫国威,以此为安边之谋,可谓不量事势而务于所难矣!

天之授者,有分事,无全功;地之产者,有物宜,无兼利。是以五方之俗,长短各殊。长者不可逾,短者不可企,勉所短而敌其所长必殆,用所长而乘其所短必安。强者乃以水草为邑居,以射猎供饮茹,多马而尤便驰突,轻生而不耻败亡,此戎狄之所长也。戎狄之所长,乃中国之所短;而欲益兵搜乘,角力争驱,交锋原野之间,决命寻常之内,以此为御寇之术,可谓勉所短而较其所长矣!务其难,勉所短,劳费百倍,终于无成。虽果成之,不挫则废,岂不以越天授而违地产,亏时势以反物宜者哉!

将欲去危就安,息费从省,在慎守所易,精用所长而已。若乃择将吏以抚宁众庶,修纪律以训齐师徒,耀德以佐威,能迩以柔远,禁侵抄之暴以彰吾信,抑攻取之议以安戎心,彼求和则善待而勿与结盟,彼为寇则严备而不务报复,此当今之所易也。残力而贵智,恶杀而好生,轻利而重人,忍小以全大,安其居而后动,俟其时而后行。是以修封疆,守要害,堑蹊隧,垒军营,谨禁防,明斥候,务农以足食,练卒以蓄威,非万全不谋,非百克不斗。寇小至则张声势以遏其入,寇大至则谋其人以邀其归,据险以乘之,多方以误之。使其勇无所加,众无所用,掠则靡获,攻则不能,进有腹背受敌之虞,退有首尾难救之患。所谓乘其弊,不战而屈人之兵,此中国之所长也。我之所长,乃戎狄之所短;我之所易,乃戎狄之所难。以长制短,则用力寡而见功多;以易敌难,则财不匮而事速就。舍此不务,而反为所乘,斯谓倒持戈矛,以鐏授寇者也!今则皆务之矣,犹且守封未固,寇戎未惩者,其病在于谋无定用,众无适从。所任不必才,才者不必任;所闻不必实,实者不必闻;所信不必诚,诚者不必信;所行不必当,当者未必行。故令措置乖方,课责亏度,财匮于兵众,力分于将多,怨生于不均,机失于遥制。臣请为陛下粗陈六者之失,惟明主慎听而熟察之:

臣闻工欲善其事,必先利其器;武欲胜其敌,必先练其兵。练兵之中,所用复异。用之于救急,则权以纾难;用之于暂敌,则缓以应机。故事有便宜,而不拘常制;谋有奇诡,而不徇众情。进退死生,唯将所命,此所谓攻讨之兵也。用之于屯戍,则事资可久,势异从权,非物理所惬不宁,非人情所欲不固。夫人情者,利焉则劝,习焉则安,保亲戚则乐生,顾家业则忘死。故可以理术驭,不可以法制驱,此所谓镇守之兵也。夫欲备封疆,御戎狄,非一朝一夕之事,固当选镇守之兵以置焉。古之善选置者,必量其性习,辨其土宜,察其伎能,知其欲恶。用其力而不违其性,齐其俗而不易其宜,引其善而不责其所不能,禁其非而不处其所不欲。而又类其部伍,安其室家,然后能使之乐其居,定其志,奋其气势,结其恩情。抚之以惠,则感而不骄;临之以威,则肃而不怨。靡督课而人自为用,弛禁防而众自不携。故出则足兵,居则足食,守则固,战则强,其术无他,便于人情而已矣。今者散征士卒,分戍边陲,更代往来,以为守备。是则不量性习,不辨土宜,邀其所不能,强其所不欲。求广其数而不考其用,将致其力而不察其情,斯可以为羽卫之仪,而无益于备御之实也。何者?穷边之地,千里萧条,寒风裂肤,惊沙惨目。与豺狼为邻伍,以战斗为嬉游,昼则荷戈而耕,夜则倚烽而觇。日有剽害之虞,永无休暇之娱,地恶人勤,于斯为甚。自非生于其域,习于其风,幼而睹焉,长而安焉,不见乐土而迁焉,则罕能宁其居而狎其敌也。关东之地,百物阜殷,从军之徒,尤被优养。惯于温饱,狎于欢康,比诸边隅,若异天地。闻绝塞荒陬之苦,则辛酸动容;聆强蕃劲虏之名,则慑骇夺气。而乃使之去亲族,舍园庐,甘其所辛酸,抗其所慑骇,将冀为用,不亦疏乎!矧又有休代之期,无统帅之驭,资奉若骄子,姑息如倩人,进不邀之以成功,退不处之以严宪。其来也咸负得色,其止也莫有固心,屈指计归,张颐待饲。徼幸者犹患还期之赊缓,常念戎丑之充斥,王师挫伤,则将乘其乱离,布路东溃,情志且尔,得之奚为?平居则殚耗资储以奉浮冗之众,临难则拔弃城镇以摇远近之心,其弊岂惟无益哉!固亦将有所挠也。复有抵犯刑禁,谪徙军城,意欲增户实边,兼令展效自赎。既是无良之类,且加怀土之情,思乱幸灾,又甚戍卒。适足烦于防卫,谅无望于功庸,虽前代时或行之,固非良算之可遵者也。复有拥旄之帅,身不临边,但分偏师,俾守疆场。大抵军中壮锐,元戎例选自随,委其疲羸,乃配诸镇。节将既居内地,精兵祗备纪纲,遂令守要御冲,常在寡弱之辈。寇戎每至,乃势不支,入垒者才足闭关,在野者悉遭劫执,恣其芟蹂,尽其搜驱。比及都府闻知,虏已克获旋返。且安边之本,所切在兵,理兵若斯,可谓措置乖方矣。

夫赏以存劝,罚以示惩,劝以懋有庸,惩以威不恪。故赏罚之于驭众也,犹绳墨之于曲直,权衡之揣重轻,辕轨之所以行车,衔勒之所以服马也。驭众而不用赏罚则善恶相混而能否莫殊,用之而不当功过,则奸妄宠荣而忠实摈抑。夫如是,若聪明可炫,律度无章,则用与不用,其弊一也。自顷权移于下,柄失于朝,将之号令既鲜克行之于军,国之典章又不能施之于将,务相遵养,苟度岁时。欲赏一有功,翻虑无功者反侧;欲罚一有罪,复虑同恶者忧虞。罪以隐忍而不彰,功以嫌疑而不赏,姑息之道,乃至于斯。故使忘身效节者获诮于等夷,率众先登者取怨于士卒,偾军蹙国者不怀于愧畏,缓救失期者自以为智能。褒贬既阙而不行,称毁复纷然相乱,人虽欲善,谁为言之?况又公忠者直己而不求于人,反罹困厄;败挠者行私而苟媚于众,例获优崇。此义士所以痛心,勇夫所以解体也。又有遇敌而所守不固,陈谋而其效靡成,将帅则以资粮不足为词,有司复以供给无阙为解。既相执证,理合辨明,朝廷每为含糊,未尝穷究曲直。措理者吞声而靡诉,诬善者罔上而不惭,驭众若斯,可谓课责亏度矣。

课责亏度,措置乖方,将不得竭其材,卒不得尽其力,屯集虽众,战阵莫前。虏每越境横行,若涉无人之地,递相推倚,无敢谁何,虚张贼势上闻,则曰兵少不敌。朝廷莫之省察,惟务征发益师,无裨备御之功,重增供亿之弊。闾井日耗,征求日繁,以编户倾家破产之资,兼有司榷盐税酒之利,总其所入,半以事边,制用若斯,可谓财匮于兵众矣。

今四夷之最强盛为中国甚患者,莫大于吐蕃,举国胜兵之徒,才当中国十数大郡而已。其于内虞外备,亦与中国不殊,所能寇边,数则盖寡。且又器非犀利,甲不坚完,识迷韬钤,艺乏骁敏。动则中国畏其众而不敢抗,静则中国惮其强而不敢侵,厥理何哉?良以中国之节制多门,蕃丑之统帅专一故也。夫统帅专则人心不分,人心不分则号令不贰,号令不贰则进退可齐,进退可齐则疾徐如意,疾徐如意则机会靡愆,机会靡愆则气势自壮。斯乃以少为众,以弱为强,变化翕辟,在于反掌之内。是犹臂之使指,心之制形,若所任得人,则何敌之有!夫节制多门则人心不一,人心不一则号令不行,号令不行则进退难必,进退难必则疾徐失宜,疾徐失宜则机会不及,机会不及则气势自衰。斯乃勇废为怯,众散为弱,逗挠离析,兆乎战阵之前。是犹一国三公,十羊九牧,欲令齐肃,其可得乎?开元、天宝之间,控御西北两蕃,唯朔万、河西、陇右三节度而已,犹虑权分势散,或使兼而领之。中兴以来,未遑外讨,侨隶四镇于安定,权附陇右于扶风,所当西北两蕃,亦朔方、泾原、陇右、河东节度而已,关东戍卒,至则属焉。虽委任未尽得人,而措置尚存典制。自顷逆泚诱泾、陇之众叛,怀光污朔方之军,割裂诛锄,所余无几;而又分朔方之地,建牙拥节者,凡三使焉。其余镇军，数且四十，皆承特诏委寄，各降中贵监临，人得抗衡，莫相禀属。每俟边书告急，方令计会用兵，既无军法下临，唯以客礼相待。是乃从容拯溺，揖让救焚，冀无阽危，固亦难矣！夫兵，以气势为用者也，气聚则盛，散则消；势合则威，析则弱。今之边备，势弱气消，建军若斯，可谓力分于将多矣。

理戎之要，最在均齐，故军法无贵贱之差，军实无多少之异，是将所以同其志而尽其力也。如或诱其志意，勉其艺能，则当阅其材，程其勇，较其劳逸，度其安危，明申练核优劣之科，以为衣食等级之制。使能者企及，否者息心，虽有薄厚之殊，而无觖望之衅。盖所谓日省月试，饩禀均事，如权量之无情于物，万人莫不安其分而服其平也。今者穷边之地，长镇之兵，皆百战伤夷之余，终年勤苦之剧，角其所能则练习，度其所处则孤危，考其服役则劳，察其临敌则勇。然衣粮所给，唯止当身，例为妻子所分，常有冻馁之色。而关东戍卒，岁月践更，不安危城，不习戎备，怯于应敌，懒于服劳。然衣粮所颁，厚逾数等，继以茶药之馈，益以蔬酱之资，丰约相形，悬绝斯甚。又有素非禁旅，本是边军，将校诡为媚词，因请遥隶神策，不离旧所，唯改虚名，其于禀赐之饶，遂有三倍之益。此侪类所以忿恨，忠良所以忧嗟，疲人所以流亡，经费所以褊匮。夫事业未异，而给养有殊，人情之所不能甘也，况乎矫佞行而禀赐厚，绩艺劣而衣食优，苟未忘怀，能无愠怒。不为戎首，则已可嘉，而欲使其叶力同心，以攘寇难，虽有韩、白、孙、吴之将，臣知其必不能焉。养士若斯，可谓怨生于不均矣。

凡欲选任将帅，必先考察行能，然后指以所授之方，语以所委之事，令其自揣可否，自陈规模。须某色甲兵，藉某人参佐，要若干士马，用若干资粮，某处置军，某时成绩，始终要领，悉俾经纶。于是观其计谋，较其声实。若谓材无足取，言不可行，则当退之于初，不宜贻虑于其后也；若谓志气足任，方略可施，则当要之于终，不宜掣肘于其间也。夫如是，则疑者不使，使者不疑，劳神于选才，端拱于委任。既委其事，既足其求，然后可以核其否臧，行其赏罚。受赏者不以为滥，当罚者无得而辞，付授之柄既专，苟且之心自息。是以古之遣将帅者，君亲推毂而命之曰："自阃以外，将军裁之。"又赐铁钺，示令专断。故军容不入国，国容不入军，将在军，君命有所不受。诚谓机宜不可以远决，号令不可以两从，未有委任不专，而望其克敌成功者也。自顷边军去就，裁断多出宸衷，选置戎臣，先求易制，多其部以分其力，轻其任以弱其心，虽有所惩，亦有所失。遂令分阃责成之义废，死绥任咎之志衰，一则听命，二亦听命，爽于军情亦听命，乖于事宜亦听命。若所置将帅，必取于承顺无违，则如斯可矣；若有意平凶靖难，则不可。夫两境相接，两军相持，事机之来，间不容息，蓄谋而俟，犹恐失之，临时始谋，固已疏矣。况乎千里之远，九重之深，陈述之难明，听览之不一，欲其事无遗策，虽圣者亦有所不能焉。设使谋虑能周，其如权变无及！戎虏驰突，迅如风飙，驿书上闻，旬月方报。守土者以兵寡不敢抗敌，分镇者以无诏不肯出师，逗留之间，寇已奔逼，托于救援未至，各且闭垒自全。牧马屯牛，鞠为椎剽；稚夫樵妇，罄作俘因。虽诏诸镇发兵，唯以虚声应援，互相瞻顾，莫敢遮邀，贼既纵掠退归，此乃陈功告捷。其败丧则减百而为一，其掳获则张百而成千。将帅既幸于总制在朝，不忧于罪累；陛下又以为大权由己，不究事情。用师若斯，可谓机失于遥制矣。

理兵而措置乖方，驭将而赏罚亏度，制用而财匮，建兵而力分，养士而怨生，用师而机失，此六者，疆场之蟊贼，军旅之膏肓也。蟊贼不除，而但滋之以粪溉，膏肓不疗，而唯啗之以滑甘，适足以养其害，速其灾，欲求稼穑丰登，肤革充美，固不可得也。

臣愚谓宜罢诸道将士番替防秋之制，率因旧数而三分之：其一分委本道节度使募少壮愿住边城者以徙焉；其一分则本道但供衣粮，委关内、河东诸军州募蕃、汉子弟愿傅边军者以给焉；又一分亦令本道但出衣粮，加给应募之人，以资新徙之业。又令度支散于诸道和市耕牛，兼雇召工人，就诸军城缮造器具。募人至者，每家给耕牛一头，又给田农水火之器，皆令充备。初到之岁，与家口二人粮，并赐种子，劝之播植，待经一稔，俾自给家。若有余粮，官为收籴，各酬倍价，务奖营田。既息践更征发之烦，且无幸灾苟免之弊。寇至则人自为战，时至则家自力农。是乃兵不得不强，食不得不足，与夫倏来忽往，岂可同等而论哉！

臣又谓宜择文武能臣一人为陇右元帅，应泾、陇、凤翔、长武城、山南西道等节度管内兵马，悉以属焉；又择一人为朔方元帅，应邠坊、邠宁、灵夏等节度管内兵马，悉以属焉；又择一个为河东元帅，河东、振武等节度管内兵马，悉以属焉。三帅各选临边要会之州以为理所，见置节度有非要者，随所便近而并之。唯元帅得置统军，余并停罢。其三帅部内太原、凤翔等府及诸郡户口稍多者，慎拣良吏以为尹守，外奉师律，内课农桑，俾为军粮，以壮戎府。理兵之宜既得，选帅之授既明，然后减奸滥虚浮之费以丰财，定衣粮等级之制以和众，弘委任之道以宣其用，悬赏罚之典以考其成。而又慎守中国之所长，谨行当今之所易，则八制可致，六失可除，如是而戎狄不威怀、疆场不宁谧者，未之有也；诸侯轨道，庶类服从，如是而教令不行、天下不理者，亦未之有也。以陛下之英鉴，民心之思安，四方之小休，两寇之方静，加以频年丰稔，所在积粮，此皆天赞国家，可以立制垂统之时也。时不久居，事不常兼，已过而追，虽悔无及。明主者，不以言为罪，不以人废言，罄陈狂愚，惟所省择。

德宗极深嘉纳，优诏褒奖之。

贽在中书，政不便于时者，多所条奏，德宗虽不能皆可，而心颇重之。初，窦参既贬郴州，节度使刘士宁饷参绢数千匹，湖南观察使李巽与参有隙，具事奏闻，德宗不悦。会右庶子姜公辅上前闻奏，称"窦参尝语臣云'陛下怒臣未已'"，德宗怒，再贬参，竟杀之。时议云公辅奏窦参语得之于贽，云参之死，贽有力焉。又素恶于公异、于邵，既辅政而逐之，谈者亦以为阿。

户部侍郎、判度支裴延龄，奸宄用事，天下嫉之如雠，以得幸于天子，无敢言者。贽独以身当之，屡于延英面陈其不可，累上疏极言其弊。延龄日加潜毁。十年十二月，除太子宾客，罢知政事。贽性畏慎，及策免私居，朝谒之外，不通宾客，无所过从。十一年春，旱，边军刍粟不给，具事论诉；延龄言贽与张滂、李充等摇动军情，语在《延龄传》。德宗怒，将诛贽等四人，会谏议大夫阳城等极言论奏，乃贬贽为忠州别驾。

贽初入翰林，特承德宗异顾，歌诗戏狎，朝夕陪游。及出居艰阻之中，虽有宰臣，而谋猷参决，多出于贽，故当时目为"内相"。从幸山南，道途艰险，扈从不及，与帝相失，一夕不至，上谕军士曰："得贽者赏千金。"翌日贽谒见，上喜形颜色，其宠待如此。既与二吴不协，渐加浸润，恩礼稍薄；及通玄败，上知诬枉，遂复见用。贽以受人主殊遇，不敢爱身，事有不可，极言无隐。朋友规之，以为太峻，贽曰："吾上不负天子，下不负吾所学，不恤其他。"精于吏事，斟酌决断，不失锱铢。尝以"词诏所出，中书舍人之职，军兴之际，促迫应务,权令学士代之;朝野宁义,合归职分,其命将相制诏,却付中书行遣"。又言"学士私臣,玄宗初令待诏,止于唱和文章而已"。物议是之。德宗以贽指斥通微、通玄,故不可其奏。

贽在忠州十年,常闭关静处,人不识其面,复避谤不著书。家居瘴乡,人多疠疫,乃抄撮方书,为《陆氏集验方》五十卷行于代。初,贽秉政,贬驾部员外郎李吉甫为明州长史,量移忠州刺史。贽在忠州,与吉甫相遇,昆弟、门人咸为贽忧,而吉甫忻然厚礼,都不衔前事,以宰相礼事之,犹恐其未信不安,日与贽相狎,若平生交契者。贽初犹惭惧,后乃深交。时论以吉甫为长者。后有薛延者,代吉甫为刺史,延朝辞日,德宗令宣旨慰安。而书皋累上表请以贽代己。顺宗即位,与阳城、郑余庆同诏征还。诏未至而贽卒,时年五十二,赠兵部尚书,谥曰宣。

【译文】

陆贽,字敬舆,苏州嘉兴人。父亲陆侃,任溧阳县令,因为陆贽而显贵,赠官礼部尚书。陆贽幼年丧父,卓然超群,勤奋研习儒学。十八岁考中进士,应博学宏词科,授官华州郑县尉。罢官以后,回家探母,路经寿州时,州刺史张镒享有美名,陆贽前去拜见。张镒起初对他不甚了解,留宿三日后,再见面交谈时,便对陆贽大为欣赏,请求和他结为忘年之交。辞行时,送给他百万铜钱,说:"希望能为您母亲置备一天的膳食。"陆贽不肯,只接受了一串新茶,说:"怎敢不领受您的一番厚意。"后又因书判拔萃授官渭南县主簿,以后升任监察御史。德宗在东宫时,一向知道陆贽的名声,即位后便征召他为翰林学士,后改官为祠部员外郎。陆贽秉性忠诚,位居近臣以后,感激皇上的器重,一心图报,所以政事一旦出现缺失,不论巨细一并指出,由此皇上更加厚爱他。

建中四年,朱泚谋反,陆贽跟从皇上到了奉天。当时天下叛乱,机要政事堆积,陆贽指挥谋划,千头万绪,一日之中,诏书数百。陆贽挥笔起草,才思敏捷,有如泉涌。初似不加思考,草就之后,无不曲折周到,合于时机。小吏经办的文书应接不暇,同僚都佩服他的才能。后转任考功郎中,仍兼使职,曾启奏德宗说:"现在盗遍天下,令陛下流离迁徙,陛下应该痛切自责,以感动民心。昔日成汤因罪己而勃兴,楚昭王因善言而复国。陛下如能真诚地不惜改过,谢罪于天下,罪己诏书无所掩饰,我虽然无知浅陋,却能以敬慕照您的要求去做,希望能使反复无常的人改过归附朝廷。"德宗同意他的建议。所以在奉天所下的诏书,即便是武勇强悍之人,也无不挥泪感激,称赞陆贽的所作所为。

这年冬季,人们议论,打算就新年改元,占卜祝告之徒以为国家已积一百六十年的基业,凡事都该有所变革,以顺应时运。皇上对陆贽说:"往年群臣请求上尊号为'圣神文武'四字,现在因为盗匪造成的灾难,各项事业都需有所改变,大家想让我在旧号之中再加一两字,这件事你看怎么样?"陆贽上奏说:"尊号的兴起,本非古制。即便行于太平之时,也已有害于谦虚的品德,若行于丧乱之时,则更伤体统。现在皇上流离迁徙,尚未回朝,国家震惊,祭祀尚有差失,中原阻塞,大乱犹存。在这人心向背之年、天意去就之际,陛下应该深深自责、勉励,收揽人心,抑制自我,向神灵的责备谢罪,不能听从身边浅薄人的议论,增添什么美名。"皇上说:"卿所上奏陈述的道理虽然非常贴切,然而时运必须稍有改变,不能固执停滞,望你再加考虑。"陆贽说:"古代人君称号,有人称皇、称帝,有人称王,仅一字而已。至秦始皇时期,才兼用皇、帝二字,后代沿袭,至昏庸不正之君才有了圣刘、天元的称号。由此可见,人主的轻重不在于自称,单单尊崇他的称号也无益于圣明的谋略,相反,损害其名望,也不会因此伤害他的美德。然而损之能使他因谦逊更有光彩,又可获稽考古道的好处,但崇之则获自负纳谄的非难,二者之间得失不等,确实可辨。何况现在时运艰难,事属衰危,陛下更应担忧而自我抑制。必须俯首考察治国策略,如果必须变更的话,与其靠增加美称而失去人心,不如罢黜旧号以敬上天的诚责。天时、人事在道理上应该相符,人既然喜爱谦逊,上天也会帮助顺理者。如果陛下真能以己为鉴,焕发德音,引咎自贬,深自责备,此一举可得谦逊、顺理二重美名。"德宗听从了他的意见,只改变了兴元年号。

当初,德宗仓皇离京时,府库所藏全部舍弃,时值严冬冰封之际,士人寒冷,衣服车马之外,便无尺缣丈帛之余。等到朱泚叛乱结束后,各道贡奉接连运来,便存放在皇上奉天住处的廊下,题名为"琼林""大盈"二库。陆贽规谏说:

琼林、大盈二库,自古本无此制,据故老相传,此制创于开元年间。显贵之臣因贪求权势,弄巧求媚,便说:"郡邑进奉和赋税的支用,何不各自区分:赋税应交付主管部门,以支常用;贡献则应归于天子,以供私用。"玄宗对此很高兴,遂兴此二库,放纵奢侈之心从此萌生。等到丧国之后,最终供养了盗匪。《礼记》说:"不从正道而来的财物,必定为人巧夺或浪费而尽。"难道不是证明吗!

陛下即位之初,遵守理道,注重节约,远离贪得无厌的人。虽然内库旧藏尚未归入太府,但各方所献,却不入宫内,清风肃然,海内风气为之大变。近来因盗匪叛逆,扰乱常道,致使皇上外迁,既然处于忧虑戒惧之时,就该增加警戒和勤勉的诚心。我昨天奉命前往军营,途经经殿时,忽见右廊之下,牌额上写着两库的名字,惶遽若惊,不知其中原因。为什么要这样呢?京师尚阻,用兵正勤,百姓痛心呻吟之声,喔咻未息;战士忠心勤劳战守,赏赐未行。各道贡献的珍宝,竟然私下置库收藏,万人瞩目,谁能忍心?我私下揣度军情,有人心生怨望,有人愤怒毁谤,有人恶意传谣,颇有思乱之情,又有后悔为国尽忠之心。由此可见,百姓愚昧,不辨高下,不能靠位尊达到统治,却能以诚义感化他们。

近来军队初降,一切都没有储备,外捍凶险之徒,内防非常之变。昼夜不止,将近五旬,冻饿交侵,死伤相枕。因上下全力以赴,摆脱了困境,这都是因为陛下不惜爱自身,不图私欲,与士兵同分甘苦。虽没有严厉的命令而人们并不分离,因为他们心怀感恩之情;虽没有厚赏而士卒不怨,只因上下待遇相同,一律没有。现在已经解围,衣食丰足,而毁谤兴起,使军情稍有颓丧,岂不是以勇夫常性,嗜好财物,夸耀功劳,患难与共却不能同享欢乐,一旦改变恬静的环境,百姓岂能无怨!这是常理,不足为怪。《礼记》说:"财散则民聚。"这不是证明吗!陛下天资超群,唯善是从,此将化积怨为怀恩,反过错为得当,促使人们消灭余寇,永垂鸿名。顺应时机,本当刻不容缓。

德宗欣然采纳,便命令去除"琼林""大盈"二库题名。

兴元元年,李怀光已有谋反之意,为激怒各军将士,上表论述各军军服粮饷供应少于神策军,因厚薄不均,难以调遣赴战,目的在于阻挠进军。李晟密奏,怕他有变,皇上为此忧虑,派陆贽出使宣慰怀光军中将士。出使回来后,陆贽上奏说:

朱泚拖延唐军诛讨进程,聚守宫苑,势穷无援,延日偷生。怀光统领正义之军,凭借制胜之气,平定叛军本该易如摧枯。然而,他却宁让寇匪逃亡而不去追击,军队疲惫,仍不肯调用,每当各位将帅要出兵攻取时,怀光往往加以阻止。这些做法都令人不可理解。陛下目的在于全获,委曲听从他的安排,但观察他的表现,却不知感恩。如不另作谋划,逐渐被他制约,只以姑息求安,最终恐有难以预料的变故。这是局势危急的时刻,所以不能以平常的办法轻易对待。

现在李晟上奏请求转移军队,正遇我受命出使宣慰,怀光偶然论及此事,我便泛泛问他该怎么做,怀光便说:"李晟既然打算去别处,我也全不需要凭借他的力量。"我还担心他有反复,便称赞他的军队强盛,怀光大自夸耀,转而有轻视李晟之意。我又从容地问他:"昨天从皇上那儿离开时,不知有移军之事,今天从这返回,恐怕皇上要问,此事应该怎样决定呢?"怀光已极尽轻言,不能改变,便说:"如果皇上同意,事也无妨。"再三盟约,并非不够详审,他虽想追悔,却没有说辞。希望陛下马上将李晟的表奏交付中书,命令依照奏文行事,另赐怀光手诏,说明移军事由。手诏大意是:"昨天得到李晟的奏章,请求把军队迁往城东,以分散敌人的势力。朕因不知利弊,本想托付于你,共同商量,正巧陆贽出使宣慰返回,说见你论述军情时谈到此事,你说如果皇上允许移军,事也无妨,所以就批准了李晟的请求。卿应该出谋划策,分路夹攻,务必齐心合力,平定寇孽。"这样言词婉转而直率,道理得当而明确,他虽心存异念,可从何生怨呢?

我当初奉命出使宣示圣旨,本因粮料不均,偶遇移军之事,事属凑巧。又幸有怀光诡诈的对答,且无阻绝之言,正是合并的时机,机不可失,否则将追悔莫及。希望陛下裁决审察。

德宗起初还期望怀光能回心转意,破敌制胜,所以李晟多次奏请移军都没有批准。等到陆贽详述怀光谋反情况后,才同意了李晟的奏请,李晟于是将军队驻扎在东渭桥。然而鄜坊节度使李建徽、神策行营节度使阳惠元的兵马还在咸阳,陆贽担心被怀光兼并,又上奏说:

怀光统领兵士,足以单独制敌,但他逗留不进,或有其他理由。所担忧的是他势力太强,不倚外援。以前又派李晟、李建徽、阳惠元三节度之兵依附于他,这样做不仅无益于成功,还常怕出事。为什么这样说呢?四军悬垒扎营,将帅异心,论势力高下则相差悬殊,论职位名望又不相统属。怀光轻视李晟等人兵微位卑,而恨控制他们力不从心,李晟等人怀疑怀光养寇蓄奸,而恨他经常侵犯自己。平居则互防毁谤,想战又怕被人分功,器量狭隘,彼此不和,因互相猜疑而形成仇怨,如果让他们同处,必不能两全。势必造成强者积恶而后败亡,弱者势危而先覆没,覆亡之祸,翘足可待。现在旧寇未平,新患又起,忧叹深切,确实令人痛心。上策是除患于未然,其次是救失于开始,况且事情已然显露,即将构成祸难,若弃而不谋,怎能制止祸乱?李晟见机思变,首先请求向东移军,建徽、惠元势弱孤单,被怀光吞并,理在必然。日后虽有良策,也恐不能自拔。所以拯救危急,就在此时。现在可借李晟自愿移军,派他们合军同往,以晟兵少为由,怕他半路被朱泚拦截,需借助建徽、惠元二军兵力为犄角之势。另外事先让他们赶快整装,待诏书一到军营,即日出发,怀光虽然心中不快,却也计无所出。这就叫先声夺人,迅雷不及掩耳。

制军驭将,贵在审时度势,离合快慢,各有所宜。当离而合则召乱,当合而离则少功,当快而慢则丧失时机,当缓而急则考虑不周。掌握关键,契合时机,然后可举措不败,没有危险。而现在屯兵不肯调用，聚将不能齐心，自相残杀，早晚会出事。与其让他们彼此不能控制，空生祸端，不如将他们分开，使之竞相尽力，或许能成就功绩。事当如此，毋庸置疑。

德宗说："卿的料想极佳。然而李晟移军，怀光已心中失意，若再派建徽、惠元二军东迁，则使他有了口实。姑且再等些时候再说。"李晟到达东渭桥后不出十天，怀光果然吞并了建徽二人的兵马，建徽单身骑马逃走，免于一死，惠元中途被捕，遭到杀害。情况报到皇上所在后，人心大骇。第二天，德宗迁往山南。由此可见陆贽通晓兵机，料事如神。

二月，陆贽跟随皇上到达梁州，改任谏议大夫，仍旧充任学士。从前，凤翔衙将李楚琳趁着泾原兵乱，杀害节度使张镒，投靠朱泚。奉天解围后，楚琳又派使向朝廷纳贡。正值时世艰难，皇上不得已，便任命他为凤翔节度使。但德宗恨他杀害主帅、背叛朝廷，不能容他，刚到汉中，就想让浑瑊取代他作节度使。陆贽劝皇上说："楚琳罪不容诛，只因皇上尚未返京，罪魁犹存，勤王之师，全在畿内，急宣速告，分秒必争。商岭道路崎岖遥远，骆谷道又被盗匪控制，只能通过褒斜道传达诏命，此路如再阻断，南北便被隔绝。各镇身受叛逆诱惑、胁迫，处境危险，态度迟疑，人心不安，各有向背之心。叛匪胜则依叛匪，朝廷胜则投朝廷，事关紧要，不容出差。倘若楚琳发泄心中怨恨，公然大肆为虐，南断要路，东引叛贼，使朝命受阻，力量分隔，造成这种局面，岂不令人担忧！"皇上疑虑消除，恍然醒悟，便善待楚琳使臣，并以优诏安慰。德宗到梁州后，想赐给谷口以北的随从大臣们以"奉天定难功臣"的名号，赐谷口以南的随从为"元从功臣"，不论朝官、内官，一律赐号。陆贽上奏说："破敌御难，是武臣的功劳。至于宫中近侍以及班列朝臣，只是奔走随行而已，忽然间他们和披甲拼命地将士一律号称功臣，恐怕武臣愤恨怅惜。"皇上这才废止。

李晟收复京城以后，皇上派宦官命翰林院记录散失宫人的名字，并赐诏书给浑瑊，让他在奉天不限期限，随时寻找，又命供给资粮，送他们到皇上身边。陆贽没有及时受诏，进状论道：

不久前因治理不当，祸乱接连发生，陛下思过，恐灾祸降临，便宽民罪己，屡降号召，誓将更新。天下百姓无不垂泪相贺，惩忿释怨，施以仁爱，尊奉圣明，齐心协力，共平祸难。使国家免遭败亡，歼灭了寇匪，廓清了都城，都是因为陛下的真诚之情，震撼天地，悔过之心感动神人，所以使百福安降，百姓归附，如不这样，自古哪有舍弃皇宫、宗庙失守、赴难之师反叛、皇上再度蒙尘，却能不出半年，光复中兴的！

现在祸首刚刚消除，皇上将返京城，全国各地不论是驱使疲惫的百姓，还是身受创伤的士卒，都忍受疾病死亡的痛苦，侧耳聆听皇上的恩诏，翘首企盼皇上的恩惠。陛下本应感激上天对你悔过后的宠念，肩负列祖宽容的美德，感念将士征战所受的伤痛，怜惜百姓的灾难困苦。应当以此为鉴，居安思危，以忧国为己任，以重返皇宫为当务之急。尽量减损，唯恐滋长奢靡之心；尽量艰苦，尚且担心不能持久地谨戒。凡事即便开始筹划得尽善尽美，还很少有能善终的，何况开始就筹措不妥，怎能会有结果呢！因为宫人的事发布诏令，这些人原本属于皇宫末流，以天子之尊，富有宫掖，本来就有很多这类人，只有担心过多，难道还怕缺人使唤吗，现在距剿除罪魁尚不满二十天，人们忙于奔走相告，往来申梭，何必自损君德，最先寻访妇人，又命令供给资装，速奔行在。众目观望，众口流传，恐无以回报百姓归附之心，以符一心图新之愿。

事有先后，义有轻重，重者当先，轻者当后。武王平殷，拜官封爵，以即位和未即位的先后来区分，人们称赞他不失先后之宜。自皇上流离迁徙以来，百姓无所依托，宗庙震惊，春、夏、秋三季缺乏祭祀，此为当务之急，没有再比这更重要了。应速派大臣驱车前往，迎回神主，修整郊坛，祭祀供奉，以表告谢之意。然后再凭吊亡者，抚恤义士，慰劳有功，安抚百姓。优问老人，安服反侧之人，宽免协从作乱者，令一切畅通无阻，褒奖忠直，恢复丢官者的官位，让田产荒废者重追家园，这些都是当务之急，不能拖后。至于崇尚服饰器用，修缮殿台，置备乐人女侍，都应延缓，不能先办。

那些散失的宫女，已经过了几个月，离乱之际，必为将士私占。如果她们稍有见识，不待皇上寻求，理当自己归来；如若无知，寻找反而使她们忧虑。自盗匪叛乱以来，人间流离失所的数量更多，一旦听说朝廷搜寻流散之人，必然心怀忧惧。此时余孽尚多，群情不一，善加安抚尚恐其忧虑，如再惊吓他们，什么情况不会发生！古人之所以度量宽大，并非其忘记情爱，而是深知君主的原则。因小害大，为明智者所不为。天下本多宫人，何必单找这些人。陛下让我撰写的赐给浑瑊的诏书，恕我不敢从命。

皇上于是不下诏书，只派使暗中搜寻而已。

德宗还京后，陆贽改任中书舍人，仍旧充任翰林学士。当初，陆贽受到张镒的器重，得以位居内职。等到张镒被卢杞排挤后，陆贽常常忧虑不安。直到卢杞贬官以后，才敢上书论事。德宗爱好文学，对他更加厚爱。奉天解围以后，德宗每次谈到抛弃宗庙时，便呜咽流泪说："招致盗寇的过错全在我。"陆贽也落泪回答："我反思导致患祸都是群臣的罪过。"陆贽是针对卢杞、赵赞等人说的。德宗想掩饰卢杞的过失，便说："我虽少德，但导致祸乱，也是运数注定了的，不能由人。"陆贽又极力陈述卢杞等人的罪状，皇上貌似依从，心中却非常不快。当时，吴通微兄弟二人都在翰林院供职，也蒙受德宗的宠任，但二人的文章才气都不及陆贽，却能交结权倖，在皇上面前说陆贽的坏话。所以，刘从一、姜公辅经历了动荡都从低官越居相位，陆贽却因朋党的排斥、同僚的嫉妒，加上他本人议论偏激，举止动作也失去皇上的欢心，所以长期不能为相。他的议论应对能明悉事理，掌握本质，他对问题的阐述剖析，以及下笔如神等方面，都令当时的名流，无不推重尊敬。贞元初年，李抱真入朝，从容上奏说："陛下流徙奉天、山南时，赦书传达到山东，在宣读时，士卒无不感激流涕，我当时见人情如此，便知叛乱很快就会平定。"

当时陆贽的母亲韦氏在江东，皇上派宦官将她迎到京师长安，士大夫都以此为荣。不久，陆贽因母丧东归洛阳，寄居在嵩山丰乐寺。他对藩镇赠送的助丧品和其他馈赠一无所取，因为在他未做官之前就和韦皋是好朋友，所以，对待韦皋送来的礼物，他奏请以后便收下了。陆贽的父亲当年葬在苏州，陆贽现在想让父母合葬，皇上就派宦官护送灵柩到达洛阳，如此以礼相待。服丧期满后，陆贽权知兵部侍郎，依旧充任翰林学士。受官后入朝谢恩时，陆贽伏地而泣，德宗为之改变仪容加以安慰。恩宠显赫以后，中外百官众心所归，都想任他为宰相，而宰相窦参平时就忌恨他，陆贽也常指责窦参的所作所为，说他贪污纳贿，从此两人不和。贞元七年，陆贽免去学士之衔，正拜兵部侍部，知贡举。当时，崔元翰、梁肃文章盖世，陆贽真心对待梁肃，梁肃和崔元翰推荐有真才实学的人，待登第之日，虽令众人不满，但每年选士只有四五成，数年之内，位居台省的清廉亲近之臣就有十几人。

　　贞元八年四月，窦参获罪，朝廷任命陆贽为中书侍郎、门下同平章事。陆贽长期遭受邪恶之徒的排挤，困境中得到相位，抱定不负恩宠的念头，全心报国，以天下事为己任。德宗即位之初，任命杨炎、卢杞执掌朝政，他们树立党羽，排挤好人，导致天下大乱，皇上流徙。为了吸取教训，所以，从贞元以后，即使是选任小官，虽然有宰相，皇上仍不放心，必经亲自过问、一再详察后才肯定夺。到陆贽执掌朝政时，他请求允许台省长官自荐属僚，由荐举人担保，一旦政事延误或出错，连同荐举人一道问罪。皇上同意了，不久又宣旨说："外面议论说'各官署荐举人多援引亲信党羽，兼受贿赂，所以不得真才'。这种举荐办法不便于实行，今后各位宰臣应自己选择，不用各部门推荐。"为此，陆贽上奏论道：

　　为臣确实愚顽鄙陋，一无所能，愧受任用，难以胜任宰相。虽然担心徒居相位，又缺乏明智，自度平庸，终难回报皇恩。但我却懂得应拓宽求才之路，进用贤才，敞开公正大门，让各类人才各有其职。我的建议得到圣上恩准后，立即付诸实行。礼部举人，才十几人，不是台省旧官，就是使府佐僚，几经荐举，多历职任。论资历名望，他们无愧于官位，考察其品行、才能，也未听说有缺失。但却有人马上上奏，以扰乱圣上明察。道之难行，由此可知。

　　陛下勤于治道，以顺民情，所以才说举荐不妥，仍由宰相选择。这是为了崇任宰臣，博采众议，可称得上是圣德之盛。然而，在用人、纳言和防邪存诚方面恐还有不足。陛下既然采纳我的建议，付诸实行，可不久又听信某些人肆意歪曲的议论，半途而废，使我的计策不能贯彻，对那些非议也不予察实，这样就使失策者得以推脱罪责，非议者得以大放厥词。如果凡事如此，长此以往，肯定不会再有必定之计、必实之言了。计策不定则难以成事，言论不实则小人得志，国家的忧患往往就是这样产生的。过去齐桓公向管仲询问妨害霸业的原因时，管仲回答说："得贤而不任用，有害霸业；用人而不能善终，有害霸业；和贤人谋事而与小人议论，也有害霸业。"作小人的，不一定都要心怀险恶，有意颠覆国家，而是由于他们秉性邪僻，心胸狭隘，把毁言当成出众，视标新立异为卓然超群，追求近利而不辨远谋，因小信而有碍大道，更何况他们言行难保，肆意放纵其非难之心呢！

　　按照通常的制度，宰相不过才几个人，一个所知，必定有限，不能遍知士人，掌握所有的人才。如果全让他们任命百官，就必须辗转询访，势必变公举为私荐，改明扬为暗投。假使正如非议者所说，举荐的多有私情、故旧，既然向皇上举荐都不能杜绝徇私情，那么向宰臣举荐，又怎会没有欺诈，丧失人才的弊害势必更加严重。所以照上述办法任官，很少能不涉嫌营利，虽然宰职不一，有人私下用情，也是通过私访亲信，转为卖官。这种弊病前鉴不远，陛下深知。现在又要听信不实之言，由宰相专掌任官，宰相不能遍知，势必向前人那样去询访。如访于亲朋，则又重蹈覆辙；若访于在朝百官，则是求于私荐，不如公举。二者之间的利害，希望陛下再做审慎选择。恐怕不如委任各部门长官，谨慎选择僚佐，挑选人数不多，也好精选，选任贤人，可获明识之名，一旦失实，自当承担不辨真伪的罪名。人之常性，无不自爱，何况台省长官都是当朝显贵，谁肯徇私乱举，败坏声誉而招致罪责呢！所谓台省长官，是指仆射、尚书、左右丞、侍郎和御史大夫、中丞等人。陛下往常选任宰相，也多从这些人中挑选。现在的宰臣，就是往日的台省长官，现在的台省长官，就是将来的宰臣，只是职名暂时不同，并非行业悬殊。岂有身为长官时不能举荐一两位属官，而位居相职后却能选择成千上万的官吏。世间众多的议论，把人们蒙蔽得如此厉害。

求才贵广，考课贵精。广泛求才的关键在于各举所知，这是指长官的荐择；贵于精细则在于以名责实，这是指宰臣的依序进官。过去，则天太后统治时，为了赢得人心，尤其注重选拔人才，以扩大委任的意图。她广开入仕门路，任人不疑，求访不倦，不仅人人允许举荐，也可以毛遂自荐。所荐必行，有举则试，其结果岂不有伤选士原则，变取士为易事！然而要求严格，进退从速，不贤者立即罢免，有才者马上升迁，所以当代都称她有知人之明，又为以后几朝提供了大量可用之士。这才能接近求才贵广、考课贵精的效果呢。

陛下继承国祚，思考如何治理安定国家，是爱贤之心超过先代圣主，但得人之盛却未达到以往的程度。这都是由于鉴赏、搜选人才时只相信您自己的明察，很难做到让百官共同举荐人才。加上开启引进之路，却很少行施精细务实的措施。于是造成先进身的逐渐衰败，后来者又接续不上，每实施一道法令便非议群起，每任用一人马上就有新的创伤。错就错在选才过于精细和法规不能统一上。武则天举贤用人之法，虽然过于轻率却能获得人才，陛下谨慎选人之法，虽然过于精细却失去人才。陛下选择宰臣，一定要不同于百官，精选各部门长官，就必定要超过一般属官。等到宰相出谋献计，长官举荐人才时，陛下遂只听信朝野肆意的议论，而不稽查首谋。这就形成陛下不重视被委以重任者的意见，反倒相信那些地位轻贱的人，而且对诋毁诽谤之言不辨虚实，不分是非曲直。人们的议论，涉及哪方面的没有？使人因非议混淆视听无所措手足，以至丧其正直之道的又何止选用人才一个方面！

皇上对他的论述虽然表示赞许，但关于长官荐举士人的诏令，最后还是随之而止。

按照国家原来的制度，吏部铨选每年一次将选人集中，举行考试。自从乾元年间以后，或是赶上战争，或是因为灾年，遂改为三年一次。由此造成候选者拥塞停滞，人数杂乱众多，文书不接，真伪难辨，官吏因此图谋不轨，注拟官职时违反法规，多有伪滥，以致有人十年不得调任。陆贽奏请由吏部把中外官员分为三部分，按照官阙结集选人，每年举行铨选，使以往吏部铨造中的弊端纠正了七八成，为天下所称道。

陆贽和贾耽、卢迈、赵憬共同执掌政事，各部门申报和复命的文书，三人互相推让而不置可否。原来的制度是宰相每旬轮番担任秉笔宰相，总管政事决断执笔，十天一换。陆贽请求依照旧制，让秉笔宰相答复。又因为河陇地区自从被吐蕃占领以后，西北边境经常用重兵守备，称为防秋，防秋兵都是河南、江淮各镇的，轮番往来，苦于戍役。陆贽认为中原的兵卒，不熟悉边境的事，等到抵御敌人时，多受挫失败，又苦于边将名目太多，各军管理上不统一，遇有缓急之事无法应敌，便上疏论及此事：

臣逐一观览前代史籍，都谈到镇抚四夷的问题。我身为宰相，遂不揣愚陋，多次敢于上言。真心以为备边御戎是国家的重要事情，练兵足食是守御的重要原则。不训练兵士就没有可以征用的军队，粮食不足就没有可以坚守的地盘，训练兵卒在于确立合适的制度，军粮充实在于赋敛支用有方。陛下幸而采纳了我的建议，先致力于积蓄粮谷，百姓不必增加赋税，官府无须耗费资财，就能毫不费力地让边境的粮食储备超过百万石。各镇收买粮食的工作目前已接近尾声，分别贮存在各军城中，以防备急用，这样即使有外族进犯边境，我们也不愁缺粮。按照这种既定的办法，使之成为长久定制，常收取冗费，以充实边农，这样再过两年，就可积蓄十万人马和供三年支用的粮食了。现在，足食之源已大致确立,而精兵之术尚欠精当,所以敢于上奏筹划,以备陛下选择参考。

因为外族入侵边境造成祸患的事,自古以来各朝均有,抵制防御的措施,以及成败得失的议论,都完备地保存在史籍中,可拿来一论。大抵上说,尊崇就序者则说非德无以教化远方,却不知不立兵威,有德也不能服人;喜好武威者则说非兵无以制服凶猛之敌,却不知德行不美,兵威则无以依托;致力和亲者则说邀约可使邻国和睦,却不知我方结约敌方解盟;赞美长城者则说设置险阻可以固守国家,抵御外寇,却不知兵力不足,兵不堪用,则险阻也不能为我所有;崇尚征伐者则说驱逐阻遏可以制止侵暴而节省赋税徭役,却不知若兵卒不精锐,堡垒不完善,则阻遏敌人不能获胜,驱逐来犯不能奏效。讨论边事的观点大体要点就是这些,虽然互相攻击,但都各有偏驳,听从其中一家之说,则类似的道理可以作证,考察各代的实行情况,则有成败不同的结果。这是由于用固定的道理以应付不固定的事势,遵循成例而不明所处的实际。

中原政权和夷狄部族都有盛衰强弱的不同,时机和处理办法也有利害安危之分,所以,既无一定之规,也无长胜之法。夏后氏使各边族就序而教化兴盛,古公亶父因躲狄人而王业兴旺;周代修筑朔方城而被猃狁侵夺,秦建造临洮而国家覆亡;汉武帝讨伐匈奴留下遗恨,唐太宗征伐突厥获得平安;文、景二帝与匈奴盟约和亲却不能消除当年的祸患,宣、元二人扩大安抚接纳而足以保证几代的安宁。这是因为中原朝廷有盛衰不同的形势,夷狄政权也有强弱不同的时候,再加上时机的利弊与处理的安危不同。所以,明白所发生的事情而不度时势者就会失败,符合时势而能采取相应的对策的就能获胜,形势不同,怎么能拘泥于一种办法呢?

因为中原强盛,夷狄衰微,所以他们能屈膝称臣,归心受制,如果拒绝就会阻碍他们依顺归化,威胁则类似于杀降,怎么能不加以安抚安排就绪呢?此外,如果中原强盛,夷狄衰微,他们还是背弃信义违背盟约,蔑视恩德、肆意害人,晓以道理而不知悔改,谴责指斥又不能吸取教训,怎么能不自取混乱、灭亡,使民户和国土都无法发展呢?岂有乘中原丧乱衰亡之际,当夷狄强盛兴旺之时,想谋取而其罪行又未萌生,想抵御而又力量不足,怎么能不以卑贱之词贬抑礼节,与夷狄约好通和,用和亲来做利诱,以期延缓祸患的到来呢?纵然没有一定的信义,暂且没有大的进犯,虽然不是御敌的好办法,但也是因时事不得已决定的。倘若双方势均力敌,安抚和威胁都不能奏效,兵力足以自保,但不足以出攻,能不设险固守,严阵以待,对方来犯则征伐以阻其深入,退去则驱逐追击而避免远追吗?虽不是安边的良策,但势力决定不得不如此。所以夷狄在夏则有序,在周则侵夺,在太宗朝则翦灭,都是因时善用其势的结果;古公亶父的避敌,文景帝的和亲、神尧帝的降礼,也都是顺应时势采取相称的对策;秦始皇修筑长城,汉武帝穷兵征讨,都是明白事实而不度时势的缘故。假若正值对方强盛而实行即序之策,就会遭到侮辱,对方不会顺从;若是凭借实力可以攻取却心怀畏惧避敌不战,就会错失良机而养成寇患;有铲除的实力却要采用和亲的谋略,就是表示软弱,既辛劳又费财;在不得不屈服的时候却要征伐,就会招致祸患而陷入险境。所以说:明白事实却不度时势则失败,附和时势而能施以相应对策则成功。所以没有一定之规,也没有长胜之法。从上述明显的得失例证中不是能体现出来了吗!至于考察安危的大局,谋划成败的规律,作为百世不易的规律还是有的,关键在于用人不当肆意纵欲则必败,合于众议来用人则必能保全,这是古今相同的,事物的常理是一致的。

我国从安禄山叛乱、河陇用兵以来，肃宗中兴，撤除边境守备以安定中原，借助外族兵威以平定国内灾难，从此吐蕃乘虚而入，侵占土地，贪得无厌。回纥自夸其功，侵凌疆土的情况同样严重。我国来不及整顿军队加以讨伐，至今已有四十多年。让亡国之民遭受剥削，竭力织造绢帛，作为礼物贿赂吐蕃，或作为马价偿还回纥，尽管如此，还是不能阻塞他们的繁琐之言，满足他们的傲慢之志。又远征兵马，列阵戍守边陲，还是不能阻止他们的进犯和侵侮。他们小规模地入侵是驱逐掠夺黎民百姓，重兵深入则震惊京畿。当时有人议论安定边疆的措施，大多是追求难于做到的方面，却忽视了容易的办法，在自己欠缺的方面努力而忽略发挥自己的长处。这就造成在易处和长处上做起来不得要领，而在难处和短处方面竭尽心力而不能奏效。不能消除忧患的主要原因就在于此。

大凡为遏制敌人而出动军队，必须先估量事情的形势，有难易先后之分。势力强大而对方软弱时，则先从难处着手，这叫作夺人之心，能一劳永逸；若力量单薄而对方又坚不可摧，就要先从易处下手，这叫作稳固根本，观察可乘之机而后行动。前一时期变故很多，百姓劳顿尚未恢复，却要广泛征发军队，深入敌境，收复被占领的疆土，攻其坚城。瞻前则有胜负难定的忧虑，顾后又有粮运不继的忧患。倘若屈服于对方，正可以启发其心，挫败我们的国威，以此作为安边的谋略，可称得上是不量事势而勉为其难！

射猎图

上天授予人们的各有事势，没有完备的功能；地上的物产都因事物所宜，也没有一举几得的好处。所以各地的民俗，是非得失各有不同，长者不可超越，短者不可企望，努力于短处而与对方长处相抗衡的必然失败，利用所长以压其所短者必然安稳。强者就是以水源草地之处为城镇村落居处，以射猎捕获动物供给食物，盛产马匹，尤其便于驰骋，轻弃性命而不以失败为耻，这些都是戎狄的长处。戎狄的长处正是我们中原王朝的短处；想要增兵追逐，以决雌雄，交锋于原野之间，决命于尺寸之地，以此作为抵御敌寇的办法，可称得上是竭力以自己的短处与对方的长处较量！勉为其难，从不利处着手，劳费百倍而最终一事无成。即使成功也会不折而败，难道不是超越上天所授而违背地产，损害时势而违反常规吗？

想要转危为安，节省耗费，就应该谨慎固守所易，精心发挥所长。倘若选择将官安抚众人，修饬纲纪法规以训导整顿军队，显耀德政来辅助军威，能以近柔远，禁止侵掠的暴行以显明我们的信义，抑止主张攻取的言论以稳定戎狄之心，对方来求和要妥善对待却不要与之结盟，对方来犯则严加警备不图报复，这是目前容易办到的事。轻视武力征伐而崇尚以智谋取胜，厌恶杀戮而爱惜生灵，轻视利益而重视人力，小处忍耐以顾全大局，安居乐业、等待时机而后行动。所以应该修整封疆,驻守要害,挖掘壕沟,修筑营垒,谨慎防守,严明侦察,务农以足食,练兵而蓄威,不是万全之策就不谋划,不能百战百胜的仗就不打。敌寇小规模地入侵就大张声势地加以阻止,若大举入侵则想法让人将其半路拦回,据守险阻加以应付,并从多方入手拖延耽误对方。让他有勇无所施,有众无所用,掠夺攻取都不能奏效,进有腹背受敌之忧,退有首尾难救之患,这就是所说的乘其弊不战而使其兵士屈服,这是我们的优势。我们的长处正是戎狄的短处,我们的易处就是戎狄的难处。以长制短,事半而功倍,以易敌难,资财不乏而事情速成。舍此不用,却反被敌人所乘,这就是倒持戈矛,以授敌寇!可现在却都这样去做,封疆守备尚不够坚固,对戎寇还没有惩罚,弊病就在于谋无定用,众人无所适从。现在任用的人未必有才干,有才干的人未必被任用;听到的事情未必属实,真实的又未必听到了;相信的人未必是真心,真心的人又未必肯相信;实行的政策未必允当,允当的又未必实行。所以在处理上违背原则,考核上缺乏法度,因兵多而资财匮乏,将多而力量分散,不均而产生怨言,遥控而丧失时机。为臣我请求替陛下粗略地阐述六点治政上的失误,希望明主在慎重听取后周详考察:

我听说工匠要想搞好他的工作,一定先要搞好他的工具;武力上要想战胜对手,就必须先训练兵卒。练兵当中又各有不同。用于救急时,则权且解难,用于暂时的抵挡,则缓以应机。所以,在处理上应因事制宜,而不必拘泥于常规,谋略中应有奇异非凡之处,而不必顺从众意。是进是退,是生是死,只有听从将帅的命令,这是所说的攻讨之兵。用于驻屯戍守时,则积蓄适合长久,而根据不同形势采取灵活的对策,不符合事物常理的就不能安宁,不满足人们愿望就不能稳固。所谓人的愿望,是有好处就能勉励,熟习了就能安心,能保护亲戚的就乐于生活,能顾念家业的就会舍生忘死。所以能够用道理思想加以控制,却不能用法制来进行驱逐,这是所说的镇守之兵。要想守备封疆,抵御戎狄,不是一朝一夕的事,本来就应该挑选镇守兵妥为安置。古代善于选置的人,必定揣摩兵士的习性,辨别当地的特点,考察他们的技能,了解他们的好恶。利用他们的人力而不违背他们的习性,同化他们却不改变他们应有的习俗,发挥他们的优势而不强求他们不能办到的,禁止不合理的事务而不保留他们所不愿意的。又整顿军队,安置兵士家室,然后能使他们安居乐业,心情稳定,发扬气势,沟通感情。用仁爱加以安抚,则士卒感恩而不骄纵,用威严加以统治,则军队肃整而不怨恨。无须督促而人人自觉,放松禁戒而无人分离。所以,出战有足够的兵力,居家有足够的食粮,坚守则固,交战则强。要想做到这些没有其他办法,只是顺应民心而已。目前在各地征集兵卒,分别戍守边陲,轮番往来,作为守备力量,就是不能揣测他们的习性,不了解其特点,强求他们做不能做到和不愿做到的事。一味要求人多却不考虑如何使用,想调用人们的力量却不考虑人们的愿望,只能是摆摆仪仗的样子,对守备和御敌没有实际意义。为什么这样说呢?贫瘠边远地区,千里萧条,寒风凛冽,肌肤干裂,风沙之大令人触目惊心。平常要和豺狼为邻,视战斗为嬉戏,白天携带兵器耕作,夜间倚在烽火台上侦察敌情。每天都担心遭遇抢劫和杀害,永远没有休整闲暇的快乐,论条件的恶劣、人的辛苦程度是相当严重的。他们都不是土生土长的当地人,不习惯当地的气候,并非从小到大目睹这里的一切而安心生活在这里,所以,很少有人能安定地生活而不畏敌人。关东地区,物产丰富,应征入伍的兵卒,尤其享受优厚的待遇,习惯于温饱生活,喜欢欢乐和平安。和边塞相比,简直是天壤之别。当他们听到边隅荒塞的艰苦时,脸上就出现痛苦悲伤的表情,一听说强悍番兵的名字,就吓得丧失勇气。然而朝廷却要让他们远离亲人,舍弃家园,甘愿去吃苦,与畏惧相抗衡,指望他们发挥作用,不是考虑不周吗!况且他们又有休整轮番的期限,没有统帅的控制,平日像对待骄子那样供给生活费用,像对待亲近的人那样姑息纵容,兵进不要求其成功,兵退不绳之以严法,他们来的时候都带有得意之色,驻扎下来又不安心。其中存有侥幸心理的人还担心归期延缓,时常想着边寇充斥,官军挫败,便打算乘着混乱,向东方分散溃逃,其主意已定,要他们有什么用!让他们留守以耗费储粮奉养浮躁冗滥之徒,面临危难时则攻取或抛弃城镇动摇远近民心,其害处难道只是没有益处吗!本来就该有所阻挠。此外那些触犯法律、贬谪迁徙到军城的人,朝廷是想增加民户以充实边境,同时又能让他们效力以赎罪。这些既然不是好人,又加上他们思念故土的情怀,所以想伺机谋乱,幸灾乐祸,他们的害处比起戍卒来还要厉害。恰恰是烦扰边防,不会指望立功,这种办法虽然前代已曾实行过,但原本就不是良策可以遵行。又有掌握指挥大权的统帅,不亲临边境,只分派偏师,让他们驻守疆场。大体上说军中强壮精锐之兵都被挑选出来跟随元帅左右,而把病恙、羸弱的人调配到各军镇去戍守。既然统帅留居内地,精兵又只充仆人,所以,守备要冲的都是些老弱兵卒。边寇每次入侵时,我方就力量不支,在堡垒中的只能闭门自守,在野外的则均遭劫持。边寇得以肆意践踏、搜刮驱略。等到节度使得到情报时,寇匪已经大获后凯旋。所以安定边境的根本在于如何用兵,像这样治理军队,可称是违背了应有的原则。

奖赏为了劝勉,惩罚为了警戒。劝勉努力有功的人,惩罚威慑不恭谨的人。所以赏罚对于统治民众来说,犹如匠人用绳濡墨作尺以量裁木料,犹如用度量衡等工具来量度物体的轻重,又好比用来固着车辕与衡的销子以及制服马匹的嚼子对于行车和驯马的关键作用。统治民众若不用赏罚的手段,势必会善恶相混、有才与无能不分;用赏罚而不论功过,则使邪恶者得宠,忠实者遭排斥。这样的话,若明智可以炫耀,法度无章,则用与不用的害处是一样的。自从大权下移、朝廷失权以后,将领的号令既然已很少能在军中执行,国家的典章又不能向将领颁行,不求进取,苟且虚度时光。如果想奖赏一位有功的人,反而担心无功的人反复,想惩罚一名罪人时,又怕一同作恶的人忧虑。有罪的人因遮掩忍耐而不能显露,有功的人又因嫌疑而不得赏赐,姑息的办法竟到了如此的程度。所以让舍身尽节的人在同辈人中遭受责难,率众先登的人受到士卒的怨恨,败军蹙国的人不觉愧惧,救援失期的人自以为聪明能干。褒贬之道既然衰败不行,毁誉又杂乱难辨,人们虽想做善事,可有谁替他说话呢?何况又是公正忠直者约束自己而不求于人,反倒受陷于困境;阻挠破坏者偏私而谄媚于众人,反倒得到优崇。这就是造成义士痛心、勇夫离散的原因。又有遇敌而守备不固,献策而不奏效,将帅则以资装粮草不足为借口,有关部门又以供给不缺做解释。既然互相论证,理应追究是非曲直。而现在有理的只有忍气吞声无法诉说,诬陷者欺骗圣上却不惭愧。用这种方法统治民众,可称是考核缺乏法度。

考核上缺乏法度,处理上违背原则,使将领士卒都不能竭尽才能和勇力,虽有众人屯防,待两军交战时却不能奋勇向前。敌人每次跨越边境横行骚扰时,如涉足无人之地。我方却互相推诿倚赖,不敢稽查诘问,向上虚报敌方兵势,就说是寡不敌众。朝廷也不审察,只注意于征发兵卒,增加兵力,非但对防御起不了作用,反而增加了供应给养上的负担。致使村落日渐消耗,征求日趋频繁,拿百姓倾家荡产换来的赋税加上有关部门靠专卖盐酒获得的收入,加在一起,收入的一半被用来支付边防的开销。像这样的制度,可称是因兵多造成的财政匮乏。

现在四夷之中最为强盛、构成中国最大边患的非吐蕃莫属。吐蕃以全国皆兵来算,也只能和中国几十个大郡相当。对内对外的防御措施和中国也相差无几,所能寇边,数则盖少。而且论武器并非锋利,铠甲并不坚固,论谋略则迷乱不清,战术上缺乏敏捷的灵活性,但却无论是动是静都令中国畏惧,不敢轻举妄动。原因究竟在哪里呢?就是因为中国调遣上限制太多、蕃戎统帅专一的缘故。统帅专一则人心不分,人心不分则号令一致,号令一致则进退齐整,进退齐整则快慢如意,快慢如意则机会不失,机会不失则气势自强。如果任人得当,则可天下无敌!相反,调遣上限制太多则人心不统一,人心不统一则号令不能施行,号令不能施行则进退难定,进退难定则快慢失宜,快慢失宜则机会不遇,机会不遇则气势自衰。勇气丧失、兵士溃散,兵力就会转为衰弱,曲行观望、分崩离析的现象已显现于战阵之前。这就好比一国中有三主,十只羊却有九人放牧一样,想要整齐划一,怎么可能做到?开元、天宝之间,控制和抵御西北两个外族政权的只有朔方、河西、陇右三个节度使的兵力,还担心权力分散造成势力不集中,所以有的还由人兼领。肃宗中兴以来,一直未顾上向外征讨,安西四镇侨属于安定郡,陇右暂附于扶风郡,负责抵挡西北两外族的也有朔方、泾原、陇右、河东节度使兵,关东的戍卒来到了也就隶属其中。虽然用人不一定都很妥帖,但在安置处理上还是按典章制度办事的。自从朱泚诱导泾原、陇右兵叛乱,李怀光玷污朔方军以后,被割裂诛除后所剩无几;又在朔方军的地盘内分建节帅牙帐统治,共设三方节帅。其余各镇军数量将近四十个,都秉承皇上特殊的命令和委任,各派宦官监军,彼此抗衡,不相统辖。每到边书告急时,才让各军商议用兵对策,没有军法监统,只用客礼对待。所以,在救难中都不慌不忙、互相推让,希望依靠他们摆脱险境,固然是太难了!兵卒是靠气概和声势来调用的,气聚则盛,散则消;势合则威,析则弱。现在边境上守备是势弱而气消,像这样建立军队,可称是因将帅过多使兵力分散。

治理军队的关键在于公平一律,所以治军的法律没有贵贱的差别,军事物资没有多少的差异,就是要人人齐心尽力。如有时为了激发士气,勉励技艺,则应当视其才能、勇气,比较衡量劳逸、安危的不同,申明考核优劣的条文,以作为衣装军粮等级的制度。使有能力的人盼望达到,否则就不做奢望,这样虽然有薄厚的不同,却没有失望的争端。这就是所说的每天考察,每月检试,以求生活物资供应的平均,好比称量物体轻重那样无情,百姓没有不安分的,对这样的公平非常信服,现在在贫瘠穷困的边境上,长期镇守的兵卒,都是久经战阵伤亡后的幸存者,终年辛苦劳顿,较量他们的能力都是熟悉谙习,推测他们的处境则属于孤立危殆,考察所服的兵役确实辛劳,观察临阵的表现也非常勇猛;但对他们衣服粮食的供给,却只限于他们个人,按照惯例被妻、子所分占,他们自己常常面有冻馁之色。相反,关东的戍卒,纳资代役,由人代为充军,不安心于危险的边城,不熟悉如何抵御敌人,害怕和敌人应战,对服役表现得懒散、懈怠;然而供给他们的衣装粮饷的丰厚程度却是一般人的几倍,还有茶叶、药物、蔬果、酱菜等供给。可见,丰俭的对照是如此的悬殊。此外,某些军队平时不是禁军,原本是边防军,将校讨好诌媚以骗取宠幸,遂请求隶属神策军,不必离开驻扎营地,只需改以虚名,丰厚的军饷供给就相当于从前的三倍。这就是造成同类军人愤恨、忠良之臣忧叹、疲惫百姓流亡和国家经费短缺的原因。他们所从事的事业没有差别,而给养却有不同,所以人心不甘,何况是巧言诌媚者给养丰厚,功绩本领拙劣者衣食充足,人们如果没忘的话,怎能没有怨恨,他们不去做挑起战争的主谋就已经值得嘉奖了,还想让他们齐心协力,消除寇难,我知道即使有韩信、白起、孙武、吴起这样擅于用兵的名将也一定不会成功。像这样的养兵办法,可称是因不均而产生怨恨。

　　大凡选择任用将帅,必须先考察他们的品行和才能,然后再指示具体的方向,告知交办的事情,让他们自己揣测是否可行,报告规制格局。需要什么样的甲兵,依靠谁参谋辅佐,需用多少兵马、资粮,在什么地方安置军队,何时成功,自始至终的关键问题都由他来筹划。于是观察他的计谋,考核他的名与实。如果认为他才不足取,言不可行,在一开始就能撤销他的职务,不应给以后留下忧虑;如果认为他志气足以任命,策略可以实施,就应该始终倚重他,不应从中牵制。如果这样的话,就是疑者不用,用者不疑,在选才时费心,在委任上放手。既然委任妥当,又满足了他的要求,就可以核查他政绩的优劣,以行赏罚。受赏的人不认为不真,被罚的人无话可说,赏罚专一,草率马虎之心自然平息。所以古代派遣将帅时,君主亲自推荐并命令他:"自城门以外,一切军务都由将军裁决。"又赐给他斧钺,以表示让他专断。所以,军队的礼节、风俗等仪容不入国家,国家的仪容不入军队,将帅在军中,可以不接受君主的命令。的确是针对不能在远处依据时机采取适宜的决策而说的,号令只能统一,不能同时遵从两种不同的指令。委任不专而能指望他克敌制胜是不可能的。自从近来对边军的去留,裁决大多出自君主的意思,选择设置将领时,先求改变制度,多重指挥以分散力量,轻视任命以削弱他的斗志,虽对为恶者有所惩罚,却也有失策的地方。于是废除将帅在外不受君命的古制,削弱了因退兵将帅承担罪责遂誓不退兵的斗志,一来听受命令,二来还是听受命令,违背军情或不合时宜的都要听从。如果所安置的将帅,一定要取顺旨听命的,像这样就可以了;若打算平定祸难就不行。双方边境相接,两军在阵前相持,时机的到来是刻不容缓的,既然事先想好对策等待敌人还担心有失误,如果临时不做谋划,固然已有疏漏。况且有上千里的路途,皇宫深远,不容易表述清楚,如果皇上了解的有出入,想使事情得到尽善尽美的解决,即使是圣人也还有不能办到的时候。假使让计策考虑得周全,怎么能随机应变呢!敌人跃马急奔,速度之快犹如暴风,驿站传递的上报文书要一个月才能送到。守卫疆土的兵士寡不敌众,分派镇守的兵士没有皇上的命令不肯出兵,在逗留不进的时候,敌人已奔驰来逼,官军借口救援未到,各自闭垒保全自己。结果是导致放养的马匹牛群拱手相送,尽遭劫杀,农夫柴妇全部沦为俘虏。朝廷虽然命令各镇发兵,救援者不过是虚张声势,互相观望,不敢拦击,待敌人肆意劫掠后退走,他们遂随后表功告捷。在奏报败亡的数目时,成百倍地减少,而获敌的数目却十倍地增加。将帅庆幸由朝廷总管,不担心治军不当牵累自己;陛下又因大权在握,也不追究。如此用兵,可称是因遥控而丧失时机。

　　治理兵卒在安置上违背原则,控制将领而赏罚缺乏法度,节制开支却财政匮乏,建置军队而力量分散,供给士卒引来怨恨,动用军队又丧失良机,这六条,是边境和军队的最大危害,就像吞噬庄稼的害虫和难以治愈的膏肓之疾一样,不除掉害虫,一味地施肥浇灌,不治疗疾病而一味给病人吃好的,恰恰是足以培养害虫、加速病灾的到来,想使庄稼丰收,皮肤表里丰美,固然是办不到的。

我认为应该罢省各道将士轮番更替防秋的制度,将原来的数目分为三部分:其中一部分委托本道节度使招募年轻体壮并愿意长住边城的人,把他们迁到边境上;一部分由本道只供衣装食物,委派关内、河东各军州招募蕃、汉子弟中情愿投入边军的人,供给他们必需的衣粮;又一部分也让本道只供衣粮,加给应募的人,作为帮助他们迁居建立家业的费用。再让度支司分配给各道用和市买来的耕牛,并雇佣招募工匠,让他们到军城修造器具。募人抵达后,每家分给一头耕牛,再分给种田人生活必需器物,一切都做得充足完备。刚到的当年,由官府供给家人两人的口粮,并赐给种子,勉励他们播种,等到收获以后,再由他们自给。如果手中有余粮,官府就用收买的手段,加倍付给价钱,以奖励营田。这样既能免去贫人代役轮番征发的烦琐,又没有幸灾乐祸、苟求免役的害处。敌人来犯则人人各自为战,农时一到各家又分别务农。所以兵力不能不强盛,食粮不能不充裕,和忽来忽去的兵卒相比怎么可以相提并论呢!

我又认为应该从文武官员挑选一名有才能的人作陇右元帅,把泾原、凤翔、长武城、山南西道等节度使统辖的兵马全部交给他;再选一人作朔方元帅,将鄜坊、邠宁、灵夏等节度使统领的兵马全部归他指挥;再选一人作河东元帅,河东、振武等节度使兵马全隶属他。三方元帅各自挑选临近边疆地势险要、交通方便的州作为治所,目前设置的节度使中有不适宜的可以根据需要予以合并。只有元帅能设置统军,其余的都一律停罢。在三元帅统辖内的太原、凤翔等府和户口稍多的郡中,谨慎地选择政绩好的官吏作府尹、郡守,对外遵奉军纪,对内督课农桑,作为军粮,以充实军府,弘扬委任的办法以发挥他们的作用,公开赏罚的制度以考察他们的成功。再谨慎地坚持中国的优势,小心地实施目前容易办到的措施,就会有八种益处,避免上述的六种失误,如果这样戎狄还不畏惧、边境还不安宁是不可能的;各藩镇都遵循法制,民众都服从统治,如果这样还不能大行教化、天下还不能安定也是不可能的。以陛下的明识,和百姓期待安定的心情,境内的祥和气氛,两寇的安静,再加上连年的丰收,有了储备的粮食,这些都是上天对国家的帮助,正是确立制度传给后世子孙的时候。时机不能久留,好事不能经常同时出现,如果错过,则追悔莫及。身为圣明的君主,不因议论而怪罪,也不因人而败坏议论,所以我才极尽放纵愚陋,只是希望陛下能明察选择。

德宗非常赞许并采纳了他的意见,以优诏予以褒奖。

陆贽身在中书,政策中出现不合时宜的地方,经常逐条上奏,德宗虽然不能一一同意,但心中颇为器重他。当初窦参贬到郴州以后,节度使刘士宁送他几千匹绢作为饷钱,湖南观察使李巽和窦参有矛盾,把这件事如实上奏给皇上,德宗大为不快。适逢右庶子姜公辅在皇上跟前听奏,说:"窦参曾对我说:'陛下还没恨够我。'"德宗大怒,再次将窦参贬职,最终杀了他。当时人们议论说姜公辅上奏窦参的话是从陆贽那里得到的,都说窦参之死是陆贽从中出的力。加上陆贽一向恨于公异和于邵,做宰相后马上就驱逐了他们,所以议论者也认为他心胸狭隘。

户部侍郎、判度支裴延龄,因奸邪违法而当权,天下人疾恶如仇,却因他得到皇上的宠爱,没人敢说话。只有陆贽不顾性命,屡次在延英殿当面阐明,多次上疏论证其弊害。所以裴延龄对他大加诋毁。贞元十年十二月,任命陆贽为太子宾客,罢知政事。陆贽生性胆小谨慎,等到策免私居时,除了朝见皇帝以外,不结交宾客,不与人互相交往。十一年春季,天旱,边军粮草不足,陆贽将情况报告给皇上,延龄说他和张滂、李充等人动摇军心,此事记载在《裴延龄传》中。德宗大怒,想杀陆贽等四人,正好有谏议大夫阳城等人极力进言论奏,才将他贬为忠州别驾。

陆贽刚入翰林院时,受到德宗的特别器重,吟诗嬉戏,朝夕陪同游览。在艰难时世中,虽然有宰相,但参谋决断之事大多出于陆贽之手,所以当时人把他视为“内相”。跟随德宗出幸山南时,因道路艰难,来不及扈从,和德宗走散了,一个晚上没到,皇上便告诉军士们说:“有找到陆贽的人奖赏千两黄金。”第二天陆贽前来拜见,德宗喜形于色,由此可见对他的宠幸。在和二吴不和之后,德宗逐渐听信谗言,对他的恩宠稍稍减少;等到吴通玄失败之后,皇上知道他被冤枉了,陆贽才又被起用。陆贽因受到君主特殊的礼遇,不敢爱惜自身,每遇不合理的事,就极力上奏,没有丝毫隐瞒。朋友们规劝他,认为他太严厉,陆贽说:“我上不负天子,下不负我的学识,其他的都不担忧。”他精通为官之事,斟酌决断,丝毫不差。他曾说:“草拟诏书,是中书舍人的职责,兴兵之际,因应付紧迫的局势,才暂时由翰林学士代笔;现在朝廷内外安宁,应该归并职责,命将相制诏,退交中书发遣。”又说:“学士私臣,玄宗当初让翰林待诏只限于唱和文章而已。”人们议论都表示赞同。德宗以为他的意思是责备吴道微、吴道玄,所从没有批准他的奏请。

陆贽在忠州十年中,常常闭门静处,人们都不认识他,又为了躲避诽谤而不著书,他的家是瘴气严重的地方,很多人染病,陆贽就抄录药方,撰成《陆氏集验方》五十卷,在当时行用。当初在陆贽当权时,贬驾部员外郎李吉甫为明州长史,改为忠州刺史。陆贽在忠州,和李吉甫相遇,他的兄弟、门人都替他担忧,而吉甫却愉快地厚待他,都不忌恨以前的事,用对宰相的礼节对待他,但还担心他不相信,心中不安,每天和陆贽非常亲近,象是平生友好投合的朋友。陆贽开始还很惭愧和害怕,后来便与吉甫结下深厚的交情。当时人都称赞李吉甫。后来由薛延代替吉甫为刺史,薛延辞别之日,德宗让他传达对陆贽的安慰。韦皋多次上表请求让陆贽代替他。顺宗即位后,将陆贽和阳城、郑余庆一同召回朝廷。诏书未到而陆贽去世,当时为五十二岁,追赠兵部尚书,谥号为宣。

韩愈传

【题解】

韩愈(768~824),唐代文学家,哲学家。字退之,河南河阳(今河南孟州市)人,祖籍昌黎,世称“韩昌黎”。少孤,由嫂抚养,贞元年间中进士,历任监察御史,国子博士,刑部侍郎等职,因直言进谏,多次被贬。官终吏部侍郎,卒谥文,世称“韩吏部”“韩文公”。

韩愈在政治、文学方面都有所建树,主要成就是文学。他力反六朝以来的骈偶文风,主张“文以载道”,提倡散体,与柳宗元同为唐代古文运动的倡导者。其散文气势雄健,纵横捭阖，奇偶交错，巧譬善喻，继承了先秦、两汉散文的优秀传统，又加以新变和发展，被列为"唐宋八大家"之首。韩愈的诗也有很高成就，力求新奇，以文入诗，有纵恣雄奇的艺术特色，但也有累赘堆砌、流于险怪的缺点。他的诗对宋诗的发展有极大影响。

韩愈政治上反对藩镇割据，思想上崇儒排佛。所作《原道》《原性》诸篇，强调尧舜至孔孟一脉相承的道统，维护儒家的传统思想。

韩愈的作品流传广泛，有《昌黎先生集》。

【原文】

韩愈字退之，昌黎人。父仲卿，无名位。愈生三岁而孤，养于从父兄。愈自以孤子，幼刻苦学儒，不俟奖励。大历、贞元之间，文字多尚古学，效杨雄、董仲舒之述作，而独孤及、梁肃最称渊奥，儒林推重。愈从其徒游，锐意钻仰，欲自振于一代。洎举进士，投文于公卿间，故相郑余庆颇为之延誉，由是知名于时。

韩愈

寻登进士第。宰相董晋出镇大梁，辟为巡官。府除，徐州张建封又请为其宾佐。愈发言真率，无所畏避，操行坚正，拙于世务。调授四门博士，转监察御史。德宗晚年，政出多门，宰相不专机务，宫市之弊，谏官论之不听。愈尝上章数千言极论之，不听，怒贬为连州山阳令，量移江陵府掾曹。元和初，召为国子博士，迁都官员外郎。时华州刺史阎济美以公事停华阴令柳涧县务，俾摄掾曹。居数月，济美罢郡，出居公馆，涧遂讽百姓遮道索前年军顿役直。后刺史赵昌按，得涧罪以闻，贬房州司马。愈因使过华，知其事，以为刺史相党，上疏理涧，留中不下。诏监察御史李宗奭按验，得涧赃状，再贬涧封溪尉。以愈妄论，复为国子博士。愈自以才高，累被摈黜，作《进学解》以自喻曰：

国子先生晨入太学，召诸生立馆下，诲之曰："业精于勤荒于嬉，行成于思毁于随。方今圣贤相逢，治具毕张，拔去凶邪，登崇俊良。占小善者率以录，名一艺者无不庸。爬罗剔抉，刮垢磨光。盖有幸而获选，孰云多而不扬？诸生业患不能精，无患有司之不明；行患不能成，无患有司之不公。"

言未既，有笑于列者曰："先生欺予哉！弟子事先生，于兹有年矣。先生口不绝吟于六艺之文，手不停披于百家之编。记事者必提其要，纂言者必钩其玄。贪多务得，细大不捐。烧膏油以继晷，常兀兀以穷年。先生之业，可谓勤矣。觝排异端，攘斥佛、老，补苴罅漏，张皇幽眇。寻坠绪之茫茫，独旁搜而远绍。障百川而东之，回狂澜于既倒。先生之于儒，可谓有劳矣。沉浸醲郁，含英咀华，作为文章，其书满家。上规姚、姒，浑浑无涯。《周诰》《殷盘》，佶屈聱牙。《春秋》谨严，《左氏》浮夸。《易》奇而法，《诗》正而葩。下逮《庄》《骚》，太史所录，子云、相如，同工异曲。先生之于文，可谓闳其中而肆其外矣。少始知学，勇于敢为；长通于方，左右具宜。先生之于为人，可谓成矣。然而公不见信于人，私不见助于友,跋前疐后,动辄得咎。暂为御史,遂窜南夷。三为博士,冗不见治。命与仇谋,取败几时。冬暖而儿号寒,年丰而妻啼饥。头童齿豁,竟死何裨?不知虑此,而反教人为!"

先生曰:"吁,子来前。夫大木为栋,细木为桷,欂栌侏儒,椳闑扂楔,各得其宜,施以成室者,匠氏之工也。玉札丹砂,赤箭青芝、牛溲马勃、败鼓之皮;俱收并蓄,待用无遗者,医师之良也。登明选公,杂进巧拙,纡余为妍,卓荦为杰,较短量长,唯器是适者,宰相之方也。昔者,孟轲好辩,孔道以明,辙环天下,卒老于行。荀卿守正,大论是弘,逃谗于楚,废死兰陵。是二儒者,吐辞为经,举足为法,绝类离伦,优入圣域,其遇于世何如也?今先生学虽勤,不由其统;言虽多,不要其中;文虽奇,不济于用;行虽修,不显于众。犹且月费俸钱,岁靡廪粟,子不知耕,妇不知织,乘马从徒,安坐而食,踵常涂之促促,窥陈编以盗窃。然而圣主不加诛,宰臣不见斥,此非其幸哉!动而得谤,名亦随之。投闲置散,乃分之宜。若夫商财贿之有无,计班资之崇庳,忘己量之所称,指前人之瑕疵,是所谓诘匠氏之不以杙为楹,而訾医师以昌阳引年,欲进其豨苓也。"

执政览其文而怜之,以其有史才,改比部郎中、史馆修撰。逾岁,转考功郎中、知制诰,拜中书舍人。

俄有不悦愈者,摭其旧事,言愈前左降为江陵掾曹,荆南节度使裴均馆之颇厚,均子锷凡鄙,近者锷还省父,愈为序饯锷,仍呼其字。此论喧于朝列,坐是改太子右庶子。元和十二年八月,宰臣裴度为淮西宣慰处置使,兼彰义军节度使,请愈为行军司马,仍赐金紫。淮、蔡平,十二月随度还朝,以功授刑部侍郎,仍诏愈撰《平淮西碑》,其辞多叙裴度事。时先入蔡州擒吴元济,李愬功第一,愬不平之。愬妻出入禁中,因诉碑辞不实,诏令磨愈文。宪宗命翰林学士段文昌重撰文勒石。

凤翔法门寺有护国真身塔,塔内有释迦文佛指骨一节,其书本传法,三十年一开,开则岁丰人泰。十四年正月,上令中使杜英奇押宫人三十人,持香花,赴临皋驿迎佛骨。自光顺门入大内,留禁中三日,乃送诸寺。王公士庶,奔走舍施,唯恐在后。百姓有废业破产。烧顶灼臂而求供养者。愈素不喜佛,上疏谏曰:

伏以佛者,夷狄之一法耳。自后汉时始流入中国,上古未尝有也。昔黄帝在位百年,年百一十岁;少昊在位八十年,年百岁;颛顼在位七十九年,年九十八岁;帝喾在位七十年,年百五岁;帝尧在位九十八年,年百一十八岁;帝舜及禹年皆百岁。此时天下太平,百姓安乐寿考,然而中国未有佛也。其后殷汤亦年百岁,汤孙太戊在位七十五年,武丁在位五十年,书史不言其寿,推其年数,盖亦俱不减百岁。周文王年九十七岁,武王年九十三岁,穆王在位百年。此时佛法亦未至中国,非因事佛而致此也。

汉明帝时始有佛法,明帝在位才十八年耳。其后乱亡相继,运祚不长,宋、齐、梁、陈、元魏已下,事佛渐谨,年代尤促。唯梁武帝在位四十八年,前后三度舍身施佛,宗庙之祭,不用牲牢,昼日一食,止于菜果;其后竟为侯景所逼,饿死台城,国亦寻灭,事佛求福,乃更得祸。由此观之,佛不足信,亦可知矣。

高祖始受隋禅,则议除之。当时群臣识见不远,不能深究先王之道、古今之宜,推阐圣明,以救斯弊,其事遂止。臣常恨焉!伏惟皇帝陛下,神圣英武,数千百年以来未有伦比。即位之初,即不许度人为僧尼、道士,又不许别立寺观。臣当时以为高祖之志,必行于陛下之手。今纵未能即行,岂可恣之转令盛也!

今闻陛下令群僧迎佛骨于凤翔,御楼以观,舁入大内,令诸寺递迎供养。臣虽至愚,必知陛下不惑于佛,作此崇奉以祈福祥也。直以年丰人乐,徇人之心,为京都士庶设诡异之观、戏玩之具耳。安有圣明若此而肯信此等事哉?然百姓愚冥,易惑难晓,苟见陛下如此,将谓真心信佛。皆云天子大圣,犹一心敬信,百姓微贱,于佛岂合惜身命。所以灼顶燔指,百十为群,解衣散钱,自朝至暮,转相仿效,唯恐后时,老幼奔波,弃其生业。若不即加禁遏,更历诸寺,必有断臂脔身以为供养者。伤风败俗,传笑四方,非细事也。

佛本夷狄之人,与中国言语不通,衣服殊制。口不道先王之法言,身不服先王之法服,不知君臣之义、父子之情。假如其身尚在,奉其国命,来朝京师,陛下容而接之,不过宣政一见,礼宾一设,赐衣一袭,卫而出之于境,不令惑于众也。况其身死已久,枯朽之骨,凶秽之余,岂宜以入宫禁!孔子曰:"敬鬼神而远之。"古之诸侯,行吊于国,尚令巫先以桃茢,祓除不祥,然后进吊。今无故取朽秽之物,亲临观之,巫祝不先,桃茢不用,群臣不言其非,御史不举其失,臣实耻之。乞以此骨付之水火,永绝根本,断天下之疑,绝后代之惑。使天下之人,知大圣人之所作为出于寻常万万也,岂不盛哉!岂不快哉!佛如有灵,能作祸祟,凡有殃咎,宜加臣身。上天鉴临,臣不怨悔。

疏奏,宪宗怒甚。间一日,出疏以示宰臣,将加极法。裴度、崔群奏曰:"韩愈上忤尊听,诚宜得罪,然而非内怀忠恳,不避黜责,岂能至此?伏启稍赐宽容,以来谏者。"上曰:"愈言我奉佛太过,我犹为容之。至谓东汉奉佛之后,帝王咸致夭促,何言之乖刺也?愈为人臣,敢尔狂妄,固不可赦。"于是人情惊惋,乃至国戚诸贵亦以罪愈太重,因事言之,乃贬为潮州刺史。

愈于潮阳,上表曰:

臣今年正月十四日,蒙恩授潮州刺史,即日驰驿就路。经涉岭海,水陆万里。臣所领州,在广府极东,去广府虽云二千里,然来往动皆逾月。过海口,下恶水,涛泷壮猛,难计期程,飓风鳄鱼,患祸不测。州南近界,涨海连天,毒雾瘴氛,日夕发作。臣少多病,年才五十,发白齿落,理不久长。加以罪犯至重,所处又极远恶,忧惶渐悸,死亡无日。单立一身,朝无亲党,居蛮夷之地,与魑魅同群。苟非陛下哀而念之,谁肯为臣言者。

臣受性愚陋,人事多所不通,唯酷好学问文章,未尝一日暂废,实为时辈推许。臣于当时之文,亦未有过人者,至于论述陛下功德,与《诗》、《书》相表里,作为歌诗,荐之郊庙,纪太山之封,镂白玉之牒,铺张对天之宏休,扬厉无前之伟迹,编于《诗》、《书》之策而无愧,措于天地之间而无亏,虽使古人复生,臣未肯多让。伏以大唐受命有天下,四海之内,莫不臣妾,南北东西,地各万里。自天宝之后,政治少懈,文致未优,武克不纲。孽臣奸隶,外顿内悖,父死子代,以祖以孙,如古诸侯,自擅其地,不朝不贡,六七十年。四圣传序,以至陛下,躬亲听断,干戈所麾,无不从顺。宜定乐章,以告神明,东巡泰山,奏功皇天,使永永万年,服我成烈。当此之际,所谓千载一时不可逢之嘉会,而臣负罪婴衅,自拘海岛,戚戚嗟嗟,日与死迫,曾不得奏薄伎于从官之内、隶御之间,穷思毕精,以赎前过。怀痛穷天,死不闭目!瞻望宸极,魂神飞去。伏惟陛下,天地父母,哀而怜之。

宪宗谓宰臣曰:"昨得韩愈到潮州表,因思其所谏佛骨事,大是爱我,我岂不知?然愈为人臣,不当言人主事佛乃年促也。我以是恶其容易。"上欲复用愈,故先语及,观宰臣之奏对。而皇甫镈恶愈狷直，恐其复用，率先对曰："愈终太狂疏，且可量移一郡。"乃授袁州刺史。

初，愈至潮阳，既视事，询吏民疾苦，皆曰："郡西湫水有鳄鱼，卵而化，长数丈，食民畜产将尽，以是民贫。"居数日，愈往视之，令判官秦济炮一豚一羊，投之湫水，祝之曰：

前代德薄之君，弃楚、越之地，则鳄鱼涵泳于此可也。今天子神圣，四海之外，抚而有之。况扬州之境，刺史县令之所治，出贡赋以共天地宗庙之祀，鳄鱼岂可与刺史杂处此土哉？刺史受天子命，令守此土，而鳄鱼悍然不安谿潭，食民畜熊鹿獐豕，以肥其身，以繁其卵，与刺史争为长。刺史虽驽弱，安肯为鳄鱼低首而下哉？今潮州大海在其南，鲸鹏之大，虾蟹之细，无不容，鳄鱼朝发而夕至。今与鳄鱼约，三日乃至七日，如顽而不徙，须为物害，则刺史选材伎壮夫，操劲弓毒矢，与鳄鱼从事矣！

呪之夕，有暴风雷起于湫中。数日，湫水尽涸，徙于旧湫西六十里。自是潮人无鳄患。

袁州之俗，男女隶于人者，逾约则没入出钱之家。愈至，设法赎其所没男女，归其父母。仍削其俗法，不许隶人。

十五年，征为国子祭酒，转兵部侍郎。会镇州杀田弘正，立王廷凑，令愈往镇州宣谕。愈既至，集军民，谕以逆顺，辞情切至，廷凑畏重之。改吏部侍郎。转京兆尹，兼御史大夫。以不台参，为御史中丞李绅所劾。愈不伏，言准敕仍不台参。绅、愈性皆褊僻，移刺往来，纷然不止，仍出绅为浙西观察使，愈亦罢尹，为兵部侍郎。及绅面辞赴镇，泣涕陈叙，穆宗怜之，乃追制以绅为兵部侍郎，愈复为吏部侍郎。

长庆四年十二月卒，时年五十七，赠礼部尚书，谥曰文。

愈性弘通，与人交，荣悴不易。少时与洛阳人孟郊、东郡人张籍友善。二人名位未振，愈不避寒暑，称荐于公卿间，而籍终成科第，荣于禄仕。后虽通贵，每退公之隙，则相与谈宴，论文赋诗，如平昔者焉。而观诸权门豪士，如仆隶焉，瞪然不顾。而颇能诱厉后进，馆之者十六七，虽晨炊不给，怡然不介意。大抵以兴起名教弘奖仁义为事。凡嫁内外及友朋孤女仅十人。

常以为自魏、晋已还，为文者多拘偶对，而经诰之指归，迁、雄之气格，不复振起矣。故愈所为文，务反近体，抒意立言，自成一家新语。后学之士，取为师法。当时作者甚众，无以过之，故世称"韩文"焉。然时有恃才肆意，亦有盭孔、孟之旨。若南人妄以柳宗元为罗池神，而愈撰碑以实之；李贺父名晋，不应进士，而愈为贺作讳辨，令举进士；又为《毛颖传》，讥戏不近人情；此文章之甚纰缪者。时谓愈有史笔，及撰《顺宗实录》，繁简不当，叙事拙于取舍，颇为当代所非。穆宗、文宗尝诏史臣添改，时愈壻李汉、蒋系在显位，诸公难之。而韦处厚竟别撰《顺宗实录》三卷。有文集四十卷。李汉为之序。

子昶，亦登进士第。

【译文】

韩愈，字退之，昌黎（今属河北）人。父亲韩仲卿，没有名望地位。韩愈才三岁，便成为孤儿，寄养在堂兄家中。韩愈自知是孤儿，所以从小就刻苦学习儒家经典，不待奖励，便自觉学习。大历（766~779）、贞元（785~805）之间，为文多数崇尚古学，仿效杨雄、董仲舒的著作，而独孤及和梁肃学得最深奥，文人们多推崇他们。韩愈跟他们这一帮人交游，积极钻研，想自己振作奋斗，对当代有所影响。及至参加进士考试，在公卿中间投文干谒，原宰相郑余庆积极为他宣传表扬，从此名振于当世。

不久，韩愈考上进士第，宰相董晋出为大梁（今河南开封）长官，招韩愈为巡官。解大梁巡官后，徐州（今属江苏）张建封又请他为宾佐。韩愈说话真率，无所畏惧，也无所回避，品行正直，不巧于世务。后调入京，授四门博士，转监察御史。唐德宗晚年，政出多门，宰相也不专于政务机要，宫廷贱买民物的"宫市"之祸害十分严重，谏官提出意见，皇上都不听。韩愈曾写了数千言的奏章严厉批评，皇上也不听，并大怒，贬韩愈为山阳（今河南修武）县令，不久移为江陵府（今属湖北）掾曹。元和（806～820）初年，召为国子博士，升都官员外郎。其时华州（今陕西华县）刺史阎济美因为公事停华阴（今属陕西）令柳涧县务，让杜甫代理掾曹之职。任职数月，阎济美罢华州刺史之职，出住公家馆舍，柳涧便乘机劝百姓拦路索取前年军役的劳务费。后任刺史赵昌检查此案，得知柳涧之罪状，上报朝廷，贬为房州（今湖北行山）司马。韩愈因公务出差，路过华州，得知柳涧的事，认为是刺史结党相包庇，上疏治柳涧，被朝廷搁置一边。命监察御史李宗奭下去复核，得知柳涧贪赃罪状，再贬他为封溪（今越南北境）县尉。朝廷认为韩愈上疏论柳涧是"妄论"，所以复任国子博士。韩愈自负才高，而屡遭排斥，于是作《进学解》以自况，文曰：

国子监先生早晨入太学，召集众儒生在学馆下面站立着，教导他们说："学业要精，在于勤奋；学业之荒废，在于玩乐。行为之成在于思考；行为之坏在于轻率。当今之世，圣主贤臣相逢，治国之法律纲纪普遍确立，除去凶险邪恶之人，提拔重视优秀人才。具有小的好处一般都加以录取，以一技之长著称的人无不被任用。对于人才，要搜罗选拔，要训练造就。其有幸者而被录选，谁说太多而不加以表彰呢？众儒生只担忧学业不能精进，而不担心主管的官吏之不能明察；行为只担忧不端正，而不担心主管官吏之不能公平。"

国子监先生话没说完，有在儒生行列中窃笑的，说："先生欺骗我呀！学生我奉事先生，至今已有些年了。先生您嘴里不停地朗诵'六经'之文，手里不停地批翻百家之书。记事之类的书，必定提取其纲要；辑言之类的书，必定探求其玄妙。贪多务得，无论小的大的都不舍弃。晚上点上油灯，接续日光，日夜刻苦读书，常终年地勤勉不懈地用功。先生之对于学业，真可以说够勤的了。抵制排斥不合儒道的异端邪教，排挤斥责佛教和道教，填补空缺，发扬儒家学说的深奥玄理。寻求将要断绝的茫茫然的儒学道统，独自从各方面搜求并远继孔孟事业；阻拦百川之横流，使之东流入海，扭转处于压倒优势的汹涌狂澜。先生之对于儒学，真可以说很有劳绩的了。沉醉于古人的妙文之中，品味其精华，撰写文章，著书立说，家里堆满了书。上可以说取法于虞舜夏禹的典籍之风格之浑厚深广，周之文诰、殷王盘庚之布告之曲折拗口，《春秋》经文文理之周密严谨，《春秋左氏传》传文文辞之铺张夸大，《周易》阐说事理之奇妙而有法则，《诗经》内容之正大和文辞之华美，下至《庄子》《离骚》，太史公司马迁所录之《史记》，杨雄、司马相如二人所做的赋之异曲同工。先生之作文，其可以说文旨宏大而文辞恣肆。少时开始学习，勇而敢作敢为；长大通达道理，左右皆适宜。先生之修身为人，真可以说是成熟完美了。然而你却于公不被人家所信任，于私不为朋友所帮助，进退两难，到处碰壁，一有举动便获罪。当了短暂的监察御史，很快就被贬斥到南方少数民族地区。三次当国子博士，所任闲职，表现不出治绩。命运有意与之为仇，不知要倒霉到什么时候。冬天温暖，而儿女还叫冷，年景丰收，而妻室还啼饥。头发掉了，牙齿脱落，直到老死，又有什么裨益？不知道考虑这些情况，反倒教训起别人来了！"

国子监先生说："喂，您到前面来。大的木头作屋梁，小的木头作橼子，斗拱短柱，枢臼门橛门闩楔木，都适当地利用各种木材，用以盖成房子，这是工匠们的工巧。玉屑、朱砂、天麻、龙芝、车前草、马屁菌、破烂的鼓皮，都一并收藏起来，等待派用场，这是医师的良术。光明正大公平合理地选拔人才，巧的拙的掺和着予以录用，深思稳重的含有内美，超群出众的表现杰出，比较其优劣，按其材器加以适当安排，这是宰相治国的妙法。从前孟轲喜好辩论，孔子的学说因而更加彰明，车轮之迹遍天下，以奔波而终于老死。荀况恪守孔子的正道，儒家宏论才得到发扬，逃避谗毁，跑到楚国，为兰陵令，后被废官，死于兰陵。这两位儒家继承人，说出来的言论就是经典，他们的行动成了行为的准则，超越同辈，以儒学之优进入圣人之门，然而他们在世俗中的遭遇如何呢？今天国子监先生虽然学习勤奋，但却未能遵循儒家的道统；言论虽然颇多，但却不能归结到儒家的中庸之道；文章虽然新奇，但却无益于实用；品行虽有修养，但却未能显扬于众人之中。尚且月月花费薪金，年年耗损禄米，儿子不知耕种，老婆不会织布，骑着马还有仆从跟随，安稳地坐着吃饭，小心谨慎地跟随世俗之道，偷看古人著作并加以剽窃抄袭。然而圣明的君主并不加以责罚，宰相也不予以罢职，这哪里不是他的幸运呢！一有举动就被毁谤，而狂名却也随之显扬。安置在闲散的职位上，当然是分内应得的。至于计较财物的有或无，论其地位的高或低，忘记自己分量是否符合标准，却指摘前人的缺点，这就是质问工匠不用小木桩代替柱子，责怪医师用菖蒲之药去延年益寿，要他进用泻药猪苓。"

掌权的大官读了韩愈这篇文章而怜惜他，认为他具有治史之才，改任他为比部郎中之职、史馆修撰之任。超过一年，又转为考功郎中，知制法，拜中书舍人。

不久，有不喜欢韩愈的，收集他过去的材料，说他以前贬为江陵（今属湖北）掾曹时，荆南节度使裴均给他很优厚的待遇。裴均的儿子裴锷凡庸鄙俗，最近裴锷回来探望父亲，韩愈作序文饯送裴锷，仍称其字。这事议论纷纷，闹到朝臣当中，因为这件事，韩愈被改官太子右庶子。元和十二年（817）八月，宰相裴度为淮西宣慰处置使，兼彰义军节度使，请韩愈为行军司马，仍旧赐金鱼袋和紫衣。淮西、蔡州之乱平定以后，韩愈于十二月随裴度回朝，因有功授官刑部侍郎，下诏让他撰写《平淮西碑》，碑文多叙写裴度的事迹。其时先入蔡州擒捉吴元济的，李愬的功劳应推第一，所以李愬对韩愈所撰碑文深感不满。李愬的妻子出入宫中，四处诉说碑文失实，于是朝廷下诏磨去韩愈所撰碑文。唐宪宗命翰林学士段文昌重新撰写碑文并刻于石碑上。

凤翔（今属陕西）法门寺有护国真身塔，塔内有释迦文佛手指骨一节，按佛书所传之法，三十年开示一次，开示则岁得丰收人氏平安康泰。元和十四年（819）正月，皇上令宦官杜英奇率领宫人三十人，手拿香花，到临皋驿迎接佛骨。迎佛骨的队伍迎来的佛骨，自光顺门迎入皇宫，留在宫中三日，才送到各寺院。王公贵族，乃至士人百姓，奔走迎送，竞相施舍，唯恐落后。百姓有废掉产业的，有烧灼头颅和臂膀的，都想求供养佛骨。韩愈平素不喜欢事佛，上疏进谏说：

臣以为所谓佛，是夷狄的一法而已。自后汉时才传入中国，在上古从未有过。从前黄帝在位一百年,岁数一百一十岁;少昊帝在位八十年,岁数一百岁;颛顼在位七十九年,岁数九十八岁;帝喾在位七十年,岁数一百零五岁;帝尧在位九十八年,岁数一百一十八岁;舜帝和夏禹岁数都上百岁。那时天下太平,百姓安乐,而且长寿,然而那时中国还没有所谓佛呢。后来商汤岁数也有百岁,汤的孙子太戊在位七十五年,武丁在位五十年,历史书籍不说他们的寿命,大概也都不在百岁之内。周文王九十七岁,武王九十三岁,穆王在位一百年。那时佛法也未传至中国,并不是因为侍奉佛节才有这样的长寿啊。

汉明帝时才有佛法,明帝在位才十八年。后来不是动乱就是亡国,相继而至,国祚并不长久。南朝宋代、齐代、梁代、陈代、元魏以下,侍奉佛法渐渐谨诚,然而国运愈是短促。唯有梁武帝在位四十八年,前后三次舍身施佛,祭祀宗庙,不用三牲,白天每天只吃一顿,只吃蔬菜和水果;后来竟然为侯景所逼迫,饿死在台城,国家不久也就灭亡了。事佛以求福,加反而得祸。从这些史实看来,所谓佛,实在不能相信,也就可以明白了。

大唐高祖皇帝刚受隋朝之禅让,就商议废除佛法。当时群臣见识短浅,不能深深追溯古圣先王之道,推究阐发圣明之德,以补救佛法之弊端,废佛之事遂搁置一边。臣对此曾感遗憾呀!皇帝陛下,您神圣英武,几千百年来无与伦比。陛下即位初时,就不许剃度人为僧人尼姑和道士,又不允许另立寺院道观。臣当时以为高祖的宏愿,必定实行于陛下的手中。今日纵然尚未能立即实行,岂可以恣意奉佛使之变得更加盛行啊。

今听说陛下命令众僧人迎佛骨于凤翔,登楼观看,将佛骨抬入宫廷,还传令各寺院递相迎接供养佛骨。臣虽然非常愚蠢,也知道陛下不至为佛所迷惑,做出这样推崇奉事佛法以求得福祥的傻事来。只是因为丰收年景人民安乐,顺着民心,为京都的士人百姓设些怪异的观赏和玩耍游戏的名堂而已。哪有如此圣明而肯相信这等荒诞之事呢?但是百姓们很愚蠢又顽固,容易受迷惑却难以晓以道理,如果看到陛下这样的举动,将会以为陛下真心相信佛法。都说天子大圣人,尚且一心敬佛信佛,百姓既微且贱,对佛哪能爱惜身躯和性命。所以灼炙头顶焚烧手指,或百或十,成群结队,解衣服散钱财,从早到晚,互相仿效,唯恐落在他人之后,老人和小孩也到处奔走,都丢弃各自的活计。如果不立即加以禁止,再经历几座寺院,必定有砍断臂膊切割身躯去供养佛骨的。伤风败俗,传笑四方,这不是小事情啊。

佛本来是夷狄之人,和中国语言并不相通,衣服也不一样。佛口不说先王的法言,身不穿先王的法服,也不知君君臣臣之义和父父子子之情。假如佛身尚存,奉其国君之命,来到京师朝见陛下,陛下容纳并加以接待,也不过在宣政殿接见一次,设迎宾礼一次,赐衣服一件,护卫并送他出于国境,不会让他来迷惑众百姓的。何况其身死去已经很久了,枯朽的骨头,是凶事秽物的剩余,岂宜于引入宫廷之中啊!孔子说:"敬鬼神而远之。"古代诸侯,到卫国行吊丧之礼,尚且要让巫祝先用桃枝编的笤帚,扫除不祥,然后再进去行吊。今天无故取这腐朽污秽之物,亲自登楼观看,巫祝不先行,桃枝笤帚也不用,群臣不说那是不对的,御史也不举报这样做的过失,臣实在感到耻辱。乞请将这佛骨丢到水里或用火烧掉,永远绝掉它的根本,断掉天下人的迷信,消除后代的疑惑。使天下之民,知道大圣人的所作所为超出于平常人不是万万所能计算的,那岂不是一大盛举!那岂不快哉!佛如果真的有灵,能致祸作祟,所有灾殃大祸,宜加在臣身上。上天鉴察作证,臣不怨恨也不翻悔。

奏疏交上去,宪宗非常愤怒。隔一天,宪宗拿出韩愈的奏疏让宰相看,打算加以极刑。裴度、崔群上奏说:"韩愈上疏忤逆皇上尊听,确实宜加罪,然而不是内心怀有忠恳之情,不回避被斥责或贬逐,哪能做到这个样子?尚乞稍赐宽容,以便招后来之进谏者。"宪宗说:"韩愈说我奉佛太过分,我还可以宽容他。至于说东汉奉佛以后,帝王都招致夭死,这话多么乖逆刺激啊?韩愈作为臣子,竟敢如此狂妄,所以不能赦免。"于是民情惊恐愧叹,乃至国戚权贵也以为对韩愈的判罪太重,借故劝说宪宗,于是贬韩愈为潮州(今属广东)刺史。

韩愈到了潮阳,上表说:

臣今年正月十四日,蒙恩授潮州刺史之职,即日启程,奔驰驿路。经过跋涉,来到岭南,计水陆之程,约有万里。臣所管辖的潮州,在广府最东边,距广府虽说两千里,然而一个来回,动即超过一个月。经过海口,下恶水,急流涛波壮阔猛烈,难以计算日期和路程,飓风和鳄鱼,有不测之祸患。州南近处边界,南海之水连接蓝天,毒雾瘴气,日夜发作。臣从小多病,年纪才五十,头发已花白,牙齿也开始脱落,理应不能活得长久。加以所犯之罪极重,所处之地又极远极险恶,忧惊愧怕,不日死亡。孤独一身,朝中无亲无党,谪居这蛮夷之地,和鬼怪为群。假如不是陛下哀怜顾念,有谁为臣说句好话。

臣禀性愚蠢丑陋,人事关系多不通达,只酷爱学问和文章,不曾一日废弃停辍,实是为同时一辈人所称许。臣对于当世之文,也没有超人之处,至于论述陛下的功德,和《诗经》《尚书》相呼应,写作诗歌,荐送于郊庙,纪封泰山,镂刻白玉牒,铺陈张扬齐天的大美德,表扬激励空前的大功绩,编入《诗经》《尚书》这类典籍而无愧色,措置于天地之间而无亏损。即使古人再生,臣也不肯谦让。大唐受天命而拥有天下,四海之内,莫不是臣民与侍妾,东南西北,其疆域各有万里之遥。自从天宝以后,政治稍为松懈,文臣不能优化,武官也难以约束。孽臣奸佞,表面顺从而内怀叛逆,父亲死了,儿子袭承其职权,或以祖传之于孙,类似古代诸侯,自擅其权,自辖其地,不入朝,不进贡,已经六七十年。四位圣君传位,以至于陛下,亲自临朝听政决断,干戈所指,无不听从。宜当制定乐章,以昭告神明,东行巡视封于泰山,向皇天奏功,使长久万年,顺从我大唐功业。当此之际,是所谓千载难逢的大好机会,而臣戴罪之人,自拘宁于海岛,唉声叹气,日日接近死亡,而不曾献上薄劣的技艺于官隶之间,用尽精力,费尽心思,以赎取以前的罪过。内心怀痛,忧思极天,死不瞑目。瞻望京中皇宫,神魂已随着飞去。希望陛下,如同天地父母,哀而怜我。

宪宗对宰相说:"昨天我收到韩愈到潮州上的表,因而想起他谏迎佛骨的事,确实是很爱我的,我哪里不知?但是韩愈作为人臣,不应当说皇帝奉佛才短命。我所以讨厌他的轻率。"皇上想再起用韩愈,所以先说及韩愈,看看宰相对这事有什么看法。而皇甫镈讨厌韩愈的狂直,恐怕宪宗再起用韩愈,就带头说:"韩愈实在太疏放狂妄,可以移近京畿一郡任职。"于是授予袁州(今江西宜春)刺史。

初时,韩愈到潮阳,开始办公,问及官吏百姓的疾苦,都说:"郡西潭水里有鳄鱼,下蛋孵化出来的,约有几丈长,吃老百姓的牲畜,快被吃完了,所以百姓贫穷。"住了几天,韩愈去视察一番,让判官秦济烤一猪一羊,投到潭水里,为文咒鳄鱼说:

前代薄德的君主,放弃楚、越之地,那样,鳄鱼游泳生存于这里是可以的。但如今天子神明圣贤,四海之外,也安抚而拥有。何况扬州(潮州古属扬州)之境,刺史和县令所治理的范围,缴纳赋税贡品以供皇帝祭祀宗庙鬼神,鳄鱼岂可以和刺史混居这里呢? 刺史受皇上之命,镇守此地,而鳄鱼悍然不安居于溪潭,而吃百姓所养熊、鹿、獐、猪等牲畜,以肥其身,以产卵繁殖,和刺史争长称雄。刺史虽然笨而且弱,但哪里肯向鳄鱼低头而甘拜下风呢? 今潮州大海在它的南边,鲸鱼鹏鸟这样的大物,虾和螃蟹这样的小物,无不能容纳,鳄鱼早上离开这里,晚上就到大海中去了。今天和鳄鱼约定,三日至七日,如顽固不愿迁徙,等待害物,那么刺史就选强壮又有技艺的勇士,拿着强弓毒箭,和鳄鱼决一胜负。

咒鳄鱼的那天晚上,有狂风惊雷从潭中发出来。几天工夫,潭水尽干枯,鳄鱼即迁徙到离郡西六十里的旧潭里,自此潮州之民再没有鳄鱼的祸患了。

袁州的风俗,男的女的如果卖身做奴隶,超过预约期限无钱赎身的,就归于出钱的人家。韩愈来了,设法赎回被藉没的男女,还给他们的父母。仍旧废去其俗之法,不许卖身做奴隶。

元和十五年(820),韩愈被召为国子祭酒,转为兵部侍郎。正遇镇州(今河北正定)杀了田弘正,立王廷凑,命令韩愈到镇州宣布解说。韩愈到了镇州,召集军民,晓以顺逆的道理,说话言辞和情感都很真切,王廷凑敬畏而且重视他。又改任吏部侍郎,转为京兆尹,兼御史大夫。韩愈因为不参谒台臣,被御史中丞李绅所弹劾。韩愈不服气,说有敕令准予御史大夫不必参谒台臣。李绅和韩愈为人性情都偏僻,名刺送来送去,纷纷然没完没了,于是让李绅出为浙西观察使,韩愈也罢去京兆尹之职,为兵部侍郎。及至李绅临行赴镇,向唐穆宗当面辞行,哭泣着叙说情况的经过,穆宗可怜他,于是追下诏令,以李绅为兵部侍郎,韩愈仍旧任吏部侍郎。

长庆四年(824)十二月,韩愈死,享年五十七岁,赠礼部尚书,谥号曰"文"。

韩愈性情弘大通达,和人交往,不管是显荣还是倒霉,交情都不改变。少年时和洛阳人孟郊、东郡人张籍友好。这二位朋友声名地位还没显露时,韩愈不避寒冷酷热,在公卿中间活动,竭力加以举荐。而张籍终于科举及第,当官显贵。后来虽然荣贵一时,但每当公余空闲之时,就相聚饮宴谈天,论文赋诗,和以前一个样。而看待那些权贵豪门,却如同走仆奴隶,睁着眼睛也不看一下。同时颇能诱导勉励后进之士,收入馆中的有十六七人,即使早饭吃不上,也怡然自得,从不介意。他一生大抵以振兴名教发扬仁义为己任。共嫁内外亲戚和朋友中的孤女只十人。

韩愈常认为自魏、晋以来,作文的人多拘泥于对仗,而在文经、诰的要旨,司马迁、扬雄文章的风格,却不复加以继承和发扬了。所以韩愈所写的文章,务求反对近体,抒意立言,都自成一家。后学士人,都师其文,取为法则。当时写文章的人很多,没有人能超过他,所以世称"韩文"。然而他有时恃才自傲,肆意而行,也有背离孔子、孟子之旨的地方。譬如南方人妄传柳宗元为罗池神,而韩愈写碑文却加以证实;李贺父亲名晋,不应参加进士考试,而韩愈却为李贺写《讳辨》,要他参加进士考试;又作《毛颖传》,讥刺戏谑也不近人情:这些都是文章中很谬误的。时人说韩愈有史笔,及至撰写《顺宗实录》,繁简失当,叙事也不善于取舍,颇为当时所非议。唐穆宗、文宗曾下诏让史臣加以添改,那时韩愈的女婿李汉、蒋系正处于显荣的地位,诸公颇为难。而韦处厚竟另外撰写《顺宗实录》三卷。韩愈有文集四十卷,李汉为之作序。

韩愈的儿子韩昶,参加进士考试及第。

刘禹锡传

【题解】

刘禹锡（772~842），唐代文学家、哲学家。字梦得，洛阳（今属河南）人，祖籍中山（今河北定县）。贞元进士，登博学宏词科。授监察御史，参加王叔文集团，反对宦官和藩镇割据。失败后贬为郎州司马、牵连州刺史。后官至太子宾客，加检校礼部尚书，世称"刘宾客"。

刘禹锡

刘禹锡诗与柳宗元、白居易齐名，时称"刘柳""刘白"。其诗造语流丽，取境优美、凝练含蓄，善用比兴手法寄托政治内容。所作《竹技词》等颇具民歌风格，流传甚广。参加韩柳倡导的古文运动，大力写作古文。其论文涉及哲学、政治、医学、书法等许多方面。《天论》三篇，论述了天的物质性，反映出朴素的唯物主义思想。有《刘梦得文集》。

【原文】

刘禹锡字梦得，彭城人。祖云，父溆，仕历州县令佐，世以儒学称。禹锡贞元九年擢进士第，又登宏词科。禹锡精于古文，善五言诗，今体文章复多才丽。从事淮南节度使杜佑幕，典记室，尤加礼异。从佑入朝，为监察御史。与吏部郎中韦执谊相善。

贞元末，王叔文于东宫用事，后辈务进，多附丽之，禹锡尤为叔文知奖，以宰相器待之。顺宗即位，久疾不任政事，禁中文诰，皆出于叔文，引禹锡及柳宗元入禁中，与之图议，言无不从。转屯田员外郎、判度支盐铁案，兼崇陵使判官。颇恃威权，中伤端事。宗元素不悦武元衡，时武元衡为御史中丞，乃左授右庶子。侍御史窦群奏禹锡挟邪乱政，不宜在朝，群即日罢官。韩皋凭籍贵门，不附叔文党，出为湖南观察使。既任喜怒凌人，京师人士不敢指名，道路以目，时号二王、刘、柳。

叔文败，坐贬连州刺史，在道，贬朗州司马。地居西南夷，土风僻陋，举目殊俗，无可与言者。禹锡在朗州十年，唯以文章吟咏，陶冶情性。蛮俗好巫，每淫祠鼓舞，必歌俚辞。禹锡或从事于其间，乃依骚人之作，为新辞以教巫祝。故武陵谿洞间夷歌，率多禹锡之辞也。

初禹锡、宗元等八人犯众怒，宪宗亦怒，故再贬。制有"逢恩不原"之令。然执政惜其才，欲洗涤痕累，渐序用之。会程异复掌转运，有诏以韩皋及禹锡等为远郡刺史。属武元

衡在中书，谏官十余人论列，言不可复用而止。

禹锡积岁在湘、沣间，郁悒不怡，因读《张九龄文集》，乃叙其意曰："世称曲江为相，建言放臣不宜于善地，多徒五磎不毛之乡。今读其文章，自内职牧始安，有瘴疠之叹，自退相守荆州，有拘囚之思。托讽禽鸟，寄辞草树，郁然与骚人同风。嗟夫，身出于遐陬，一失意而不能堪，矧华人士族，而必致丑地，然后快意哉！议者以曲江为良臣，识胡雏有反相，羞与凡器同列，密启廷诤，虽古哲人不及，而燕翼无似，终为馁魂。岂忮心失恕，阴谪最大，虽二美莫赎耶？不然，何袁公一言明楚狱而锺祉四叶。以是相较，神可诬乎？"

元和十年，自武陵召还，宰相复欲置之郎署。时禹锡作《游玄都观咏看花君子》诗，语涉讥刺，执政不悦，复出为播州刺史。诏下，御史中丞裴度奏曰："刘禹锡有母，年八十余。今播州西南极远，猿狖所居，人迹罕至。禹锡诚合得罪，然其老母必去不得，则与此子为死别，臣恐伤陛下孝理之风。伏请屈法，稍移近处。"宪宗曰："夫为人子，每事尤须谨慎，常恐贻亲之忧。今禹锡所坐，更合重于他人，卿岂可以此论之？"度无以对。良久，帝改容而言曰："朕所言，是责人子之事，然终不欲伤其所亲之心。"乃改授连州刺史。去京师又十余年，连刺数郡。

大和二年，自和州刺史征还，拜主客郎中。禹锡衔前事未已，复作《游玄都观诗序》曰："予贞元二十一年为尚书屯田员外郎，时此观中未有花木，是岁出牧连州，寻贬朗州司马。居十年，召还京师，人人皆言有道士手植红桃满观，如烁晨霞，遂有诗以志一时之事。旋又出牧，于今十有四年，得为主客郎中。重游兹观，荡然无复一树，唯兔葵燕麦，动摇于春风，因再题二十八字，以俟后游。"其前篇有"玄都观里桃千树，总是刘郎去后栽"之句，后篇有"种桃道士今何在，前度刘郎又列来"之句，人嘉其才而薄其行。禹锡甚怒武元衡、李逢吉，而裴度稍知之。大和中，度在中书，欲令知制诰，执政又闻《诗序》，滋不悦，累转礼部郎中、集贤院学士。度罢知政事，禹锡求分司东都。终以恃才褊心，不得久处朝列。六月，授苏州刺史，就赐金紫。秩满入朝，授汝州刺史，迁太子宾客，分司东都。

禹锡晚年与少傅白居易友善，诗笔文章，时无在其右者。常与禹锡唱和往来，因集其诗而序之曰："彭城刘梦得，诗豪者也。其锋森然，少敢当者。予不量力，往往犯之。夫合应者声同，交争者力敌。一往一复，欲罢不能。由是每制一篇，先于视草，视竟则兴作，兴作则文成。一二年来，日寻笔砚，同和赠答，不觉滋多。大和三年春以前，纸墨所存者，凡一百三十八首。其余乘兴仗醉，率然口号者不在此数。因命小侄龟儿编录，勒成两轴。仍写二本，一付龟儿，一授梦得小男仑郎，各令收藏，附两家文集。予顷与元微之唱和颇多，或在人口。尝戏微之云：'仆与足下二十年来为文友诗敌，幸也，亦不幸也。吟咏情性，播扬名声，其适遗形，其乐忘老，幸也。然江南士女语才子者，多云元、白，以子之故，使仆不得独步于吴、越间，此亦不幸也。今垂老复遇梦得，非重不幸耶？'梦得梦得，文之神妙，莫先于诗。若妙与神，则吾岂敢？如梦得'雪里高山头白早，海中仙果子生迟'，'沉舟侧畔千帆过，病树前头万木春'之句之类，真谓神妙矣。在在处处，应有灵物护持，岂止两家子弟秘藏而已！"其为名流许与如此。梦得尝为《西塞怀古》《金陵五题》等诗，江南文士称为佳作，虽名位不达，公卿大僚多与之交。

开成初，复为太子宾客分司，俄授同州刺史。秩满，检校礼部尚书、太子宾客分司。会昌二年七月卒，时年七十一，赠户部尚书。

【译文】

刘禹锡,字梦得,彭城(今江苏徐州)人。祖父刘云,父亲刘溆,历官州县令佐吏,于时以儒学著称。

刘禹锡贞元九年(793)中进士第,又登宏辞科。他精于写古文,又善作五言诗,今体文章也表现多才而华丽。在淮南节度使杜佑幕中干事,掌管记室,尤受礼遇。跟随杜佑入朝,为监察御史。他和吏部郎中韦执谊相友好。

贞元(785~805)末年,王叔文在东宫任职,晚辈求进取的,多依附他。刘禹锡尤其为王叔文所了解和奖掖,把他看作宰相之才。唐顺宗登帝位,病了很久,不能胜任政事,宫禁中的文诰,都是由王叔文发出的。王叔文引刘禹锡和柳宗元入宫中,和他们商议大事,他们所说的,无不听从。刘禹锡转官屯田员外郎,判度支盐铁案,兼崇陵(唐德宗墓)使判官。颇自恃威权,伤害朝士。柳宗元平时不喜欢武元衡,那时武元衡任御史中丞,把他降为右庶子。侍御史窦群上奏说刘禹锡挟邪乱政,不适宜留在朝中,窦群当日就被罢官。韩皋凭借他是贵门出身,不依附王叔文之党,被出为湖南观察使。刘禹锡任性以喜怒欺凌于人,京师人士不敢提他的名,道路以目,敢怒而不敢言,当时号称"二王刘柳"。

王叔文革新失败,刘禹锡受累被贬为连州(今四川筠连)刺史,在途中,又贬为朗州(今湖南常德)司马。朗州地处西南夷之境,风俗鄙陋,举目异样,没有可以对话的。刘禹锡在朗州十年,平时只是写文章吟诗歌,借以陶冶情性。蛮夷风俗喜好巫术,每逢神祀设祭,击鼓跳舞,一定要唱些俚俗的歌词。刘禹锡在这中间干事,有时参与这类活动,于是按骚人写歌词那样,为巫歌写新词,教巫祝传唱。所以武陵谿洞之间的夷歌,大多是刘禹锡的歌词。

初时,刘禹锡、柳宗元等八人,触犯众怒,宪宗也发怒,所以再贬朗州。在朝廷的制令中有"逢恩不赦"的话。然而掌朝政的大臣爱惜他们的才华,想洗掉身上的政治痕累,渐渐地再起用他们。正逢程异又掌转运大权,下诏命以韩皋和刘禹锡等人为远郡刺史。当武元衡任中书,谏官十多人上书议论此事,说这些人不可再用,因而作罢。

刘禹锡多年在湘江澧水之间,郁郁寡欢,因读了《张九龄文集》,乃叙写其意说:"世称曲江张九龄当宰相,建议放逐罪臣不宜放于好地方,多半徙居五磎不毛之地,今读他的文章,自内庭任职出守始安(在今贵州境),有叹息瘴疠之气的意思;自罢相出任荆州(今湖北江陵),有感叹被拘禁的意思。托讽于禽鸟,寄辞于草木,郁郁然和骚人同一风韵。哎呀,身被放逐于边远之地,一旦失意便难以忍受,何况华人士族,而被处于丑陋之地,然后还能感到快意!议论的人认为张九龄是良臣,识破胡雏安禄山有反骨之相,以与庸才凡器同列为羞耻,私下上奏,廷上谏诤,就是古时的贤哲之人也比不上,辅佐君王之忠勤,没人比得上,然而却终于成为饿鬼。岂不是猜忌之心失于恕道,暗罚最大,虽有二美也不能赎罪啊?不是那样,袁公哪能一句话明断楚之冤狱而招福四世呢?以此相比较,神明哪能欺瞒呢?"

元和十年(815),刘禹锡从武陵被召回京师,宰相又想把他安排在朝内官署任职。那时刘禹锡作《游玄都观咏看花君子》诗,诗语中含有讥刺之意,令掌政的朝臣不高兴,又被出为播州(今贵州遵义)刺史。诏书颁发下去,御史中丞裴度上奏说:"刘禹锡有老母,年纪已经八十多岁。今播州在西南极远之地，是猿猴所居的地方，人迹很少到达。刘禹锡确实有罪，但他的老母实在不能去播州，那么只能和儿子作死别，臣深恐这有伤于陛下孝治之风。希望屈折一下法律，稍移于近处。"宪宗说："作为人子，每件事都要特别谨慎，应常考虑到会不会给双亲带来忧患。今日刘禹锡所应得的罪，理应更重于其他人，你哪里能以孝来议论从宽处理呢？"裴度无语以对。过了很久，皇帝改变面色说："我所说的，是指责作为人子的事，然而总不想伤他老母的心。"于是改授刘禹锡连州（今广东连州市）刺史。他离开京师又经历十多年，接连做了几郡的刺史。

大和二年（828），刘禹锡被从和州（今安徽和县）刺史召入朝，官拜主客郎中。刘禹锡对以前的事衔恨不已，又作《游玄都观诗序》说："我于贞元二十一年（805）任尚书屯田员外郎，那时这个道观还没有花木，这一年我出任连州刺史，不久又贬为朗州司马。在朗州居住十年，被召入京师，那时人人都说有道士手种红桃，栽满道观，开花时烁烁如同早霞，遂有前诗，以记一时之事。不多时，又外出任州郡刺史，至如今又经历十四年，才得以入朝任主客郎中。重游这座道观，已经荡然一树无存，桃花尽净，只有兔葵和燕麦在春风中摇动，因此再题二十八字，以待后游君子。"他的前一首诗，有这样的句子："玄都观里有千树桃花，都是刘郎我离京去后才栽种的。"后一首则有这样的句子："种桃的道士今天不知都到哪里去了，前次来游的刘郎我又到这玄都观里来。"人们赞赏他的才气，却鄙薄他的品行。刘禹锡最为愤怒的是武元衡和李逢吉，而裴度则比较理解他。大和（827～835）中，裴度在中书省，想让刘禹锡任知制诰之职，掌权的朝臣又听说他写了那篇诗序，更加不高兴，因而转为礼部郎中、集贤院学士。裴度罢掉知政事之职，刘禹锡请求分司东都洛阳。他始终因为自恃其才，处世偏激，所以不能长期在朝中任职。（大和五年）六月，授苏州刺史，赐金鱼袋紫衣。任职期满入朝，又授汝州（今河南临汝）刺史，升为太子宾客，分司东都。

刘禹锡晚年和太子少傅白居易相友善，诗歌文笔，当时没有在他们之前的，冠绝一时。白居易常和刘禹锡往来唱和，因而收集他的诗，并写了序言，说："彭城刘禹锡，是诗中之豪者。他的笔锋森森然，很少有敌手。我不自量力，往往触犯其锋。和应者必是同声，相争必是敌手。一往一来，想罢不能。因此每写一篇，先看草稿，看完就兴发，兴发就写成文章，一二年来，每日都找笔墨纸砚，互相赠答，不觉愈来愈多。大和三年（829）春以前，纸墨所存吟稿，共计一百三十八首。其他因醉酒乘兴而作的，或者率然而成口号的，都不在此数之内。于是叫小侄龟儿编录在一起，辑成两轴。仍旧抄写两本，一轴给龟儿，一轴给刘禹锡的小男孩仑郎，要他们好好收藏，附在两家的文集。我近与元稹唱和也颇多，有的传播在人们的口头之中。我曾和元稹开玩笑说：'我和你二十年来作为文友诗敌，是幸，也是不幸。吟咏性情，扬声显名，其适可以忘形，其乐可以忘老，这是幸；然而江南的士人女子议论才子的，多称"元、白"，因为你的原因，使我不能在吴、越之间独冠一时，这是所谓不幸。今年纪已老，又遇到刘禹锡，不是更加不幸吗？'禹锡禹锡，其文章之妙，首推其诗。其神妙之处，我哪敢同他比较？譬如禹锡的'雪里高山头白得很早，海中仙果结实就迟了'、'沉没的船其侧有千帆驶过，病老的树其前有万木争春'之类的句子，真可谓神妙啊。禹锡的诗所在之处，都应有神灵来保护，岂能止于两家的子弟加以秘藏而已！"刘禹锡被名流所推许达到这样的地步。刘禹锡曾写《西塞怀古》《金陵五题》等诗,江南的文士称为佳作,虽然他的名位不显达,但公卿大僚多争相和他交往。

开成(836~840)初年,刘禹锡又任太子宾客,分司东都,不久又授同州(今陕西大荔)刺史。任期已满,又入朝任检校礼部尚书、太子宾客分司。会昌二年(842)七月死,享年七十一,追赠户部尚书。

刘禹锡儿子刘承雍,登进士第,也有文才辞藻。

柳宗元传

【题解】

柳宗元(773~819),唐代文学家、哲学家。字子厚,河东(今西永济)人,世称柳河东。因官终柳州刺史,又称柳柳州。曾参加永贞元年王叔文等领导的革新运动,失败后长期被贬永州、柳州蛮荒之地,死于柳州任上。

柳宗元与韩愈共同倡导了古文运动,同被列入"唐宋八大家",并称"韩柳"。他重视文章的内容,强调"道"与"文"的主次关系,大力提倡古文。他创作了大量论说文、传记文、山水游记、寓言,有着丰富的现实内容和精湛的艺术技巧。又工诗,风格多样,造语精妙。部分诗作思想内容与陶渊明相近,后人将他与王维、孟浩然、韦应物等山水诗人并称"王、孟、韦、柳"。

柳宗元还是位杰出的思想家,他创作了《天说》《天对》《断刑论》《非国语》等重要论著,认为"元气"是物质的客观存在,不

柳宗元

存在更高的主宰,具有朴素的唯物论成分。柳宗元自幼好佛,有儒、释、道"三教调和"的主张。有《河东先生集》。

【原文】

柳宗元,字子厚,河东人。后魏侍中济阴公之系孙。曾伯祖奭,高宗朝宰相。父镇,太常博士,终侍御史。宗元少聪警绝众,尤精西汉、诗、骚。下笔构思,与古为侔。精裁密致,璨若珠贝。当时流辈咸推之。登进士第,应举宏辞,授校书郎、蓝田尉。贞元十九年,为监察御史。

顺宗即位,王叔文、韦执谊用事,尤奇待宗元。与监察吕温密引禁中,与之图事。转尚书礼部员外郎。叔文欲大用之,会居位不久,叔文败,与同辈七人俱贬。宗元为邵州刺史,在道,再贬永州司马。既罹窜逐,涉履蛮瘴,崎岖堙厄,蕴骚人之郁悼,写情叙事,动必以文。为骚文十数篇,览之者为之凄恻。

元和十年,例移为柳州刺史。时朗州司马刘禹锡得播州刺史,制书下,宗元谓所亲曰:"禹锡有母年高,今为郡蛮方,西南绝域,往复万里,如何与母偕行。如母子异方,便为永诀。吾与禹锡为执友,胡忍见其若是?"即草章奏,请以柳州授禹锡,自往播州。会裴度亦奏其事,禹锡终易连州。

柳州土俗,以男女质钱,过期则没入钱主,宗元革其乡法。其已没者,仍出私钱赎之,归其父母。江岭间为进士者,不远数千里皆随宗元师法;凡经其门,必为名士。著述之盛,名动于时,时号"柳州"云。有文集四十卷。元和十四年十月五日卒,时年四十七。子周六、周七,才三四岁。观察使裴行立为营护其丧及妻子还于京师,时人义之。

【译文】

柳宗元,字子厚,河东(今山西永济)人。后魏侍中济阴公之系孙。曾伯祖柳奭,在高宗朝任宰相。父亲柳镇,官太常博士,终侍御史。

柳宗元少年时代,聪明机警,超群出众,尤其精通西汉文章和《诗经》《离骚》。构思落笔为文,可与古人相比并。精心制裁,缜密连缀,璀璨如同编织珍珠和贝壳。当时文林同辈都推崇他。参加科举考试中进士第,又应考中宏辞科,授给校书郎、蓝田(今司陕西)县尉之职。贞元十九年(803),柳宗元任监察御史。

唐顺宗即帝位,王叔文、韦执谊掌权用事,尤其看重并任用柳宗元,将他和监察吕温秘密引入禁中之中,和他们商议大事。柳宗元又转为尚书礼部员外郎。王叔文想让他当大官,恰遇任职不久,王叔文就失败了,他便和七名同辈都被贬谪了。柳宗元被贬为邵州(今湖南宝庆)刺史,赴任途中,再贬为永州(今湖南零陵)司马。柳宗元既遭贬逐,涉足南蛮瘴疠之地,处身崎岖阻塞之境,内怀骚人抑郁之情,所以抒情叙事,一动就写文章。作骚体文章十多篇,阅览的人无不为之感到凄恻哀婉。

元和十年(815),柳宗元按旧例被移为柳州(今属广西)刺史。那时朗州司马刘禹锡任播州(今贵州遵义)刺史,诏书下达,柳宗元同所亲近的人说:"刘禹锡有老母,年事已高,今到蛮方远郡为刺史,在西南绝域之地,来回上万里,哪能让他和老母一起去。如果母亲不去,母子异方,便成为永别。我和禹锡是志同道合的朋友,哪能忍心看他母子这样为难呢?"遂起草奏章,请求将柳州授给刘禹锡,自己赴播州上任。正遇裴度也奏请照顾刘禹锡母子,所以刘禹锡终于改授连州(今广东连州市)刺史。

柳州风俗,用男或女为质去借钱,如果过期没还钱,人质便为钱主所没收。柳宗元到了柳州,便革掉这种土法。那些已经被钱主没收的男女,柳宗元自己出私钱赎取,并归还给他们的父母。长江至岭南之间,凡是想考进士的,不远千里,都来跟随柳宗元,拜他为师。凡是经柳宗元指点过的,必成为名士。柳宗元著述之多,文名震动当代,时人号称"柳州"。有文集四十卷。元和十四年(819)十月五日死,享年四十七。那时他的儿子周六和周七,才三四岁。观察使裴行立为柳宗元办理丧事,并护送他的妻室和儿子返回京师,当时的人赞扬他很有义气。

柳公权传

【题解】

柳公权字诚悬(778~865),京兆华原(今陕西耀州区)人。元和年间中进士。柳氏一门,系世宦人家,他的叔父柳子华曾任池州刺史,他的哥哥柳公绰,任河东节度使,堂弟柳公度,仕至光禄少卿。他的侄儿柳仲郢仕至天平刺史。柳公权亦仕至工部尚书、太子少师。

柳公权是我国唐代著名书法家,以书法得到皇帝的宠幸。唐代的皇帝以李世民为代表,最喜爱书法艺术,在最高统治者的提倡下,书法艺术在唐代形成我国书法艺术的高峰,虞世南、颜真卿、欧阳询、褚遂良、柳公权等杰出书法家灿若群星。柳公权的书法,兼收各家之长,形成自己刚劲清丽的书风,世称"颜筋柳骨",对后世习书者有很大影响。旧时蒙童学书,不少是从柳书入手。传世的书法作品有《送梨帖跋》《玄秘塔》《金刚经》《神策军碑》等帖。

【原文】

公权字诚悬。幼嗜学,十二能为辞赋。元和初,进士擢第,释褐秘书省校书郎。李听镇夏州,辟为掌书记。穆宗即位,入奏事,帝召见,谓公权曰:"我于佛寺见卿笔迹,思之久矣。"即日拜右拾遗,充翰林侍书学士,迁右补阙、司封员外郎。穆宗政僻,尝问公权笔何尽善,对曰:"用笔在心,心正则笔正。"上改容,知其笔谏也。历穆、敬、文三朝,侍书中禁。公绰在太原,致书于宰相李宗闵云:"家弟苦心辞艺,先朝以侍书见用,颇偕工祝,心实耻之,乞换一散秩。"乃迁右司郎中,累换司封、兵部二郎中、弘文馆学士。

文宗思之,复召侍书,迁谏议大夫。俄改中书舍人,充翰林书诏学士。每浴堂召对,继烛见跋,语犹未尽,不欲取烛,宫人以蜡泪揉纸继之。从幸未央宫苑中,驻辇谓公权曰:"我有一喜事,边上衣赐,久不及时,今年二月给春衣讫。"公权前奉贺,上曰:"单贺未了,卿可贺我以诗。"宫人迫其口进,公权应声曰:"去岁虽无战,今年未得归。皇恩何以报,春日得春衣。"上悦,激赏久之。便殿对六学士,上语及汉文恭俭,帝举袂曰:"此澣濯者三矣。"学士皆赞咏帝之俭德,唯公权无言,帝留而问之,对曰:"人主当进贤良,退不肖,纳谏净,明赏罚。服澣濯之衣,乃小节耳。"时周墀同对,为之股

柳公权

慄，公权辞气不可夺。帝谓之曰："极知舍人不合作谏议，以卿言事有诤臣风采，却授卿谏议大夫。"翌日降制，以谏议知制诰，学士如故。

开成三年，转工部侍郎，充职。尝入对，上谓曰："近日外议如何？"公权对曰："自郭旼除授邠宁，物议颇有臧否。"帝曰："旼是尚父之从子，太皇太后之季父，在官无过。自金吾大将授邠宁小镇，何事议论耶？"公权曰："以旼勋德，除镇攸宜。人情论议者，言旼进二女入宫，致此除拜，此信乎？"帝曰："二女入宫参太后，非献也。"公权曰："瓜李之嫌，何以户晓？"因引王珪谏太宗出庐江王妃故事，帝即令南内使张日华送二女还旼。公权忠言匡益，皆此类也。

累迁学士承旨。武宗即位，罢内职，授右散骑常侍。宰相崔珙用为集贤学士、判院事。李德裕素待公权厚，及为珙奏荐，颇不悦，左授太子詹事，改宾客。累迁金紫光禄大夫、上柱国、河东郡开国公，食邑二千户。复为左常侍、国子祭酒。历工部尚书。咸通初，改太子少傅，改少师，居三品、二品班三十年。六年卒，赠太子太师，时年八十八。

公权初学王书，遍阅近代笔法，体势劲媚，自成一家。当时公卿大臣家碑板，不得公权手笔者，人以为不孝。外夷入贡，皆别署货贝，曰此购柳书。上都西明寺《金刚经碑》备有钟、王、欧、虞、褚、陆之体，尤为得意。文宗夏日与学士联句，帝曰："人皆苦炎热，我爱夏日长。"公权续曰："薰风自南来，殿阁生微凉。"时丁、袁五学士皆属继，帝独讽公权两句，曰："辞清意足，不可多得。"乃令公权题于殿壁，字方圆五寸，帝视之叹曰："钟、王复生，无以加焉！"

大中初，转少师，中谢，宣宗召升殿，御前书三纸，军容使西门季玄捧砚，枢密使崔巨源过笔。一纸真书十字，曰"卫夫人传笔法于王右军"；一纸行书十一字，曰"永禅师真草《千字文》得家法"；一纸草书八字，曰"谓语助者焉哉乎也"。赐锦彩、瓶盘等银器，仍令自书谢状，勿拘真行，帝尤奇惜之。

公权志耽书学，不能治生，为勋戚家碑板，问遗岁时巨万，多为主藏竖海鸥、龙安所窃。别贮酒器杯盂一笥，缄縢如故，其器皆亡。讯海鸥，乃曰："不测其亡。"公权哂曰："银杯羽化耳。"不复更言。所宝唯笔砚图画，自扃镝之。常评砚，以青州石末为第一，言墨易冷，绛州黑砚次之。尤精《左氏传》《国语》《尚书》《毛诗》《庄子》。每说一义，必诵数纸。性晓音律，不好奏乐，常云："闻乐令人骄怠故也。"

【译文】

柳公权字诚悬。从小就喜欢学习，十二岁就能作辞作赋。元和初年中进士，初仕为秘书省校书郎。李听镇守夏州，任他为掌书记之官。唐穆宗即位，柳公权进京回奏政事，穆宗召见，对他说："我在佛寺中看到你的笔迹，很久就想见见你。"当天就升任他为右拾遗，补翰林学士之职，后又升为右补阙、司封员外郎。唐穆宗荒淫，行政乖僻，他曾向柳公权问怎样用笔才能尽善尽美，柳公权回答说："用笔的方法，全在于用心，心正则笔法自然尽善尽美。"皇帝面带愧色，知道他这是借用笔法来进行劝诫。御公权历事穆宗、敬宗、文宗三朝，都在宫中担任侍书之职。他的哥哥柳公绰在太原任职，写信给宰相李宗闵说："我的弟弟苦心钻研文章书法，先朝只任他为侍书，这种职务，和占卜小吏没有什么区别，我也以此为耻，请给他调换一个闲散职位。"于是升任右司郎中，又转为司封郎中、兵部郎中、弘文馆学士。

文宗思念他，又召他为侍书，升任谏议大夫。不久又改为中书舍人，充任翰林书诏学士。每次在浴堂回答文宗的提问，常常是蜡烛烧完了，而谈兴正浓，不肯花工夫去取蜡烛，宫中婢女便用蜡油湛纸来照明。他曾随从文宗去未央宫花园中游玩，文宗停下车子对柳公权说："有一件使我高兴的事。过去赐给边兵的服装，常常不能及时发下，现在二月里就把春衣发放完毕。"柳公权上前祝贺，文宗说："只是祝贺一下，还不能把你的心意表达清楚，你应作首诗向我祝贺。"宫人催他亲口念给皇帝听，柳公权应声念道："去岁虽无战，今年未得归。皇恩何以报，春日得春衣。"文宗听了很高兴，赞赏了好大一会儿。

有一次文宗在便殿召见六位学士，文宗说起汉文帝的节俭，便举起自己的衣袖说："这件衣服已经洗过三次了。"学士们都纷纷颂扬文宗的节俭品德，只有柳公权闭口不说话，文宗留下他，问他为什么不说话，柳公权回答："君主的大节，应该注意起用贤良的人才，黜退那些不正派的佞臣，听取忠言劝诫，分明赏罚。至于穿洗过的衣服，那只不过是小节，无足轻重。"当时周墀也在场，听了他的言论，吓得浑身发抖，但柳公权却理直气壮。文宗对他说："我深知你这个舍人之官不应降为谏议，但因你有谏臣风度，那就任你为谏议大夫吧。"第二天下旨，任他为谏议大夫兼知制诰，学士衔仍旧。

开成三年，调转为工部侍郎，只不过是备员而已。文宗曾召他问事，对他说："近来外边有什么议论？"柳公权回答说："自从郭旼被任为邠宁节度使，人们议论纷纷，有的说好，有的说不好。"文宗说："郭旼是尚父郭子仪的侄子，太皇太后的叔父，在职也没有过错。从金吾大将升任小小的邠宁节度使，还议论什么呢？"柳公权说："凭郭旼的功绩和品德，任命为节度使是合适的。人们议论的原因，据说是郭旼把两个女儿献入宫中，因此才升官，这是真的吗？"文宗说："他的两个女儿进宫，是来看望太后的，并不是他进献女儿。"柳公权说；"常言说，瓜田不拾履，李下不整冠，如没有嫌疑，为什么这事嚷得家喻户晓？"他因而举出王珪劝太宗送卢江王妃出宫的事例来说明利害，文宗当即派内使张日华把二女送还郭旼家。柳公权忠正直言匡求失误，大都和这事一样。

柳公权屡次升迁，在文宗朝升为学士承旨。唐武宗即位，罢去内府学士官职，任命他为右散骑常侍。宰相崔珙举荐他为集贤殿学士、判院事。李德裕本来对柳公权不错，当柳公权被崔珙举荐时，很不高兴，降他为太子詹事，改为太子宾客。再历升为金紫光禄大夫、上柱国、河东郡开国公，封邑二千户。又任为左常侍、国子祭酒。历升工部尚书。咸通初年，改任太子少傅，又改任太子少师，在三品、二品的官位上达三十年之久。咸通六年去世，赠衔太子太师，时年八十八岁。

柳公权最初学习王羲之的书法，广泛浏览近世各家笔迹，形成自己遒劲、妩媚的书风，自成一家。当时公卿大臣家为先人立碑，如果得不到柳公权亲笔所书的碑文，人们会认为是不孝行为。外国使者来进贡，都专门封上货币，上面注明这是购买柳公权书作的专款。长安西明寺的《金刚经碑》为柳公权所书，兼收钟繇、王羲之、欧阳询、虞世南、褚遂良、陆东之等人的笔法，更是他得意之作。文宗在夏天和学士们联句作诗，文宗的首联是："人皆苦炎热，我爱夏日长。"柳公权续作："薰风自南来，殿阁生微凉。"当时丁、袁等五学士都相继联句，文宗只吟诵柳公权两句诗，论道："词句清丽，诗意表达充分，不可多得。"于是命柳公权题写在宫殿的墙壁上，每字方圆五寸，文宗看了以后，赞叹说："钟繇、王羲之再生,也超不过啊!"

宣宗大中初年,升为少师,柳公权进宫答谢,宣宗召他上殿,让他当面书写三幅字。军容使西门季玄替他捧砚台,枢密使崔臣源替他伸纸。一幅写的是正楷十个字,"卫夫人传笔法于王右军";一幅是行书十一个字,"永禅师真草《千字文》得家法";一幅是草书八个字,"谓语助者焉哉乎也"。赏赐给他锦缎、瓶盘等银器,并命令他亲自书写答谢表,不拘楷书、行书,宣宗对他的谢表,特别珍惜。

柳公权专心于书法艺术,没有精力管理家务,他替勋臣贵戚家书写碑文,每年得到大量的金钱馈赠,这些钱大都被主管财物的奴仆海鸥、龙安等人偷去。他存放着一筐酒具杯盘等银器,他发现筐上的封条原封未动,但器皿却不翼而飞。他审问海鸥,海鸥说:"我也不知道怎么丢的。"柳公权微微一笑,说道:"大概银杯长出翅膀飞去了。"就不再说什么。他珍视的只有笔砚和书画,都亲自锁起来。他曾品评砚石的高下,他认为青州的石末砚为第一,轻磨即可发墨;绛州黑石砚次之。他特精于《左传》《国语》《尚书》《毛诗》《庄子》,每讲说一词一义,常写满好几篇纸。他通晓音律,却不喜欢听演奏,他常说:"这是由于听音乐容易使人产生骄慢情绪的缘故。"

王弘义传

【题解】

王弘义,靠告发别人发迹,凶残狠毒,自称"我的文牒,好比狼毒、野葛等物。"为了乡间邻居拒绝给他瓜,竟挖空心思毁人全部瓜园。他最终被胡元礼用杖击毙,大约也是天道昭昭。

【原文】

王弘义,冀州衡水人也。告变,授游击将军。天授中,拜右台殿中侍御史。长寿中,拜左台侍御史,与来俊臣罗告衣冠。延载元年,俊臣贬,弘义亦流放琼州,妄称敕追。时胡元礼为侍御史,使岭南道,次于襄、邓,会而按之。弘义词穷,乃谓曰:"与公气类。"元礼曰:"足下任御史,元礼任洛阳尉;元礼今为御史,公乃流囚,复何气类?"乃榜杀之。弘义每暑月系囚,必于小房中积蒿而施毡褥,遭之者斯须气绝矣。苟自诬引,则易于他房。与俊臣常行移牒,州县怵惧,自矜曰:"我之文牒,有如狼毒野葛也。"弘义常于乡里傍舍求瓜,主吝之,弘义乃状言瓜园中有白兔,县官命人捕逐,斯须园苗尽矣,内史李昭德曰:"昔闻苍鹰狱吏,今见白兔御史。"

【译文】

王弘义,冀州衡水(今属河北)人。因告发别人,被任命为游击将军。武后天授年间,任右台殿中侍御史。长寿年间,任左台侍御史,跟来俊臣一起罗织诬告士大夫。延载元年,来俊臣被贬,王弘义也被流放琼州,他造谣说武则天有敕书追回。当时胡元礼任侍御史,出使岭南道,汀盯在襄阳、邓县,参加查问王弘义。王弘义无话可说,就对胡元礼说:"和您是同类。"胡元礼说:"您当御史,我胡元礼当洛阳尉;我现在当御史,您是流放的囚犯,还是什么同类?"于是把他用杖击毙。王弘义每当夏天监禁囚犯,必定在小屋子中堆积草料而上铺毡褥,被关进去的只要一会就中暑而气绝,要是自己屈招,就换进别的房间去。他和来俊臣常常发布文牒,州县官见到了都害怕,他自夸说:"我的文牒,好比狼毒、野葛等物。"王弘义曾在乡间邻居处索要瓜,主人舍不得给,王弘义就发公文说瓜园中有白兔,县官派人捕捉,一会儿园中的瓜苗都被践踏完了。内史李昭德说:"从前听说有苍鹰狱吏,现在见到了白兔御史。"

王旭传

【题解】

在唐代的酷吏中,王旭可以说是一个善于投机的人物,他以斩杀张易之兄昌仪起家。等到玄宗诛韦氏时,他又以杀并州长史周仁轨得到重用。像张昌仪、周仁轨等人,自有其该杀的原因,但处理卢崇道一案,连累几十人,就未免是滥杀了,所以当时的舆论对他很不满。

至于王旭陷害纪希虬的哥哥,只是为了想霸占其妻子。从这件事看来,就可以知道他的为人,最后被纪希虬揭发赃污,贬官而死,可谓罪有应得。

【原文】

王旭,太原祁人也。曾祖王珪,贞观初为侍中,尚永宁公主。旭解褐鸿州参军,转究州兵曹。神龙元年正月,张柬之、桓彦范等诛张易之、昌宗兄弟,尊立孝和皇帝。其兄昌仪,先贬乾封尉,旭斩之,赍其首赴于东都,迁并州录事参军。唐隆元年,玄宗诛韦庶人等,并州长史周仁轨,韦氏之党,有诏诛之,旭不复敕,又斩其首,驰赴西京。开元二年,累迁左台侍御史。时光禄少卿卢崇道以崔湜妻父,贬于岭外。逃归,匿于东都,为仇家所发,诏旭究其狱。旭欲擅其威权,因捕崇道亲党数十人,皆极其楚毒,然后结成其罪,崇道及三子并杖死于都亭驿,门生亲友皆决杖流贬。时得罪多是知名之士,四海冤之。旭又与御史大夫李杰不叶,递相纠评,杰竟左迁徐州刺史。旭既得志,擅行威福,由是朝廷畏而鄙之。

五年,迁左司郎中,常带侍御史。旭为吏严苛,左右无敢支梧,每衔令推劾,一见无不输款者。时宋王宪府掾纪希虬兄任剑南县令,被告有赃私,旭使至蜀鞫之。其妻美,旭威逼之。因奏决杀县令,纳赃数千万。至六年,希虬遣奴作为祇承人,受顾在台,事旭数月,旭赏之,召入宅中,委以腹心。其奴密记旭受馈遗嘱托事,乃成数千贯,归谒希虬。希虬衔泣见宪,叙以家冤。宪悯之,执其状以奏,诏付台司劾之,赃私累巨万,贬龙平尉,愤恚而死,甚为时人之所庆快。

【译文】

王旭,太原祁(今属山西)人。曾祖王珪,唐太宗贞观初年为侍中,封永宁郡公。王旭刚出仕任鸿州参军,转为兖州兵曹。中宗神龙元年正月,张柬之、桓彦范等诛杀了张易之、张昌宗兄弟,尊立孝和皇帝(中宗)。张易之等的哥哥张昌仪,先贬谪为乾封尉,王旭把他斩首,封藏他的首级送往东都洛阳,因功被升迁为并州录事参军。唐温王唐隆元年,玄宗诛讨韦庶人(韦后)等,并州长史周仁轨是韦氏的党羽,有诏书叫诛杀他,王旭并不覆劾敕书,又把周仁轨斩首,奔赴西京。开元二年,升迁为左台侍御史。当时光禄少卿卢崇道因为是崔湜的岳父,被贬到岭外。他逃了回来,藏在东都,被仇人所告发,玄宗下诏让王旭来审查这案子。王旭想擅弄威权,因此逮捕了卢崇道的亲友党羽几十人,都施以酷刑,然后给他们定了罪,卢崇道和他三个儿子都被打死在都亭驿,门生亲友都被棒打后流放。当时获罪的大多是知名的人,天下人为之称冤。王旭又和御史大夫李杰不和,互相弹劾告发,李杰竟被贬为衢州刺史。王旭既然得志,就擅自作威作福,因此朝廷中的官员既怕他又鄙视他。

开元五年,王旭任左司郎中,常兼侍御史之职。王旭做官严厉而苛刻,左右的属员没有人敢说不同的话,他每次奉命审讯犯人,一见面就没有不认罪的。当时宋王李宪府的掾属纪希虬的哥哥做剑南县令,被人告发有赃污私,王旭出使蜀地审讯他。这县令的妻子长得漂亮,王旭威逼她,就此上奏判决县令死刑,上缴没收的赃款几千万。至开元六年,纪希虬派他的家奴假装伺候官员的人,在台省受雇佣,服侍王旭几个月,王旭很欣赏他,把他召进私宅里,当成心腹。纪希虬的家奴暗中记下王旭受贿给人办事,赃款有几千贯,就回去告诉纪希虬,纪希虬哭着去见李宪,讲了家中的冤枉。李宪怜悯他,把这事实奏闻皇帝,玄宗下诏让台省有关部门弹劾王旭,查出赃款近万万,贬他为龙平尉,忧愤羞愧而死,为当时人所拍手称快。

陈子昂传

【题解】

陈子昂(659~700),盛唐文学家。字伯玉,梓州射洪(今属四川)人。少任侠,武后时上书论政,先后任麟台正字、右拾遗等职,曾随军抗击契丹。后辞官回乡,受县令段简诬陷,下狱死。

陈子昂的文学创作和主张在唐代很有影响,是唐朝诗文革新的先驱。他论诗标举汉魏风骨,强调兴寄,反对柔靡文风。所作《感遇》等诗,指斥时弊,风骨高昂清峻。在文章的创作上强调散体,反对浮艳。他的文章质朴疏朗,受到唐代古文家的称赞。有《陈伯玉集》。

【原文】

陈子昂,梓州射洪人。家世富豪,子昂独苦节读书,尤善属文。初为《感遇诗》三十首,京兆司功王适见而惊曰:"此子必为天下文宗矣!"由是知名。举进士。会高宗崩,灵驾将还长安,子昂诣立上书,盛陈东都形势胜,可以安置山陵,关中旱俭,灵驾西行不便。曰:

陈子昂读书台

梓州射洪县草莽愚臣子昂,谨顿首冒死献书阙下。臣闻明王不恶切直之言以纳忠,烈士不惮死亡之诛以极谏。故有非常之策者,必待非常之时;得非常之时者,必待非常之主。然后危言正色,抗义直辞,赴汤镬而不回,至诛夷而无悔。岂徒欲诡世夸俗,厌生乐死者哉!实以为杀身之害小,存国之利大,故审计定议而甘心焉。况乎得非常之实,遇非常之主,言必获用,死亦何惊,千载之迹,将不朽于今日矣。

伏惟大行皇帝遗天下,弃群臣,万国震惊,百姓屠裂。陛下以徇齐之圣,承宗庙之重,天下之望,喁喁如也,莫不冀蒙圣化,以保余年,太平之主,将复在于兹矣。况皇太后又以文母之贤,协轩宫之耀,军国大事,遗诏决之,唐、虞之际,于斯盛矣。臣伏见诏书,梓宫将迁西京,鸾舆亦欲陪幸,计非上策,智者失图,庙堂未闻有骨鲠之谟,朝廷多见有顺从之议,臣窃惑以为过矣。伏自思之,生圣日,沐皇风,摩顶至踵,莫非亭育,不能历丹凤,抵濯龙,北面玉阶,东望金屋,抗音而正谏者,圣王之罪人也。所以不顾万死,乞见一言,愿蒙听览,甘就鼎镬,伏惟陛下察之。

臣闻秦都咸阳之时,汉都长安之日,山河为固,天下服义。然犹北取胡、宛之利,南资巴蜀之饶。自渭入河,转关东之粟;逾沙绝漠,致山西之储。然后能削平天下,惮压诸侯,长辔利策,横制宇宙。

今则不然。燕、代迫匈奴之侵,巴、陇婴吐蕃之患,西蜀疲老,千里赢粮,北国丁男,十五乘塞,岁月奔命,其弊不堪。秦之首尾,今为阙矣,即所余者,独三辅之间耳。顷遭荒馑,人被荐饥。自河以西,莫非赤地;循陇以北,罕逢青草。莫不父兄转徙,妻子流离,委家丧业,膏原润莽,此朝廷之所备知也。赖以宗庙神灵,皇天悔祸,去岁薄稔,前秋稍登,使赢饿之余,得保性命,天下幸甚,可谓厚矣。然而流人未返,田野尚芜,白骨纵横,阡陌无主。至于蓄积,尤可哀伤。陛下不料其难,贵从先意,遂欲长驱大驾,按节秦京,千乘万骑,何方取给?况山陵初制,穿复未央,土木工匠,必资徒役。今欲率疲弊之众,兴数万之军,征发近畿,鞭扑赢老,凿山采石,驱以就功。春作无时,秋成绝望,凋瘵遗噍,再罗艰苦。倘不堪弊,必有逋逃,"子来"之颂,将何以述之?此亦宗庙之大机,不可不审图也。况国无兼岁之储,家鲜匝时之蓄,一旬不雨,犹可深忧,忽加水旱,人何以济?陛下不深察始终,独违群议,臣恐三辅之弊,不止如前日矣!

且天子以四海为家,圣人包六合为宇。历观邃古,以至于今,何尝不以三王为仁,五帝为圣。虽周公制作,夫子著明,莫不祖述尧、舜,宪章文、武,为百王之鸿烈,作千载之雄

图。然而舜死陟方，葬苍梧而不返；禹会群后，殁稽山而永终。岂其爱蛮夷之乡而鄙中国哉？实将欲示圣人无外也。故能使坟藉以为美谈，帝王以为高范。况我巍巍大圣，轹帝登皇，日月所照，莫不率俾。何独秦、丰之地，可置山陵，河、洛之都，不堪园寝？陛下岂不察之，愚臣窃为陛下惜也。且景山崇丽，秀冠群峰，北对嵩、邙，西望汝海，居祝融之故地，连太昊之遗墟，帝王图迹，纵横左右，园陵之美，复何加焉。陛下曾未察之，谓其不可，愚臣鄙见，良足尚矣。况瀍、涧之中，天地交会，北有太行之险，南有宛、叶之饶，东压江、淮，食湖海之利，西驰崤、渑，据关河之宝。以聪明之主，养纯粹之人，天下和平，恭己正南而已。陛下不思瀍、洛之壮观，关、陇之荒芜，乃欲弃太山之安，履焦原之险，忘神器之大宝，徇曾、闵之小节，愚臣暗昧，以为甚矣。陛下何不览争臣之策，采行路之谣，谘谟太后，平章宰辅，使苍生之望，知有所安，天下岂不幸甚。

昔者平王迁都，先武都洛，山陵寝庙，不在东京，宗社坟茔，并居西土，然而春秋美为始王，汉书载为代祖，岂其不愿孝哉？何圣贤褒贬于斯滥矣？实以时有不可，事有必然。盖欲遗小存大，去祸归福，圣人所以贵也。夫小不忍乱大谋，仲尼之至诚，愿陛下察之，若以臣愚不用，朝议遂行，臣恐关、陇之忧，未时休也。

臣又闻太原蓄钜万之仓，洛口积天下之粟，国家之资，斯为大矣。今欲舍而不顾，背以长驱，使有识惊嗟，天下失望。倘鼠窃狗盗，万一不图，西入陕州之郊，东犯武牢之镇，盗敖仓一杯之粟，陛下何以遏之？此天下之至机，不可不深料也。虽则盗未旋踵，诛刑已及，灭其九族，焚其妻子，泣辜虽恨，将何及焉！故曰："先谋后事者逸，先事后谋者失。""国之利器，不可以示人。"斯言岂徒设也，固愿陛下念之。

则天召见，奇其对，拜麟台正字。

则天将事雅州讨生羌，子昂上书曰：

麟台正字臣子昂昧死上言。臣闻道路云：国家欲开蜀山，自雅州道入讨生羌，因以袭击吐蕃。执事者不审图其利害，遂发梁、凤、巴蜓兵以徇之。臣愚以为西蜀之祸，自此结矣。

臣闻乱生必由于怨。雅州边羌，自国初以来，未尝一日为盗。今一旦无罪受戮，其怨必甚；怨甚惧诛，必蜂骇西山；西山盗起，则蜀之边邑，不得不连兵备守；兵久不解，则蜀之祸构矣。昔后汉末西京丧败，盖由此诸羌。此一事也。

且臣闻吐蕃桀黠之虏，君长相信，而多奸谋。自敢抗天诛，迩来向二十余载，大战则大胜，小战则小胜，未尝败一队，亡一夫。国家往以薛仁贵、郭待封为虓武之将，屠十一万众于大非之川，一甲不返。又以李敬玄、刘审礼为廊庙之器，辱十八万乘于青海之泽，身囚虏廷。是时精甲勇士，势如云雷，然竟不能擒一戎，馘一丑，至今而关、陇为空。今乃欲以李处一为将，驱憔悴之兵，将袭吐蕃，臣窃忧之，而为此虏所笑。此二事也。

且夫事有求利而得害者。则蜀昔时不通中国，秦惠王欲帝天下而并诸侯，以为不兼赍，不取蜀，势未可举，乃用张仪计，饰美女，谲金牛，因间以啖蜀侯。蜀侯果贪其利，使五丁力士凿通谷，栈褒斜，置道于秦。自是险阻不关，山谷不闭，张仪蹑踵乘便，纵兵大破之，蜀侯诛，赍邑灭。至今蜀为中州，是贪利而亡。此三事也。

且臣闻吐蕃羯虏，爱蜀之珍富，欲盗之久有日矣。然其势不能举者，徒以山川阻绝，障隘不通，此其所以顿饿狼之喙而不得侵食也。今国家乃乱边羌，开隘道，使其收奔亡之种,为向导以攻边。是乃借寇兵而为贼除道,举全蜀以遗之。此四事也。

臣窃观蜀之西南一都会,国家之宝库,天下珍货聚出其中。又人富粟多,顺江而下,可以兼济中国。今执事者乃图侥幸之利,悉以委事西羌。地不足以富国,徒杀无辜之众,以伤陛下之仁,靡费随之,无益圣德,又况侥幸之利,未可图哉!此五事也。

夫蜀之所宝,恃险者也;人之所安,无犇也。今国家乃开其险,役其人,险开则便寇,人役则伤财。臣恐未见羌戎,已有奸盗在其中矣。往年益州长史李崇真图此奸利,传檄称吐蕃欲寇松州,遂使国家盛军师、大转饷以背之。末二三年,巴蜀二十余州,骚然大弊,竟不见吐蕃之面,而崇真赃钱已计钜万矣。蜀人残破,几不堪命。此之近事,犹在人口,陛下所亲知。臣愚意者不有奸臣欲图此利,复以生羌为计者哉!此六事也。

且蜀人尪劣,不习兵战,一虏持矛,百人莫敢当。又山川阻旷,去中夏精兵处远。今国家若击西羌,掩吐蕃,遂能破灭其国,奴虏其人,使其君长系首北阙,计亦可矣。若不到如此,臣方见蜀之边陲不守,而为羌夷所横暴。昔辛有见被发而祭伊川者,以为不出百年,此其为戎。臣恐不及百年而蜀为戎。此七事也。

且国家近者有废安北,拔单于,弃龟兹,放疏勒,天下翕然,谓之盛德。所以者何?盖以陛下务在仁,不在广;务在养,不在杀,将以此息边鄙,休甲兵,行三皇、五帝之事者也。今又徇贪夫之义,谋动兵戈,将诛无罪之戎,而遗全蜀之患,将何以令天下乎?此愚臣所以不甚悟者也。况当今山东饥,关、陇弊,历岁枯旱,人有流亡。诚是圣人宁静思和天人之时,不可动甲兵,兴大役,以自生乱。臣又流闻西军失守,北军不利,边人忙动,情有不安。今者复驱此兵,投之不测。臣闻自古亡国破家,未尝不由黩兵。今小人议夷狄之利,非帝王之至德也,又况弊中夏哉!

臣闻古之善为天下者,计大而不计小,务德而不务刑,图其安则思其危,谋其利则虑其害,然后能长享福禄,伏愿陛下熟计之。

再转右拾遗,数上书陈事,词皆典美。时有同州下邽人徐元庆,父为县尉赵师韫所杀,后师韫为御史,元庆变姓名于驿家佣力,候师韫,手刃杀之。议者以元庆孝烈,欲舍其罪。子昂建议以为"国法专杀者死,元庆宜正国法,然后旌其闾墓,以褒其孝义可也。"当时议者咸以子昂为是。俄授麟台正字。武攸宜统军北讨契丹,以子昂为管记,军中文翰皆委之。子昂父在乡,为县令段简所辱,子昂闻之,遽还乡里。简乃因事收系狱中,忧愤而卒,时年四十余。

子昂褊躁无威仪,然文词宏丽,甚为当时所重。有集十卷,友人黄门侍郎卢藏用为之序,盛行于代。

子昂卒后,益州成都人间丘均,亦以文章著称。景龙中,为安乐公主所荐,起家拜太常博士。而公主被诛,均坐贬为循州司仓,卒。有集十卷。

【译文】

陈子昂,梓州射洪(今属四川)人。他家世代都是富豪,只有陈子昂能立志苦读书籍,并且特别善于作文。早期作《感遇诗》三十首,京兆司功王适读了他的这组诗,惊奇地说:"这个人将来必定成为天下文章的宗师!"由于王适的激赏,陈子昂因而名声大振。他参加科举考试,中了进士。当时高宗死在洛阳,灵柩要运回长安(今陕西西安),陈子昂给朝廷上书，大讲东都洛阳的地理形势，说可以在那里建造皇帝的陵墓，安置高宗灵柩；关中因旱灾而歉收，并不丰足，灵柩西运不太合适。上书说：

梓州射洪县寄在草野之愚臣陈子昂，恭敬地叩头冒死上书于朝廷。臣听说圣明的君主并不厌恶切直的言辞，以接纳忠臣的进谏，壮烈之士不怕死亡杀戮，而极力规劝。所以有不同寻常的计策的，一定要等待不同寻常的时机；得到不同寻常的时机，也一定要等待不同寻常的君主。然后不避危难，端正严肃地仗义执言，就是赴汤蹈火也在所不顾，乃至株连九族也在所不悔。哪里是只想欺瞒世俗之人而夸耀自己，或者是厌恶生而乐于死呢！实在是认为杀身，其害应当说是小的，而保国，其利应当说是大的，所以必认真地审定大计议案，才感到痛快。况且得到不同寻常的时机，遇到不同寻常的君主，说的建议，倘若被采纳，即使处死，又有什么可怕的呢，死了也一定不朽于今世的。

臣俯伏思考，一去不返的皇帝丢下天下，舍弃群臣，万国都为之震惊，百姓为之悲伤欲绝。今陛下以敏慧聪明，继承宗庙社稷，天下人的属望，犹如群鱼之口向于水面，十分向慕陛下，莫不希望受到皇上圣德恩惠，以保其余生。致太平的圣明君主，将再现于今日之世了。况且皇太后又能以文母的贤淑之质，和轩宫星一样明亮，军事国事之大计，都降诏书加以裁决，唐尧虞舜之时的承平气象，于今又隆盛了。

臣俯伏见陛下诏书，知道高宗梓棺将迁回西京长安，皇上的车驾也要陪同来回，此议实在不是上等计策，而是聪明的人一时失算，但朝廷里却没听说有正直的谋划，大臣里大都是随声附和的议论，臣疑惑这是一种过失。臣私下自思，生于圣明之世的今日，沐浴着皇恩浩荡的春风，从头至脚，无不是皇上抚养培育的，而不能经丹凤之阙，到濯龙之池，北向白玉砌的台阶，东向黄金盖的殿屋，向皇上高声进谏，提出自己的意见，确是圣明之主的负罪之人啊。所以今天不顾万死，乞求献上一言，希望能得皇上听到或者看到，能这样，就是下油锅烹，死也甘心，请陛下明察为感。

臣听说秦朝建都咸阳（故址在今陕西西安东北）的时候，汉朝建都长安（今陕西西安）的时候，山与河都固若金汤，天下之人都驯服了。然而还要向北取匈奴沙漠地区之利，向南取巴蜀西南地区之资。从渭河入黄河，转运幽关东边的米粟；越过沙漠塞北，去罗致华山之西的储藏。然后才能削平天下，征服诸侯，骑上战马，扬起长鞭，横行四海，制服宇宙。今天却不是这样，北方的燕国代郡之地，匈奴南侵已逼到那里，巴、陇之地，也有吐蕃入侵之患，西蜀疲乏衰弱的老人，要到千里外去挑粮食，北国的丁壮男子，十五岁就要从征出塞，成年累月在外面疲于奔命，疲惫不堪。秦朝版图的头和尾，今均已缺而不存，所剩下的只有关中三辅之地而已。不久前，又遭饥荒，百姓遭灾，死亡甚多。自黄河以西，因久旱缺水致使赤地千里，颗粒无收；向陇山以北看去，几乎看不到青草。到处莫不是父母兄弟辗转迁徙，妻子儿女流离失所，失去家园，丢弃产业，肥润了荒原野莽，这种情况是朝内众所周知的。

有赖祖宗神灵保佑，皇天也后悔降祸于人间，所以去年的庄稼小获丰收，使那些还没因饥饿致死的灾民，有口饭吃，因而得以保全性命，真是天下有幸，可称厚福。然而流亡他乡的灾民至今尚未返回家园，田野耕地仍然一片荒芜，到处是白骨纵横，田地阡陌没有主人。至于说到积荒，更是可怜，令人哀伤。陛下没想到这些困难，而重视先皇的主意，因而要长驱大驾，举着旌节旗帜，将灵柩运入西京长安，千辆车，万匹马，向哪里去征取粮草来喂养呢？何况高宗陵墓，其初定体制，要穿凿覆盖，工程浩大，土工木匠，都需要征集徭役人工。今天要率领疲惫不堪之众，发数千万兵之军，征调京畿民众，鞭打老弱百姓，凿山采石，运输建陵，春耕播种误了农时，秋天的收成也就绝望了，经过凋敝的残余之民，再受艰辛苦楚。如有不堪其苦者，定会逃亡，那么《诗经·大雅·灵台》所说的"庶民子来"，像子女急于父母之事，不召自来，效忠王室，这将怎么解释呢？这也是宗庙社稷兴衰成败的大关键，不可不慎重思考呀。况且，如果国家没有两年的钱粮储备，家庭没有三月的粮食储备，十日不下雨，尚且值得深深忧虑，倘若忽然加上水灾或旱灾，有谁能加以接济呢？陛下不深刻地考察前因后果，独自与众人持相反意见，臣生怕关中三辅之地的凋敝景象，将不止像前些时候那样，或许还要严重啊！

况且天子总以四海为家庭，圣人总包上下四方六合为屋宇。历观远古，及至如今，历代圣明的君王，何尝不以三皇五帝为仁圣，虽如周公之制礼作乐，孔子之诚信显明，也都莫不远述唐尧虞舜，效法文王武王，为百王留下大功业，作千秋不朽的雄图。然而舜帝在巡视途中死去，就葬在苍梧之野而没运回来；夏禹约会列国诸侯，死于稽山而永终其地。舜和禹哪里是因爱南方蛮人夷人所居之乡而鄙弃中原之地呢？实在是要显示圣人无所谓内外之别啊。所以他们能使史书典籍传为美谈，并且在让历代帝王引以为楷模。何况我们高宗皇帝是道德高尚完备的大圣，自登上帝位，便如同日月之高照，无不率从。何止限于秦京、汉丰之地可建寝陵，而黄河、洛河交汇之地都反不能建陵园呀？陛下岂不明白，愚臣私下为陛下痛惜啊。而且景山高峻壮丽，秀出群山，北面对着嵩山和北邙山，西面遥望汝河一带，位在祝融的旧地，连接伏羲的遗墟，帝王的宏图轨迹，左右纵横，陵寝墓园之美，实在无以复加了。陛下还不曾亲自去观察一下，就说那里不可建陵，愚臣的鄙陋见解，确实可以参考参考。况且渥水、涧水中间，乃天地交会之处，北有太行山之险峻，南有南阳、世县之富饶，东接长江、淮河，可以收湖海之利，西连崤山、渑池，可以拥关河之宝。但凡聪明仁圣的君主，都是修养纯朴之德的人，但求天下和平安定，端正严肃地约束自己，朝着南方称王而已。陛下不想想渥水、洛水的壮观，关中、陇西的荒芜，而想放弃像泰山那样的安稳，而去踩中间狭小旁临深渊的青泥弄那种危险之地，忘了社稷神器这大宝，而去效法曾参、闵子骞尽心侍奉双亲的小节，愚臣愚昧不明，也以为甚不该如此啊。陛下为什么不阅读谏净之臣的献议，采纳行路之人的歌谣，征求皇太后的谋略，让宰相评议评议，以求得妙计良策，使天下百姓的希望，能有所落实，天下岂不是真正大幸啊！

从前周平王迁都洛邑（今河南洛阳），汉光武帝建都洛阳，帝陵寝庙，都不在东京洛阳，宗社陵墓，都在西方之地，然而《春秋》这部史书却赞美平王为"始王"，《后汉书》也记载光武帝为"代祖"，哪里是因为这二人不愿意保存孝道呢？为什么对于圣贤的褒贬如此之滥呢？实在是因为时势有不可为事，而事或有必当为的。大要说来，必当丢弃小节而保存大体，除去祸根而回归福地，这是圣人之所贵重的啊。小事不能忍，必然乱了大谋，这是先师孔子至诚的遗训，希望陛下明察。如果臣之愚见不被采纳，而朝中所议灵驾西行事竟付诸实现，臣恐怕关中、陇西的忧患，就没有休止的时候了。

臣还听说太原（今属山西）有贮藏巨万的仓库，洛口（今属河南）也有积蓄天下之粟的仓库，国家的资财，这两处就够大的了。而今却想舍弃而不顾，长驱转运，让天下有识之士惊叹，乃至失望。倘若鼠窃狗偷之辈，万一发生意想不到的叛乱，西入陕州（今河南三门峡)的郊野,东犯武牢关的重镇,抢劫像敖仓那样的粮仓之粟,陛下又如何遏制得住他们? 这是天下至关重要的危险,不能不令人生畏啊。虽然在盗贼没有接踵而起的时候,就加以刑戮诛伐,灭他们的九族,烧死他们的妻室儿女,那时,虽哀泣罪人而生悔恨,也是来不及的了! 所以说:"先谋划好,再办事,这样便可以安闲;先干起来,再筹划的,往往造成失误。""国家的大权,不可以轻易地向人出示。"这些话哪里是白说的啊,所以希望陛下好好地加以回味。

皇太后武则天召见陈子昂,对他的对答,感到惊奇,于是授给他秘书省麟台正字的官职。

武则天打算发兵雅州(今四川雅安)去讨伐生羌,陈子昂上书说:

麟台正字臣陈子昂冒死上书直言:臣听道路之人说过:"国家想开凿蜀中之山,打通道路,从雅州去讨伐生羌少数民族,并借以袭击吐蕃,那些把握权柄的人,不仔细考虑此举的利害得失,遂发梁州、凤州、巴蜒之兵以从其役。臣之愚见,认为西蜀从此种下祸根了。

臣听说,祸乱之生,必由于结怨。雅州边境的生羌,自从大唐建国初期以来,未曾有过一日为强盗对抗朝廷。今天无罪而受到诛戮,他们的怨恨一定很深;怨得很厉害又害怕被诛杀,那一定会像蜂一样因惧怕而拥集西山;西山寇盗乱起,那么巴蜀的边境,就不得不集兵连防守备;兵集既久而不能解,那么蜀中就兵连祸结了。以前东汉末年,西京长安之所以丧乱失败,就是由于诸羌的反叛。这是第一件事。

臣又听说,吐蕃是凶暴狡猾的强虏,君长互相信任,而奸谋特多。自从他们敢于对抗朝廷的讨伐诛戮,到最近,已经将近二十多年了,大战就大胜,小战就小胜,不曾有一队失败,一夫死亡。国家以前曾以薛仁贵、郭待封为虓武猛将,十一万人之众被屠杀于大非之川,没有一个生还的。又曾以李敬玄、刘审礼为朝廷大臣,带十八万人,受辱于青海之泽,他们自己也被囚禁在房府。那个时候,有精良盔甲武装的勇士,其气势如云屯雷鸣,然而却不能生擒一个人,斩杀一个头,至于今日,关陇之间为之一空。今日想以李处一为将,驱赶那些形容憔悴的兵卒,去袭击吐蕃,臣私下甚为担忧,而为此虏所取笑。这是第二件事。

而且事情有时想求利,反而受害。蜀地从前与中国不相通,秦惠王想兼并诸侯各国,若不先取巴与蜀,则很难得势,于是用张仪的计谋,打扮美女,诈献金牛,乘机诱惑蜀侯。蜀侯果然贪秦之利,派五丁力士开凿通谷,架设褒斜(在今陕西终南山),开路通秦。自此以后,险阻山谷都不关闭,张仪于是借便紧追其后,派大军破蜀,蜀侯被杀戮,巴国也灭亡。至今蜀之成为中州之地,就是贪利而亡的。这是第三件事。

臣听说吐蕃强虏,最爱蜀中富饶的珍宝,想盗取它已经很久了。然而其形势不能使之成事,只是因为山川阻绝,道路阻塞难通,才使得虎狼停住嘴而不能侵夺吞食啊。今天国家却赶走边羌,开凿狭路。使吐蕃收纳奔亡的羌民,作为向导,引导他们进攻边境。这实在是借伐寇之兵为盗贼清除道路,拿金蜀奉送给吐蕃。这是第四件事。

臣看到,蜀国是西南的一个都会,是国家的宝库,天下的珍宝货物大都出于其中。又人口甚众,米粟出多。顺长江而下,可以接济中国各地。今日把握权柄的人,却想谋取侥幸之利,全都压在讨伐西羌这件事上。殊不知西羌其地不足以扩大中国的版图,徒然杀死众多的无辜之民，以伤害陛下的仁政；大量财物之费也随着征战花掉了，这也无益于圣上之德，何况侥幸之利，也不是那么容易谋取的啊！这是第五件事。

蜀国之所倚靠的，是因为有险关；人民之所以安居乐业，是因为没有徭役。今天国家却开其险关，劳役其人民；险关一开，则有利于寇盗，人民受劳役就会损费财物。臣恐怕大军还没见到羌人，奸人盗贼已经混在其中了。前时益州（今四川成都）长吏李崇真曾想谋此奸人之利，传檄声称吐蕃要侵掠松州（今四川松潘），立即让国家派大军，大量转运粮草，加以防备。不到二三年，巴蜀二十多个州郡，骚动不安，社会凋敝，而竟没有见到吐蕃露面，而李崇真贪赃的钱财却计有巨万之数了。蜀中人之残破，几乎弄到人人活不了命。这种近时发生的事，还在人们的嘴里议论，也是陛下所亲自知道的。臣愚意以为如果没有奸臣想图取这种私利，哪里会再在生羌身上打主意呢！这是第六件事。

而且，蜀人瘦弱，不习惯于征战，一个敌人拿着长矛，一百蜀人也不敢去抵挡。又山川旷远阻隔，离中原精兵甚远。今国家如果出击西羌，掩杀吐蕃，立即能破其军，灭其国，俘虏其人，使其君长首领就擒到阙下，这计策也可以行。但如果做不到这一点，臣却似乎看到边境守不住，而羌人在边境凶暴横行。古时辛有见有人披头散发，便在伊川设祭，因为他以前不用百年的时间，伊川便会成为戎人之地。臣担心不出百年，西蜀也会成为戎人之帮。这是第七件事。

况且国家近来废掉安北，拔取单于，废弃龟兹之主，流放疏勒之君，天下安然太平，可谓盛德昭著。为什么这样做呢？因为陛下以施仁政为务，不在扩充版图，而在于修行养德；不在于杀戮，而在于平息边庭，停止用兵，实行三皇五帝的善政啊！今日又顺从贪婪之臣的计议，谋划兴兵动戈，要诛杀无罪的羌戎，而给金蜀留下祸患，这怎么能使天下听命呢？这是愚臣为什么不很明白的啊。何况今天崤山以东地区饥荒，关中、陇西地区凋敝，历年旱灾使禾苗枯槁，人民流亡。确实是圣人冷静思虑，以和天人的时候，不可以轻易发动战争，大兴徭役，以致自生祸乱。臣又传闻西军失守，北军不利，边境之民慌忙骚动，群情不安。今日又要再驱赶这些兵，去投向那不测之地。臣听说自古以来，破家亡国，未尝不是由于穷兵黩武，发动战争。今天朝中小人议论征伐夷狄之利，实在不是帝王之至德，何况这又必定使中原凋敝呢！

臣听说古来之善于治理天下的，谋划大的，而不计较小的，务在修德，而不务于用刑，谋求平安而思虑危局，谋取其利，而思避其害，然后才能长期享受福禄，希望陛下深思熟虑而后决定大计。

陈子昂转官右拾遗，职在谏臣，几次上书议论政事，文辞都很典雅华丽。当时有同州下邽（今陕西渭南）人徐元庆，他父亲被县尉赵师韫所杀。后来赵师韫官至御史，徐元庆变易姓名，在一个驿站当苦力，等候赵师韫过驿站时，手拿匕首，将他杀死。议论的人认为徐元庆是个孝子，应赦免他的死罪。陈子昂建议说："国法规定，擅自杀人的，罪当死。所以徐元庆应按国法处以死刑，然后表旌他的坟墓和里门，赞美他的孝义之德。"当时议论的人都以为陈子昂的意见正确。不久，陈子昂又被授予麟台正字之职。

武攸宜统领大军讨伐北方的契丹，以陈子昂为管记之职，军中的一应公文，都由他起草。陈子昂的父亲在家乡，为县令段简所侮辱。陈子昂得知消息后，急忙赶回家，段简便借故把他投进狱中。他忧愤而死，死时四十余岁。

陈子昂器量狭小而急躁，仪表也不威严，但是文辞宏伟华丽，很为当时人们所重视，有文集十卷，他的朋友黄门侍郎卢藏用给他的文集写了一篇序文，都盛行于当时。

陈子昂死后，益州成都（今属四川）人间丘均，也以文章著称。景龙中，为安乐公主所推荐，起于家而出仕，官拜太常博士。及至安乐公主被诛戮，间丘均因受牵累被贬为循州（故治在今广东惠阳）司仓，死于住所。有文集十卷。

贺知章传

【题解】

贺知章(659~744)，字季真，自号"四明狂客"，越州永兴（今浙江萧山）人。曾任国子四门博士、太子宾客、秘书监等职。天宝初，上书请为道士，归乡里。

贺知章少以文辞知名，性旷达，好饮酒，与李白友善。工书法，尤善草隶。存诗二十首，多祭神乐章和应制之作，其七言绝句清新婉曲，饶有韵致。

贺知章

【原文】

贺知章，会稽永兴人，太子洗马德仁之族孙也。少以文词知名，举进士。初授国子四门博士，又迁太常博士，皆陆象先在中书引荐也。开元十年，兵部尚书张说为丽正殿修书使，奏请知章及秘书员外监徐坚、监察御史赵冬曦皆入书院，同撰《六典》及《文纂》等，累年，书竟不就。后转太常少卿。

十三年，迁礼部侍郎，加集贤院学士，又充皇太子侍读。是岁，玄宗封东岳，有诏应行从群臣，并留于谷口，上独与宰臣及外坛行事官登于岳上斋宫之所。初，上以灵山清洁，不欲喧繁，召知章讲定仪注，因奏曰："昊天上帝君位，五方诸帝臣位，帝号虽同，而君臣异位。陛下享君位于山上，群臣祀臣位于山下，诚足垂范来叶，为变礼之大者也。然礼成于三献，亚终合于一处。"上曰："联正欲如是，故问卿耳。"于是敕："三献于山上行事，五方帝及诸神座于下坛行事。"俄属惠文太子薨，有诏礼部选挽郎，知章取舍非允，为门阴子弟喧诉盈庭。知章于是以梯登墙，首出决事，时咸嗤之，由是改授工部侍郎，兼秘书监同正员，依旧充集贤院学士。俄迁太子宾客、银青光禄大夫兼正授秘书监。

知章性放旷，善谈笑，当时贤达皆倾慕之。工部尚书陆象先，即知章之族姑子也，与知章甚相亲善。象先常谓人曰："贺兄言论倜傥，真可谓风流之士。吾与子弟离阔，都不思之，一日不见贺兄，则鄙吝生矣。"知章晚年尤加纵诞，无复规检，自号"四明狂客"，又称

"秘书外监"，遨游里巷。醉后属词，动成卷轴，文不加点，咸有可观。又善草隶书，好事者供其笺翰，每纸不过数十字，共传宝之。

时有吴郡张旭，亦与知章相善。旭善草书，而好酒，每醉后号呼狂走，索笔挥洒，变化无穷，若有神助，时人号为"张颠"。

天宝三载，知章因病恍惚，乃上疏请度为道士，求还乡里，仍舍本乡宅为观。上许之，仍拜其子典设郎曾为会稽郡司马，仍令侍养。御制诗以赠行，皇太子以下咸就执别，至乡，无几寿终，年八十六。

肃宗以侍读之旧，乾元元年十一月诏曰："故越州千秋观道士贺知章，器识夷淡，襟怀和雅，神清志逸，学富才雄，挺会稽之美箭，蕴昆冈之良玉。故飞名仙省，侍讲龙楼，常静默以养闲，因谈谐而讽谏。以暮齿辞禄，再见款诚，愿追二老之踪，克遂四明之客。允叶初志，脱落朝衣，驾青牛而不还，狎白衣而长往。丹壑非昔，人琴两亡，惟旧之怀，有深追悼，宜加缛礼，式展哀荣。可赠礼部尚书。"

先是神龙中，知章与越州贺朝、万齐融，扬州张若虚、邢巨，湖州包融，俱以吴、越之士，文词俊秀，名扬于上京。朝万止山阴尉，齐融昆山令，若虚衮州兵曹，巨监察御史。融遇张九龄，引为怀州司户、集贤直学士。数子人间往往传其文，独知章最贵。

【译文】

贺知章，会稽永兴（会浙江萧山）人，是太子洗马贺德仁的族孙，少年时代，他就以善于写文章出了名，参加科举考试中进士第。最初授予国子监四门博士之职，又升任太常博士。这两个职务，都是陆象先在中书省当官时所推荐的。

开元十年（722），兵部尚书张说为丽正殿修撰使，向皇上奏请让贺知章以及秘书员外监徐坚、监察御史赵冬曦三人都进入丽正书院，共同修撰《六典》和《文纂》等书，这些书最后没有完成。贺知章后来转官太常少卿。

开元十三年（725），贺知章被提升为礼部侍郎，加集贤殿学士，又充皇太子侍读。这一年，唐玄宗进封东岳泰山，下诏叫所有随从官员都停留在泰山的谷口，只有皇帝和宰相以及祭坛行事的官员登上泰山顶上的斋宫。初时，玄宗认为灵山圣境，乃清洁之地，不让喧哗繁乱，就召贺知章讲解礼仪；贺知章便上奏说："九天上帝居君位，五方诸帝居臣位，帝号虽然相同，而实际上却是君臣异位。陛下在山上祭奠居君位的上帝，群臣在山下祀居于臣位的五方诸帝，这确实足以为后世留下典范，这是变通礼制的大事啊。但是祭礼三献而成，亚献和终献宜合于一处。"玄宗说："朕正想这样做，所以问你呀。"玄宗于是命令："祭典三献在山上进行，五方帝以及诸神座的祭礼在山下祭坛进行。"

不久，遇上惠文太子死，朝廷下诏让礼部选出牵引灵柩唱挽歌的少年，贺知章选挽郎时取舍欠当，挽郎按旧例应在公卿至六品官员的子弟中挑选，所以有门荫的官宦子弟到贺知章公署去喧哗诉说。贺知章没有开门对话，而是爬上梯子，露出墙头，处决这件事。当时的人都笑话他。他也因此改任工部侍郎，兼秘书监同正员，依旧充集贤院学士；不久又官升太子宾客、银青光禄大夫兼正授秘书监。

贺知章性情奔放旷达，善于谈笑，当时贤达之士都很倾心羡慕他。工部尚书陆象先，也就是贺知章族姑的儿子，和贺知章关系十分亲密。陆象先常对人说："贺兄言论卓越豪迈,真可以说是风流之士啊。我和兄弟子女们离别已久,都不怎么思念他们,唯独一日不见贺兄,就觉得自己又变得浅俗不堪了。"贺知章晚年更加放纵怪诞,更是不加以检点,自己取号叫"四明狂客",又自称"秘书外监",经常在里巷中遨游饮酒,他喝醉酒后写文章诗歌,一写就是成卷成轴,并且文不加点,都甚为可观。他又善于书法,最擅长草书和隶书,好事者为他提供戕纸,让他写,每纸不过写几十个字,但都把它看成宝贝,争相流传。

当时有吴郡张旭,也和贺知章相友善。张旭善写草书,并且喜欢喝酒,每一次醉酒以后就狂走呼叫,索取笔墨挥洒作字。他的书法变化无穷,如有神助,当时的人称他为"张颠"。

天宝三载(744),贺知章患病,神情恍惚,于是上疏请度为道士,请求返回老家,仍旧舍本乡旧宅作为道观。唐玄宗批准他,任命他的儿子原典设郎贺曾为会稽郡司马,让他侍养老父亲,玄宗亲自写诗为他送行,自皇太子以下,都去同他握手告别。他回到乡里没多久,就告别人世了,终年八十六岁。

唐肃宗因旧时曾以贺知章为侍读,所以于乾元元年(758)十一月下诏说:"已故越州千秋观道士贺知章,很有度量见识,为人平淡,襟怀平和,精神澄清,志气飘逸,学富五车,才雄百代,如会稽之东箭美竹挺拔而出,如昆岗之温润良玉蕴藏于胸。前曾驰名于东宫,侍讲于龙楼,常常沉默无言,静以养悠闲之志,又常常谈些滑稽幽默的笑话,并寄托着讽谏规劝之意。他以年老辞去官职,再次表现出他的忠诚恳挚。他情愿追踪老子和老莱子这"二老",真的成了四明狂客,隐于四明山中。实现了他的遂初之志,脱去了朝中的官服,像老子那样骑着青牛,一去不还,和那些白衣布衫的平民百姓相聚在一起,永远不回来。山水已非昔日景致,人琴都已亡去,唯念故旧之情怀,因追悼而加深。应加以繁文缛礼,用以展示哀伤和荣耀。可以追赠贺知章为礼部尚书。"

此前,神龙年间,贺知章和越州贺朝、万齐融,扬州张若虚、邢巨,湖州包融,都以吴、越之文士,词采俊秀,名扬于京都长安。朝万官止于山阴县尉,齐融官止于昆山县令,若虚官止于衮州兵曹,邢巨官止于监察御史。包融遇上张九龄,被他引荐为怀州司户、集贤直学士。这几个人的文章往往在民间流传,唯独贺知章名最贵。

孟浩然传

【题解】

孟浩然(689~740),襄州襄阳(今湖北襄樊)人,世称孟襄阳。早年隐居鹿门山,四十岁时,游长安,应进士举不第,遂终生不仕。曾遍游东南胜景。

孟浩然的诗多为五言短篇,以写山水田园,隐居的逸兴以及羁旅行役的心情为主。与王维齐名,时称"王孟",同为盛唐山水田园诗派的代表作家。他的诗以清旷冲澹为基调,不事雕饰,比兴造思,富有超妙自得之趣,杜甫说他"清诗句句尽堪传"(《解闷》)。但是,由于孟浩然一生经历单纯,他的诗题材狭窄,境界不如王维的诗开阔。有《孟浩然集》。

【原文】

孟浩然字浩然,襄州襄阳人。少好节义,喜振人患难,隐鹿门山。年四十,乃游京师。尝于太学赋诗,一座嗟伏,无敢抗。张九龄、王维雅称道之。维私邀入内署,俄而玄宗至,浩然匿于床下,维以实对,帝喜曰:"朕闻其人而未见也,何惧而匿?"诏浩然出。帝问其诗,浩然再拜,自诵所为,至"不才明主弃"之句,帝曰:"卿不求仕,而朕未尝弃卿,奈何诬我?"因放还。采访使韩朝宗约浩然偕至京师,欲荐诸朝。会故人至,剧饮欢甚,或曰:"君与韩公有期。"浩然叱曰:"业已饮,遑恤他!"卒不赴。朝宗怒,辞行,浩然不悔也。张九龄为荆州,辟置于府,府罢。开元末,病疽背卒。

孟浩然

后樊泽为节度使,时浩然墓庳坏,符载以牋叩泽曰:"故处士孟浩然,文质杰美,殒落岁久,门裔陵迟,丘陇颓没,永怀若人,行路慨然。前公欲更筑大墓,阆州乡绅,闻风竦动。而今外迫军旅,内劳宾客,牵耗岁时,或有未遑。诚令好事者乘而有之,负公夙志矣。"泽乃更为刻碑凤林山南,封宠其墓。

初,王维过郢州,画浩然像于刺史亭,因曰浩然亭。咸通中,刺史郑诚谓贤者名不可斥,更署曰孟亭。

开元、天宝间,同知名者王昌龄、崔颢,皆位不显。

【译文】

孟浩然,字浩然,襄州襄阳(今湖北襄樊)人。少年时代就崇尚气节,讲究仁义,喜欢急人之难,乐于助人,隐居在鹿门山中。

他四十岁那一年,才旅游京师长安,曾经在太学中吟诗作赋,在座的人无不感叹佩服,没有人敢于同他相抗衡。张九龄、王维平常都称赞他。王维以私人名义邀请他进入内署官舍,一会儿唐玄宗也来了,孟浩然猝不及防,急忙躲到床底下;王维见了唐玄宗,只好说实话,玄宗皇帝高兴地说:"朕只听说其人,却不曾亲见其面,为什么害怕竟至于躲藏起来呢?"下诏命孟浩然从床下出来。玄宗皇帝问起他的诗,孟浩然叩头再拜,然后朗诵自己所作的诗,念到"因为没有才能而为圣明的君主所抛弃"这句,玄宗皇帝说:"你自己不求仕进当官,朕也不曾抛弃你,为什么厚诬于我呢?"于是玄宗把他放回老家。

采访使韩朝宗曾约孟浩然一起到京师,想向朝廷推荐他。正巧有老朋友来拜访他,他就陪着友人痛饮甚欢,有人提醒他说:"您和采访使韩公相约赴京,可别忘了。"孟浩然呵斥他说:"既然已经喝开了,哪里还管什么别的事情!"终于不曾赴约。韩朝宗因他的失约而非常生气,相辞而去,但他并不因失去这个机会而后悔。张九龄出任荆州(今湖北江陵)刺史时,提调他到荆州府中,在府中未曾任职而作罢。开元末年,孟浩然背上生毒疮而死。

后来樊泽任节度使，那时孟浩然的墓已经毁坏，符载写信告诉樊泽说："已故处士孟浩然，文质杰出俊美，死亡已久，他家后裔衰败，致使坟墓荒废。怀念他的人，经过他的墓地，无不感慨万端。以前您曾想别筑大墓，全州乡绅，听到这消息，大为震动。而今您外有军事要务的牵累，内有应酬宾客的劳顿，拖延耗费时日，现在还是顾不上。假如这事被好事者乘机而为之，岂不有负您原先的志愿！"樊泽于是另为孟浩然刻碑于凤林山南边，荣封他的坟墓。

初时，王维经过郢州（今湖北钟祥），画孟浩然像，挂于刺史亭中；这个刺史亭因而称为"浩然亭"。咸通中，刺史郑诚说贤者的名不可随便提，于是改题为"孟亭"。

开元、天宝间，和孟浩然同样知名的王昌龄、崔颢，其政治地位都不显耀。

王维传

【题解】

王维（？～761），唐朝诗人兼画家。字摩诘，祖籍太原祁（今山西祁县），其父迁居蒲州（今山西永济市），遂为蒲人。开元年间中进士，累官至给事中，安史之乱后，因受伪官而被贬，过亦官亦隐的居士生活。官终尚书右丞，世称王右丞。

王维精通音律，工于丹青，精湛的艺术修养，对于自然的爱好和丰富的生活经历，使王维的诗歌取得了很高的成就。无论边塞、山水诗，无论律诗、绝句等都有佳篇传世。他的边塞诗以慷慨激昂的情调，抒发将士保家卫国的英雄气概，笔墨酣畅、形象鲜明。他的山水诗继承了谢灵运的传统，对陶渊明田园诗的清新自然也有所吸取，使山水田园诗的艺术达到一个高峰。他的山水田园诗使形式与内容完美地结合，略事渲染，便能传达出细致入微的感受，创造出悠远的意境。他善于表现自然界的光和色以及音响的变化，取景状物，极其画意。王维的五律和五、七言绝句成就最高，为人所称道。有《王右丞集》。

王维

【原文】

王维字摩诘，太原祁人，父处廉，终汾州司马，徙家于蒲，遂为河东人。维开元九年进士擢第。事母崔氏以孝闻。与弟缙具有俊才，博学多艺亦齐名，闺门友悌，多士推之。历右拾遗、监察御史、左补阙、库部郎中。居母丧，柴毁骨立，殆不胜表。服阕，拜吏部郎中末，宝末，为给事中。

禄山陷两都，玄宗出幸，维扈从不及，为贼所得。维服药取痢，伪称瘖病。禄山素怜之,遣人迎置洛阳,拘于普施寺,迫以伪署。禄山宴其徒于凝碧宫,其乐工皆梨园弟子、教坊工人。维闻之悲恻,潜为诗曰:"万户伤心生野烟,百官何日再朝天? 秋槐花落空宫里,凝碧池头奏管弦。"贼平,陷贼官三等定罪。维以《凝碧诗》闻于行在,萧宗嘉之,会缙请削己刑部侍郎以赎兄罪,特宥之,责授太子中允。乾元中,迁太子中庶子、中书舍人,复拜给事中,转尚书右丞。

维以诗名盛于开元、天宝间,昆仲宦游两都,凡诸王附马豪右贵势之门,无不拂席迎之,宁王、薛王待之如师友。维尤长五言诗。书画特臻其妙,书踯措思,恭于造化,而创意经图,即有所缺,如山水平远,云峰石色,绝迹天机,非绘者之所及也。人有得《奏乐图》,不知其名,维视之曰:"《霓裳》第三叠第一拍也。"好事者集乐工按之,一无差,咸服其精思。

维弟兄俱奉佛,居常蔬食,不茹荤血,晚年长斋,不衣文采。得宋之问蓝田别墅,在辋口,辋水周于舍下,别涨竹洲花坞,与道友裴迪浮舟往来,弹琴赋诗,啸咏终日。尝聚其田园所为诗,号《辋川集》。在京日饭十数名僧,以玄谈为乐。斋中无所有,唯茶铛、药臼、经案、绳床而已。退朝之后,焚香独坐,以禅诵为事。妻亡不再娶,三十年孤居一室,屏绝尘累。乾元二年七月卒。临终之际,以缙在凤祥,忽索笔作别缙书,又与平生亲故作别书数幅,多敦厉朋友奉佛修心之旨,舍笔而绝。

代宗时,缙为宰相,代宗好文,常谓缙曰:"卿之伯氏,天宝中诗名冠代,朕尝于诸王座间其乐章。今有多少文集,卿可进来。"缙曰:"臣兄开元中诗百千余篇,天宝事后,十不存一。比于中外亲故间相与编缀,都得四百余篇。"翌日上之,帝优诏褒赏。缙自有传。

【译文】

王维,字摩诘,太原祁(今山西祁县)人。他父亲王处谦,死于汾州司马任上,于是迁居于蒲永济,王维也就成了河东人了。

王维于开元九年(公元721年)进士考试及第。他侍奉母亲崔氏,很守孝道,远近闻名。和弟弟王缙二人,都具有峻拔之才,而且博学多艺,并有声名,闺门的妇女,友悌的兄弟,以及众多的士子,都很推崇他们。历官右拾遗、监察御史、左补阙、库部郎中。母亲死了,王维守丧,哀毁骨立,瘦得像干柴,不胜悲哀。守丧期满,他又被任命为吏部郎中。天宝末年,官任给事中。

安禄山叛唐起兵,攻陷东都洛阳和西都长安,唐玄宗出奔成都,王维没来得及跟去,结果为叛军所擒。王维自己偷吃药,弄出个痢疾来,并且假装成哑巴。安禄山平素颇爱他,于是派人把他从长安迎接到洛阳安置,软禁在普施寺中,胁迫他在安禄山伪政权当中任职。安禄山大宴他的手下部将于凝碧宫,在那里演奏音乐的,都是从长安调来的唐朝梨园子弟和教坊中的乐工。王维听到这种音乐,不胜悲哀,偷偷写了一首诗,诗是这样说的:

千门万户的人们啊都十分伤心,因为见到荒野战尘和烽烟,大唐朝廷的群僚百官啊,不知何时才能再拜皇上而朝天? 秋风无情地吹着那宫中的槐树,槐花纷纷落下满地堆积,可就在这令人肝肠寸断的时候,叛贼们却在凝碧池奏管弦!

安史之乱平定以后,凡是为叛军所俘并且在伪政权当中做过官的,分三个等级定罪。

王维因为这首《凝碧诗》传到肃宗所住的地方，很为肃宗所赞美和嘉奖，又有他弟弟王缙申请削去自己刑部侍郎的官职，来赎哥哥王维的罪责，所以特别赦免他的陷贼之罪，经批评后授予太子中允之职。乾元(公元758~760年)中，王维又被升为太子中庶子、中书舍人，再拜官给事中，升为尚书右丞。

王维的诗名盛传于开元天宝年间，他和王缙兄弟二人在洛阳、长安东西两都游宦做官，凡皇室诸王、驸马以及豪强权贵之门，无不扫径拂席欢迎他们，特别是宁王和薛王，更是待之如同老师和朋友。王维尤其擅长五言诗。书法和绘画，他也能极尽其妙，运笔构思，都能师法造化，而富于创造性的构图，即便有所欠缺，但如山水平远之境界，云峰石色之独到，可谓天然绝妙，非一般画师所能企及的。有人藏得一幅《奏乐图》，不知演奏的是什么曲名，王维看了看，说："画的是演奏《霓裳羽衣曲》第三叠第一拍。"好事之徒召集乐工演奏这支曲子，按之三叠一拍，无一差错，都佩服王维对于音乐和绘画的精思。

王维、王缙兄弟都尊奉佛教，平素居家常吃素食，不吃荤腥，晚年更是长斋，不穿带文采的衣服。买得宋之问蓝田别墅，别墅就在辋川口，辋水环绕屋舍之下，另在辋水中浮出竹洲和花坞，经常和道友裴迪乘船往来于洲渚之间，弹琴咏诗，或终日长啸，曾经把他咏田园山水所作的诗集中起来编成诗集，名曰："辋川集。"

王维在京师长安居住的时候，每日要请十几位和尚吃饭，而后谈玄说佛，以此为乐。他的斋中几乎没什么东西，只有煮茶的茶铛，捣药的药臼，诵经的经案，坐卧的绳床而已。他退朝下班之后，回到斋中，经常焚香独自一人坐着，以诵禅念经为日常活动。他妻子死了，也不再娶，三十年孤身一人独居一室，隔绝世俗器尘的拖累。乾元二年(公元759年)七月死。他临死的时候，因弟弟王缙在凤翔(今属陕西)，忽然索取毛笔，给王缙写诀别的书信，又写了几封和亲朋故旧诀别的书信。这些信大都劝勉朋友奉佛衷心。写完信，放下笔，他就告别人世了。

唐代宗时，他弟弟王缙当了宰相。代宗喜爱文章，常常对王缙说："你哥哥王维，在天宝年间，诗名冠于当代，朕曾经在诸王座中，听到他的歌词。今乃兄有多少文集，你可进献来。"王缙说："臣之哥哥，在开元中有诗百千余篇，天宝安史之乱以后，十篇没留下一篇。最近在内外亲戚朋友中间，共同搜集编辑，共计收得四百多篇。"第二天，王缙将王维的诗献给代宗，代宗下诏书加以表扬。王缙自己有传记。

杜甫传

【题解】

杜甫(712~770)唐代著名诗人。字子美，今河南巩义市人，年轻时，曾漫游天下，举进士不第，献《三大礼赋》，唐玄宗奇之，进集贤院。安史之乱爆发，身陷贼中，后脱身赴行在，官拜右拾遗，因上书救房琯，遭贬。后或仕或隐，最终入川，居成都草堂寺，严武镇蜀，为工部员外郎。武卒，杜甫亦辞职出川，病卒于湘水扁舟之中。

杜甫是伟大的现实主义诗人，人称诗史，他的作品，忧天下之忧，写天下之苦，震撼人心,流传历史,脍炙人口,多为典范之作,对中国文学史影响极大。

【原文】

杜甫字子美,本襄阳人,后徙河南巩县。曾祖依艺,位终巩令。祖审言,位终膳部员外郎,自传。父闲,终奉天令。

甫天宝初应进士不第。天宝末,献《三大礼赋》,玄宗奇之,召试文章,授京兆府兵曹参军。十五载,禄山陷京师,肃宗征兵灵武,甫自京师宵遁赴河西,谒肃宗于彭原郡,拜右拾遗。房琯布衣时与甫善,时琯为宰相,请自帅师讨贼,帝许之。其年十月,琯兵败于陈涛斜。明年春,琯罢相。甫上疏言琯有才,不宜罢免。肃宗怒,贬琯为刺史,出甫为华州司功参军。时关畿乱离,谷

杜甫

食踊贵,甫寓居成州同谷县,自负薪采梠,儿女饿殍者数人。久之,召补京兆府功曹。

上元二年冬,黄门侍郎、郑国公严武镇成都,奏为节度参谋、检校尚书工部员外即,赐绯鱼袋。武与甫世旧,待遇甚隆。甫性褊躁,无气度,恃恩放恣,尝凭醉登武之床,瞪视武曰:“严挺之乃有此儿!”武虽急暴,不以为忤。甫于成都浣花里种竹植树,结庐枕江,纵酒啸咏,与田畯野老相狎荡,无拘检。严武过之,有时不冠,其傲诞如此。永泰元年夏,武卒,甫无所依。及郭英义代武镇成都,英义武人粗暴,无能刺谒,乃游东蜀依高适。既至而适卒。是岁,崔宁杀英义,杨子琳攻西川,蜀中大乱。甫以其家避乱荆、楚,扁舟下峡,未维舟而江陵乱,乃诉沿湘流,游衡山,寓居耒阳。甫尝游岳庙,为暴水所阻,旬日不得食。耒阳聂令知之,自棹舟迎甫而还。永泰二年,啗牛肉白酒,一夕而卒于耒阳,时年五十九。

子宗武,流落湖、湘而卒。元和中,宗武子嗣业,自来阳迁甫之柩,归葬于偃师县西北首阳山之前。

天宝末诗人,甫与李白齐名,而白自负文格放达,讥甫龌龊,而有饭颗山之嘲诮。元和中,词人元稹论李、杜优劣曰:

予读诗至杜子美而知小大之有所总萃焉。始尧、舜之时,君臣以赓歌相和。是后诗人继作,历夏、殷、周千余年,仲尼缉拾选拣,取其千预教化之尤者三百,余无所闻。骚人作而怨愤之态繁,然犹去《风》《雅》日近,尚相比拟。秦、汉已还,采诗之官既废,天下妖谣民讴、歌颂讽赋、曲度嬉戏之辞,亦随时间作。至汉武赋《柏梁》而七言之体具。苏子卿、李少卿之徒,尤工为五言。虽句读文律各异,雅郑之音亦杂,而辞意简远,指事言情,自非有为而为,则文不妄作。建安之后,天下之士遭罹兵战,曹氏父子鞍马间为文,往往横槊赋诗,故其遒壮抑扬、冤哀悲离之作,尤极于古。晋世风概稍存。宋、齐之间,教失根本,士以简慢矜习舒徐相尚,文章以风容色泽,放旷精清为高,盖吟写性灵、留连光景之文也,

意义格力无取焉。陵迟至于梁、陈，淫艳刻饰、㑳巧小碎之词剧，又宋、齐之所不取也。

唐兴，官学大振，历世之文，能者互出。而又沈、宋之流，研练精切，稳顺声势，谓之为律诗。由是之后，文体之变极焉。然而莫不好古者遗近，务华者去实，效齐、梁则不迨于魏、晋，工乐府则力屈于五言，律切则骨格不存，闲暇则纤秾莫备。至于子美，盖所谓上薄《风》《骚》，下该沈、宋，言夺苏、李，气吞曹、刘，掩颜、谢之孤高，杂徐、庾之流丽，尽得古今之体势，而兼人人之所独专矣。使仲尼考锻其旨要，尚不知贵其多乎哉！苟以为能所不能，无可无不可，则诗人以来未有如子美者。

是时山东人李白，亦以文奇取称，时人谓之李、杜。予观其壮浪纵恣，摆去拘束，模写物象，及乐府诗歌，诚亦差肩于子美矣。至若铺陈终始，排比声韵，大或千言，次犹数百，词气豪迈，而风调清深，属对律切，而脱弃凡近，则李尚不能历其藩翰，况堂奥乎！

予尝欲条析其文，体别相附，与来者为之准，特病懒未就尔。

自后属文者，以积论为是。甫有文集六十卷。

【译文】

杜甫，字子美，祖籍襄阳（今湖北襄樊），后来迁徙河南巩县（今属河南）。曾祖父杜依艺，官位最终为巩县令。祖父杜审言，官终膳部员外郎。他在本书中自立传。父亲杜闲，官终奉天（今陕西乾县）县令。

杜甫天宝初年参加进士第考试，没考上。天宝末年，杜甫向朝廷献上《三大礼赋》，玄宗皇帝觉得这篇赋很新奇，便召他入朝考作文，授给他京兆府兵曹参军。

天宝十五年，安禄山叛军攻陷京师，肃宗在灵武征集兵力抗击叛军。杜甫夜里逃出京师长安，奔赴河西，在彭原郡拜谒肃宗，任右拾遗之职。房琯没当官以前和杜甫交朋友，这时房琯已官至宰相，请亲自为帅，率军讨伐叛军，肃宗皇帝准许他。当年十月，房琯的军队在陈涛斜战败；第二年春天，房琯被免去宰相职务。杜甫上疏说房琯有才华，不宜罢官。肃宗大怒，贬房琯为刺史，让杜甫离开京城到华州（今陕西华县）任司功参军。那时关中京畿遭到战乱，人民流离，粮食奇贵，杜甫西行，寓居成州同谷县（今甘肃成县），亲自到山中去背柴火，采板栗，儿女被饿死的好几个。过了很久，朝廷召杜甫补京兆府功曹。

上元二年（761）冬天，黄门侍郎、郑国公严武出镇成都，上奏举荐杜甫为节度参谋、检校尚书工部员外郎，赐绯鱼袋。严武和杜甫其父辈就有交谊，是世交。所以给杜甫的待遇很优厚。杜甫的个性褊促躁急，器量狭小，依恃严武之恩，放浪恣肆，曾乘醉登上严武所坐的床，盯住严武看，说："严挺之竟有这样的儿子！"严武虽然也褊急暴躁，但并不认为杜甫这样做是忤逆的举动。杜甫在成都浣花里种竹植树，在江边结庐而居，成天饮酒，长啸吟诗，和乡下野老农父相戏谑，毫无拘检。严武去看望他，他有时不戴冠就和严武相见，他就是这样倨傲怪诞。

永泰元年（765）夏天，严武死了，杜甫没有什么人可以依靠的。直到郭英义取代严武来镇成都，英义是位粗暴的武人，不受杜甫的干谒，杜甫只好游东蜀去依靠高适。待他到了东蜀，而高适也已经死了。这一年，崔宁杀死郭英义，杨子琳攻打西川，蜀中军阀混战，乱成一团。杜甫携家出川，避乱到荆楚之地。所乘的船还没在三峡外的江陵靠牢，江陵也已动乱，于是溯流湘江，往游衡山，寓居耒阳。杜甫曾游南岳庙，被暴涨的江水所阻，十天吃不到食物。耒阳聂县令得知这个消息，便亲自驾船将杜甫迎接回来。永泰二年（公元766年），吃牛肉喝白酒，有一个晚上，死在耒阳，死时五十九岁。

杜甫的儿子杜宗武，流落湖湘之间，死在那里。元和（公元806～820年）中，宗武之子嗣业，将杜甫的灵柩自耒阳迁葬于偃师县（今属河南）西北首阳山之前。

天宝末年的诗人，杜甫与李白齐名，而李白自负其文风狂放旷达，讥诮杜甫诗局促，因而有《饭颗山》诗的嘲讽。元和中，诗人元稹论李白、杜甫的优劣，说：

我读诗读了杜子美的诗，才知道诗之小者大者都能集其精华。早先唐尧虞舜之时，君主和臣下以古歌互相唱和，此后诗人继起，历夏、商、周经过千余年，孔子辑集选取，录其有关教化的好诗三百篇，余者无所见闻。骚人作《离骚》而抒写怨恨愤怒的形态也就多了，然而离《国风》《小雅》和《大雅》的旨意还比较近，尚可以相比并。自秦朝和汉朝以来，采诗的官署既已废掉，天下的妖谣民歌、赞美之颂讽喻之赋，以及配曲娱乐的词，也随时偶有所作。至汉武帝作《柏梁》体的诗，七言诗体才具备。苏武、李陵之辈，尤其善于作五言诗。虽然断句格律各不相同，雅歌和淫词之音也相互间杂，而词意简练深远，叙事抒情，假如不是有所为而为之，则诗文不妄作。建安以后，天下的士人遭遇兵燹之祸，曹氏父子在战争鞍马间作文，常常横槊作诗。所以其诗风格劲健抑扬，哀冤伤离的作品，尤其近于古人所作。晋代诗文的风概，还稍存于世。南朝宋代、齐代之间，教化失其根本，士人以怠慢亲近舒缓相推崇，文章则以风貌色泽放旷清新为高等，吟咏抒写性灵、流连光景的诗文，意义骨力却无足取。衰落至梁朝、陈朝，淫靡艳丽雕刻藻饰小巧琐碎之词更厉害，比起宋代、齐代，更不可取。

唐朝兴起，官设之学大振，历代各种文体，能写的人不断涌现。而沈佺期、宋之问之流，研讨练习，既精又切，稳帖地顺着四声体势，所作诗称为"律诗"。从此以后，诗体的演变已到了极限了。然而时尚莫不是好尚古的而遗弃近的，务于华丽的丢掉质实的，仿效齐代、梁代的，不及于魏代、晋代，工于作乐府的，就极力压低五言诗，诗律切当则骨骼难于保存，诗意闲暇则纤繁不能备举。至于杜甫，可以说上逼近《国风》《离骚》，下包括沈佺期、宋之问，其词语可胜苏武、李陵，其气概可压倒曹植、刘桢，超颜延之、谢灵运之孤高，杂徐陵、庾信之流丽，括尽古今诗歌的体势，而兼取历代诗人们所擅长，倘若让孔子来考核推敲其诗的要旨，恐怕也不知贵其多呀。如果以为能其所不能，无可无不可，那么自有诗人以来，还没有像杜甫能做到这一点的。

其时有山东人李白，也以诗文奇巧著称，世人称为"李杜"。我看李白的诗，其壮浪纵恣，摆去拘束，描写物象，以及乐府歌诗，的确可与杜甫比肩并列。至于铺陈排比，讲究声韵，长篇达千言，稍次也有数百言，词气豪迈，而风调清深，对仗工整，而脱弃凡俗，则李白尚且不能到达其藩篱，何况登堂入室！

我曾想分析杜甫的诗，按诗体分别归类，留给后人作为标准范式，只因有偷懒的毛病，所以没有完成。

自此以后，撰写诗文的人，都认定元稹所论是正确的。杜甫有文集六十卷。

李商隐传

【题解】

　　李商隐(813~858),唐代诗人。字义山,号玉谷山,又号樊南生,怀州河内(今河南沁阳)人。开成年间进士,曾任县尉、秘书郎等职,因受牛李党争影响,受人排挤,潦倒终生。

　　李商隐是晚唐诗坛的重要作家,他能多方面学习前人的成功经验,所作诗篇富于文采,构思精密,情致婉曲,风格独具。由于用典过多,也有意旨隐晦的缺点。他的《无题》诗,历代解说不一。

　　诗歌之外,李商隐的骈文也相当出名,属对工整,用事精切,气韵自然,有别于晚唐骈文以饾饤华赡为能事的风气。有《李义山诗集》,后人辑有《樊南文集》《樊南文集补编》。

【原文】

　　李商隐字义山,怀州河内人。曾祖叔恒,年十九登进士第,位终安阳令。祖俌,位终邢州录事参军。父嗣。

　　商隐幼能为文。令狐楚镇河阳,以所业文干之,年才及弱冠,楚以其少俊,深礼之,令与诸子游。楚镇天平、汴州,从为巡官,岁给资装,令随计上都。开成二年,方登进士第,释褐秘书省校书郎,调补弘农尉。会昌二年,又以书判拔萃。王茂元镇河阳。辟为掌书记,得侍御史。茂元爱其才,以子妻之。

李商隐《夜雨寄北》配图

　　茂元虽读书为儒,然本将家子,李德裕素遇之,时德裕秉政,用为河阳帅。德裕与李宗闵、杨嗣复、令狐楚大相雠怨。商隐既为茂元从事,宗闵党大薄之。时令狐楚已卒,子绹为员外郎,以商隐背恩,尤恶其无行。俄而茂元卒,来游京师,久之不调。会给事中郑亚廉察桂州,请为观察判官、检校水部员外郎。大中初,白敏中执政,令狐绹在内署,共排李德裕逐之。亚坐德裕党,亦贬循州刺史。商隐随亚在岭表累载。三年八朝,京兆尹卢弘正奏署掾曹,令典戕奏。第二年,令狐绹作相,商隐屡启陈情,绹不之省。弘政镇徐州,又从为掌书记。府罢入朝,复以文章干,乃补太学博士。会河南尹柳仲郢镇东蜀,辟为节度判官,检校工部郎中。大中末,仲郢坐专杀左迁,商隐废罢,还郑州,未几病卒。

　　商隐能为古文,不喜偶对。从事令狐楚幕,楚能章奏,遂以其道授商隐,自是始为今体章奏。博学强记,下笔不能自休,尤善为末奠之辞。与太原温庭筠、南郡段成式齐名,时号"三十六"。文思清丽,庭筠过之。而俱无持操,恃才诡激,为当涂者所薄,名宦不进,坎壈终身。弟羲叟,亦以进士擢第,累为宾佐。商隐有表状集四十卷。

【译文】

李商隐,字义山,怀州河内(今河南沁阳)人。曾祖李叔恒,十九岁中进士第,官位终于安阳(今属河南)县令。祖父李俌,官位终于邢州(今河北邢台)事参军。父亲李嗣。

李商隐自幼便能写文章。令狐楚出镇河阳(今河南孟州市),李商隐以所作文章投献他,当时十二岁还不到。令狐楚因为他少年英俊,深加礼敬,让他和读书的诸生交游。令狐楚镇守天平(今山东东平)、汴州(今河南开封),李商隐跟随为巡官,每年给他衣食,让他随考核官吏到上都(今陕西西安)。开成二年(837),才中进士第,脱去布衣担任秘书省校书郎,补任弘农(今河南灵宝)县尉。会昌二年(842),他又以书判中拔萃科。王茂元镇守河阳,起用他掌书记,得侍御史。王茂元爱他的才华,把女儿嫁给他为妻。王茂元虽然读书为儒者,但本来是武将的后代,李德裕平时待他很好,那时李德裕掌权,起用他为河阳主帅。李德裕和李宗闵、杨嗣复、令狐楚相互间仇怨很深。李商隐既为王茂元干事,李宗闵之党很鄙薄他。当时令狐楚已经死了,他儿子令狐绹为员外郎,因为李商隐背恩负义,尤其嫌恶他无品行。不久,王茂元死了,李商隐来游京师,但朝廷久久不给安排职务。正碰上给事中郑亚任桂州(今广西桂林)廉察使,聘请他为观察判官、检校水部员外郎。大中(847~860)初年,白敏中掌执朝政,令狐绹在内署,共同排挤李德裕,并逐出京师。郑亚因为属李德裕之党,也被贬为循州(今广东惠阳)刺史。李商隐随郑亚在岭南多年。三年(849)入朝,京兆尹卢弘正奏请李商隐为掾曹,让他管草写钱奏,明年,令狐绹做宰相,李商隐几次上启陈说内心苦衷,令狐绹不予理睬。卢弘正出镇徐州(今属江苏),李商隐又跟随去任掌书记。后罢徐州府职又入朝,他以文章干谒令狐绹,于是补他为太学博士。正遇河南(今河南洛阳)府尹柳仲郢镇守东蜀,用他为节度判官、检验工部郎中。大中(847~860)末年,柳仲郢因为擅自杀人,被贬官,李商隐也随之罢废,回郑州(今属河南),没多久也就病死了。

李商隐能写古文,不喜欢讲究对仗。在令狐楚幕中任职时,令狐楚能写奏章,遂即将他的写作经验传授给李商隐,从这时始他才写今体带对偶的奏章。李商隐博学强记,写文章时下笔不休,尤其擅长撰写诔和祭奠之辞。他和太原(今属山西)温庭筠、南郡段成式同时齐名,当时号为"三十六"。文思清丽,温庭筠超过他。但他们都不持操行,恃才怪异偏激,为当时宦途中人所鄙薄,所以不能进而为名宦,坎坷终身。他弟弟李义叟,也进士及第,累任宾佐。李商隐有表状集四十卷。

温庭筠传

【题解】

温庭筠(812~866),唐代诗人、词人。本名岐,字飞卿。太原祁(今山西祁县)人。仕途失意,官止国子助教。

温庭筠文思精敏,精于音律,每入试,八叉手而成八韵,时号"温八叉"。诗与李商隐齐名,其诗设色浓丽,辞藻繁密,内容较贫乏。他是文人中第一个大量写词的作家。是"花间派"词的先导。其词多写妇女生活,风格绵密,多用比兴,情韵悠远。有《温庭筠诗集》。《花间集》收温词六十多首。

温庭筠

【原文】

温庭筠者,太原人,本名岐,字飞卿。大中初,应进士。苦心砚席,尤长于诗赋。初至京师,人士翕然推重。然士行尘杂,不修边幅,能逐弦吹之音,为侧艳之词,公卿家无赖子弟裴诚、令狐绹之徒,相与蒱饮,酣醉终日,由是累年不第。徐商镇襄阳,往依之,署为巡官。咸通中,失意归江东,路由广陵,心怨令狐绹在位时不为成名。既至,与新进少年狂游狭邪,久不刺谒。又乞索于杨子院,醉而犯夜,为虞候所击,败面折齿,方还扬州诉之。令狐绹捕虞候治之,极言庭筠狭邪丑迹,乃两释之。自是汙行闻于京师。庭筠自至长安,致书公卿间雪冤。属徐商知政事,颇为言之。无何,商罢相出镇,杨收怒之,贬为方城尉。再迁隋县尉,卒。

子宪,以进士擢第。弟庭皓,咸通中为徐州从事,节度使崔彦鲁为庞勋所杀,庭皓亦被害。庭筠著述颇多,而诗赋韵格清拔,文士称之。

【译文】

温庭筠,太原(今属山西)人。他原名岐,字飞卿。大中(847~860)初年,参加进士考试。苦心经营于笔砚之间,尤其擅长诗赋。他初到京师,京师人士纷纷然推崇他。然而他在士人品行方面杂染尘俗,不修边幅,不很检点,能按管弦之间,填写艳丽的歌词,公卿之家无赖子弟裴诚、令狐绹之徒,和他一起赌博饮酒,终日酣醉,因此多年考试却不能中第。徐商镇守襄阳(今湖北襄樊),温庭筠去投奔他,被录用为巡官。

咸通中,温庭筠失意到江东,路过广陵(今江苏扬州),内心怨恨令狐绹在担任要职时不让他成名。来到江东,他和新进少年狂游小街曲巷,很久不去投判干谒达官贵人。又乞求于杨子院,因醉酒而触犯夜禁,被禁卫官所击打,伤面又折了牙齿,才回扬州告状。令狐绹捉拿禁卫官问罪,禁卫官就硬说温庭筠在小街曲巷中的丑行之迹,于是把两边都放了。从此温庭筠汙迹丑行便在京师传闻。温庭筠自己到长安(今陕西西安),写信给公卿们申雪冤情。正当徐商任参知政事,颇为温庭筠辩说。不久,徐商罢免宰相之职,到地方当官,杨收对温庭筠很恼怒,把他贬为方城(今河北固安)县尉。又迁隋县县尉,死在那里。

温庭筠的儿子温宪,中进士。他弟弟温庭皓,咸通中任徐州从事,节度使崔彦鲁为庞勋所杀,庭皓也被杀害。温庭筠著述颇多,其诗赋格调风韵清新劲拔,文士都称赞他的诗赋。

孙思邈传

【题解】

孙思邈(581~682),京兆华原(今陕西耀州区)人,世称孙真人,后人尊之为药王,是唐代杰出的医学家。

孙氏自幼聪颖洞达,敏慧强记,七岁能够日诵千言,人称圣童。他博学多闻,涉猎群书,二十岁就精通经史百家之说,善谈庄老,兼好佛学。他从青年时代就立志以医为业,成年之后,隐居在太白山,专事医学活动。唐太宗、高宗均曾征召,亦皆推辞不受。永徽三年(652)他以自己丰富的医疗经验和广博的知识,著成《千金要方》三十卷。永淳元年(682)他集晚年30年经验,撰成《千金翼方》三十卷,以补《要方》之遗,同年逝世。

孙思邈医术精湛、知识渊博,治病不拘泥于古人的方法,兼采众家之长;用药不受《本草经》的限制,广收民间单方、验方。他不仅精通内科,而且擅长外科、妇产科、小儿科、五官科、眼科,并对养性、食疗、炼丹、卫生等均有深入研究,同时还具有广博的药物学知识和精湛的针灸技术。这使他成为唐代医学大师,而且一变羸弱之体而至百岁,且视听不衰,神采丰茂。

孙思邈的医学理论和丰富的医学经验,集中反映在他的医学著作《千金要方》和《千金翼方》中。两部《千金》系统全面地总结了自上古至唐代的丰富医学经验,不仅收载了唐以前的古方,而且记录了民间单方,总结了药学知识,发展了伤寒学说。在诊断学上把疾病认识提高到一个新水平,在治疗学上丰富了医疗技术,为儿科、妇产科成为专科创造了条件,发展了养生长寿学说,并在制药化学方面记录了硫黄伏火法。

【原文】

孙思邈,京兆华原人也。七岁就学,日诵千余言。弱冠,善谈庄、老及百家之说,兼好释典。洛州总管独孤信见而叹曰:"此圣童也,但恨其器大,难为用也。"周宣帝时,思邈以王室多故,乃隐居太白山。隋文帝辅政,征为国子博士,称疾不起。尝谓所亲曰:"过五十年,当有圣人出,吾方助之以济人。"及太宗即位,召诣京师,嗟其容色甚少,谓曰:"故知有道者诚可尊重,羡门、广成,岂虚言哉!"将授以爵位,固辞不受。显庆四年,高宗召见,拜谏议大夫,又固辞不受。

上元元年,辞疾请归,特赐良马及鄱阳公主邑司以居焉。当时知名之士宋令文、孟诜、卢照邻等,执师资之礼以事焉。思邈曾从幸九成宫,照邻留在其宅。时庭前有病梨树,照邻为之赋,其序曰:"癸酉之岁,余卧疾长安光德坊之官舍。父老云:'是鄱阳公主邑司。昔公主未嫁而卒,故其邑废。'时有孙思邈处士居之。邈道合古今,学殚数术,高谈正一,则古之蒙庄子,深入不二,则今之维摩诘耳。其推步甲乙,度量乾坤,则洛下闳、安期先生之俦也。"照邻有恶疾,医所不能愈,乃问思邈:"名医愈疾,其道何如?"思邈曰:"吾闻善言天者,必质之于人;善言人者,亦本之于天。天有四时五行,寒暑迭代,其转运也。和而为雨,怒而为风,凝而为霜雪,张而为虹蜺,此天地之常数也。人有四支五藏,一觉一寐,呼吸吐纳,精气往来,流而为荣卫,彰而为气色,发而为音声,此人之常数也。阳用其形,阴用其精',天人之所同也。及其失也,蒸则生热,否则生寒,结而为瘤赘,陷而为痈疽,奔而为喘乏,竭而为燋枯,诊发乎面,变动乎形,推此以及天地亦如之。故五纬盈缩,星辰错行,日月薄蚀,孛慧飞流,此天地之危诊也。寒暑不时,天地之蒸否也;

孙思邈

石立土踊,天地之瘤赘也;山崩土陷,天地之痈疽也;奔风暴雨,天地之喘乏也;川渎竭涸,天地之燋枯也。良医导之以药石,救之以针剂,圣人和之以至德,辅之以人事。故形体有可愈之疾,天地有可消之灾。"

又曰:"胆欲大而心欲小,智欲圆而行欲方。诗曰'如临深渊,如履薄冰',谓小心也;'赳赳武夫,公侯干城',谓大胆也。'不为利回,不为义疚',行之方也,'见机而作,不俟终日',智之圆也。"

思邈自云开皇辛酉岁生,至今年九十三矣。询之乡里,咸云数百岁人,话周、齐间事,历历如眼见,以此参之,不啻百岁人矣。然犹视听不衰,神采甚茂,可谓古之聪明博达不死者也。

初,魏征等受诏修齐、梁、陈、周、隋五代史,恐有遗漏,屡访之。思邈口以传授,有如目睹。东台侍郎孙处约将其五子俊、儆、俊、佑、佺以谒思邈,思邈曰:"俊当先贵;佑当晚达;佺最名重,祸在执兵。"后皆如其言。太子詹事卢齐卿童幼时,请问人伦之事,思邈曰:"汝后五十年位登方伯,吾孙当为属吏,可自保也。"后齐卿为徐州刺史,思邈孙溥果为徐州萧县丞。思邈初谓齐卿之时,溥犹未生,而预知其事。凡诸异迹,多此类也。

永淳元年卒。遗令薄葬,不藏冥器,祭祀无牲牢。经月余,颜容不改,举尸就木,犹若空衣,时人异之。自注《老子》《庄子》,撰《千金方》三十卷,行于代。又撰《福禄论》三卷,《摄生真录》及《枕中素书》《会三教论》各一卷。

【译文】

孙思邈是京兆府华原人。七岁开始读书,一日能诵读千余字。二十岁左右,善谈庄子、老子及百家学说,同时喜欢佛学的经典。洛州总管独孤信见到他感叹地说:"这是神童,只可惜他器量宏大,很难为一般人所任用。"周宣帝时,由于王室纷争,更迭频繁;思邈隐居于太白山中。隋文帝杨坚辅佐北周时,征聘思邈为国子博士,他以有病为由没有就任。思邈曾对亲属讲:"过五十年后,会有圣人出现,我将助之以济人。"至唐太宗李世民即位,召思邈到京城长安,见他容颜面貌十分年轻,太宗感慨地说:"由此可知有德性的人诚信可以尊重,羡门、广成子,怎会是传说之言呢?"太宗要授予他官位,他恳切推辞,不肯接受。显庆四年(659),唐高宗召见他,任命他为谏议大夫,又坚持不肯接受。

上元元年（675）思邈称病请求回归故乡。高宗特赐良马和鄱阳公主故居令其居住。当时名人宋令文、孟诜、卢照邻等人都以师礼问学于他。他曾随皇帝避暑于九成宫，卢照邻留住他家。当时宅院庭前有一棵病梨树，照邻以病梨树为题作赋。赋的序中言："癸酉年，我因病住在长安城光德坊的官舍。老年人都说：'这是鄱阳公主的故居。过去公主尚未出嫁即去世，所以其府邑被废弃。'现在有孙思邈处士住居。思邈学问广博，通古博今，学尽星相医卜、调生养性之术，善谈道家正一学术，如古代道家庄子，精通佛学之理，恰如今之大居士维摩诘。他推算演绎天文、地理、历数等学问，有如洛下闳、安期先生一样。"照邻患有难以治愈的疾病，于是问思邈："名医能够治愈疾病，是什么道理呢？"思邈回答："我听说善于讲解天地四时变化的人，必须参照人体的理论；善于谈论人身生理病理的，也须依据天地运行的规律。天地有春夏秋冬四时和木火土金水五行变化，寒暑交替，循环运行。天地之气调和则降而为雨，怒则鼓荡为风，凝结则为霜雪，弥漫散布则为彩虹，这是大自然的一般规律。人体有四肢五脏，觉醒和睡眠，呼吸吐故纳新，水谷精华往来，循环流动而成为营卫之气，显露于外为神采和气色，发扬而为声音，这是人体的一般规律。阳气有形可察，阴气为精所化，自然界和人体的规律是相同的。如果阴阳失调，阳气蒸腾则生热症，阴气凝滞则生寒症，精气郁结则生瘿瘤赘肉，气虚下陷则生痈疽，气逆妄行则见短气喘息，气血衰竭则憔悴枯槁。症候表现于面部，变化显露于形体，推而广之，用这个规律解释自然界也是相同的。因此木火土金水五星盈亏，日月星辰错行，日蚀月蚀，彗星流逝，都是自然界的危险征象。寒暑不能适应季节，是天地万物变化反常；石立土踊，是大自然的赘瘤；山崩地陷，是大自然的痈疽；狂风暴雨，是大自然的短气喘息；河川干涸断流，是大自然的憔悴枯槁。当人们患病时，高明的医师用药物、砭石、针刺予以疏导和治疗。当自然界出现反常时，圣人以高尚的道德和解，并辅以人事。因此形体有病可以治愈，天地有灾可以消除。"又说："治病用药要胆大，看症辨病要心细谨慎，知识要丰富，行为要端正。就如《诗经》说，'如同面临深渊，如同脚履薄冰'比喻小心；用'英勇无畏，出生入死保卫城池的勇士'比喻大胆；'不因利欲而违礼，不因见义勇为而内疚'说的是行为端正；'见机而作，不俟终日'，发现了事物的端倪，应立即起来行动，不得待终其日，说的是知识经验皆丰富。"

思邈自称生于隋文帝开皇辛丑年（601年）仁寿元年，今年已九十三岁了。询问乡邻故里，都说他是数百岁的人了。他谈论起周、齐朝的事情，栩栩如生，就像亲眼所见，据此考虑他已不止百岁了。然而他依然耳聪目明，神色面貌很精神，可以称他为古代聪明博学有识的长生不老之人。

唐代初期，魏征等奉命编修齐、梁、陈、周、隋五代历史，恐怕有遗漏，曾多次拜访孙思邈。他口授介绍，有如亲眼目睹。东台侍郎孙处约带领他的五个儿子侹、儆、俊、佑、佺去拜见思邈，思邈说："俊将最先显贵；佑要到晚年发迹；佺的名气最大，但他会因掌握兵权而祸及自身。"此后果然象他所预言的一样。太子詹事卢齐卿小时候向他请教人伦的事，思邈说："你五十年后将做官，我的孙子将为你的下属。你要自己保重。"后来齐卿成为徐州刺史，思邈的孙子孙溥果然是徐州萧县县丞。思邈对齐卿说这些的时候，孙溥还没有出生，却预先知道他的事。凡是他的种种特殊的事迹，多数与此相同。

永淳元年（682年）思邈逝世。他留下遗言令薄葬，墓中不要放随葬的器物，祭祀不

中华传世藏书

二十四史

精华

二十四史

旧唐书

一六九七

用牛、羊、猪等。思邈死后一个多月，仍容貌颜色不变，举尸入棺，就像没有分量一般，当时人们都感到很奇怪。他生前曾自注《老子》《庄子》，编撰《千金方》三十卷流行于世。另撰有》《摄生真录》及《枕中素书》《会三教论》各一卷。

玄奘传

【题解】

　　玄奘（602~664），唐代高僧。通称他"三藏法师"，俗称"唐僧"。本姓陈，名祎，洛州缑氏（今河南偃师缑氏镇）人。他和鸠摩罗什、真谛并称为中国佛教经典三大翻译家，唯识宗的创始人之一。十三岁就出家于洛阳净土寺，曾游历国内各处寺院讲学、问难，颇有心得。与此同时，接触到佛教各派理论，又深感其中疑难问题甚多，怀疑原有译经有讹谬。于是下决心要亲自到印度去求法。贞观元年（627，也有贞观二年和三年说的），他从长安出发，经凉州（今甘肃武威），历尽千辛万苦，到达高昌之后又经过今乌兹别克、阿富汗、巴基斯坦等国国境而进入印度。贞观四年，到达了那烂陀寺，拜戒贤为师。玄奘在印度各地游历，遍访古印度，并到过尼泊尔南部。贞观十五年，他携带所取到的佛经657部，以及佛像、花果种子等返国。贞观十九年正月回到长安。

　　玄奘不仅是中国古代著名的佛教学者，还是著名的旅行家。他到印度去取经，历时十九年，行程五万里，是中国历史上一次艰险而伟大的旅行。回长安后，他把旅行中的所见所闻，进行口授，由弟子辩机笔录，写成《大唐西域记》一书。本书采取以行程为经、地理为纬的体例，把所经过的许多城邦和国家的面积、都城、气候、地形、水利、物产、交通以及民俗民风都做了简要记述。书中对地理情况的描述非常生动，如谈到凌山说："山谷积雪，春夏合冻，虽时消拌，寻复结冰。经途险阻，寒风惨烈。"对唐代大诗人李白的故乡——素叶水城的描述是："城周六、七里，诸国商胡杂居也。土宜糜、麦、蒲陶，林树稀疏。气序风寒，人衣毡褐。"关于葱岭（帕米尔）则写道："崖岭数百重，幽谷险峻，恒积冰雪，寒风劲烈，地多出葱，故谓葱岭。"《大唐西域记》是研究印度、尼泊尔、巴基斯坦、孟加拉国以及中亚等地古代历史地理和从事考古的重要资料。因此，在中国和世界地理学史上占有重要的地位。

【原文】

　　僧玄奘，姓陈氏，洛州偃师人。大业末出家，博涉经论。当谓翻译者多有讹谬，故就西域，广求异本以参验之。贞观初，随商人往游西域。玄奘既辩博出群，所在必为讲释论难，蕃人远近咸尊伏之。在西域十七年，经百余国，悉解其国之语，仍采其山川谣俗，土地所有，撰《西域记》十二卷。贞观十九年，归至京师。太宗见之，大悦，与之谈论。于是诏将梵本六百五十七部于弘福寺翻译，仍敕右仆射房玄龄、太子左庶子许敬宗，广召硕学沙门五十余人，相助整比。

　　高宗在东宫，为文德太后追福，造慈恩寺及翻经院，内出大幡，敕九部乐及京城诸寺幡盖众伎,送玄奘及所翻经像、诸高僧等入住慈恩寺。显庆元年,高宗又令左仆射于志宁,侍中许敬宗,中书令来济、李义府、杜正伦,黄门侍郎薛元超等,共润色玄奘所定之经,国子博士范义硕、太子洗马郭瑜、弘文馆学士高若思等,助加翻译。凡成七十五部,奏上之。后以京城人众竞来礼谒,玄奘乃奏请逐静翻译,敕乃移居于宜君山故玉华宫。六年卒。时年五十六,归葬于白鹿原,士女送葬者数万人。

【译文】

玄奘和尚,原姓陈,洛州偃师人。隋炀帝大业末年出家。他广阅博览,接触了各派佛教经典和理论著作。曾说翻译的佛经有许多错误,所以许下心愿要去西域,广求不同的经本,以为参考验证。唐贞观初年,他随一批商人去西域游历。玄奘深通佛学,擅长辩讲,所到的地方都被邀请去宣讲佛经,或参加佛学辩证会。远近的外域人都很尊敬钦佩他。玄奘在西域十七年,游历了一百多个国家,并通晓当地的语言。因而收集这些国家的山脉、河流、民间传说、民风习俗和当地特产等资料,写成《西域记》十二卷。贞观十九年,回到京师长安。唐太宗对玄奘完成取经任务归来,非常高兴,亲自接见,并和他讨论了西行情况与收获。随后下诏让玄奘留住在弘福寺内,把六百五十七部梵文佛经翻译出来。又命右仆射房玄龄、太子左庶子许敬宗,选调了五十多个博学的僧人协助做整理比较工作。

历史上的唐玄奘取经造型

唐高宗在东宫做太子时,给文德太后诵经礼忏和祈祷祝福,修建了慈恩寺和译经院。并出动了皇家旗幡仪仗,命九部乐班和京师各寺庙的旗幡仪仗,簇拥着女乐,迎送玄奘和所翻译的佛经佛像和其他高僧等入住慈恩寺。显庆元年,高宗又命左仆射于志宁,侍中许敬宗,中书令来济、李义府、杜正伦,黄门侍郎薛元超等,共同给玄奘定稿的佛经润色加工。国子博士范义硕、太子洗马郭瑜、弘文馆学士高若思等协助增译工作。总计完成七十五部,上送给朝廷。后来,因京师的居民纷纷争着前来礼敬求晋见,玄奘于是奏请希望找寻一幽静地方继续佛经翻译工作。高宗批准迁移到宜君山旧有玉华宫。显庆六年,玄奘去世,年五十六岁。归葬在白鹿原,送葬的善男信女有几万人。

二十四史

新唐书

导 读

　　《新唐书》是一部记载唐朝历史的纪传体断代史书,全书共二百二十五卷,包括本纪十卷,志五十卷,表十五卷,列传一百五十卷。

　　宋仁宗(1023~1063年在位)认为刘昫的《唐书》浅陋,命宋祁、欧阳修重修唐书,参与其事的人有范镇、王畴、宋敏求、吕夏卿、刘义叟等人。宋祁擅长文学,他在天圣(1023~1032年)末年至庆历(1041~1048年)年间的十七年中,完成了列传。后来欧阳修主持修史工作,写定了本纪、志、表。这已是至和元年(1054年)至嘉祐五年(1060年)的事情。宋祁和欧阳修两次修史,中间隔了好多年,列传与本纪、志、表合在一起时,也没有经过严格的整齐划一。

　　《旧唐书》本纪大约有三十万字左右,《新唐书》压缩到不足十万。个别的帝纪,删减的更为厉害,如《哀宗纪》,《旧唐书》有一万多字,《新唐书》只有千字上下。经过大量删削,失去了许多可贵的史料。从这一意义上说,《新唐书》本纪的简倒不如《旧唐书》的繁。

　　《新唐书》作者对志下了一番功夫,质量多在《旧唐书》之上。《食货志》有关授田情况和租庸调的记载,比旧志丰富得多。《地理志》各道疆域以唐全盛时期的开元年间十五道为依据,户口以天宝年间为标准,州郡建制沿革以天祐年间为主,处理得较为得体。《艺文志》在《旧唐书·经籍志》之外,增收了很多图书,仅唐人文集就由一百余家增加到六百多家。《旧唐书》没有《选举志》,《新唐书》效法在它之前成书的《旧五代史》,写了《选举志》,记载了唐代的科举制度。

　　不仅如此,《新唐书》的志还有新的创见。它增加了以前史没有的《仪卫志》和《兵志》。《兵志》没有能够详述制度的演变,但毕竟记载了唐代军制的废置得失和治乱兴亡,提供了一些新的材料。更重要的是,继《新唐书》创立《兵志》之后,许多史编写了《兵志》,为"二十四史"增添了新的内容,它的开创之功是不能泯灭的。

　　《三国志》以后各史没有编写表,到了《新唐书》,才又承袭了《史记》《汉书》的传统,编制了》《方镇表》《宗室世系表》等。《方镇表》给人们学习历史提供了很大的方便。本来唐代方镇的建置没有定制,分割移徙,混乱不堪。《方镇表》却眉目清楚,开卷了然。

　　从修史技巧来看,《新唐书》比《旧唐书》严谨简洁,前人往往根据这一点来全面肯定《新唐书》,把《旧唐书》说得一无是处,显然是片面的。我们认为,两书各有优劣,是不能偏废的。

则天武皇后、杨贵妃传

【题解】

武则天(624~705年),姓武,名曌,并州文水(今山西文水县)人。十四岁被太宗选为才人,太宗去世,出宫为尼。后又被召入宫,得到高宗的宠爱,晋封为昭仪。永徽六年(655),立为皇后。高宗庸懦无能,武后参与朝政,不久即掌握了国家的大权。高宗死,中宗继位,她以皇太后的身份临朝称制。不久她废黜中宗,立睿宗为帝,自己依旧临朝称制。天授元年(690),她罢黜睿宗,自称圣神皇帝,改国号为周,成为中国历史上唯一的女皇帝。神龙元年(705),武后病重,宰相张柬之等率兵入宫,逼武后把帝位传给中宗。中宗即位后,尊武后为则天大圣皇帝。同年去世,遗诏命去帝号,称则天大圣皇后。

武则天

武则天前后执政达四十余年,为了夺取帝位,巩固自己的统治,她施用权术,对唐宗室、大臣实行残酷的镇压。但她明察善断,具有驾驭群臣的才干,特别善于选拔贤才,委以重任,所以朝廷上有一批愿意为她效力的能臣;而那些贵戚、内宠,在她的控制下,也不敢过分作恶。因此,在她的统治期间,国家得以继承贞观时期的成就。形成一种统一、强盛和长期安定的局面。武则天不愧是中国历史是上一位杰出的女政治家。

杨贵妃(719~576年),号太真,蒲州永乐(今山西永济东南)人。她能歌善舞,姿色冠世。初为寿王妃,后入宫,深得玄宗宠爱,天宝四年(745),被封为贵妃。姊姊兄弟都由此而贵显,堂兄杨国忠官至宰相。天宝十五年(756),安禄山攻陷潼关,玄宗仓皇出逃,走到马嵬驿,随行的军士杀杨国忠,又迫玄宗杀杨贵妃。杨贵妃及其一家骄奢淫逸,杨国忠败坏朝政,加速了天宝祸乱的爆发;但如果视杨贵妃为祸水,把杨贵妃的受宠,看成是酿成安禄山之乱的主要原因,则又是不公允的。开元、天宝时期,唐王朝由治安转向危亡的原因,主要应在唐玄宗身上寻找。

【原文】

高宗则天顺圣皇后武氏,并州文水人。父士彟。文德皇后崩,久之,太宗闻士彟女美,召为才人,方十四。母杨,恸泣与诀,后独自如,曰:"见天子庸知非福,何儿女悲乎?"母韪其意,止泣。既见帝,赐号武媚。及帝崩,与嫔御皆为比丘尼。高宗为太子时,入侍,悦之。王皇后久无子,萧淑妃方幸,后阴不悦。它日,帝过佛庐,才人见且泣,帝感动。后廉知状,引内后宫,以挠妃宠。

才人有权数,诡变不穷。始,下辞降体事后,后喜,数誉于帝,故进为昭仪。一旦顾幸在萧右,浸与后不协。后性简重,不曲事上下,而母柳见内人尚宫无浮礼,故昭仪伺后所薄,必款结之,得赐予,尽以分遗。由是后及妃所为必得,得辄以闻,然未有以中也。昭仪生女,后就顾弄,去,昭仪潜毙儿衾下,伺帝至,阳为欢言,发衾视儿,死矣。又惊问左右,皆曰:"后适来。"昭仪即悲涕,帝不能察,怒曰:"后杀吾女,往与妃相谗媚,今又尔邪!"由是昭仪得入其訾,后无以自解,而帝愈信爱,始有废后意。久之,欲进号"宸妃",侍中韩瑗、中书令来济言:"妃嫔有数,今别立号,不可。"昭仪乃诬后与母厌胜,帝挟前憾,实其言。将遂废之。长孙无忌、褚遂良、韩瑗及济濒死固争,帝犹豫;而中书舍人李义府、卫尉卿许敬宗素险侧,狙势即表请昭仪为后,帝意决,下诏废后。诏李勣、于志宁奉玺绶进昭仪为皇后,命群臣及四夷酋长朝后肃义门,内外命妇入谒。朝皇后自此始。

后见宗庙,再赠士彟至司徒,爵周国公,谥忠孝,配食高祖庙。母杨,再封代国夫人。家食魏千户。后乃制《外戚诫》献诸朝,解释讥噪。于是逐无忌、遂良,踵死徙,宠煽赫然。后城宇深,痛柔屈不耻,以就大事,帝谓能奉己,故扳公议立之。已得志,即盗威福,施施无惮避,帝亦儒昏,举能钳勒,使不得专,久稍不平。麟德初,后召方士郭行真入禁中为蛊祝,宦人王伏胜发之,帝怒,因是召西台侍郎上官仪,仪指言后专恣,失海内望,不可承宗庙,与帝意合,乃趣使草诏废之。左右驰告,后遽从帝自诉,帝羞缩,待之如初,犹意其怃,且曰:"是皆上官仪教我!"后讽许敬宗构仪,杀之。

初,元舅大臣怫旨,不阅岁屠覆,道路目语,及仪见诛,则政归房帷,天子拱手矣。群臣朝、四方奏章,皆曰"二圣"。每视朝,殿中垂帘,帝与后偶坐,生杀赏罚惟所命。当其忍断,虽甚爱,不少隐也。帝晚益病风不支,天下事一付后。后乃更为太平文治事,大集诸儒内禁殿,撰定《列女传》《臣轨》《百僚新诫》《乐书》等,大抵千余篇。因令学士密裁可奏议,分宰相权。

始,士彟娶相里氏,生子元庆、元爽。又娶杨氏,生三女:伯嫁贺兰越石,蚤寡,封韩国夫人;仲即后;季嫁郭孝慎,前死。杨以后故,宠日盛,徙封荣国。始,兄子惟良、怀运与元庆等遇杨及后礼薄,后衔不置。及是,元庆为宗正少卿,元爽少府少监,惟良司卫少卿,怀运淄州刺史。它日,夫人置酒,酣,谓惟良曰:"若等记畴日事乎? 今谓何?"对曰:"幸以功臣子位朝廷,晚缘戚属进,忧而不荣也。"夫人怒,讽后伪为退让,请惟良等外迁,无示天下私。由是,惟良为始州刺史;元庆,龙州;元爽,濠洲,俄坐事死振州。元庆至州,忧死。韩国出入禁中,一女国姝,帝皆宠之。韩国卒,女封魏国夫人,欲以备嫔职。难于后,未决。后内忌甚,会封泰山,惟良、怀运以岳牧来集,从还京师,后毒杀魏国,归罪惟良等,尽杀之,氏曰"蝮",以韩国子敏之奉士彟祀。初,魏国卒,敏之入吊,帝为恸,敏之哭不对。后曰:"儿疑我!"恶之。俄贬死。杨氏徙郑、卫二国,咸亨元年卒,追封鲁国,谥忠烈,诏文武九品以上及五等亲与外命妇赴吊,以王礼葬咸阳,给班剑、葆仗、鼓吹。时天下旱,后伪表求避位,不许。俄又赠士彟太尉兼太子太师、太原郡王,鲁国忠烈夫人为妃。

上元元年,进号天后,建言十二事:一、劝农桑,薄赋徭;二、给复三辅地;三、息兵,以道德化天下;四、南北中尚禁浮巧;五、省功费力役;六、广言路;七、杜谗口;八、王公以降皆习《老子》;九、父在为母服齐衰三年;十、上元前勋官已给告身者无追核;十一、京官八品以上益禀入；十二、百官任事久，材高位下者得进阶申滞。帝皆下诏略施行之。

萧妃女义阳、宣城公主幽掖廷，几四十不嫁，太子弘言于帝，后怒，鸩杀弘。帝将下诏逊位于后，宰相郝处俊固谏，乃止。后欲外示宽裕，劫人心使归己，即奏言："今群臣纳半俸、百姓计口钱以赡边兵，恐四方妄商虚实，请一罢之。"诏可。

仪凤三年，群臣、蕃夷长朝后于光顺门。即并州建太原郡王庙。帝头眩不能视，侍医张文仲、秦鸣鹤曰："风上逆，砭头血可愈。"后内幸帝殆，得自专，怒曰："是可斩，帝体宁刺血处邪？"医顿首请命。帝曰："医议疾，乌可罪？且吾眩不可堪，听为之！"医一再刺，帝曰："吾目明矣！"言未毕，后帘中再拜谢，曰："天赐我师！"身负缯宝以赐。

帝崩，中宗即位，天后称皇太后，遗诏军国大务听参决。嗣圣元年，太后废帝为庐陵王，自临朝，以睿宗即帝位。后坐武成殿，帝率群臣上号册。越三日，太后临轩，命礼部尚书摄太尉武承嗣、太常卿摄司空王德真册嗣皇帝。自是太后常御紫宸殿，施惨紫帐临朝。追赠五世祖后魏散骑常侍克己为鲁国公，姚裴即其国为夫人；高祖齐殷州司马居常为太尉、北平郡王，姚刘为王妃；曾祖永昌王咨议参军、赠齐州刺史俭为太尉、金城郡王，姚宋为王妃；祖隋东郡丞、赠并州刺史、大都督华为太尉、太原郡王，姚赵为王妃。皆置园邑，户五十。考为太师、魏王，加实户满五千，姚为王妃，王园邑守户百。时睿宗虽立，实囚之，而诸武擅命。又谥鲁国公曰靖，裴为靖夫人；北平郡王曰恭肃，金城郡王曰义康，太原郡王曰安成，妃从夫谥。太后遣册武成殿使者告五世庙室。

于是柳州司马李敬业、括苍令唐之奇、临海丞骆宾王疾太后胁逐天子，不胜愤，乃募兵杀扬州大都督府长史陈敬之，据州欲迎庐陵王，众至十万。楚州司马李崇福连和。盱眙人刘行举婴城不肯从，敬业攻之，不克。太后拜行举游击将军，擢其弟行实楚州刺史。敬业南度江取润州，杀刺史李思文，曲阿令尹元贞拒战死。太后诏左玉钤卫大将军李孝逸为扬州道行军大总管，率兵三十万讨之，战于高邮，前锋左豹韬果毅成三朗为唐之奇所杀。又以左鹰扬卫大将军黑齿常之为江南道行军大总管，并力。敬业兴三月败，传首东都，三州平。

始，武承嗣请太后立七庙，中书令裴炎沮止，及敬业之兴，下炎狱，杀之，并杀左威卫大将军程务挺。太后方怫恚，一日，召群臣廷让曰："朕于天下无负，若等知之乎？"群臣唯唯。太后曰："朕辅先帝逾三十年，忧劳天下。爵位富贵，朕所与也；天下安佚，朕所养也。先帝弃群臣，以社稷为托，朕不敢爱身，而知爱人。今为戎首者皆将相，何见负之遽？且受遗老臣伉扈难制有若裴炎乎？世将种能合亡命若徐敬业乎？宿将善战若程务挺乎？彼皆人豪，不利于朕，朕能戮之。公等才有过彼，蚤为之。不然，谨以事朕，无诒天下笑。"群臣顿首，不敢仰视，曰："惟陛下命。"

久之，下诏阳若复辟者。睿宗揣非情，固请临朝，制可。乃冶铜匦为一室，署东曰"延恩"，受干赏自言；南曰"招谏"，受时政失得；西曰"申冤"，受抑枉所欲言；北曰"通玄"，受谶步秘策。诏中书门下一官典领。

太后不惜爵位，以笼四方豪桀自为助，虽妄男子，言有所合，辄不次官之，至不称职，寻亦废诛不少纵，务取实材真贤。又畏天下有谋反逆者，诏许上变，在所给轻传，供五品食，送京师，即日召见，厚饵爵赏歆动之。凡言变，吏不得何诘，虽耘夫荛子必亲延见，禀之客馆。敢稽若不送者，以所告罪之。故上变者遍天下，人人屏息，无敢议。

新丰有山因震突出，太后以为美祥，赦其县，更名庆山。荆人俞文俊上言："人不和，疣赘生；地不和，堆阜出。今陛下以女主处阳位，山变为灾，非庆也。"太后怒，投岭外。

诏毁乾元殿为明堂，以浮屠薛怀义为使督作。怀义，鄠人，本冯氏，名小宝，伟岸淫毒，佯狂洛阳市，千金公主璧之。主上言："小宝可入侍。"后召与私，悦之。欲掩迹，得通籍出入，使祝发为浮屠，拜白马寺主。诏与太平公主婿薛绍通昭穆，绍父事之。给厩马，中官为驺侍，虽承嗣、三思皆尊事惟谨。至是护作，士数万，巨木率一章千人乃能引。又度明堂后为天堂。鸿丽严奥次之。堂成，拜左威卫大将军、梁国公。

始作崇先庙于西京，享武氏。承嗣伪款洛水石，导使为帝，遣雍人唐同泰献之，后号为"宝图"。擢同泰游击将军。于是汜人又上瑞石，太后乃郊上帝谢况，自号圣母神皇，作神皇玺，改宝图曰"天授圣图"，号洛水曰永昌水，图所曰圣图泉，勒石洛坛左曰"天授圣图之表"，改汜水曰广武。时柄去王室，大臣重将皆挠不得逞，宗室孤外无寄足地。于是，韩王元嘉等谋举兵唱天下，迎还中宗。琅邪王冲、越王贞先发，诸王仓卒无应者，遂败。元嘉与鲁王灵夔等皆自杀，余悉坐诛，诸王牵连死灭殆尽，子孙虽婴褓亦投领南。太后身拜洛受图，天子率太子、群臣、蛮夷以次列，大陈珍禽、奇兽、贡物、卤簿坛下，礼成去。

永昌元年，享万象神宫，改服衮冕，搢大圭，执镇圭，睿宗亚献，太子终献。合祭天地，五方帝、百神从，以高祖、太宗、高宗配，引魏王士护从配。班九条，训百官。遂大飨群臣。号士护周忠孝太皇，杨忠孝太后。以文水墓为章德陵，咸阳墓为明义陵。太原安成王为周安成王，金城郡王为魏义康王，北平郡王为赵肃恭王，鲁国公为太原靖王。

载初中，又享万象神宫，以太穆、文德二皇后配皇地祇，引周忠孝太后从配。作曌、面、埊、〇、瓱、囝、〇、盂十有二文。太后自名曌。改诏书为制书。以周、汉为二王后，虞、夏、殷后为三恪，除唐属籍。拜薛怀义辅国大将军，封鄂国公，令与群浮屠作《大云经》，言神皇受命事。春官尚书李思文诡言："《周书·武成》为篇，辞有'垂拱天下治'，为受命之符。"后喜，皆班示天下，稍图革命。然畏人心不肯附，乃阴忍鸷害，肆斩杀怖天下。内纵酷吏周兴、来俊臣等数十人为爪吻，有不慊若素疑惮者，必危法中之。宗姓侯王及它骨鲠臣将相骈颈就铁，血丹狴户，家不能自保。太后操奁具坐重帏，而国命移矣。

御史傅游艺率关内父老请革命，改帝氏为武。又胁群臣固请，妄言凤集上阳宫，赤雀见朝堂。天子不自安，亦请氏武，示一尊。太后知威柄在己，因大赦天下，改国号周，自称圣神皇帝，旗帜尚赤，以皇帝为皇嗣。立武氏七庙于神都。尊周文王为文皇帝，号始祖，妣姒曰文定皇后；武王为康皇帝，号睿祖，妣姜曰康惠皇后；太原靖王为成皇帝，号严祖，妣曰成庄皇后；赵肃恭王为章敬皇帝，号肃祖，妣曰章敬皇后；魏义康王为昭安皇帝，号烈祖，妣曰昭安皇后；祖周安成王为文穆皇帝，号显祖，妣曰文穆皇后；考忠孝太皇为孝明高皇帝，号太祖，妣曰孝明高皇后。罢唐庙为享德庙，四时祠高祖以下三室，余废不享。至日，祀上帝万象神宫，以始祖及考妣配，以百神从祀。尽王诸武。诏并州文水县为武兴，比汉丰、沛，百姓世给复。以始祖冢为德陵，睿祖为乔陵，严祖为节陵，肃祖为简陵，烈祖为靖陵，显祖为永陵，章德陵为昊陵，明义陵为顺陵。

太后虽春秋高，善自涂泽，虽左右不悟其衰。俄而二齿生，下诏改元为长寿。明年，享神宫，自制大乐，舞工用九百人。以武承嗣为亚献，三思为终献。帝之为皇嗣，公卿往往见之，会尚方监裴匪躬、左卫大将军阿史那元庆、白润府果毅薛大信、监门卫大将军范云仙潜谒帝，皆腰斩都市，自是公卿不复上谒。

有上封事言岭南流人谋反者，太后遣摄右台监察御史万国俊就按，得实即论决。国俊至广州，尽召流人，矫诏赐自尽，皆号哭不服，国俊驱之水曲，使不得逃，一日戮三百余人。乃诬奏流人怨望，请悉除之。于是太后遣右卫翊府兵曹参军刘光业、司刑评事王德寿、苑南面监丞鲍思恭、尚辇直长王大贞、右武卫兵曹参军屈贞筠，皆摄监察御史，分往剑南、黔中、安南等六道讯鞫，而擢国俊左台侍御史。光业等亦希功于上，唯恐杀人之少。光业杀者九百人，德寿杀七百人，其余亦不减五百人。太后久乃知其冤，诏六道使所杀者还其家。国俊等亦相踵而死，皆见有物为厉云。

太后又自加号金轮圣神皇帝，置七宝于廷：曰金轮宝，曰白象宝，曰女宝，曰马宝，曰珠宝，曰主兵臣宝，曰主藏臣宝，率大朝会则陈之。又尊其显祖为立极文穆皇帝，太祖为无上孝明皇帝。延载二年，武三思率蕃夷诸酋及耆老请作天枢，纪太后功德，以黜唐兴周，制可。使纳言姚璹护作。乃大裒铜铁合冶之，署曰“大周万国颂德天枢”，置端门外。其制若柱，度高一百五尺，八面，面别五尺，冶铁象山为之趾，负以铜龙，石镵怪兽环之。柱颠为云盖，出大珠，高丈，围三之。作四蛟，度丈二尺，以承珠。其趾山周百七十尺，度二丈。无虑用铜铁二百万斤。乃悉镂群臣、蕃酋名氏其上。

薛义怀稍宠衰，而御医沈南璆进，怀义大望，因火明堂，太后羞之，掩不发。怀义愈恨恣怏怏。乃密诏太平公主择健妇缚之殿中，命建昌王武攸宁、将作大匠宗晋卿率壮士击杀之，以畚车载尸还白马寺。怀义负幸昵，气盖一时，出百官上，其徒多犯法。御史冯思勖劾其奸，怀义怒，遇诸道，命左右欧之，几死，弗敢言。默啜犯塞，拜新平、伐逆、朔方道大总管，提十八将军兵击胡，宰相李昭德、苏味道至为之长史、司马。后厌入禁中，阴募力少年千人为浮屠，有逆谋。侍御史周矩劾状请治验，太后曰：“第出，朕将使诣狱。”矩坐台，少选，怀义怒马造廷，直往坐大榻上，矩召吏受辞，怀义即乘马去。矩以闻，太后曰：“是道人素狂，不足治，力少年听穷劾。”矩悉投放丑裔。怀义构矩，俄免官。

太后祀天南郊，以文王、武王、士彟与唐高祖并配。太后加号天册金轮圣神皇帝。遂封嵩山，禅少室，册山之神为帝，配为后。封坛南有大槲，赦日置鸡其杪，赐号“金鸡树”。自制《升中述志》，刻石示后。改明堂为通天宫，铸九州鼎，各位其方，列廷中。又敛天下黄金作大仪钟，不克。久之，以崇先庙为崇尊庙，礼视太庙，旋复崇尊庙为太庙。

自怀义死，张易之、昌宗得幸，乃置控鹤府，有监，有丞及主簿、录事等，监三品，以易之为之。太后自见诸武王非天下意，前此中宗自房州还，复为皇太子，恐百岁后为唐宗室躏藉无死所，即引诸武及相王、太平公主誓明堂，告天地，为铁券使藏史馆。’改昊陵署为攀龙台。久视初，以控鹤监为天骥府，又改奉宸府，罢监为令，以左右控鹤为奉宸大夫，易之复为令。

神龙元年，太后有疾，久不平，居迎仙院。宰相张柬之与崔玄暐等建策，请中宗以兵入诛易之、昌宗，于是羽林将军李多祚等帅兵自玄武门入，斩二张于院左。太后闻变而起，桓彦范进请传位，太后返卧，不复语。中宗于是复即位。徙太后上阳宫，帝率百官诣观风殿问起居，后率十日一诣宫，俄朔、望。废奉宸府官，迁东都武氏庙于崇尊庙，更号崇恩，复唐宗庙。诸武王者咸降爵。是岁，后崩，年八十一。遗制称则天大圣皇太后，去帝号。谥曰则天大圣后，祔乾陵。

　　会武三思蒸韦庶人，复用事。于是大旱，祈陵辄雨。三思讽帝诏崇恩庙祠如太庙，斋郎用五品子。博士杨孚言："太庙诸郎取七品子，今崇恩取五品，不可。"和曰："太庙如崇恩可乎？"孚曰："崇恩太庙之私，以臣准君则僭，以君准臣则惑。"乃止。及韦、武党诛，诏则天大圣皇后复号天后，废崇恩庙及陵。景云元年，号大圣天后。太平公主奸政，请复二陵官，又尊后曰天后圣帝，俄号圣后。太平诛，诏黜周孝明皇帝号，复为太原郡王，后为妃，罢昊、顺等陵。开元四年，追号则天皇后。太常卿姜皎建言："则天皇后配高宗庙，主题天后圣帝，非是，请易题为则天皇后武氏。"制可。

　　玄宗贵妃杨氏，隋梁郡通守汪四世孙。徙籍蒲州，遂为永乐人。幼孤，养叔父家。始为寿王妃。开元二十四年，武惠妃薨，后廷无当帝意者，或言妃姿质天挺，宜充掖廷，遂召内禁中，异之，即为自出妃意者，丐籍女官，号"太真"，更为寿王聘韦诏训女，而太真得幸。善歌舞，邃晓音律，且智算警颖，迎意辄悟。帝大悦，遂专房宴，宫中号"娘子"，仪体与皇后等。

　　天宝初，进册贵妃。追赠父玄琰太尉、齐国公。擢叔玄珪光禄卿，宗兄铦鸿胪卿，锜侍御史，尚太华公主。主，惠妃所生，最见宠遇。而钊亦浸显。钊，国忠也。三姊皆美劭，帝呼为姨，封韩、虢、秦三国，为夫人，出入宫掖，恩宠声焰震天下。每命妇人班，持盈公主等皆让不敢就位。台省、州县奉请托，奔走期会过诏敕。四方献饷结纳，门若市然。建平、信成二公主以与妃家忤，至追内封物，驸马都尉独孤明失官。

　　它日，妃以谴还铦第，比中仄，帝尚不御食，笞怒左右。高力士欲验帝意，乃白以殿中供帐、司农酒饩百余车送妃所，帝即以御膳分赐。力士知帝旨，是夕，请召妃还，下钥安兴坊门驰入。妃见帝，伏地谢，帝释然，抚尉良渥。明日，诸姨上食，乐作，帝骤赐左右不可赀。由是愈见宠，赐诸姨钱岁百万为脂粉费。铦以上柱国门列戟，与锜、国忠、诸姨五家第舍联亘，拟宪宫禁，率一堂费缗千万。见它第有胜者，辄坏复造，务以瑰侈相夸诩，土木工不息。帝所得奇珍及贡献分赐之，使者相衔于道，五家如一。

　　妃每从游幸，乘马则力士授辔策。凡充锦绣官及冶瑑金玉者，大抵千人，奉须索，奇服秘玩，变化若神。四方争为怪珍入贡，动骇耳目。于是岭南节度使张九章、广陵长史王翼以所献最，进九章银青阶，擢翼户部侍郎，天下风靡。妃嗜荔枝，必欲生致之，乃置骑传送，走数千里，味未变已至京师。

　　天宝九载，妃复得谴还外第，国忠谋于吉温，温因见帝曰："妇人过忤当死，然何惜宫中一席广为铁锧地，更使外辱乎？"帝感动，辍食、诏中人张韬光赐之。妃因韬光谢帝曰："妾有罪当万诛，然肤发外皆上所赐，今且死，无以报。"引刀断一缭发奏之，曰："以此留诀。"帝见骇惋，遂召入，礼遇如初。因又幸秦国及国忠第，赐两家巨万。

　　国忠既遥领剑南，每十月，帝幸华清宫，五宅车骑皆从，家别为队，队一色，俄五家队合，烂若万花，川谷成锦绣，国忠导以剑南旗旄。遗钿堕舃，瑟瑟玑琲，狼藉于道，香闻数十里。十载正月望夜，妃家与广宁主僮骑争西市门。鞭挺欢竞，主堕马。仅得去。主见帝泣，乃诏杀杨氏奴，贬驸马都尉程昌裔官。国忠之辅政，其息昢尚万春公主，暗尚延和郡主；弟鉴尚承荣郡主。又诏为玄琰立家庙，帝自书其碑。铦、秦国早死，故韩、虢与国忠贵最久。而虢国素与国忠乱，颇为人知，不耻也。每入谒，并驱道中，从监、侍姆百余骑，炬蜜如昼，靓妆盈里，不施帏障，时人谓为"雄狐"。诸王子孙凡婚聘，必先因韩、虢以请，辄皆遂,至数百千金以谢。

虢国夫人游春图(局部)

初,安禄山有边功,帝宠之,诏与诸姨约为兄弟,而禄山母事妃,来朝,必宴饯结欢。禄山反,以诛国忠为名,且指言妃及诸姨罪。帝欲以皇太子抚军,因禅位,诸杨大惧,哭于廷。国忠入白妃,妃衔块请死,帝意沮,乃止。及西幸至马嵬,陈玄礼等以天下计诛国忠,已死,军不解。帝遣力士问故,曰:"祸本尚在!"帝不得已,与妃诀,引而去,缢路祠下,裹尸以紫茵,瘗道侧,年三十八。

帝至自蜀,道过其所,使祭之,且诏改葬。礼部侍郎李揆曰:"龙武将士以国忠负上速乱,为天下杀之。今葬妃,恐反仄自疑。"帝乃止。密遣中使者具棺椁它葬焉。启瘗,故香囊犹在,中人以献,帝视之,凄感流涕,命工貌妃于别殿,朝夕往,必为鲠欷。

马嵬之难,虢国与国忠妻裴柔等奔陈仓,县令率吏追之,意以为贼,弃马走林。虢国先杀其二子,柔曰:"丐我死!"即并其女刺杀之,乃自刭,不殊,吏载置于狱,问曰:"国家乎? 贼乎?"吏曰:"互有之。"乃死,瘗陈仓东郭外。

【译文】

高宗则天顺圣皇后武氏,并州文水人。父亲武士彟,太宗文德皇后去世后,过了许久,太宗听说士彟的女儿长得美,召她入宫为才人,当时她才十四岁。才人的母亲杨氏,和女儿告别,失声痛哭,只有才人还像平时的样子,她说:"能见到天子,怎知不是福分,为什么要像女孩子那样悲伤呢!"母亲认为她的想法对,不再啼哭。才人见到太宗后,太宗赐给她武媚的称号。等到太宗去世,才人与太宗的侍妾、宫女都当了比丘尼。高宗当太子的时候,入宫侍奉太宗,见到才人后很喜欢。高宗王皇后长期没有儿子,萧淑妃正受到高宗的宠幸,王皇后暗地里很不高兴。有一天,高宗经过佛寺,才人见到他后直流眼泪,高宗的感情受到触动。王皇后查知这一情况,将才人领进后宫,希望借此使萧淑妃的得宠受到削弱。

才人有权术,诡诈多变,没有穷尽的时候。起初,她低声下气、卑躬屈节地侍奉皇后,皇后高兴,多次在皇帝面前称赞她,所以她被晋封为昭仪。一旦她受天子的眷顾、宠幸超过萧淑妃,便逐渐与皇后不和。皇后性情高傲庄重,不会曲意奉承上下左右的人,而她的母亲柳氏见到宫女和女官时不讲外表的礼节,所以昭仪有机可乘,她侦察到皇后薄待的人,必定勤交结,得到天子的赏赐,全都分送给她们。因此皇后和淑妃的所作所为,昭仪必定知道,知道了就报告天子,但还没有找到足以攻击陷害她们的材料。昭仪生了一个女儿。皇后前来看望、逗弄孩子,皇后离开后,昭仪偷偷在被里把女儿掐死,等到皇帝到来,昭仪佯装高兴地和皇帝交谈,一会儿掀开被子看女儿,已经死了。她又吃惊地询问左右的人,都说:"皇后刚才来过。"昭仪立即放声痛哭,皇帝不能察知实情,发怒道:"皇后杀死我的女儿!过去她与淑妃互相说坏话、嫉妒,现在又如此可恶!"从此昭仪得以在天子那里不断地诋毁皇后,皇后无法自己解释清楚,因而皇帝对昭仪更加相信和宠爱,开始有废掉王皇后的意思。过了许久,天子想进封昭仪为"宸妃",侍中韩瑗、中书令来济说:"天子的妃嫔有一定的数目和称号,现在另立封号,是不合适的。"昭仪于是诬告皇后与她的母亲请巫师施厌胜术,诅咒昭仪,皇帝对皇后心怀旧恨,因此认为昭仪的话符合实情,准备废掉皇后。长孙无忌、褚遂良、韩瑗及来济坚持冒死争辩,皇帝犹豫不决;而中书舍人李义府、卫尉卿许敬宗一向邪佞不正,窥测形势即上表请求立昭仪为皇后,皇帝不再犹豫,下诏废掉王皇后。命令李勣、于志宁手捧玺印进封昭仪为皇后,又命令群臣及四方少数民族酋长到肃义门朝见皇后,宫廷内外受有封号的妇女入宫谒见皇后。群臣朝见皇后是从这个时候开始的。

皇后到宗庙见祖先。天子又追赠皇后的父亲武士彟官至司徒,爵位周国公,谥号忠孝,在高祖庙陪从受祭;母亲杨氏,又进封代国夫人,赐给她家在魏州的封户一千。皇后于是作《外戚戒》献给朝廷,以消释人们的非议。于是她贬逐长孙无忌、褚遂良,至于处死、流放,可谓荣宠炽盛,威势显赫。皇后心机深隐难测,极尽柔媚驯服,不感到羞耻,借以成就大事,皇帝以为她能侍奉自己,所以违背公议立她为皇后。等到她一得志,就窃取权力,洋洋自得,无所畏避。皇帝也懦弱、糊涂,皇后全能加以钳制、约束,使他不得自作主张,时间一久,皇帝渐觉不平。麟德初年,皇后召术士郭行真入宫施行用诅咒害人的邪术,宦官王伏胜向天子告发这事,皇帝发怒,因此召见西台侍郎上官仪,上官仪指出皇后独断专行,任意而为,使天下人失望,不宜奉祀宗庙,正和皇帝的心意相合,皇帝于是催促他草拟诏书废掉皇后。皇帝左右的人跑去报告皇后,皇后急忙到皇帝那儿为自己申诉,皇帝羞涩畏缩,又像原先那样对待皇后,还猜测皇后会怨恨,对她说:"这都是上官仪教我的!"皇后示意许敬宗诬陷上官仪,将他杀掉。

起初,天子的长舅、大臣违旨,没过多久就被杀灭,人们在路上相遇都不敢说话,只以目示意,等到上官仪被杀,政权就都归于皇后,天子不过拱手无为而已。群臣朝见、四方奏章,都称呼"二圣"。每次临朝处理政事,殿中放下帘子,皇帝与皇后相对而坐,生杀赏罚都听皇后吩咐。当她狠心决断的时候,虽是她很宠爱的人,也不稍加怜悯。皇帝晚年患风邪病更加厉害,身体不能支持,天下的事情全交付给皇后。皇后于是接连做一些太平年代的以文教治民的事情,聚集诸儒于皇宫的殿堂内,撰成《列女传》《臣轨》《百僚新戒》《乐书》等书，大致有一千余篇。皇后又让学士们秘密裁决群臣的奏议，借此分宰相的权。

起初，武士彟娶相里氏，生儿子元庆、元爽。又娶杨氏，生三个女儿：大女儿嫁给贺兰越石，很早就守寡，被封为韩国夫人；二女儿就是皇后；三女儿嫁给郭孝慎，早死。杨氏因为皇后的缘故，蒙受的恩宠日盛一日，改封为荣国夫人。起初，士彟哥哥的儿子惟良、怀运与元庆等待杨氏和皇后礼薄，皇后一直怀恨在心。到这时候，元庆任宗正少卿，元爽任少府少监，惟良任司卫少卿，怀运任淄州刺史。有一天，荣国夫人设宴，酒正喝得高兴，对惟良说："你们还记得从前的事吗？现在有什么话好说？"惟良回答说："惟良等有幸以功臣子弟的身份列居于朝廷，最近因为是外戚而进身，只感到忧虑而不觉得荣耀。"荣国夫人发怒，示意皇后假意退让，请求天子让惟良等出任地方官，以免向天下人显示天子有私心。因此，惟良出任始州刺史；元庆任龙州刺史；元爽任濠州刺史，不久因事犯罪死于振州。元庆到了龙州，因忧虑而去世。韩国夫人出入宫中，有一个女儿姿容极美，都受到皇帝的宠爱。韩国夫人去世，她的女儿被封为魏国夫人，皇帝想让她担任宫廷女官，因害怕皇后，没有决定下来，皇后心里很嫉妒，正好天子到泰山祭天，惟良、怀运以地方长官的身份汇集于泰山，又随从天子回师，皇后毒死魏国夫人，归罪于惟良、怀运，将他们杀死，改他们的姓为"蝮"，让韩国夫人的儿子贺兰敏之承继士彟的血脉。起初，魏国夫人去世，敏之入宫吊唁，皇帝极其悲痛，敏之只哭不说话。皇后说："这孩子怀疑我！"皇后厌恶他。不久敏之被贬逐而死。杨氏又改封鄚、卫二国夫人，咸亨元年去世，追封鲁国夫人，赐谥号"忠烈"，命令文武官员九品以上及杨氏的五服以内亲属与宫廷外有封号的妇女都往杨氏的宅第吊唁，用亲王的礼仪葬杨氏于咸阳，官府供给手持班剑、羽葆的仪仗队和鼓吹乐。当时天下大旱，皇后假意上表请求离开皇后的位置，天子不允许。不久天子又加赠武士彟为太尉兼太子太师、太原郡王，鲁国忠烈夫人杨氏为太原郡王妃。

上元元年，皇后进尊号为天后，提出十二条建议：一、鼓励种田养蚕，减轻赋税徭役；二、免除三辅地区的徭役；三、停止战争，用道德教化天下之人；四、南、北、中尚署都禁止制作没有实际用处的奇巧之物；五、减省各种工程费用和百姓的劳役负担；六、广开言路；七、堵塞谗言；八、王公以下都必须学习《老子》；九、父亲仍在世，为死去的母亲服丧，着齐衰三年；十、上元以前的勋官，朝廷已给凭证的，不复追查核实；十一、京官八品以上的增加薪俸；十二、官吏长期任职、才能高地位低的可以进阶升级。皇帝下令施行这些建议。

萧淑妃的女儿义阳、宣城公主被幽禁在宫中旁舍，年近四十还没有出嫁，太子李弘把这事告诉皇帝，皇后大怒，用毒酒毒死李弘。皇帝准备下诏把皇位让给皇后，宰相郝处俊坚持劝谏，皇帝于是没有这样做。皇后想要向外显示自己的宽大，夺取人心，使天下人归附自己，就向天子进言说："现今群臣交纳一半薪俸、百姓交纳人口税以供给边防军队，恐怕四方异族会因此而胡乱揣度国家的虚实，请求把这些负担一律免除。"皇帝同意。

仪凤三年，群臣、四方少数民族酋长在光顺门朝见皇后。同年，又在并州建太原郡王庙。皇帝头晕不能看东西，皇帝的医官张文仲、秦鸣鹤说："这是风邪上升，用针刺头使它出血可以治好。"皇后心里正庆幸皇帝病危，自己可以独断专行，所以听到这话后生气地说："这应该斩首，皇帝的贵体哪里是可以用针刺的地方？"医师跪下磕头，请求保全生命。皇帝说："医师议论疾病，怎么可以定罪？而且我的头晕得受不了，就听任他们治吧！"医

师用针刺了两次,皇帝说:"我的眼睛能看清东西了!"话还没有说完,皇后就在帘子里拜谢了两次,说道:"这是上天赐给我们的医师啊!"她亲自拿来珍贵的丝织物赐给医师。

皇帝去世,中宗即帝位,天后改称皇太后。高宗皇帝的遗诏说,军政大事听凭太后参与决定。嗣圣元年,太后废中宗为庐陵王,亲自临朝听政,让睿宗即帝位。太后坐在武成殿,睿宗率领群臣进上尊号、册书。过了三天,太后临殿前平台,命礼部尚书代理太尉武承嗣、太常卿代理司空王德真册立继位的皇帝。从此太后常到紫宸殿,挂上浅紫色的帷账处理政事。太后追赠武氏五代祖父后魏散骑常侍克己为鲁国公,五代祖母裴氏为鲁国夫人;高祖父齐殷州司马居常为太尉、北平郡王,高祖母刘氏为郡王妃;曾祖父永昌王谘议参军、赠齐州刺史武俭为太尉、金城郡王,曾祖母宋氏为郡王妃;祖父隋东郡丞、赠并州刺史、并州太都督武华为太尉、太原郡王,祖母赵氏为郡王妃。都为他们设立守护陵园的居民区,每个陵园五十户人家。追赠父亲为太师、魏王,加赐封户满五千,母亲为王妃,魏王的护陵居民区有一百户人家。当时睿宗虽立为皇帝,实际上等于被囚禁,而武氏家族诸人得以擅自发号施令。太后又赠给鲁国公谥号为"靖",裴氏为"靖夫人";北平郡王谥号为"恭肃",金城郡王为"义康",太原郡王为"安成",郡王妃的谥号都随从丈夫。太后派遣在武成殿册封其祖先官爵的使臣到她的五代祖先的祠堂报告册封之事。

柳州司马李敬业、括苍县令唐之奇、临海县丞骆宾王憎恶太后威迫、放逐天子,愤恨到极点,于是招募兵士,杀死扬州大都督府长史陈敬之,占据扬州想迎立庐陵王,聚众达到十万人。楚州司马李崇福同李敬业等联合。盱眙人刘行举据城固守不肯跟从李敬业。李敬业进攻盱眙,没有攻下。太后任命刘行举为游击将军,提拔他的弟弟刘行实为楚州刺史。李敬业南渡长江夺取润州,杀润州刺史李思文,曲阿县令尹元贞率兵抵抗,战败而死。太后命令左玉钤卫大将军李孝逸为扬州道行军大总管,率兵三十万讨伐李敬业,在高邮与李敬业作战,前锋左豹韬卫果毅成三朗被唐之奇杀死。太后又任命左鹰扬卫大将军黑齿常之为江南道行军大总管,与李孝逸合力讨伐李敬业。李敬业起兵三个月便失败了,他的首级传送到东都,扬、润、楚三州于是平定。

起初,武承嗣请求太后设立七庙供奉武氏七代祖先,中书令裴炎阻止,等到李敬业起兵,太后将裴炎下狱,杀了他,又杀死左威卫大将军程务挺。太后感到愤怒,有一天,召集群臣在朝廷上当面责问他们道:"朕没有什么对不起天下人的地方,你们知道吗?"群臣连声称是。太后说:"朕辅佐先帝超过三十年,为天下人而担忧操劳。你们的爵位富贵,是朕给予的;天下人的安闲逸乐,是朕培育的。先帝丢下群臣而去,以国家相托,朕不敢爱惜自己,而知道爱民,现在成为叛乱主谋的人都是将相,为什么这样快就辜负朕呢?而且接受先帝遗命辅政的老臣中,傲慢跋扈难于控制有像裴炎的吗?当代的将门子孙中能收聚逃亡者的,有像李敬业的吗?老将中英勇善战,有像程务挺的吗?他们都是人中豪杰,不利于朕,朕能将他们杀掉。你们中有才能超过他们想造反的,请早点动手。如果不想这样,那就恭恭敬敬地侍奉朕,不要让天下人讥笑你们。"群臣跪下磕头,不敢仰视,都说:"一切听陛下吩咐。"

过了许久,太后下诏,假装像要把政权归还给睿宗似的。睿宗估计这不是太后的真意,坚持请求太后临朝听政,太后下诏同意。于是太后下令铸造一个大铜匦,(中间隔成四室,)东边一室题名"延恩",接受求赏赐者的自述;南边一室叫"招谏",接受议论时政得失的奏疏;西边一室叫"申冤",接受有冤屈者的申诉;北边一室叫"通玄",接受观测天象灾异预言未来的文字和有关军事机要的秘密计策,太后命令中书、门下省选一名官员掌管铜匦。

太后不吝惜爵位,用它笼络四方豪杰辅助自己,虽是狂妄男子,言谈有符合自己心意的地方,就不按寻常的次序任以官职,至于不称职,接着或罢免或诛杀,从不稍加宽纵,致力于选拔真正的贤才。太后又害怕天下有图谋反叛的人,下诏允许直接向朝廷密告谋反事件,有告密的人,所在地方供给轻便驿车和五品官的饮食,送他们到京师,太后即时召见,用厚利的诱惑、官爵的赏赐打动告密者。凡报告谋反之事,官吏不得究问,即使是农人樵夫,太后也必定亲自接见,命鸿胪寺的客馆供给食宿。对告密者,有敢于拖延不送的,按被告发人的罪名论处。因此向朝廷密告谋反事件的人遍布全国,人人都屏住呼吸,没有敢说话的。

新丰县因地震而涌出一座山,太后认为是祥瑞,下令赦免该县的囚犯,改新丰县为庆山县。荆州人俞文俊上书说:"人气不和,身上就会长出肉瘤;地气不和,地上才会生出土山。现在陛下以太后而居于帝位,所以山变化形成灾害,臣以为并不是喜庆之事。"太后发怒,把他流放到岭南。

太后命令毁掉乾元殿建造明堂,让僧人薛怀义当使臣监督这项工程。薛怀义,鄠县人,本姓冯,名小宝,身躯魁梧,色欲极强,在洛阳市场上装疯,受到千金公主的宠爱。公主报告太后说:"小宝可入宫侍奉太后。"太后召见小宝,与他私通,很喜欢他。太后想掩盖与小宝私通的痕迹,使小宝得以出入皇宫,于是就让他剃发为僧,担任白马寺寺主。又命他改姓名,与太平公主的丈夫薛绍互认为同族,叫薛绍将他当父辈来侍奉。又供给他御厩的马匹,出入有宦官充任侍从,即使是武承嗣、武三思,对他也都十分恭谨。到这时候薛怀义监造明堂,动用民工数万名,大木头一般一根要一千人才能拉得动。他又测量明堂后面的土地建造天堂,建筑的宏大、华丽、庄严、幽深仅次于明堂。明堂、天堂建成,太后封薛怀义为左威卫大将军、梁国公。

太后开始在西京建造崇先庙,供奉武氏祖先。武承嗣在洛水的石头上伪造刻辞,以此诱导太后称帝,派雍州人唐同泰献上石头,太后为它命名,称为"宝图",并提拔同泰为游击将军。汜水人又进献吉祥的石头,太后于是在南郊祭祀天帝,感谢上苍的赐予。太后自称圣母神皇,制作圣母神皇玺印,又改称"宝图"为"天授圣图",改称洛水为永昌水,给得到圣图的地方命名,称"圣图泉",在洛水坛左刻石,文字是"天授圣图之表",又将汜水县改名为广武县。当时,皇室失去权力,朝廷的重臣大将都屈从太后,不能有所作为,宗室和失去依靠的皇室异姓亲属没有立足之地。于是,韩王李元嘉等图谋起兵,给全国起带头作用,以迎回中宗。琅邪王李冲、越王李贞首先行动,因时间匆促诸王没有能响应,于是失败。李元嘉与鲁王李灵夔等都自杀,其余全由于犯罪被杀,诸王受牵连几乎死尽,他们的子孙虽仍在襁褓之中也被放逐到岭南。太后亲自拜洛水,接受"天授圣图",睿宗率领太子、群臣、少数民族酋长依次排列,大量珍禽、奇兽、贡品、仪仗陈列于洛水坛下,一起到受图典礼结束后太后才离开。

永昌元年,在万象神宫祭祀。太后改穿衮冕,腰带上插着大圭,手里拿着镇圭,(祭祀时由她第一个献盛了酒的爵,)睿宗第二个献,太子第三个献。第一次是合祭天地,五方帝、众神随从受祭，以唐高祖，太宗、高宗配享，又拉上魏王武士護随从配享。太后在万象神宫颁布九条政令，用它教导百官。于是大宴群臣。太后又追赠士護为周忠孝太皇，杨氏为周忠孝太后。称武氏在文水的陵墓为章德陵，在咸阳的陵墓为明义陵。追赠太原安成王为周安成王，金城郡王为魏义康王，北平郡王为赵肃恭王，鲁国公为太原靖王。

载初年间，太后又在万象神宫祭祀。祭皇地祇时，以唐高祖太穆、唐太宗文德二皇后配享，又拉上周忠孝太后随从配享。造壨、面、埊、〇、瞾、囝、〇、壬等十二个字。太后自己用"瞾"作名字。改称诏书为制书。确定以周、汉两朝的王族后裔为"二王"，虞、夏、殷三朝的王族后裔为"三恪"，废除唐皇族名册。太后拜怀义为辅国大将军，又封他为鄂国公，命令他同和尚们一起撰写《大云经》，谈圣母神皇受命于天的事。春官尚书李思文诡称："《周书·武成》篇中，有'垂拱天下治'的话，是太后受命于天的凭证。"太后高兴，把这些都颁布于天下，逐渐图谋改朝换代。但害怕人心不肯归附，于是她阴毒残忍，像鸷鸟一样凶暴，大肆杀戮，借以恐吓天下之人。她暗中怂恿酷吏周兴、来俊臣等数十人为爪牙，有不满意或一向疑忌的人，必定用酷法陷害。唐皇族侯王及其他正直大臣、将相大批被杀，鲜血染红监狱，家家不能自保。太后不过手拿梳妆用具坐在皇宫的层层帷幕之中，而国家的权力却已经转移了。

御史傅游艺率领关内父老请求太后顺应天命，实施变革，改皇帝的姓氏为武。又胁迫群臣坚持请求，胡说凤凰停留于上阳宫，赤雀出现在朝堂上。天子心中不安，也请求赐姓武氏，表示天下以武一姓为尊。太后知道权柄掌握在自己手中，于是大赦天下，改国号为周，自称圣神皇帝、旗帜尊尚赤色，以睿宗皇帝为皇位继承人。在神都洛阳建立武氏七庙。追尊周文王为文皇帝，称始祖，先妣姒氏称文定皇后；周武王为康皇帝，称睿祖，先妣姜氏称康惠皇后；五代祖父太原靖王为成皇帝，称严祖，五代祖母称成庄皇后；高祖父赵肃恭王为章敬皇帝，称肃祖，高祖母称章敬皇后；曾祖父魏义康王为昭安皇帝，称烈祖，曾祖母称昭安皇后；祖父周安成王为文穆皇帝，称显祖，祖母称文穆皇后；父亲忠孝太皇为孝明高皇帝，称太祖，母亲称孝明高皇后。改唐太庙为享德庙，春夏秋冬四季祭唐高祖以下三庙，其余废弃不复祭祀。冬至这一天，太后在万象神宫祭祀天帝，以始祖和她的父母亲配享，以众神随从受祭。太后全部封武氏家族诸人为王。下令改并州文水县为武兴县，与汉代的丰、沛县一样，县中百姓世代免除徭役。太后下令尊称始祖墓为德陵，睿祖墓为乔陵，严祖墓为节陵，肃祖墓为简陵，烈祖墓为靖陵，显祖墓为永陵，又改章德陵为昊陵，明义陵为顺陵。

太后虽然年高，却擅长修饰自己的容貌，即使她左右的人，也没有感觉到她的衰老。不久她长出两颗新牙，下诏改年号为长寿。第二年，在万象神宫祭祀，太后自编大型乐舞，所用舞蹈者达到九百人。祭祀时太后让武承嗣第二个献盛了酒的爵，让武三思第三个献。睿宗作为皇位继承人，公卿大臣往往能见到他，正好尚方监裴匪躬、左卫大将军阿史那元庆、白润府果毅薛大信、监门卫大将军范云仙暗中晋见睿宗，都被押赴闹市腰斩，所以从此公卿大臣不再晋见睿宗。

有人上密封的奏章，说被流放到岭南的人图谋造反，太后派代理右台监察御史万国俊前去查验，告诉他符合实情就定罪判决。万国俊到广州，召集所有被流放的人，诈称皇帝的命令，赐他们自尽，被流放的人都大声哭叫，心中不服，万国俊将他们赶到水边，让他们无法逃跑，一天就杀掉三百多人。然后捏造事实向太后报告，说被流放的人都心怀不满，请求将他们全部除掉。于是太后派右卫翊府兵曹参军刘光业、司刑评事王德寿、苑南面监丞鲍思恭、尚辇直长王大贞、右武卫兵曹参军屈贞筠，都任代理监察御史，分别到剑南、黔中、安南等六道审讯被流放的人，而提拔万国俊为左台侍御史。刘光业等人也想从朝廷求功名，杀人唯恐不多。刘光业杀死的人有九百，王德寿杀七百人，其余也不少于五百人。太后很久后才知道这些人是冤枉的，下令把六道使者所杀害的人的灵柩送回他们的家中。万国俊等人也相继死去，死时都见到有异物作祟。

太后又自加尊号，称金轮圣神皇帝，在朝廷上设置七种宝物：叫金轮宝，叫白象宝，叫女宝，叫马宝，叫珠宝，叫掌兵臣宝，叫掌府库臣宝，一般有大朝会的时候就把它们陈列出来。太后又尊武氏显祖为立极文穆皇帝，太祖为无上孝明皇帝。延载二年，武三思率领少数民族酋长和一些受人敬重的老人请求建造天枢，记载太后的功德，借此贬唐兴周，太后下诏同意，派纳言姚璹负责监造。于是大量收聚铜铁放在一块熔炼，铸造成天枢，题名为"大周万国颂德天枢"，设置于端门外。它的形状像柱子，高一百零五尺，八面，每面单宽五尺，将铁铸成山形作它的基础部分，铁山上载有铜龙，铁山四周还有用石头雕凿成的怪兽环绕。柱顶铸一个云形的盖，盖上铸一颗大珠，高一丈，圆周长度是高的三倍。又铸造四条蛟龙捧着大珠，每条蛟龙长一丈二尺。天枢的山形基础圈围一百七十尺，高两丈。大概用铜铁二百万斤。于是把群臣、少数民族酋长的姓名全刻在天枢上。

太后对薛怀义的宠幸渐衰，而御医沈南璆却得到太后的宠幸，薛怀义大为不满，于是放火烧明堂，太后感到羞愧，掩盖真相不予揭露。薛怀义更加凶暴放肆，怏怏寡欢。于是太后密令太平公主挑选若干健壮妇女，在殿中把薛怀义捆绑起来，命令建昌王武攸宁、将作大匠宗晋卿率领壮士将薛怀义击毙，用运泥车把他的尸体送回白马寺。薛怀义依仗太后的宠爱，气焰压倒当世之人，超出于百官之上，他的门徒大多犯法，御史冯思勖揭发他的恶行，薛怀义发怒，有一次在路上与冯思勖相遇，薛怀义命令自己的随从殴打冯思勖，几乎将他打死，而冯思勖不敢言语。突厥默啜侵犯边地，太后拜薛怀义为新平、伐逆、朔方道大总管，带领十八个将军的部队攻打胡兵，宰相李昭德、苏味道甚至充当他的行军长史、司马。后来薛怀义讨厌进入宫中，暗中招募有力气的少年一千人当和尚，有叛乱的计划。侍御史周矩揭发他的罪状请求太后查治，太后说："你姑且出去，朕将让薛怀义到法庭去。"周矩坐在御史台办公，一会儿，薛怀义驱马驰入御史台的庭院，径直到大床上坐下，周矩召来官吏准备接受口供，薛怀义立即骑马离开。周矩将这事报告太后，太后说："这个和尚一向狂妄，不值得惩治，那些有力气的少年听任你彻底查问、处理。"周矩将他们全流放到贫困的边远地区。看来薛怀义陷害周矩，不久周矩就被免官。

太后在南郊祭天，以文王、武王、武士彟和唐高祖一起配享。太后加天册金轮圣神皇帝的尊号。于是在嵩山祭天，在少室山祭地，册封山神为帝，他的妻子为后。嵩山的祭坛南边有一棵大槲树，当在山上祭天发布大赦令的时候，把鸡放到槲树枝头，太后于是赐名"金鸡树"。太后自撰《升中述志》，刻在石上留示后人。新明堂建成，改名为通天宫，铸造九州鼎，按各州的方向安放，列于通天宫廷中。又收聚全国的黄金铸造大仪钟，未能铸成。过了许久，改西京崇先庙为崇尊庙。祭祀礼仪都比照太庙，接着又改崇尊庙为太庙。

自从薛怀义死后，张易之、张昌宗兄弟就得到太后的宠幸，于是设立控鹤府，置监、丞和主簿、录事等职,控鹤监是三品官,让张易之担任。太后自己觉察到封武氏家族诸人为王不符合天下人的意愿,在这之前,中宗自房州回神都,又立为皇太子,太后害怕自己去世后武氏被唐皇族欺压伤害,死无葬身之地,就领着武氏诸人和相王、太平公主在明堂立誓,并祭告天地,把誓文铸刻在铁券上,藏于史馆。太后下令改昊陵署为攀龙台。久视初年,改控鹤府为天骥府,又改为奉宸府,监改为令,左右控鹤改为奉宸大夫,张易之又任奉宸令。

神龙元年,太后有病,长时间不能平复,居住于迎仙院。宰相张柬之与崔玄暐等定计,请求中宗率兵入宫杀张易之、张昌宗,于是羽林将军李多祚等带兵自玄武门入宫,杀二张于迎仙院旁。太后知道发生事变,从床上起来,桓彦范上前请求太后传位给太子,太后回身躺下,不再说话。中宗于是又即帝位。将太后迁移到上阳宫居住,中宗率领百官到上阳宫观风殿向太后问安,以后中宗大概每十天一次到上阳宫问候太后,不久改成每月初一、十五朝见太后。中宗下令废除奉宸府的官职,将东都武氏七庙的神主迁移到西京崇尊庙,改崇尊庙为崇恩庙,又下令恢复唐朝的宗庙。凡武氏诸人封王的全部降爵。这一年,太后去世,年八十一岁。遗诏说去掉帝号,改称则天大圣皇太后。太后去世后定谥号为则天大圣皇后,合葬于高宗乾陵。

遇上武三思与中宗韦庶人淫乱,武三思再次当政,于是出现大旱,中宗派人到乾陵祷求则天皇后,竟立即下雨。武三思引诱皇帝下诏规定武氏崇恩庙照旧祭祀,礼仪像太庙一样,斋郎用五品官的儿子充任。太常博士杨孚说:"太庙斋郎选取七品官的儿子充任,现在崇恩庙斋郎选取五品官的儿子,不合适。"皇帝说:"太庙也像崇恩庙一样,可以吗?"杨孚说:"崇恩庙是太庙的家臣,臣以君为标准是逾越本分,而君以臣为标准就是迷乱了。"皇帝于是停止用五品官的儿子充任崇恩庙斋郎。等到韦氏、武氏的党派被诛灭,天子下令则天大圣皇后又改称为天后,废除崇恩庙及武氏诸陵。景云元年,天后改称大圣天后。太平公主干预朝政,请求恢复设立昊、顺二陵的守陵官,又追尊太后为天后圣帝,不久改称圣后。太平公主被杀,天子下令废除周孝明皇帝称号,仍改为太原郡王,孝明皇后改为太原郡王妃,又废除昊、顺等陵。开元四年,追称太后为则天皇后。太常卿姜皎建议:"则天皇后配享于高宗庙,神主题作天后圣帝,不正确,请求改题为则天皇后武氏。"天子下诏同意。

唐玄宗贵妃杨氏,隋梁郡通守杨汪四代孙。她家移居蒲州,于是成为永乐人。她年幼时父母去世,在叔父家长大。起初当玄宗的儿子寿王的妃子。开元二十四年,武惠妃去世,后宫中找不到皇帝中意的人。有人说杨妃的容貌禀性天生出众,应该充任妃嫔,于是玄宗就把她召入宫中,见过面后,玄宗认为杨妃不同寻常,就让她当成是出于自己的心意,请求担任宫中女官,并为她取号太真,另替寿王娶韦昭训的女儿为妻。太真入宫后就得到天子的宠幸。她能歌善舞,深通音律,而且智能超群,揣摩他人心意总能猜中。皇帝非常高兴,于是单只让她一人待寝侍宴,宫中称她为娘子,待她的礼仪规格和皇后一样。

天宝初年,皇帝册封太真为贵妃。追赠她的父亲杨玄琰为太尉、齐国公。提拔她的叔父杨玄珪任光禄卿,族兄杨铦任鸿胪卿,杨锜任侍御史,还让杨锜娶太华公主为妻。太华公主是武惠妃生的,最受玄宗宠爱优待。而杨钊的地位也逐渐显赫起来。杨钊就是杨国忠。贵妃的三个姊姊都长得漂亮,皇帝喊她们姨,封她们为韩国、虢国、秦国夫人,她们出入宫廷，蒙受恩宠，声威气焰震动天下。每次宫外有封号的妇女入宫晋见，按规定的位次排列，玄宗的妹妹持盈公主等都谦让杨氏诸姨，不敢就位。中央官署和州县的官吏接

贵妃上马图

受杨家人的私下嘱托，立即奔走办理自定期限，比办皇帝下令要办的事还卖力。四方都有人送礼物与他们结交，杨家的门庭若市。玄宗的女儿建平、信成二公主因与贵妃家人不和，玄宗甚至把宫中分赐给她们的东西追回，信成公主的丈夫驸马都尉独孤明还因此而丢官。

　　有一天，贵妃因受到玄宗的责备被送回杨锜家中，等到过了中午，皇帝还不进食，抽打在身边侍候的人，对他们大发脾气。高力士想试探一下皇帝的心意，于是报告玄宗，请求把宫中张设的帷帐、司农寺供给的酒和食品等一百多车东西送到杨宅，皇帝不但同意，还当即把自己的御膳分赐给贵妃。力士明白皇帝的旨意，这一天晚上，就请求把贵妃召回宫中，于是打开安兴坊坊门，贵妃的车马经那里驰入皇宫。贵妃见到皇帝，伏地谢罪，皇帝非常高兴，很好地抚慰了她一番。第二天，杨家诸姨往宫里进献美食，宴会的音乐一演奏起来，皇帝就猛给他身边的人赏赐东西，其数量多得无法计算。从此贵妃更加受到玄宗的宠爱。玄宗赐给杨家诸姨每人每年钱一百万，作为她们的脂粉费。杨铦以正二品勋官上柱国的身份，立戟于住宅门前，同杨锜、杨国忠、杨家诸姨等五家宅第相连，都仿效皇宫的建筑，大概建一个厅堂要费钱一千万。杨家人见别人的宅第有胜过自己的，就拆

掉重盖,务以宅第的瑰玮奢丽相夸耀,大兴土木,没有停止的时候。皇帝得到的奇珍异物及四方贡品都分赐给他们,宫中派出的送物使者接连不断,赐给五家的礼物都要一样。

贵妃常跟随天子出外游乐,贵妃骑马,高力士就亲自给她递缰绳、马鞭。总计宫中在负责织锦刺绣以及负责铸造、雕刻金玉器物的部门工作的工匠,大致有一千人,他们接受贵妃的索取,各种稀奇的服饰、珍玩都能制作,变化如神。四方争相制作奇珍异物进献给贵妃,东西的奇特精巧,每每骇人耳目。岭南节度使张九章、广陵长史王翼由于进献的东西没人能比得上,天子晋升张九章为从三品散官银青光禄大夫,提拔王翼为户部侍郎,天下人于是无不追随这股风。贵妃嗜食荔枝,一定要得到新鲜的,于是特设驿骑传送,跑数千里地,荔枝的味道还没有变化已送到了京师。

天宝九载,贵妃又受到天子的责备,被送回宫外的住宅,杨国忠跑去找吉温商议,吉温于是晋见皇帝说:"妇女过分不顺从应当处死,但陛下为什么爱惜宫中可用来处斩的一张席子大的地方,却让她到外面去丢脸呢?"皇帝的感情被触动,停止进食,命令宦官张韬光把自己的食物赐给贵妃。贵妃依靠张韬光传话,与皇帝告别道:"妾有罪应当被处死一万次,但除身体头发外,妾的所有东西都是皇上所赐,现在妾将死去,没有可用来报答皇上的东西。"随即拿刀割下一束头发进献给皇帝,说道:"留下这东西与陛下诀别。"皇帝见到她的头发后,既吃惊又叹惜,急忙召她入宫,还像从前那样对她以礼相待。接着天子又亲临秦国夫人和杨国忠的府第,赐给这两家无数财物。

杨国忠遥领剑南节度使以后,每年十月,皇帝到华清宫,杨氏五家的人马都随从,每家单独排成一队,每队都穿同一种颜色的衣服,一会儿五家的队伍合在一起,灿烂犹如万花竞放,川谷化为锦绣,杨国忠还用剑南节度使的旌旗作为队伍的前导。队伍所经之地,遗落的首饰,扔下的鞋子,还有琴瑟、珠串,乱七八糟地在路上躺着,香气传到数十里外。天宝十载正月十五晚上,贵妃家人与玄宗的女儿广宁公主的随从争过市门,杨氏家奴挥鞭打人,双方喧闹争吵,公主跌下马来,只得躲开。公主找皇上哭诉,于是玄宗下令杀掉杨氏家奴,但公主的丈夫驸马都尉程昌裔也被贬官。国忠当宰相。他的儿子杨昢娶玄宗的女儿万春公主为妻,杨暄娶延和郡主为妻;他的弟弟杨鉴娶承荣郡主为妻。玄宗又下令为贵妃的父亲杨玄琰立家庙,皇帝亲自书写家庙的碑文。杨铦、秦国夫人早死,所以韩国、虢国夫人和杨国忠显达的时间最长。虢国夫人向来和杨国忠淫乱,颇为外人所知,而不以为耻。每次入宫谒见天子,两人在道上并驾齐驱,随从的宦官,侍婢有一百多,都骑在马上,蜡烛照耀得如同白昼,妆饰艳丽的妇女充满街巷,虢国夫人连障帘都不用,当时人说这是齐襄公的淫妹行径。诸王的子孙凡有婚嫁之事,一定要先通过韩国、虢国夫人,然后向天子报告,这样做便都能如愿,诸王至于用数百金或上千金来感谢她们。

起初,安禄山有边功,皇帝宠信他,命他与杨家诸姨结为兄弟,而禄山则拜贵妃为母,禄山每次来京朝见天子,杨家人必定设宴招待,同他建立友好关系。后来安禄山造反,以讨伐杨国忠为借口,而且公开指出贵妃及杨家诸姨的罪恶。皇帝想让皇太子统率军队,并把帝位禅让给他,杨家诸人极为恐惧,聚在庭院里痛哭。杨国忠入宫禀告贵妃,贵妃口衔土块请求天子将自己处死,皇帝心情沮丧,于是便没有那样做。等到潼关失守,玄宗西行到了马嵬驿,陈玄礼等就为天下人考虑而杀掉杨国忠,但杨国忠已死,军队将士仍不散去。皇帝派高力士询问原因,将士们说:"祸乱的根子还在!"皇帝不得已,与贵妃诀别,让人把她带走，勒死在路旁的祠庙里，用紫色褥子裹尸，埋在大路也，这时贵妃三十八岁。

后来玄宗自蜀郡回长安，路经马嵬驿，派人祭奠贵妃，且下令改葬。礼部侍郎李揆说："龙武军将士因为杨国忠有负于皇上，招致祸乱，替天下人杀掉杨国忠。现在改葬贵妃，恐怕将士们会疑虑不安。"玄宗于是没有正式改葬贵妃。他秘密派遣宦官备好棺椁把贵妃的遗体迁移到别的地方安葬。挖开埋贵妃的地方，贵妃原先佩带的香囊还在，宦官把它献给玄宗，玄宗看到香囊后，伤感落泪，于是就命画工在偏殿里画贵妃的像，早晚前去看望，一定要哽咽抽泣。

马嵬驿事变发生的时候，虢国夫人和杨国忠的妻子裴柔等逃往陈仓，她们猜想是逆贼作乱，便扔下马跑进树林里。虢国夫人先杀掉她的两个孩子，裴柔说："请让我死！"虢国夫人马上把她和她的女儿一起刺死，然后自己抹脖子，但还没有断气，官吏就把她驮在马上送进监狱，虢国夫人问道："是国家要杀我们？还是逆贼作乱？"县吏回答说："都是。"于是死去，被埋在陈仓东城外。

华清出浴图

王贤妃传

【题解】

王氏（？～846），由于善于歌舞被选入宫中，受到武宗宠爱。传中记录王氏向唐武宗表示要为他殉葬，并在武宗死后自杀，既表现了封建礼制对妇女的毒害，也隐喻着宫廷倾诈的激烈。传中记载的王氏穿袍服男装与武宗共同驰骋的情况，对了解唐代风俗有所俾益。

【原文】

武宗贤妃王氏,邯郸人,失其世。年十三,善歌舞,得入宫中。穆宗以赐颖王。性机悟。开成末,王嗣帝位,妃阴为助画,故进号才人,遂专宠。状纤顼,颇类帝。每畋苑中,才人必从,袍而骑,校服光侈,略同至尊,相与驰出入,观者莫知孰为帝也。帝欲立为后,宰相李德裕曰:"才人无子,且家不素显,恐诒天下议。"乃止。

帝稍惑方士说,欲饵药长年,后浸不豫。才人每谓亲近曰:"陛下日燎丹,言我取不死。肤泽消槁,吾独忧之。"俄而疾侵,才人侍左右。帝熟视曰:"吾气奄奄,情虑耗尽,顾与汝辞。"答曰:"陛下大福未艾,安语不祥?"帝曰:"脱如我言,奈何?"对曰:"陛下万岁后,妾得以殉。"帝不复言。及大渐,才人悉取所常贮散遗宫中,审帝已崩,即自经幄下。当时嫔媛虽常妒才人专上者,返皆义才人,为之感恸。宣宗即位,嘉其节,赠贤妃,葬端陵之柏城。

【译文】

唐武宗的贤妃王氏,是邯郸人,不知道她的身世。她十三岁时,擅长歌舞,得以选入宫中。唐穆宗把她给了颖王。王氏生性机灵聪悟。开成末年,颖王继承了帝位,王氏在暗中帮助他谋划,所以被晋封为才人,受到宠幸。王氏身形细高,很象唐武宗。武宗每当在苑囿中打猎,王氏必定跟随着,穿上长袍,骑着马,衣服光彩华丽,和皇帝大致相同。他们相随着奔驰出入,观看的人们不知道哪一个是皇帝。唐武宗想把王氏立为皇后。宰相李德裕说:"王才人没有儿子,而且她家一直不显贵,恐怕会造成天下人的议论。"武宗才停止了这种打算。

唐武宗逐渐被方士的说法迷惑,想食用药物,获得长寿,以后得病,卧床不起。王才人常对亲近的人说:"陛下每天炼丹,说自己能得到不死药,却皮肤容泽消瘦枯槁,我很为此担忧。"不久武宗病重,王才人在身边服侍。武宗久久地看着她说:"我气息奄奄,精神耗尽了,看来要和你告别了。"王才人回答说:"陛下的大福分没有享用完,怎么就说这些不吉利的话呢?"武宗说:"如果象我说的这样,怎么办呢?"王才人回答说:"陛下万年归天后,我就以身相殉。"武帝就不再说话了。到了武宗临终时,王才人把平常积存的财物全部散发给宫中的人,看到武宗已经去世,就在帐子下上吊自杀。当时即使是经常妒忌王才人受到武宗专宠的嫔妃,也都转过来称赞王才人节义,被她感动得痛哭流涕。唐宣宗即位后,嘉奖她的节义,赠给她贤妃的名义,葬在端陵的柏城中。

何皇后传

【题解】

何氏(? ~约907年),出身平民,是唐昭宗李晔的皇后,与昭宗共同度过了被挟持的最后时光,后被朱全忠杀死。她的身世是大唐帝国没落灭亡的写照。

【原文】

昭宗皇后何氏，梓州人，系族不显。帝为寿王，后得侍，婉丽多智，恩答厚甚。既即位，号淑妃。从狩华州，诏册为皇后。

光化三年，帝猎夜归，后遣德王还邸，遇刘季述，留王紫廷院。明日，季述等挟王陈兵召百官，胁帝内禅。后恐贼臣加害天子，即取玺授季述，与帝同幽东宫。贼平，反正。

天复中，从帝驻凤翔，李茂贞请帝劳军，不得已，后从御南楼。会朱全忠逼帝东迁，后谓帝曰："此后大家夫妇委身贼手矣！"涕数行下。帝奔播既屡，威柄尽丧，左右皆悍逆庸奴，后侍膳服，无须臾去侧。至洛，帝忧，忽忽与后相视无死所。已而遇弑。

哀帝即位，尊为皇太后，宫中不敢哭，徙居积善宫，号积善太后。帝将禅天下，后亦遇害。初，蒋玄晖为全忠邀九锡，入喻，后度不免，见玄晖垂泣祈哀，以母子托命。宣徽使赵殷衡谮于全忠曰："玄晖等铭石像瘗积善宫，将复唐。"全忠怒，遂遣缢后，以丑名加之，废为庶人。

【译文】

唐昭宗的皇后何氏，是梓州人，世系家族都不显贵。昭宗做寿王时，何皇后得以服侍他。何皇后秀丽柔媚，聪明智慧，寿王对她的情谊很深厚。寿王即帝位后，给她的名号为淑妃。何皇后跟着昭宗到华州去打猎，被册封为皇后。

光化三年，唐昭宗出猎后在夜晚回来，何皇后打发德王回官邸去，遇上了刘季述，把德王留在紫廷院。第二天，刘季述等人挟持德王，摆开军队，召来百官，逼迫昭宗禅让帝位。何皇后恐怕贼臣加害昭宗，就拿出皇帝玺印交给刘季述。何皇后和昭宗一同被幽禁在东宫中。贼人被平定后，昭宗才恢复帝位。

天复年间，何皇后随昭宗住在凤翔，李茂贞请求昭宗去慰劳军队。不得已，何皇后跟随昭宗到南楼去。正遇上朱全忠逼迫昭宗东迁。何皇后对昭宗说："从今以后，皇帝夫妇都落入贼人手中了。"泪流满面。昭宗已经多次奔逃迁移，权力威严全丧失了，身边的人都是叛逆的凶悍奴仆。何皇后亲自服侍昭宗的饮食衣服，没有片刻离开过昭宗身边。到了洛阳，昭宗忧虑不止，神情恍惚地与何皇后对望，不知死在哪里。不久后昭宗被杀死。

哀帝即位时，把何皇后尊为皇太后。宫中不敢哭。何皇后移居积善宫，称为积善太后。哀帝将要禅让天下，何皇后也遇害了。当初，蒋玄晖为朱全忠要求获得九锡的特权，入宫劝说。何皇后自己思量不能免除一死，见到蒋玄晖，流着泪哀求，把母子的命运托付给他。宣徽使赵殷衡向朱全忠进谗言说："蒋玄晖等人刻了石像埋在积善宫中，准备要恢复唐朝。"朱全忠大怒，就派人把何皇后勒死，给她加上丑恶的名声，废为庶人。

李靖传

【题解】

李靖（571～649），本名药师，唐京兆三原（今陕西三原东北）人。随从李世民平王世充，以功授开府。唐初，平定占据江陵的萧铣，江汉各城纷纷投降，授岭南道抚慰大使。又协助李孝恭平定南方辅公祏起义，为东南道行台兵部尚书。唐太宗时，历任刑部尚书、兵部尚书。唐使者去突厥议和时，李靖发兵突然袭击东突厥，取得很大胜利，迁尚书右仆射。又为西海道行军大总管，大败吐谷浑，改封卫国公。李靖是唐初名将，懂兵法，作战有谋略，著有《李卫公兵法》，原书佚，部分内容保留在《通典》中。

【原文】

李靖字药师，京兆三原人。姿貌魁秀，通书史。尝谓所亲曰："丈夫遭遇，要当以功名取富贵，何至作章句儒！"其舅韩擒虎每与论兵，辄叹曰："可与语孙、吴者，非斯人尚谁哉！"仕隋为殿内直长，吏部尚书牛弘见之曰："王佐才也！"左仆射杨素拊其床谓曰："卿终当坐此！"

大业末，为马邑丞。高祖击突厥，靖察有非常志，自囚上急变，传送江都，至长安，道梗。高祖已定京师，将斩之，靖呼曰："公起兵为天下除暴乱，欲就大事，以私怨杀谊士乎？"秦王亦为请，得释，引为三卫，从平王世充，以功授开府。

萧铣据江陵，诏靖安辑，从数童骑道金州，会蛮贼邓世洛兵数万屯山谷间，卢江王瑷讨不胜，靖为瑷谋，击却之。进至峡州，阻铣兵不得前。帝谓逗留，诏都督许绍斩靖，绍为请而免。开州蛮冉肇则寇夔州，赵郡王孝恭战未利，靖率兵八百破其屯，要险设

李靖

伏，斩肇则，俘禽五千。帝谓左右曰："使功不如使过，靖果然。"因手敕劳曰："既往不咎，向事吾久已忘之。"靖遂陈图铣十策。有诏拜靖行军总管，兼摄孝恭行军长史，军政一委焉。

武德四年八月，大阅兵夔州。时秋潦，涛濑涨恶，铣以靖未能下，不设备。诸将亦请江平乃进。靖曰："兵机事，以速为神。今士始集，铣不及知，若乘水傅垒，是震霆不及塞耳，有能仓卒召兵，无以御我，此必禽也。"孝恭从之。

九月，舟师叩夷陵，铣将文士弘以卒数万屯清江，孝恭欲击之。靖曰："不可。士弘健将，下皆勇士，今新失荆门，悉锐拒我，此救败之师，不可当。宜驻南岸，待其气衰乃取之。"孝恭不听，留靖守屯，自往与战，大败还。贼委舟散掠，靖视其乱，纵兵击破之，取四百余艘，溺死者万人。即率轻兵五千为先锋，趋江陵，薄城而营。破其将杨君茂、郑文秀，

俘甲士四千。孝恭军继进，铣大惧，檄召江南兵，不及到，明日降。靖入其都，号令静严，军无私焉。或请靖籍铣将拒战者家赀以赏军，靖曰："王者之兵，吊人而取有罪，彼其胁驱以来，藉以拒师，本非所情，不容以叛逆比之。今新定荆、郢，宜示宽大，以慰其心，若降而籍之，恐自荆而南，坚城剧屯，驱之死守，非计之善也。"止不籍。由是江、汉列城争下。以功封永康县公，检校荆州刺史。乃度岭至桂州，分道招慰。酋领冯盎等皆以子弟来谒，南方悉定。裁量款效，承制补官。得郡凡九十六，户六十余万。诏书劳勉，授岭南抚慰大使、检校桂州总管。以岭海陋远，久不见德，非震威武、示礼义，则无以变风。即率兵南巡，所过问疾苦，延见长老，宣布天子恩意，远近欢服。

辅公祐据丹阳反，诏孝恭为帅，召靖入朝受方略，副孝恭东讨，李世勣等七总管皆受节度。公祐遣冯惠亮以舟师三万屯当涂，陈正通步骑二万屯青林，自梁山连锁以断江道。筑却月城，延袤十余里，为掎角。诸将议曰："彼劲兵连栅，将不战疲老我师。若直取丹阳，空其巢窟，惠亮等自降。"靖曰："不然。二军虽精，而公祐所自将亦锐卒也，既保石头，则牢未可拔。我留不得志，退有所忌，腹背蒙患，非百全计。且惠亮、正通百战余贼，非怯野斗，今方持重，特公祐立计尔。若出不意，挑攻其城，必破之。惠亮拔，公祐禽矣。"孝恭听之。靖率黄君汉等水陆皆进，苦战，杀伤万余人，惠亮等亡去。靖将轻兵至丹阳，公祐惧，众尚多，不能战，乃出走，禽之，江南平。置东南道行台，以为行台兵部尚书。赐物千段、奴婢百口、马百匹。行台废，检校扬州大都督府长史。帝叹曰："靖乃铣、公祐之膏肓也，古韩、白、卫、霍何以加！"

八年，突厥寇太原，为行军总管，以江淮兵万人屯太谷。时诸将多败，独靖以完军归。俄权检校安州大都督。太宗践阼，授刑部尚书，录功，赐实封四百户，兼检校中书令。突厥部种离畔，帝方图进取，以兵部尚书为定襄道行军总管，率劲骑三千趚马邑趋恶阳岭。颉利可汗大惊，曰："兵不倾国来，靖敢提孤军至此？"于是帐部数恐。靖纵谍者离慝腹心，夜袭定襄，破之，可汗脱身遁碛口。进封代国公。帝曰："李陵以步卒五千绝漠，然卒降匈奴，其功尚得书竹帛。靖以骑三千，蹀血虏庭，遂取定襄，古未有辈，足澡吾渭水之耻矣！"

颉利走保铁山，遣使者谢罪，请举国内附。以靖为定襄道总管往迎之。又遣鸿胪卿唐俭、将军安修仁尉抚。靖谓副将张公谨曰："诏使到，虏必自安，若万骑赍二十日粮，自白道袭之，必得所欲。"公谨曰："上已与约降，行人在彼，奈何？"靖曰："机不可失，韩信所以破齐也。如唐俭辈何足惜哉！"督兵疾进，行遇候逻，皆俘以从，去其牙七里乃觉，部众震溃，斩万余级，俘男女十万，禽其子叠罗施，杀义成公主。颉利亡去，为大同道行军总管张宝相禽以献。于是斥地自阴山北至大漠矣。帝因大赦天下，赐民五日酺。

御史大夫萧瑀劾靖持军无律，纵士大掠，散失奇宝。帝召让之，靖无所辩，顿首谢。帝徐曰："隋史万岁破达头可汗，不赏而诛，朕不然，赦公之罪，录公之功。"乃进左光禄大夫，赐绢千匹，增户至五百。既而曰："向人谮短公，朕今悟矣。"加赐帛两千匹，迁尚书右仆射。

靖每参议，恂恂似不能言，以沈厚称。时遣使十六道巡察风俗，以靖为畿内道大使，会足疾，恳乞骸骨。帝遣中书侍郎岑文本谕旨曰："自古富贵而知止者盖少，虽疾顿惫，犹力于进。公今引大体，朕深嘉之。欲成公美，为一代法，不可不听。"乃授检校特进，就第，赐物段千，尚乘马二，禄赐、国官、府佐皆勿废。若疾少间，三日一至门下中书平章政事。

加赐灵寿杖。

顷之，吐谷浑寇边。帝谓侍臣曰："靖能复起为帅乎？"靖往见房玄龄，曰："吾虽老，尚堪一行。"帝喜，以为西海道行军大总管，任城王道宗、侯君集、李大亮、李道彦、高甑生五总管兵皆属。军次伏俟城，吐谷浑尽火其莽，退保大非川。诸将议，春草未牙，马弱不可战。靖决策深入，遂逾积石山，大战数十，多所杀获，残其国，国人多降，吐谷浑伏允愁蹙自经死。靖更立大宁王慕容顺而还。甑生军籁盐泽道后期，靖簿责之。既归而憾，与广州长史唐奉义告靖谋反，有司按验无状，甑生等以诬罔论。靖乃阖门自守，宾客亲戚一谢遣。改卫国公。其妻卒，诏坟制如卫、霍故事，筑阙象铁山、积石山，以旌其功，进开府仪同三司。

帝将伐辽，召靖入，谓曰："公南平吴，北破突厥，西定吐谷浑，惟高丽未服，亦有意乎？"对曰："往凭天威，得效尺寸功。今疾虽衰，陛下诚不弃，病且瘳矣。"帝悯其老，不许。二十三年，病甚，帝幸其第，流涕曰："公乃朕生平故人，于国有劳。今疾若此，为公忧之。"薨，年七十九，赠司徒、并州都督，给班剑、羽葆、鼓吹，陪葬昭陵，谥曰景武。

【译文】

李靖，字药师，京兆三原人，身材魁梧，容貌端正，熟悉书史。曾对所亲近的人说："大丈夫要争取有所际遇，应该有功名来取得富贵，怎么能做只知背诵章句的儒生？"他的舅舅韩擒虎每次与他谈论兵家之事，就感叹说："可以一起讨论孙子、吴起兵法的，除了这个人外还有谁呢？"在隋朝任官为殿内直长，吏部尚书牛弘见到他说："这人是辅佐帝王的将相之才！"左仆射杨素摸着自己的座椅对他说："你终究会坐这个位置！"

大业年间后期，任马邑丞。高祖李渊出击突厥，李靖看出了他有夺取天下的野心，就自带枷锁向隋政府告发有紧急事变。于是押送李渊至江都。到了长安，道路不通。高祖平定京师后，将斩李靖，李靖大呼说："公起兵是为天下百姓除去暴乱，要成大事业，难道可以因私怨杀义士吗？"秦王李世民也为他说情，终于得到释放，被任为宫廷卫士，随从秦王平定王世充，因功授官开府。

萧铣占据江陵，诏命李靖去安抚，与随从的几个童子骑马取道金州，刚好蛮贼邓世洛有数万兵屯驻山谷间，庐江王李瑗讨伐不能得胜，李靖为他出计谋，击退了蛮贼。李靖进而到峡州，遇到萧铣的兵阻挡不能向前。天子认为他故意停留，下诏命都督许绍斩李靖，许绍为李靖说情，终于免于斩首。开州蛮人首领冉肇则侵扰夔州，赵郡王李孝恭出战未获胜，李靖率领八百士兵出击，破了他们的营垒，又在险要的地区设了伏兵，杀死了冉肇则，俘获了他的五千士兵。天子对左右的官吏说："使用有功之人不如使用有过之人，用李靖果然是这样。"接着亲自写命令慰劳说："既往不咎，过去的事我早已忘记了。"李靖于是上奏图谋攻克萧铣的十条计策。天子下诏任命李靖为行军总管，兼代理李孝恭的行军长史，军政大权集于一身。

武德四年八月，在夔州大规模检阅士兵。当时秋天雨水大，河水上涨水流急，萧铣以为李靖不可能沿江而下，就不加防备。各位将领也提议等江水平静后再进军。李靖说："打仗，是神机妙算的事情，以快速为神。现在士兵刚集合，萧铣还来不及得知消息，如果乘水势靠近他们的营垒，是迅雷不及掩耳之态势，他们即使能仓促召集士兵，也没有办法抵御我们，这样就必然被擒了。”李孝恭同意。

九月，水军出击夷陵，萧铣的将领文士弘带数万士兵驻屯在清江，李孝恭想进攻他，李靖说：“不可。士弘是个健将，下面都是勇士，现在他新失荆门，把全部精兵都用来抵抗我们，这是为了挽救失败的军队，不可抵挡。应该驻军到南岸，等他们士气有所衰落后再攻取他们。”李孝恭不同意，留下李靖守营垒，自己率领部队去与他们作战，结果大败而回。贼军弃船四处抢掠，李靖见他们队伍混乱，出兵攻击并打败了他们，夺取了四百余艘船，敌人溺死上万人。接着他率领轻装的五千名士兵为先锋，直向江陵，靠近城扎营。然后打败他们的将领杨君茂、郑文秀，俘获敌人士兵四千名。李孝恭的军队紧接而来，萧铣十分害怕，用檄文急召江南的兵来支援，还没有赶到，第二天就投降了。李靖进入他的都城，号令严肃，军队没有私下掠夺。有人请求李靖籍没萧铣将领中抗拒者的家产来赏赐士兵，李靖说：“天子的士兵是用来救民于水火而征伐有罪的人，这些人是被威胁驱逐而来，借以抗拒王师，本来不是他们所情愿的，不容许把他们比作叛逆之徒。现在刚刚平定荆州、郢州，应该表示宽大，用来安慰他们的心，如果投降后而没收他们，恐怕自荆州以南，碰到的将是坚守的城市和强有力的营垒，再驱使一些死守的士兵，这恐怕不是良好的计策。”就不再籍没。从此长江、汉水两岸城市争着投降，因功封永康县公、检校荆州刺史。又翻越南岭到桂州，分道招降慰喻。少数民族的部落首领冯盎等人都派子弟来进谒，南方都平定了。他根据归附投降人的不同情况，按照政策授以官职。共得到九十六郡，六十余万户的人口。天子下诏书慰劳勉励，授以岭南抚慰大使、检校桂州总管。李靖认为岭南近海一带粗俗而遥远，长久不见德治，如不用武力震慑、用礼义教育，就不能改变他们的风气。于是就率领士兵南下巡行，所过的地方问百姓疾苦，请老人们来相见，宣布天子的恩意，远近的人们都欢欣鼓舞地臣服了。

辅公祏占据丹阳谋反，朝廷下诏命李孝恭为帅，召李靖入朝听取朝廷用兵的方针策略，作为孝恭的副职向东方讨伐，李世勣等七个总管都要受他指挥。辅公祏派冯惠亮用三万水兵屯驻当涂，陈正通的二万步兵骑兵屯驻青林，从梁山南北连锁以切断长江水道。又筑半月形的城垒，长十余里，作战时可互相支援呼应。各将议论说：“他们用强劲士兵把营垒连接起来，准备不战而使我军疲劳。如果直接攻取丹阳，挖了他们的老巢，冯惠亮等人自然会投降。”李靖说：“不然。这两支军虽然是精兵，而辅公祏自己率领的部队也是锐卒，他既据守石头城，则肯定牢不可拔，我如果直取丹阳，万一攻不下，则留不能得胜，退又要受两将的攻击，有所顾忌，腹背都受敌，这不是考虑得周密的计策。而且冯惠亮、陈正通身经百战，不怕在空旷地作战，而现在屯兵不动，一定是辅公祏设立的计谋。假如出其不意，挑动进攻他们的城，必然能取胜。冯惠亮的城攻破，辅公祏也必然被擒了。”李孝恭同意。李靖率领黄君汉等军水陆并进，经过苦战，杀死杀伤敌军一万多人，冯惠亮等逃走。李靖带领轻装士兵到丹阳，辅公祏害怕，士兵还很多，但不能战斗，就出逃，最后活捉了他，江南平定了。朝廷设置了东南道行台，任李靖为行台兵部尚书。赐给他织物千段、奴婢一百口、马一百匹；后行台废除，任检校扬州大都督府长史。天子叹道：“李靖是萧铣、辅公祏的心腹之患，古代的韩信、白起、卫青、霍去病也不一定能超过他！”

八年，突厥进犯太原，李靖任行军总管，用江淮兵一万人屯驻太谷。当时其他将领多战败，只有李靖带着全部军队归来。不久暂理检校安州大都督。太宗李世民即位，授官刑部尚书，按功，赐给封户四百户，兼任检校中书令。突厥部落内乱叛离，天子打算乘机进攻，任命李靖为兵部尚书和定襄道行军总管，率领三千名强劲的骑兵由马邑奔向恶阳岭。颉利可汗大惊，说："如果唐军不是倾全国兵力来攻，李靖会敢于率孤军来到这里？"因此突厥营帐多次惊恐。李靖派间谍离间他们的心腹人物，又在夜晚袭击定襄，终于打败了突厥，颉利可汗脱身逃到碛口。晋封为代国公。天子说："李陵用五千步兵到大漠，后终于投降匈奴，他的功劳尚且要记载在历史上。李靖以三千骑兵，血战在突厥的王庭，攻取了定襄，从古没有这样的人，这足以洗刷我在渭水受到的耻辱了。"

颉利可汗出走到铁山，派遣使者向唐王朝谢罪，请求全国依附于唐朝。朝廷命李靖为定襄道总管前往迎降。又派鸿胪卿唐俭、将军安修仁去慰劳、安抚。李靖对副将张公谨说："天子派遣的送诏书的使臣到那里，突厥必定感到安心，如果出一万骑兵带二十日粮食，从白道攻击他们，必定能得到我们所想得到的胜利。"张公谨说："天子已与他们约定受降之事，使臣已在那里，怎么办？"李靖说："机不可失，这是韩信所以袭破齐王田广的原因。像唐俭这类人有什么可惜的！"督促士兵快速前进，行军中遇到瞭望哨和巡逻兵，都俘虏了带着走，直到离开突厥有主帅牙旗的营帐七里的地方，颉利可汗才发觉，他的部下及士兵一下子震惊而自己崩溃，李靖斩敌一万多，俘获男女十万人，擒获可汗的儿子叠罗施，杀义成公主。颉利逃走。被大同道行军总管张宝相抓获后献给朝廷。于是开拓土地从阴山以北直到大漠。天子因此大赦天下，赐准臣民聚会饮酒五天。

御史大夫萧瑀弹劾李靖主持军队纪律不严，放纵士兵大肆掠夺，使突厥的珍奇宝物散失。天子召李靖责备他，李靖无可辩解，叩头谢罪认错。天子慢慢又说："隋朝史万岁破达头可汗，不赏赐就诛杀，朕不然，赦免你的罪，记录你的功。"晋升为左光禄大夫，赐绢一千匹，增加封户共计为五百户。过后义说："过去人们背后说你的坏话，朕现在知道是什么原因了。"加赐帛二千匹，升为尚书右仆射。

李靖每次参加宰相的政务会议，总是很忠厚老实不会巧言善辩，因此以信实厚道闻名。当时派遣大臣为黜陟大使分十六道巡视观察社会状况和风俗，派李靖为畿内道大使，刚好他脚有病，恳求退休。天子派中书侍郎岑文本下圣旨说："自古以来人们富贵而急流勇退的人是很少的，虽然身体有病已困顿疲惫，还要尽力而进，你现在能识大体，朕深感可嘉，朕要成全你的美事，又成为一代人效法的榜样，不可不同意。"授官检校特进，就居于府中，赐织物千段，天子御用的马二匹，俸禄、属官、府佐都不废除。如果病稍好，三天一次到门下和中书省参议政事。加赐一根灵寿杖。

不久，吐谷浑进犯边境。天子对侍臣说："李靖能够重新出来当统帅吗？"李靖去见房玄龄，说："我虽然老了，还能够一行。"天子高兴，任命他为西海道行军大总管，任城王李道宗、侯君集、李大亮、李道彦、高甑生五个总管的军队都归李靖统辖。军队停驻在伏俟城，吐谷浑把附近的草木全烧光，退而屯保大非川。将领们议论，春草还未发芽，马体弱不能战斗。李靖决定深入，于是大军越过积石山。大战数十次，杀敌和俘获都很多，摧毁了他们的国家，国中的人大多投降，吐谷浑可汗伏允忧愁自杀而死。李靖重新立了他的儿子大宁王慕容顺后回军。高甑生的军队从盐泽道出发迟到，李靖写文书责备他。回军后他感到愤恨，就与广州长史唐奉义告发李靖谋反，有关部门查访没有证据，高甑生等人按诬告反坐判罪。此后李靖就闭门自己生活，谢绝一切宾客亲戚来访。改封卫国公。他的妻子死,诏命营建李靖夫妇坟墓所遵循的规格按照卫青、霍去病的旧制,为冢象铁山、积石山,以表彰他的功绩,进位开府仪同三司。

　　天子将征伐辽,召李靖入朝,对他说:"您南平吴,北破突厥,西定吐谷浑,只有高丽未臣服,你有意征伐高丽吗?"李靖答道:"过去凭借皇帝的威力,使我得以报效尺寸的功。现今我虽有病衰弱,陛下如果不遗弃,我的病快要痊愈了。"天子悯怜他年老,没有同意。贞观二十三年,病情加重,天子到他的府第,流着泪说:"你是我的从少到老相处的朋友,对国家有功劳。现在病到这种程度,我为你担忧。"死,年龄七十九岁。赠官司徒、并州都督,给予由持剑武士组成的仪仗队、华盖和鼓吹乐队,陪葬在昭陵附近,谥号为"景武"。

阎立德、阎立本传

【题解】

　　阎立德(? ~656)雍州万年县(今陕西西安市西北)人。他出生于工艺世家,其父阎毗以工艺著名。他是唐代有名的工艺美术及建筑艺术家。他入仕为尚衣奉御,创制帝王公侯的朝服、伞扇等物,均典雅有则,后任将作大匠、工部尚书,代理司空等职,他规划营建高祖李渊和太宗李世民的陵墓,以及翠微宫、玉华宫等,都是唐代有名的建筑,在我国建筑艺术史上留下光辉的一页。

　　阎立本(? ~673),阎立德的弟弟。他是唐代著名的宫廷画家。尤其擅长画人物肖像。他的画注重形似,用笔细腻,毫发不爽。他曾为太宗李世民画像,又曾作《寿府十人学士图》《凌烟阁功臣图》等,受到当时人的赞赏。历任将作大臣、工部尚书,后来升任右宰相。但阎立本长于绘画,缺乏宰相才具,当时任左丞的姜恪只有战功,也乏治世之才,当时人借用《千字文》中的文句进行嘲讽:左相"宣威沙漠",右相"驰誉丹青"。

【原文】

　　阎让字立德,以字行,京兆万年人。父毗,为隋殿内少监,本以工艺进,故立德与弟立本皆机巧有思。武德初,为秦王府士曹参军,从平东都。迁尚衣奉御,制衮冕六服、腰舆、伞扇咸有典法。贞观初,历将作少匠、大安县男。护治献陵,拜大匠。文德皇后崩,摄司空,营昭陵,坐弛职免。起为博州刺史。太宗幸洛阳,诏立德按爽垲建离宫清暑,乃度地汝州西山,控汝水,睨广成泽,号襄城宫,役凡百余万。宫成,烦懊不可居,帝废之,以赐百姓,坐免官。

　　未几,复为大匠,即洪州造浮海大航五百艘,遂从征辽,摄殿中监,规筑土山,破安市城。师还,至辽泽,亘二百里,淖不可通,立德筑道为桥梁,无留行。帝悦,赐予良厚。又营翠微、宝华二宫,擢工部尚书。帝崩,复摄司空,典陵事,以劳晋爵大安县公。永徽五年,高宗幸万年宫,留守京师,领徒四万治京城。卒,赠吏部尚书、并州都督,陪葬昭陵,谥曰康。

　　立本,显庆中以将作大匠代立德为工部尚书。总章元年,自司平太常伯拜右相、博陵

步辇图（唐阎立本）

县男。初,太宗与侍臣泛舟春苑池,见异鸟容与波上,悦之,诏坐者赋诗,而召立本俾状。阁外传呼画师阎立木,是时已为主爵郎中,俯伏池左,研吮丹粉,望坐者羞怅流汗。归戒其子曰:"吾少读书,文辞不减侪辈,今独以画见名,与厮役等,若曹慎勿习!"然性所好,虽被訾屈,亦不能罢也。既辅政,但以应务俗材,无宰相器。时姜恪以功擢左相,故时人有"左相宣威沙漠,右相驰誉丹青"之嘲。咸亨元年,官复旧名,改中书令。卒,谥曰文贞。

【译文】

阎让字立德,以字行世,是京兆府万年县人。他的父亲阎毗,在隋朝任殿内少监,本来是因擅长工艺而被提拔的,因此阎立德和弟弟立本都很灵巧,富于创造力。武德初年,阎让被任为秦王府士曹参军,跟随秦王李世民平定东都洛阳。升任尚衣奉御,他创制六种帝王公候所穿的衣帽礼服、轿子、伞扇等物,都典雅而符合礼仪的规定。贞观初年,历任将作少匠,封爵大安县男。因护理唐高祖李渊的坟墓有功,升任将作大匠。文德皇后逝世,他代理司空之职,营建太宗李世民的昭陵时,因管理松懈被免职。后起用为博州刺史。太宗李世民去洛阳巡视,命令他选择凉爽干燥的地方建造避暑宫殿,他选择了汝州西山,宫殿建在汝水之上,面向广成泽,称为襄城宫,动用一百多万劳力。宫殿建成后,燥热不可住,太宗废弃了,把它卖给百姓,因此而被免官。

没过多久,又任他为将作大匠,在洪州制造航海大船五百艘,于是跟随太宗征伐辽东,代理殿中监之职,他规划修筑土山,因此攻破了安市城。大军班师回朝,行至辽泽,前面横拦二百里的沼泽地,不能通过,阎立德率人修路搭桥,大军没有被滞留。太宗很高兴,给他很多赏赐。他又负责营建翠微、玉华二宫,升任工部尚书。太宗逝世,又代理司空之职，并主管陵墓事务。因有劳绩，进爵大安县公。永徽五年，高宗去万年宫，他留守京师，率领四万罪徒修治京城。他死后，追赠吏部尚书、并州都督衔，陪葬于昭陵，赠谥号为"康"。

阎立本，高宗显庆年间以将作大匠的身份代替立德为工部尚书。高宗总章元年，由司平太常伯升任右相，封爵博陵县男。当初，太宗李世民和近臣在春苑池划船，看到奇异的飞鸟在水面上下翻飞，非常高兴，令在座诸臣赋诗，召阎立本来摹写这种景象，于是阁外的侍从传唤画师阎立本，这时阎立本已升任主爵郎中，于是他在春苑池左方，俯身作画，口吮毛笔，调和颜料，他看到陪太宗而坐的诸人，不觉羞愧流汗。回家以后，教训他的儿子们说："我年轻时读书，辞采文章不比在座的那些人差，现在只有我以绘画知名，地位与仆役相同，你们千万不要学习绘画！"但他生性为画，虽然为此而受委屈，也扔不掉画笔。他升为辅政大臣，只不过具有普通人应付事务的能力，缺乏宰相的才具。当时姜恪因作战有功升任左相，所以当时人编了两句顺口溜："左相沙漠逞威风，右相绘画有高名。"以此来嘲弄二人缺乏宰相之才。咸亨元年，官名改为旧称，于是右相改为中书令。逝世以后，赠谥号"文贞"。

虞世南传

【题解】

虞世南（558～638），字伯施，越州余姚（今浙江省余姚市）人。仕隋，任秘书郎。入唐，历任员外散骑侍郎、弘文馆学士、秘书监等官。入唐之后，虞世南一直在唐太宗李世民左右，因唐太宗喜爱书法艺术，他很受太宗的赏识。他直言敢谏，对唐太宗多所规，太宗也喜爱他的忠直敢言。唐太宗称虞世南有五绝：德行、忠直、博学、文辞、书翰。

虞世南是唐初著名书法家。他最初向智永学书法，深得其妙，因而他的书法作品受到人们的珍爱。他以行草书著名，其书与欧阳询齐名，世称"欧虞"。虞世南在唐代书坛上影响很大，鉴赏力也高。书家褚遂良曾询问虞世南，他的书法与智永、欧阳询相比如何，虞世南对智永、欧阳询、褚遂良的书艺作了恰当的评价。可见虞世南在唐代书坛的地位。他和欧阳询、褚遂良、薛稷称为初唐四大家。传世碑刻有《孔子庙堂碑》（现藏陕西博物馆）。另外编集《北堂书钞》一百七十三卷。

【原文】

虞世南越州馀姚人。出继叔陈中书侍郎寄之后，故字伯施。性沉静寡欲，与兄世基同受学于吴顾野王馀十年，精思不懈，至累旬不盥栉。文章婉缛，慕仆射徐陵，陵白以类己，由是有名。陈天嘉中，父荔卒，世南毁不胜丧。文帝高荔行，知二子皆博学，遣使至其所护视，召为建安王法曹参军。时寄陷于陈宝应，世南虽服除，仍衣布饭蔬；寄还，乃释布嚼肉。至德初，除西阳王友。陈灭，与世基入隋。世基辞章清劲过世南，而赡博不及也，俱名重当时，故议者方晋二陆。炀帝为晋王，与秦王俊交辟之。大业中，累至秘书郎。炀帝虽爱其才,然疾峭正,弗甚用,为七品十年不徙。世基佞敏得君,日贵盛,妻妾被服拟王者,而世南躬贫约,一不改。宇文化及已弑帝,间杀世基,而世南抱持号诉请代,不能得,自是哀毁骨立。从至聊城,为窦建德所获,署黄门侍郎。秦王灭建德,引为府参军,转记室,迁太子中舍人。王践祚,拜员外散骑侍郎、弘文馆学士。时世南已衰老,屡乞骸骨,不听,迁太子右庶子,固辟,改秘书监,封永兴县子。

世南貌儒谨,外若不胜衣,而中抗烈,论议持正。太宗尝曰:"朕与世南商略古今,有一言失,未尝不怅恨,其恳诚乃如此!"

贞观八年,进封县公。会陇右山崩,大蛇屡见,山东及江、淮大水,帝忧之,以问世南,对曰:"春秋时,梁山崩,晋侯召伯宗问焉。伯宗曰:'国主山川,故山崩川竭,君为之不举,降服,乘缦,彻乐。出次,祝币以礼焉'。梁山,晋所主也,晋侯从之,故得无害。汉文帝元年,齐、楚地二十九山同日崩,水大出,诏郡国无来贡,施惠天下,远近洽穆,亦不为灾。后汉灵帝时,青蛇见御坐。晋惠帝时,大蛇长三百步,见齐地,经市入庙。蛇宜在草野,而入市,此所以为怪耳。今蛇见山泽,适其所居。又山东淫雨,江、淮大水,恐有冤狱枉系,宜省录累囚,庶几或当天意。"帝然之,于是遣使赈饥民,申挺狱讼,多所原赦。

虞世南

后星孛虚、危,历氐,馀百日,帝访群臣。世南曰:"昔齐景公时,彗见,公问晏婴,婴曰:'公穿池诏畏不深,起台榭畏不高,行刑罚畏不重,是以天见彗为戒耳。'景公惧而修德,后十六日而灭。臣愿陛下勿以功高而自矜,勿以太平久而自骄,慎终于初,彗虽见,犹未足忧。"帝曰:"诚然,吾良无景公之过,但年十八举义兵,二十四平天下,未三十即大位,自谓三王以来,拨乱之主莫吾若,故负而矜之,轻天下士。上天见变,其为是乎?秦始皇除六国,隋炀帝有四海之富,卒以骄败。吾何得不戒邪?"

高祖崩,诏山陵一准汉长陵故事,厚送终礼,于是程役峻暴,人力告弊。世南谏曰:

古帝王所以薄葬者,非不欲崇大光显以荣其亲,然高坟厚陇,宝具珍物,适所以累之也。圣人深思远虑,安于菲薄,为长久计。昔汉成帝造延、昌二陵,刘向上书曰:"孝文居霸陵,凄怆悲怀,顾谓群臣曰:'嗟呼!以北山石为椁,用纻絮斮陈漆其间,岂可动哉?'张释之曰:'使其中有可欲,虽锢南山犹有隙;使无可欲,虽无石椁,又何戚焉?'夫死者无终极,而国家有废兴。孝文寤焉,遂以薄葬。"

又汉法,人君在位,三分天下贡赋之一以入山陵。武帝历年长久,比葬,方中不复容物。霍光暗于大体,奢侈过度,其后赤眉入长安,破茂陵取物,犹不能尽。无故聚敛,为盗之用,甚无谓也。

魏文帝为寿陵，作终制曰："尧葬寿陵，因山为体，无封树、寝殿、园邑，棺椁足以藏骨，衣食足以朽肉。吾营此不食之地，欲使易代之后不知其处。无藏金银铜铁，一以瓦器。丧乱以来，汉氏诸陵无不发者，至乃烧取玉匣金缕，骸骨并尽，乃不重痛哉！若违诏妄有变改，吾为戮尸地下，死而重死，不忠不孝，使魂而有知，将不福汝。以为永制，藏之宗庙。"魏文此制，可谓达于事矣。

陛下之德，尧、舜所不逮，而俯与秦、汉君同为奢泰，此臣所以尤戚也。今为丘陇如此，其中虽不藏珍宝，后世岂及信乎？臣愚以为霸陵因山不起坟，自然高显。今所卜地势即平，宜依周制为三仞之坟，明器一不得用金银铜铁，事讫刻石陵左，以明示大小高下之式，一藏宗庙，为子孙万世法，岂不美乎！

书奏，未报。又上疏曰："汉家即位之初，便营陵墓，近者十馀岁，远者五十年。今以数月之程，课数十年之事，其于人力不亦劳矣。汉家大郡，户至五十万，今人众不逮往时，而功役一之，此臣所以致疑也。"时议者颇言宜奉遗诏，于是稍稍裁抑。

帝尝作宫体诗，使虞和。世南曰："圣作诚工，然体非雅正。上之所好，下必有甚者，臣恐此诗一传，天下风靡。不敢奉诏。"帝曰："朕试卿耳！"赐帛五十匹。帝数出畋猎，世南以为言，皆蒙嘉纳。尝命写《列女传》于屏风，于时无本，世南暗疏之，无一字谬。帝每称其五绝：一曰德行，二曰忠直，三曰博学，四曰文词，五曰书翰。世南始学书于浮屠智永，究其法，为世秘爱。

十二年，致仕，授银青光禄大夫，弘文馆学士如故，禄赐仿阁视京官职事者。卒，年八十一，诏陪葬昭陵，赠礼部尚书，谥曰文懿。帝手招魏王泰曰："世南于我犹一体，拾遗补阙，无日忘之，盖当代名臣，人伦准的。今其云亡，石渠、东观中无复人矣！"后帝为诗一篇，述古兴亡，既而叹曰："钟子期死，伯牙不复鼓琴。朕此诗将何所示邪？"敕起居郎褚遂良即其灵坐焚之。后数岁，梦进谠言若平生，翌日，下制厚恤其家。

【译文】

虞世南，是越州余姚人。因他过继给他的叔父——南朝陈中书侍郎虞寄为后，所以字为伯施。他生性沉静，清心寡欲，和他的哥哥世基一起在吴郡顾野王门下学习十多年，终日专心学问，从不懈怠，甚至十多天不洗脸不梳头。他的文章委婉多彩，他很崇拜仆射徐陵的文章，徐陵也说虞世南的文风颇象自己，因此虞世南得以文章著名。陈朝天嘉年间，他的父亲虞荔逝世，虞世南由于过分悲伤，损害了身体，几乎坚持不住。陈文帝敬重虞荔的品德高尚，又了解到他的两个儿子都很博学，派人到他家里看护，召任虞世南为建安王的法曹参军。当时虞寄被陈宝应劫持，虞世南虽然为父亲服丧已满期。仍然粗衣粗饭；虞寄回来以后，才换去粗布衣服，开始吃肉食。至德初年，升为西阳王友。陈朝灭亡，和哥哥世基在隋朝任职。世基的文章清劲，超过了世南，但不如世南学问渊博，二人在当时都有很高的声望，人们将他兄弟二人比作晋朝的陆机、陆云兄弟。在隋炀帝杨广作晋王的时候，和秦王杨俊递相任用他。大业年间，虞世南官至秘书郎。隋炀帝虽然喜欢他有才能，但对他刚正的性格很头痛，所以并不怎么重用他，七品官当了十年也得不到升迁。虞世基机敏而善于巧言花语，隋炀帝很喜欢他，于是一天天尊贵起来，妻妾的穿戴和王公贵族一样，虞世南家垦却很贫困，但他一点也不改变自己的节操。宇文化及杀死隋炀帝，又将杀虞世基，虞世南抱住隋炀帝，请求代他而死，宇文化及不允许，隋炀帝被杀，虞世南悲痛过分，瘦得只剩下一把骨头。他随宇文化及来到聊城，被窦建德俘获，任他为黄门侍郎。秦王季世民消灭了窦建德，任他为王府参军，转为记室，又升任太子中舍人。秦王李世民即皇帝位，封他为员外散骑侍郎、弘文馆学士。当时虞世南已年老体衰，多次请求退休，皇帝不允许，并升任他为太子右庶子，虞世南坚持不就任，改为秘书监，封爵为永兴县子。

虞世南长相儒雅温顺，从外表来看，似乎连身上的衣服也抱不动，但意志坚强，议论政事，坚持正确意见。太宗李世民曾说："我和虞世南讨论古今史事，他说了一句不合适的话，就因此而无限悔恨，他的态度竟是这样诚恳！"

贞观八年，虞世南进封永兴县公。当时陇右一带发生山崩地震，大蛇不断出现，山东和江、淮一带大水成灾，太宗为此忧虑，问虞世南该怎么办，虞世南回答说："春秋时代，梁山发生山崩，晋侯把伯宗召来，问他该怎么办。伯宗说：'山河是国家的象征，所以发生山崩河枯这样的灾异，君主应该放弃一切排场，换盛紧为素服，乘素帷车，撤去鼓乐。离开宫殿，另居别室，以礼祭祀山川'。梁山，是晋国的象征，晋侯按着伯宗的话去做，因此没有造成灾害。汉文帝元年，齐地、楚地的二十九座山峰同日发生山崩，大水从地下涌出，汉文帝下令，各郡国不要来贡献，给天下人以恩惠，因此四方稳定，也没有造成灾害。后汉灵帝时，青蛇出现在皇帝的宝座旁边；晋惠帝时，在齐地出现三百步长的大蛇，经过街市，进入宗庙。蛇本来应在野外草丛中，却进入街市，因此人们认为是怪异之事。现在蛇出现在山岭沼泽，这正是它生活的地方。再者，山东大雨，江、淮之间的大水，恐怕是有受冤屈的人被关在监狱所致，应该辨明在押犯是否冤枉，这样做，或许能够顺应天意。"太宗认为他的话有道理，于是派遣使者救济灾民，昭雪冤狱，赦免了很多人。

后来彗星侵入虚宿、危宿，并横扫氐宿，这种现象持续了一百多天，太宗为此历访群臣。虞世南说："古代齐景公时，彗星出现，齐景公问晏婴，晏婴回答说：'君主您下令挖池塘，总嫌不深；下令盖亭台，总嫌不高；推行刑罚，总嫌不重。因此上天现出彗星，以示警诫。'齐景公听了很害怕，推行德政，过了十六天，彗星消失了。我希望陛下您不要认为自己有大功而产生自负情绪，不要因长时间天下太平而产生骄傲情绪，始终如一，彗星虽然出现，也不必担心。"太宗说："确实像你指出的那样，我虽然没有齐景公那样的过失，但从十八岁上率兵起义，二十四岁时平定天下，不到三十岁就登上皇帝的宝座，自认为自从三皇五帝以来，平定祸乱的君主都比不上我。因此自负而傲慢，轻视天下的人物。上天出现这样的变异，大概是为此而发吧？秦始皇平灭了六国，隋炀帝富有四海，最终都因骄傲而失败，我哪能不警惕呢？"

唐高祖李渊逝世，太宗下令，高祖的陵墓规格，以汉高祖刘邦的长陵为准，丧礼隆重，于是徭役苛暴，百姓被奴役得疲惫不堪。虞世南上书进行劝诫：

古代的帝王之所以提倡薄葬，并不是不想用崇高的丧礼、显赫的陵墓来荣耀他们的亲人，但是高大的坟墓，厚厚的坟山，随葬宝物用具，反而成为沉重的负担。圣人深思远虑，安于薄葬，实在是为长远打算的。过去汉成帝建造延陵、昌陵，刘向上书说："文帝登上霸陵，心情凄怆，悲从中来，对群臣说道：'好啊！用北山的石头砌成外椁，内外棺之间填上丝麻，浇上油漆，这样坚固，怎么能打开呢！'张释之说：'如果坟墓中有引起人们希望得到的东西,虽然压在南山下,犹有缝可钻;如果其中没有东西,即使没有石椁,有什么可担心的呢?'死人的事,时时会发生,没完没了,但国家政权却有兴有灭。汉文帝听了,猛然省悟,于是薄葬高祖。

再者,按照汉代的规定,君主在位,抽出天下三分之一的贡赋,准备葬入陵墓。汉武帝在位的时间长,到下葬的时候,陵墓中被填满,已放不进任何东西了。霍光不识大体,主持葬礼,挥霍过度,后来赤眉军打入长安,打开汉武帝的茂陵,各种物品,取之不尽。聚集不用的财物,被盗贼利用,实在没有意思。

魏文帝建造自己的陵墓时,立下遗嘱:"帝尧的陵墓,依山而成,地表不起坟堆,不建造灵殿和坟园,棺只容下尸体就行了,衣服被褥能掩住尸体就行了。我的坟墓选在不毛之地,这样做,是想让子孙后代不知我葬在哪里。也不要随葬金银铜铁等器物,一律用陶器。战乱以来,汉代各皇帝的陵墓,没有不被盗的,甚至为了取金,把金缕玉衣也烧化了,遗骨也随之烧光,不是让人很痛心吗? 如果违背我的遗嘱,妄有改变,等于在地下戳我的尸体,使我死了又死,这种不忠不孝行为,如果我的灵魂知道了,决不保佑你们。这一条定为长远遵守的制度,把我的遗嘱收藏在祖庙里。"魏文帝定的这一制度真是通达事理的啊。

陛下您的德政,尧、舜也赶不上,但却在这一点上,等而下之,和秦、汉的君主一样,过分奢侈,我为此感到很痛心。现在坟墓建造得如此高大,其中虽然不随葬珍奇宝物,后世人能相信这一点吗? 我认为,霸陵依山就势,不起坟头,自然高大显赫。现在既然选择了平地,应该按照周朝的制度,建三仞高的坟头,随葬器物,一律不用金银铜铁,埋葬完毕,在陵墓左侧立一块石碑,七面刻写陵墓的大小高低规格,一份收藏在祖庙里,成为子孙万代遵循的制度,不是很好吗!

他这封奏疏送上去,太宗未加理睬。他又上奏说:"汉代的规定,皇帝即位,便开始营造陵墓,时间短的用十几年,长的用五十多年。现在要用几个月的时间,规定完成几十年工程量,百姓也太劳累了。汉代的大郡,人户可达到五十万户,现在人数达不到汉代的数量,而工作量相同,这是我提出疑问的原因。"当时群臣议论,也认为应遵守高祖的遗嘱,于是陵墓的规模稍稍缩小了一些。

太宗曾作宫体诗,让虞世南奉和。虞世南说:"陛下的诗作,确实很好,但这种体裁并不是严肃的诗体。上面喜好什么东西,下面必然更加喜好,我担心陛下的诗作一经传开,会风靡天下。因此,我不敢奉和。"太宗说道:"我这只不过考验你一下罢了!"赏给他丝帛五十四。太宗经常出外打猎,虞世南又加劝诫,他的话都被太宗采纳。太宗曾令他把《列女传》书写在屏风上,当时手头没有书本可据,虞世南就凭记忆书写,结果不差一字。太宗经常说虞世南有五绝:一是品德,二是忠直,三是博学,四是文章,五是书法。虞世南最初向佛僧智永学习书法,对智永的书法艺术之妙,深有所得,因此他的书法作品,受到世人的珍爱。

贞观十二年退休,加衔银青光禄大夫,弘文馆学士官衔仍旧,另外俸禄、赏赐、卫队等待遇,和在职的京官一样。八十一岁时逝世,太宗下令,将他陪葬昭陵之旁,赠衔礼部尚书,加谥号为"文懿"。太宗亲笔下圣旨给魏王李泰说:"虞世南和我的关系,像一个人一样,他对朝廷政事的疏漏,能拾遗补阙,没一天不记在心里,他真称得起当代的名臣,是人们行为的模范。可惜现在他已经过世，宫中的学者，再也没有这样的人了！"后来，太宗写了一首诗，历述古代国家的兴亡原因，诗写好以后，感叹说："钟子期死后，因为没有知音，伯牙不再弹琴。我这首诗要给谁看呢？"派起居郎褚遂良在虞世南的灵前把诗稿焚烧了。过了好几年，太宗有一次做梦，梦见虞世南对他进行劝诫，和生前一样。第二天，太宗下令给虞世南家优厚的抚恤。

薛仁贵传

【题解】

薛仁贵（614~683），名礼，唐绛州龙门（今山西河津）人，出身贫贱，种田为生。善骑射。太宗征辽东，应募从军。在征高丽的战斗中穿白衣冲入敌阵，所向披靡。后为铁勒道行军总管，战胜铁勒九姓，发三矢，杀三人，军中有"将军三箭定天山"之歌。乾封初年，击高丽，降扶余，威震辽海。拜本卫大将军，封平阳郡公，检校安东都护。咸亨元年（670），与吐蕃作战失败，后任右领军卫将军、检校代州都督等职。薛仁贵是唐代前期的名将。可参见《旧唐书》卷八三本传。

【原文】

薛仁贵，绛州龙门人。少贫贱，以田为业。将改葬其先，妻柳曰："夫有高世之材，要须遇时乃发。今天子自征辽东，求猛将，此难得之时，君盍图功名以自显？富贵还乡，葬未晚。"仁贵乃往见将军张士贵应募。

至安地，会郎将刘君卬为贼所围，仁贵驰救之，斩贼将，系首马鞍，贼皆慑伏，由是知名。王师攻安市城，高丽莫离支遣将高延寿等率兵二十万拒战，倚山结屯，太宗命诸将分击之。仁贵恃骁悍，欲立奇功，乃著白衣自标显，持戟，腰鞬两弓，呼而驰，所向披靡：军乘之，贼遂奔溃。帝望见，遣使驰问："先锋白衣者谁？"曰："薛仁贵。"帝召见，嗟异，赐金帛、口马甚众，授游击将军、云泉府果毅，令北门长上。师还，帝谓曰："朕旧将皆老，欲擢骁勇付阃外事，莫如卿者。朕不喜得辽东，喜得虓将。"迁右领军中郎将。

薛仁贵

高宗幸万年宫，山水暴至，夜突玄武门，宿卫皆散走，仁贵曰："当天子缓急，安可惧死？"遂登门大呼，以警宫内，帝遽出乘高。俄而水入帝寝，帝曰："赖卿以免，始知有忠臣也。"赐以御马。

苏定方讨贺鲁，仁贵上疏曰："臣闻兵出无名，事故不成；明其为贼，敌乃可服。今泥熟不事贺鲁，为其所破，虏系妻子。王师有于贺鲁部落转得其家口者，宜悉取以还，厚加赍遣，使百姓知贺鲁为暴而陛下至德也。"帝纳之，遂还其家属，泥熟请随军效死。

显庆三年，诏副程名振经略辽东，破高丽于贵端城，斩首三千级。明年，与梁建方、契苾何力遇高丽大将温沙多门。战横山，仁贵独驰入，所射皆应弦仆。又战石城，有善射者，杀官军十余人，仁贵怒，单骑突击，贼弓矢俱废，遂生禽之。俄与辛文陵破契丹于黑山，执其王阿卜固献东都。拜左武卫将军，封河东县男。

诏副郑仁泰为铁勒道行军总管。将行，宴内殿，帝曰："古善射有穿七札者，卿试以五甲射焉。"仁贵一发洞贯，帝大惊，更取坚甲赐之。时九姓众十余万，令骁骑数十来挑战，仁贵发三矢，辄杀三人，于是虏气慑，皆降。仁贵虑为后患，悉坑之。转讨碛北余众，擒伪叶护兄弟三人以归，军中歌曰："将军三箭定天山，壮士长歌入汉关。"九姓遂衰。

铁勒有思结、多览葛等部，先保天山，及仁泰至，惧而降，仁泰不纳，虏其家以赏军，贼相率遁去。有候骑言："虏辎重畜牧被野，可往取。"仁泰选骑万四千卷甲驰，绝大漠，至仙萼河，不见虏，粮尽还。人饥相食，比入塞，余兵才二十之一。仁贵亦取所部为妾，多纳赇遗，为有司劾奏，以功见原。

乾封初，高丽泉男生内附，遣将军庞同善、高侃往慰纳，弟男建率国人拒弗纳，乃诏仁贵率师援送同善。至新城，夜为虏袭，仁贵击之，斩数百级。同善进次金山，衈虏不敢前，高丽乘胜进，仁贵击虏断为二，众即溃，斩馘五千，拔南苏、木底、苍岩三城，遂会男生军。手诏劳勉。仁贵负锐，提卒二千进攻扶余城，诸将以兵寡劝止。仁贵曰："在善用，不在众。"身帅士，遇贼辄破，杀万余人，拔其城，因旁海略地，与李勣军合。扶余既降，它四十城相率送款，威震辽海。有诏仁贵率兵二万与刘仁轨镇平壤，拜本卫大将军，封平阳郡公，检校安东都护，移治新城。抚孤存老，检制盗贼，随才任职，褒崇节义，高丽士众皆欣然忘亡。

咸亨元年，吐蕃入寇，命为逻娑道行军大总管，率将军阿史那道真、郭待封击之，以援吐谷浑。待封尝为鄯城镇守，与仁贵等夷，及是，耻居其下，颇违节度。初，军次大非川，将趋乌海，仁贵曰："乌海地险而障，吾入死地，可谓危道，然速则有功，迟则败。今大非岭宽平，可置二栅，悉内辎重，留万人守之，吾倍道掩贼不整，灭之矣。"乃约赍，至河口，遇贼，破之，多所杀掠，获牛羊万计。进至乌海城，以待后援。待封初不从，领辎重踵进，吐蕃率众二十万邀击取之，粮仗尽没，待封保险。仁贵退军大非川，吐蕃益兵四十万来战，王师大败。仁贵与吐蕃将论钦陵约和，乃得还，吐谷浑遂没。仁贵叹曰："今岁在庚午，星在降娄，不应有事西方，邓艾所以死于蜀，吾固知必败。"有诏原死，除名为庶人。

未几，高丽余众叛，起为鸡林道总管、复坐事贬象州，会赦还。帝思其功，乃召见曰："畴岁万年宫，微卿，我且为鱼。前日破九姓，破高丽，尔功居多。人有言向在乌海城下纵虏不击，以至失利，此朕所恨而疑也。今辽西不宁，瓜、沙路绝，卿安得高枕不为朕指麾邪？"于是拜瓜州长史、右领军卫将军、检校代州都督，率兵击突厥元珍于云州。突厥问曰："唐将为谁？"曰："薛仁贵。"突厥曰："吾闻薛将军流象州死矣，安得复生？"仁贵脱兜鍪见之，突厥相视失色，下马罗拜，稍稍遁去。仁贵因进击，大破之，斩首万级，获生口三万，牛马称是。

永淳二年卒,年七十。赠左骁卫大将军、幽州都督,官给舆,护丧还乡里。

【译文】

薛仁贵,绛州龙门人,少年时家庭贫贱,以种田为业。他准备改葬已去世的父母,妻子柳氏说:"有超群才能的人,关键是要遇到好的机会才能发展。现在天子亲自出征辽东,选求猛将,这是难得的时机,君何不图求功名使自己显赫?然后富贵还乡,再葬也不晚。"薛仁贵就去见将军张士贵应募。

到了安地,刚好郎将刘君卬被贼军所包围,薛仁贵飞速去救他,斩了贼军将领,把他首级系在马鞍上,贼军都畏服了,由此出名。唐王朝军队进攻安市城,高丽莫离支派将领高延寿等率领二十万士兵抵抗,倚山扎营,太宗命各将分别攻击他。薛仁贵自恃勇猛,想立奇功,就穿了白色衣服以显得突出,提了戟,腰挂两张弓,大呼飞驰而出,所向披靡;军队借势追击,贼军奔散溃败。天子望见,派使者立即赶去询问:"先锋中穿白衣服的人是谁?"回答说:"薛仁贵。"天子召见,很感叹诧异,赐给他黄金绢帛,奴婢马匹等不少东西,授官游击将军、云泉府果毅都尉,令他长值班北门。回军后,天子对他说:"朕的旧将都已年老,想提拔勇猛的人在外统兵,没有一个象你那样的,朕不高兴得到辽东,而高兴得到你这位勇将。"升为右领军中郎将。

高宗到万年宫,突然山洪暴发,夜晚水很快冲到玄武门,宿卫战士都已散走,薛仁贵说:"当天子危急的时候,怎么可以怕死?"于是登门大声呼喊,以叫醒宫内的人,天子急忙出来登上高处。不一会儿水已进入天子睡处,天子说:"有赖于卿我才免于一死,我现在才开始知道有忠臣。"把御马赐给了他。

苏定方讨伐突厥沙钵罗可汗贺鲁,薛仁贵上疏说:"臣听说师出无名,事情肯定不成功;证明了他们是盗贼,敌人才可心服。现今泥熟不侍奉贺鲁,被他打败,贺鲁像对奴隶那样捆绑其妻子儿女,王师如果有从贺鲁部落转而得到他们家口的,应该都还给他们,并加以优厚赏赐,使百姓知道贺鲁的暴虐而陛下的至高德行。"皇帝采纳这意见,就遣还他们的家属,泥熟请求随军作战,以死效忠。

显庆三年,诏命薛仁贵作为程名振的副职用武力经营辽东,在贵端城打败高丽军,斩首三千级。次年,与梁建方、契苾何力与高丽大将温沙多门遭遇,在横山大战,薛仁贵单身骑马驰入阵中,向敌人射箭,都应弦而倒。在石城又发生战斗,敌人中有个善于射箭的人,射杀官军十多人,薛仁贵大怒,单骑突入阵中击贼,贼军弓矢都被打得不能发挥作用,于是活捉了他。不久与辛文陵一起在黑山大败契丹,俘获他们的王阿卜固献送到东都洛阳。拜官左武卫将军,封河东县男。

诏命薛仁贵作为郑仁泰的副职担任铁勒道行军总管。将要出发,在内殿设宴,天子说:"古代善于射箭的人可以射穿铠甲上七层金属叶片,卿试着用五层甲片来射看看。"薛仁贵一射就穿透了,天子大惊,拿出更加坚固的铠甲赐给他。当时九姓铁勒的部落联盟共有十多万人,他们派出骁勇的骑兵几十人来挑战,薛仁贵发三矢,连杀三人,于是铁勒震动害怕,都来投降。薛仁贵怕有后患,把他们都坑杀了。转而讨伐沙漠北部地区的剩余部众,擒获伪叶护兄弟三人归来。军中有歌谣唱道:"将军三箭定天山,壮士长歌入汉关。"九姓从此衰落。

铁勒中有思结、多览葛等部,先保天山,等郑仁泰的大军到达后,因惧怕而投降,郑仁泰没有接受,掳掠他们的家属以赏给军队将士,贼军相率逃去。有侦察骑兵来报告:"贼虏军用物资和牲畜满山遍野,可以去夺取。"郑仁泰挑选一万四千名骑兵卸掉铠甲飞驰而去,穿过大沙漠,到仙萼河,不见贼虏,粮食吃完,只好回军,由于饥饿,出现人吃人,等到入塞内,剩下的士兵只有二十分之一。薛仁贵也取所降部落中人为妾,并多受贿赂,被有关官吏弹劾上奏,因有功劳而得到原谅。

乾封年间初期,高丽泉男生要求依附唐朝,朝廷派将军庞同善、高侃前往慰问接纳,但他的弟弟泉男建率领国内的人抗拒内附,朝廷派薛仁贵率军队援助护送庞同善。到了新城,夜晚被敌军袭击,薛仁贵击败他们,斩敌数百人。庞同善进驻金山,败北的敌军不敢向前,泉男生乘胜前进,薛仁贵攻击敌军把他们分割成为二部分,敌军随即溃败,斩敌兵五千,攻下南苏、木底、苍岩三城,于是与泉男生军会合。天子亲写诏书慰劳勉励。薛仁贵依仗士气,领兵二千进攻扶余城,其他将领以兵少作为理由来劝阻,薛仁贵说:"兵在于运用得好,不在于人多。"他身先士卒,碰到贼军就打败他们,杀万余人,攻下了扶余城,接着沿着海扩张地盘,与李勣军会合。扶余投降后,其他四十个城也相继来降,威震辽海地区。朝廷下诏命薛仁贵率兵两万名与刘仁轨镇守平壤,拜官本卫大将军,封平阳郡公,检校安东都护,移治所到新城。薛仁贵抚慰存活孤寡老人,检查制止盗贼,根据才能任命官职,褒奖推崇有气节讲义气的人,高丽士大夫和民众都高兴得忘记了国家的灭亡。

咸亨元年,吐蕃入侵,命薛仁贵为逻娑道行军大总管,率将军阿史那道真、郭待封出兵攻击他们,以支援吐谷浑。郭待封曾任鄯城镇守,与薛仁贵地位相等,这时,耻于在他的领导下,因而常常违背指挥调度。起初,军队驻屯在大非川,将要进军去乌海,薛仁贵说:"乌海地势险要而且湿热易病,我们进入死亡地带,可说是危险的道路,然而快速则有成功可能,迟缓则要失败。现今大非岭很宽平,可设置二座营垒,把军用物资都放在里面,留一万人守卫它,我用加倍的速度对不整齐的贼军发起突然袭击,就能消灭他们了。"于是轻装,到河口,遇贼军,打败了他们,多所杀戮和掠夺,获得牛羊以万计数。进军到乌海城,以等待后面部队的支援。郭待封起初不服从,率领有军用物资的部队跟在薛仁贵军后前进,吐蕃率领二十万军队围剿追击,粮草都用光了,待封驻守。仁贵退兵到大非川。吐蕃增加兵力共四十万来进攻,唐军大败。薛仁贵与吐蕃将领论钦陵约定讲和,才得回军,而吐谷浑终于亡于吐蕃。薛仁贵叹道:"今年是庚午年,岁星运行到降娄范围,位居西方,太岁所在,是为凶方,故不应有事于西方,邓艾死于蜀的原因也在于此,我知道必然会失败。"皇帝有诏书下来,原谅他免去死罪,但除去在官的名字,成为平民。

不久,高丽剩余的部众反叛,薛仁贵又被起用为鸡林道总管。再次因事被贬到象州,碰到大赦才回来。皇帝想起他的功劳,召见他说:"过去在万年宫,没有你,我就要成为鱼了。前些日子消灭九姓,破高丽,你的功劳居多。有人说从前在乌海城下你放纵敌人不出去,以致作战失利,这是朕所以怨恨和怀疑你的原因。现今辽西不安宁,瓜州、沙州道路断绝不通,卿怎么能够高枕无忧而不为朕指挥作战呢?"于是拜官瓜州刺史、右领军卫将军、检校代州都督,率兵在云州出击突厥族的元珍。突厥人问:"唐将军是谁?"答曰:"薛仁贵。"突厥人说:"我听说将军已流放到象州死了,哪里还能再生?"薛仁贵脱下头盔让他们看,突厥人相视失色,下马四面围着下拜,然后稍稍地逃离而去。薛仁贵乘机进攻,大败他们,斩首万级,获得人口三万,牛马也相当此数。

永淳二年死,年龄七十岁。赠官左骁卫大将军、幽州都督,官府给以车,护送棺材回家乡。

白居易传

【题解】

白居易(772~846),唐代诗人。字乐天,号香山居士、醉吟先生。下邽(今陕西渭南)人。曾任秘书省校书郎,江州司马,杭州、苏州刺史等职,官至刑部尚书。

白居易是中唐"新乐府运功"的倡导者,继承了中国古代以《诗经》为主旨的比兴美刺的传统,强调诗歌的现实内容和社会作用,主张"文章合为时而作,歌诗合为事而作",《与天九书》是他的诗论纲领。他的诗内容深刻,风格平易。所作《秦中吟》讽喻《新乐府》等讽喻诗,揭露了当时社会的黑暗,反映出民生疾苦。其诗深入浅出,意到笔随,语言平易通俗,流传甚广。除讽喻诗外,《琵琶行》《长恨歌》等长篇歌行也很有名。

白居易与元稹齐名,并称"元白";晚年常与刘禹锡唱和,人称"刘白"。有《白氏长庆集》传世。

白居易

【原文】

白居易字乐天,其先盖太原人。北齐五兵尚书建,有功于时,赐田韩城,子孙家焉。又徙下邽。父季庚,为彭城令,李正己之叛,说刺史李洧自归,累擢襄州别驾。

居易敏晤绝人,工文章。未冠,谒顾况。况,吴人,恃才少所推可,见其文,自失曰:"吾谓斯文遂绝,今复得子矣!"贞元中,擢进士、拔萃皆中,补校书郎。元和元年,对制策乙等,调盩厔尉,为集贤校理,月中。召入翰林为学士。迁左拾遗。

四年,天子以旱甚,下诏有所蠲贷,振除灾沴。居易见诏节未详,即建言乞尽免江淮两赋,以救流瘠,且多出宫人。宪宗颇采纳。是时,于頔入朝,悉以歌舞人内禁中,或言普宁公主取以献,皆頔嬖爱。居易以为不如归之,无令頔得归曲天子。李师道工私钱六百万,为魏征孙赎故第,居易言:"征任宰相,太宗用殿材成其正寝,后嗣不能守,陛下犹宜以贤者子孙赎而赐之。师道人臣,不宜掠美。"帝从之。河东王锷将加平章事,居易以为:"宰相天下具瞻,非有重望显功不可任。按锷诛求百计,不恤彤瘵,所得财号为'羡余'以献。今若假以名器,四方闻之,皆谓陛下得所献,与宰相。诸节度私议曰:'谁不如锷?',争哀割生人以求所欲。与之则纲纪大坏，不与则有厚薄，事一失不可复追。"是时，孙璹以禁卫劳，擢凤翔节度使。张奉国定徐州，平李锜有功，迁金吾将军。居易为帝言："宜罢璹，进奉国，以竦天下忠臣心。"度支有囚系閺乡狱，更三赦不得原。又奏言："父死，縶其子，夫久系，妻嫁，债无偿期，禁无休日，请一切免之。"奏凡十余上，益知名。

会王承宗叛，帝诏突吐承璀率师出讨，居易谏："唐家制度，每征伐，专委将帅，责成功，比年始以中人为都监。韩全义讨淮西，贾良国监之；高崇文讨蜀，刘贞亮监之。且兴天下兵，未有以中人专统领者。神策既不置行营节度，即承璀为制将，又充诸军招讨处置使，是实都统。恐四方闻之，必轻朝廷。后世且传中人为制将自陛下始，陛下忍受此名哉？且刘济等洎诸将必耻受承璀节制，心有不乐，无以立功。此乃资承宗之奸，挫诸将立锐。"帝不听。既而兵老不决，居易上言："陛下讨伐，本委承璀，外则卢从史、范希朝、张茂昭。今承璀进不决战，已丧大将，希朝、茂昭数月乃入贼境，观其势，似阴相为计，空得一县，即壁不进，理无成功。不亟罢之，且有四害。以府帑金帛、齐民膏血助河北诸侯，使益富强，一也。河北诸将闻吴少阳受命，将请洗涤承宗，章一再上，无不许，则河北合从，其势益固。与夺恩信，不出朝廷，二也。今暑湿暴露，兵气熏蒸，虽不顾死，孰堪其苦？又神策杂募市人，不忸于役，脱奔逃相动，诸军必摇，三也。回鹘、吐蕃常有游侦，闻讨承宗历三时无功，则兵之强弱，费之多少，彼一知之，乘虚入寇，渠能救首尾哉？兵连事生，何故蔑有。四也。事至而罢，则损威失柄，衹可逆防，不可追悔。"亦会承宗请罪，兵遂罢。

后对殿中，论执强鲠，帝未谕，辄进曰："陛下误矣。"帝变色，罢，谓李绛曰："是子我自拔擢，乃敢尔，我叵堪此，必斥之！"绛曰："陛下启言者路，故群臣敢论得失。若黜之，是箝其口，使自为谋，非所以发扬盛德也。"帝悟，待之如初。岁满当迁，帝以资浅，且家素贫，听自择官。居易请如姜公辅以学士兼京兆户曹参军，以便餐，诏可。明年，以母丧解，还，拜左赞善大夫。

是时，盗杀武元衡，京都震扰。居易首上疏，请亟捕贼，刷朝廷耻，以必得为期。宰相嫌其出位，不悦。俄有言："居易母坠井死，而居易赋《新井篇》，言浮华，无实行，不可用。"出为州刺史。中书舍人王涯直言不宜治郡，追贬江州司马。既失志，能顺适所遇，托浮屠生死说，若忘形骸者。久之，徙忠州刺史。入为司门员外郎，以主客郎中知制诰。

穆宗好畋游，献《续虞人箴》以讽，曰：

唐受天命，十有二圣。兢兢业业，咸勤厥政。鸟生深林，兽在丰草。春搜冬狩，取之以道。鸟兽虫鱼，各遂其生。民野君朝，亦克用宁。在昔玄祖，厥训孔彰："驰骋田畋猎猪，俾心发狂。"何以效之，曰羿与康。曾不是诫，终然覆亡。高祖方猎，苏长进言："不满十旬，未足为欢。"上心既悟，为之辍畋。降及宋璟，亦谏玄宗。温颜听纳，献替从容。璟趋以出，鹞死握中。噫！逐兽于野，走马于路。岂不快哉，衔橛可惧。审其安危，惟圣之虑。

俄转中书舍人。田布拜魏博节度使，命持节宣谕，布遗五百缣，诏使受之，辞曰："布父雠国耻未雪，人当以物助之，乃取其财，谊不忍。方谕问旁午，若悉有所赠，则贼未殄，布赀竭矣。"诏听辞饷。

是时，河朔复乱，合诸道兵出讨，迁延无功。贼取弓高，绝粮道，深州围益急。居易上言："兵多则难用，将众则不一。宜诏魏博、泽潞、定、沧四节度，令各守境，以省度之赍饷。

每道各出锐兵三千,使李光颜将。光颜故有凤翔、徐、滑、河阳、陈许军无虑四万,可径薄贼,开弓高粮路,合下博,解深州之围,与牛元翼合。还裴度招讨使,使悉太原兵西压境,见利乘隙夹攻之,间令招谕以动其心,未及诛夷,必自生变。且光颜久将,有威名,度为人忠勇,可当一面,无若二人者。"于是,天子荒纵,宰相才下。赏罚失所宜,坐视贼,无能为。居易虽进忠,不见听,乃丐外迁。为杭州刺史,始筑堤捍钱塘湖,钟泄其水,溉田千顷;复浚李泌六井,民赖其汲。久之,以太子左庶子分司东都。复拜苏州刺史,病免。

文宗立,以秘书监召,迁刑部侍郎,封晋阳县男。大和初,二李党事兴,险利乘之,更相夺移,进退毁誉,若旦暮然。杨虞卿与居易姻家,而善李宗闵,居易恶缘党人斥,乃移病还东都。除太子宾客分司。逾年,即拜河南尹,复以宾客分司。开成初,起为同州刺史,不拜,改太子少傅,进冯翊县侯。会昌初,以刑部尚书致仕。六年,卒,年七十五,赠尚书右仆射,宣宗以诗吊之。遗命薄葬,毋请谥。

居易被遇宪宗时,事无不言,湔剔抉摩,多见听可,然为当路所忌,遂摈斥,所蕴不能施,乃放意文酒。既复用,又皆幼君,偃蹇益不合,居官辄病去,遂无立功名意。与弟行简、从祖弟敏中友爱。东都所居履道里,疏沼种树,构石楼香山,凿八节滩,自号"醉吟先生",为之传。暮节惑浮屠道尤甚,至经月不食荤,称"香山居士"。尝与胡杲、吉旼、郑据、刘真、卢真、张浑、狄兼谟、卢贞燕集,皆高年不事者,人慕之,绘为《九老图》。

居易于文章精切,然最工诗。初,颇以规讽得失,及其多,更下偶俗好,至数千篇,当时士人争传。鸡林行贾售其国相,率篇易一金,甚伪者,相辄能辩之。初,与元稹酬咏,故号"元白";稹卒,又与刘禹锡齐名,号"刘白"。其始生七月能展书,姆指"之""无"两字,虽试百数不差;九岁暗识声律。其笃于才章,盖天禀然。敏中为相,请谥,有司曰"文"。后履道第卒为佛寺。东都、江州人为立祠焉。

【译文】

白居易,字乐天,其先祖是太原(今属山西)人。北齐五兵尚书白建,有功于当时,赐田在韩城(今属陕西),子孙就安家在那里。后来又迁徙下邽(今陕西渭南)。父亲白季庚,当过彭城(今江苏徐州)县令,李正己叛变时,他说服刺史李洧归顺,因而提升为襄州(今湖北襄樊)别驾。

白居易聪敏颖悟超人,善于写文章。还没到成年,拜访顾况。顾况,吴(今江苏)人,自恃其才,很少被他推许称可的。他见到白居易的文章,自失言说:"我以为斯文马上就要绝迹了,没想到今天又得到这个先生。"贞元中,白居易考进士和拔萃科,都考中了,补校书郎。元和元年(806),参加朝廷对制策考试,得乙等,调任盩厔(今陕西周至)县尉,为集贤院校理;月中,召入翰林院为学士,迁左拾遗。

元和四年(809),因为旱灾非常严重,天子下诏税赋有所减免,消除灾害。白居易见诏书事端未详述,遂即建议尽免江淮两地之赋,以救流亡贫病,并且多放出宫女。宪宗颇多采纳。那时,于頔入朝,尽将歌伎舞女收入宫禁之中,或说普宁公主取来献上的,其实都是于頔所喜爱的。白居易认为不如将这些女子放回去,不要让于頔将自己做的这种不正之事推到天子头上。李师道上私钱六百万,为魏征的孙子赎回旧宅,白居易说:"魏征任宰相,太宗用盖宫殿的材料建造他的正寝之室,他的子孙不能守业,陛下还应因他是贤者的子孙，赎其宅而赐之。李师道作为人臣，不能掠取此美事。"皇帝听从他的意见。河东王锷将加平章事，白居易认为："宰相是天下人所瞩望的，非有威望很高功勋卓著的人是不可胜任的。而王锷这个人千方百计贪求财物，不体恤民间彫伤疾苦，所得的财物号称"羡馀"，借以献上。今天如果给予重任，四方之人闻之，都说陛下得到他所献的财物，所以给他当宰相。各节度使私下议论说：'谁不如王锷呀？'于是都争着去搜刮老百姓，以得到所想要的。如果都满足他们的要求，必国家纲纪大受破坏；如果不满足他们的要求，那就有厚彼薄此之嫌。事情一旦办得失当，就不可追回来了。"那时候，孙琦以禁卫的功劳，提升为凤翔（会属陕西）节度使，张奉国平定徐州，攻打叛臣李锜有功，升为金吾将军。白居易向皇帝进言："宜罢掉孙琦的官，进张奉国，以震动天下忠臣之心。"度支有囚犯关在闅乡（今河南灵宝）狱中，已经历三次赦令却还不得赦免。白居易又上书奏言："父亲死了，抓他的儿子；丈夫长久关在狱中，妻室嫁出去，债务无偿还之期，囚禁无到头的日子，请一切都宽免了。"奏章送上去十多次，白居易更加知名。

遇上王承宗反叛，皇帝下诏让吐突承璀率领大军去征讨，白居易进谏说："唐朝的制度，每有征伐之事，专委任将帅带兵，责之成其功，近年才有以宦官为都监，督兵出征。韩全义讨淮西，以贾良国监督他；高崇文讨蜀，以刘贞亮监督他。而且发天下兵，从未以宦官专权统领的。神策军既不设置行营节度，就是以吐突承璀为制将，又充诸军招讨处置使，实是都统。恐怕四方之人闻之，必定看轻朝廷。后代会传说宦官为制将是从陛下开始的，陛下难道忍心受此坏名声吗？而且刘济等人至诸将，都必然耻于受吐突承璀的节制指挥。心中不痛快，也就无法立功了。这实在是帮助王承宗的奸行，而挫败诸将的锐气。"皇帝不听。接着兵久不发，师老而未决，白居易又上书说："陛下讨伐叛将，本来委托吐突承璀，外援则有卢从史、范希朝、张茂昭。今吐突承璀进兵而不决战，已丧了大将，范希朝、张茂昭经过数月才入叛贼之境，观看其形势，像是暗中相勾结定计，空得一县之地，就壁立不进，定无成功之理。如果不迅速罢掉他，将有四害：以府库的钱币金帛和齐地民脂民血助河北诸侯，使之更加富强，这是一害；河北诸将听说吴少阳受朝廷之命，将要请求洗涤王承宗，奏章一上再上，无不许，则河北合从，各种势力联合，其势必定更加坚固。悬信的予之或夺之，都在下面而不出朝廷，这是二害；今正逢溽暑湿势，而师暴露野外，兵气像被薰被蒸似的，虽有不顾一死的勇气，谁能忍受这样的痛苦？又神策军募来市民杂入其中，不习惯于兵役，如有奔走逃亡相影响，诸军必动摇，这是三害；回鹘、吐蕃常有游骑侦察，听说讨伐王承宗，已历三个季节而无战功，那么我们军队的强弱，军费的多少，他们一旦知道，乘虚而入，进犯边境，那里能救头不救尾呢？兵连必生祸事，哪里没有卿呢？这是四害。事已至此而罢休，则损威望而且失权柄，只可提防，不能追悔。"正好碰到王承宗自己向朝廷请罪，遂罢兵。

后来白居易入殿中对答，持论强硬，皇帝还没说明白，白居易就进言："陛下错了。"皇帝为之变色，遂罢对，对李绛说："这个人是我自己提拔的，竟敢这样狂，我不可忍此，一定要罢斥他！"李绛说："陛下开言者之路，所以群臣敢于直论政之得失是非。若罢黜白居易，是箝住言者之口，使其自谋，这不是发扬盛德的做法啊。"皇帝领悟，对待白居易和初时一样。官期已满，应当迁转，皇帝因白居易资历较浅，而且家境也很清贫，就听任他自己选择官职。白居易请求像姜公辅那样，以学士兼京兆户曹参军，以便于奉养双亲，下诏称可。明年，因母丧解官，直到服丧期满还朝，任左赞善大夫。

这时，有强盗刺杀宰相武元衡，京都震恐骚扰。白居易首先上疏，请求从速追捕凶贼，以洗刷朝廷的耻辱，并限期必捕。宰相厌恶他越位上书，不高兴。不久，有人说"白居易母亲坠井而死，而他还写《新井篇》，他这个人说话浮华，无踏实作风，不可重用"。出为州刺史。中书舍人王涯上书说白居易不适宜治理州郡，于是追贬为江州（今江西九江）司马。白居易既已失意，却能顺其所遇，托佛教生死轮回之说，像忘了自身形骸似的。很久以后，他又转忠州（今四川忠县）刺史。后入朝为司门员外郎，以主客郎中知制诰。

唐穆宗爱好游猎，白居易献上《续虞人箴》加以讽劝，说：

唐朝受天命，已经有十二位皇帝，都兢兢业业，勤于执政。鸟禽生在深林里，野兽活在茂草之中。春天冬天两季打猎，猎取有一定的规律。这样鸟兽虫鱼，便会各遂其环境而生存。民在野外，君在朝廷，也都各安其位。以前玄祖的遗训是很明白的，说："驰骋打猎，使心发狂。"谁来仿效，是后羿与康叔。曾经不以此为诫，终于覆亡。高祖刚要打猎，苏长进言："不满一百日，不算太快乐。"高祖心里既已领悟，也就停止打猎，后来到了宋璟，也劝谏过玄宗。皇上温和的颜色，听取了臣下的劝谏，臣下也就从容以诤言进谏。宋璟趋走出宫，鹞鹰已死在手中。哎呀！追逐野兽于原野上，赶着马儿奔跑在路上，岂不痛快，但是车马驱驰，恐有颠覆之危惧呀。仔细审察打猎的安与危，是圣上所宜思虑的。

不久，白居易转中书舍人。田布拜官魏博节度使，命白居易持节去宣布解说，田布送他五百匹布，朝廷有诏书让他接受，他推辞说："田布的父仇和国耻都未昭雪，人们当以物资帮助他，却去取他的财物，于情谊来说，实在不忍心。正当朝廷派人慰问纷繁的时候，如果都有所赠送，必定贼人未灭而田布的资财已经枯竭了。"下诏听任他辞掉馈赠。

那时候，河朔（黄河以北地区）又乱，汇集诸道的兵力出征，迁延时日，没有战功。河朔贼取弓高（今河北东光），截断运粮之路，深州（今河北深州市）之围更加危急。白居易上书说："兵多了，就难指挥使用，将多了则指挥不统一。宜下诏魏博、泽潞、定、沧四节度，命令他们各守本境，以省军费粮饷。每道各派出精锐兵员三千，让李光颜统率。李光颜原有凤翔、徐州、滑州、河阳、陈许各处兵丁不下四万之众，可直接逼近叛贼，开弓高的粮道，联合下博，解除深州之围，和牛元翼会合。恢复裴度招讨使之任，让他以全部太原军从西边压迫其境，见有利时机乘隙夹攻之，有时下令招降，以动其军心，还没到诛杀夷灭之时，贼军必自生祸变。况且李光颜长期为将，很有威名，裴度为人忠直勇敢，可独当一面，没有像这两人的了。"于是时，天子荒淫放纵，宰相才能低下，赏罚又失当，因而坐视叛贼嚣张，而不能有所作为。白居易虽进了忠言，但是不被听取，于是乞外放。为杭州刺史，开始筑堤保护钱塘湖，集中泻水，灌溉良田千顷；又疏浚李泌所凿六井，民赖其汲。又过很久，以太子左庶子分司东都。又拜官苏州刺史，因患病而免去官职。

文宗即位，以秘书监召入朝廷，迁刑部侍郎，封晋阳县男。大和初年，二李党争事发，险与利皆乘之，互相剥夺推移，进或退，诋毁或赞誉，有如日间与夜里互为更迭。杨虞卿与白居易是姻亲，而与李宗闵友善，白居易嫌恶因涉及党争而受人指斥，于是称病移居东都。升太子宾客分司东都。过了一年，即拜官河南（今河南洛阳）府尹，又以太子宾客分司东都。开成初年，起用为同州（今陕西大荔）刺史，不赴任，改为太子少傅，进冯翊县侯。会昌初年，白居易以刑部尚书退休。会昌六年（846），白居易死，享年七十五，追赠尚书右仆射,唐宣宗写诗吊唁他。白居易遗嘱说他死后要薄葬。不要请谥号。

白居易被唐宪宗厚待的时候,事无不言,洗除抉择,多被听纳,然而为当道掌权者所忌妒,遂被排斥,所蕴藏的才能不能施展,于是纵意作文饮酒。待到复用为官,所遇又皆幼君,偃蹇难伸,更加不合于时,虽居官却以病辞退,遂无立功扬名之意。和他的弟弟白行简、堂弟白敏中互相友爱。在东都洛阳他所居住的履道里,疏沼种树,筑石楼于香山,凿八节滩,自号为"醉吟先生",并写了《醉吟先生传》。晚节迷惑于佛教尤其厉害,乃至成月不吃荤,称为"香山居士"。曾与胡杲、吉旼、郑据、刘真、卢真、张浑、狄兼谟、卢贞饮宴集会,都是年事已高不再干事的,人们羡慕他们,绘成《九老图》。

白居易于文章方面颇为精切,但最擅长的还是诗。初时,白居易颇能以诗来规劝讽谏政治的得或失,待写了很多,更是下合世俗所好,数量之多至数千篇,当时士民争相传诵。鸡林(古朝鲜)的商人拿了白居易的诗卖给他们国家的宰相,大概一篇可换得一金,甚至伪作,也能很容易辨别,其初,和元稹唱酬吟咏,故号称"元白";元稹死了,又同刘禹锡齐名,所以号称"刘白"。他才生下七个月,就能展书识字,其奶妈指"之"与"无"二字,能辨识,试百数次,都不差错;九岁就能暗辨声律。他对才章之厚实,是天性所禀。白敏中当宰相,为白居易请谥,上级官员说谥"文"。后来履道里白居易的宅第终于捐作佛寺。东都和江州人为白居易立祠祭祀。

郭子仪传

【题解】

郭子仪(697~781),唐华州郑县(陕西华县)人。以武举优等累官至天德军使兼九原太守。安史之乱后,充任朔方节度使,与李光弼一起,破史思明于河北。肃宗即位后,率所部和回纥兵,在沣水东与乱军决战,歼敌六万多,收复长安,又打败安庆绪,收复洛阳。乾元元年(758),与李光弼等九节度使在相州进攻安庆绪,被史思明击败。后被宦官鱼朝恩所谮,罢兵权达三年之久。宝应元年(762),因太原、绛州兵变迭起,又起用为汾阳王。代宗时,吐蕃逼近长安,副雍王适抵御。后仆固怀恩联合回纥、吐蕃攻唐,在阵前说服回纥统治者与唐联兵,以拒吐蕃,稳定了关中局势。德宗即位,尊为尚父,罢去兵权。郭子仪统军作战,功勋卓著,身兼将相六十余年,大小数百战,是唐代杰出的军事将领。

【原文】

郭子仪字子仪,华州郑人。长七尺二寸。以武举异等补左卫长史,累迁单于副都护、振远军使。天宝八载,木剌山始筑横塞军及安北都护府,诏即军为使。俄苦地偏不可耕,徙筑永清,号天德军,又以使兼九原太守。

十四载,安禄山反,诏子仪为卫尉卿、灵武郡太守,充朔方节度使,率本军东讨。子仪收静边军,斩贼将周万顷,击高秀岩河曲,败之,遂收云中、马邑,开东陉。加御史大夫。贼陷常山,河北郡县皆没。会李光弼攻贼常山,拔之,子仪引军下井陉,与光弼合,破贼史思明众数万,平稿城。南攻赵郡,禽贼四千,纵之,斩伪守郭献璆,还常山。思明以众数万尾军,及行唐,子仪选骑五百更出挑之。三日,贼引去,乘之,又破于沙河,遂趋常阳以守。禄山益出精兵佐思明。子仪曰:"彼恃加兵,必易我;易我,心不固,战则克矣。"与战未决,戮一步将以徇,士殊死斗,遂破之,斩首二千级,俘五百人,获马如之。于是昼扬兵,夜捣垒,贼不得息,气益老。乃与光弼、仆固怀恩、浑释之、陈回光等击贼嘉山,斩首四万级,获人马万计。思明跳奔博陵。于是河北诸郡往往斩贼守,迎王师。方北图范阳,会哥舒翰败,天子入蜀,太子即位灵武,诏班师。子仪与光弼率步骑五万赴行在。时朝廷草昧,众单寡,军容缺然,及是国威大振。拜子仪兵部尚书、同中书门下平章事,仍总节度。肃宗大阅六军,鼓而南,至彭原。宰相房琯自请讨贼,次陈涛,师败,众略尽,故帝唯倚朔方军为根本。

郭子仪

贼将阿史那从礼以同罗、仆骨骑五千,诱河曲九府、六胡州部落数万迫行在。子仪以回纥首领葛逻支击之,执获数万,牛羊不可胜计,河曲平。

至德二载,攻贼崔乾祐于潼关,乾祐败,退保蒲津。会永乐尉赵复、河东司户参军韩旻、司士徐景及宗室子锋在城中,谋为内应,子仪攻蒲,复等斩陴者,披阖内军。乾祐走安邑,安邑伪纳之,兵半入,县门发,乾祐得脱身走。贼安守忠壁永丰仓,子仪遣子旰与战,多杀至万级,旰死于阵。进收仓。于是关、陕始通。诏还凤翔,进司空,充关内、河东副元帅。率师趋长安,次滻水上。贼守忠等军清渠左。大战,王师不利,委仗奔。子仪收溃卒保武功,待罪于朝,乃授尚书左仆射。俄从元帅广平王率蕃、汉兵十五万收长安。李嗣业为前军,元帅为中军,子仪副之,王思礼为后军,阵香积寺之北,距沣水,临大川,弥亘一舍。贼李归仁领劲骑薄战,官军嚣,嗣业以长刀突出,斩贼数十骑,乃定。回纥以奇兵缭贼背,夹攻之,斩首六万级,生禽二万,贼帅张通儒夜亡陕郡。翌日,王入京师,老幼夹道呼曰:"不图今日复见官军!"王休士三日,遂东。

安庆绪闻王师至,遣严庄悉众十万屯陕,助通儒,旌帜钲鼓径百余里。师至新店,贼已阵,出轻骑,子仪遣二队逐之,又至,倍以往,皆不及贼营辄反。最后,贼以二百骑掩军,未战走,子仪悉军追,横贯其营。贼张两翼包之,官军却。嗣业率回纥从后击,尘且坌,飞矢射贼,贼惊曰:"回纥至矣!"遂大败,僵尸相属于道。严庄等走洛阳,挟庆绪度河保相州,遂收东都。于是河东、河西、河南州县悉平。以功加司徒,封代国公,食邑千户。入朝,帝遣具军容迎滻上,劳之曰:"国家再造,卿力也。"子仪顿首陈谢。有诏还东都,经略北讨。

乾元元年,破贼河上,执安守忠以献,遂朝京师。诏百官迎于长乐驿,帝御望春楼待之。进中书令。帝即诏大举九节度师讨庆绪，以子仪、光弼皆元功，难相临摄，弟用鱼朝恩为观军容宣慰使，而不立帅。

子仪自杏园济河，围卫州。庆绪分其众为三军。将战，子仪选善射三千士伏壁内，诫曰："须吾却，贼必乘垒，若等噪而射。"既战，伪遁，贼薄营，伏发，注射如雨。贼震骇，王师整而奋，斩首四万级，获铠胄数十万，执安庆和，收卫州。又战愁思冈，破之。连营进围相州，引漳水灌城，漫二时，不能破。城中粮尽，人相食。庆绪求救于史思明，思明自魏来，李光弼、王思礼、许叔冀、鲁炅前军遇之，战邺南，夷负相当，炅中流矢。子仪督后军，未及战。会大风拔木，遂晦，跬步不能相物色，于是王师南溃，贼亦走，辎械满野。诸节度引还。子仪以朔方军保河阳，断航桥。时王师众而无统，进退相顾望，责功不专，是以及于败。有诏留守东都，俄改东畿、山南东道、河南诸道行营元帅。

鱼朝恩素疾其功，因是媒孽之，故帝召子仪还，更以赵王为天下兵马元帅，李光弼副之，代子仪领朔方兵。子仪虽失军，无少望，乃心朝廷。思明再陷河、洛，西戎逼扰京辅，天子旰食，乃授邠宁、鄜坊两节度使，仍留京师。议者谓子仪有社稷功，而蓺寇首鼠，乃置散地，非所宜。帝亦悟。

上元初，诏为诸道兵马都统，以管崇嗣副之，率英武、威远兵及河西、河东镇兵，繇邠宁、朔方、大同、横野军以趋范阳。诏下，为朝恩沮解。明年，光弼败邙山，失河阳。又明年，河中乱，杀李国贞，太原戕邓景山。朝廷忧二军与贼合，而少年新将望轻不可用，遂子仪为朔方、河中、北庭、潞仪泽沁等州节度行营，兼兴平、定国副元帅，进封汾阳郡王，屯绛州。时帝已不豫，群臣莫有见者，子仪请曰："老臣受命，将死于外，不见陛下，目不瞑。"帝引至卧内，谓曰："河东事一以委卿。"子仪呜咽流涕。赐御马、银器、杂采，别赐绢布九万。子仪至屯，诛首恶王元振等数十人，太原辛云京亦治害景山者，诸镇皆惕息。

代宗立，程元振自谓于帝有功，忌宿将难制，离构百计。因罢子仪副元帅，加实户七百，为肃宗山陵使。子仪惧谗且成，尽裒代宗所赐诏敕千余篇上之，因自明。诏曰："朕不德，诒大臣忧，朕甚自愧，自今公毋有疑。"初，帝与子仪平两京，同天下忧患，至是悔悟，眷礼弥重。

时史朝义尚盗洛，帝欲使副雍王，率师东讨，为朝恩、元振交訾之，乃止。会梁崇义据襄州叛，仆固怀恩屯汾州，阴召回纥、吐蕃寇河西，残泾州，犯奉天、武功，遽拜子仪为关内副元帅，镇咸阳。初，子仪自相州罢归京师，部曲离散，逮承诏，麾下才数十骑，驱民马补行队。至咸阳，虏已过渭水，并南山而东，天子跳幸陕。子仪闻，流涕，董行营还京师。遇射生将王献忠以毂骑叛，劫诸王欲奔虏，子仪让之，取诸王送行在。乃率骑南收兵，得武关防卒及亡士数千，军浸完。会六军将张知节迎子仪洛南，大阅兵，屯商州，威震关中。乃遣知节率乌崇福、羽林将长孙全绪为前锋，营韩公堆，击鼓欢山，张旗帜，夜丛万炬，以疑贼。初，光禄卿殷仲卿募兵蓝田，以劲骑先官军为游弈，直度浐，民给虏曰："郭令公来。"虏惧。会故将军王甫结侠少，夜鼓朱雀街，呼曰："王师至！"吐蕃夜溃。于是遣大将李忠义屯苑中，渭北节度使王仲升守朝堂，子仪以中军继之。射生将王抚自署京兆尹，乱京城，子仪斩以徇。破贼书闻，帝以子仪为京城留守。

自变生仓卒，赖子仪复安，故天下皆咎程元振，群臣数论奏。元振惧，乃说帝都洛阳，帝可其计。子仪奏曰：

雍州古称天府,右陇、蜀,左崤、函,襟冯终南,太华之险,背负清渭、浊河之固,地方数千里,带甲十余万,兵强士勇,真用武之国,秦、汉所以成帝业也。后或处而泰、去而亡者不一姓,故高祖先入关定天下,太宗以来居洛阳者亦鲜。先帝兴朔方,诛庆绪,陛下席西土,戮朝义,虽天道助顺,亦地势则然。比吐蕃冯陵而不能抗者,臣能言其略。夫六军皆市井人,窃虚名,逃实赋,一日驱以就战,有百奔无一前;又宦竖掩迷,庶政荒夺,遂令陛下彷徨暴露,越在陕服。斯委任失人,岂秦地非良哉!今道路流言,不识信否,咸谓且都洛阳。洛阳自大盗以来,焚埃略尽,百曹榛荒,环服不满千户,井邑如墟,豺狼群嗥;东薄郑、汴,南界徐,北绵怀、卫及相,千里萧条,亭舍不烟,何以奉万乘牲饩、供百官次舍哉?且地狭厄,裁数百里,险不足防,适为斗场。陛下意者不以京畿新罹剽蹂,国用不足乎?昔卫为狄灭,文公庐于曹,衣大布之衣,冠大帛之冠,卒复旧邦,况赫赫天子,躬俭节用,宁为一诸侯下哉?臣愿陛下斥素餐,去冗食,抑阉寺,任直臣,薄征弛役,恤隐抚鳏,委宰相以简贤任能,付臣以训兵御侮,则中兴之功,日月可冀。惟时迈巡还,见宗庙,谒园陵,再造王家,以幸天下。

帝得奏。泣谓左右曰:"子仪固社稷臣也,朕西决矣。"乘舆还,子仪顿首请罪,帝劳曰:"用卿晚,故至此。"乃赐铁券,图形凌烟阁。

仆固怀恩纵兵掠并、汾属县,帝患之,以子仪兼河东副元帅、河中节度使,镇河中。怀恩子瑒屯榆次,为帐下张惟岳所杀,传首京师,持其众归子仪。怀恩惧,委其母走灵州。广德二年,进太尉,兼领北道邠宁、泾原、河西通和吐蕃及朔方招抚观察使。辞太尉不拜。怀恩诱吐蕃、回纥、党项数十万入寇,朝廷大恐,诏子仪屯奉天。帝问计所出,对曰:"无能为也。怀恩本臣偏将,虽慓果,然素失士心。今能为乱者,诱思归之人,劫与俱来,且皆臣故部曲,素以恩信结之,彼忍以刃相向乎?"帝曰:"善。"虏寇邠州,先驱至奉天,诸将请击之。子仪曰:"客深入,利速战。彼下素德我,吾缓之,当自携贰。"因下令:"敢言战者斩!"坚壁待之,贼果遁。

子仪至自泾阳,恩赉崇缛,进拜尚书令,恳辞,不听。诏趣诣省视事,百官往庆,敕射生五百骑执戟宠卫。子仪确让,且言:"太宗尝践此官,故累圣旷不置员,皇太子为雍王,定关东,乃得授,渠可猥私老臣,隳大典?且用兵以来,僭赏者多,至身兼数官,冒进亡耻。今凶丑略平,乃做法审官之时,宜从老臣始。"帝不获已,许之,具所以让付史官。因赐美人六人,从者自副,车服帷帟咸具。

永泰元年,诏都统河南道节度行营,复镇河中。怀恩尽说吐蕃、回纥、党项、羌、浑、奴剌等三十万,掠泾、邠,躏凤翔,入醴泉、奉天,京师大震。于是帝命李忠臣屯渭桥,李光进屯云阳,马璘、郝廷玉屯便桥,骆奉先、李日越屯盩厔,李抱玉屯凤翔,周智光屯同州,杜冕屯坊州,天子自将屯苑中。急召子仪屯泾阳,军才万人。比到,虏骑围已合,乃使李国臣、高升、魏楚玉、陈回光、朱元琮各当一面,身自率铠骑二千出入阵中。回纥怪问:"是谓谁?"报曰:"郭令公。"惊曰:"令公存乎?怀恩言天可汗弃天下,令公即世,中国无主,故我从以来。公今存,天可汗存乎?"报曰:"天子万寿。"回纥悟曰:"彼欺我乎!"子仪使谕虏曰:"昔回纥涉万里,戮大憝,助复二京,我与若等休戚同之。今乃弃旧好,助叛臣,一何愚!彼背主弃亲,于回纥何有?"回纥曰:"本谓公云亡,不然,何以至此。今诚存,我得见乎?"子仪将出,左右谏:"戎狄野心不可信。"子仪曰:"虏众数十倍,力力不敌。吾将示以至诚。"左右请以骑五百从,又不听。即传呼曰:"令公来!"虏皆持满待。子仪以数十骑出。免胄见其大酋曰:"诸君同艰难久矣,何忽亡忠谊而至是邪?"回纥舍兵下马拜曰:"果吾父也。"子仪即召与饮,遗锦綵结欢,誓好如初。因曰:"吐蕃本吾舅甥国,无负而来,弃亲也。马牛被数百里,公等若倒戈乘之,若俯取一芥,是谓天赐,不可失。且逐戎得利,与我继好,不两善乎?"会怀恩暴死,群虏无所统一,遂许诺。吐蕃疑之,夜引去。子仪遣将白元光合回纥众追蹑。大军继之,破吐蕃十万于灵台西原,斩级五万,俘万人,尽得所掠士女牛羊马橐驼不胜计。遂自泾阳来朝,加实封二百户,还河中。

大历元年,华州节度使周智光谋叛,帝间道以蜡书赐子仪,令悉军讨之。同、华将吏闻军起,杀智光,传首阙下。二年,吐蕃寇泾州,诏移屯泾阳。邀战于灵州,败之,斩首二万级。明年,还河中。吐蕃复寇灵武,诏率师五万屯奉天,白元光破虏于灵武。议者以吐蕃数为盗,马璘孤军在邠不能支,乃以子仪兼邠宁庆节度使,屯邠州,徙璘为泾原节度使。回纥赤心请市马万匹,有司以财乏,止市千匹。子仪曰:"回纥有大功,宜答其意,中原须马,臣请内一岁奉,佐马直。"诏不听,人许其忠。

九年,入朝,对延英,帝与语吐蕃方强,慷慨至流涕。退,上书曰:

朔方,国北门,西御犬戎,北虞猃狁,五城相去三千里。开元、天宝中,战士十万,马三万匹,仅支一隅。自先帝受命灵武,战士从陛下征讨无宁岁。顷以怀恩乱,痍伤彫耗,亡三分之二,比天宝中止十之一。今吐蕃兼吞河、陇,杂羌、浑之众,岁深入畿郊,势逾十倍,与之角胜,岂易得邪?属者虏来,称四节度,将别万人,人兼数马。臣所统士不当贼四之一,马不当贼百之二,外畏内惧,将何以安?臣惟陛下制胜,力非不足,但简练不至,进退未一,时淹师老,地广势分。愿于诸道料精卒满五万者,列屯北边,则制胜可必。窃惟河南、河北、江淮大镇数万,小者数千,殚屈禀给,未始搜择。臣请追赴关中,勒步队,示金鼓,则攻必破,守必全,长久之策也。

又自陈衰老,乞骸骨。诏曰:"朕终始倚赖,未可以去位。"不许。

德宗嗣位,诏还朝,摄冢宰,充山陵使,赐号"尚父",进位太尉、中书令,增实封通前二千户,给粮千五百人,刍马二百匹,尽罢所领使及帅。建中二年,疾病,帝遣舒王到第传诏省问,子仪不能兴,叩头谢恩。薨,年八十五。帝悼痛,废朝五日。诏群臣往吊,随丧所须,皆取于官。赠太师。陪葬建陵。及葬,帝御安福门,哭过其丧,百官陪位流涕。赐谥曰忠武,配飨代宗庙廷。著令,一品坟崇丈八尺,诏特增丈,以表元功。

子仪事上诚,御下恕,赏罚必信。遭幸臣程元振、鱼朝恩短毁,方时多虞,握兵处外,然诏至,即日就道,无纤介顾望,故谗间不行。破吐蕃灵州,而朝恩使人发其父墓,盗未得。子仪自泾阳来朝,中外惧有变,及入见,帝嗟之,即号泣曰:"臣久主兵,不能禁士残人之墓,人今发先臣墓,此天遣,非人患也。"朝恩又尝约子仪修具,元载使人告以军容将不利公。其下衷甲愿从,子仪不听,但以家僮十数往。朝恩曰:"何车骑之寡?"告以所闻。朝恩泣曰:"非公长者,得无致疑乎?"田承嗣傲很不轨,子仪尝遣使至魏,承嗣西望拜,指其膝谓使者曰:"兹膝不屈于人久矣,今为公拜。"李灵耀据汴州,公私财赋一皆遏绝,子仪封币道其境,莫敢留,令持兵卫送。麾下宿将数十,皆王侯贵重,子仪颐指进退,若部曲然。幕府六十余人,后皆为将相显官,其取士得才类如此。与李光弼齐名,而宽厚得人过之。子仪岁入官俸无虑二十四万缗。宅居亲仁里四分之一,中通永巷,家人三千相出入,不知其居。前后赐良田、美器、名园、甲馆不胜纪。代宗不名，呼为大臣。以身为天下安危者二十年，校中书令考二十四。八子七婿，皆贵显朝廷。诸孙数十，不能尽识，至问安，但颔之而已。富贵寿考，哀荣终始，人臣之道无缺焉。

【译文】

郭子仪，字子仪，华州郑人。身高七尺二寸。因武举优等补官左卫长史，不断加官升为单于副都护、振远军使。天宝八年，木剌山开始设置横塞军及安北都护府，诏命他到该军任军使。不久苦于该地太偏而且土地不宜耕种，徙到永清筑城，称为天德军，又以天德军使兼任九原太守。

天宝十四年。安禄山反叛，朝廷下诏任郭子仪为卫尉卿、灵武郡太守，又充任朔方节度使，率领本军向东讨伐安禄山。郭子仪收复静边军，斩贼将周万顷，在河曲出击高秀岩，打败了他，于是收复云中、马邑，开东陉关。加官御史大夫。贼军攻陷常山，河北地区的郡县都被贼军占领。刚好李光弼进攻常山，收复了它，郭子仪就带领军队出井陉，与李光弼军队会合，打败贼军史思明的部队数万人，收复稿城。向南进攻赵郡，活捉贼军四千人，都释放了，斩伪太守郭献璆，回到常山。史思明收散兵数万人跟在唐军之后，到了行唐，郭子仪选了五百骑兵向贼军挑战。三天后，贼军退去，郭子仪乘机进攻，又在沙河打败了他们，于是进到常阳据守。安禄山派出精兵来帮助史思明。郭子仪说："他们倚仗增加兵力，必然轻视我们；轻视我们，战斗的决心就不大，战争必然能胜利。"在与贼军战斗中胜负未决，郭子仪处斩了一个步将，于是士兵们都拼死战斗，大败了敌军，斩首两千级，俘获五百人，俘获的马匹也是这个数目。接着白天在敌阵前摆开军队，作进攻的态势，夜晚就偷袭敌军的营垒，贼军昼夜不得休息，十分疲倦。郭子仪就与李光弼、仆固怀恩、浑释之、陈回光等在嘉山出击贼军，斩首四万级，俘获人口、马匹上万数。史思明逃奔到博陵。在河北的十余郡都杀贼军守将，迎接唐王朝的军队。正当要向北进攻范阳，碰到哥舒翰作战失败，唐玄宗逃往四川，太子李亨在灵武即位，朝廷下诏班师。郭子仪就与李光弼率领五万余步兵和骑兵赶往灵武皇帝所在地。当时肃宗刚即位，朝廷许多事情刚刚草创，人也不多，军容不严整，郭李大部队来到后，国威大振。朝廷任命郭子仪为兵部尚书、同中书门下平章事，仍总节度。肃宗检阅六军，鼓行向南，到了彭原。宰相房琯上疏请求自己率兵讨伐贼军，军队到了陈涛，与敌作战，失败，士兵死伤得差不多快完了，故而肃宗只能依靠朔方的军队作为基本力量。

贼将阿史那从礼用少数民族同罗、仆骨的五千骑兵，又诱说河曲九府、六胡州各胡人部落数万人进迫皇帝所在地方。郭子仪用回纥首领葛逻支的军队攻击他们，俘虏数万人，牛羊多得无法计算，河曲平定了。

至德二年，在潼关进攻贼军崔乾祐，崔乾祐战败，退保蒲津。刚好永乐尉赵复、河东司户参军韩旻、司士徐景及宗室子锋在城中，他们作为内应，郭子仪攻蒲津，赵复等人斩杀城上的敌兵，打击所有城内的敌军。崔乾祐逃到安邑，安邑人假装投降接纳他，军队进入一半，县门的士兵出击了他们，崔乾祐发觉就脱身逃走。贼军安守忠率军筑营垒于永丰仓，郭子仪派儿子郭旰出击，杀敌多达万余人，但郭旰阵亡。郭子仪进攻和收复了永丰仓，于是潼关、陕郡道路开始畅通。朝廷下诏命郭子仪回凤翔，进位司空，充任关内、河东副元帅。率领军队进发到长安,停驻滻水上。贼安守忠等军队在清渠东边。双方发生大战,唐军失败,抛弃了武器等奔逃而回。郭子仪收集溃散的士兵退守武功,等待朝廷的处罚,但朝廷仍授他为尚书左仆射。不久随从元帅广平王李叔率领蕃、汉兵共十五万去收复长安。李嗣业为前军,元帅为中军,郭子仪为中军之副职,王思礼为后军,布阵于长安西香积寺的北面,在沣水东、面临沈水、交水等大河,连在一起。贼将李归仁率领强劲骑兵出来挑战,官军惊乱,李嗣业提着长刀冲出来,杀贼军数十骑兵,官军阵地才稍稳定。回纥用奇兵绕到贼军背后,与大军前后夹击,斩首六万级,活捉二万人,贼军统帅张通儒夜晚逃陕郡。第二天,官军进入长安,男女老少夹道欢呼,说:"想不到今天能再见到官军!"李叔命士兵休整三天,接着向东进军。

安庆绪听说官军来到,派严庄率全部军队共十万人屯驻陕郡,以协助张通儒,战旗和钲鼓的声音四周达百余里。官军到达新店,贼军已摆好阵势,派出轻装骑兵作战,郭子仪派两队士兵攻击他,后来他们又来,郭子仪派加倍的士兵去作战,但都不到贼军营垒就立即返回。最后,贼军用两百骑兵来突然袭击,没有战斗又回去了,郭子仪派全军追击,横穿过其营垒,贼军从两翼包抄攻击,官军退却。李嗣业率领回纥军从贼军背后出击,在黄土尘埃中发飞矢射击贼军,贼军惊呼说:"回纥到了。"于是大败,尸体布满了道路。严庄等向洛阳逃跑,又拥戴着安庆绪渡过黄河逃奔相州,官军收复了东都洛阳。接着河东、河西、河南的州县都平定了。郭子仪因功加官司徒,封代国公,食邑一千户。入朝进见,皇帝派遣仪仗队在滻上迎接,慰劳他说:"国家再生,是卿的功劳呀。"郭子仪叩头谢恩。诏书命郭子仪回到东都,再研究向北讨伐贼军事宜。

乾元元年,在黄河边击败贼军,俘获安守忠献给朝廷,于是郭子仪到京师入朝。朝廷下诏命百官在长乐驿迎接,皇帝到望春楼等待他。进位为中书令。皇帝当即下诏命令九个节度师大举讨伐安庆绪,因为郭子仪、李光弼都有头等功劳,难以相互统率,故不设置元帅,而以宦官鱼朝恩为观军容宣慰处置使,实际上统驭诸将。

郭子仪的军队从杏园渡过清河,包围卫州。安庆绪把他的士兵分为三军。在即将开战前,郭子仪选了射箭好的三千士兵伏在垒垣之内,对他们下命令说:"等我退却,贼军必然追到我营垒前来,你们就登垒,大声喊杀和向他们射箭。"接着与安庆绪军作战,假装失败而退兵,贼军逼近营垒,伏兵万箭齐发,矢如雨下。贼军震惊害怕,官军士气更加高涨,大败贼军,斩首四万级,获得铠甲数十万套,活捉安庆和,收复了卫州。安庆绪逃向邺,郭子仪追到那里,在邺城西愁思冈又发生战斗,大败安庆绪。安庆绪入邺城固守,郭子仪与其他军队联营包围相州的邺城,用漳水灌城中,自冬到春,水弥漫了二季,没有破城。城中粮食吃完,出现人吃人。安庆绪向史思明求救,史思明从魏州引兵来救,在邺城南,与李光弼、王恩礼、许叔冀、鲁炅的前军相遇而发生战斗,双方伤亡相当。鲁炅中了流箭;郭子仪在后督军,来不及布阵。碰到大风起,吹沙拔木,天昏地暗,人们近在咫尺也不能相辨认,于是官军溃败向南退却,贼军向北退却,军用物资和武器丢得满山遍野。各节度使引军退还。郭子仪以朔方兵保河阳,为此切断航桥。这次战争是因为官军人数虽多而无统一指挥,大家想保存实力互相观望,责任不明确,因此造成失败。诏书命郭子仪留守东都,不久改任东畿、山南东道、河南诸道行营元帅。

鱼朝恩素来妒忌郭子仪的功劳,因战争失败就嫁祸于他,在天子面前讲他的坏话,故而天子召郭子仪回来，重新任命赵王李系为天下兵马元帅，又任李光弼为副元帅，以取代郭子仪领朔方节度使的兵。郭子仪虽然失去军权，没有失望，仍然心向朝廷。史思明再次攻陷河南、洛阳，西戎等羌族逼近和扰乱长安三辅地区，天子顾不上用餐，就急忙授官郭子仪为邠宁、鄜坊两道节度使，仍留在京师。有议论说郭子仪对国家有功劳，而贼寇道鼠两端，天下未平，把他放在闲散的地位，不太相宜。天子也有所觉悟，

上元年间初年，诏命郭子仪为诸道兵马都统，以管崇嗣为副职，率领英武、威远等禁军及河西、河东镇兵，由邠宁、朔方、大同、横野军向范阳进发。诏书下达不几天，被鱼朝恩所阻挠，这件事没有实行。次年，李光弼军在邙山战败，失去河阳。再下一年，即宝应元年，河中乱，绛州兵杀朔方等诸道行营都统李国贞，太原兵杀河东节度使邓景山。朝廷担心这两支军队与贼军相结合，而年轻的新将领因威望不够而不可用，于是又任命郭子仪为朔方、河中、北庭、潞、仪、泽、沁等州节度行营，兼兴平、定国副元帅，晋封为汾阳郡王，进驻绛州。当时肃宗已病危，群臣没有人能见到他，郭子仪请求说："老臣受命，将要死于外地，不见陛下，我死不瞑目。"天子在卧室接见他，对他说："河东的事完全委托你了。"郭子仪呜咽哭泣，流下了泪水。天子尝赐给他御马、银器、杂色丝织品，另外赐绢四万匹、布五万端共为九万。郭子仪到军营，斩了杀李国贞的首恶王元振等数十人，太原的辛云京也惩治害邓景山的人，这样一来，其他诸镇都比较安定了。

代宗即位，程元振自以为对天子有功，忌讳宿将难以控制，就千方百计挑拨离间。因此罢去郭子仪副元帅，加封户七百户，任肃宗山陵使。郭子仪怕别人在天子面前的挑拨离间将会得逞，于是就聚集了代宗为广平王时所赐的往来手札千余篇送给天子，并自表忠心。天子下诏说："朕德行不高，使大臣担忧，朕很惭愧，从今以后公不必有所怀疑。"早先，代宗与郭子仪一起收复两京，共同为天下的事担忧，到这时天子悔悟，对郭子仪更加礼敬和眷念。

当时史朝义还占领着洛阳，代宗想使郭子仪为雍王李适副职，率军队向东讨伐史朝义，结果被鱼朝恩、程元振交相诋毁，就没有任命。遇上梁崇义占据襄州反叛，仆固怀恩屯兵汾州，暗中召回纥、吐蕃进攻河西，残害泾州，侵犯奉天、武功，京师震动，天子立即下诏拜郭子仪为关内副无帅，出镇咸阳抵御敌人。起初，郭子仪从相州罢官回到京师，部队离散，到下达诏书时，部下只有数十骑兵，于是招募民马补充到行队中。到了咸阳，少数民族吐蕃率领吐谷浑、党项、氐、羌等军队已经渡过了渭水，并沿南山向东，天子逃到陕州。郭子仪听说后，流下了眼泪，督部队从咸阳回到京师长安。遇上射生将王献忠带领用弓弩的起兵反叛，并劫持诸王想西投吐蕃，郭子仪斥责他，用兵送诸王到天子所在处。接着率领骑士到南部商州收集逃散士兵，又得到武关防守士兵及逃亡士兵数千人，军势稍振。遇上六军将张知节在洛南迎接郭子仪，于是大规模检阅士兵，屯军在商州，威震关中。郭子仪派张知节率领乌崇福、羽林将长孙全绪为前锋，到韩公堆筑营垒，白天击鼓声震山谷，多树旗帜，夜晚则到处点燃火炬，用来疑惑吐蕃。先前，光禄卿殷仲卿在蓝田招募一些士兵，这时他率领强劲的骑兵在官军之前作为游军渡过了浐河，老百姓又欺骗贼军说："郭令公要率大军来了。"吐蕃害怕。刚好射生将王甫到长安城中暗中聚集勇敢少年，晚上在朱雀街上一边击鼓一边大呼"王师来了！"吐蕃更加恐惧，全部逃离而去了。于是派大将李忠义驻屯在禁苑中，渭北节度使王仲升守卫朝堂，郭子仪的中军在后进入长安。

射生将王抚自命为京兆尹,在京城作乱,郭子仪把他处斩。天子见到了破贼的文书,任命郭子仪为京城留守。

自从在仓促之中发生事变,依赖郭子仪才得重新安定,所以天下人都归咎于程元振,群臣多次上奏论说。程元振惧怕,劝天子把都城迁到洛阳,天子同意他的意见。郭子仪上奏说:

雍州古代称天府,西面是陇、蜀,东面是崤关、函谷关,前面凭借终南山、华山的险要地形,背部有清的渭水和浊的黄河可作阻挡,地方数千里,披甲的士卒十余万,兵强而勇,真是用武的地区,这是秦、汉所以能够建国和成就帝王事业的原因。后来或者处于这地区而兴盛、离开这地区而亡国的不止一姓,所以唐高祖先入关中而定天下,太宗以来居于洛阳的也很少。先帝兴朔方兵,诛杀安庆绪,陛下席卷西土,杀戮史朝义,虽然这是上天帮助正义的一方,也是由于地势有利起了作用。这是近来吐蕃有依持而侵犯,我们不能抗击的原因,臣能讲述它的大概。首先是六军都是市井无赖,为的是捞一个虚名,逃避实在的赋税,一旦要他们作战,有一百人会逃去而没有一个人向前;其次宦官掌权,政治昏暗,于是使陛下彷徨犹豫,最后到了陕州。这实在是用人的过失,哪里是秦的地势不优越!现在道路上的人都在流传,不知是否可信,都说将要迁都洛阳。洛阳自从安史之乱大破坏以来,焚烧得已差不多了,百官衙门荆棘丛生,整个地区不满千户,村落已成废墟,豺狼出没嗥叫;东靠近郑州、汴州,南到徐州,北直到怀州、卫州和相州,千里萧条,亭舍都不冒烟,如何来供应天子这么多马匹的饲料,供给百官的住房?而且这里地方狭小,周围才数百里,是平原地区无险可守,反而正好作为战场。陛下迁都的意思不就是因为畿地区新遭吐蕃蹂躏,国家需要的东西不足吗?想春秋时卫国被狄人所攻灭,卫文公住在曹国,穿大布的衣服,戴大帛做的帽子,终于恢复旧邦,何况赫赫的天子,如果亲自带头节俭,还能在一个诸侯之下吗?臣但愿陛下能退掉只会吃饭而不能干事的多余的人,抑制宦官的权力,任用忠直的大臣,轻徭薄赋,抚恤老弱孤独的人,委任宰相选拔贤能的人才,交给我训练士兵抵御外敌的任务,那么唐朝的中兴,就指日可待。虽然时间已过了多天还是应该立即回去,见宗庙,谒园陵,使唐王室再生,那么天下百姓就有好日子过了。

天子看到这个奏疏,流泪对左右侍臣说:"郭子仪真是国家的忠臣呀,我决心向西回长安。"天子回到长安,郭子仪叩头谢罪,天子慰劳他说:"用你迟了,故而到这地步。"赐给铁券,把他的像画在凌烟阁。

仆固怀恩放纵士兵掠夺并州、汾州所属的县城,天子很忧患,任命郭子仪为兼河东副元帅、河中节度使。镇守河中。仆固怀恩的儿子仆固玚屯兵在榆次,被部下张惟岳杀死,首级传到长安,张惟岳带着他的部下投奔郭子仪。仆固怀恩害怕,抛下他的母亲向北逃到灵州。广德二年,郭子仪进而被任为太尉,兼领北道邠宁、泾原、河西以来通和吐蕃使及朔方招抚观察使。郭子仪辞去了太尉的职务。仆固怀恩招引吐蕃、回纥、党项数十万人进犯,朝廷大震,诏命郭子仪率领诸将出镇京兆奉天县。天子召他问有何计谋,郭子仪说:"他是不会有所做的。仆固怀恩本来是臣的偏将,虽然剽悍果断,但一向失去士兵的心,现在能和他一起作乱的人,都是一些想回老家的人,而且是威胁而来,他们又都是臣的老部下,我们之间有恩情,他们能忍心拿刀来砍我们吗?"天子说:"好。"贼军进犯邠州,其前锋到奉天,各位将领请求出击。郭子仪说:"敌人深入我处,速战对我们有利。他们的部下一向感我恩德,我等待一下,他们就会分化。"于是下命令:"敢再讲出战的人斩首!"坚守营垒严阵以待,贼军果然逃走了。

郭子仪从泾阳到长安,多次受到恩赐,进而拜官为尚书令,他恳切辞退,天子不准。诏命他赶快到尚书省办公,百官都向他庆贺,天子命射生将五百骑兵拿着戟护卫他。郭子仪坚决推辞,他说:"太宗曾经担任过此官,所以以后几个皇帝都空着这个位置,皇太子为雍王时,平定关东,才得以授此官,怎么可以为了照顾老臣,而改变国家的制度?而且自从用兵以来,我受到的不该有的赏赐很多,以至身兼数官,我感到冒进而惭愧,现在凶恶的敌人略有平定,是应该加强法典审核官吏的时候,这应该从老臣开始。"天子不得已,准许了他,并把这事前后经过嘱史官记下。赐给美人六名,随从自备,车子服装帐幕等都具备。

永泰元年,诏命郭子仪为都统河南道节度行营,再次镇守河中。仆固怀恩诱说吐蕃、回纥、党项、羌、浑、奴刺等共三十万部众入侵,掠夺泾、邠两州,蹂躏凤翔,进入醴泉、奉天、京师长安大震。于是代宗命李忠臣驻屯渭桥,李光进驻云阳、马璘、郝廷玉驻屯便桥,骆奉先、李日越驻屯盩厔,李抱玉驻屯凤翔,周智光驻屯同州,杜冕驻屯坊州,天子自率六军在禁苑中。又急忙召命郭子仪驻屯泾阳,他的军队才一万人。刚到,少数民族的骑兵已经完成了包围圈,郭子仪命李国臣、高升、魏楚玉、陈回光、朱元琮各当一面,自己率领穿铠甲的骑兵两千人战斗出入于敌阵之中。回纥人奇怪地问:"这人是谁?"回报说:"郭令公。"回纥领吃惊地说:"令公还活着吗?仆固怀恩说唐天子已弃天下而死,令公也已去世,中国无主,故而我随从他而来。公现在还活着,唐天子还活着吗?"回答说:"唐天子万寿。"回纥将领有所觉悟,说:"他欺骗了我们!"郭子仪派人告谕回纥将领:"过去回纥远涉万里,讨伐安史元凶大恶,帮助恢复长安和洛阳两京,我们和你们休戚与共。今日你们抛弃旧的好朋友,帮助叛臣,是何等愚蠢!仆固怀恩背叛天子抛弃亲人,与你们回纥有何好处?"回纥的将领:"本来以为令公已亡,不然的话,我们何至于到此地步。现在令公既然还活着,我可见他吗?"郭子仪准备出去见他们,左右部下进谏说:"戎狄之人有野心,不可相信。"郭子仪说:"少数民族士兵比我们多十倍,现在我们论实力是敌不过他们的,我只能向他们表示我最诚恳的心。"左右请郭子仪带五百骑兵随同前去,又不同意,于是立即传呼说:"郭令公来了!"少数民族士兵都拉满了弓严阵以待。郭子仪带了数十人骑马而出,不穿盔甲,见了回纥的大酋长说:"各位大人和我们同患难已经很长久了,为什么忽然抛弃忠信友谊而到这般地步呢?"回纥首领当即离开卫兵上前下马拜谢,说:"果然是我们的长者呀。"郭子仪当即召他们来一起饮酒,送给他们锦彩等丝织品,双方谈得十分高兴,发誓要友好得与以前一样。郭子仪乘机说:"吐蕃本来与我们国家结为甥舅,现在他们背叛负心而来,是抛弃了亲人。他们的马牛弥漫数百里,你们如果能倒戈一击,乘机进攻他们取其牛马就像弯腰拾芥菜一般容易,这是天赐良机,不可失去。而且打败吐蕃得到了利益,又与我们继续和好,这不是一举两得的好事吗?"刚好仆固怀恩突然死去,许多少数民族军队没有了统一的领导,于是回纥就答应了。吐蕃有了怀疑,夜里就逃离而去。郭子仪派将领白元光联合回纥军队在后面追击,大军紧随追去,在灵台西原大败了十万吐蕃兵,斩首五万级,俘获万人,全部获得吐蕃所掠的百姓牛羊马骆驼等不可胜数。于是郭子仪从泾阳回京师朝见天子,加封邑二百户,后又回到河中。

　　大历元年,华州节度使周智光叛变,天子命人从偏僻小道用蜡裹的诏书赐郭子仪,命令他率领全军去讨伐。同州、华州的将吏听说军队出发,杀了周智光,把他的首级传送到朝廷。二年,吐蕃进犯泾州,诏命郭子仪移军到泾阳。在灵州与吐蕃发生战斗,打败了它,斩首两万余级。下一年,回到河中。吐蕃再次进犯灵武,诏命郭子仪率领五万军队驻屯奉天。白元光在灵武打败了吐蕃。有人议论吐蕃屡次进犯,马璘孤军在邠州不能支持,于是朝廷任命郭子仪兼邠、宁、庆三州节度使,驻屯邠州,徙马璘为泾原节度使。回纥赤心请唐朝买万匹马,有关衙门以经费缺乏的理由,只同意买千匹。郭子仪说:"回纥有功劳,应该同意他们的要求,中原也需要马,臣请求交出一年的俸禄,来增加买马的经费。"朝廷下诏不同意,但人们都赞扬他的忠心。

　　大历九年,郭子仪到京师入朝,在延英殿,天子与他谈到了吐蕃的强盛,很激动,以至流下了眼泪。退下后,郭子仪上书说:

　　朔方,是国家北边的门户,西边防御犬戎,北边警戒猃狁,五座城相距三千里。开元、天宝年间,有战士十万,马三万匹。仅支撑这一边区。自从先帝在灵武即位,战士们随从陛下出征讨伐没有过上安宁的日子。近来因仆固怀恩之乱,由于伤亡消耗,人少了三分之二,比起天宝年间中期只有十分之一。现今吐蕃兼有河西、甘肃一带土地,杂有党项、吐谷浑的部众,每年深入到京师附近,势力强大十倍,与他们战斗取胜,岂是容易的事?近时少数民族来,称四个节度,每将分别有万人,每人有数匹马,臣所统率的士兵不及贼军的四分之一,马不及贼军的百分之二,内外都畏惧,将怎么安心呢?臣思陛下要战胜,力并非不足,但挑选好的士兵没有来到,进退无统一计划,军队滞留久而疲劳,地区太广力量分散。请求在各道发精兵共计五万人,分别驻屯在北边,则制胜敌人是必然的。窃以为河南、河北、江淮大镇数万,小镇数千,尽少粮食供给,未必先去聚集选择。臣请追赶到关中,挑选步兵队伍,教给他们作战进退的军纪,那样就进攻必能破敌,防守必能保全,是长治久安的计策。

　　又陈说自己已经衰老,请求退休回老家。天子下诏说:"朕始终要依赖你,不可以离开职位。"没有准许。

　　德宗即位,诏命郭子仪还朝,任代理冢宰,充任山陵使,赐号为"尚父"。进一步升为太尉、中书令,增加食邑封户连同以前的共为二千户,给一千五百人的粮食,二百匹马的草料,全部罢去所任的"使"和"帅"的职位。建中二年,郭子仪患病,皇帝派舒王李元名到他家中传达诏命问候,郭子仪已不能起来,叩头谢恩。这一年他死了,年龄八十五岁。皇帝哀悼悼哭,停止上朝五天。诏命群臣往他家吊唁,凡丧事所需的一切都由官家供给。赠官太师。陪葬在建陵。在下葬那天,皇帝到安福门,哭得比他死的那天还厉害,百官都在一旁陪着哭。赐谥号为:"忠武"。在代宗庙廷里附祭。按照令文,一品官坟高一丈八尺,诏命他的坟再增加一丈,用以表彰他的首功。

　　郭子仪侍奉天子忠诚,对待下级宽恕,赏罚分明。虽然遭到幸臣宦官程元振、鱼朝恩的诋毁,又遇国家多事,他掌握大军在外,但诏书一到,他就当日上路回京,没有丝毫犹豫顾望,所以别人讲的坏话和挑拨离间都不能得逞。在灵州破吐蕃,而鱼朝恩派人发掘他父亲的坟墓,没有得到什么东西。郭子仪从泾阳来朝见天子,内外怕有变动,等到进见,天子对此事表示慰问,郭子仪痛哭说:"臣做军队统帅很久,不能够禁止士兵发掘别人的坟墓,有人现在发掘臣父的墓,这是上天的谴责,不是人事呀。"鱼朝恩又曾约郭子仪游他建造的章敬寺,瞻仰佛容,元载派人告诉他观军容使鱼朝恩将做不利于他的事。其部下请在衣中穿上铠甲一起去,郭子仪不同意,只带十几个家僮前往。鱼朝恩说:"为什么车马随从那么少?"郭子仪告诉了他所听到的一切。鱼朝恩哭着说:"公如果不是个有修养的长者,能够不怀疑吗?"魏博节度使田承嗣傲慢跋扈,郭子仪曾派使者到魏博,田承嗣向西下拜,指着膝盖对使者说:"这个膝盖不对人弯曲已经很久了,今天为郭公下拜。"李灵曜占据汴州作乱,公私财赋过汴州都要留下,郭子仪封存的钱币和帛过他的境,则不敢扣留,还派士兵护送出境。部下中有几十个老将,都已封王封侯地位很高,郭子仪可以不开口用动作指挥他们进退,像对部队士兵一样。幕府中有六十多人,后来都做了将相等显赫官职,他的善于选拔人才就是这样。与李光弼的名气一样大,但比李光弼宽厚得人心。郭子仪每年官俸收入大致有二十四万缗。住宅占亲仁里的四分之一,中间可通宫中的长巷,家人有三千人进出,不知他们住在何处。前后受到赏赐的良田、美器、有名园林、上等住房不可胜数。代宗不叫他的名字,而叫大臣。唐代的安危与他个人有密切联系的时间达二十年,校中书令等官共考了二十四次。八个儿子七个女婿,都在朝廷中地位显赫。孙子有几十人,不能都认识,到请安时,只能点头表示。一生富贵寿终,有哀有荣,为臣下应该做的一切他确是十分完备的。

颜真卿传

【题解】

颜真卿(公元 709~785 年),字清臣,京兆万年(今陕西西安市)人,祖籍琅邪临沂(今属山东省)。他出生在书香贵官世家,他的五世祖颜之推是北齐的著名学者,颜师古是唐代的经学大师。他于开元年间中进士,历任监察御史、毁中侍御史,因受宰相杨国忠排挤,外任为平原太守,因此后世称之为"颜平原"。安禄山反叛,他联络从史颜杲卿进行抵抗,被河北十七郡推为盟主。后入京,官至吏部尚书、太子太师,封鲁郡公,因此也称之为"颜鲁公"。德宗朝,李希烈发动叛乱,朝廷派他去劝说,被李希烈勒死。

颜真卿是我国历史上著名的书法大家。他初学褚遂良,后师张旭,甚得张氏用笔。他的楷书端庄凝重,气势雄伟,行书遒劲,形成自己独特的风格,人称之为"颜体"。他的书法,存世碑刻极多,著名的有《多宝塔碑》《扶风庙碑》《东方先生画掤碑》《郭氏家庙碑》《麻姑仙坛记》《宋景碑》等。存世墨迹有《自书告身》《祭侄文稿》《竹山》《连句》等。

【原文】

颜真卿字清臣,秘书监师古五世从孙。少孤,母殷躬加训导。既长,博学,工辞章,事亲孝。

开元中,举进士,又擢制科。调醴泉尉。再迁监察御史,使河、陇。时五原有冤狱久不决,天且旱,真卿辨狱而雨,郡人呼"御史雨"。复使河东,劾奏朔方令郑延祚母死不葬三十年,有诏终身不齿,闻者耸然。迁殿中侍御史。时御史吉温以私怨构中丞宋浑,谪贺州,真卿曰:"奈何以一时忿,欲危宋璟后乎?"宰相杨国忠恶之,讽中丞蒋冽奏为东都采访判官。再转武部员外郎。国忠终欲去之,乃出为平原太守。

安禄山逆状牙孽,真卿度必反,阳托霖雨,增陴浚隍,料才壮,储仓廪。日与宾客泛舟饮酒,以纾禄山之疑。果以为书生,不虞也。禄山反,河朔尽陷,独平原城守具备,使司兵参军李平驰奏。玄宗始闻乱,叹曰:"河北二十四郡,无一忠臣邪?"及平至,帝大喜,谓左右曰:"朕不识真卿何如人,所为乃若此!"

颜真卿

时平原有静塞兵三千,乃益募士,得万人,遣录事参军李择交统之,以刁万岁、和琳、徐浩、马相如、高抗朗等为将,分总部伍。大飨士城西门,慷慨泣下,众感励。饶阳太守卢全诚、济南太守李随、清河长史王怀忠、景城司马李暐、邺郡太守王焘各以众归,有诏北海太守贺兰进明率精锐五千济河为助。贼破东都,遣段子光传李憕、卢奕、蒋清首徇河北,真卿畏众惧,绐诸将曰:"吾素识憕等,其首皆非是。"乃斩子光,藏三首。它日,结刍续体,敛而祭,为位哭之。

是时,从父兄杲卿为常山太守,斩贼将李钦凑等,清土门。十七郡同日自归,推真卿为盟主,兵二十万,绝燕、赵。诏即拜户部侍郎,佑李光弼讨贼。真卿以李晖自副,而用李铣、贾载、沈震为判官。俄加河北招讨采访使。

清河太守使郡人李萼来乞师,萼曰:"闻公首奋裋唱大顺,河朔恃公为金城。清河,西邻也,有江淮租布备北军,号'天下北库',计其积,足以三平原之有,士卒可以二平原之众。公因而抚有,以为腹心,它城运之如臂之指耳。"真卿为出兵六千,谓曰:"吾兵已出,子将何以教我?"萼曰:"朝家便程千里统众十万,自太行而东,将出嵛口,限贼不得前。公若先伐魏郡,斩贼首袁知泰,以劲兵披嵛口,出官师使讨邺、幽陵,平原、清河合十万众徇洛阳,分犀锐制其冲。公坚壁勿与战,不数十日,贼必溃,相图死。"真卿然之。乃檄清河等郡,遣大将李择交,副将范冬馥、和琳、徐浩、与清河、博平士五千屯堂邑。袁知泰遣将白嗣深、乙舒蒙等兵二万拒战,贼败,斩首万级,知泰走汲郡。

史思明围饶阳,遣游弈兵绝平原救军,真卿惧不敌,以书招贺兰进明,以河北招讨使让之。进明败于信都。会平卢将刘正臣以渔阳归,真卿欲坚其意,遣贾载越海遗军资十馀万,以子颇为质。颇甫十岁,军中固请留之,不从。

肃宗已即位灵武,真卿数遣使以蜡丸裹书陈事。拜工部尚书兼御史大夫,复为河北招讨使。时军费困竭,李萼劝真卿收景城盐,使诸郡相输,用度遂不乏。第五琦方参进明军,后得其法以行,军用饶雄。

禄山乘虚遣思明、尹子奇急攻河北,诸郡复陷,独平原、博平、清河固守。然人心危,不复振。真卿谋于众曰:"贼锐甚,不可抗。若委命辱国,非计也,不如径赴行在,朝廷若诛败军罪,吾死不恨。"至德元载十月,弃郡度河,间关至凤翔谒帝,诏授宪部尚书,迁御史大夫。

方朝廷草昧不暇给，而真卿绳治如平日。武部侍郎崔漪、谏议大夫李何忌皆被劾斥降。广平王总兵二十万平长安，辞日，当阙不敢乘，趋出陛桓乃乘。王府都虞侯管崇嗣先王而骑，真卿劾之。帝还奏，慰答曰："朕子每出，谆谆教戒，故不敢失。崇嗣老而蹷，卿姑容之。"百官肃然。两京复，帝遣左司郎中李选告宗庙，祝署"嗣皇帝"，真卿谓礼仪使崔器曰："上皇在蜀，可乎？"器遽奏改之，帝以为达识。又建言："《春秋》，新宫灾，鲁成公三日哭。今太庙为贼毁，请筑坛于野，皇帝东向哭，然后遣使。"不从。宰相厌其言，出为冯翊太守。转蒲州刺史，封丹阳县子。为御史唐旻诬劾，贬饶州刺史。

乾元二年，拜浙西节度使。刘展将反，真卿豫饬战备，都统李峘以为生事，非短真卿，因召为刑部侍郎。展卒举兵度淮，而峘奔江西。

李辅国迁上皇西宫，真卿率百官问起居，辅国恶之，贬蓬州长史。代宗立，起为利州刺史，不拜，再迁吏部侍郎。除荆南节度使，未行，改尚书右丞。

帝自陕还，真卿请先谒陵庙而即宫，宰相元载以为迁，真卿怒曰："用舍在公，言者何罪？然朝廷事岂堪公再破坏邪！"载衔之。俄以检校刑部尚书为朔方行营宣慰使，未行，留知省事，更封鲁郡公。时载多引私党，畏群臣论奏，乃给帝曰："群臣奏事，多挟谗毁。请每论事，皆先白长官，长官以白宰相，宰相详可否以闻。"真卿上疏曰：

诸司长官者，达官也，皆得专达于天子。郎官、御史，陛下腹心耳目之臣也，故出使天下，事无细大得失。皆俾访察，还以闻。此古明四目、达四聪也。今陛下欲自屏耳目，使不聪明，则天下何望焉？《诗》曰："营营青蝇，止于棘，谗言罔极，交乱四国。"以其能变白为黑，变黑为白也。诗人疾之，故曰："取彼谗人，投畀豺虎；豺虎不食，投畀有北。"昔夏之伯明，楚之无极，汉之江充，皆谗人也。陛下恶之，宜矣。胡不回神省察？其言虚诬，则谗人也，宜诛殛之；其言不诬，则正人也，宜奖励之。舍此不为，使众人谓陛下不能省察而倦听览，以是为辞，臣窃惜之。

昔太宗勤劳庶政，其《司门式》曰："无门籍者有急奏，令监司与仗家引对，不得关碍。"防拥蔽也。置立仗马二，须乘者听。此其平治天下也。天宝后，李林甫得君，群臣不先咨宰相辄奏事者，托以他故中伤之，犹不敢明约百司，使先关白。时阉人袁思艺日宣诏至中书，天子动静，必告林甫，林甫得以先意奏请，帝惊喜若神，故权宠日甚，道路以目。上意不下宣，下情不上达，此权臣蔽主，不遵太宗之法也。陵夷至于今，天下之敝皆萃陛下，其所从来渐矣。自艰难之初，百姓尚未凋竭，太平之治犹可致，而李辅国当权，宰相用事，递为姑息。开三司，诛反侧，使余贼溃将北走党项，哀嗥不逞，更相惊恐，思明危惧，相挺而反，东都陷没，先帝由是忧勤损寿。臣每思之，痛贯心骨。

今天下疮痍未平，干戈日滋，陛下岂得不博闻谠言，以广视听，而塞绝忠谏乎？陛下在陕时，奏事者不限贵贱，群臣以为太宗之治可跂而待。且君子难进易退，朝廷开不讳之路，犹恐不言，况怀厌怠，令宰相宣进止；御史台作条目，不得直进，从此人不奏事矣。陛下闻见，止于数人耳目，天下之士，方钳口结舌，陛下便谓无事可论，岂知惧而不敢进，即林甫、国忠复起矣。臣谓今日之事，旷古未有，虽林甫、国忠犹不敢公为之。陛下不早觉悟，渐成孤立，后悔无及矣。

于是中人等腾布中外。后摄太庙，言祭器不饬，载以为诽谤，贬峡州别驾。改吉州司马,迁抚、湖二州刺史。

载诛,杨绾荐之,擢刑部尚书,进吏部。帝崩,以为礼仪使,因奏列圣谥繁,请从初议为定,袁傪固排之,罢不报。时丧乱后,典法湮放,真卿虽博识今古,屡建议厘正,为权臣沮抑,多中格云。

杨炎当国,以直不容,换太子少师,然犹领使。及卢杞,益不喜,改太子太师,并使罢之,数遣人问方镇所便,将出之。真卿往见杞,辞曰:"先中丞传首平原,面流血,吾不敢以衣拭,亲舌舐之,公忍不见容乎?"杞矍然下拜,而衔恨切骨。

李希烈陷汝州,杞乃建遣真卿:"四方所信,若往谕之,可不劳师而定。"诏可,公卿皆失色。李勉以为失一元老,贻朝廷羞,密表固留。至河南,河南尹郑叔则以希烈反状明,劝不行,答曰:"君命可避乎?"既见希烈,宣诏旨,希烈养子千余拔刀争进,诸侯皆慢骂,将食之,真卿色不变。希烈以身扞,麾其众退,乃就馆,逼使上书雪己,真卿不从。乃诈遣真卿兄子岘与从吏数辈继清,德宗不报。真卿每与诸子书,但戒严奉家庙,恤诸孤,讫无它语。希烈遣李元平说之,真卿叱曰:"尔受国委任,不能致命,顾吾无兵戮汝,尚说我邪?"希烈大会其党,召真卿,使倡优斥侮朝廷,真卿怒曰:"公,人臣,奈何如是!"拂衣去。希烈大惭。时朱滔、王武俊、田悦、李纳使者皆在坐,谓希烈曰:"闻太师名德久矣,公欲建大号而太师至,求宰相孰先太师者?"真卿叱曰:"若等闻颜常山否?吾兄也,禄山反,首举义师,后虽被执。诟贼不绝于口。吾年且八十,官太师,吾守吾节,死而后已,岂受若等胁邪!"诸贼失色。

希烈乃拘真卿,守以甲士,掘方丈坎于廷,传将坑之,真卿见希烈曰:"死生分矣,何多为?"张伯仪败,希烈令赍旌节首级示真卿,真卿恸哭投地。会其党周曾、康秀林等谋袭希烈,奉真卿为帅,事泄,曾死,乃拘送真卿蔡州。真卿度必死,乃作遗表、墓志、祭文,指寝室西壁下曰:"此吾殡所也。"希烈僭称帝,使问仪式,对曰:"老夫耄矣,曾掌国礼,所记诸侯朝觐耳!"

兴元后,王师复振,贼虑变,遣将辛景臻、安华至其所,积薪于廷曰:"不能屈节,当焚死。"真卿起赴火,景臻等遽止之。希烈弟希倩坐朱泚诛,希烈因发怒,使阉奴等害真卿,曰:"有诏。"真卿再拜。奴曰:"宜赐卿死。"曰:"老臣无状,罪当死,然使人何日长安来?"奴曰:"从大梁来。"骂曰:"乃递贼耳,何诏云!"遂缢杀之,年七十六。嗣曹王皋闻之,泣下,三军皆恸,因表其大节。淮、蔡平,子颛、硕护丧还,帝废朝五日,赠司徒,谥文忠,赗布帛米粟加等。

真卿立朝正色,刚而有礼,非公言直道;不萌于心。天下不以姓名称,而独曰鲁公。如李正己、田神功、董秦、侯希逸、王玄志等,皆真卿始招起之,后皆有功。善正、草书,笔力遒婉,世宝传之。贞元六年敕书,授颜五品正员官。开成初,又以曾孙弘式为同州参军。

【译文】

颜真卿字清臣,他是秘书监颜师古的五代堂孙,少年丧父,母亲对他亲加教诲。成人以后,学问渊博,文章写得很漂亮,对母亲很孝顺。

开元年间,考中进士,皇帝亲自主持的殿试,他又得中选。被任为醴泉县尉,再升任监察御史，出使河西、陇右地区。当时五原县有件冤案，长期得不到昭雪，时值天气大旱，颜真卿把这起冤案理清楚，就下了一场大雨，当地的人称之为"御史雨"。又派他去河东巡察，他弹劾朔方县令，郑延祚终身不许任用，听到这一消息的人，都为之一惊。又升他为殿中侍御史。当时御史吉温因私仇陷害中丞宋浑被贬住贺州，颜真卿说道："怎么能因一时的愤怒，来危害名相宋璟的后人呢？"宰相杨国忠因此厌恶颜真卿，唆使中丞蒋洌弹劾他，降为东都采访判官，又转为武部员外郎。杨国忠始终想把他排挤出京城，于是外补他为平原郡太守。

安禄山谋反的举动初露端倪，颜真卿料他必然反叛，他扬言因连日阴雨，下令增筑城防，疏浚壕沟，选择兵壮，充实仓库。他整日和宾客们划船饮酒，以避免安禄山对他的举动有所怀疑。安禄山看他整日划船饮酒，认为他确实是书生之辈，不必担心。安禄山举兵反叛，河朔各地都沦陷了，只有平原郡城因防御完善未陷落，颜真卿派司兵参军李平急速向皇帝奏报消息。唐玄宗起初听到安禄山反叛的奏报，叹了口气，说道："河北地区二十四郡，难道就没有一个忠臣吗？"对李平的到来，玄宗大为高兴，对身边的人说："我不了解颜真卿是怎么一个人，他的所作所为真是难能可贵！"

当时平原郡有静塞守兵三千人，又增募兵卒，得到一万多人，派录事参军李择交统领，任刁万岁、和琳、徐浩、马相如、高抗朗等人为将领，分别统领各部。颜真卿又在城西门大摆酒宴，犒赏士卒，他当场陈述利害，慷慨激昂，满面流泪，兵众们都感激奋发。饶阳太守卢全诚、济南太守李随、清河长史王怀忠、景城司马李暐、邺郡太守王焘等人，都率部来投奔颜真卿，朝廷命令北海太守贺兰进明率精兵五千渡过黄河增援颜真卿。贼攻破东都洛阳后，派段子光把李憕、卢奕、蒋清的首级传示河北各地，颜真卿担心兵将们看了以后产生惧敌心理，便欺骗诸将说："我一向认识李登等人，这首级都不是他们的"于是杀掉段子光，把三颗首级收藏起来。后来，用草扎成人体状，配上收藏的首级，进行殡敛祭奠，设立灵牌，颜真卿哭祭三人。

这时，他的堂兄颜杲卿任常山太守，斩杀贼将李钦凑等人，清剿了土门的叛军，河北地区十七郡的人马同一天投奔颜真卿，推他为主帅，拥兵二十万，在燕、赵之间坚持。朝廷任命他为户部侍郎，帮助李光弼讨伐叛军。颜真卿任李晖为自己的副手，任李铣、贾载、沈震为判官。不久，朝廷又任命他为河北招讨采访使。

清河太守派郡人李萼来请求援兵，李萼说："听说大人您首先举起效忠朝廷的大旗，河朔地区依靠大人您为坚不可摧的长城。清河郡是平原郡的西邻，这里有江淮间运来的租米、布匹，供应北军的军需，号称为'天下北库'，计算它的储备，三倍于平原郡。兵卒也比平原郡多出二倍。大人您如果拥有此郡，以它为中心，那么您指挥其他城池，就像手臂指挥手指一样。"颜真卿往清河郡派兵六千，对李萼说："我已经派出军队，你还有什么意见？"李萼说："朝廷派程千里领兵十万，从太行山东下，将要出兵崞口，阻止敌军，使之不能前进。大人您如果先攻伐魏郡，杀掉叛军守将袁知泰，派精兵攻占崞口，让朝廷派来的军队去讨伐邺、幽陵等地，平原、清河二郡合兵十万去攻占洛阳，分别派精兵控制战略要冲。大人您则坚壁清野，不与袁知泰交战，不出十天，叛军必然溃败，互相残杀而死。"颜真卿采纳了他的建议。于是传令清河等郡，派大将李择交，副将范冬馥、和琳、徐浩，会同清河、博平二郡士卒五千人屯驻堂邑县。袁知泰派将白嗣深、乙舒蒙等领兵二万前来抵抗,叛军失败,一万多人被杀,袁知泰逃往汲郡。

史思明围攻饶阳,派游击兵断绝平原援兵进军路线,颜真卿担心敌不过叛军,便写信招贺兰进明来增援,并把河北招讨使的职位让给他。贺兰进明在信都吃了败仗。这时正逢平卢将刘正臣以渔阳郡归属,颜真卿想把他稳住,便派贾载从海道送去军费十多万两,刘正臣把他的儿子刘颇送来,作为人质。刘颇才十岁,诸将请求留下刘颇,颜真卿不允许。

唐肃宗在灵武即位,颜真卿多次派人送去用蜡丸裹着的疏奏,陈述战事。朝廷任他为工部尚书兼御史大夫,仍任河北招讨使。当时军费困难,李峄建议收购景城所产的食盐,并向各郡转卖,这样一来,军费就不缺乏了。第五琦在贺兰进明军中任参军,也推行颜真卿的措施,军费也得到充实。

安禄山乘河北地区空虚,派史思明、尹子奇猛攻河北,各郡又陷入敌手,只有平原、博平、清河三郡固守。但是人人自危,士气不能重新振作。颜真卿和诸将商议:"叛军的攻势,锐不可当。如果死在这里,有辱使命,并不是上策,不如直接回到皇帝那里,朝廷如果追究兵败的责任而将我处死,我毫无怨言。"至德元年十月,颜真卿放弃平原郡,渡过黄河,辗转来到凤翔,朝见皇帝,肃宗封他为宪部尚书,又升为御史大夫。

当时朝廷流亡在外,战乱之中各种制度顾不上执行,但是颜真卿对御史大夫一职,尽职尽责,惩治违法行为和平时一样。武部侍郎崔漪、谏议大夫李何忌都被他弹劾降职。广平王领兵二十万去平定长安,在他向皇帝告辞的那天,在行宫前不敢骑马,待走出栅栏之后才敢上马。王府的都虚候管崇嗣,在广平王上马之前先骑马背,遭到颜真卿的弹劾。肃宗退回他的奏章,安慰他说:"我的皇子前次外出,我都谆谆告诫,因此他不敢有过失之举。崇嗣年岁大,又是瘸腿,你就饶他一回吧。"群臣都肃然起敬,不敢怠慢。两京平复后,肃宗派左司郎中李选去宗庙告慰祖宗,告慰文后署名"嗣皇帝",颜真卿对礼仪使崔兴说:"太上皇帝玄宗尚在四川,这样署名合适吗?"崔兴马上回奏肃宗,加以修改,皇帝认为颜真卿通达事理。颜真卿又建言:"《春秋》记载,鲁国的新宫遭受火灾,鲁成公为此哭祭了三天。现在祖庙被叛贼毁坏,请求在郊野修筑檀台,皇帝东向哭祭,然后再派使者去告慰祖宗。"他的这一建议未被采纳。宰相讨厌他的言论,把他外补为冯翔太守。后又转任蒲州刺史,封他为丹阳县子。因遭御史唐旻的诬陷,被贬为饶州刺史。

乾元二年,升任浙西节度使。刘展将要反叛朝廷,颜真卿预先进行战备,都统李峘以为这样做会惹起事端,对颜真卿的所作所为进行非难,因而朝廷把颜真卿召回,任为刑部侍郎。刘展果然反叛,领兵渡过淮河,李峘逃往江西。

李辅国把上皇唐玄宗软禁在西宫,颜真卿率领百官去西宫向玄宗问安,李辅国对此非常厌恶,把颜真卿贬降为蓬州刺史。唐代宗即位,起用他为利州刺史,颜真卿不接受,于是升任他为吏部侍郎。又任他为荆南节度使,还未赴任,改任为尚书右丞。

代宗从陕州回到长安,颜真卿请求皇帝先拜祭祖陵祖庙,然后再入皇宫,宰相元载认为这建议十分迂腐,颜真卿愤怒地说:"我的建议用不用,由您来决定,提建议的人有什么罪过?但是朝廷的政事还能经得起您再去破坏吗!"元载怀恨在心。不久,派颜真卿以检校刑部尚书的职衔出任朔方行营宣慰使,没有成行,留他在京主管尚书省事务,改封他为鲁郡公。当时元载大肆任用私人亲党,但他担心群臣向皇帝揭发,便欺蒙皇帝说:"群臣上书言事，往往夹杂毁谤朝政的言论。我请求做出这样的规定：但凡朝臣议论政事的奏章，必须先送自本部门的长官，长官再送交宰相，宰相再审查决定是否上奏给皇帝。"颜真卿为此上奏说：

各部门的长官，都是显贵官员，他们有资格直接向皇帝奏事。郎官、御史，都是陛下您的心腹耳目臣子，因此，他们巡视天下，不论大事小事、成败得失，派他们加以调查，回朝以后，向天子回报。这是古人广开视听之路的措施。现在陛下您要堵塞住自己的耳目，改使耳不聪、目不明，那么天下人还仰望什么呢？《诗经》上说："往来飞行的黑苍蝇，落在篱笆上；谗言的危害无边，能使国破家亡。"谗言和苍蝇一样，能变白为黑，变黑为白。因此，诗人对进谗言的人十分痛恨，故而写下这样的诗句："抓住进谗言的人，扔去喂豺虎；豺虎嫌他脏，扔到蛮荒处。"古代夏朝的伯明，楚国的无极，汉朝的江充，都是进谗言的人。陛下您厌恶这种人，是应该的。但是不对眼前人们的言论加以分析，如果他的言论纯属虚伪诬诞，那他就是进谗言的人，应该除掉他；如果他的言论实实在在，他就是正人君子，应该奖励他。如果陛下您不采取这种态度，致使人们认为陛下您不能分辩言论的好坏而且又懒于听取正确的建议，如果是这样的话，我真替陛下惋惜。

过去太宗皇帝勤于政事，他在《司门式》中说："没有进门证件却有急事要奏上，让主管官员和仪仗引领进见，不许阻挡。"这样做是为了防止耳目受到蒙蔽。为此，备有两匹马，称为"仗马"，奏事的人如需要乘骑，听从自便。这是太宗治国平天下措施的一端。天宝年间以后，李林甫受到玄宗的宠信，群臣奏事如果不先经宰相允许，李林甫即找借口对奏事者加以中伤陷害，但是他并不敢明目张胆地规定，群臣奏事必须经他同意。当时太监袁思艺每天到中书省读圣旨，他把玄宗的一言一行，都告诉李林甫，李林甫这才能够做到迎合玄宗的意向，先行预测之言，玄宗大为惊喜，以为李林甫料事如神，因此李林甫更受宠信而夺权，路人为之侧目。这样，皇帝的旨意不能下传，下情不能上达，这种权臣蒙蔽君主的局面，是由于不遵循太宗皇帝的成法形成的。这样每况愈下直到今天，天下的各种矛盾都集中在陛下您的身上，这种情况是慢慢发展形成的。在安禄山反叛初期，百姓还没有彻底破产，还有希望赢得天下太平，但是李辅国当权，宰相夺政，相互姑息迁就。设置御史大夫、中书、门下三司衙门，受理刑狱，大肆诛杀反叛，致使叛军的残兵败将向北逃往党项，那些啸聚山林的不法之徒，更是惊慌不定，史思明成天恐惧，举兵反叛，致使东都洛阳沦陷，先帝肃宗由于忧虑操劳，损害了寿命。每当我想起这些，如万箭穿心。

现在国家的创伤还没有得到恢复，各地战事又日益加剧，陛下您说怎能不广听忠臣的言论，使自己耳聪目明？怎么能拒绝忠言直语呢！陛下您在陕州时，凡奏事的官员，不论贵贱，群臣认为太宗的贞观之治可计日而待。再说，正人君子，难进而易退，即使朝廷明文规定言者无罪，还担心他们不敢进言，何况心怀厌倦，又让宰相决定他们能否进言，御史台又拟出条条框框，使人不能面见天子，从此以后，群臣就不会再奏事了。陛下您的所见所闻，只是来自几个人耳目闻见，天下的官员因而闭口不言，陛下您还认为无事可奏，哪知是因惧怕而不敢进言呢！这样就为李林甫、杨国忠之类的人夺权创造了条件。我认为今天这样的局面，自古未有，即使是李林甫，杨国忠也不敢明目张胆地这么干。陛下您如果不及早省悟，慢慢就成为孤家寡人了，那时后悔可就晚了。

于是宫内太监把颜真卿的言论在朝廷内外广为散布。后来颜真卿主持祭祀太庙，他反应供祭祀的祭器不整洁，宰相元载认为这是诽谤朝廷，把他贬为陕州别驾。后来改任吉州司马，又升任抚、湖二州刺史。

元载有罪被处死，杨绾推荐颜真卿，朝廷提拔他任刑部尚书，又晋升吏部尚书。代宗去世，任颜真卿为礼仪使，他上书陈奏，以前各位皇帝的谥号太繁长，请求按照当初的意见确定代宗的谥号，袁傪排斥他的建议，不给他上报。当时在安史之乱以后，各种典制被废弃，颜真卿虽然博通今古，屡次建议改正，因被权臣阻挠，都中途搁浅了。

杨炎当政时，因颜真卿耿介忠直，不为所容，改任他为太子少师，仍然兼任礼仪使。至卢杞当政，更不喜欢颜真卿，改任他为太子太师，罢去礼仪使之职，并多次派人去向颜真卿询问愿意到哪个方镇任职，想把他排挤出京师。颜真卿去见卢杞，责备他说："当年你父亲卢奕中丞的首级被传送到平原郡时，满面部是血迹，我不敢用衣服去擦拭，亲自用舌头去舔，你就这样狠心容不得我吗！"卢杞听了，表面上对颜真卿蹙然下拜，但内心恨之入骨。

李希烈攻陷汝州，卢杞于是向皇帝上奏，要把颜真卿派往外地，他说道："颜真卿为各地官员所信任，如果派他去说服，可以不出兵而平定。"代宗批准了他的奏章，满朝文武都大惊失色。李勉认为，这样朝廷失去一位元老大臣，也会给朝廷带来羞辱，秘密上表，请求留下颜真卿。颜真卿来到河南，河南尹郑叔则鉴于李希烈谋反的迹象已很明显，劝他不要前去，颜真卿说："君命能违背吗？"他见到李希烈，宣读圣旨，李希烈的养子一千多人都拔刀前来，李希烈手下的将领也破口大骂，恨不得把他吃下去，颜真卿不动声色。李希烈以身护住颜真卿，斥退众人，颜真卿才得以进入宾馆。李希烈逼迫颜真卿，让他上疏为自己辩白，颜真卿不答应，于是李希烈采取欺骗的手段，让颜真卿的侄子颜岘以及颜真卿手下的官吏向朝廷请求，为李希烈昭雪，德宗皇帝不予理睬。其实颜真卿每次给子侄们写信，只是教训他们好好守护宗庙，体恤孤儿，并无其他言语。李希烈派李元平去劝说颜真卿，颜真卿斥责："你受国家的委任，却不以死报效朝廷，可惜我手中无刀，有刀就把你宰了，你还来劝说我吗？"李希烈和他的同党聚会，把颜真卿召来，让艺人演唱，辱骂朝廷，颜真卿怒不可遏，斥责说："你李希烈是朝廷的臣子，怎么能这么做！"说罢甩甩袖子去了。李希烈则满面羞愧。当时朱滔、王武俊、田悦、李纳派来的使者都在坐，他们对李希烈说："早就听说太师颜真卿的高名盛德，大人您想要称帝，而太师来到，要找宰相的人才，有人能比太师颜真卿的？"颜真卿呵斥说："你们听说过颜常山（杲卿）吗？他是我的哥哥，安禄山反叛时，他首先兴兵平叛，后来虽然被俘，口中骂贼不绝。我已年近八十，官至太师，我怪守我的节操，死而后已，我难道怕你们的胁迫吗！"叛贼们都大惊失色。

李希烈于是拘捕了颜真卿，派士兵看守，在院中挖了一个一丈见方的大坑，传言将要活埋他，颜真卿看到李希烈，说道："去死是我的命运决定的，你不必再说什么了！"张伯仪失败被杀，李希烈派人把张伯仪的符节和首级送给颜真卿看，颜真卿失声痛哭，仆倒在地。适逢李希烈的同伙周曾、康秀林等人谋划袭杀李希烈，推颜真卿为元帅，事情泄露，周曾被杀，于是把颜真卿押送至蔡州。颜真卿估计这次必死无疑，便写下遗书、墓志、祭文，指着居室的西墙下说："这就是我死的地方。"李希烈僭号皇帝，派人去向颜真卿请教登基仪式，颜真卿回答说："我已经老了，曾主管国家的礼仪，我只记得诸侯朝见皇帝的礼仪！"

兴元年间以后，官军的力量又强大起来。叛贼担心形势发生变化，派将领辛景臻、安华到颜真卿那里，满院堆满柴草，对颜真卿说："你如果不变节投降，就把你烧死！"颜真卿站起来向烈火扑去，辛景臻等人马上拉住他。李希烈的弟弟李希倩因与朱泚同谋，被朝廷处死，李希烈大为恼怒，派太监等人来杀害颜真卿，他们对颜真卿说："圣旨到！"颜真卿行礼听旨。太监说："应赐你死。"颜真卿说："老臣我出使没有完成使命，罪该赐死，但使臣你哪一天从长安出发的呢？"那太监说："我是从大梁派来的。"颜真卿大骂："原来是叛贼派来的，怎么能称圣旨！"于是颜真卿被勒死，时年七十六岁。嗣曹王李泉听到这一消息，泪流满面，三军将士都为之痛哭，于是李泉向朝廷上表，陈述颜真卿的高风亮节。淮、蔡地区平完以后，颜真卿的儿子颜颛、颜硕护送他父亲的灵柩回到长安，德宗五日不上朝，表示悲哀，追赠他为司徒，谥号为"文忠"，供丧葬用的布帛米粟等物加倍赐给。

颜真卿作为朝臣，端庄严肃，刚毅而有礼，凡不符合公论正道的事，心里连想也不想。天下人出于对他的尊敬，不直呼他的姓名，而称他为"鲁公"。象李正己、田神功、董秦、侯希逸、王玄志这些人才，都是颜真卿发现提拔起来的，后来都建立了功勋。他擅长楷书、草书，笔力遒劲婉转，世人把他的墨迹视为珍宝，加以传布。根据贞元六年朝廷颁发的大赦令，颜颛被授予五品正员官。开成初年，朝廷又任他的曾孙颜弘式为同州参军。

杜牧传

【题解】

杜牧（803～852），唐代诗人。字牧之，京兆万年（今陕西西安）人。唐文宗时中进士，曾为黄、池、睦、湖等州刺史，晚年任中书舍人，居长安城南樊川别墅，后世称为"杜樊川"。

杜牧在诗、赋、古文的创作上都有较高成就。其诗题材广阔，笔力雄健，在晚唐成就颇高，与李商隐并称"小李杜"。杜牧的文章也自成一家，"纵横奥衍，多切经世之务"（《四库全书总目》）。他将散文的笔法引入赋中，创作出《阿房宫赋》。那样融叙事、抒情、议论为一炉的新体"散赋"，对后来赋的发展有重要影响。有《樊川集》。

【原文】

牧字牧之，善属文。第进士，复举贤良方正。沈传师表为江西团练府巡官，又为牛僧孺淮南节度府掌书记。擢监察御史，移疾分司东都，以弟颛病弃官。复为宣州团练判官，拜殿中侍御史内供奉。

是时，刘从谏守泽潞，何进滔据魏博，颇骄蹇不循法度。牧追咎长庆以来朝廷措置亡术，复失山东，钜封剧镇，所以系天下轻重，不得承袭轻授，皆国家大事，嫌不当位而言，实有罪，故作《罪言》。其辞曰：

生人常病兵，兵祖于山东，羡于天下。不得山东，兵不可死。山东之地，禹画九土曰"冀州"，舜以其分太大，离为幽州，为并州。程其水土。与河南等，常重十一二，故其人沉鸷多材力，重许可，能辛苦。魏、晋以下，工机纤杂，意态百出，俗益卑弊，人益脆弱，唯山

杜牧

东敦五种，本兵矢，他不能荡而自若也。产健马，下者日驰二百里，所以兵常当天下。冀州，以其恃强不循理，冀其必破弱；虽已破，冀其复强大也。并州，力足以并吞也。幽州，幽阴惨杀也。圣人因以为名。

黄帝时，蚩尤为兵阶，自后帝王多居其地。周劣齐霸，不一世，晋大，常佣役诸侯。至秦萃锐三晋，经六世乃能得韩，遂折天下脊；复得赵，因拾取诸国。韩信联齐有之，故蒯通知汉、楚轻重在信。光武始于上谷，成于鄀。魏武举官渡，三分天下有其二。晋乱胡作，至宋武号英雄，得蜀，得关中，尽有河南地，十分天下之八，然不能使一人度河以窥胡。至高齐荒荡，宇文取之，隋文因以灭陈，五百年间，天下乃一家。隋文非宋武敌也，是宋不得山东，隋得山东，故隋为王，宋为霸。由此言之，山东，王者不得不为王，霸者不得不为霸，猾贼得之，足以致天下不安。

天宝末，燕盗起，出入成皋、函、潼间，若涉无人地。郭、李辈兵五十万，不能过邺。自尔百余城，天下力尽，不得尺寸，人望之若回鹘、吐蕃，义无敢窥者。国家因之畦河修障戍，塞其街蹊。齐、鲁、梁、蔡被其风流，因亦为寇。以襄拓表，以表撑里，混涎回转，颠倒横邪，未常五年间不战。生人日顿委，四夷日日炽，天子因之幸陕，幸汉中，焦焦然七十余年。运遭孝武，汗衣一肉，不畋不乐，自卑冗中拔取将相，凡十三年，乃能尽得河南、山西地，洗削更革，罔不能适。唯山东不服，亦再攻之，皆不利。岂天使生人未至于怗泰邪？岂人谋未至邪？何其艰哉！

今日天子圣明，超出古昔，志于平治，若欲悉使生人无事，其要先去兵。不得山东，兵不可去。今者，上策莫如自治。何者？当贞元时，山东有燕、赵、魏叛，河南有齐、蔡叛，梁、徐、陈、汝、白马津、盟津、襄、邓、安、黄、寿春皆戍厚兵，十余所才足自护治所，实不辍一人以他使，遂使我力解势弛，熟视不轨者，无可奈何。阶此，蜀亦叛，吴亦叛，其他未叛者，迎时上下，不可保信。自元和初至今二十九年间，得蜀，得吴，得蔡，得齐，收郡县二百余城，所未能得，唯山东百城耳。土地人户，财物甲兵，较之往年，岂不绰绰乎？亦足自以为治也。法令制度，品式条章，果自治乎？贤才奸恶，搜选置舍，果自治乎？障戍镇守，干戈车马，果自治乎？井闾阡陌，仓廪财赋，果自治乎？如不果自治，是助虏为虏。环土三千里，植根七十年，复有天下阴为之助，则安可以取？故曰上策莫如自治。中策莫如取魏。魏于山东最重，于河南亦最重。魏在山东，以其能遮赵也。既不可越魏以取赵，固不可越赵以取燕。是燕、赵常取重于魏，魏常操燕、赵之命。故魏在山东最重。黎阳距白马津三十里，新乡距盟津一百五十里，陴垒相望，朝驾暮战，是二津虏能溃一，则驰入成皋，不数日间。故魏于河南亦最重。元和中，举天下兵诛蔡，诛齐，顿之五年，无山东忧者，以能得魏也。昨日诛沧，顿之三年，无山东忧，亦以能得魏也。长庆初诛赵，一日五诸侯兵四出溃解,以失魏也。昨日诛赵,罢如长庆时,亦以失魏也。故河南、山东之轻重在魏。非魏强大,地形使然也。故曰取魏为中策。最下策为浪战,不计地势,不审攻守是也。兵多粟多,驱人使战者,便于守;兵少粟少,人不驱自战者,便于战。故我常失于战,虏常困于守。山东叛且三五世,后生所见言语举止,无非叛也,以为事理正当如此,沈酗入骨髓,无以为非者,至有围急食尽,啖尸以战。以此为俗,岂可与决一胜一负哉?自十余年凡三收赵,食尽且下。郗士美败,赵复振;杜叔良败,赵复振;李听败,赵复振。故曰不计地势,不审攻守,为浪战,最下策也。

累迁左补阙、史馆修撰,改膳部员外郎。宰相李德裕素奇其才。会昌中,黜戛斯破回鹘,回鹘种落溃入漠南,牧说德裕不如遂取之,以为:“两汉伐虏,常以秋冬,当匈奴劲弓折胶重马免乳,与之相校,故败多胜少。今若以仲夏发幽、并突骑及酒泉兵,出其意外,一举无类矣。”德裕善之。会刘稹拒命,诏诸镇兵讨之,牧复移书于德裕,以“河阳西北去天井关强百里,用万人为垒,窒其口,深壁勿与战。成德军世与昭义为敌,王元逵思一雪以自奋,然不能长驱径捣上党,其必取者在西面。今若以忠武、武宁两军益青州精甲五千、宣润弩手二千,道绛而入,不数月必覆贼巢。昭义之食,尽仰山东,常日节度使率留食邢州,山西兵单少,可乘虚袭取。故兵闻拙速,未睹巧之久也。”俄而泽潞平,略如牧策。历黄、池、睦三州刺史,入为司勋员外郎,常兼史职。改吏部,复乞为湖州刺史。逾年,以考功郎中知制诰,迁中书舍人。

牧刚直有奇节,不为龊龊小谨,敢论列大事,指陈病利尤切至。少与李甘、李中敏、宋祁善,其通古今,善处成败,甘等不及也。牧亦以疏直,时无右援者。从兄悰更历将相,而牧回踬不自振,颇怏怏不平。卒,年五十。初,牧梦人告曰:“尔应名毕。”复梦书“皎皎白驹”字,或曰“过隙也。”俄而炊甑裂,牧曰:“不祥也。”乃自为墓志,悉取所为文章焚之。

牧于诗,情致豪迈,人号为“小杜”,以别杜甫云。

【译文】

杜牧,字牧之,善于写文章。中进士第,又举贤良方正。沈传师表请为江西团练府巡官,又为牛僧孺淮南节度府掌书记。提升为监察御史,因病分司东都,又因弟弟杜颛患病而弃官。复任宣州团练判官,拜殿中侍御史内供奉。

这时候,刘从谏镇守泽潞,何进滔据守魏博,都颇为骄横不遵守法度。杜牧追溯归咎长庆以来朝廷的一些措施不得法,所以又失去山东,大封藩镇,借以维系天下的轻重,不能听任继承袭职式轻易授予,这都是国家的大事,朝廷怪他不在其位而妄言,实责其罪,所以他写了《罪言》,其文曰:

老百姓常常受兵祸之害,兵祸始于山东,泛溢于天下。不拿下山东,兵祸不可止息。山东这地方,夏禹画定九州,称为冀州,舜帝因为觉得分得太大,析为幽州和并州。量其水与土,与河南相等,曾多十分之一二,所以其民生性深沉勇猛而多材力,重然诺,能吃苦。自魏、晋以来,工巧机诈相杂,意态百出,其俗更加卑下,其民更加脆弱,只有山东聚五种之男,以兵矢为本,他人不能涤除而自如。其地出产健马,下等的马也能一日跑二百里,所以其兵常能敌于天下。冀州,因为自恃其强而不循理,希望定能破弱者;既已破弱者,又希望再强大。并州,其力足以并兼天下。幽州,阴森森充满杀气,圣人所以取“幽”

为名。

　　黄帝之时，蚩尤是战争的祸根，从那以后帝王多居于其地。周朝衰落而齐国称霸，不到一世（三十年），晋朝强大，常奴役诸侯。至秦时才聚精兵攻三晋，经过六代才克韩，遂挫折天下之脊梁；后来又攻克赵，因而兼并诸国。韩信联合齐国而得齐，所以蒯通知道汉与楚之轻或重全在韩信。后汉光武帝兴起于上谷（今河北易县），终成于鄗（今河北柏乡）。魏武帝的官渡之战，三分天下得其二。晋末大乱而五胡继起，至宋武帝时，号称英雄，攻蜀，又得关中，后尽占河南之地，十分天下得其八，但不能使一个人渡河去窥伺胡人。至高氏北齐，荒淫放荡，宇文氏攻取之，隋文帝因而灭掉南朝陈国，五百年后，天下才归于一统。隋文帝不是宋武帝的对手，因为宋没取得山东，而隋取得山东，所以隋得以称王，而宋只能称霸。由此说来，山东这地方，王者不能取得便不能为王，霸者不能取得便不能称霸，狡猾的叛贼得之，便足以使天下不得安宁。

　　天宝末年，燕地叛贼兴起，出入成皋（今河南荥阳）、函谷、潼关之间，如入无人之境。郭子仪、李光弼之辈拥兵五十万，尚且不能打过邺（今河南临漳）。从此一百多个城，尽天下之力，不能收复尺寸之地，民之见叛贼如同回鹘、吐蕃，竟没人敢于窥视。国家因此挖河渠塞为屏障加以戍卫，堵其通路。齐、鲁、梁、蔡各地受其影响，因而也起而为寇，从内开拓外，以外支撑内，混杂回转，颠倒横斜，没有长达五年之久不发生战争。人民日益困顿，四夷日益嚣张，天子因此跑到陕州（今河南陕县），跑到汉中，疲惫不堪竟达七十多年之久。幸遇孝武皇帝，十日浣衣，十日一肉，不游猎，不听乐，从卑下的官员中提拔宰相和将领，历十三年，方才尽收河南、山西之地，洗削敝政，实行改革，没有不能适应的。只有山东不服，也一再攻打，但都不利。岂非老天让百姓们未能达到安泰地步吗？岂非人谋还没到达使天下太平的境地吗？何等的艰难啊？

　　今日天子圣明，超出前代，有志于平稳而治。如果想使老百姓无事，其首要之事是除去兵祸。不取得山东之地，就不能消除兵祸。今之上策，不如使其自治。为什么呢？当贞元（785~804年）之际，山东有燕、赵、魏反叛，河南有齐、蔡反叛，梁、徐、陈、汝、白马津、盟津、襄、邓、安、黄、寿春各地都拥有强兵，十余所才足以自己保卫治所，实在不能腾出一人派别的用场，遂使我势力松散瓦解，熟视不轨之徒而无可奈何。继此，蜀也反叛，吴也反叛，其他没有反叛的，也是看着时势或上或下，无可信任。自元和至今二十九年之间，收得蜀、吴、蔡、齐各地郡县约二百城，所未收复的只有山东一百城而已。土地户口，财物兵甲，和往年相比，岂不绰绰有余？也足以自为平治了。法令制度，规格条例，果真能自治？贤才与奸恶，选拔和舍弃，果真能自治？屏障戍守，车马兵器，果真能自治？闾里田间，仓库财税，果真能自治？如果不能真正自治，便是助寇为寇。周围三千里，植根七十年，又有天下暗中为助，那么应如何取得？所以说上策莫如自治，中策莫如取魏。魏在山东各地中分量最重，在河南各地中也最重。魏在山东，之所以最重，以其能遮住赵，既不可越过魏去取得赵，又不可越过赵去取得燕。所以燕、赵常借重于魏，魏则常控制燕、赵的命脉。所以说魏在山东最重要。黎阳（今河南浚县）距白马津三十里，新乡（今属河南）距盟津一百五十里，屏障堡垒遥相对望，朝驾车而暮可战，这两个津口，如果敌人能击溃其一，那么要杀入成皋（今河南汜水）。不需数日，便能到达，所以魏对于河南来说，也是最重要的。元和中，统天下大军以诛讨蔡州和齐州的叛贼，停了五年，山东之所以没有忧患，是因为取得了魏地。昨者诛伐沧州（今河北沧县），停兵三年，没有山东的忧患，也是因为取得了魏地。长庆初年诛伐赵，一日五路诸侯四面出击尽皆溃散，因为失去魏地。昨日诛伐赵，疲惫如长庆之时，也是因为失去魏地。所以河南、山东的轻重关键在魏。不是因为魏之强大才显得重要，而是地理形势使之显得重要。所以收取魏地为中策。最下策是轻率出战，不审察地理形势，不审察攻守战略。兵多粮多，驱赶人去作战，便于防守；兵少粮少，人不驱而能自奋而战，利于战。所以我方常失于战，而贼虏常困于守。山东叛变将近三五世，后生所见到的言语和举止，无不是叛变之态，长久为此，便以如事理正该为此，深刻入于骨髓，没有以为非的，甚至有围城危急，粮食用尽，吃尸体以维持生命继续战斗。以此为风俗，岂可同他决胜负？十余年来，共三次收复赵地，赵粮食用尽，即将攻下，而郗士美兵败，赵又振作起来；杜叔良兵败，赵又振兴起来；李听兵败，赵又兴起。所以说不审察攻守战略，轻率作战，是最下策。

杜牧历任左补阙、史馆修撰，又改膳部员外郎。宰相李德裕素来欣赏他的奇才。会昌（841~846）中，黠戛斯击破回鹘，回鹘部落溃败转入沙漠之南，杜牧劝李德裕乘势收取，认为："两汉征伐北虏，常因秋冬之时，正当匈奴劲弓折胶，生马停乳，和他们相较量，所以败多胜少。今如果在仲夏之时，发幽州、并州之兵及酒泉之兵，出其不意，一举成功，则回鹘无余类了。"李德裕认为这主意好。正巧刘稹抗拒朝廷之命，下诏让诸镇征讨他，杜牧又写信给李德裕，认为"河阳距西北天井关百里有余，用一万人筑垒，堵塞其关口，深沟壁垒，不要与之作战。成德军世代与昭义军为敌，土元逵想一雪其耻而自奋起，然而不能长驱直捣上党，其必定可取的在西面。如今若以忠武军和武宁军两军加青州精兵五千、宣润弓弩手二千，取道绛州而入，不用数月工夫，必定倾覆贼巢。昭义军的粮食，都仰给予山东，日常节度使则留食于邢州，山西兵少力单，可乘虚袭取。所以听说兵贵拙而速，未见兵之巧而久啊。"不久，泽潞平定，其经过大略如杜牧所献之策。他又历黄州（今湖北黄冈）、池州（今安徽贵池）、睦州（今浙江遂安）三州刺史，入朝为司勋员外郎，并常兼吏职。后改任吏部，又乞请为湖州（今属浙江）刺史。越年，杜牧以考功郎中知制诰，迁为中书舍人。

杜牧刚直有奇节，不谨小慎微，敢纵论大事，指摘陈述各种利弊尤其切中肯綮。少时同李甘、李中敏、宋祁友善，他之博古通今，善于处理成败，李甘等人都不及他。杜牧也因为疏直，于时没有援助的。从兄杜悰历任将相，而杜牧困顿不能自振，常怏怏不乐。卒年五十。初时，杜牧梦有人告诉他说："你应取名毕。"又梦见写"皎皎白驹"四字，有人说"这是过隙"。不久，炊器瓦甑被火烧裂，杜牧说："这是不祥之兆！"于是自己写了一篇墓志，并将平时所写的文章尽行焚烧。

杜牧在诗歌方面，情致豪迈，人们称他为"小杜"，以区别于杜甫。

陆羽传

【题解】

陆羽(773~804),唐代茶学家,复州竟陵(今湖北天门)人,字鸿渐,自称桑苎翁,又号东冈子,竟陵子,所著《茶经》三卷,总结唐以前种茶经验和自己的体会,包括茶的起源、种类、特性、制法、烹煎、茶具,水的品第,饮茶风俗,名茶产地以及有关茶叶的典故和药用价值等,是世界第一部关于茶叶的专著。

【原文】

陆羽字鸿渐,一名疾,字季疵,复州竟陵人。不知所生,或言有僧得诸水滨,畜之。既长,以《易》自筮,得《蹇》之《渐》,曰:"鸿渐于陆,其羽可用为仪。"乃以陆为氏,名而字之。

幼时,其师教以旁行书,答曰:"终鲜兄弟,而绝后嗣,得为孝乎?"师怒,使执粪除污塈以苦之,又使牧牛三十,羽潜以竹画牛背为字。得张衡《南都赋》,不能读,危坐效群儿嗫嚅若成诵状,师拘之,令剃草莽。当其记文字,懵懵若有遗,过日不作,主者鞭苦,因叹曰:

陆羽品茶

"岁月往矣,奈何不知书!"呜咽不自胜,因亡去,若为优人,作诙谐数千言。

天宝中,州人酺,吏署羽伶师,太守李齐物见,异之,授以书,遂庐火门山。貌侻陋,口吃而辩。闻人善,若在已,见有过者,规切至忤人。朋友燕处,意有所行辄去,人疑其多嗔。与人期,雨雪虎狼不避也。上元初,更隐苕溪,自称桑苎翁,阖门著书。或独行野中,诵诗击木,裴回不得意,或恸哭而归,故时谓今接舆也。久之,诏拜羽太子文学,徙太常寺太祝,不就职。贞元末,卒。

忌嗜茶,著经三篇,言茶之原、之法、之具尤备,天下益知饮茶矣。时鬻茶者,至陶羽形置炀突间,祀为茶神。有常伯熊者,因羽论复广著茶之功。御史大夫李季卿宣慰江南,次临淮,知伯熊善煮茶,召之,伯熊执器前,季卿为再举杯。至江南,又有荐羽者,召之,羽衣野服,挈具而入,季卿不为礼,羽愧之,更著《毁茶论》。其后尚茶成风,时回纥入朝,始

【译文】

陆羽，字鸿渐，一名疾，字季疵，复州竟陵（湖北天门）人。不知是谁生的，有人说，是个和尚从水边捡来的，并收养了他。长大后，他用《周易》给自己算了一卦，得到的是《蹇》卦中的《渐》卦，卦说："大雁飞翔到陆地上，它的羽毛可以用来做装饰。"便以陆为自己的姓氏，来取名字。

小时候，他的老师教给他左右书写横排的文字。他回答说："我一辈子都没有兄弟，也没有子孙后代，可以尽到自己的孝心吗？"老师听后气愤，罚他去搬运垃圾，清除脏污，又让他去放三十头牛。陆羽偷偷地用竹枝在牛背上写字。得到一篇张衡写的《南都赋》，他又不认识其中的字，便正襟危坐，装模作样，仿效那群小孩。口中念念有词，好像能背诵出来的样子。给老师抓住了，命令他去割草。当他背诵文章的时候，总是糊里糊涂，好像有遗漏似的，过一天不能背出来，主人便用鞭子狠狠地抽打他，他自己感叹地说："时光都白白地过去了，为什么还读不好书呢！痛哭得不得了，便逃跑了，躲藏起来，成为卖艺的人，并做了几千字的幽默诙谐的小品。"

天宝（742～756）年间，复州有人聚会饮酒，官吏任陆羽为歌舞表演队的导演，太守李齐物对他感到很惊奇，授以他一些书，于是他便在火门山建起了简易的房子。他长相难看，说话结结巴巴，又喜欢说。听到人家有什么好事，就好像自己有了什么好事似的。见到人家有什么过错，就去规劝人家，甚至于为此人家跟他有抵触情绪。朋友们一道聚会，只要有不合他意的地方，他就气走了。人家都觉得他是个容易生气的人。和

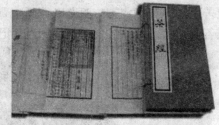

《茶经》书影

人家有约，不管是遇上了下雨落雪，虎狼挡道，他都要去。上元（760～761）初，他又隐居到了苕溪，自称"桑苧翁"，关门写书。有时一个人在荒野中漫步，一边读着诗，一边还敲击木头。走来走去，心情不好，有时便大哭一场回家。所以当时的人们都把他称为"今日的楚狂人接舆"。过了很久以后，皇帝下诏任命陆羽为太子文学，升为太常寺太祝，没有到任就职。贞元（785～805）末年，逝世。

陆习喜欢饮茶，著有《茶经》三篇，讲述茶的起源，茶叶生产方法和茶具，特别详备，从此之后，天下就更加知道饮茶了。当时卖茶的人，甚至有的把陆羽制成陶器模型，放置在烧火的烟囱之间，将陆羽祭礼为茶神。有个名叫常伯熊的人，根据陆羽的论述，进一步去宣传茶的功效。御史大夫李季卿到江南来视察，停留在临淮，知道伯熊擅长于煮茶，便把他叫来了，伯熊拿着茶具将茶呈献在御史大夫面前，李季卿为此两次举起了茶杯。到了江南，又有人向他推荐陆羽，他又把陆羽叫来了，陆羽穿着一身随随便便的衣服，拿着茶具走了进来，李季卿对他没有礼节的表示，陆羽为此感到羞愧。又重新写作了《毁茶论》。在他以后，尚茶成为一种风气，当时回纥（今维吾尔族）人进京朝拜，开始赶着马来交换茶叶。